汲古叢書83

近藤一成著

宋代中國科擧社會の研究

汲古書院

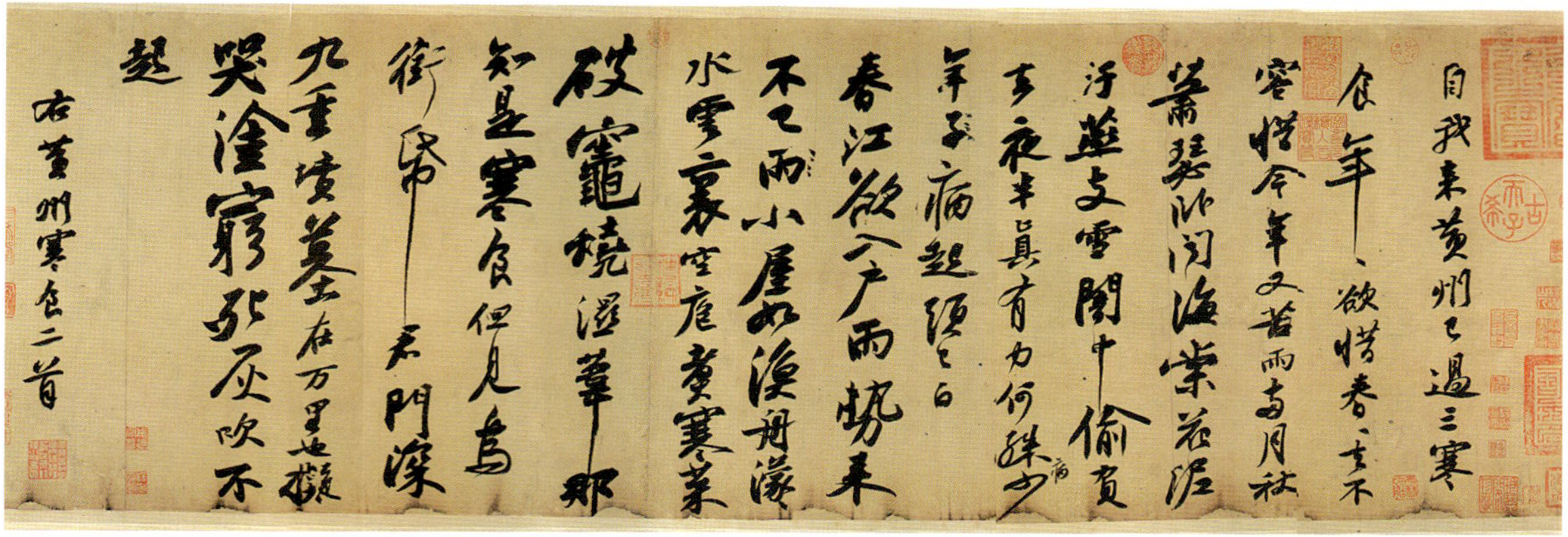

蘇軾寒食詩

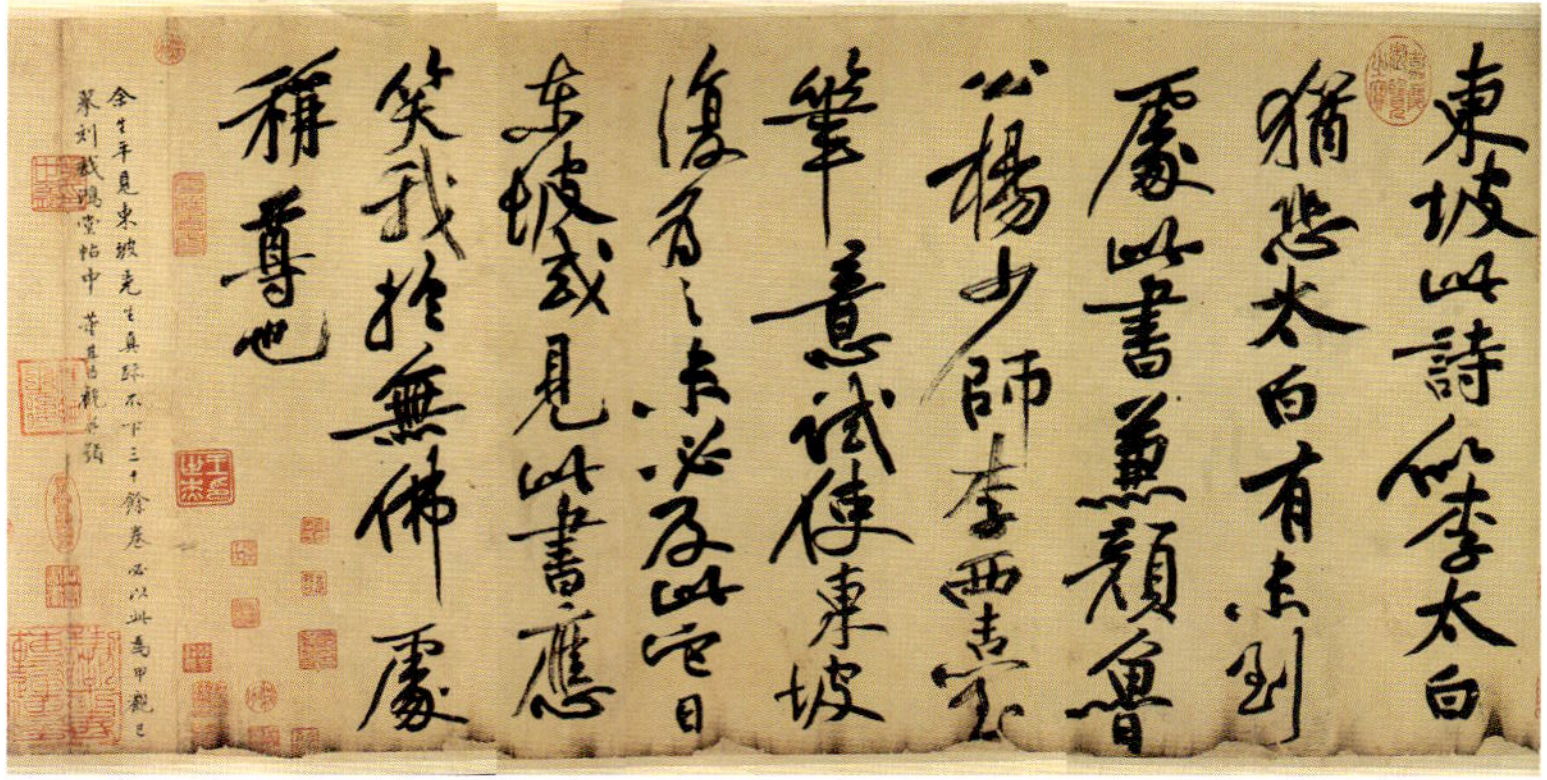

黄庭堅跋

蘇軾黄州寒食詩巻

（二玄社複製より）

（本文348頁以下参照）

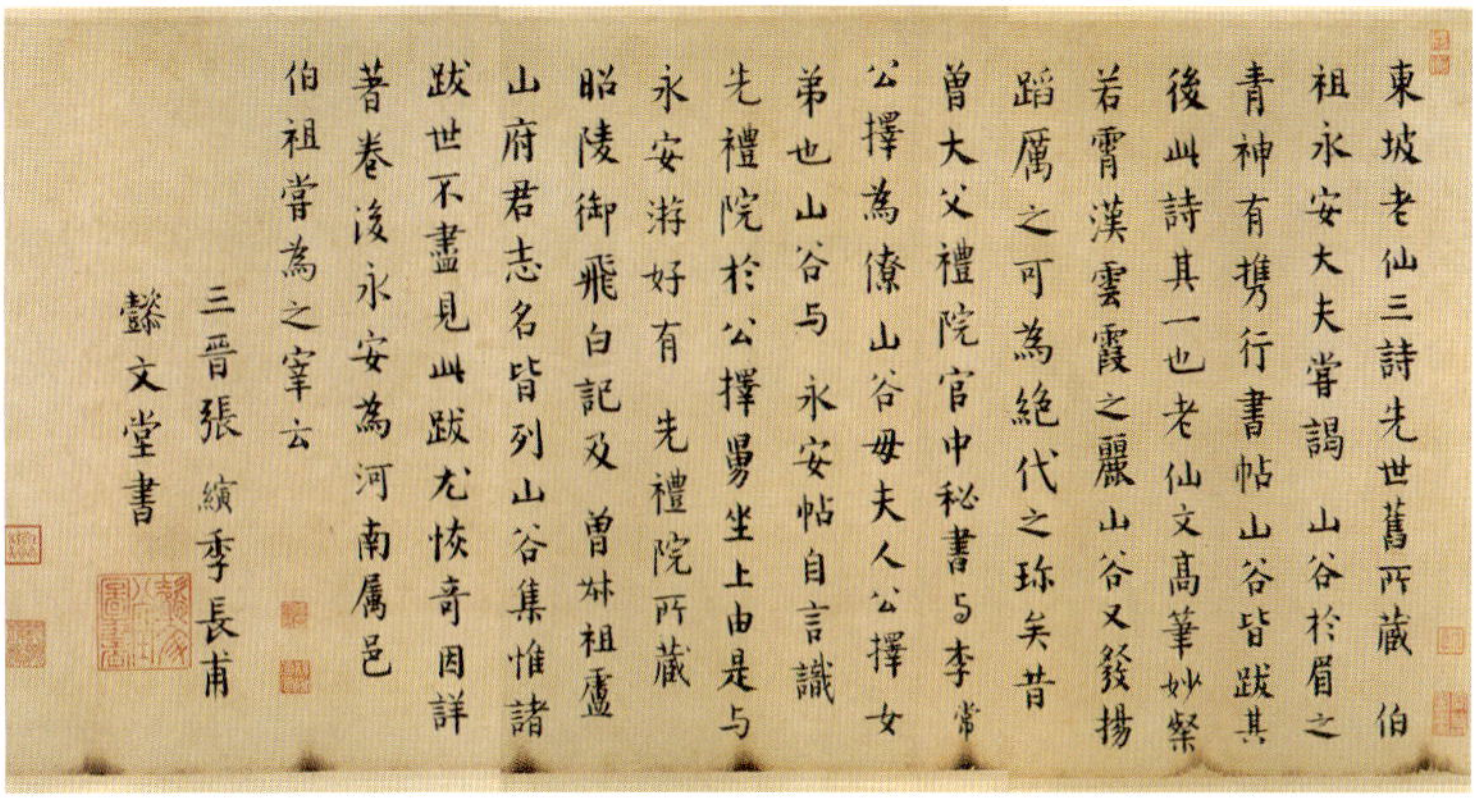

東坡老仙三詩先世舊所藏伯
祖永安大夫嘗謁山谷於眉之
青神有携行書帖山谷皆跋其
後此詩其一也老仙文高筆妙槩
若霄漢雲霞之麗山谷又發揚
蹈厲之可為絶代之珎矣昔
曾大父禮院官中秘書与李常
公擇為僚山谷母夫人公擇女
弟也山谷与永安帖自言識
先禮院於公擇舅坐上由是与
永安游好有先禮院所藏
昭陵御飛白記及曾叔祖盧
山府君志名皆列山谷集惟諸
跋世不盡見此跋尤恢奇因詳
著卷後永安為河南屬邑
伯祖嘗為之宰云
三晉張縯季長甫
懿文堂書

張縯跋

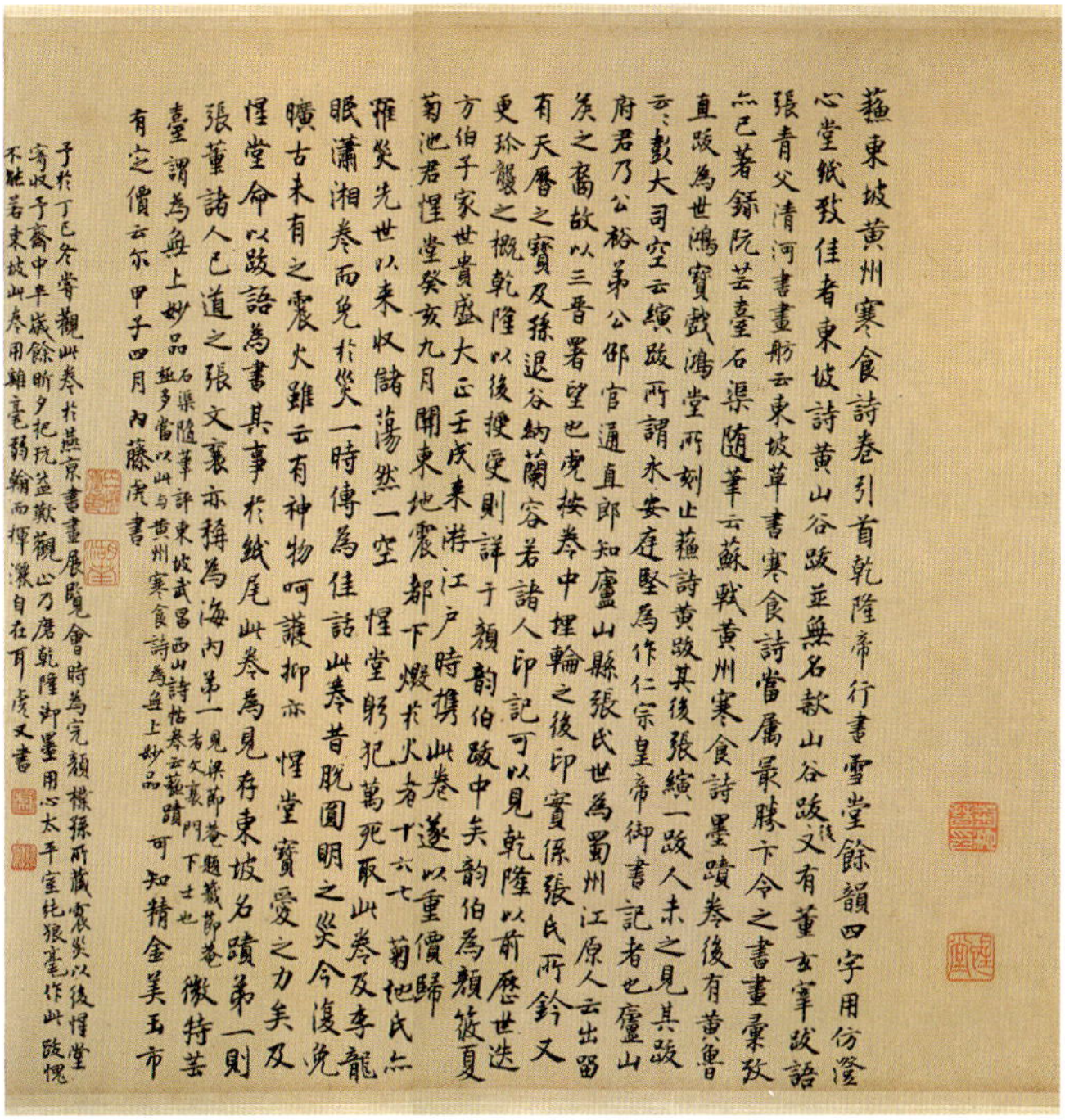

蘊東坡黃州寒食詩卷引首乾隆帝行書雪堂餘韻四字用仿澄
心堂紙致佳者東坡詩黃山谷跋並無名款山谷跋後又有董玄宰跋語
張青父清河書畫舫云東坡草書寒食詩當屬最勝卞令之書畫彙攷
亦已著錄阮芸臺石渠隨筆云蘇軾黃州寒食詩墨蹟卷後有黃魯
直跋為世鴻寶戲鴻堂所刻止蘊詩黃跋其後張縯一跋人未之見其跋
云〻數大司空云縯跋所謂永安莊堅為作仁宗皇帝御書記者也盧山
府君乃公裕弟公邵官通直郎知盧山縣張氏世為蜀州江原人云出留
侯之裔故以三晉署望也虎按卷中埋輪之後印實係張氏所鈐又
有天曆之寶及孫退谷納蘭容若諸人印記可以見乾隆以前歷世迭
更珍襲之概乾隆以後授受則詳于顏韻伯跋中矣韻伯為顏筱夏
方伯子家世貴盛大正壬戌來游江戸時携此卷遂以重價歸
菊池君惺堂癸亥九月關東地震都下燬於火者十六七菊池氏
罹災先世以來收儲蕩然一空惺堂躬犯萬死取此卷及李龍
眠瀟湘卷而免於災一時傳為佳話此卷昔脫圓明之災今復免
曠古未有之震火雖云有神物呵護抑亦惺堂寶愛之力矣及
惺堂命以跋語為書其事於紙尾此卷為見存東坡名蹟第一則
張董諸人已道之張文襄亦稱為海內第一見梁節菴題識節菴者文襄門下士也微特芸
臺謂為無上妙品石渠隨筆評東坡武昌西山詩帖卷云蘊蹟極多當以此與黃州寒食詩為無上妙品可知精金美玉市
有定價云尔甲子四月內藤虎書
予於丁巳冬嘗觀此卷於燕京書畫展覽會時為完顏樸孫所藏震災以後惺堂
寄以予齋中半歲餘晰夕把玩益歎觀止乃磨乾隆御墨用心太平室純狼毫作此跋愧
不能若東坡此卷用雞毫弱翰而揮灑自在耳虎又書

內藤湖南跋

宋代中國科擧社會の研究――目次

Ⅲ部　個人篇　文人官僚蘇東坡

宋代中國科學社會の研究

序　論

初めに本書の題名として使用した科擧社會について簡單に説明しておきたい。中國科擧制度の研究は、宮崎市定氏の明晰にして平易、付け加える餘地の殆ど見當たらぬ論著を筆頭にして[1]、汗牛充棟ただならぬ數量の成果が内外に蓄積され、今さら何を論ずるのかというのが一般の率直な印象であろう。確かに科擧という制度に限れば、實は部分の具體的な場面は未だ分からないことが大半なのだが、その大枠についてはほぼ明らかにされ、たとえ枝葉末節が不明であったにしても、科擧制度自體を理解するには現在の研究状況でさほど困ることはない。從って今さら何をという一般の印象は、それなりに的を射ていると言えよう。しかし制度史を一歩離れ、中國史上に科擧が占める位置ないし役割を考えようとすると、そこには檢討すべき課題が山積しているのである。私は、とくに十世紀以降の中國史において、度重なる王朝の興亡にもかかわらず、約千年にわたる歴史の流れの基盤にある社會構造とその上に載る皇帝―官僚政治の連續性に注目する。日本の戰後中國史研究が、戰前の「中國停滯論」に繋がるとして忌避してきたその「一貫性」という課題は、「停滯」どころか唐宋變革を經て出現した、むしろダイナミックな柔構造を特質とする中國社會を理解するためのキーワードであると考える。さらにその柔構造の社會を理解するためのキーワードが、科擧に他ならない。

本書は、唐末から五代、宋にかけて大きく變容した中國社會を、士―庶という中國史に一貫する支配―被支配觀念を手がかりに考察し、二十世紀初頭の辛亥革命まで續いた傳統王朝約一千年間の體制再生產構造の解明に寄與することを最終の目標とする。しかしこの大きな課題に答えることは、この一書のみでは當然不可能である。それ故、王朝の體制再生產の鍵としての科擧に着目し、宋代における科擧社會・科擧文化の形成と展開のごく一部を明らかにすること、これが本書の當面の目的である。

唐代までは固定的實態的區分の傾向が強かった士—庶の別は、その辨別の規準が科擧におかれることによりその內實を流動化させた。士—庶（＝農・工・商）の別が固定身分制ではなく一種の職能制の形をとり、科擧に合格するのみならず受験あるいは受驗能力が認められるなど、科擧に係わることが士の階層に屬する條件となり、士大夫と庶民の間に士人という大量の中間層が出現した。經濟的・社會的安定を獲得する殆ど唯一の道が科擧合格であり、科擧合格のためには經濟的・社會的安定を備えねばならないという相反する條件が併存する上昇・下降の嚴しい競爭社會は、社會構造の變革に向かうエネルギーを社會の流動化へと誘導した。

また見方を變えれば科擧は每回膨大な落第者を生み出す制度である。大多數の應試者は最終のゴールに達することなく一生を終えた。そのかれらが、體制に不滿を抱き反亂を起こすという事態は確かに史上存在するが、それらは例外であり大多數の落第者のさらに大多數は、どのように不滿を抱こうが結果的に自らの選擇に納得せざるをえなかったのである。とすれば、科擧は落第者を納得させる仕組みまで備えていたとみるべきであろう。こうして科擧は淸朝に至るまで王朝の交替を超えて傳統社會體制を再生產する機能を果たし續けた。このように傳統社會體制の再生產システムに科擧が組み込まれていることを、科擧社會と呼ぶことにする。

唐宋變革論の現在

内藤湖南が提唱し、宮崎市定らによって展開された、中國史は唐から宋にかけて政治・經濟・社會・文化などあらゆる分野で大きな變化を經驗したという唐宋變革論は、日本の中國史研究があげた最も重要な成果の一つであり、今なおこの時代を考えるときの座標軸でありつづけている。とくに宮崎「東洋的近世」及びその後の諸篇での議論は、ヨーロッパ・西アジア史を視野にいれた世界史的觀點からの考察であること、内藤説では比較的稀薄であった社會經濟史上の構造變化にも着目したことなどから、多くの論議を呼んだとはいえ、完成度の高い中國近世史像として定着した[2]。その唐宋變革期に出現した宋代士大夫政治すなわち「中國近世の政治」は、貴族の沒落を背景に、君主獨裁制と中央集權制の確立、政治主體としての科擧官僚の活動、黨爭の盛行、胥吏政治の成立などを特徴とするとされ、それらは佐伯富「宋朝集權官僚制の成立」(『岩波講座世界歷史』9 一九七〇)において簡潔に整理されている。

その後も、宋代の政治・官制分野については詳細な個別實證研究が積み重ねられ、梅原郁の官僚制の研究[3]、寺地遵の南宋政治史研究[4]は代表的な成果であろう。梅原『官僚制』は、主に北宋前半の文・武官の位階、昇進、實職をもつ中央・地方官、エリート官僚、恩蔭、胥吏制度の仕組みなどを豐富な個別事例をあげながら解明し、「中國歷代制度史の中でも判りにくい方の最右翼」とされる宋代官制の全體構造を鳥瞰可能にした。小論に即してみると、氏が明らかにされた幾多の論點のいわば枠組みとなる唐と宋の官制の關係のあり方に、論者は大變興味をひかれる。それは唐の實職のポストであった職事官の多くが、宋になると同じ名稱でありながら實職とは關係のない官僚の位階を表す寄祿官になったことに象徵される、唐制の特異な繼承の仕方である。八世紀半ば以降の藩鎭の跋扈、唐の滅亡、五代の軍閥による分裂の時代をへて再び天下を統一した宋は、武人政治に變え、文治體制の確立を目指す。その唐宋變革の過程で、『大唐六典』にはない官職が置かれたり、既存の官廳であっても官制内での地位や職掌を變化させていった。變轉する現實に對應しつつ、當然、唐制は修正されながら推移し、宋代前半の官制に至るわけだが、宋制を單に唐の官制の修正とか補正の結果と理解すると、その歴史的位置を十分表現できない憾みが殘る。補正というには制度の運用を含め唐宋の差は大きすぎるし、かといってまったく新しい體系を創出したのでもない。『周禮』に準據しつつ、三省六部を頂點に整然たる秩序をもつ唐の官制を律令官制と呼ぶとすると、それは、秦漢以降の中國史の變遷をくぐりぬけ形成された官僚制度として完璧に近い形をもつ。宋人にとり律令官制は、いわば規範とか原則の力をもつ官制體系なのであった。さらにいえば、規範としての唐制のもう一つ向こうに、經書の世界というより根源的な規範が存在していた。したがって補正は、宋人が考えるところのいわば所與としての二重の原則を越えることは許されない。しかし逆にいうと、ある意味では抽象的な原則を尊重するかぎり、どのような改變も許容される道を開くことでもあった。このような宋人の唐制に對する姿勢は、たとえば法制面において、法定刑としての唐律五刑、笞・杖・徒・流・死が宋代法體系の中に占める重要な位置にもかかわらず、流以下の刑を執行する段になると折杖に讀み替えるという、折杖法のあり方と一脈通ずるものを感じさせる。(5) 論者にとり、職事官の體系を寄祿官の體系として機能させる、この「讀み替え」は、規範としての歴史的傳統を前提にした上で現實に對處する、宋人の思考構造の基本に由來する作業であったように思われる。

一方、寺地『政治史』は、從來の宋代政治史研究が著しく制度や特定の事件・人物研究に偏り、その時代が要請する政治課題とそれに對應する政治主體の分析をとおして動的な政治過程を考察する研究が皆無に等しいことを批判し、研究蓄積のうすい南宋政權確立期を對象に新しい政治史研究を開拓した勞作である。氏は、宋代政治史研究の偏りは

「比較類型論に化した唐宋變革論」もその一因という立場から、獨自の視角によって南宋政權の歷史的特質を明らかにしたが、小論に卽してみると、まずは唐宋變革論の提起した、東アジア諸民族の「活發なる民族意識、國民主義の勃興」による國際關係の質的變化を、やはり問題にせざるを得ない。五代十國の分裂期に中原で興亡した五王朝のうち、突厥沙陀族政權の性格をもつ後唐、後晉、後漢は、それまでたびたび繰り返された北方諸族が中國內地に政權を樹立する歷史の再現と理解できる。中國側からみれば、北族との接觸のなかでそれらの諸要素を取り入れ、結局は中國世界を再構成する過程となる。

しかし契丹の建國した遼と北宋の澶淵の盟は、明らかに從來の中國と北方諸族とは異なる國際關係が東アジアに出現したことを意味した。それは兩國の軍事力・經濟力の差を反映し、宋側が和平の代償として每年絹二〇萬匹・銀一〇萬兩を送ることになったこともそうであるが、盟の誓書で互いを皇帝と呼び合い、さらに宋政府が河北・河東の州軍に配布した契丹誓書原文では國號に北朝・南朝を冠していたとする記事もあるように、宋が兩國の對等關係を公式に認めざるを得なくなった事態の出現である。兩皇帝の年齡差から宋・遼は兄・弟と稱したが、兩國對等の本質に變わりはない。この事態は、宋人の世界觀に大きな問題を投げかけた。天命を受け天の代理者として天下を統治する唯一の存在である皇帝＝天子という傳統觀念が、もはや通用しない現實が出現し、否應なく華夷認識の再考を迫られることになったからである。華夷觀は、時代や狀況、論者の立場によって內容に幅があるものの、華夷辨別の基準に禮・義の有無をおく文化的觀點は多く共通する。この場合、華は禮・義の存在するいわば實體、夷は禮・義の浸透が期待される非實體と觀念され、夷であっても禮・義が備われば華に、禮・義が失われた華は夷に變ずる動きを內包しつつ、一元的天下觀で世界を說明できる觀念であった。それが今や遼という中國風國號を名乘り、中國王朝の國制を導入しながら、同時に契丹固有の社會、制度、文化の保持を主張する、宋人の認識によれば實體としての夷を相手にしなければならなくなった。しかも長城以南では燕雲十六州という一部地域の支配にとどまった遼にかわり、次の金は淮水以北の中國北半分を、そしてモンゴルに至り中國全土が北族の支配下に入る歴史の趨勢の中で、前近代中國における政治行爲を最も基底で正統化する華夷觀の讀み替えを模索しつつ、それは結局不可能であったが、宋代の政治は展開したのである。唐制という時間軸上の規範、實體としての夷の出現という空間軸上の規範の變動が、宋代士大夫政治を規定する大きな前提であり枠組みであった。

アメリカ宋代史研究の新展開

一九八〇年代半ば頃より、アメリカの中國學において唐宋變革論を大筋で認めつつ、新しい視角からこの時代の歷史像を探る研究が相繼ぎ、そこで提示された見解は歐米の學界でほぼ共有されるに至り、さらに今世紀に入るとそれを批判的に繼承發展させる動きも顯著である。それは、北宋と南宋の間に重要な變革の區分を認めるいわば「兩宋劃期」論であり、元・明王朝の成立までを視野に入れて東アジアの變容から中國史の變化を跡付ける「宋元明變遷」論である。(6) これらは宋代を後世の中國社會との連續性から把握しようとする立場からの議論であり、前者は、明清社會の淵源を求めると南宋に行き着き、北宋はむしろ唐的世界の延長の要素が目立つというものである。考察の對象は、主に國家と社會の關係にあり、兩者の接點に位置するローカル・エリート（地域名望家）の動向が、史料情報の數量的把握を基礎に分析される。北宋はエリートの地域志向と中央志向が分離し、故鄉を離れて活躍する中央志向エリートの時代とされ、南宋はエリートの地域・中央志向は一體化するが、中央志向の希薄化と地域志向の強まりが顯著であり、エリートの行動樣式は兩宋で明らかに變化した、とする。例えば、その代表的論著であるハイムズ『撫州』は、史料上確認できる宋代撫州の有力者八十二家、三百年の推移を追跡するなかで、七十二家五〇〇組を數える婚姻記事のうち檢證可能な一〇〇組を檢討し、北宋において州域を超えて行われた婚姻が、南宋になると州内にほぼ限定されるようになると結論し、地域志向の一例とした。こうした地域主義の形成に對應するように、國家と社會の關係は、王安石の新法政策に典型する、中央政府が地域社會内部にまで強力な支配を及ぼそうとする北宋に對し、ローカル・エリートを中心とする地域運營、自律的秩序を特色とする南宋へ推移し、以降、地方に對する國家の相對的地位低下という傾向が定着するという。こうした議論は、歐米の明淸地域史研究の蓄積と、W・スキナー教授の中心地階層論、人口增・社會發展にもかかわらず固定化された行政規模から想定される中國社會論などがモデルとして前提とされており、アメリカ中國史學固有の文脈のなかでの問題設定といえる。

明という、その初期に農村內部までに禮教秩序を浸透させることで強力な一元支配を目指した王朝の出現は、南宋、元と續いた中央政府のより弱い地域支配を特色とする王朝の連續としては捉えられず、新たな王朝變遷の枠組みを必要とする。この課題に應えようとする試みが後者の「宋元明變遷」論である。議論は現在のところまだ問題提起の段階であるが、元朝を歷史上どのように位置づけるか、論議の枠組みは東アジア、ユーラシア大陸東半にまで擴げる必要がある。

十世紀から十五世紀までの中國社會の變容をいかにに捉えるか、これらは唐宋變革論が提起した近世中國社會像を一歩進めた見解として檢討に値しよう。版圖は限定されていたが全國王朝であった北宋と、南半分を支配したに過ぎない南宋との比較は、地域差と時代差の區別が難しく、また研究の數量的把握を支える地方志の史料情報が、地理的には南半、時代は南宋に偏在するという難點もある。またハイムズ『撫州』について史料操作や讀解についての問題點も指摘されている。(7) とはいえ宋代史料が釀し出す兩宋社會の雰圍氣の違いは、確かに讀む者の多くが實感するところであり、「兩宋劃期論」が示唆する南宋における地域社會の形成過程は、社會經濟史などさまざまの視點から明朝前半までを見通すなかで一層解明されるべき課題としてある。

中國世界の統合システムとしての科擧

隋に始まった科擧は、北宋の半ば頃にその制度の骨格がほぼ固まったとされる。解試（州試）、省試（禮部試）に殿試が加わった科擧三層制の成立、糊名法・謄錄法の採用、三年一貢制など後世に永く引き繼がれる改革は、英宗朝（一〇六四―六六）までにほぼ出揃っている。(8) ただしこれらは、それ以前の科擧が官僚登用の本來のあり方である他薦原則に影響されていた狀態を改め、能力主義・自薦原則を徹底化し、そのために請託や情實の弊害をいかに除くかという試驗の公平性を追求するなかで考えられた改革の側面が強い。それに對し、士大夫官僚とは何か、その士大夫に最もふさわしい人物を登用する制度はいかにあるべきかという、科擧の理念をめぐる改革ないし試行錯誤は北宋末まで繰り返されたとみるべきであろう。

北宋滅亡直前の靖康元年（一一二六）は、解試の年にあたっていた。首都開封を大恐慌に陷れた第一次金軍の包圍が解かれた小康狀態のなか、八月に全國で解試が實施された。石刻史料の短い記事が殘る浙西常州の場合を例に、經過をみよう。北宋の常州には專用の科擧試驗場（貢院）がなく、永福寺を會場として八月二日鎖院、十五日に試驗開始、應試者は二千二八二人であった。九月四日にすべての日程が終了し、四十三人の合格者が發表されている。今回の常州解試の試驗官は、監督責任者の監試官が通判の朱發であった以外、採點官はみな近鄰の州縣官が任命され、内譯は杭州三名、越州二名、湖州・蘇州が各一名の計七名であった。通常であれば翌年春に省試、殿試が行われるのだが、金軍の第二次南下で閏十一月に開封が陥落、翌靖康二年四月には徽宗、欽宗らが北方に拉致されて北宋は滅亡した。混亂のなか五月に南京應天府で卽位した高宗は、十二月、駐蹕先の揚州において、各路提刑司に命じ省試に代わる類省試を轉運司所在地で實施させ、翌建炎二年八月には揚州で殿試を行い、四百五一名と戰火で殿試に參加できなかった四川・陝西・河北・京東の類省試及第一百三名を合格させた。今回、常州からは十二名が最終合格している(『咸淳毘陵志』一一)。このように國家滅亡の混亂時、變則的であろうと科擧實施に固執する王朝の姿勢は、科擧のもつ王朝への求心力・正統性保證への強い期待を如實にあらわしているといえよう。この求心力・王朝正統性の保證こそ中國世界統合システムとしての科擧の內實であり、北宋一代の試行錯誤をとおして獲得された機能である。

宋代科擧の解額制

宋代科擧制度の特色の一つに解額制がある。宋初、州ごとの解試合格(得解)者數は應試者の何割という分數制で決められていたが、眞宗朝(九九七―一〇二二)中頃には、それまでの得解者の數を基準に算出した定額制へ移行したと思われる。南宋の場合、全國府州軍解額表が殘存し、缺落や誤記があるものの、その大略を知ることができる(中嶋敏「南宋の解額――栗棘庵藏輿地圖諸路州府解額――」所收[9])。北宋には、そうした一覽表のようなものはなく、各地の解額を斷片的に知り得るのみであるが、殘された兩宋の解額を通覽すると宋代特有の傾向が明らかになる。その第一は、よく指摘されるように福建の突出ぶりである。南宋末年のものと推定されている上記解額表所載一九四府州軍監(うち數字記載は一五七府州軍監)中、福建は解額數上位十州以內に、最多の福州一〇〇名、二位建寧府(建州)八十三名、七位興化軍四十四名、八位泉州四十名の四つが入り、一路の解額數では六五六名と他路に比べ壓倒的に多い。これは各種地方志などに殘る宋代進士合格者數三萬人弱のデータを網羅的に收集して、科擧出身者に關する基礎的統計數值を提供するチェフィー『宋代科擧』が示すところの地域別動向の結果と一致する。第二に、各州解額數は先の常州が北宋末四十三名から南宋二十四名のように減る例もあり、時期によってかなり變動するが多くは漸次增額する。その變動を考慮にいれても、たとえば蘇州は眞宗朝の四名から始まり北宋末十二名、南宋紹興年間十三名、また北宋末の杭州十四名、同建康府（金陵）十名、それに對し江西南部の吉州が北宋末すでに六十八名とあるように、唐宋變革期以降の文化・經濟の先進地とみられる地域と解額數の多少が必ずしも一致しないことである。蘇州の場合、當初の應試者は二百人に過ぎず、南宋になり二千人近くになっても解額數は變わらなかったといわれ、定額化時の狀況が後世にまで影響を與えた樣子が窺える。ただし南宋の蘇州出身の進士合格者は、蘇州解試經由はむしろ少なく、後述のように太學など別ルートが多いこともあり（チェフィー　一〇九―一一二頁）、解試をめぐる事情は各地で異なる。さらに確認できる北宋の進士合格者名は、北宋進士總額の約半數にとどまるため各地域の正確な動向の比較は困難であるが、福建の突出がこの時代固有の現象であることは動かない。

解額という形で全國各州の士人に滿遍なく統治者への參入の道を開いたことが、王朝の正統性を保證し、得解者は地域代表の役割をも擔いつつ都に赴いた。しかし省試は、出身地の區別なく成績上位者から合格を決めるため、科擧制は結局、地域代表政治に直結しなかった。宋代における中央政府と地方社會の微妙な關係を考える手がかりが、ここにありそうである。

本書は、筆者が過去に著した論考から關係論文を抽出し、Ⅲ部に分け改めて科擧社會の形成と展開を考察するものである。中央政府の施策や改革の顚末を扱うⅠ部は國制篇として、主に北宋中央政府の科擧政策を檢討する。五代十國の分裂時代を終息させ、文治政治に舵を切った宋の太祖・太宗の下で科擧が主要入仕經路となって以降、あるべき文治政治にふさわしい官僚を選ぶにはどのような方法があるか、またいかにして公正公平な試驗を行なうかという理念と技術の兩面にわたる議論が起こり、とくに前者は次々と改革が實施されては頓挫した。そのなかでとくに慶曆、熙寧、崇寧の改革を中心に考察し、一般には姦臣として悪評高い蔡京の改革がそれらの集大成であり、結果的には失敗したが、以降の科擧社會定着の契機となったことを論證し、その社會構造を解明する。

Ⅱ部の地域篇は、中央の科擧政策に對應する地方の動きを、地域士人社會の形成の問題として考察する。始めに南宋後半期に進士合格者を激增させた浙東明州を例に、地域士人社會の形成に科擧の果たした役割を檢證し、その具體相を黃震、王應麟という後世浙東學派の祖と目される學者官僚に焦點を當てて探った。また形成された地域士人社會が、自らの形成の物語を紡ぎだすことを檢證し、地域の歷史像は複雜な過程をへて後世に傳承されることを述べた。一方、地域の多樣性は科擧の實施過程にも反映し、その例として四川類省試を取り上げ論じた。さらに地域士人社會の形成は、紆餘曲折をへながらも道學の普及に關連し、また士大夫の屬する地域アイデンティティー確立にも密接に係わることを指摘する。

Ⅲ部では、科擧によって出現した士大夫官僚について考察し、その代表ともいえる蘇軾を取り上げる。大詩人・文豪として中國史上でも屈指の人氣を誇る蘇軾の正式な肩書きは官僚である。蘇軾は宋代以降の士大夫文化の顯現者として受け入れられ祖述されてゆく。科擧文化の諸樣相を蘇軾を具體例として檢討することで、科擧社會は生身の人間の姿をとり生き生きとわれわれの前に現われてくる。(10)

なお、本書では『續資治通鑑長編』を『長編』、『宋會要輯稿』を『宋會要』、『文獻通考』を『通考』と略稱する。

注

（1）宮崎市定『科擧史』、『科擧：中國の入學試驗地獄』（『宮崎市定全集』一五所收　以下『全集』　初出はそれぞれ『科擧』一九四六、『科擧――中國の試驗地獄』一九六三）。

（2）內藤湖南「概括的唐宋時代觀」一九二二『內藤湖南全集』八所收　筑摩書房　一九六九、『支那近世史』一九四七『全集』一〇所收。宮崎市定『東洋的近世』一九五〇『全集』二所收　岩波書店　一九九二、社會經濟史からの考察としては「宋代以後の土地所有形體」一九五二「部曲から佃戸へ――唐宋間社會變革の一面」一九七一　ともに『全集』一一所收　一九九二。

（3）梅原郁『宋代官僚制度研究』同朋舍　一九八五。なお同氏『宋代司法制度研究』創文社　二〇〇六は、とくに司法關係官制が唐宋期にどのような變遷をたどったかを詳細に跡付け、科擧出身者以外の地方官僚が地方行政と宋代社會の關係に多くの影響を與えたことについても詳しく論ずる。非科擧出身者といえども、その存在は科擧出身者の存在を前提とすることはいうまでもない。

（4）寺地遵『南宋初期政治史研究』溪水社　一九八八。

（5）川村康「宋代折杖法初考」『早稲田法學』六五-四　一九九〇。

（6）Hymes, Robert P.. *Statesmen and Gentlemen*, Cambridge U.P., 1986. アメリカ中國史學界の「兩宋劃期」論をまとめた論著として Hymes, Robert P. and Schirokauer, C., eds. *Ordering the World*, University of California Press, 1993. 關連する研究に Bossler, Beverly J. *Powerful Relations : Kinship, Status and the State in Sung China*, Council on East Asian Studies, Harvard University, 1998.「宋元明變遷」論については P. J. Smith and R. von Glahn, ed. *The Song-Yuan-Ming Transition in Chinese History*, the Harvard University Asia Ceter, 2003.

（7）包偉民「精英們〝地方化〟了嗎?――試論韓明士《政治家與紳士》與〝地方史〟研究方法」（『唐研究』十一　二〇〇五　北京大學出版社）。

（8）Chaffee, John W. *The Thorny Gates of Learning in Sung China*, Cambridge U.P., 1985. 中國版『宋代科擧』東大圖書公

司　一九九五。荒木敏一『宋代科擧制度研究』同朋舍　一九六九。

（9）中嶋敏『東洋史學論集』汲古書院　一九八八。

（10）近年の中國では、科擧研究が再び盛んになっている。二〇〇五年に厦門大學で開催された科擧廢止百周年を記念する「科擧制與科擧學國際學術研討會」を契機に科擧學が提唱され、中國王朝の全時代にわたる關連研究書が陸續と刊行されている。ここではその先導を務める劉海峰『科擧制與科擧學』（貴州教育出版　二〇〇四）、同『科擧學導論』（華中師範大學出版社　二〇〇五）を擧げるにとどめる。

なお、序論は科擧からみた「唐宋變革」を中心に述べたため、日本の唐宋變革論の中心を占めた社會經濟史關係のほか多數の論著には觸れていない。それらのうち近年刊行のいくつかを擧げれば、佐竹靖彦『唐宋變革の地域的研究』（同朋社　一九九〇）、島居一康『宋代稅制史の研究』（汲古書院　一九九三）、宮澤知之『宋代中國の國家と經濟・財政・市場・貨幣』（創文社　一九九八）、竺沙雅章『宋元佛教文化史研究』（汲古書院　二〇〇〇）、斯波義信『宋代江南經濟史の研究　訂正版』（汲古書院　二〇〇一）、高橋芳郎『宋―清身分法の研究』北海道大學圖書刊行會　二〇〇一）、土田健次郎『道學の形成』（創文社　二〇〇二）、衣川強『宋代官僚社會史研究』（汲古書院　二〇〇六）などから多くの教示を受けた。

Ⅰ部　國制篇　宋代の科擧學校制度と文人官僚

第一章　宋初の國子監・太學について

はじめに

北宋元祐初年（一〇八六）、程頤は、若い頃に學んだ太學の盛況を「往年、胡博士瑗、易を講ずるや、常に外より來たり聽くを請う者有り。多きは或いは千數人に至る。孫殿丞復、春秋を說くや、初講旬日の間、來たる者其の數を知る莫し。堂上容れられず、然る後、之れに謝し、立ちて戶外に聽く者甚だ多し」（『河南程氏文集』七 回禮部取問狀）と、感慨深く描寫している。この時期、新法が次々と廢されてゆく中で學制もまた見直されることになり、五月、頤は給事中兼侍講孫覺、祕書少監顧臨とともに、國子監太學生條例を修訂する命を受けた（『長編』三七八）。上記の言は、その折のものである。修定學制所は、御史中丞劉摯の上請を直接の契機として設けられ、この三名に國子祭酒、司業を加え發足したが、修定についての共通の見通しを得られぬまま、同じ劉摯によって半年後の十月に廢されてしまう（『長編』三七七、三九〇『忠肅集』四）。元祐元年九月の司馬光弔問に際しての蘇軾と程頤の間隙、十二月の軾の館職策題への彈劾を經て、經筵をめぐる問題から程頤と顧臨が衝突、孫覺も臨に味方し、更に蘇軾や呂陶が顧臨を辯護したことで舊法黨內の確執が急速に表面化してゆく事態を考えると、學制所の存續は固より無理であったといえる[(1)]。しかしそれ故に、洛・蜀・朔黨各々が、新法黨下における科擧・學校制に對してどのような獨自の對案を構想しえたのか、學制所內での議論には興味を惹かれるものがある。

ところで『通考』四二 學校考三には「皇祐の末、胡瑗を以って國子監講書と爲し專ら太學を管勾せしむ。……其の初、人、未だ甚しくは信服せず。乃ち其の徒の己に仕える者、盛僑、顧臨の輩をして其の事を分治せしむ。又た、孫覺をして孟子を說かしむ。中部の士人、稍々之れに從う。……」とあり、顧臨、孫覺は胡瑗を補佐する有力な弟子であった。すなわち、程頤、顧臨、孫覺の三人はいずれも胡瑗門下であり、學制論議の共通基盤が、胡瑗活躍期の太學にあったことを知り得るのである。從って、宋代の學校制度を檢討するためには、まず仁宗朝の太學を考察しておかねばならない。本章は、國初から仁宗朝に至る國子監、太學の幾つかの問題について憶測を加えながら、その後永く人々に記憶されることになる、胡瑗の下での太學盛況の背景を探り、宋代の科擧學校制度を考察する端緒としたい。

一　太學と四門學

北宋の太學について、設立年時を明示する史料が見當たらないことは、諸論考の多くが指摘してきたところである(2)。それにもかかわらず、設立を仁宗の慶曆四年とする見方はほぼ共通している。本書も「慶曆四年設置」說を概ね妥當と考えるが、檢討すべき問題はいくつかある。そこで本節は、太學設立の經緯を史料に卽して追い、同時にその問題點を考えてみることにする。

太學の設立時期を考察するには、まず太學とは何か、學制上の規定を見ておく必要があろう。實は、これが些か厄介な問題なのであるが、ここではひとまず『宋史』一五七 選擧、學校試冒頭に、

凡そ學は皆な國子監に隸す。國子生は、京朝七品以上の子孫を以って之れと爲す。初め定員無し。後、二百人を以って額と爲す。太學生は、八品以下の子弟若しくは庶人の俊異なる者を以って之れと爲す。

とある記述を念頭に論を進めることにする。すなわち「選擧志」では、七品以上の京朝官の子・孫がなる國子生と、八品以下の官の子弟及び庶人が對象となる太學生が區別されている。當然、かれらが屬する國子學と太學の存在が前提にされているのである。因みに「選擧志」のこの箇所は、慶曆年間以降の規定に據る記述である。(3)この規定に該當する兩學が、いつ現れるのか明確でない所に問題があるのだが、一應、太學は國子監の管轄下にあり、八品以下、庶人に至るまでの子弟を學生とする、と理解しておく。唐制の國子監の構成や學生數は時期により、また西都、東都の別によって異なるが、『新唐書』四四　選擧志や『通考』四一　學校二に示された六學は表の如くである。

<table>
<tr><td>國子學生</td><td>三百人</td><td>文武三品以上の子・孫、従二品以上の曾孫など。</td></tr>
<tr><td>太學生</td><td>五百人</td><td>五品以上の子・孫、職事官五品の期親、三品の曾孫など。</td></tr>
<tr><td rowspan="2">四門學生</td><td>千三百人
内五百人</td><td>文武七品以上の子など。</td></tr>
<tr><td>内八百人</td><td>庶人の俊異なる者。</td></tr>
<tr><td>律學生</td><td>五十人</td><td rowspan="3">八品以下の子・庶人の其の事に通ずる者。</td></tr>
<tr><td>書學生</td><td>三十人</td></tr>
<tr><td>算學生</td><td>三十人</td></tr>
</table>

（『新唐書』四四　選擧志、『文獻通考』四一　學校二）

以下、この太學設置に關する史料を引用、檢討してみる。小論が慶曆四年と考える一つの根據は、歐陽脩の胡瑗墓表に見える「……慶曆四年、天子、天章閣を開き大臣と天下の事を講ず。始めて慨然として、州縣に詔し、皆な學を立てしむ。是に於いて太學を京師に建つ」（『居士集』二五　胡先生墓表）との記述である。嚴密に言えば、仁宗が天章閣に范仲淹、富弼を召し天下の事を講じたのは慶曆三年九月のことである。その時の十カ條の改革案に沿って所謂「慶曆の新政」が行われ、科擧改革に關連して州縣に學校を建てたのが、四年三月である(4)。歐陽脩は、太學設立の月日までは記していないが、慶曆新政の一環として州縣學設置にそう遠くない時期のことだとするのである。この墓表は、嘉祐六年八月三日に撰したとあり、慶曆四年を隔てること十七年である。しかし、州縣學設置の詔が歐陽脩自身の手になり（『外制集』一　頒貢擧條例制敕、『宋大詔令集』一五七　建學詔）、改革派の一員として新政に深く關わっていた經歷を考えると、墓表の記述は十分信賴するに値しよう。更に『長編』一四八　慶曆四年四月壬子の條には、次のようにある。

判國子監王拱辰、田況、王洙、余靖等言う。首善は當に京師自りすべし。漢の太學は二百四十房、千八百餘室、生徒三萬人。唐の京師も亦た一千二百間。今、取才養士の法盛んなり。而も國子監は才かに三百楹、制度狹小、以って學者を容るるに足らず。請うらくは錫慶院を以って太學と爲し、講殿を葺き、乘輿の臨幸に備え、潞王宮を以って錫慶院と爲さんことを、と。之れに從う。

この記事は、墓表の「是に於いて太學を京師に建つ」との記述に對應すると考えられる。とすれば王拱辰らの上請に依り、太學が國子監とは別に建物をもったことは、むしろ新たな太學の設置と理解しなければならなくなる。但し、この時の太學は、翌五年正月、新たな錫慶院の築造は財政上不可能であり、しかし外交使節招宴の場としてそれは不可缺である、とする三司の意見によって再び錫慶院に戻され（『長編』一五四　己巳）、結局、二月十八日に馬軍都虞候の役所が太學に充てられることになった。こうして、以降、學校關係の記事に太學の呼稱が頻出するようになる。

次に、別の角度から太學設置問題を考えてみよう。それは四門學の興廢をめぐってである。『宋史』一五七　學校試に、仁宗朝のこととして、「初めて四門學を立つ。八品自り庶人に至るの子弟を學生に充つ。……未だ幾くならずして學廢せらる」と、太學生と全く同じ規定の學生を對象とする四門學の設置と廢止が記されている。ということは、四門學が設けられた時點では、先述のような太學はまだ存在していなかったのであり、また四門學が「未だ幾くならずして」廢された理由は、同じ內容をもつ太學が新たに設けられたからだと考えるのが自然であろう。そこで少し煩瑣になるが、四門學に關する史料を擧げ、その興廢について檢討してみる。(5)

四門學の初出は『宋會要』崇儒一　太學の慶曆二年閏九月の條である。この條は長文のため全部を引用できないが、二つの記事から成っている。前半は、天章閣侍講王洙の、國子監は科擧受驗の一段階として利用されるのみで、本來の教育機能を果たしていない、という指摘とその對策を錄す。王洙の上言を受けた國子監は、幾つかの改革案を上呈し、後半はそれらを節錄したものである。文意の通らぬ所もあるが、いずれも裁可されている。このうち王洙の對策は、國子監生が國學解試を受驗するための條件に、在學受業五百日を加えよというもので、その施行の規定を詳細に論じている。一方、國子監の提議は、それ以外に違反者の罰則、十人に三人の解額數など多岐に渡り、その中に四門學設置について次のように述べている。

唐は六學を置き、皆な品官の子弟もて員に充つ。其の庶人の子弟も亦た四門學有り。今、國學、七品已上の子孫は保官を召し試補するを許すを除くの外、八品以下、庶人に至るの子孫、例として收補せず。自來、此の條貫有ると雖も、科場に遇う每に多く品官の子孫冒稱し、以って詳別し難く、假妄を容れ、或いは訟訴を興すを致す有り。自今、依りて唐制に倣い、四門學を立て、八品以下庶人に至るの子孫を以って學生に補充せんと欲す。……。

王洙の上言に四門學のことは見えないが、『宋會要』に採錄のときに省略された可能性はあろう。但し、いずれにしても國子監の提言に基づく實施であるから、その月日は『長編』一三九、『玉海』一一二　學校下などが示すように、三年二月辛酉（二十三日）のことである。從って先述の慶曆四年四月二十一日、この王洙を含めた王拱辰らによる錫慶院を以って太學にせよとの要請の太學が、學校試冒頭の規定の太學であるとするなら、四門學は一年餘で太學に變わったわけで、『宋史』の「未だ幾くならずして學廢せらる」という記述と一致するのである。

王洙は、慶曆四年十一月、有名な蘇舜欽の進奏院事件に連座していることから分かるように、當時、改革派に屬していた人物である。國子監に本來の教育機能を期待して在學日數の義務化を唱えたかれの提言は、士風を刷新しようとする慶曆新政の主張に沿うものであった。しかし同時に、國子監を科擧の一階梯と見なし、受驗者が殺到する狀態も無視できない現實であった。國學を有官者の子弟のみならず庶人に開放し、現狀に卽した形でより公平な制度へと手直ししようとするもう一つの狙いが四門學の設置であった。その四門學が太學に發展したことは、時人の言葉を用いれば「養士」と「取士」の兩機能を國學に求めた結果と言えるだろう。その歷史的意義は、後に再び考えるとして、慶曆四年に太學が設置されたとすると、それ以前に史料に散見する太學とは何かという疑問が起こる。この問題は、節を改め宋初の國子監を檢討する中で考えてみる。

二　宋初の國子監

北宋は、引き續き後周の國子監を國學として利用した。建國後間もない時期にもかかわらず、太祖は學舍を增築したり孔子像や十哲像、先儒の畫像を整備、更にたびたび行幸するなどして文教重視の姿勢を鮮明にしたのである(6)。しかし國初の國子監については、その規定や構成、實情など不明の部分が多い。

前節で觸れた王洙の上言に、宋初の國子監の構成內容を窺わせる次のような記述がある。

國子監、科場の詔下る每に、品官の子弟、保官・家狀を投ずるを許し、藝業を量試して牒を給し、廣文・太學・律學三館學生に充つ。多きは或いは千餘人に至り、卽ちに隨い召保、取解す。

ここから、慶曆二年閏九月の段階では國子監の下に、廣文館、太學館、律學館の三館が存在していたことが知られる。この學制は、例えば至道三年九月壬午（眞宗卽位するも改元前）、孫何が眞宗に獻じた五議の中に「下は工商雜類に至るまで、方に太學、廣文に遊び、云々」と見えるように（『長編』四二）、時折り史料の上に現われる。もっとも孫何の言う太學は、廣文館と竝立される太學館ではなく、より廣義の、國學という意味で使用されているように思われるが、廣文館が國學を構成する一館であったことは確認できよう。今、假に廣文館、太學館、律學館から成る國學を國子監三館制と稱しておく。本章は、この三館制が國初から慶曆に至るまでの國學制度であったと推測して論を進めているのだが、この點を少し考えてみよう。

國初の太學と慶曆四年以降の太學が、內容的に異なることを最初に指摘したのは、張邦煒・朱瑞熙論文（注（2）參照）である。兩氏は、從來の、宋初には太學が無かった、或いは太學は國子監の別稱であるという見解を批判し、且つ宋初の太學は慶曆以降の太學と同じではないとして、『宋史』一六五　職官五　國子監の項に付せられた原注を提示された。すなわち、「監生は定員なし」という本文の割注に、「竝びに有蔭及び京畿の人。初め監に隷して授業し、後、監生に補す。或いは游官に隨屬し、久しく本貫を離るるを以って克く鄉薦に赴かず、而して文藝稱す可きも亦た補試に隸すを許す。廣文は進士に教え、太學は九經・五經・三禮・三傳に教え、律學館は明律に教う。餘は常置せず」とある一文である。この原注が何に據っているのか判然としないが、國子監諸學についての具體的記述から、三館は科擧の科目の違いに對應していたことを知り得る。廣文館には進士科、太學は諸科、律學は明法科の學生が屬しており、明らかに『宋史』一五七　學校試冒頭に見える國子監諸學と構成原理を異にしているのである。

こうした三館制が、慶曆年間、四門學を媒介にして新制太學に移行したことを明示する史料は管見の限り見當たらない。却って、慶曆四年から十四年後の嘉祐三年、三館制に言及する記事を見出すので、次にそれを檢討してみよう。

『宋會要』職官二八 國子監 同年五月の條に、管勾國子監吳中復の言として、「舊制、科場に遇う每に、卽ちに廣文・太學館監生に補試す」とあるのがそれである。以下、「近ごろ詔して間歲貢擧するに、前一年を須ちて補試す。比ごろ科場に至るに多く京師に就き、監牒を私買し、名を易え試に就く。及び旋に畿內戶貫を冒し、以って進取を圖るは、遠方孤寒を待つ所以の意に非ず。自今、科場に遇いて監生を補試すること故の如くせんことを請う」と續く。吳中復の論點は、間歲貢擧に伴って、それまで科擧の詔が降されてから實施されていた國子監の入學試驗（補試）が、一年前に繰り上げられ、樣々な弊害が生じているので、舊に戾して欲しいというものである。この文脈からすれば、「舊制」は、間歲貢擧以前の制を指すように思われるが、果たしてそうであろうか。科擧を從來の概ね四年に一度から、二年に一度にするとの詔が降されたのは、吳中復上奏前年十二月のことである（『長編』一八六）。一方、歐陽脩が權知貢擧となり、蘇軾・轍兄弟、曾鞏が及第したことで知られる嘉祐二年の科擧が、やはり前年に行われており、新制に基づく科場は嘉祐四年に開かれる。つまり三年は秋試の年に當たり、間歲貢擧法による科場を迎える前の上請と言える。從ってこの時は「前一年の補試」は日程上不可能で、しかも貢擧新制の條制は三年三月に詳定されており（『長編』一八七 同年辛巳）、もし補試が行われたとしても三月から五月の間ということになる。「舊制」を間歲貢擧に對置し、嘉祐二年十二月まで國子監に三館制が行われていたとは、諸々の狀況から考えにくいのである。胡瑗の教導で太學が最も盛んであったのは正しくこの時期であるし、嘉祐四年の殿試に不合格であった程頤は、この時期しばしば太學に學んだとある[7]。これらの太學が、諸科の學生を對象とする三館の一つの太學でないことは言うまでもない。また前節で述べた慶曆二年閏九月の王洙による監生の聽講五百日の義務化は、四年十一月一日、判國子監余靖の反對で罷められたが、その上奏の中では、「應ゆる國子監、太學の生徒は、云々」と表現されており、既に三館制が新太學制に移行している樣子を窺わせる（『長編』一五三）。とすれば、吳中復の言う「舊制」は、王洙の「國子監、科場の詔下る毎に、……牒を給し、廣文・太學・律學三館學生に充つ」の三館制、すなわち慶曆四年以前の國子監舊制を指す、と理解したい。原文節略に問題があるのではないかと想像する。

さて國子監三館のうち、諸科を對象とする太學は、宋初に獨自のものだが、廣文館は『通典』二七　國子監の割注に「天寶九載、又た國子監に廣文館を置き、學生の進士の業を爲める者を領す」とあるように、唐制を繼承しているのである。從って『長編』一九　太平興國三年九月甲申の條に載せる詔が「自今、廣文館及び諸州府、禮部試進士の律賦は竝びに平仄を以ってし次に依りて用韻せよ」と、諸州府の解試、禮部試と竝べて國學解試の部分を廣文館と記すのは、勿論それが進士科であるからである。そしてたびたび名前を擧げる歐陽脩は、廣文館で得解した一人であった。かれは天聖四年、隨州で得解し、翌五年、禮部試に赴いたが失敗、一旦漢陽の胥偃の下に身を寄せた。續く天聖七年のことを『年譜』は、「是の春、公、胥公に從いて京師に在り。國子監に試せられ第一と爲り、廣文館生に補せらる。秋、國學解試に赴き、又た第一なり」と記している。翌年正月、今度は禮部試を第一で、三月、殿試を甲科第十四名で合格したのであった。

このように、宋初の國子監は三館より成っていたが、各館が獨自の學舍や學官を有していた形跡は認められない。それは、三館が學則上の名目的存在であったからであろう。國子監生は、各自の選擇する應試の科目によって所屬を異にし、それに見合う監牒を與えられていたのではないか。そして三館制が單なる學籍上の區分に過ぎなかったことが、新制太學の設立という大きな機構改革にもかかわらず、關連史料の殆ど殘らなかった理由ではないだろうか。

三館監生の入學資格について簡單に觸れておこう。まず先に引用した『宋史』職官志五　國子監、監生原注は、「有蔭」すなわち有官者の子弟と「京畿人」が監生であるとし、國子監で豫め聽講した後、入學試驗を受けるが、外任の父兄に從って本貫を離れている者は、特に聽講が免ぜられる、としている。諸規定の大枠を述べたものであろう。太祖、開寶八年の國子監の上言は「生徒の舊數」を七十名とし、五經を分習させたが受講せぬ者が多いので、在京の進士、諸科で講義を受けている者及び衣冠の子弟の鄉里を離れている者から缺員を補うように要請している（『宋會要』崇儒一　太學）。監生に、國學解試を受驗させるか、或いは本貫で取解させるかについて行われた上言のなかの言葉だが、その基準を在學聽講に置くことは、既に開寶五年に確認されている（『會要』選擧一四　發解　同年十一月十日）。儒學振興を圖る太祖の度重なる幸監にもかかわらず、國子監は國初から國學解試をめぐって動いていたのであった。『五代會要』一六　國子監　周顯德元年十一月の敕に、禮部試を受ける監生に對して「今後、須らく是れ監中受業して、方めて令式に准じ收補・解送するを得べし」とあり、更にその割注で「近年、諸州府に解を得ざる擧人、卽ち監に投じ補を請う有り」と付しているのをみると、こうした傾向は五代からあり、宋は後周の國學の建物のみならず、その風潮まで踏襲したかのようである。

太宗の太平興國九年、國子監擧人について、官員の子弟が本貫地を離れている場合、監司がその行狀を熟知していれば、必ずしも國子監で聽講しなくとも收補、發解してよい、との詔が出されている（『會要』職官二八　國子監　同年六月）。ここで注意すべきは、聽講は免除するが、「祿を食むの家に係らざれば收むるを得ず」とわざわざ但し書が付けられている點である。有官者の子弟であることが第一義的要素であることを強調している。官員子弟という資格は、『長編』六〇　景德二年七月丙子の條に、「文武陞朝官の嫡親は、國學に附し取解するを許す」とあり、眞宗朝、一層明確に規定されるようになった。この條は、次節で改めて檢討するが、陞朝官を文官は太子中允・贊善大夫・洗馬以上、武官は內殿崇班以上と解すると正八品以上に當たり[8]、慶曆三年二月の國子監上言にある、七品以上の官の子孫を試補するとの規定に合わない。或いは、この時は特に朝官の嫡親（正妻の子孫か）を監生として認めるという特別條項なのであろうか、後考を待ちたい。以上を瞥見すると、三館制國子監の入學資格は、官員、それも原則として七品以上の子弟という條件が浮かんでくる。また父兄の任官の事情で本籍地を離れている子弟は、聽講免除の特典が與えられ優遇された。これらの原則に加えて、京師在住の科擧受驗者は、有官者の保證人を立てるなど所定の手續きを經れば補試受驗を許すという例外規定があったのである。太宗の端拱二年二月から淳化五年三月まで、一時、國子監は國子學と名稱を變えたが、それは十分理由のあることであった（『長編』三〇、三五）。

こうした文脈から考えると、前節に引用した慶暦二年の王洙による在學聽講義務化の提言は、宋初から監生の解試受驗條件としてしばしば論じられているので、特に目新しいものではない。しかし、五百日という從來にない長期にわたる聽講と詳細な出缺調査の手續きの提案は、國學解試を中心に動いている國子監に、養士の機能を回復させようという熱意が感じられる。それが、科目に對應した三館制から庶人をも對象とする新制太學への移行の原動力となったのであろう。更に大きな背景を言えば、唐制の品官に應じた細かな學の分類から、七品官の子弟か否かを境に國子學と太學に所屬を分ける大まかな區分のみとし、それも事實上は庶民に開かれた四門學、續いて太學中心の學制へと展開する流れは、宋代以降の新たな「士─庶」社會形成の潮流に對應し、結果的にそれを加速させる方向への提言であったと言える。國子監三館制の解消と太學設置は、恐らく條文を改定するだけで濟む作業であっただろうが、その歷史的意義は大きいと言わねばならない。

三　解額と國子監

三館國子監の活動が活發であったか、低調であったかは見方によって變わってくる。國子監本來の教育面から言えば、既に見たように一貫して低調であった。宋初、受講者は定數七十名を滿たさず、慶暦年間に至っても、「殊に國子肄習の法無し。居常の講筵、一、二十人の聽講する者無し」（王洙の言）という有様であった。しかし科擧の年になると、それが一轉して入學志願者が殺到する。多いときには監生が千人を超えたり、入學のために品官の子孫を詐稱する者まで現れる始末であった（『會要』崇儒 慶曆二年閏九月）。こうした現象は、開封府試に受驗生が集中することと軌を一にしている。洪邁は『容齋續筆』一三 金花帖子で、「……予が家、咸平元年（九九八）孫僅榜、盛京の得る所の小錄を藏す。……但、此の榜五十人のみ。第一より十四人に至るまで、惟だ第九名劉燁のみ河南の人爲り。餘は皆な開封府を貫とす。其の下、又た二十五人も亦た然り。應に都の人士、選に中ること是の如きの多かるべからず。疑うらくは、亦た外方の人、寄名託籍し、以って進取の便を爲さんとするのみ。……」と、人々が寄名託籍までして都に赴くので、進士合格者に占める開封府出身の割合が異常に高くなったと推定している。司馬光の「貢院乞逐路取人狀」（『溫公文正文集』三〇）も、開封府、國學得解者が進士合格者の中で飛びぬけて多いことを言う場合、しばしば引用される。新制太學設置後の、間歲貢擧が實施された嘉祐四、六、八年の事例ではあるが、具體的數字を窺えるので貴重な史料である。例えば嘉祐七年（一〇六二）の國子監得解及び免解の進士一一一人中、翌年の最終及第者は三十人で約四人に一人の合格、開封府試は三〇七人に對し六十六人の合格で約五人に一人。それに對し華北、四川、湖廣諸路のうち最も合格率が高かった荊湖南路が六十八人中二人で、三十四人に一人の割合となるから、いかに京師經由の最終合格率が高かったかが分かる。東南路の數字が擧げられていないことが惜しまれるが、この年の進士合格者總數は一九三名であり、約半數が京師で得解した者ということになる。こうした合格實績があれば、受驗者は寄名託籍をしてでも京師で得解しようとするであろうし、當然優秀な人材も多く集まることになり、益々合格率は高くなるという繰り返しになる。蘇軾・轍兄弟も、どうやらはるばる四川から上京して嘉祐元年の開封府試で得解したらしい(9)。

科擧の一次試驗の合格者數枠である解額については、既に荒木敏一氏による詳細な研究があるので、制度上の規定や變遷についてはそちらを參照していただきたい。[10]解額が諸州府ごとに割り當てられ、しかもそれが受驗者數に對する合格率ではなく、州府ごとに固定された人數で決められていたことに、宋代科擧制度の一つの大きな特色がある。五代の分裂時代を經て天下統一を目指す宋王朝は、科擧が社會統合に果たす重要な機能を十分意識したであろうし、全國から官僚候補者を京師に集めるために州府を單位とする解額形式を採用したことは、宋代政治史や社會史研究にとっても興味深い課題である。以降、本書は、度々この解額の問題に觸れることになる。[11]本章の扱う北宋前半の科擧と國子監の主要な問題も、前節でみたように國子監が獨自にこの解額をもつが故に起こっていると言ってよいだろう。

國子監（廣文館）進士の解額は、仁宗天聖七年（一〇二九）に五十人、慶暦元年（一〇四一）には特に增して七十人としたとの數字が知られる（『長編』一〇八、一三三）。或いは『宋會要』選擧一五 發解 天聖四年九月二日の條に「國子監言う。天聖元年の新舊進士百九十八人。免解を除くの外、二十人を添ず。今年の人數稍々多し。乞うらくは例に依りて特に人を添ずるを與さんことを、と。之れに從う」という記事がある。新舊進士百九十八人とは、天聖元年の廣文館解試の受驗者數と理解しておく。[12]この時の國子監の上請は、天聖元年が例年より受驗者數が多かったので從來の解額に加え免解以外にとくに二十人の增額を認めたケースを引き合いに出し、今年（四年）も多いので、その例に倣い增額を要請し、認められたのである。ここでの解額は人數で示されているが、當初は受驗者數の何割を合格させるかという分數制であった。至道三年（九九七 眞宗卽位後）に合格率を國學、兩京、諸州府を通じ原則一律十分の二に定めて以來（『宋會要』選擧一四 發解 同年五月九日）その分數はどのように變わったのか、或いは變わらなかったのか、また定額制になったのは何時からであり、その理由はどこにあるのかなどの問題は、科擧學校制の展開と宋代社會の變化の關係を考えるに際し、具體的な檢討の出發點として重要である。しかし、この時期の史料數は限られている上、それらが一部錯綜していることもあって問題へのアプローチはかなり煩瑣な考證を必要とし、回答を出すのは容易でない。そこで、ここでは眞宗朝から仁宗慶曆年間までの解額をめぐる動きの概略を把握するために、先に擧げた荒木敏一氏の見解を紹介しつつ、それとは異なる解釋も可能ではないかということを提示する。その作業のなかで、おぼろげながらもこの時期の解額をめぐる問題のイメージが浮かんでくるのではないかと期待するからである。

荒木氏の結論をごく簡略化して述べると、眞宗朝の景德年間から大中祥符年間（一〇〇四～一六）において解額分數は十分の二、十分の四、十分の五と增大していった、ということである。眞宗は、合格率を上げ得解への道を廣げる方針をとったのである。その結果、眞宗・仁宗朝には濫進、冗官の弊が顯著となると指摘された。様々な史料を検討された結果であり、またこれほど單純に述べられているのではないのだが、分りやすくするために氏の見解を敢えてこのようにまとめさせていただいた。これに對し拙論は、まったく逆の見方をする。十分の二以降の分數は、得解して禮部に至る擧人を絞り込むために、解額を、ある期間内の複數の科擧において最も多くの得解者を出した科場の合格者數の何割かに固定するための分數であり、濫進、冗官の弊に對應する措置でもあったと考える。

この問題にかかわる一連の史料のなかで、關鍵となる記事が『長編』と『宋會要』に幾つかある。それらを順にあげれば以下のようである。

①『宋會要』選擧一四　發解　至道三年（九九七）五月九日。朝廷は、「濫進を懲らしめ至公を盡くす」ため「應ゆる兩京、諸道州府の進士、諸科每歳の擧人の發解及び貢院考試條貫」の作成を命じ、まず「發解條貫」を求めた。それに對し翰林院承旨宋白らが、每歳の擧人がややもすれば萬を以って數えるので百人に二十人を解する案を上奏し、その結果、該當者がいなければ無理に十分の二の額を充たす必要はなく、それ以下でもよいとする條件を付けて上奏は受け入れられた(13)。

②　同　眞宗咸平元年（九九八）五月二十三日。しかし①の一年後、禮部貢院は、成績劣悪の擧人が依然として多く、

發解官が公正嚴格な試驗を行っていない。さらに商工雜類や刑事罰を受けた素行の悪い者までが受驗するので、今後關係官吏は嚴しく取り締まる。擧人が二萬人に近く、旣に規定も整備されたので分數を十分の二に定めることなく、選拔を嚴選させ、紕繆の進士、十否の擧人を送った官は條例によって處罰することを上奏して、これが裁可された。從って、形式的には十分の二の分數はここで廢止されたことになる。[14]

③『長編』六〇　眞宗景德二年（一〇〇五）七月丙子。龍圖閣待制戚綸と禮部貢院が、今年の「諸道進士僅三千人、諸科萬餘人」のうち文理紕繆の進士、十否九否の經義諸科擧人が甚だ多く、嚴しく取り締まらなければこの傾向は益々增長すると述べ、また一方で成績劣等者を禮部に送って責任が追及されることを恐れ合格者を出さない例もある、として細かな對策を上言した。その中で解額に關係する部分は「今自り開封府・國子監・諸路州府は、秋賦投狀の擧人に據り十の四を解し、藝業優長或いは荒謬至って甚だしきが如きは、則ち多少に拘らず」とある。これに對し眞宗は「分數至って少なく、約束嚴に過ぐ。仕進の路を沮まんことを恐る」として、兩制と知貢擧官に詳定以聞せしめた。戚綸らの上言のなかで「分數」は「十分の四」以外に該當語句はなく、「約束」とは成績劣惡な擧人を發解した官吏や不正を行った擧人などへの罰則規定であろう。眞宗の指示を承け、翰林學士晁迥らは、從來「擧子」が二、三人しかいない州は「全解」を許し、諸州は「數を約して解送」すること、そのほかに國學や學究、明法の規定についての詳細な提言を行っている。なお李燾は晁迥らの記事に關して按語をつけているが、これについては後で觸れる。[15]

④『宋會要』選擧一四　發解　大中祥符二年（一〇〇九）五月二十四日。眞宗は禮部の提言を受け入れつつも「掄材之路」を廣くするという意向で、五年間の解發人數の最多の年を選び、禮部のいう三分ではなく、その五分を定數とすることで解額の固定化を決定した。[16]

⑤『宋會要』選擧一四　發解　大中祥符四年（一〇一一）五月二十七日。この記事は全文をここに掲げる。

翰林學士晁迥等言「竊見今歳諸處解到竝免解進士僅三千人、諸科萬餘人、貢院試多不合格。其中文理低次、經義荒謬、十否九否者甚衆。蓋逐處發解、多不精考。又慮自今州府官吏以紕繆十否累及發解官、殿罰者多、因茲避事、全不解發。取士之方、益爲未便。望令國子監・兩京・諸路取咸平三年至景德四年凡五次解數内、以一年最多者定解十之五、或臨時體量、與定人數。自來三兩人已下亦許全解、中有才業不羣者別具名聞」。從之。

一見して明らかなように、この晁迥らの上言は、③のかれらの提言内容とほとんど同じである。また③の『長編』に付けられた李燾の按語には「本志（選擧志）大中祥符四年五月に同じ記事が重載されているが、恐らく誤りであるので削除する」とある（本節注（15）末尾參照）。『長編』では削除された記事が、この⑤なのであろう。とすれば景德二年に、晁迥らは五回の科擧の中から最も合格者の多い年の十分の五の人數を定額とし、二、三人しか合格者のいない州ではその全員を解額とすべきだと提言していたことになる。「免解進士僅三千人、諸科萬餘人」の「僅」は、「ほとんど……に近い」というニュアンスなのであろうか、諸科と合計すればやはり多い人數と認識されている。③の戚綸らの「自今開封府・國子監・諸路州府、據秋賦投狀擧人、解十之四」という提言も、ここからは受驗者の十分の四を合格させるとしか讀めないが、實際は⑤のように最多合格者人數の十分の四の提案であった可能性を捨て切れない。何故なら、戚綸らが從來の合格者數の十分の四に一氣に減額する案を出したすることで、眞宗の「分數至って少なし」の意味が初めて通ずるのであり、晁迥らが眞宗の意向を汲んで五分の提案をしたことも無理なく理解できる[17]。しかし、いずれにしても以上の①から⑤の記事を、それらの時期・内容を變えずに一連の流れとして整合的に解釋することは難しい。そこで、ここでは⑤を③の時期のものとして理解し、解額をめぐる動きを以下のように解釋しておく。眞宗朝になり全國から開封に送られてくる擧人は一萬人を超え二萬人に迫る勢いであった。しかも成績不良者が甚だ多い。そこで發解の嚴選を求める一方、合格者を受驗者の十分二とする案が出され一旦は決定されたが、一律に決めることの難もあり白紙となった。しかし濫進の勢いは止まらず、今度は解額の固定化が目指されるようになる。景德二年に、それまでの最大合格者數の四分を解額とする案が出されたが、眞宗の絞りすぎとの批判があり、五分案となった。これが正式な決定となったのかどうかは明確でない。その後、大中祥符二年にまた禮部から三分案が出されたが、眞宗は五分を提示し、これが解額固定化の基準となった。

文治へと大きく方針を定めた宋朝政府は、科擧を大々的に實施し、全國から遍く官僚を登用することで政權の求心力を保ちつつ、文治の實現を圖ろうとした。眞宗朝の解額數をめぐる慌ただしい動きは、中央のその思惑に地方が敏感に反應したことを物語る。しかし、地方から禮部試を目指しやってくる人士の多くは中央が期待する能力や條件を充たしていなかった。また發解人數の制限、規定に違反する發解官や應試者への嚴罰策だけでは擧人の質の確保にも限界がある。新制太學の設置は、こうした狀況を背景にしていたのである。

今までみてきたところでは、國子監解額は他の兩京、諸州府と同じ割合で論議されている。すなわち秋試合格率という面からみる限り、特に國學や開封府が優遇されている形跡はない。取解者の國學、開封府への集中は、結局、そこが文化の中心である首都であり、禮部試の出題傾向を知るには最も適した地であること、しかも仁宗朝半ばに一つのピークを迎える學術、文藝の大きな變化が興りつつあったこと、禮部試に失敗した擧人が、故鄕に歸らず次回に備えて都に留まったことなど、既に今まで言われてきた一般的な理由によるのであろう。解額の定額化は、こうした國學集中に齒止めをかける意味もあったと考えられるが、國子監の最大の問題は、眞に國學取解を必要とする人々の大部分が、恐らく「國子」でないという事態にあった。『宋史』一五七 學校試は、序論で「凡そ國子は、奏蔭、恩廣きを以っての故に、學校は考選に預からず。其の官に入り出身を賜るを得る者は、多く銓試に由る」と述べている。三舍法施行後の國子學についての記述であろうが、原則的に事情は國初にも該當する。三館制國子監の諸問題を解決しようとすれば、庶人に開かれた太學設立に至らざるを得なかったといえるのである。

四　胡瑗と太學――結びにかえて

慶曆四年、太學が獨自の建物を備えてから、本章冒頭に引用した程頤の言う盛況に至る過程は、胡瑗の存在ぬきに考えられない。胡瑗と太學との關係は、先揭、歐陽脩の墓表に簡にして要を得た敍述がある。「太學を京師に立つ。而して有司、湖州に下して先生の法を取り、以って太學の法と爲さんことを請う。今に至るも著して令と爲す。後、十餘年、先生始めて來たり太學に居す。學ぶ者遠きより至る。太學容るる能わず、旁らの官署を取り以って學舍と爲す。禮部貢擧の歲、得る所の士、先生の弟子、十の常に四、五に居る。云々」湖州學で多大な成果をあげたかれ獨特の學規は、中央の注目するところとなり、新制太學に採用された[18]。經義・治事の兩齋を立て、學生の適性に應じてカリキュラムを組んだかれの教育法は夙に有名で、實學重視の方針は多くの有爲の人材を生むことになる。一方、かれは「易」に代表されるように所謂「新義」の學を、太學という國家の教學の中心で講じ、且つ人々を「悅服」せしめたことによって、漸く興隆しつつあった宋代學術の新潮流を天下に公認させたという功績も見逃すことはできない[19]。要するに胡瑗の教育には、實學重視の方針の下、世界觀究明の觀念的な經學と科擧用學問の擧業が矛盾なく併存しており、少し角度を變えれば南宋で大いに論議される「道義」と「事功」の兩者を適宜包含するが故に、官界、思想界に幾多の人材を送り出すことができたのである。太學が「養士」と「取士」の兩機能を充實させたという意味では、胡瑗の時代はむしろ國學史上の例外に屬すると言えるだろう。

本章最後に、歐陽脩「墓表」の「後、十餘年、先生始めて來たり太學に居す」について觸れておこう。音律に詳しかった胡瑗が、再度朝廷に召されたのが皇祐二年十一月のこと（『長編』一六九）、その後、四年十月に國子監直講に任ぜられ（『長編』一七三）、途中、天章閣侍講となるが管勾太學を兼ね、嘉祐四年正月、病氣で致仕する（『長編』一八四、一八九）までの足かけ七年が太學での活動期間である。太學が胡瑗の學規に依って整備されてから、かれの赴任まで實際は八年餘りなのであるが、その間の太學の事情はどうであったのであろうか。『長編』一七〇 皇祐三年七月壬子の條に「詔す。太學生、舊制二百人。如し數を充たす能わざれば、止だ百人を以って限と爲さん」とあるのを見ると、湖州學規採用後も、相變わらず正規の太學生の教育面では不振をかこっていたかの印象を受ける。一方、皇祐五年閏七月には、開封府と國子監の解額を百分の十五にする詔が出されている(20)。

この記事は、胡瑗が學官になった效果による解額改定とも解釋できるが、開封府とセットになっているところをみると、從來からの都での發解を狙う取解者が依然多く、その制限と理解したい。太學をめぐる事情は相變わらずで、その活況は、胡瑗その人に依って初めて可能になったのである。

注

（1）元祐年間の舊法黨內、洛・蜀・朔黨の爭いについては、近藤一成「「洛蜀黨議」と哲宗實錄——『宋史』黨爭記事初探」（『中國正史の基礎的研究』所載 早大出版部 一九八四を參照。なお近年は史書の舊法黨派內のグループ分類の仕方には懷疑的な見解が出されている。例えば後世朔黨と呼ばれた人物たちと、當時の實際の人間關係のずれを指摘する平田茂樹「宋代の言路官について」（『史學雜誌』一〇一—六　一九九二）、同氏「劉摯『忠肅集』墓誌銘から見た元祐黨人の關係」（『宋—明宗族の研究』汲古書院　二〇〇五）など。今後は、元祐年間の人間關係のみならず、北宋末から南宋初めにかけて、そうした派の分類が成立する過程を檢討しなければならないであろう。

（2）　宋代の太學、國子監については多くの專著、專論がある。ここでは取りあえず以下の論著を擧げておく。宮崎市定「宋代の太學生生活」（一九三一初出　『全集』10所收）、寺田剛『宋代教育史概説』（博文社　一九六五）、趙鐵寒「宋代的太學」（一九五三初出　『宋史研究集』第一輯所收）、朱重聖「宋代太學發展的五個重要階段」（一九七四初出　『宋史研究集』第八輯所收）、李弘祺『宋代教育散論』（東昇學人專刊一　臺北東昇出版　一九八〇）、張邦煒・朱瑞熙「論宋代國子學向太學的演變」（一九八二年會編『宋史研究論文集』河南人民出版社　一九八四）。李弘祺氏は、近年 *Education in Traditional China, a History*. Brill, 2000. を公刊され中國教育史の中での位置づけを行っている。

（3）　『選擧志譯註㈡』337條を參照。

（4）　次章「慶曆の治」小考參照。

（5）　四門學一般の説明は『選擧志譯註㈡』350條註（一）を參照。民間の學問德行の優れた人物を表彰するために授けられた試秩としての國子四門助教や、朝儀に際しての序列を示す合班座儀のなかで四門助教の名稱は、史料上宋初から頻出するが、ここでは學校としての四門學を問題としている。

（6）　『玉海』一一二　建隆增修國子監　『長編』三　建隆三年六月乙未など。

（7）　『伊川先生年譜』「……皇祐二年、年十八、上書闕下、勸仁宗以王道爲心、……間游太學。時海陵胡翼之先生方主教導、……」。

（8）　梅原郁『宋代官僚制度研究』（同朋舍　一九八五）三八～四三頁參照。

（9）　本書Ⅲ篇一章參照。

（10）　荒木敏一『宋代科擧制度研究』（同朋舍　一九六九）一〇二頁以下。

（11）　科擧の社會統合という機能は、當然ほかの王朝でも念頭におかれた。金朝の場合は、飯山知保「金初華北における科擧と

士人層」（『中國─社會と文化』一九 二〇〇四）參照。

(12) 舊稿では、この數字を天聖元年の禮部試への國學發解者數としたが訂正する。

(13) 詔曰「朝廷爲官擇人、設科待士、當懲濫進、方盡至公。應兩（詔）〔京〕・諸道州府進士・諸科擧人發解及貢院考試條貫、宜令翰林學士・中書舍人參議、先具發解條貫以聞」。翰林院承旨宋白等議曰「國家封域至廣、州郡甚多、每歲擧人動以萬數。將懲濫進、理在精求。欲乞不限兩京國學及諸道州府、應新舊進士・諸科擧人每秋賦各依前後敕命、委本處逐色差官考試、須是文章經義最精者。每進士一百人只解二十人、九經已下諸科共及一百人、只解二十人赴闕。如將來考試或有繆濫、其逐處發解官竝依先敕殿罰。內州府不及一百人處、亦令約此數目解送、但十分中只解送二分」。詔依所奏、仍令「今年秋賦擧人竝於本貫州府取解、不得寄應。逐處各選淸廉通本業官、與本判官・錄事參軍同考試。如本判官・錄事有文藝通經、卽不更差試官。仰知州・通判躬親監試、但取合格有藝之人、不必依所定分數。雖有曾經終場及到御前者、如不合格、亦不得解送。若合格人少、據見考試到人解送、不得將不合格中充數。如於分數外輒受情妄薦、將來考試、有諸科十否・進士紕繆者、仰貢院擧奏、發解官竝當勘罪勒停、干繫官吏各重行朝典、擧人勒出科場、更不得應擧」。

(14) 禮部貢院言「竊見諸州府及貢院考試諸科擧人、於義卷上多書粗字、蓋試官庇容擧人、免作十否殿擧。今後竝須實書通否、不得依前以粗字庇容。如有固違、乞行朝典。又、擧人中有工商雜類・曾犯刑責及素無行止之人、輒玷士流、冒取文解、竝許諸色人陳告。犯人勘罪決放、永不得入科場。官司輒有容隱、人吏竝決停、發解監試官追一任。又、擧人中或曾經御試或稱是舊人、有司須校藝能、逐擧但增場數。自今後不問新舊人、竝須文章典雅、經學精通。當考試之時、有紕繆不合格者、竝逐場去留。如有容庇、發解監試官竝乞准前條勒停。自來兩京及諸道州府解送擧人將近二萬、春闈校藝、及格非多。去歲朝廷特許十分內量解二分、自立規程、已成倫貫。今欲乞更不定分數、只嚴示誡懲、專委知州・通判・判官選差淸強官程試、精選德行詞學之士到南省考校、不及格人數多、竝乞依前項紕繆・十否條例停放。將來知擧官不得庇容、如失擧行、竝當連坐」。從之。

(15) 龍圖閣待制戚綸與禮部貢院上言「今歲諸道進士僅三千人、諸科萬餘人、其中文理紕繆、經義十否・九否者甚衆、苟非特行約束、必恐益長因循。又慮官吏坐此殿罰、因而避事、全不薦人。竊惟取士之方、合垂經遠之制、今請諸色擧人各歸本貫取解、不得寄應及權買田產立戸。諸州取解、發寄應擧人、長吏以下請依解十否人例科罪、其開封府委官吏覺察、犯者罪如之。鄉里遐遠、久住京師者、許於國子監取解、仍須本鄕命官委保、判監引驗、乃得附學、發解日奏請差官考試。近年進士多務澆浮、不敦實學、惟鈔略古今文賦、懷挾入試、昨者廷試以正經命題、多懵所出。舊敕止許以篇韻入試、今請除官韻略外、不得懷挾書策、令監門巡鋪官潛加覺察、犯者卽時扶出、仍殿一擧。咸平三年詔旨、進士就試、不許繼燭、每歲貢院雖預牓示、然有達曙未出者。今請除書案外、不將茶廚・蠟燭等入、如酉後未就者、駮放之、仍請戒勵專習經史。自今開封府・國子監・諸路州府、據秋賦投狀擧人、解十之四、如藝業優長、或荒繆至甚、則不拘多少。開寶通禮義纂請改爲義疏、今後通禮每場問本經四道・義疏六道、六通爲合格、本經通二・義疏通三亦同。今歲秋賦、止解舊人、新人且令習業。西川・廣南舊取解擧人、竝許免解。今後及第三史・通禮・三禮・三傳、除官日比學究・明法、望授月俸多處、貴存激勸」。上以分數至少、約束過嚴、恐沮仕進之路、乃詔兩制・知貢擧官同詳定以聞。於是、翰林學士晁迥等上議「令諸州約數解送、或自來擧子止有三兩人者、欲聽全解、或其間才業卓然不戝者、別以名聞。南省引試前一日、分定坐次、榜名曉諭、勿容移徙。遠人無籍者、令召命官保職就京府取解。文武陞朝官嫡親、許附國學。先寄應令還本貫者、不得敍理。前擧尙書・周易・學究・明法、經業不廣、宜各問疏義六道、經注四道、六通爲合格。三禮・三傳所習浩大、精熟尤難、請問經注四道、疏義六道、以疏通三以上爲合格。餘如咸綸等條奏」。從之。〈本志旣於此載迥議、又於祥符四年五月重載之、其義竝同、蓋因實錄致誤。按祥符四年四月、則諸道貢擧人初未到闕、迥安從知其數、且其數卽與此年合、其誤審矣、今削去。〉

(16) 詔曰「朕恢崇儒術、博訪賢能、因有司之上言、限歲貢之常數。永言俊茂、宜廣搜羅。其令禮部於五年最多數中特解及五分」。初、禮部言「准詔議定國子監・兩京及諸道州府軍監於五次解發擧人內、取一年最多者爲數。今後解十之三、永爲定式」。帝意欲廣掄材之路、故有是命。

(17) 大中祥符四年五月二十七日に學士晁迥らは「禮部貢院條制」、續いて八月に日には「發解進士條制」を進呈している（『玉海』一一六 祥符歲貢數）。この時期に晁迥らが科擧關係條制制定に關わっていたことが、編年に混亂をきたした理由の可能性がある。

(18) 胡瑗の湖州學に隱れて目立たないが、應天府書院の學規もやはり參考に供されている。『却掃編』上「……由此書院日以寖盛、事聞京師、有詔賜名應天府書院、……先生（戚同文）之規後傳、干時及建太學、詔取以參定學制、……」。因みに(15)

の戚綸は、同文の子である。

（19）胡瑗の思想史上の意義、その活動の具體的諸相については、土田健次郎「胡瑗の學問――その性格と位置――」（『東洋の思想と宗教』一一九八四、同氏『道學の形成』創文社二〇〇二に所收）を參照。

（20）『宋會要』選擧一五　發解　皇祐五年閏七月二十日、「詔、開封府・國子監進士、自今內一百人解十五人、其試官親嫌、令府監互相關送。若兩處倶有親嫌、卽送別頭」。

第二章　「慶曆の治」小考

はじめに

北宋、仁宗朝の慶曆年間は、前近代中國にあってきわめて高い評價を受けた時代である。後世、名臣の鑑とされる范仲淹をはじめ、韓琦、富弼、歐陽脩、余靖、蔡襄ら錚々たる士大夫が、政治・文化の各方面で活躍し、宋代の、ひいては近世中國の士風が確立した時期と考えられてきたからである。本章は、この「慶曆の治」について、改革派が提示し試みた幾つかの政策を檢討することで、改革政治の實情の一端を考察しようとするものである。前章では、文治政治を擔う官僚を科擧によって全國から遍く登用しようという宋朝の方針が廣く受け入れられたにもかかわらず、實際に地方から禮部試に送られてくる官僚志願者たちには成績劣惡な者が多く、科擧は中央政府が本來意圖したような機能を十分果たしていなかった狀況を確認し、慶曆の新制太學發足はそうした現實に對應する王朝の政策の一つと理解した。いわば「慶曆の治」の主役たちこそ期待される士大夫の姿であったのである。宮崎市定氏の著名な論考「宋代の士風」によって、實際のかれらの行動は後世の高い評價とは隨分と違うことが指摘されている。しかし、宋朝にとっては規範としての士大夫像の確立がまずもって重要事であったと考え、ここでは慶曆新政のなかからどのような士大夫像が浮かび上がるか檢討する。

本章は、次の二つの疑問ないし課題を前提に論を進めたい。第一に、慶曆年間及びその前後の時期の歷史的意義は、主として廣義の意味での文化史上にあると思われる。それでは、文人士大夫が多く官僚政治家であった宋代、政治史に卽してその意義を考えるとどうかという問題である。すなわち、これまで先學が明らかにしたように、經學史の上からは胡瑗、孫復、石介らの國學登用に代表される如く、唐以來の注疏の學に代わって、自ら直接經典を解釋し獨自の世界觀を構築しようという新しい動きが、國家の教學の中心である國學においても起こってきたということ。換言すれば、やがて朱子學として集大成してゆく宋學の活動が、この時期、明確に顯現化したことである。一方、文學にあっては、古文復興や古體詩隆盛の動きが看取でき、表現形式と表現內容の兩者において宋代固有の特質が漸く目立ってくる時期と考えられる。要するに文化面にあっては、宋代が宋代らしくなる時期、それが仁宗慶曆年間ということになる(1)。

こうした觀點から宋代的特質を政治史上に求めてみると、まず士大夫政治及びそれと表裏の關係にある胥吏政治の成立が擧げられよう。勿論、軍民兩政にわたる天子獨裁制や科擧制は、唐・五代以降の長い歷史過程の中で形成・整備されてきたもので、殊更、慶曆年間に限定されないが、その制度的枠組みの中で政治を擔った科擧官僚に、近世的意味での士大夫政治家の名稱を冠することは、やはり仁宗朝以降が相應しいであろう。しかし、從來、士大夫政治と言えば、それはもっぱら如上の文化的內實を備えた士大夫官僚が行う政治であるから士大夫政治なのであり、士大夫であるが故にどのような政治を行ったのかという、政治そのものの特質については餘り深く考えられてきた譯ではない。士大夫政治の特色、これが檢討すべき課題の一つである。

第二は、慶曆改革派と王安石新法との關連の問題である。從來、しばしば言われるように、范仲淹らの改革策の幾つかは、王安石新法の先驅けの性格をもっている。ところが、これも周知の如く、慶曆改革派で新法時に存命していた人物は、韓琦、富弼、歐陽脩をはじめ、殆どが反新法側に立ったのである。この事態をどう考えればよいのか。慶曆の改革が主として支配者層内部の綱紀肅正に留まったのに對し、新法は支配者層の經濟的利害に直接關わる、より拔本的な社會政策の段階にまで踏み込んだ改革策であったために、士大夫の總反擊を受けたと考えれば、回答は容易なように思われる。しかし當然のことながら、改革に對する當時の人々の反對論、贊成論は、現代人の論理とは些か異なる形を取っており、そこに我々の見落としがちな當時の現實の一端が反映している可能性もある。慶曆の改革と新法政治の連續と斷絶を、時人の觀念に卽して考えること、これがもう一つの課題である。

一　危機の顯現

慶曆三年（一〇四三）四月、この間のいわば敵役である夏竦の樞密使就任が阻まれ、代わりに杜衍が樞密使に、范仲淹、韓琦が樞密副使に登用されたことで慶曆の新政は開始する。既に前月、諫院では王素、歐陽脩、余靖、蔡襄が言官の座を占め、政府人事の大幅な刷新が行われていた。國子監直講石介が「慶曆聖德詩」を作って驚喜したのは、この時のことである。やがて八月には、范仲淹が參知政事となり、翌四年六月、河東陝西宣撫使として轉出するまでの一年餘りが、慶曆新政の時期であり、呂夷簡派の長期にわたる情實政治に代わって、淸冽な改革政治が行われたと人々に永く記憶されることになる。

さて、慶曆新政の中心は、三年九月、仁宗自らの諮問に應じて范仲淹らが提出した十箇條の改革策にあると思われる。そこで、まずその改革策の背景となる時代狀況について一瞥しておくことにする。

范仲淹は、「答手詔條陳十事」の前言冒頭で、「易」の「變通の理」を引用しながら、

此の言、天下の理なり。窮塞する所有れば則ち變通の道を思う。既に變通する能わば則ち長久の業を成さん。我

が國家、五代の亂を革め、富、四海に有ること八十年に垂んとす。綱紀制度、日に削られ月に侵さる。官は下に壅がり、民は外に苦しむ。夷狄驕盛にして寇盜横熾す。更張し以って之れを救わざるべからず。……。(2)と、改革の必要性を訴えた。建國八十年を經て、樣々な課題が山積していたが、それを綱紀の紊亂、制度の弛緩、官僚人事の停滯、民の困苦、外敵の強盛、盜賊・反亂の横行と列擧したのである。前言に續く十事の改革策の主要部分は、もっぱら官僚制内部の問題に向けられている。それは、建國八十年という年月が世代交代で數えると、丁度三、四代後にあたり、科擧制による能力主義を原則としながらも、緣故や情實によって特權階層の固定化が漸く進み、そこから起こってくる支配者層內部の弊害打破を、まず目指さねばならなかったからであり、更に明道年間以來、范仲淹自身、呂夷簡派との確執を續けてきた結果の反映である。

ところで、前言に見られるような危機意識は、仁宗初めの天聖年間から史料上目につきだす。『長編』一〇〇 天聖元年正月壬午の條に、權三司使李諮、鹽鐵判官兪獻卿の財政再點檢の要請を掲げた編者李燾は、その導入部分で自ら問題點を簡潔に整理している。それによれば、宋は建國以來、吳・蜀・江南・荊湖・南粤の富強を誇った國々を併合し、太祖・太宗はその富を財源に充て、しかも節約、簡素な政治に努めた。この時期、人口はまだ少なく、兵員・官員とも多くはなかった。また佛老の徒にしても活動は盛んでなく、夷狄に歲幣を贈ることもなく、人々は質素な生活を送っていた。それ故、上下給足して財政は安定していたのである。ところが現在（仁宗朝）はすべてが逆で、泰平の世が續いたのに兵員・官員は增大し、佛老、夷狄が中國を蠶食し、地方の出費は昔日に倍し、人々の生活は奢侈に流れて、上下ともに財に苦しむようになった、というのである。すなわち、冗兵・冗官、佛老徒食の輩、夷狄の害など樣々な要因が重なって官民の財政、生計を壓迫するようになったと、危機の集約が經濟の破綻として現れたと指摘した。鹽鐵判官兪獻卿は、更に破綻の結果が物價上昇であるとし、穀帛の値が大中祥符初頭に比べ數倍もしているが、

三路糧草錢帛歲出入數
（單位：萬貫石匹束）

		寶元元年 用兵前	用兵後
陝西	入	1978	3390
	出	1551	3360
河北	入	2014	2745
	出	1823	2552
河東	入	1038	1176
	出	859	1303
京師	入	1950	慶曆２年 2929
	出	2185	2617

人々はこれを、「稻苗未だ立たざるに和糴し、桑葉未だ吐かざるに和買す」と、官の性急な物資調達が原因であると考えており、特に荊湖、江淮でその害が甚だしいとする。當然、こうした狀態には冗費節減が對策の第一であり、事實、兪獻卿の上言を受け、御史中丞、提擧諸司庫務、三司の間での檢討が命ぜられている。

財政の危機は、西夏の役勃發によって一層深刻化した。慶曆三年四月、三司王堯臣は、陝西・河北・河東三路の錢帛糧草數を、寶元元年（一〇三八）の用兵前後に分けて、その增額ぶりを示している（『長編』一四〇、表參照）。

數字上は、供給が需要を上回り帳尻は合っているが、大規模な軍糧調達は財政を極度に壓迫した。陳襄『古靈集』十八　論冗兵劄子には、治平二年のこととして、緡錢に換算した財政收入六〇〇〇餘萬貫のうち五〇〇〇萬貫は養兵費用に充當されるとし、その內譯を、禁軍七〇萬──一兵あたりの經費年五〇貫、計三五〇〇萬貫、廂軍五〇萬──一兵あたりの經費年三〇貫、計一五〇〇萬貫で總計五〇〇〇萬貫と述べている。また張方平は、『樂全集』二三　論國計出納で、用兵以來、禁軍は八六〇餘指揮、四〇餘萬人增加したと述べるから、單純に計算して禁軍の經常費だけでも、西夏の役を境に二〇〇〇餘萬貫增えたことになる。范仲淹らの改革策の背景にこうした問題が存したことを念頭に、以下、士大夫政治の特質という觀點から條陳十事について考えてみたい。

二　條陳十事について

慶暦三年九月、仁宗は自ら親しく天章閣に范仲淹、富弼を召し、筆と紙を與えて當世の急務を奏するよう促した。恐懼した二人は一旦御前を退き、やがて十箇條の改革案を上奏したのである。先述したように、そこには財政再建のためのプログラムや軍事費削減の具體的政策は見當たらない。これより七年前の景祐三年、范仲淹は百官圖を上呈し、呂夷簡派が如何に銓格を無視し、不公正な人事を行っているか一目瞭然の形にして彈劾したが、この十事執筆の精神は、まさにその延長線上にあると言えよう。十事の内容については、すでに幾つかの論考で紹介されているので、ここでは、それら改革案の實施と廢止の經緯について主に述べてみたい(3)。

さて范仲淹らの改革案上呈について『長編』は、「上、仲淹等に信嚮し悉く其の説を用う。當に著して令と爲すべきものは、皆な詔書を以って次第を劃一し頒下す。獨り府兵のみ輔臣共に以って不可と爲し、而して止む」(同書一四三　慶暦三年九月日丙寅)と記し、其の七「修武備」の條が反對されたほかは皆な實施されたとする。しかし李燾はこの記事の原注で、第七條を含め四箇條についての詳細は不明としており、今、改廢の經緯が分かるものは六箇條にとどまる。まず其の一、仲淹自身が、再進前所陳十事(『政府奏議』上)で「文武百官の磨勘を重定し、將に以って濫進を約し、實效を責め、天下の政事をして擧げざること無からしむ」と要約する。「明黜陟」について。ここで范仲淹が指摘する問題は、形式的な磨勘制が定着した結果、業績の有無、賢不肖にかかわらず、年數さえたてば一律に昇進する「年功序列」の風が蔓延し、能力ある者が積極的に仕事をしようとすると却って足を引っ張られるなど、官界を覆う「事なかれ主義」が第一。第二に、樣々な利點のある在京ポストに官員の人氣が集中し、有力なコネのある權勢者子弟によってそれらが獨占されると共に、外任は希望が少なく、あってもなかなか赴任せず實際の在任期間は僅かで碌に仕事をしない狀況についてである。これに對して、特別の昇進は大功あるときに限り、在京ポストへの差遣や磨勘の運用を嚴密にし、また地方の人材を積極的に拔擢する對策などを提示している。この項は、三年十月壬戌、新定磨勘式として二府に頒下された（『長編』同日の條。『宋史』本紀一一）。内容は、兩省以上の遷官、京朝官の磨勘制の嚴密化、在京釐物務官の扱い、特別昇進、朝官の員外郎以上への遷官などを規定したものであるが、保任敍遷法（『宋史』本紀一一）とも呼ばれるように、磨勘、差遣における保擧制の實施が主眼で、惰性と恣意に流されていた中央政界を刷新するという范仲淹らの意圖にある程度應える内容になっている。ところが『長編』一五四　慶暦五年二月辛卯の條には、

詔して曰く「比ろ京朝官は、人の保任に因りて始めて敍遷するを得。朕念うに廉士或いは以って自ら進む能わざらん。其れ之れを罷めん」と。(4)

とあり、磨勘保任法の廢止が記されているのである。同條によると、この措置を具申した監察御史劉元瑜は、「……朝官より員外郎、郎中、少卿監に至るに、清望官五人の保任を須って方めて磨勘を許す。適に奔競を長じ、士の廉恥を養う所以に非ず。……」と述べ、先の新定磨勘式の「朝官遷官には五人の監司ないし清望官の保引を要す」との一項について批判し、裁可されたのである。この條項は、新定磨勘式の最も肝要な部分であるから、十事の「明黜陟」を承けて行われた改革は、ここで頓挫したとみるべきであろう。更に劉元瑜について『長編』は、康定初めには范仲淹、尹洙、余靖、歐陽脩を辯護する發言をしているが、仲淹の立場が危うくなると章得象、陳執中に阿ねて、蘇舜欽ら改革派の若手官僚を「一網打盡」にしたことで有名な進奏院の獄を起こした人物であり、ここでも范仲淹、富弼が斥けられた後、當局に迎合する形で磨勘保任法の廢止を進言したのだと、記す。從って本來オポチュニストである劉元瑜は、この時期、反改革派の總意を代辯しており、保任法は范仲淹らに反對する現狀維持派によって潰されたと解していることになる。概ね首肯できよう。

其の二「抑僥倖」は、先の要約に「文武百官の奏蔭を重定し、及び館閣職事を陳乞するを得ず。將に以って濫賞を

革め、冗官を省かんとす」と述べるように、任子の抑制と館職授與の嚴正化を求めたものである。仲淹の試算では、學士以上に任ぜられて二十年たてば、恩蔭によって一家兄弟子孫から京官二十人を出すことができるという。また館閣に補せられる者が權貴の子弟で占められる事態を改善するため、館職應募資格を進士合格三等以内にする、或いは缺員補充時の推擧基準の嚴密化などを要求している。この提案は、三年十一月癸未及び丁亥に、召試館職法、蔭補限年法としてそれぞれ施行された。ここで注意したいことは、任子法の若干の修正についてである。十一月丁亥の蔭補限年法は、奏蔭者の官位と被奏蔭者の受ける寄祿官の、續柄による差異を踏まえた對應關係及び被奏蔭者の實職任用手續きの規定の二點からなる。(5) そして「限年法」と呼ばれるように、そのいずれも被奏蔭者に年齢制限を設けることで濫進を抑制しようとしたのである。ところが、これに對して知制誥余靖が、任子の出官は二十五歲以上に限定されているのだから奏薦時の「限年」は必要なく、廢止せよと要請し裁可されたのである(『長編』一五四 慶曆五年二月辛卯)。すなわち、規定によると子孫の恩蔭を奏請する場合、長子・長孫は年齢に拘わりないが、諸子・諸孫は十五歲以上、弟・姪などは二十歲以上であることが條件であった。ここから、特に高齢で官職を得た者などの子孫が年齢制限にかかると、遠戚の條件に適う年長者を奏薦するやむなきに至っているが、これは「親を捨て疏を用いる」ことであり、恩蔭本來の趣旨に背く、というのがその理由であった。余靖は、言うまでもなく改革派の主要メンバーである。その人物から第二項の修正が進言されたことに留意しておきたい。

其の三は、著名な科擧改革を提案した「精貢擧」である。要約に「天下の擧人は、先に履行を取り、次に藝業を取り、將に以って教化の本を正し、卿士の材を育てん」とある如く、人材を養成、拔擢するための學校整備、試驗における策論重視、鄉試は人物評價を第一とし封彌を行わぬこと、などが提案された。これについては、宋祁らの檢討を經た後、四年三月乙亥に州縣學教授選任の規定、策論重視、受驗資格に一定の在學日數を加えること、帖經墨義の廢止などを盛り込んだ改革案が施行された[6]。しかしこの劃期的な改革も、在學日數については早くも同年五月癸未に、學に教授がいないという理由で舊取解者の在學日數の免除が議論され（『長編』一四九）、十一月戊午には判國子監余靖の提言で、國子監は五〇〇日聽講した者は十分の三を發解、滿たさぬ者は舊額により、他の府州軍學は聽講日數を限らないことになった（『長編』一五三）。さらに翌慶曆五年三月己卯、知制誥楊察の「詩賦聲病は考し易く、策論汗漫は知り難し」との理由づけによる建言で、禮部貢院の試驗が元に復されたのを手始めに、慶曆八年四月丙子（『長編』一六四）には、全面的に舊制に戻されている。新制の全面撤回のきっかけをつくった楊察が、この時期どのような立場にあったのか明確ではないが、進士甲科出身のエリート官僚であり、『宋史』二九五 本傳で「事に遇えば明決、吏職に勤む」と評される、財務にも通じた能吏であったらしい。加えて、晏殊の女婿ということから、富弼とは妻同士が姉妹という關係になり、更に晏殊はその政治的立場を十分理解していたとは言えないが范仲淹を引き立てた師であるから、人脈上に見る限り楊察は改革派に大變近いのである[7]。十事の改廢に關して、この點も留意すべきであろう。

次に「擇官長」とした其の四についてはどうであろうか。要約には「轉運使、提點刑獄幷びに州縣の長吏を擧げ、將に以って綱紀を正し、疾苦を去り、生民を救わんとす」とあり、具體的には中書、樞密院が各々轉運使、提刑各十名を推擧することから始まり、知州、通判の知縣、縣令各二人に至るまで、地方官推擧の規定を提議したものである。これは十事の中で最も早く施行され、上奏後、再度の仲淹、弼の上言を承けて、轉運使に按察業務を兼ねさせ、知州、通判以下の人事を段階的に委託するという、當初とはやや違った形で實施に移された。こうして慶曆三年十月丙午（『長編』一四四）、河北轉運按察使に鹽鐵副使工部郎中の張昷之、淮南は王素、京東は沈邈が任命され、また河東に施昌言、京西に李絢らが派遣され、地方官の督責を掌ることになった[8]。だがこの措置にも直ちに弊害が現われてくる。翌四年八月には、監察御史劉湜、同裏行包拯から、轉運按察使が置かれて以來、諸路の官吏への檢察が峻嚴を極め、些細な過ちでも摘發するなど上司の部下に對する態度は過酷に過ぎている。爲に審刑院、大理寺の奏案は以前に倍し、官吏は戰々兢々として手足を措く所無しの有様である、との報告があり、行き過ぎた督責を取り締まる旨の詔が出された（『長編』一五一 同乙卯）。上司が自分の成績を上げるためにむやみに部下を嚴しく責める風が廣がっていたのである。五年三月甲戌には、諸路提點刑獄に詔して、官吏を按察するための官を派遣しトラブルを起こすことを禁じ、續けて五月己巳に轉運按察兼任に伴って、專らその仕事に當たっていた轉運判官の新規補充を停止した（『長編』一六五）。こうして五年十月辛酉、遂に轉運使が按察の名を兼帶すること自體が罷められたのである。『長編』一五七は、「時に執政、范仲淹・富弼の行う所の事を沮み改めんとし、（祔祭の）肆赦に因り遂に此の命あり」と、賈昌朝、陳執中政權の反改革策の一環としてこの廢止を記すが、そうであっても地方の現場で大きな混亂が起こっているのは事實であり、早晚何らかの對策は必要であったであろう。

其の四、「均公田」。「天下の官吏、廉ならざれば則ち法を曲ぐ。法を曲げれば則ち民を害う。請うらくは更めて公田を均しく給せんことを。既にして豐足たらしめ、然る後に以って士大夫の廉節を責むべし。天下の政平らかにして百姓賜を受くるに庶からん」とあり、地方官への職田支給額を均等にするように乞うた内容である。大藩長吏二十頃、節鎭長吏十五頃以下の具體的支給額や運用規程などは、「政府奏議」上 奏重定職田頃畝に述べられており、ほぼそれに沿った形の「限職田」法が、慶曆三年十一月壬申、施行された（『長編』一四五）。ところが、この措置に對しても異議が唱えられている。日時は確定できぬが、慶曆四年の諫官余靖の上言である。職田の無い地、或いは少額な地域において、戶絶田を職田に充當する指示が民情を無視するものだという意見である。『長編』一四五の原注に依れば「詳細な記録はないが余靖の考えに從い改正が行われた」とあり、改革派の自己規制という形で「均公田」の案にも手直しが施されているのである。

次の六「厚農桑」は、十事中唯一の社會政策的内容をもつ施策であるが、實施の具體的狀況は史料がなく未詳である。仲淹の提案は、江南の圩田・浙西の河塘の修復、水利の整備、京東西路の排水工事など、恐らく自らの豊富な地方體驗を踏まえての上であろう、生産力を回復させ民生と漕運の安定をはかる事業を政府主導で行なえ、というものである。其の七「修武備」は、先述したように實現不可能ということで檢討の段階にも至らなかったが、唐の府兵制に倣い、開封周邊の農民から「募兵」し、首都の防備を固めようとしたものであった。

其の八「減徭役」は、要約に「天下の徭役至って繁なり。請うらくは漢光武の故事に依り、縣邑を併合し、以って徭役を省けば、民力を寬くするに庶らん」とあるように、縣の統合によって「役人」を整理し、農民の徭役負擔を輕減させようとしたものである。この案は、試驗的に慶曆四年五月己丑、西京河南府で實施されて、穎陽、壽安、偃師、緱氏、河淸の五縣を廢し、鎭に降格させた（『長編』一四九）。しかしこれも間もなく、理由は述べられていないが元に復されたようである。(9)

其の九「覃恩信」と其の十「重命令」は、恩赦の宣布事項を必ず實行することと、制書の指令の勵行、違反者の處罰を求めたものであるが、實施についての明文はやはり見當たらない。

以上、范仲淹の條陳十事について概觀してみた。その結果、曲がりなりにも實施に移されたことが明らかな事項が六箇條、一箇條は實現せず、三箇條は實施の次第が不明であった。そして實施された六箇條も殆どが、范仲淹らが中央政府を退いた後の慶曆五年前後に舊制に復されている。それでは、この事態を、現狀維持派の妨害による改革政治の挫折と捉えることは可能であろうか。確かに其の一「明黜陟」は、范仲淹派に對立する側からの提案で潰されたが、それ以外の多くは、余靖ら改革派側からの意見で修正ないし廢止されているのである。其の四「擇官長」の轉運按察制廢止に際しても、要請者のうち監察御史劉湜は、仲淹側の尹洙を過度に譏って中央の意向に沿おうとした人物であるが、もう一人の監察御史包拯は、「蔭補限年法」について、その廢止に反對し、新たに改正を加えて堅持すべきを說いており、其の四は、先述した如く、むしろ地方での弊害の深刻さを考えると、改革、反改革派の區別は二義的意味しか持たないであろう。要するに、改革案の多くは、それを實施した結果、當初豫想したものとは違った形で種々の問題が發生し、それに對し改革派側でも手直しせざるを得ない狀況が出てきたのではないかと推測できるのである。

この推測に關連する、もう一つの例を擧げてみる。先に仁宗朝の諸々の危機は、財政問題に集中的に現われたと述べたが、貧富の差の擴大、稅役負擔の不均等など農村における諸矛盾の擴大がその根底にあったことは言うまでもない。至和二年（一〇五五）里正衙前が罷められ、鄉戶衙前の實施をみたことは、その一つの歸結である。(10)『長編』一四四　慶曆三年十月丁未の條に、脫稅、漏稅を摘發して稅賦の增收を實現した縣官には賞を與える、との詔が載せられ、この詔が出された經緯を以下のように說明している。洛州（河北西路）肥鄉縣では、田稅の不均等が長い間是正されないできたが、大理寺丞郭諮と祕書丞孫琳の千步方田法による括田によって、土地が無いのに租を賦課されていた者四百家、逆に土地を有するのに課稅されていなかった者百家が正され、缺賦八十萬を收納し且つ流民が復すという好結果が得られた。そこで諫官王素が建議し、同歐陽脩の提案、三司の贊成を得て實施させることになった。全國に施行するに先立ち、亳、壽、汝、蔡四州がまず實施對象に選ばれ、手始めに最も不均衡の激しかった蔡州から行うことにし、上蔡縣で二萬六千九百三十餘頃を括田し、田賦負擔を均等化したのである。ところが、上蔡縣での實施が終わると方田法は突然中止された。『長編』は、その理由を「既にして諮言う、州縣逃田多く、未だ盡く括すべからず。朝廷も亦た、重ねて人を勞せん、と。遂に罷む」と、郭諮の實行不可能という申し出によるものとしている。しかし續けて割注に、『記聞』の、執政が其の議を然らずとして罷めた、という說と、郭諮本傳にある母の喪に遭ったためとの二說を付記して、「今、食貨志に從う」と、『長編』本文記事の典據を示している。食貨志及び諮本傳とは恐らく『仁宗、英宗兩朝正史』のそれであり、『記聞』は、現行本にこの記事を見ることはできなかったが、前後から判斷して司馬光の『涑水記聞』であろう。(11)『宋史』三二六の郭諮傳は、當然『正史』本傳の母憂免官說を踏襲している。ここで注意したいのは、『記聞』の、執政が中止させたとの記述である。この時期、參知政事は賈昌朝と范仲淹であり、そのどちらの發議か明示していないが、執政という以上、兩者の合意の上での判斷と考えてよいであろう。もし范仲淹が方田法中止に關與していたとすると、それは何を意味しているであろうか。方田均稅法といえば、先ず王安石新法のそれが念頭に浮かぶように、舊法黨領袖と目された司馬光にとって、內容上多少の違いがあるとはいえ、同じ發想と系譜上にある慶曆方田法に、范仲淹が中止の指示を出したとすれば、それは大いに歡迎すべきことに相違ない。李燾が『記聞』の說を割注に留めたのは、こうした司馬光の黨派上の立場を考慮に入れたからだと解するのは穿ち過ぎであろうし、そもそもそれが司馬光『記聞』の記事という確證もない話なのだが、一考には値しよう。

均稅は、慶曆以降も依然大きな課題であり、地方官が散發的に實施したり、仁宗嘉祐五年には再び大いに論議されるが、その度に弊害もまた問題とされるのである。例えば、田土の丈量が始まると、農民は增稅があると思い慌てて桑柘を切り倒す。一方、官吏には農事に疎いものが多く、土地の肥瘠を計って課稅すれば、地力の維持に熱心な精農に重く、田畑の荒廢を省みない惰農に輕くする結果となる。或いは貪婪な官吏は、この機會を捉え種々私腹を肥やそうとするが、上司はその實情を知る術がない、等々である（『長編』一九〇 嘉祐四年八月己丑、同一九二 同五年十二月辛巳など）。要するにここでも十事と同じく、政策の立案段階より施行過程に大きな問題を孕んでいたのである。

もとより均稅法や方田法は、慶曆新政に固有な施策とは言えない。その發想はむしろ一般的であり、あの夏竦でさえ論じているのである。(12)とすれば、この場合、その政策を實行に移すとき、現實社會に惹き起す樣々な波紋を、豫め政策そのものにどれだけ織り込むことができるかが大事なことになる。政治家としての洞察力が人竝み優れていたことを示す逸話の多い范仲淹が、均税法の怱卒な施行によって起こされる弊害に氣付き、中止させる理由は十分あったと思われる。『記聞』の記事にこだわった所以である。

以上、條陳十事の顛末及び慶暦均税法を瞥見すると、士大夫政治家としての資質には、一定の理念なり目標に向かっての政策立案能力とともに、その實現過程に對する綿密な配慮と見通し能力が要請されていたと言える。とすれば、范仲淹の目指したとされる士風の確立は、單なる士人の個人的モラルの問題ではなく、當時の現實政治の具體的な次元に深くかかわり、政府が直面する最も緊要な課題の一つであったというべきであろう。

三　慶暦新政と財政問題

今まで見てきたように、范仲淹の條陳十事は、主として官僚制内部の改革を目指したものであり、中國の政治的現實が個々の官僚の政治姿勢に左右されるところ大である以上、それは必然の要請であった。ところで、仁宗朝半ばの財政にとって最大の課題は、言うまでもなく西夏の役勃發による軍事費增大である。そこで最後に、その中でも緊急案件の一つであった陝西、河北駐屯軍への糧草補給について、范仲淹ら改革派がどう對應したのかを検討してみる。具體的には緣邊への入中糧草と鹽法との關連が考察の對象になるが、何分にも入中糧草、鹽法ともそれだけで難解で複雜なテーマであるので、ここでは西夏の役前後の大體の傾向を窺いつつ、特に陝西に關する范仲淹の見解の一つを検討してみる。

さて、范仲淹は、奏論陝西兵馬利害（「政府奏議」下）において、緣邊の效果的防備には、兵士への衣食の支給、厚賞に不足があってはならないと述べた後、財政問題に觸れ、三税法だけでは糧草の充足は覺束無いとし、その對策と

して、

> 臣、向南の鹽客を放行せんことを請う所以は、客旅をして糧草幷びに金銀錢帛數を入納せしめんとすればなり。更に逐處富實の家有り、商旅爲らざるは、必ず須らく利を以って之れに勸むべし。臣、請うらくは、逐處にて上件の物色一件を入納するを勸誘し、納むるに萬數を得るに及ばば、向南末鹽交鈔を給與するを除くの外、更に恩澤を與え、一萬巻貫は上佐官を與えん、……。[13]

と、述べる。『長編』は、この記事を慶曆三年六月末に付しているが、時期は更に溯る可能性もある。というのは、ここで范仲淹は、東南末鹽を扱う客商に糧草や金銀を納入させるほか、商人以外の財力有る家にも勸諭、納入せしめ、その額に應じて末鹽鈔を支給し、更に官位を與える一種の進納補官に準ずる主張をしているわけだが、東南末鹽と陝西入中糧草との組み合わせは、既に康定元年に實施されているからである。[14]すなわち『宋史』食貨下四に「康定元年、詔し、商人、芻粟を陝西竝邊に入れ、東南末鹽を受くるを願う者は、數を加えて之れを與う」とあり、陝西緣邊に糧草を納入した商人に、割增した末鹽鈔を支給することで軍糧調達の增額を計っているのである。これは幸氏注記論文で指摘されているように、その經濟手腕が范仲淹の評價を受け、歐陽脩が墓誌銘を書いた許元の建策である可能性が高い。[15]墓誌によると許元は當時、榷貨務に在職していたと思われる。從來、末鹽鈔購入代金は、京師榷貨務に集められ、これが沿邊の入中糧草に對して給せられた交引に支拂われる見錢の一部に充てられる、という形で、いわば間接的に末鹽が沿邊軍事經濟を支えていたわけだが、許元の措置は、割增し制を導入することで、より直接この二つを繫げようとしたものである。[16]この結果、商人は有利な東南鹽に殺到し、末鹽鈔亂發が問題となるのだが、それは情勢が一段落した後に持ち越される政策課題である。

これに先立つこと二年、李元昊は寶元元年（一〇三八）、宋に叛旗を翻した。この時點での陝西緣邊に對する軍事物資調達について、『宋史』食貨下三は、「元昊反して自り、兵を西鄙に聚むるも竝邊の芻粟を入中する者寡し。……因りて芻粟を入中するは、劵を予えて京師榷貨務に趨き錢若しくは金銀を受け、他貨を入中するは、劵を予えて償うに池鹽を以ってす。……」と記し、糧草納入に對しては見錢鈔等を、他貨すなわち羽毛、筋角、膠漆、鐵炭、瓦木等の納入には解鹽（鈔）で支拂ったとする。そもそも解鹽販賣法は、仁宗朝に三轉、四轉し、しかもその實施範圍が一定せず、制度變遷の理解を妨げているが、概ね官賣法と通商法の間を搖れ動いていたと考えてよいであろう。例えば、天聖八年十月、今まで官賣法實施地域であった三京二十八州が通商法に改められているが、その後康定元年には、京師、南京、京東路の州軍のみ再び官賣法に戻される。通商法實施を提唱したのが翰林學士盛度、御史中丞王隨で、官賣法復活を主張したのは翰林學士宋祁、知制誥王堯臣であった。やがて慶曆二年正月、度支判官范宗傑の提案で陝西、河東の十一州軍が官賣法に變えられた。このときは、河中府など王隨らの通商法實施以前は官賣法であった地域と、京兆、華州など宋初から通商法であった地域の兩方が含まれていた。そしてこの後、有名な范祥の改革案が慶曆四年に建議、同八年實施され、三京、河中府など一部の州軍を除き全面的に通商法が行われた。同時に陝西竝邊九州軍の入中糧草が罷められ、商人に見錢を納入させ、代價は鹽（引）で拂い、その見錢で官自ら和糴する形に改められている。

このように、官民搬運の勞や販賣の非能率などが問題になると通商法が論議され、逆に通商法下の商人の横暴、とりわけ軍糧調達が至上命令である官側の足元を見て値段をつりあげる虛估の弊が財政上無視できなくなると、官賣法復活が提議される。單純化すればこういう動きになるかと思う。范祥の、商人による入中糧草の中止は、通商法を行いながら、その一番の難點を除こうと圖ったものであるが、問題はなお皇祐年間以降まで尾を曳いてゆく。

仁宗朝前半の解鹽專賣制の流れの中で、緣邊の軍事物資調達に直接、解鹽が支拂われるのは、西夏の役が起こった寶元年間であり、更に康定元年には東南末鹽が、より深く糧草購入制とリンクされる。この時期、內地の解鹽專賣制は、大筋として王隨らの通商法から再び官賣法へと揺り戻しの動きを見せているのだが、緣邊だけが通商法との繫がりを密接にしていったのである。范仲淹、許元の考えは、西夏戰という非常時の臨時措置とはいえ、東南末鹽を緣邊經濟に組み込んでゆこうという通商法路線上にある一種の積極策と位置づけられる。もっとも慶曆新政時の財務を擔當した王堯臣は、康定元年の解鹽官賣法化の推進者の一人であり、改革派の財政策も一枚岩ではない。ただここでこのような問題に觸れたのは次のことを付記したかったからに他ならない。

范仲淹が通商法を支持し、官賣法に反對したことは「政府奏儀」上 奏災異後合行四事で明言されている。しかしそれは卽、彼が商人の利益を代辯したことを意味しない。兩法の利害得失を比較し、とくに民の負擔を輕減しようとの意圖から出たものであり、しかも通商法を正當化する根據は、「有司は民と利を爭わず」という傳統價値觀にあったのである。「民と利を爭わず」との觀念が鹽鈔利用の糧草調達法という「先進」的な制度運用を許容するという、傳統思考のもつ現實性をそこに見ることができる。「民と利を爭わず」は、この後、王安石新法に反對する舊法黨側の論理として多用される。一つの傳統的思考が、その時その時の現實に對處するに際してどのように機能するか、個別具體的に檢討することが求められる。

おわりに

第一章で檢討した新制太學の設置を、「慶曆新政」の顚末という時代背景のなかに置いてみると、この時期の科擧・學校政策が、眞宗朝の懸案であった學力劣悪擧人の頻出や濫進の弊に對處するための一歩踏み込んだ施策であったことが理解できる。寶元元年（一〇三八）には、それまで節度州に限られていた州學の設置を、知事蔡齊の請願によって支郡の潁州にも認めている。そのことについて『宋會要』崇儒二 郡縣學は「寶元元年、詔して潁州に立學を許す。特に知州戸部侍郎蔡齊の請に從うなり。明道・景祐の間自り累ねて州郡に詔して學を立て、田を賜わり書を給し、學校相繼いで興る。近制、惟だ藩鎮のみ立學す。潁は支郡爲るも、齊以爲らく〔請〕わば而して特に之れを許されん、と。故に是の命有り。又た蔡齊の立學を請う時、大郡始めて學有り、而れども小郡は猶お未だ置かざるなり」と、地方學の設置が節度州以外の有力な州に廣がり、次に「慶曆、諸路州府軍監に詔して各おの學を立てしめ、學者二百人以上は、更に縣學を置くを許す。是に於いて州郡の學を置かざるは鮮し」と概括している[17]。最終的には州學に二百人以上の學生がいる州には縣學の設置も認めたのである。これは地方の實情を優先し學力劣悪な擧人を送ってくる州の發解官に對し、繰り返し處罰を嚴しくしても一向に事態の改善をみないことへの、仁宗朝の地方に對する回答といえる。中央が州府に命じて地方學を設置し、その存在を梃子に科擧を通して人材を送らせるルートを軌道に乘せること、これを宋朝文治體制再生產のために不可缺な官僚養成システムの基盤構築であったと考えれば、一年餘りで元に戻されたとはいえ慶曆四年三月乙亥「建學の詔」は、その存續期間以上の歷史的な意義をもつだろう[18]。こうしてみると、中央の新制太學といっても、太學を解額の次元だけで議論するのであれば、こうした地方學整備と同じレベルの問題であり、且つそれを前提とした改革にしか過ぎない。仁宗慶曆年間までの學制整備は、むしろ中央と地方の關係を構造的に安定させる政策の一環であり、地方學の整備こそが主要課題であった。體制教學の中心として獨自の機能を果たすための太學問題は、次の王安石の時代にようやく浮上することになる[19]。

注

（1）このような文化史上の見方は、第九回宋代史研究會シンポジウム「慶曆新政の再檢討」（一九八三）における思想史分野の土田健次郎、文學史分野の松原朗兩氏の報告に負うところが大きい。なお土田氏の考えは『道學の形成』第一章 北宋の思想運動（創文社 二〇〇二）にまとめられている。

（2）「……此言天下之理。有所窮塞、則思變通之道。既能變通、則成長久之業。我國家革五代之亂、富有四海垂八十年。綱紀制度、日削月侵、官壅于下、民困于外、夷狄驕盛、寇盜横熾、不可不更張以救之。……」

（3）黨爭史の觀點から「慶曆の治」全體を鳥瞰した James T. C. Liu "An Early Sung Reformer : Fan Chung-Yen," in John K. Fairbank ed.; *Chinese Thought and Institution* (Chicago, 1957)、寺地遵「范仲淹の政治論とその歷史的意義」（『廣島大學文學部紀要』三一―二 一九七二）、須江隆「慶曆黨爭考」（『集刊東洋學』〈東北大學〉七六、一九九六）。

（4）「詔曰、比京朝官因人保任、始得敍遷、朕念廉士或不能以自進、其罷之」。

（5）その詳細は、梅原郁『宋代官僚制度研究』第五章 宋代の恩蔭制度を參照（同朋舍出版 一九八五）。

（6）荒木敏一『宋代科擧制度研究』第五章 范仲淹・宋祁の科擧改革を參照（東洋史研究叢刊二二 一九六九）。

（7）『長編』一七八 至和二年正月丁亥に「觀文殿大學士兵部尙書晏殊卒、……孔道輔、范仲淹皆出其門、而富弼、楊察皆其婿也」とある。

（8）『長編』一四二 慶曆三年七月辛卯の條によると、既にこの時、張沔が河北轉運按察使に任命されている。

（9）『元豐九域志』『宋史』地理志では、慶曆三年に鎭とし、四年に復したとする。

（10）周藤吉之『宋代經濟史研究』一一 宋代州縣の職役と胥吏の發展（東京大學出版會 一九六二）など。

（11）因みに唐宋筆記叢刊所收の『涑水記聞』は、佚文としてこの部分を付錄に引用收錄するが、「おそらく記聞の原文ではないであろう」と注記している。

（12）夏竦『文莊集』一三 均賦斂。島居一康「宋代兩稅の課稅基準と戶等制」（『中國史像の再構成――國家と農民――』所載 文理閣 一九八三。後、同氏『宋代稅制史研究』に所收 汲古書院 一九九三）に指摘がある。ただし島居氏は、この論を慶曆初めとされるが、均賦斂を收める進策十七篇は、夏竦が賢良方正能直言極諫科に應じたときの對策である可能性が高いので、景德四年頃の執筆と考えるべきであろう。

(13)「……臣所以請放行向南鹽客、使客旅入納糧草并金銀錢帛數。更有逐處富實之家、不爲商旅者、必須以利勸之。臣請逐處勸誘入納上件物色一件、納及得萬數、除給與向南末鹽交鈔外、更與恩澤。一萬貫者、與上佐官。……」

(14) 東南末鹽と西夏の役との關連については幸徹「北宋慶曆年間の官賣法下末鹽鈔制度の混亂について」(『史淵』一一三　一九七六)を參照。

(15) 歐陽脩『居士集』三三　尙書戶部郎中充天章閣待制許公墓誌銘并序。

(16) この時には臨時の措置であるが、河北內地で穀物價格が下落したため三說法が實施され、希望者には京師見錢支拂分を東南末鹽で受けとることが許された。

(17)「寶元元年、詔許潁州立學、特從知州戶部侍郎蔡齊之請也。自明道・景祐間累詔州郡立學、賜田給書、學校相繼而興。近制、惟藩鎭立學、潁爲支郡、齊以爲〔請〕而特許之、故有是命。又蔡齊請立學時、大郡始有學、而小郡猶未置也。慶曆詔諸路州府軍監各令立學、學者二百人以上、許更置縣學。於是州郡不置學 者鮮矣」。

(18)「建學の詔」の、州縣學教授と解試受験資格についての令の部分は『長編』一四七では以下のように記す。

其令曰、州若縣皆立學、本道使者選屬部官爲教授、三年而代。選於吏員不足、取於鄉里宿學有道業者、三年無私譴、以名聞。士須在學習業三百日、乃聽預秋賦。舊嘗充賦者、百日而止。親老無兼侍、取保任、聽學於家、而令試於州者相保任。所禁有七、曰隱憂匿服、曰嘗犯刑責、曰行虧孝弟、有狀可指、曰明觸憲法、兩經贖罰、或不經贖罰、而爲害鄉黨、曰籍非本土、假戶冒名、曰父祖干十惡四等以上罪、曰工商雜類、或嘗爲僧道、皆不得預。

州若しくは縣、皆な學を立つ。本道の使者、部に屬する官を選び教授と爲し、三年にして代う。吏員より選び足らざれば、鄉里の宿學の道業有る者より取り、三年私譴無ければ、名を以って聞す。士は須らく在學習業すること三百日にして、乃ち秋賦に預るを聽す。舊と嘗つて賦に充つるは、百日にして止む。親老にして兼侍する無きは、保任を取り、家に學ぶを聽し、而して州に試する者をして相保任せしむ。禁ずる所七有り：曰く憂を隱し服を匿す、曰く嘗つて刑責を犯す、曰く行、孝弟に虧き、狀の指す可き有り、曰く憲法に明觸し、兩たび贖罰を經、或いは贖罰を經ざるも而れども害を鄕黨に爲す、曰く籍、本土に非ず、戶に假り名を冒す、曰く父祖十惡四等以上罪に干す、曰く工商雜類、或いは嘗つて僧道爲るは、皆な預るを得ず。

(19) 王安石が、慶曆年間、地方官として中央政府の地方學整備の方針にいち早く反應したことは第二篇二章で觸れる。

第三章　王安石の科擧改革をめぐって

はじめに

本章は、王安石の科擧改革を、特に當時の社會や士人が改革にどう對應したかを念頭に置きつつ考察する。時期は神宗朝の熙寧、元豐年間とし、この間おこなわれた六回の科擧が主な檢討對象となる。

科擧改革も廣義には王安石新法の一環であるから、本來は新法政策全體を見渡す廣い視野から捉えねばならず、ほかにもかれの萬言の書にみられる政策構想との關連など踏まえるべき點は多いが、ここでは、前章で檢討した慶曆新政の實際を、多くの新政が既に頓挫した後ではあるが、安石は若き一地方官として見聞していたこと、とくに建學の詔には初めての縣令職である明州鄞縣知事として具體的に對應した經驗をもったことを指摘するにとどめる。

一　貢擧新制

王安石の科擧改革は、熙寧四年二月一日の詔によって具體化された。ここに到る經過を含め、まずこの貢擧新制の内容を述べておきたい。檢討すべき史料は、『宋會要』選擧三、『通考』三一、[1]『玉海』一一六などにもみえるが、ここでは最も詳細な『長編』二二〇　熙寧四年二月丁巳朔の條に據る。

『長編』の該當記事は、二つの段落から成っている。「中書言う」に始まる前半は、王安石「乞改科條制」劄子（『王文公文集』三一）の節錄であり、後半はその中書の上奏を受けて制定された貢擧新制の幾つかの條項を、恐らく大幅に省略して收錄したものである。安石の劄子は、原文でも二八〇字に充たない短文ながら、改革の方向性と基本事項を明示した、科擧史上、重要な内容をもつ。一方、後半は、その改革案を實施するための具體的な諸規定であり、直接には熙寧五年の秋賦、六年春の省試を念頭に置いたものであろうが、やがて熙寧十年、范鏜らによって二卷一七二條にまとめられる熙寧貢擧敕式の原案に當たると考えられる（『玉海』一一六、『長編』二八四 同年八月癸未）。

安石の劄子が提示する改革は、（一）進士科の試験を經義中心に改めること（二）諸科の段階的廢止（三）西・北五路對策の三點に整理できる。これらは內容上、密接に關連しているが、以下、三點に對應する新制の各條項を參照しながら、改革案の狙いや問題點を考えることにする。但し、よく言われることだが、安石の最終構想は、科擧の廢止、學校制を整備して太學卒業生を官僚にする、すなわち慶曆以來、多くの論者によって繰り返し主張されてきた取士と養士の一元化にあったことをここでも確認しておきたい。劄子の冒頭で「古の取士は皆な學校に本づく。故に道德、上に一にして、習俗、下に成り、其れ人材、皆な世に爲す有るに足る」と述べ、三代の學校制度復興を提唱しているが、これは單なる文飾ではないであろう。「今、古の制を追復し、以って其の弊を革めんと欲さば、則ち其れ漸無きを患う」と、性急な變革を戒め、當面實現可能な改革の第一歩として今回の貢擧新制を位置づけているからである。この上奏の前後は、朝野擧げての反對を押し切り、強引に新法諸政策を實現させている時期だけに、この愼重さは、安石が科擧學校改革をより根本的な施策として意識していたことを感じさせる。

（一）試經義採用

安石の提議の第一は「聲病對偶の文を除去し、學者をして以って意を經義に專らにせしむ」こと、すなわち進士科の試驗を詩賦から經義に替えることである。言うまでもなく今回の改革の主要事項であり、既に幾つかの專論で明らかにされた改革の内容そのものについて付け加えることはない(2)。それ故、ここではそれら先行研究を參照しつつ試經義採用の意義及びその影響についてまとめてみる。

さて、新制の當該條項には、進士の詩賦、帖經、墨義を罷め、經義、論、策を課すこと、及び詩、書、易、周禮、禮記の五經から一經を本經として選擇させ、論語、孟子を兼經にするとある。科場は、解試、省試とも四場で、一場が本經、二場が兼經の大義各十道を問う。答案は義・理の通否を重視し、注疏に全面的に依る必要のないことを明記している。また中書は別に大義式を撰し配布する。三場は論一首、四場が時務策、解試は三道、禮部試は五道を出題する。從來、進士科は、詩・賦・論各一首、策五道、論語の帖經十帖、春秋或いは禮記の墨義十條を課せられていたが(3)、これを經義、論、策に變更した理由は、政治に縁遠い文學の士や記誦の學ばかりを習得した者を斥け、「通經致用」の人物を得ることにある。より具體的には新法遂行に不可缺な人材の確保が狙いであったろう。

ところで、經義重視は決して安石獨りの考えではなかった。熙寧四年の改革は、經緯から言うと熙寧二年四月の「議學校貢擧詔」に溯り、その論議の中で概ね經義中心の方向が定まったと言えるからである。神宗卽位に伴う新しい機運を感じとった官僚は、既に科擧の弊害是正を提議していたが(4)、熙寧二年、事實上、卽位後最初の秋賦を前にして、神宗は間歲貢擧と三歲一貢の特質など科擧をめぐる諸問題を側近と話し合った。その結果、正式に詔を降して群臣に貢擧の法を議論させることとなり（『宋會要』選擧三　三月九日）、四月二十二日、兩制、兩省、御史臺、三司、三館の臣僚に對し一箇月以内に學校・貢擧に關する考えを上呈せよと求めたのである。詔に應じた官僚のうち、司馬光、韓維、蘇頌、蘇軾、呂公著、劉攽、陳襄の文が現存している。もっともこのときの應詔文として疑わしいものもあるが、論議の大凡をみる上に支障はない。(5)この七名の意見は、具體的人物を推薦する陳襄のやや特殊な例を除くと、次の三つに分類できる。一つは、詩賦廢止と經義採用を主張するグループで、司馬光、呂公著、韓維がこれに屬し、熙寧元年、主に學校からの取士を論じた程顥や詩賦の廢止を主張した孫覺の意見もこれに入る。次は、科擧の弊害は認めながらも、それは法制上の缺陷ではなく運用に問題があるからだとして制度の趣旨を徹底させるような改善策を主張する蘇頌で、第一と第三を折衷する立場にある。第三が改革そのものを否定する劉攽、蘇軾の意見である。特に軾の論は頗る說得力があり、神宗も一時、改革を斷念しかかったが、安石の懸命な反論で氣を取り直すという場面もあった（『通考』三一など）。蘇軾の改革反對論を一言で要約すれば、筆記試驗は人材を拔擢する手段として元來不完全なものである。しかしそれに替わる推薦制が、請託など更に甚だしい弊害を齎す以上、限界ある筆記試驗の中から難點の比較的少ない制度を選ばざるを得ない。文章の上から言えば確かに論策は詩賦より政治に關連があるが、政治の實際にあっては詩賦、論策ともに「無用」なのである。とすれば、より客觀的採點の可能な詩賦を試すべきであり、事實、建國以來百年餘り、名ある士大夫は殆ど全員、詩賦をもって登用されてきた、と述べる。同樣な觀點から經義での試驗や學校制度によって人材を確保しようという考えも否定する。要するに軾は、「教育の法」「課試の格」を論ぜよという、詔が設定した論議の枠組みそのものを問題にし、制度が現實に運用された場合豫想される結果を先取りして論じたのである。軾の意見は、元祐年間、舊法黨下での科擧政策に影響を與えることになる。

最も有力であった詩賦廢止、經義採用論の代表は司馬光である。應詔という性格上、論議の內容は當然限定されるが、司馬光のほかの科擧關係の上奏から推して、基本的にはここでも持論を展開したと理解しよい。かれの諸上奏に共通する考えは、取士の基準は德行が第一で次に經術、三番目が政事で藝能は最後であるべきだ、という點にある。(6)しかし公正を期すための客觀テストの形式をとろうとする科擧では、德行の判定は不可能に近い。そこで光は、推薦制や保擧制と筆記試驗をどのように組み合わせるかを問題とする。このときの上奏は、解試において一部保擧制を導入し、省試で進士は經義三道、子史策三道、時務策三道を課し、明經、諸科は本經と論語・孝經の大義四十道、明經のみ時務策三道を加えるというものであった。進士科の詩賦及び帖經、墨義を廢することなどを含めて、安石の改革と共通する點が多い。

新法、舊法兩黨の對立が激化するのは、二年九月、靑苗法施行の前後からであり、五月の段階ではまだ官界に改革への期待を共有する雰圍氣が濃かった。慶曆新政の、策論を重視し帖經、墨義を廢する科擧改革は實現しなかったが、「今、進士の詩賦、明經の帖義、治民經國の術に於いては了《つい》に關せず」（蔡襄『端明集』二三 論改科場狀制疏）との認識は、この時期、概ね一般化していたと思われる。從って貢擧新制は、黨爭に係わりなく、熙寧二年、既にその基本方針を決定していたと言えよう。

試經義採用については、もう一つの背景を考えねばならない。仁宗朝後半、經書解釋において傳統的な注疏に拘束されることなく、大膽に自己の意見を表明する風潮が現われてきたという、思想界の新しい狀況である。こうした經書解釋を「五經正義」に對する「新義の學」と呼ぶとすれば、[7] 進士に經義の試驗をとの主張は、「新義の學」勃興の科擧への反映と言える。「春秋を治むるに傳注に惑わされず。曲說を爲し以って經を亂さず。其の言、簡易にして諸侯大夫の功罪を明らかに」した孫復（歐陽脩『居士集』二七 孫明復先生墓誌銘）や、「五經論を異にすれば、弟子之れを記し、自ら胡氏口義と爲」した胡瑗（『端明集』三七 太常博士致仕胡君墓誌）が、太學で講座をもち、しかも大いに人氣を博したことに「新義の學」興隆の一端をみることができよう。また熙寧元年に沒した劉敞の『七經小傳』に「元祐の史官謂う、慶曆の前、學者文詞を尙び、多く章句註疏の學を守る。敞に至り始めて諸儒の說に異にす」（晁公武『郡齋讀書志』四）との解說が附せられることもこの間の事情を物語る。但し劉敞の弟攽は先に述べたように、熙寧二年の貢擧論議に改革反對論を唱えた人物である。この兄弟は、共に慶暦六年の進士に及第し、敞が春秋學に造詣深く『劉氏春秋傳』などの著作があるのに對し、攽は特に史學に詳しく『資治通鑑』漢代の部分を分擔執筆している。得意とする專門はやや異なるものの、共著に『漢書標注』があり、また兄の『公是集』に付けた攽の序や同じく攽の誌した敞の行狀から、二人は當時の學術潮流にあって同じ立場であったと推測される。從って熙寧の科擧改革が「新義の學」興隆を反映したものであるとすれば、劉攽は當然經義派であるべきで、これはどう考えればよいのであろうか。攽の「貢擧議」を讀むと、確かに科擧は舊來のように文詞を問えばよいと、現狀を肯定しているが、その論據は蘇軾同樣、人材を得るか否かは制度に依ってではなく、選拔する人物の如何に係るとの觀點からの肯定である。制度の缺陷ではなく運用する人に問題があるのであるから、ここで改革を行っても必ず再び修正を迫られる。それならば舊制を維持するに如くはない、というのである。或いは、文詞の士と經藝の士は異なるが、利祿で誘われて德性から離れる點では同じだとも言う。要するに一定の制度で人材を得ることの限界を認め、頻繁な制度變更が齎す弊害を強調するのである。諧謔を喜んだという劉攽は軾と親しく、議論の展開もよく似ており、詩賦の士と經義の士のどちらが政治に有用か、という生眞面目な建前論こそ無用だとする論法なのである。このように「新義の學」の擔い手が全て試經義を支持したわけではないが、大勢としてみるならば、新儒學興隆を科擧改革の背景に想定して差し支えないであろう。

詩賦に替えて經義を問い、しかも注疏に拘わる必要がないとなれば、各人の新義が百出する可能性がある。採點する側は何をもって基準とするか。ここに王安石『三經新義』の問題が出てくるのだが、それは後節で檢討することにして、次に試經義採用が現實の科場にどのような結果を齎したかをみよう。貢擧改革後、初めての解試、省試は熙寧五、六年に行われるが、實はそこでの結果を豫見させるような事態が、既に熙寧三年の殿試で起こっていた。前年の貢擧論議に力を得たからであろう、神宗は從來、詩賦論の三題で行われていた御試を、このとき策問に替えたのである。この變更は突然のことであったらしく、準備にあたった係官は、奏名進士が席に着くといつものように禮部の韻書を配ったと言われる。(8) もっとも神宗は執政に制策を示しながら「對策で人材を網羅できるとは思わぬが、詩賦よりはましであろう」と辯解じみた言葉を發しており、蘇軾らの論議に影響された樣子もみえる。突然の試題變更は受験者を驚かせたが、採點する側も混亂した。司馬光の『日記』によると、このときの考官は、初考官が韓維と呂惠卿、覆考官が宋敏求と劉攽、詳定官が呉充と陳襄、編排官が李大臨と蘇軾、面讀官が陳升之であり、かれらの間で葉祖洽の評價が大きく分かれたのであった。(9) すなわち初考は三等上としたが、覆考で宋敏求、劉攽が五等中に降し、編排官は第三とし、神宗が陳升之に面讀させ漸く狀元に決定した。或いは祖洽を第一に推したのは呂惠卿ともいう。(10) この評價の差が主に新法政策に對する立場の違いから生じたことは容易に想像がつく。祖洽の對策中「祖宗以來、今に至るに紀綱法度、苟簡因循にして擧げざる者、誠に少きと爲さず」「忠智豪傑の臣と合謀して之れを鼎新す」などの語句は、時政に阿諛したものと非難され、かれの本傳（『宋史』三五四）は、「性、狠愎、諛附を喜ぶ」「牟利、黷貨を以って聞こゆ」など悪評に滿ちているが、對策の内容は新法派にとって歡迎すべきものであったに違いない。時の政治に有用な人材を得るために策問を採用する以上、科擧が政爭に直接卷き込まれる事態は避け難いが、司馬光の述べる結論、「阿諛する者多く高等にあり、訐直なる者、多く下陳に在り」(11) との評價については、少し付け加えておきたいことがある。

劉攽とともに祖洽の黜落を主張した蘇軾は御試の最終結果が出ると、「擬進士廷試策」を書いて不滿の意を表明した。(12) その「表」の中で、擧人が廷試改革の眞意を理解せず、直言を避け「阿諛順旨」の者が上位合格している。科擧の答案は世論への影響が大きくこうした事態は座視できないとし、そこで「模範答案」を書いて「當世の切務」を陳べるので天子は直言を容れて欲しい、と執筆の動機を述べている。その上で、策問の一句一句を引用しつつ自分の考えを披瀝してゆくが、それは新法遂行のための政治機構から始まり、青苗法、均輸法などこの時點で行われていた新法の諸政策、更には爲政者の政治姿勢まで、新法體制を眞正面から全面的に批判した内容となっている。御試策に擬するという形を借りて、より大きな政治効果を狙った新手の新法批判とも理解できるが、同時に「阿諛順旨」の葉祖洽批判であったことは誰の目にも明らかであったろう。軾は前年の秋に、國學解試の試官として安石専權を風刺する策問を出題しており、學校貢擧の議以來、何かにつけての改革批判は安石を痛く刺激していたが、それはさて措き、その軾が後年、葉祖洽への彈劾に、辯護とまでは言えないが異議を唱えたことがある。元祐二年十月、祖洽を兵部員外郎から集賢校理禮部郎中に昇進させる命に對し、給事中趙君錫が、曾て對策において宗廟を譏訕した人物であるとの理由で反對した。このとき軾は劉攽とともに祖洽の對策を引用しつつ、學術淺暗で議論乖繆と言うべきで宗廟譏訕は誤りだと主張したのである（參定葉祖洽廷試策狀『文集』二八 奏議）。恐らくは指斥乘輿で彈劾された自分の烏臺詩案の記憶が甦ったこともあろう。同じ第二狀では祖洽が對策中の、都合の悪い部分を隱して自己辯護していると述べ、相變わらず嚴しく對しているが、軾、攽の態度から、この時代の批判、彈劾は、激しい言葉遣いにもかかわらず、批判する對象を客觀的にみようとする餘裕のあったことを知り得る。「時政に阿諛した」か否かは、立場の違いで全く逆の評價になるが、いずれにしてもそうした中での批判であったことに注意しておきたい。

ところで、この熙寧三年の科擧に省元、殿試は第五で合格した陸佃の御試對策が存している（『陶山集』九）。陸佃は安石の經學上の弟子と言われ、本章においても動向の氣になる人物の一人であるが、列傳（『宋史』三四三）に記された行狀とこの對策を比べると、先の司馬光の評語はある意味で肯定できるように思われてくる。陸佃、字は農師、越州山陰の人。南宋の詩人陸游はその孫である。本傳によれば、若い頃、貧困の中で苦學し、金陵に赴いて安石から經を授けられた。やがて應擧のため上京し、新政について問われると、「法、善からざるに非ず。但し推行、初意の如き能わず、還て民を擾すを爲す。青苗の如きは是れなり」と答え、安石を驚かせた。登第後、安石は「佃、已に附せざるを以って、專ら之れに經術を付し、復た咨るに政を以ってせず」と、學術上の弟子として遇したとある。安石の學問と人となりを理解し、新法の理念については贊同しつつも、その實施については批判的であったのである。その陸佃の對策はどうであったのか。まず策問を要約すると、詩、書にみえる三代の治を實現するために、現今の政治が抱える問題の解決策及びその施行の次第を述べよ、というものである。自由課題に近いこの設問に對し、陸佃の對策は、前半で古典を引用しながら理想的な政治が行われる狀態について説明し、後半、これに近い狀況が唐にはみられたとして律令官制、均田制などに觸れつつ、今、爲すべきことを述べてゆく。論は終始抽象的で具體性に乏しいが、その中の「陛下の意、至誠、惻怛求治の志有り。而して其の創設の法、又た已に良し」という新法肯定の語句は、上京の折、安石に述べた言葉と素直に結びつかない。確かに新法實施を特に褒めているわけではなく、續けて、良法であるから着實に、愼重に、人材を得て實施せよと述べるのであるから、先の言葉と大きく乖離してはいない。しかし實施されている新法への批判めいた言辭は一切書かれていない。蘇軾のような激烈な批判はむろん期待できないが、問題の核心がどこにあるか適確に把握していたと思われる陸佃の答案にそうした記述が全くみられないことは、やはり對策という場が筆先を鈍らせた結果であろう。南宋初、曾慥の「熙寧、殿試改めて策を用い、詩賦に比べ有用と謂うは、知らず、士人、得失を計り較べ、豈敢えて時政を極言し、自ら黜落を取らんや」(『高齋漫錄』)との評は、概ね妥當と言うべきであろう。そしてこうした事情は、試經義においても同樣であったと考えられる。

（二）試經義と科場

試經義採用の影響の第一は、科場に太學の師弟關係が持ち込まれたことである。熙寧五年の秋試を前に、知制誥兼判禮部貢院の王益柔は、本經を五道、論語・孟子を各三道に減ずるよう要請し（『長編』二三四　六月癸亥）、林希『野史』（『長編』二三七　八月戊戌の條引用）に據れば、願いは入れられたという。この經義問題數削減について林希は、以前から安石の子雱に從學していた外舍生練亨甫が、太學春試に下等の成績であったことが切っ掛けであると指摘している。優等を豫想していた安石は、管勾國子監張琥らを詰問して亨甫が九問しか解答できなかったことを知り、出題數を五問に削減したというのである。亨甫はその結果、秋試を一位で通過した。事の眞僞はともかく、この話は、安石父子の門生と太學、科擧の關係をよく示している。熙寧四年十月、貢擧改革に續けて太學に三舍法が施行され、學術、品行の卓越した學生を拔擢、除官する旨が明示された（『長編』二二七　十月戊辰）[13]。その最初のケースとして太學生葉適が進士及第を賜わり、試校書郎睦州推官鄆州州學教授となったのが五年八月である。後述するように、當時の學官は、安石の門人、友人が多く、學官の縁故が合格の早道と、受驗者は太學に走った。葉適の任官はこの傾向を一層助長したことであろう。前記『野史』は、五年の秋試に、國子監解試の合格者一五〇人中、一三〇人が、同じく開封府試二六〇人中、二〇〇餘人が諸家門生であったと記す。直講らは「此れ自り科擧を罷め、但、太學春秋兩試を用い、上等を占むる所、葉適の如く、直ちに除するに官を以ってせん」と豪語したと言う。熙寧八年、開封府解額三三五名、太學解額一六〇名は「通計取人」、すなわち開封府、太學の受驗生を一グループにして成績順に上から四九五名を合格とした後、元豐二年、再び府・學解額を分離し、今度は開封府一〇〇名に對し、太學は五〇〇名と、大量の割り當てを得た（『長編』三〇一　元豐二年十二月戊戌）。まさに林希の言うように「是に於いて士心惶懼し、惟、諸學の門に出づを得ざるを恐る」状況が出現した。これに對して御史黃廉は、試驗官が自分と同じ見解の答案に甘くなるのは人情であるから、學官を試驗官に任命する慣例を止めるように提言するなど（『長編』二九〇　元豐元年七月丁酉）、政府としても太學の師弟關係への對策を考えねばならなくなった。元豐二年の太學の獄は、こうした狀況の中で起こったのである。そこで試經義採用の影響の第二に、太學の肅正を考えてみる。

獄の發端は、元豐元年十二月、建州鄉貢進士虞蕃が登聞鼓を叩き、太學の現狀を告發したことにある(14)。蕃は、講官が太學の試驗で不正を行い、學生の及落が情實によってなされているとし、更に習學狀況について、天子が夜明け前から政務に勵んでいるのに講官は十時にならぬと出講せず、十二時にはもう退出し、しかも休講が多い。天子は激務のなかなお數年ならずして詩經を讀了しているのに講官は周禮を講ずるに七年かかってやっと四卷までである。また道德の中心だとして必修にした論語、孟子は未だに講讀が始まらない云々、と事細かに彈奏した。この上書を重視した神宗は開封府に調査を命じ、やがて案件は御史に移され、二年五月、參知政事元絳が、族孫伯虎の太學內舍生への升補を學官に賴み込んだ責を問われて知亳州に轉出させられたのを皮切りに、十一月まで二十二名が處罰される事態に發展した。この中には學生から竹簟、陶器を贈られ、內舍生の升補に不正があるとされた管勾國子監沈季長、屬官の監督不行屆を責められた判國子監黃履及び生員から銀、綾を受けたとされた龔原ら五名の直講が含まれ、後節でみるように安石門下の名前が數多く擧がっている(15)。劉摯の言によると、この事件に關連して嚴しく追及された者は侍從から州縣擧子に至るまで無慮數百千、遠く閩吳の地まで及んだというが、かれ自身は起獄に批判的であった。虞蕃の上書は科擧落第の怨みが動機で、御史の推治も勘官何正臣らが成績を上げるために殊更苛酷になったとし、學官が學生から贈物を受けたことは確かに嚴密には法律違反だが、それらも茶藥紙筆など弟子が師に見える禮の範圍內であり、贓罪にするのは誤りだと冤罪を強く主張した（『忠肅集』四　論太學獄奏）。同樣の見解は、獄の前に太學を離れ、經筵に侍していた陸佃が神宗に語った言葉の中にもみえている（『長編』三二六 元豐五年五月癸未の條割注）。新舊兩黨派から辯護されていることは興味深い。確證はないが、立件の背景には新法黨の反安石派が關係している可能性も捨て切れない。しかし起獄、推治の實情はどうであれ、元豐二年十二月に太學三舍・選・察・升補の法が整備され、永年の懸案であった取士と養士の一致に向けて、學制を正に始動させようとしていた時期だけに、太學の肅正は十分必然性があったと思われる。特に考官の主觀が入りやすい經義、論、策を試題とした以上、情實による弊害はその芽から摘みとっておかねばならない。獄は不可避であったと言ってよいであろう。この結果、學官、學生の面會禁止のような行き過ぎた規定も作られたが、[16]「士子奔競の風、少しく挫かる」（『東軒筆錄』六）状況が生まれたという。

經義試題をめぐる問題の最後に、本經の合格率について一言しておく。應試者は五經から一經を選擇するのだが、各經の及第者數はどのように調整されていたのであろうか。『長編』二三四 熙寧五年六月癸亥、四場制を述べる記事中に「試官、一人の試卷毎に、各々一場を分かち考校し、考畢れば衆官、高下去留を參定す」とあり、四場それぞれ別に採點し、それら採點官（衆官）が集議して合否順位を決めている。從來の通場去留制であろう。これであると、各經合格者數が不均等になる恐れがある。元豐元年、御史黃廉は、この是正を求めた。かれの指摘によれば、熙寧八年の解試は逐經發解の人數が均しくなく、別試所の例で言うと、詩經を治めた者が四〜五割合格しているのに、書經は僅か一割であった。そこで「今自り、逐經内にて各々取人の分數を定めん」と乞うたのである（『宋會要』選擧三 七月二十五日、『長編』二九〇 七月丁酉）。

この上言に對する詔が前後して二つ出された。一つは、黃廉の言に續いて記される「詔す。今自り在京發解竝びに南省考試、詩・易は各々三分を取り、書は二分、周禮・禮記は二分を通取す」であり、もう一つは、八月十三日の詔「在京發解の進士、試に入る人數に據り解額を立定す。治る所の經に隨い十分を以って率と爲し、均しく之れを取れ。

禮部、此れに準ず」（『長編』二九一 八月甲寅）という在京解試、省試の各經合格率を均しくするという措置である。「逐經均取」の後者が、その後の原則になったと思われるが、とすれば前者はどう理解すればよいのであろうか。『通考』三一には同文を「……詩・易は悉く三分を占め、書は二分、周禮・禮記は通じて二分」と記し、この分數が解額、省額に占める各經合格人數の割合であることを示している。もっとも『宋會要』『長編』の記述でも詩・易を「各取」、二禮を「通取」と區別しているから、分數をもし各經内の合格率とするとこの區別は意味がなくなる。やはり合格者總數に占める各經の割合である。恐らく煕寧八年の解試の各經應試者數を分母にすると、その分數でほぼ均等となったのであろうが、八月十三日になり各經ごとの合格率を均しくすることに變えたのであろう。その後、元豐四年十二月、知諫院朱服が「分經均取」の法を罷め、五經全問の答案を合わせ「義理文辭を以って高下去留と爲す」よう要請したが容れられなかった（『長編』三二一 十二月甲寅）。ところが合格率を均しくしても經による應試者數の偏りは無視できぬ程となり、特に周禮、禮記が敬遠されたため、特例として他經の倍の合格率にした（『長編』二九九 元豐二年八月辛酉）。後の時代になるが、南宋の紹興年間、經義進士の禮記、周禮の應募者が少なく、對應に苦慮している記事などを目にすると禮の不人氣は後世まで續いていたようである(17)。

以上、詩賦・帖經墨義から經義・論・策への變化が惹き起した幾つかの問題をみてきた。「客觀試驗」から「主觀試驗」への變更とも言える安石の改革は、出題者や採點者の考えが直接合否に影響を與えることになりかねないため、様々の問題を抱えていたと言えよう(18)。

（三）　諸科廢止と五路對策

次に改革事項の第二點、明經・諸科の廢止についてみる。安石の劄子に「明經及び諸科は廢罷を行ない、元解せる明經の人數を取り、增して進士を解せんことを欲す。一次の科場を俟つを更るに及びては、諸科新人の應擧を許さず、漸く進士に改習せしめん」と述べる事柄である。明經は煕寧五年の解試から卽廢止、その他の諸科は、一回を從來通りの規定で行い、煕寧八年の解試から新規受驗を認めず、それまで諸科に應じたことのある者だけに受驗を許すという漸減策がとられた。廢止された明經諸科の解額、省額は進士に充當するが、移行措置を伴う諸科の場合、具體的にどう對應したのか、貢擧新制の記述が斷片に過ぎるためよくわからない。ここではその大略を紹介するにとどめる。(19)まず解試は、煕寧二年の明經發解數を進士に回し、擧人（進士科受驗者か）が煕寧二年より多い場合は十人增すごとに諸科の解額一名を進士に回す。但し諸科解額が三人に及ばぬ處は舊に依るを許す。また明經合格者の無い處は、進士科應募者が二十人增すごとに諸科の解額一名を進士に回す。次に禮部奏名では、諸科の解額（省額？）の十分の三を進士省額に回し、京東・陝西・河北・河東・京西の全ての進士と開封府・國子監及び諸路の諸科から進士科に變更した進士は別枠で考査する。安石の言を參照すると、新たに進士科に回した、諸科省額の十分の三がその特別枠に當たると思われる。

明經とは、仁宗嘉祐二年十二月に設置された所謂「嘉祐明經科」のことで、諸科の一つであるが、記誦ばかりが問われる從來の諸科に對し、經義を問うことで士人に經典の習得を促そうとしたものである。經を大・中・小の三經に分け、大經は禮記、左傳、中經は毛詩、周禮、儀禮、小經は周易、尙書、穀梁傳、公羊傳とし、大中小經より一經ずつ選擇させ、三經から墨義、大義各十道（三年三月に二十道に改める）、論語、孝經から帖經十道、策三道を八場に分けて課した。(20)當時、開封府、國子監の解額は、進士科がそれぞれ二一〇名、一〇〇名、諸科が一六〇名、十五名であったのに對し、明經に割り當てられた額は各十名と多くはなかった。それでも明經科設置は「新義の學」の擔い手たちに大きな希望を抱かせた。胡瑗の弟子徐積は、侍御史趙抃への書簡の中で「議論する者、以爲らく、此の科、之れを行うこと十年にして古人の學、以って復すべし、而して雕蟲篆刻の學、以って廢すべし。此れ豈天下の福に非ざるや」と明經への期待を述べている。(21) このように明經科は應試者に記誦ではなく經義を要求して設けられた科目であり、目的において改革後の進士科と重複するので卽廢止され、解額は進士科に回されたのである。

明經に對し、從來の諸科の取扱いはそう簡單ではなかった。この問題は、安石の提議の第三點、五路對策と密接に關連しているので、以下併せて考える。

段階的にせよ諸科が廢止されることは、特に北方の士人にとって大きな打擊であった。當時の論議の中で、たびたび繰り返されるテーマに、南人が進士合格者の多數を占める地域的不均衡をどう解消するかというものがある。(22) 熙寧二年三月、今回の改革の發端となった輔臣との對話の中で神宗も、「西北の人材多く廢さる」と述べ、その善處を要求している。言うまでもなく、時人の認識は「進士の學業文賦、唯、閩蜀・江浙の人の長ずる所。南省に至れば則ち西北の人と一處に糊名通考す。故に西北の人、進むを得る者少なし」（范純仁 上神宗乞設特擧之科分路考校取『國朝諸臣奏議』八〇）と、南人は詩文に巧みであるから進士合格者が多い、というものである。その結果「東南の進士、西北の諸科、則ち數は略ぼ相埒《ひと》し」（孫覺 注（4）參照）と言われていた。從って詩賦の南人に對し經義の北人と考えれば、進士科試題の詩賦から經義への變更と、諸科の廢止は、南人、北人雙方の利害を相殺する措置と理解できないこともない。(23) しかし實情は全く違っていた。その間の事情は神宗と側近の對話から窺える。

『長編』二二三 熙寧四年五月丙申の條には、京東の兵が精悍であること、士大夫に法令を習熟させる必要があることなどを論ずる神宗、文彥博、吳充らの言を載せるが、その中で、京東の學への論及がある。すなわち文彥博は「齊・魯の諸生、常に誦經を以って業と爲す。近ごろ朝廷、科場を釐改するを聞くも、此の輩、未だ遽に業とする所を改むる能わざるを恐る。必ず失職の憂い有らん」と言い、また吳充も「齊・魯專經の學、誦書の外、其の他を知らず。登第の後、官政人事に至りては漫として通曉せず」と述べる。山東の經學は、實のところ記誦の學に過ぎないというのである。更に『長編』二三三 熙寧五年五月甲午の條では、神宗、馮京、王安石が「西北人」について論評した折、ここでも北人が科擧學校の新制に適應し難いことを話題にしている。安石は「西北の人、舊《もと》、學究爲り。習う所、義理無し。今、改めて進士と爲し、習う所、義理有り。學究を以って進士と爲すは、士人に於いて悅ばざると爲さず。義理無きを去りて義理有るに就くは、習う所に於いて善らざると爲さず。其の舊、合に放つべき解額は竝びに本路に還し、東南の士人、侵奪する能わざれば、士人に於いて乃ち損う所無し。云々」と、北人にとって今回の改革は決して不利でないと力說したが、馮京は「西北の人、魯にして變じ難し」と一蹴している。安石も結局、諸科を進士科に變えてゆくには、當初三～四割が變わればよく、殘りは徐々でよい。舊を新に革めるということは、十年後にその效果が現われればよいのだ、と氣長に構える發言をしている。要するに當時の一般的認識は、北人の經學とは「經義に通じない記誦の學」（前揭孫覺奏議）だというものであり、諸科廢止は、進士科の經義採用で相殺されるものではなかった。とすれば、廢止に對し華北士人の抵抗が豫想されるのだが、史料にあまりそうした動きは出てこない。僅かに熙寧八年八月の科場で、國學、開封府諸科擧人孫義らが廢止に抗議して騷ぎ、首謀者が受驗停止一回の處分を受けた記事が目をひく程度である（『長編』二六七 八月庚戌）。

熙寧八年以降諸科の新規應募を認めない、との規定は、全體として嚴格に運用されたらしく、元豐八年には、濟、博、棣三州の諸科擧人が、三州の解額は、進士に回された殘りも全て新科明法科に充當され、諸科に合格しても解發の枠がないと訴えている。その結果、舊諸科解額の十分の一を「舊人」のための枠として殘すよう決められた（『宋會要』選擧一五 同年二月十八日）。このように大きな混亂もなく諸科が廢止された理由は、何といっても「記誦の學」批判が一般の風潮にまでなっていたからであろう。それに加えて安石の段階的解消策と華北への救濟手當が一定の效果を擧げたからであろうと考えられる。以前から河北、河東、陝西三路の進士特奏名は、他路より一擧を減ずる特典が與えられており（『宋會要』選擧三　嘉祐八年三月五日など）、朝廷の華北對策には傳統があった。今回は、諸路の諸科から進士科へ變更した擧人を含むとはいえ、五路の禮部奏名額を別枠で規定したのであるから、嘗て司馬光が提議した路ごとに奏名額を決めよとの案（『司馬文正公傳家集』三二　貢院乞逐路取人狀）に近かったことになる。また熙寧五年以前の明經諸科擧人のために、斷案、律義を課す新科明法科が新たに設けられ、神宗朝の法官重視策とも重なりつつ進士科に改應できぬ「舊人」にもう一つ救濟手段が講じられていた。[24]この科目は熙寧九年に三十九名、元豐二年には一四六名の正奏名合格者を出したが、元豐二年九月、五路の禮部奏名特別枠に組み込まれ、特典の意味はやや失われたと考えられる。[25]

また安石の五路對策として見過ごせぬものに學官の派遣がある。貢擧新制によると、一般の學官が、兩制、兩省、館閣、臺諫の推薦に基づき、中書が現任の京朝官、選人から路官として堂除し本州教授を兼任させるのに對し、五路への學官派遣には特別規定を設けてある。まず、他路に先驅け、中書が路ごとに三～五人を選差するが、選任の對象は現任官僚に限らず、布衣でも經術行誼が相應しければ權教授として任命し、下縣主簿尉の俸を與える。自發的な應募も認め、三年の任終了後、五人の推擧があれば、本州の判司、主簿尉に堂除し再び教授を兼ねさせる。經術行誼が特に優れた者は一足飛びに官に除し教授とする、というものである。この優遇策は、安石が、五路の士人を記誦の學から經義の學に向かわせようという先の言葉を具體的施策によって裏付けていたことを意味する。その上、熙寧四年七月には、國子監直講に缺員の生じた場合は、五路の學官内から選差するとの詔が降され（『長編』二二五　七月辛亥）、中央への道が優先的に開かれた。なお、二月の規定により四年三月、まず陸佃らが五路學官に任命されたことは、西北で安石「義理の學」が逸早く講じられたことを示唆する。[26]

このような五路優遇策には、やがて批判が出てくる。その理由の一つに、五路の擧人が低學力で合格してくることへの反感があった。王明清『揮麈錄』前錄三には、元豐五年の「黃道夫（裳）牓、傳臚して第四甲黨鑄の卷子に至る。神宗、大笑して曰く」、此の人、何に由りて省を過ぐるや。知擧舒信道（亶）對えるに以って、五路の人、分數を用って取り、末名にて省を過ぐ、と。上、命じて降し第五甲末と作す」との逸話を記すが、五路の特別枠でかろうじて合格した黨鑄の例はその典型であったろう。しかし何といっても批判の主要な原因は、應試者全體からみた南北の合格率の差である。從來から解試の段階で、受驗者が殺到する南人の合格率が北人に比べ極端に低いことが問題にされてきたが、元豐八年、陸佃も四川、兩浙、福建、江南の解額を増すことを主張し、五路は五、六人に一人の合格に對し、川、浙、福建、江南は五、六十人に一人だと述べている（『陶山集』四 乞添川、浙、福建、江南等路進士解名劄子）。解額の不均等をそのままにして五路禮部奏名を特別枠とすれば、當然「濫取」の批判が出てくる。次に哲宗朝の元祐五年になって、この枠の見直しが圖られ（『宋會要』選擧三 十二月十八日）、紹聖四年、五路禮部奏名額は、十分の三が開封府・國子監・諸路の進士と通取、二分を五路が通取、殘りの五分は國子監が自取と、五路優遇は大幅に後退し（『宋會要』選擧一四 二月四日 『通考』四二 紹聖年間）、この問題は實質的に決着がついた。

このように明經諸科の廢止は、華北士人に及ぼす影響の大きさにもかかわらず、比較的スムーズに行われた。それは記誦の學に對する一般の冷淡な態度に加えて、廢止の代償として新科明法科を設置したり、五路進士奏名額を特別枠にして一定の合格者を保證するなど適切な對處がなされたからであると推測してみた。しかし安石が主張した肝心の、「記誦の士」から「經義の士」への移行は、神宗朝に限って言えば、特に目的を達したと思わせる史料は見當たらないのである。

二　三經新義編纂

三經新義の編纂は、今回の科擧改革の必然的結果であり前提であったとも言える。固より三經新義は、安石の思想、學問全體を把握する中で論じなければならないが、今、その餘裕はない。極く表面的に編纂過程を追いつつ、最後に貢擧改革との關連を若干述べてみたい(27)。

既に熙寧二年四月の詔で、神宗は「道德を一にする」必要を述べていたが、五年正月、學官採用の試驗結果を報告した安石に「經術、今、人人乖異す。何を以って道德を一にせん。卿、著わす所有らば以って頒行し、學者をして一に定めしめよ」と、王學が學問と政治の世界にあって基準の役割を果たすよう促した。安石は、詩經については、自分と打合わせをしながら門人の陸佃、沈季長が「義」を作成している旨、答えている(『長編』二二九 正月戊戌)。こうした事態を豫想して、安石は早くから準備していたのであろう(28)。

正式な經義局の設置は、翌六年三月、試經義による最初の科擧が行われたときのことである。提擧に安石、修撰が呂惠卿、同修撰に安石の長子雱が任命された。また呂惠卿の弟升卿も檢討に任ぜられたが、一週間も經たぬうちに「經義は長ずる所に非ず」との理由で外任を命ぜられている(『長編』二四三 三月庚午、同二四四 四月乙亥)。升卿はその後、安石が一時知江寧府として京師を離れていた七年五月、崇政殿說書を拜し神宗の侍講となったが、『長編』は「升卿、素より學術無し。進講する每に多く經を舍て、財穀の利害、營繕等の事を談ず。上、時に經義を以ってすれば、升卿、對うる能わず」と、相變わらず無能振りを發揮したことを記す(29)。しかし同年九月には同修撰として經義局に復歸した(『長編』二五六 九月庚子)。以上のトップ人事に對し、安石の政治手法がよく表れているのが若手の大膽な起用である。まず六年四月、貢擧新制による初めての及第者の中からいきなり六名を検討官に任命した（『長編』二四四　四月壬辰）。狀元の余中、省元の邵剛及び朱服、葉唐懿、葉杕、練亨甫である。因にかれらの本籍は、余中、邵剛が常州、朱服が湖州、葉唐懿が南劒州、葉杕、練亨甫が建州というように浙西、福建から各三名となっており、呂惠卿、升卿兄弟も泉州であることなど、福建出身者が目につく。更に布衣からも検討官を任命している。洪州進士徐禧及び出身不明の呉著と陶臨である。[30]徐禧はこの後、安石が若手の新法派官僚をプールし實務經驗を積ませるために設けた中書五房習學公事[31]の戸房習學公事に任命された（『長編』二四八　六年十二月庚辰）。ほかに七年五月、検討官となった曾旼、劉涇、劉谷の名がみえるが、かれらは呂氏兄弟の人事色が濃い（『長編』二五三　五月甲辰、同輯本二六四　八年五月丁亥）。

こうしたスタッフによって編纂は進められたが、新義に關わったもう一つの有力なグループに、安石門人及び門人が中心となっていた學官の存在がある。熙寧四年十月の太學整備後、學官に對する審査が嚴しくなり、十一月には安石門下が占めるようになっていた。直講の在任期間は特定できない場合が多く、姓名のみ列擧すると、陸佃、龔原、黎宗孟、葉燾、沈季長、曾肇らとなる。[32]『長編』二四四　熙寧六年四月辛卯に、呂惠卿の言として「修撰國子監經義乞うらく、直講をして月に兩員を輪し、本經口義二巻を供せしめんことを」とあり裁可されていることから、學官は單なる編集スタッフ以上の、新義の內容に影響を及ぼし得る立場にあったといえる。また、先の內舍生陶臨が検討に任命されたことは特例であるが、學生も編纂に與っていた節がある。それは、國子監上舍生顧襄、安惇、丁執古、虞賁、葉唐稷が新義完成後の八年十月、免解或いは免禮部試の特典を賜わっており、李燾は、經義局がその理由だろうと注しているからである（『長編』二六九　十月甲辰）。[33]

六年三月から正式に始められた編纂は、途中、七年四月から八年二月までの安石が判江寧府に轉出した時期も續けられ、八年六月に一應の完成をみた。安石は、余中らが江寧府に赴くとき隨行吏人に食錢と驛料を給するよう願っているので（『長編』二五三 七年五月癸卯）、京師と江寧の間を打合せの檢討官が往き來し、安石の指示を仰いでいたのであろう。しかしその間、病いで入朝できない王雱も父に從い京師を留守にしており、呂惠卿が同提擧、升卿が同修撰を授けられ實質的に編纂を主宰した。雱の詩義を改删したのはこのときのことである（『長編』二五二 七年四月庚寅）。

三經新義完成後の動きを追うと、六月十九日、詩・書・周禮義の副本が國子監に送られ、約一千部印刷することになり、二十一日には、安石、惠卿、雱、升卿に加官の推恩が施された。[34] 續いて二十四日、安石は三經新義の序を奉ずる。以前、神宗を文王に譬え僭越だとして神宗に書き換えを求められた序文である。今度は受け入れられ三經義解の首に置かれることになった（『長編』二六五 六月甲寅）。次いで七月に入ると十一日に檢討官は一官を轉じ、選人は兩資を循じ、擧人は絹五十匹を賜わる酬奬を受けた。十三日、新修經義が宗室、太學、諸州府學に配布され（『長編』二六六）、また二十一日には杭州と成都府轉運司での印刷が決められた（『長編』二六六 七月辛巳）。

おおよそ以上のような經過で新義は刊行されたが、熙寧八年九月になって、安石は詩義の改定と詩序に呂升卿の解を用いることを願い出て許されている。安石、雱の原稿を惠卿、升卿が改竄したというのが理由であった。[35] 十二月、安石は再撰した關雎義解などを上呈し、これも國子監にて刊行された（『長編』二七一 十二月辛亥）。その後、江寧に引退してからも新義に手を入れつづけ、元豐三年には、三經の誤字改定を願い、やはり國子監にて修訂された。[36] 晩年の安石は、三經新義の改定と字說の編纂に意を注いでいたのである。

こうして王學は、刊行された三經新義を中心に、科擧を志す士人らに壓倒的影響力を及ぼすようになる。南宋の晁公武、陳振孫は、熙寧八年、新義成ってより王學は「獨り世に行わるること六十年」と述べているが、その影響は北宋に止まらず南宋初め、かなりの時期に亙ると考えるべきであろう。[37] 今、參考までに『通考』一七六以降の經籍考から、王學派の著作で特に科場との關連が記される書名を拔き出すと以下のようである。王安石『易解』二〇卷及び龔原、耿南仲の『註易』各二〇卷（紹聖以降の科場）。『新經尙書』一三卷、『新經詩義』三〇卷、『新經周禮義』二二卷（共に熙寧八年以降）、三經新義のうち書は王雱撰、詩は辭を雱が、義を安石が訓じ、周禮は安石撰。王昭禹『周禮詳解』四〇卷。方慤『禮記解』二〇卷（政和以降）、方書とともに朱熹から高く評價されている馬希望『禮記解』七〇卷も恐らく科場に影響力をもったであろう。王安石『論語解』一〇卷、王雱『口義』一〇卷、陳祥道『論語（全解）』一〇卷（紹聖以降）。王安石、王雱、許允成『孟子解』四二卷（崇寧、大觀年間）。北宋末までに、試經義の本經、兼經七經の全てに王學の解說書が出揃った樣子が窺える。

むろん王學は科場のみで問題にされていたわけでない。元祐年間、舊法黨が政權を占めたとき、時流に阿ねて太學生の三經新義學習を禁じようとした國子司業黃隱が、舊法黨の劉摯や呂陶から手嚴しく彈劾され、或いは字說の禁止にもかかわらず、三經新義は古注疏や諸家の說とともに依然、科場での引用を認められたことは[38]、王學が當時の思想界に占めていた位置を十分推測せしめる。しかし、宋代新儒學臺頭の中、諸家に先んじて王學が官學の地位を獲得し、しかもそれが地味な講學活動など學派の裾野を廣げた結果としてではなく、上からの力でいきなり科場の唯一の規準となったことは、王學派の將來に決定的な惡影響を及ぼしたと言えるのではないか。安石個人の眞摯な學究態度を傳える話は、筆記類に數多く見いだせる。例えば三十代後半の知常州時代、經書の研究に沒頭して片時も書物を離さず、宴會の最中でも易の解釋に夢中であった話[39]。或いは世間で言われるように注疏を決して輕んじたわけではなく、陸佃の話によると安石手澤の『毛詩正義』は、朝夕手元から離さず字の大半は讀めぬまで擦り切れていたこと（陸游『老學庵筆記』一）、など精勵振りは有名であった。從って安石の學問を批判する者も、前提としてその深遠さは認めざるを得なかったのである（孫升『孫公談圃』中）。しかし官學化は、こうした安石個人の學問への態度やその內容を片隅に追いやってしまう程の、激しい現實的欲望の渦の中に王學を巻き込んでしまった。人々は榮達を求め競って安石門下を稱したが、この門生は政權が變わるたびに門生であったり、なくなったりする不確實で巨大な人の波に過ぎなかった（王闢之『澠水燕談錄』一〇）。またたとえ學問上の發言をしようとする者も、王學の枠内で自説を展開しなければならないので、勢い新奇を追うことになる（徐度『却掃編』中）。更に科場では本經を一經選擇すればよいため、士人は以前のように經全體を讀まなくなっていた。元符、建中靖國年間、杭州州學教授であった姚祐が、學生に易義を出題したとき、「乾爲金、坤又爲金、何也」と「釜」字を「金」と誤って問うた有名な話がある。これを記す諸書は、學生の指摘したように教授が麻沙本を使っていたため起きた誤りとするが、葉夢得『石林燕語』は、少し違った見方を付け加えている。「經術改めて自り、人の子に教える者、往往にして一經を以って之れに授け、他經、縱え讀むも亦た精なる能わず。其れ之れを教える者も亦た未だ必ずしも皆な五經を讀まず。故に經書の正文と雖も亦た遺語多し」と、その背景に一經のみ習熟すればよしとする風潮が教官にも及んでいたからだと述べている(40)。

自分の選擇した本經を學習するのみで、それも王學の章句を丸暗記するか徒に新奇を求める大量の士人の出現。しかもかれらは時の政權の動向で定見なく搖れ動く。安石が晩年、「學究を變じて秀才と爲さんと欲するも、秀才を變じて學究と爲すは謂ざりき」と嘆いたとしても不思議ではない（陳師道『後山叢談』一）。

これらの逸話のどこまでが事實なのか明らかでない。しかし確かなことは、これが宋人の目に映った王學と王學派の姿であるということである。

おわりに

安石の貢擧改革は、政治に有爲の人材を得るために行われた。より直接には、新法推進に不可欠な人材を求めるためであった。それは、どのように政治改革の理念を高く掲げても、それを遂行する官僚が陞官發財の價値觀から自由でなければ、改革の結果が意圖した方向とは正反對になることが目にみえていたからであろう。しかし、宋人の殘した斷片的な史料は、その貢擧改革でさえも、事態は當初意圖した方向とは逆に展開しつつあることを示しているかのようである。

熙寧九年十月、安石は宰相を罷め判江寧府として金陵に戻った。翌十年六月には祠祿を賜わり、名實ともに引退生活に入る。この金陵時代の安石に對し、時人は一箇のイメージをもつ。それは、驢馬に跨り、村僕を連れ、鍾山に遊ぶ超俗の士の姿である。元祐四年、陸佃を訪ねた李公麟は、かれのために「王荊公遊鍾山圖」を描きあげた。そこには驢馬に乘った安石の横に三人の村僕が、一人は經を持ち、一人は字說を抱き、一人は木の虎子を背負って描かれていた筈である。(41) 經は恐らく三經新義であろう。黄庭堅も同じく李公麟描く所の「荊公騎驢圖」に跋を書いている(『山谷題跋』三)。山谷はその畫に、字說の完成に打ち込む安石の姿をみている。金陵の安石が佛教に熱心であったことはよく知られているが、同時に三經新義の修定、字說の編纂にも情熱を注いでいた。その成果は、前節で述べた元豐三年の三經義誤字の改定や元豐五年の字說進呈となって現われている。晩年に至るまで、自らの經學完成を求めて已まなかった安石であるが、その姿が超俗のイメージに昇華してしまっていることは、安石個人にとって最早、王學の追及は「道德を一」にするという現實變革とは異なった次元の營みになっていたことを示唆するのである。

注

（1）『通考』は、この記事を熙寧二年に繫けているが、後にみるように科擧改革についての論議と實施は分けて考えるべきである。

（2）荒木敏一『宋代科擧制度研究』（同朋舍　一九六九）第四章、三四六頁以下。John W. Chaffee, *The Thorny Gate of Learning in Sung China*, Cambridge University Press, 1985, pp.66–77. 張希清「論王安石的貢擧改革」（『北京大學學報』哲社版　一九八六—四）など。既に慶曆新政の貢擧改革のなかでも經義の重視、帖經墨義の廢止、詩賦試驗の簡素化が主張されている。

（3）『宋史』一五五　選擧一　科目上。

（4）例えば熙寧元年六月の孫覺「論取士之弊宜有改更」は、自らの改正案を述べつつ、兩制、三館祕閣の臣僚に論議させるよう促している（『國朝諸臣奏議』八〇　儒學門貢擧上）。

（5）各人の論は以下の書にみえる。司馬光　議貢擧狀（『司馬文正公傳家集』四〇）、韓維　議貢擧狀（『南陽集』二五）、蘇軾　議學校貢擧狀（『經進東坡文集事略』二九）、呂公著　上神宗答詔論學校貢擧之法（『國朝諸臣奏議』七八　儒學門學校上）、劉攽　貢擧議（『彭城集』二四）、陳襄（『古靈集』八）。蘇軾のものは文集など、いずれも熙寧四年正月の上奏とするが、『長編拾補』四が考證するように二年五月とすべきである。因みに『諸臣奏議』は熙寧二年五月、直史館判官誥院のときとして同文を收錄している（なおこの時期の東坡史料については、竺沙雅章「『西樓帖』の東坡傳資料」〈『書論』二〇　一九八二〉を參照）。小川環樹氏は、直接の證據はないとされながらも、これが「東坡の作であるかどうか、すこぶる疑わしい」とされる（『中國文明選　二　蘇東坡集』解說　朝日新聞社　一九七二）。確かに內容上、一部、平生の軾の言動から納得しかねる箇所がある。しかし論の展開はいかにも蘇軾らしい機智に溢れたものであり、且つ主要部分の論旨は元祐以降の科擧に關する軾の諸上奏と一致する。それ故、そこから逆に、元祐以降の論を下敷きにして後人が創作したと考えられなくもないが、ここでは一應軾の論として扱うことにする。また『玉海』一一六には程顥の上奏もこのときのものとして載せる。『河南程氏文集』一に請修學校尊師儒取士劄子、及び『國朝諸臣奏議』七八　儒學門學校上に上神宗請修學校以爲王化之本として收められている文で、兩書とも煕寧元年の上書と注している。恐らく『玉海』の誤りであろうが、論の内容は應詔とすることも可能である。
（6）嘉祐六年八月二十一日の論擧選狀（『司馬文正公傳家集』二〇）。
（7）「正義」に對する新義については、土田健次郎「伊川易傳の思想」（『宋代の社會と文化』汲古書院　一九八三）、「胡瑗の學問――その性格と位置――」（『東洋の思想と宗教』一　一九八四）、同氏『道學の形成』二章　二程の先行者　第四章　伊川易傳の思想（創文社　二〇〇二）。
（8）荒木前掲書　二九八頁。詳細は『宋會要』選擧七　煕寧三年三月八日。
（9）『經進東坡文集事略』二二　擬進士廷試策表の割注に引かれた『司馬光日記』に據る。なお『日記』は面讀官を陳襄としているが、『綱目備要』一八など他の諸書に從い陳升之に改める。また祖洽の順位についても諸史料で多少の異同がある。
（10）薛應旂『宋元資治通鑑』三二。
（11）司馬光『日記』、畢沅『續資治通鑑』六七など。なお『太平寶訓政事紀年』四　當該年の條は、『編年』及び『事實類苑』を引いて、祖洽の同鄕黃履が側近として神宗の孟子愛讀を知り、祖洽に告げたため、孟子を多く引用して答案を書いたため第一となったとの話を載せる。
（12）注（9）參照。
（13）より完備した規定は、元豐二年十二月、國子監敕令式竝學令一四〇條として發布される。なおこの時期の國子監、太學の詳細は次章で考察することにし、ここでは行論に必要な限りで述べる。
（14）『長編』二九五　元豐元年十二月乙巳。なお『東軒筆錄』六　太學の獄に關する項では虞蕃を饒州進士とする。
（15）ほかには、孫諤、葉唐懿、元耆寧、沈銖、葉濤、許將、李君卿、蔡洵、王愈、周常、許懋、李寧、熊皋、陳襄、王沇之、余中、王汭之、范峒が處罰された（『長編』二九八～三〇一）。
（16）『忠肅集』四　乞重修太學條制疏、『長編』三七四　元祐元年四月己丑　王巖叟の上言など。
（17）紹興年間については本書第五章一四一頁以降を、南宋末については第二篇第一章　南宋地域社會の科擧と儒學一八五頁以降を參照。

(18) 熙寧九年の殿試において、第一甲に不適格な人物が入っていたという理由で初考官、覆考官各六名が罰銅の處分を受けたこと(『長編』二七三、二八〇、不適格な人物とは以前太學を追われたことのある曹將美のこと)、元豐五年の殿試にて結果的に狀元になった黄裳らを不當に低く評價したというので初考、覆考官各六名、詳定官三名がやはり罰銅に處せられたこと(『長編』三二四)は、考官の主觀的意向の頂點に神宗の意向が在る、という意味で貢擧新制の「主觀試驗」的特質を象徵している。

(19) 貢擧新制條文中の原文は「……量取諸科解名增解進士、以熙寧二年解明經數爲率。如擧人數多於熙寧二年卽每十人更取諸科額一人、諸科額不及三人者聽依舊。不解明經處每增二十人如十人法。禮部奏名於諸科解額取十分之三增進士額。京東・陝西・河北・河東・京西進士、開封府・國子監、諸路嘗應諸科改應進士者別作一項考校。其諸科內取到分數竝充進士奏名、將來科場諸科宜令依舊應擧、候經一次科場、除舊人外不得應諸科。……」である。

(20) 『宋會要』選擧三　嘉祐二年十二月五日、同三年三月十一日の條。なお『長編』一八六　嘉祐二年の條などの明經科設置の記事には、試法を兩經、三經、五經の選擇とし、それぞれ八通、六通、五通で合格させるとあり、『宋會要』と相違する。經を大中小三經に分類したことを考えると、『宋會要』の試法がより合理的に思える。

(21) 『節孝集』三〇　上趙殿院書。但しこの書簡の要點は、明經條制は、八場が、墨義で注文を、大義は注疏までを範圍とし注疏の學から完全に脫却していないことへの疑義にある。

(22) 進士合格者の地域差については、Chaffee 前揭書　一一九頁以下を參照。

(23) Chaffee 同書、七一頁。

(24) 新科明法科については、平田茂樹「宋代銓選制度の一考察——王安石の改革を中心に——」(『歷史』六九　一九八七)參照。

(25) 『宋會要』選擧一四　新科明法を參照。元豐二年九月の措置は、原文に「詔、五路禮部進士、與新科明法人通理人數均取」(九月八日。『長編』三〇〇　同月癸酉も同文)とあるのを、本文の如く解したが、文意なお明らかでない。元祐八年四月二十二日の大名府新科明法人の狀によると、諸科の廢止に伴い、七〜八割が新科明法科に遷ったと言う。

(26) 但し陸佃は、同年十一月、國子監直講として京師に戻る(『長編』二二八　十一月戊申)。

(27) 近年、三經新義の佚文收集とその再評價の動きが顯著である。主な著作には、邱漢生『詩義鉤沈』(中華書局 一九八二)、程元敏『三經新義輯考彙評（一）―尙書』『同（二）―詩經』『同（三）―周禮 上・下』(國立編譯館 一九八六) 劉坤太「周官新義夏官補佚」(『河南大學學報』一九八五―一) などがある。程氏の書には、王學關係論文のうち「三經新義修撰通考」「三經新義與字說科場顯微錄」「王安石父子享祀廟庭考」「三經新義修撰人考」が附載されている。本書で記す編纂過程の事實關係史料は殆どがこれら程氏論考に既出であり、多くを參照させていただいた。これら近年の著作は、朱子學が正統思想として絕大な社會的影響力を有した後世の道學者的觀點からではなく、歷史的事實に卽して王學を位置づけようという試みの一つの表れである。なお王安石の學問については庄司莊一「王安石『周官新義』大宰について」(『集刊東洋學』二三 一九七〇、同氏『中國哲史文逍遙』角川書店 一九九三所收)、土田健次郎「王安石における學の構造」(『宋代史研究會研究報告第四集』汲古書院 一九九三、同氏『道學の形成』第六章に收錄) を參照。

(28) 例えば、書義は熙寧二年に進講したものが基礎になっている。『臨川先生文集』八四 書義序。

(29) 『長編』二五三 七年五月丙辰。『長編』は續けて「輒目（沈）季長從旁代對。上問難甚苦、季長辭屢屈。上問從誰受此義。對曰、受之王安石。上笑曰、然則且爾。云々」と述べ、升卿が助けを求めた侍講沈季長も安石の考えを鸚鵡返しにするだけであったので、神宗の質問に立ち往生したという。但し李燾は、此の記事は司馬光記聞に據るとし、升卿がこれ程無學であるとすれば、後に新義詩序が全面的に升卿の解に據った理由が分からぬ、と疑問を呈している。

(30) 『長編』輯本二六二 熙寧八年四月丁卯には、江寧から再び宰相として上京する途中の安石に、母の病で謁告歸省する內舍生陶臨が回り道をして面會したため、後、事情を知った安石は臨を退學處分にした、との話を記す。

(31) 中書五房習學公事については、梅原郁『宋代官僚制度研究』第六章 宋代胥吏制の概觀 五二四頁以下に、當時の新法政治の中での位置付けがなされている。

(32) 『長編』二二八 熙寧四年十一月戊申、同二二六 四年八月己卯所引の林希『野史』など。

(33) 以上の他に『宋元學案補遺』九八 荊公新學略補遺には、編纂に係わった門人として汪澥、張僅、顧棠を擧げる。また『長編』二六六 熙寧八年七月辛未に、やはり編纂に攜わった人物として張濟、葉原の名がみえる。これら諸人の略傳は程氏「三經新義修撰人考」參照。

(34)『長編』二六五 熙寧八年六月己酉、辛亥。呂希哲『呂氏雜記』下。王雱は結局、加えられた龍圖閣直學士を辭退した。なお一千部印刷については『長編』二六八 熙寧八年九月辛未 呂惠卿の上言にみえる。

(35)『長編』二六八 熙寧八年九月辛未。『臨川先生文集』四三 論改詩義箚子、荅手詔言改經義事箚子。『長編』が引く呂惠卿「家傳」の辯論と安石の申し立てには食い違いがある。程元敏「三經新義板本與流傳」(前注(27)同氏『周禮』所收)は、惠卿の辯論を分析して改作の事實はあったと論證する。

(36)『長編』三〇七 元豐三年八月丙辰、『臨川先生文集』四三。刪改すべき誤字は、乞改三經義誤字箚子二道にみえる。

(37)『郡齋讀書志』一、『直齋書錄解題』二。本書次章參照。

(38) 程氏前揭「三經新義與字說科場顯微錄」に詳しい。

(39) 彭乘『墨客揮犀』四。もっとも後代になるとこうしたエピソードも安石の非人間性の證明として語られるようになる。安石の人間像は描く人によって、當然のことながら樣々である。三浦國雄『王安石』(『中國の人と思想』七 集英社 一九八五)は、一般向けの書ながら、氏の安石像が平易に描かれていて興味深く讀める。この逸話をはじめ安石にまつわるエピソードも多く紹介されている。

(40)『石林燕語』八。他には朱彧『萍州可談』三、方勺『泊宅編』、『老學庵筆記』七にもみえる。

(41)『陶山集』一一 書王荊公遊鍾山圖後に「荊公退居金陵、多騎驢遊鍾山、每令一人提經、一僕抱字說前導、一人負木虎子隨之。元祐四年六月六日、伯時見訪、坐小室、乘興爲予圖之、云々」とある。

第四章　蔡京の科擧・學校政策

はじめに

徽宗朝、前後四回十四年半に亙り宰相職を占めた蔡京は、實質二十年近くを權力の中樞で過ごし、その間、自己保全を計りつつ皇帝を籠絡、專權を恣しいままにして遂には北宋を滅亡に追い込んだ元凶とされる。その蔡京が執着した政策の一つに、天下三舍法がある。神宗朝の太學で實施された三舍法を州學にまで及ぼし、地方の州縣學と中央の太學を一貫した學制の下に置き、縣學から州學、州學より太學へ進んだ學生の中から成績優秀な者を選んで官僚に登用しようという制度である。蔡京は、これを鄕擧里選の復活であり、先王建學制の實現であると自負している。事實、天下三舍法を額面通りに受け取れば、慶曆以來の北宋の科擧改革に通底し、王安石が將來の課題とした取士（科擧）と養士（學校）の一致を初めて實行に移した劃期的な施策であったと言える。しかし、この天下三舍法は、蔡京の三度目の宰相職辭任の翌宣和三年二月に突然罷められ、また高らかに宣言した科擧の廢止も、「次回は例外として一回のみ實施する」措置を繰り返し、結局中斷することなく行われ、取士と養士の一體化は龍頭蛇尾に終わった感がある。そして何よりも「姦臣」蔡京の政策全般に對する「四海九州の力を竭して自奉す」（『宋史』本傳）との評價が、天下三舍法をまともに考察しようという意欲を殺いできたのか、その制度の具體的內容については不明の點が多いように思われる。本章は、先ず蔡京の構想がどのようなものであったかを檢討し、次にその實施の狀況と突然の廢止の理由について考える。その際、この制度が結果として眞宗朝以來の科擧・學校政策の理念と現實及び理念と現實の關係の在り方の終着點であったことを確認し、また近年問題にされるようになった北宋とは異なる南宋社會の特質形成に果たした役割についても指摘しておきたい。

一　蔡京と三舍法

蔡京（一〇四七～一一二六）は、天聖五年（一〇二七）登第の蔡袞、八年の蔡襄を始め兩宋を通じ二十三人の進士合格者を出した、福建興化軍仙遊縣の名族蔡氏出身である（南宋寶祐五年修 元重訂『仙溪志』三 一門進士第）。父の準は景祐元年（一〇三四）の登第、京本人と弟卞は熙寧三年（一〇七〇）の同年、京は恐らく父の蔭によって既に太廟齋郎の官を有していたので、通常よりは有利な鎖廳試經由の合格と思われる(1)。この熙寧三年の殿試は、王安石の科擧改革の嚆矢として、從來の詩賦論策三題の出題が試驗直前になって策問に變更されたり、狀元葉祖洽の順位をめぐり考官の間で議論が紛糾したことで知られる。祖洽の答案は新法を強行する當局に阿諛した文章、というのが時人の評價であった(2)。

蔡京の對策がどのようなものであったか窺うことはできないが、登第後、杭州錢塘縣尉を振り出しに、舒州團練推官を經て熙寧九年には權流内銓主簿として都に戻り、翌年、若手新法派官僚をプールする中書禮房習學公事に入っているから、巧く時流に乘ったと見てよいであろう(3)。

蔡京の官歴を一瞥して直ちに氣付くことは、神宗・哲宗兩朝に於ける學制整備の作業への關與である。『長編』の記事から關連事項を拾ってみると、先ず元豐二年（一〇七九）十二月乙巳の國子監敕令式幷びに學令一四三條の上呈が擧げられる（巻三〇一）。これは、神宗朝の太學三舍法を集成したもので、以降、元豐の制と呼ばれて三舍法の基準となる規定である。御史中丞李定に編纂が命ぜられ、蔡京は、畢仲衍、范鏜、張璪とともに編纂官に名を連ねている。尤もこのときは判國子監の張璪が、活動の中心であったようであり、京の果たした役割がどの程度のものかは不明である。元豐の制の内容については、後に檢討する。續く元豐三年正月庚寅、今度は檢正中書戸房公事となっていた蔡京に諸路學制編修の命が下った（巻三〇二）。同二月癸卯に權御史中丞李定、判國子監張璪、管勾國子監范鏜にも編纂參加が命ぜられているが、任命の經緯から推して今回の編纂の中心人物は京であり、ここで地方學制制定の中心として活動したことが、後に天下三舍法を構想する遙かな背景になったと思われる。次の哲宗朝では、紹聖三年（一〇九六）、翰林學士承旨として國子監條制の詳定に係わり、十二月甲戌に國子監三學と州軍學の學制を太學敕令式二十三册としてまとめ上呈した。これは紹聖新修太學敕令式と呼ばれ、翌四年正月一日をもって頒行された（『考索』二八所引『長編』）。

　このように兩朝にあって中央・地方の學制の集成事業に從事した結果、蔡京は當代の學校制度に最も通曉する官僚の一人となったと豫想される。この推測を裏付ける記述が『長編』（巻五一四）にある。元符二年八月癸酉、翰林學士承旨蔡京は宰相章惇、大理少卿劉賡と共に、新修海行敕令格式を進呈した。章惇は上前で「進むる所の表」を讀み上げ、繼いで一帙を取って進讀したが、「其の間、元豐無き所にして元祐敕令を用い修立する」條文が有ったため哲宗の下問が續いた。帝の一連の問に對し、『長編』は「惇等對う」との語で臣下の答を記すが、「太學生の贖を聽す」の條については、「上、新條か、舊條かを問う。京、對う。臣等、參詳して新たに立つ。蓋し州縣の醫生尚お贖を聽すを得。太學生も亦た當に贖を許すべし」と、この箇所のみ應對者を蔡京に特定して記述する。學制に關しては、當然、専門家の蔡京が應えるべき、との雰圍氣があったのであろう。

ここで太學三舍法について、簡單に整理しておきたい。三舍法に關しては夙に宮崎市定氏の「宋代の太學生生活」で明快な説明がなされて以來、專論ないし解説を含む多くの論考が發表され、近年では袁征『宋代教育』が最も詳細な研究となっている(4)。これらに依り、制度の大枠は把握できるのであるが、個々の具體的な規定となるとなお理解に苦しむ所がかなりある。以下、蔡京の天下三舍法の前段階という觀點から、神宗・哲宗朝の三舍法の特に問題となる部分を中心に、その推移を追ってみる。

まず外舍、內舍、上舍の由來であるが、外舍については神宗の熙寧元年正月、太學內舍生の定數二百名の他に外舍生百名を置いたことが、その始めである。しかし、このときは入試合格者一五〇人に對し、內舍生の缺員が四、五十人のみで一〇〇人餘りが入學できず遠方から上京し長年太學入學を待った士人が空しく歸鄕せざるを得ない事態を前に、儒學を振興し人材を育成する朝廷の方針に反するというので採られた措置であった。諫官滕庠・吳申が、太學の齋舍に餘裕があり、百名の定數增は可能であるから、かれらを外舍生として入學を認め入齋聽讀を許すが、內舍生の月三〇〇文の食費は支給せず、內舍に缺員が生ずれば順次外舍生から補充する、との案を提議して受け入れられたのである。從って外舍生、內舍生の間に明確な進級の規定があるわけでなく、その違いは食費支給の有無に過ぎず、無論上舍の概念も無かった(5)。やがて王安石の科擧改革が實行に移されるのに伴い、太學にも建物・設備と運營方法兩面での改善、改革が進み、熙寧四年十月に初めて上舍、內舍、外舍の三舍の別とそれぞれの定數、進級制などが規定された。それによると上舍生は百名、內舍生は二百名、外舍生は初め定數が無く、翌熙寧五年八月に七百名とし、學生は一經を選擇し教官である直講に付いて受業する。直講は十員、二人で一經を講じ、毎月學生を試驗し、成績優秀者は中書に報告する。上舍生の中から毎經二人を選んで學正、學錄、學諭とし、學行が特に優れた者は、國子監の責任者である主判官と直講が保明して奏聞し、中書が考察し旨を取り官に除す、というものであった(6)。このように、やがては科擧に代え、學校の卒業生を官僚とする安石の方針に沿った形での太學改革が行われたのである。とはいえ、この時點では未だ進級、除官の具體的規定は見えない。それは、蔡京が編修官に名を連ねた先述の元豐二年十二月上呈の學令中で、太學三舍選察陞補の法として詳細が定められることになる。次にその規定を検討したいが、その前に上舍生の處遇について觸れておきたい。

熙寧十年二月十三日、上舍生は入學後、在學が二年に及び第二等以上の罰を犯さなければ、上から三十人を限度として免解を與える、との詔が出された。更に、貢擧において免解の條件を滿たしている者には免省試を一回に限り與え、又た免解を得てから在學二年以上で公私罪を犯さぬ上舍生にも免省試を與える、としている（『宋會要』職官二八國子監）[7]。續いて同年五月乙亥（二十六日）には、免解の條件が在學二年から一年に短縮されている（『長編』二八二）。この規定であると上位三十名の上舍生は、最短三年で殿試に參加でき、原則として殿試は落第者を出さぬから、殆ど無條件に官に除せられることになる。さすがにこれは、熙寧四年の科擧改革以來顯著になっていた講官と學生の癒着を加速させるなど問題が多く、遂には太學の獄を引き起こし、より嚴密な規定の元豐法の制定へと進んで行く[8]。しかしここに示される、學校を科擧の捷徑とする考えは國初以來のものであり、この後の元豐法にも繼承される注意すべき學校の位置付けである。

『宋會要』職官二八國子監に、神宗正史職官志、哲宗正史職官志と題された國子監の機構、所屬の官員及び職掌、生員や入學、升級について記された部分がある。内容から推して、元豐年間と紹聖年間の制度と思われ、兩者に多少の相違はあるが、元豐の制の史料として利用できる箇所である。先の『長編』三〇一及びほぼ同一内容の『宋會要』職官二八元豐二年十二月十八日の記事と併せ、相互を參照しつつ行論上必要な規定を記すと以下のようである。まず周知のことながら、生員定數は上舍生百名、内舍生三百名、外舍生二千名の計二千四百名、毎齋五間三十人收容の寄宿舍八十齋に分宿した。學官は、熙寧と同じく毎經二名の計十名（但し神宗正史は十二名）であるが、名稱は、元豐三年正月十七日に直講から太學博士に改められる（『宋會要』職官二八）。問題は、太學運營の根幹に係わる生員の入學、升級、釋褐に到るまでの規定であろう。入學希望者は、屬する州の發行した證明書を提出し、年四回、孟月に行われる補試（入學試驗）を受け、合格すれば外舍に入る。入試は大義一場が課せられた（『宋會要』職官二八　國子監　元符三年十二月二十一日）。外舍生は、孟月經義、仲月論、季月策で四季ごとに循環する私試と呼ばれる毎月の試驗を受ける。この學科と操行の成績を、各齋の學生から選ばれた責任者とその副である齋長・諭が毎月記錄し、一季が終わるたびにそれらを通計し成績が出される。その成績の考察は學諭から始まり、最後の國子監祭酒、司業の判定に到るまで一季かかる。歲終に外舍生二千名中百名が選ばれ合格點である校定が與えられる。更に年一度公試といわれる經義・論策の試驗がある。公試の成績が一、二等に入った者は、校定を參照して春秋の二回、內舍に進級させる。內舍生についても同樣の私試が課せられたようであるが、歲終の校定は三百名中三十名であった。內舍生を上舍に進級させる試驗は、間歲に一度行われ、省試の法のように朝廷から試驗官が派遣され封彌・謄錄する。それは、この試驗によって一氣に釋褐する者が出るからである。すなわち上舍進級試驗の合格者を優・平に分け、校定の成績と合せて總合成績を三段階とする。試驗、校定共に優を上舍上等として直ちに釋褐を與え、一優一平を中等とし免禮部試、兩平又は一優一否を下等とし免解試を與えるというもの（上舍生推恩の制）であった。このように三舍法は、現今の學校制の如く一定數の學生が順次進級、卒業するのではなく、上に行くほど少なくなる定數配分の下で缺員數のみを進級させる仕組みであったから、進級者は當然限定される。實際、紹聖元年（一〇九四）までに上舍上等で釋褐した者は林自一人のみで（『宋會要』職官二八　國子監　紹聖元年三月九日）、外舍から內舍に進んだ者は、元豐六年三人、七年十四人、八年四人であった（『長編』三七一　元祐元年三月辛未）。元豐の制を見る限り、上舍生には決まった課程や卒業試驗が無く、直ちに官を與えられるか、殿試又は禮部試を待つかのいずれかであった。一方、太學生は在學期間が一年に及べば太學解試を受験でき（『宋會要』職官二八 國子監 元祐元年五月二日）、しかも太學解額は元豐二年十二月に五百名、同三年十二月には開封府解額を併せ六百名の多きに及んでいるから（『長編』三〇一 十二月戊戌、同三一〇 十二月庚午）、學生の入學意圖が奈邊にあったかは明らかであろう。三舍法の整備にもかかわらず、學校は科擧の補完物として構想され機能したのである。

その後、元祐年間一時廢止されていた元豐上舍生推恩の制が復活したとき、官に注する上舍上等は毎年二名以内、中等、下等の免省試、免解試はそれぞれ毎擧五名と二十名以内にと、その人數が明記されている（『宋會要』職官二八 國子監 同年閏四月七日）。このように哲宗親政の時期はほぼ元豐の制が行われたが、元符二年（一〇九九）の州學に於ける三舍法實施は、天下三舍法に向けて一歩踏み出した注目すべき措置である。『長編』五一八 同年十一月乙未の記事によると、このときの中心課題は州學から太學への歳貢生の規定にあった。全國の教授を置く州學では太學三舍法に依って考選陞補を行う。その三舍生のうち上舍生一名、內舍生二名を毎年太學に送る。上舍生は、その年の十二月中に開封に到り、太學補試を受け合格すれば太學內舍生に充てる。不合格の場合は再試を許し三回受けて合格しなければ州に歸す。その間、太學外舍生の待遇を受け食費を支給される。一方、歳貢の內舍生は、試驗無しで太學外舍生に充てられるというものであった(9)。一見、無試驗の內舍生より補試を課せられる上舍生の方が厳しい條件のようであるが、太學內舍への入學はそれ以上の優遇措置ということになるのであろう。その他、路の監司一員を選んで學政を擔當させ、州の知事、通判を學校の直接の責任者とするなどの規定が見える。限定されてはいるが、ここに初めて州學と太學が關連付けられ、制度上、地方學の學生が州學から太學を經て釋褐に至る道が開かれたのである。このとき蔡京は翰林學士承旨の地位にあった。史料上、今回の措置に京の名は現れないが、三學外舍補試についてかなり細かな點まで提言している様子などを見ると、[10]州學での三舍法實施という重要な改制にかれが無關係であったとは考えにくい。哲宗朝末までには、蔡京の頭の中に天下三舍法の大きな枠組みはできあがっていたとみるべきであろう。

二　天下三舍法の實施

崇寧元年（一一〇二）五月、翰林學士承旨から副宰相の尙書左丞に移った蔡京は、七月五日に尙書右僕射兼中書侍郎となり、曾布辭任後一時空白となっていた宰相職を埋めた。續いて就任後未だ間もない八月二十二日、全國並びに學校を置き天下に遍く三舍考選法を施行するよう要請し、同日「興學校詔」が降され天下三舍法が實施される（『宋大詔令集』一五七）。しかし例えば『宋史』職官志五　國子監の項は、この天下三舍法を「崇寧元年、宰臣蔡京言う」として上奏の內容を抄錄する形で紹介しているが、この記述は、八月二十二日の上奏とそれとは別の十月二十七日の外學に關する上奏を併せ一つの記事にしているので內容上整合性を缺く箇所があり、天下三舍法の全體像を理解する史料としては必ずしも適當ではない。最も詳しい『宋會要』や『長編』の記事も、節略が適切でないためもあり內容の確定が困難である。それは、蔡京の提議自體多分に試案的な要素があり、その後度々修正附加され一應の最終案が出るのが崇寧五年になるからである。それ故、本節では崇寧元年から五年にかけての三舍法整備の動きを、前節で見た地方學と太學との關係、特に學生が釋褐に至るまでの過程を中心に整理し、その上でその運用の實際を檢討してみる。

崇寧元年八月甲戌（二十二日）の提案は、州縣學の設置と財政基盤の手當、監司・知州・通判の役割、小學の附置、賞罰、外任官子弟の州學での取り扱いなど多岐に亙るが、骨格は學生の升補の規定であろう。[11]先の元符二年十一月の學制と異なる點は、先ず縣學から州學への進學が制度化されたことである。學生は縣學在學一年になると學長、學諭が行藝を考選し、令佐に報告、審査する。その上で州に上申し、州は知州、通判が審査し教授が其の文藝を試驗して州學に入學させる。ここから見る限り、縣學では三舍制を想定していないようである。州學における學生の考選について具體的記述はないが、「太學三舍校試法を以って刪立頒行せんことを請う」とあり太學三舍法を遵用し、或いは提議の一項に「乞うらくは、竝びに學生在學升黜法を立てんことを」とあるので細部は今後の課題としたのであろう。それに對し毎年上舍生一名、內舍生二名を太學に送る元符二年の州學生太學升貢の規定は、大幅に改變されている。升貢の人數について、當時の開封府解額百名のうち五十名を土着人の解額として殘し、他の五十名は諸州から太學に送られてくる學生（貢士）數の枠に充當した上で、全國州軍の解額の三分の一を貢士額とする。州軍は、三年毎に州學上舍生を太學に貢し、貢士は太學上舍試に付せられる。但し試驗は本來の上舍試とは別枠で行われ、上等で合格した者は太學上舍中等に補す。中等で合格した者は上舍下等、下等合格者は內舍生に、その他は外舍生とする。[12]貢士についての記述はこれだけであるが、元符二年では太學內舍どまりであった歳貢生が、成績によっては直接上舍中等に入學する可能性も出てきた。ここで言う上舍試は、元豐制に於いて間歳に行われた內舍生が上舍に進むための試驗（南宋の舍試）のことであろう。とすれば、上舍中等は免禮部試、下等は免解試の恩典を受けることになりかなりの優遇である。しかしこの時點では、科擧の廢止は具體的に論議されておらず、州の擧人と貢士の數を二對一の割合とする科擧・學校併用制の提言であった。兩者を比較すると、上舍試上等に合格しほぼ注官を手にした貢士を除けば、任官への道は科擧經由が未だ有利のように見える。事實、崇寧三年正月癸巳（紀事本末一二六）には、中書省の言として「月書季攷、行藝純備にして方めて入貢に與り、其の選頗る艱」い學校より、その日の成績さえ良ければ合格する科擧に人が集まり、「朝廷教養の意」が失われているので、解試受驗には（西、北）五路は一年の州學在學、餘路は半年の條件を付けるように、との要請が見える。しかも餘路の半年には縣學在學期間を含めてよく、それでも在學條件を滿たさない取應の人が多ければ學事司に相談して聞奏せよとあるから、天下三舍法に對して世の士人たちは冷淡であったと言えよう。

州學での三舍法實施を提案した蔡京は、太學についても大幅な改組を構想していた。太學外舍を外學として太學から獨立させることである。將來、科擧を廢止し、擧人に代わって全國から大量の貢士が送られてきたときの受け皿を用意する措置と思われる。崇寧元年十月戊辰（十七日）の上奏によると、學生數は外舍生より千人多い三千名、五間三十人收容の齋一〇〇棟、講堂四を備え、從來の太學には內舍生と上舍生を置き、それぞれ定數を倍の六百名と二百名にする計畫であった。外學には辟雍という名が與えられ、外城南薫門外の用地での建設が始まり、崇寧三年十一月四日に竣工した[13]。こうして縣學、州學、辟雍、太學の順に進級する體制が整うと同年十一月十七日、次回の科擧（崇寧四年解試、五年省試）は舊來通り行うが、以降は全て學校より升貢するとの詔を降し天下三舍法が本格的に動き始めたのである[14]。とはいえ先の中書省の言の如く、崇寧元年八月の提言を基底とする學制は、士人を學校に向かわせるためには不十分な所が多かったらしく、後述するように崇寧四年三月、在學の士を優遇する特別措置を講じている。また崇寧五年七月甲辰の詔の冒頭に「已に指揮を降し學制を擧行す。比ごろ前後の法令を閱するに猶お未だ備わらざる有り。士心を失い或いは因りて煩擾にして學政を害う有るを慮る」と述べ、同年八月乙酉の詔は「學校升貢の法、崇寧四年の指揮有りと雖も、朕朝な夕な省閱するに未だ詳らかに理を盡すに至らず。當に增損すべし」として、見直しをした天下三舍法の決定版とも言うべき學令を發布している。崇寧四年の指揮とは、十二月十二日に尙書省が建議し、二十七日に大司成薛昂らが看詳增損した、州學から辟雍への貢士を三年一貢から每年にする歲貢制と三年の在學を滿たせば殿試に赴かせる制などについての條制であろう（『紀事本末』一二六）。この間、蔡京は崇寧五年二月三日に中太乙宮使を拜して一旦宰相を退き、復歸は翌大觀元年（一一〇七）正月七日であるから、學令修正は京の不在時である。しかしこのとき宰相になった趙挺之は、京と權力を爭った仲だが、煕寧の學制整備に際し若手官僚であったかれ自身、登、棣二州の教授に選ばれた經歷があり且つ國子司業も務めているので學校制度の改革には前向きであったと思われる。むしろ學制の後退は、彗星が現れたため元祐姦黨碑を撤去するなど蔡京の政策全般への批判が高まった五年正月から三月にかけてであり、七月には再び元に戻されている。八月乙酉（二十六日）の學令は、蔡京の學校政策の延長にあると考えてよいであろう。

この學令の最も詳細な記事は、『宋史』選擧志三の記述なので、それに基づき内容を示すと、①縣學生の州學外舍への試補　②州學上舍生公試　③州學生の降舍退學　④州學上舍生の辟雍への貢入　⑤行能尤異な者の特別貢入　⑥太學辟雍生の公試　⑦上等上舍生らの釋褐　⑧辟雍生の退學　⑨有官人の貢士　⑩隨行親の入學　⑪太學解額の分配　⑫太學考察試格の改定　⑬私試の改定　⑭三舍考察の比率　となっている。これより大分短い記事が、『長編』（『考索』二八）にも收録されており、主要部は同じだが、五路の武貢士など選擧志に見えない記述がある。當然とはいえ最も詳細な選擧志も學令の全ての條項を載せているわけではなく、また記載された部分も要約というより斷片的な節錄で意味が取りにくい。書かれていない事柄をも推測しつつ、縣學生が釋褐に至るまでの過程に絞り、以前とどう異なるのか檢討してみる。

①には、「縣學生、學に隸し已に三月に及び、上二等の罰を犯さざれば、次年、州學外舍に試補するを聽す。是れを歲升と名づく」とあり、崇寧元年の在學一年が大幅に短縮されている。毎年正月に行われる試補に合格すれば州學外舍生となる(②)。從來、私試は太學・州縣學すべて經義・論・策を孟・仲・季月に分けて實施していたが、この學令では仲月に三場を併試することにし、論の試驗日に律義も課せられることになった(⑬)。州學生の校定は在學

生の人數を基準に、內舍は十人に五人、外舍は十人に六人として上中下の三等の籍に分ける⒁。上舍生の公試は、毎年正月に歲升員の補試と同時に行われ、十分の六が合格とされ、成績順に竝べ「考察の籍（校定）」と付き合わせる。籍に記載があり公試も合格した者の六分の四を最終合格者とし「差を以って升舍す」とあり⑵、升舍は、④によれば辟雍に貢することであるから、その州の貢額數に合わせて貢士が決められた。毎年の貢額は、その州の以前からの解額と全國に分配された太學解額の割當分を合計し、それを三分した數である⑾。三分して餘りがあれば、三年目の貢額に加える（『考索』所引『長編』）。貢士は秋に辟雍に向かい、年末までには開封府に到着していなければならない⑷。翌春の試驗を受け辟雍に入るのだが⑼、辟雍生にとって、次のような⑥の規定は、今までに無い新しい條項である。

太學、上舍生を試するは、本科擧と相幷ぶを慮り、試は間歲を以ってす。今、既に科擧を罷め、又た諸州、士を歲貢す。其れ改めて歲試を用い、春季毎に太學・辟雍生、悉く公試し同院に混取す。總て五（三の誤り）百七十四人、四十七人を以って上等と爲し卽ちに推恩釋褐す。一百四十人を中等と爲し、士を親策するに遇わば試に入るを許す。百八十七人を下等と爲し內舍生に補す⒂。

「上舍生を補する」とは、先に述べたように太學內舍生を上舍に進級させるための公試のことで、元豐制に基づく。上舍上等は直ちに釋褐の推恩を受けるので、科擧の年を避けて行われる。それを間歲一試と稱した。今は科擧の廢止を宣言し、州から毎年貢士が送られてくるので、間歲とする理由はなく毎年の試驗に變えるというのである。それだけでなく、今度はこの公試の對象を內舍生に限らず太學・辟雍生の共通試驗とし、合格者も區別なく成績順に取る。ということは、極端な場合、年末、都に到着、翌春の辟雍試を受けて合格した貢士が、續けて春季の公試の四十七人內に入り釋褐されるケースも有り得るわけである。實際、『淳熙三山志』二七 科名、政和三年釋褐の項の黃覿は、

「覯の兄。字は德純。政和二年貢首。奉議郎に終わる」との注があり、福州の首席貢士として入京した黃覯は翌春には釋褐の恩に浴している。また、蔡京が二度目の宰相を罷め、代わった張商英政權下で學官削減、經費節約など學校制の縮小を求めた大觀四年八月戊寅の詔（『考索』二八所引『長編』）のなかに、貢士の上舍試合格を上等十人、中等四十人、下等五十人に制限する記述がある。蔡京が三度目の宰相職に復歸した直後、學制は辭職以前の規定に戻されこの制限も撤廢されたと思われるが、いずれにしても入貢して間もない貢士にも卽釋褐の道が用意されたことは、崇寧五年以前との大きな違いである。しかし、同時に同じ公試を受驗でき、結果もその成績次第というのであれば、辟雍生と內舍生の區別はどこにあるのであろうか。下等合格の場合、辟雍生が內舍に升補されるのに對し、內舍生は再び內舍に留まるのである。また元豐制では、校定と公試の二つが優である內舍生が上舍上等として注官された。私試を基礎とする校定は、⑥の規定ではどのように評價されるのであろうか。⑫は、そのことについて述べる。

太學舊制、止、優平二等を分立するのみ。今自り欲すらく、辟雍・太學上舍を試して程に中る者をして、皆な察考を參用し、差を以って升補せしむ。其の考察・試格は悉く上中下三等に分けん。貢士は則ち本州升貢の等第を以ってし、太學內舍は則ち校定の等第を以ってす。上舍試の考、已に定まる每に、知擧及び學官は試に中るの等を以って籍に參驗し、升絀高下を通定す。兩上を上と爲し、一上一中及び兩中を中と爲し、一上一下及び一中（一）下、兩下を下と爲す。……[16]

太學舊制すなわち元豐制は、校定、公試ともに合格は優、平二等であるが、今回の學令は上中下の三等に分け、それらの組み合わせによって總合成績を上中下の三段階にする、としている。その具體例が、⑥の上舍試（公試）について述べられており、公試の合格者は考察の籍を參驗して總合成績を決めているのである。考察は、辟雍に入ったばかりの貢士は州の升貢の成績により、內舍生は校定によって三等に分けられる。とすれば、⑥の三百七十四人の合格者の上、中、下三等とは、公試の成績のみによる等級ではなく、貢士の場合は升貢の、既に一年以上在籍する辟雍生及び内舍生は校定の等級を併せた總合成績ということになる。從って⑥の規定も原則的には、元豐制の私試・公試制を踏襲しており、元豐制では免解試を與えられた上舍下等合格が、科擧の廢止に伴い内舍生に補すに留まったのである。その結果、確かに内舍生で下等に合格した者は、原級留置となり辟雍生に比べ分は悪いが、もし不合格を續ければ降舍、更には辟雍退學（「退送」といい、再び州學補試を受けさせられる）になるので、下等合格にも十分意味があったと言うべきであろう。

『宋史』三七七に傳がある李璆は、太學時代の經歷が知られる數少ない人物の一人なので、その記事を紹介しつつ上記の釋褐規定を考えてみる。『宋會要』職官二八　政和三年（一一一三）七月六日の條に、尙書省の言として以下のようにある。

從事郎陳州教授李璆の狀を檢會するに、崇寧元年の補試にて太學に入りて自り、四年十一月、父の蔭に緣り大（太）廟齋郎に補せらる。大觀元年第一等にて内舍に升補す。當年累ねて上舍上等の校定を成し、政和元年上舍に赴き第三人、合に釋褐すべき人數たり。朝旨を承け、合に殿試を候つべし、と。政和二年の殿試にて第一等上舍及第を賜わる。伏して學令節文を覩るに、諸そ有官の貢士、試に附し合格する者、上等は二等の差遣を升す。及び同年の有官附試上等人李綱、已に推恩を蒙り了れば、當に李璆に詔し李綱の例に依りて承務郎を與え、仍お國子博士に除すべし。(17)

本傳は、「政和の進士の第に登る」とするが、正確には『宋會要』の如く上舍及第である。李璆の要求は、父の蔭によって既に太廟齋郎の官を有し上舍上等に及第したのであるから、學令の規定により陳州教授ではなく二等上の差遣を與えて欲しい、というものであった。翟汝文『忠惠集』三に除國子博士制が收められているので、尙書省の言は入れられているが、ここで問題にしたいのは、そこに到るまでの過程である。崇寧元年、太學に入學してから十年かけて釋褐に至った李璆の場合、注意すべき狀況が二つある。一つは、太學入學時には未だ天下三舍法の升補制が行われていなかった。從って從來の外舍に入り、その外舍在學中に辟雍が完成したことである。崇寧元年十月の蔡京の提議は、在學中の外舍生は辟雍が完成してからその處遇を決めるとしていた。李璆の大觀元年の內舍への升補は、第一等、則ち公試の成績が第一、二等の者という元豐法に依っているので、舊外舍生は、辟雍完成後も舊法の升補規定が適用されたことが窺える。次の上舍上等校定は、內舍生が上舍試に合格したときに參驗される內舍での校定が上等という意味であろうから、これは崇寧五年令の上中下三等制に依ったものである。二つめは、政和元年の上舍試が第三位で、これは當然上等の成績であろうから考察の上等と併せ兩上、すなわち總合成績も上等となり卽釋褐であるが、朝旨により殿試を待ったことである。これは先述の張商英の學校縮小政策の一環として大觀四年八月己卯に出された、上等の貢士が校定だけを參考にして廷試を經ないことは神宗の意思に反するので中等と共に殿試を待たせよ、との詔（『考索』二七所引『長編』）に依る措置である。この結果、この措置に該當した李璆は翌政和二年の殿試を受け第一等上舍及第を賜ったのである。上舍上等も三年に一度の殿試を待たせる規定は、政和二年五月蔡京が復歸し、直ちに大觀三年四月以前の歲升法に戻したので、政和元年は、天下三舍法實施期間中唯一の上舍及第を出さない年となった。

表　崇寧二年～宣和二年進士、上舍合格者數等

	知貢擧任命	殿試	賜及第	合格者數	備考
崇寧二年	正月十八日	三月八日	三月二十四日	五三八	
三年	—	—	十一月四日	一六	辟雍竣工、行幸
四年	—	—	九月二十一日	三五	
五年	正月五日	三月八日	三月二十七日	六七一	

		CD十一日			
大觀元年	—	—	六月十八日	CD 二九 AF 四〇	
二年	正月二十三日	—	三月二十八日	A 五一 CD 一三	
三年	正月六日	三月六日	三月二十一日	六八五 B七三一	
四年	正月十九日	—	三月二十八日	一五	
政和元年	正月十九日	—	—	—	即時釋褐の中止
二年	正月八日	三月十二日	三月二十二日	七一三 D七一〇	即時釋褐の復活
三年	正月十九日	三月一日	三月二十二日	一九	以降殿試年以外の殿試の項は、Dによる上舍試合格奏名日
四年	正月二十三日	二月四日	二月十一日	一七	
五年	正月六日	三月九日	三月二十三日	六七〇	
六年	閏正月二十二日	三月八日	三月十九日	一一	
七年	正月二十一日	三月十六日	三月二十二日	一二	
重和元年	—	三月十六日	三月二十六日	七八三 D七八〇	
宣和元年	正月二十一日	三月十一日	三月二十五日	五四	
二年	正月二十二日	二月	三月二日	CD 二一 AF 六六	

A『宋會要』選擧一貢　B『宋會要』選擧七親試　C『宋史』本紀　D『太平治蹟統類』二八　E『文獻通考』三二　F『十朝綱要』一五

知貢擧任命は禮部試ないし上舍試のためで、主にAによる。殿試は殿試日ないし上舍試合格舍奏名日でBCDによる。賜及第日はCDによる。合格者數はABCDEFに記述があるものにより、數字が異なる場合のみ史料を附記した。

崇寧五年令は度々微修正を加えられるが、その骨格部分は、學生が縣學から州學に進み、州は毎年升貢生を辟雍に送り、太學・辟雍は學生を毎春の共通公試で釋褐・殿試待ち・內舍に振分け、朝廷は三年に一度殿試を行うことにあったと理解できる。今、崇寧二年から宣和二年までの進士、上舍合格者數をまとめてみると表のようになる。崇寧三年の「合格貢士」（『宋會要』選擧一 貢擧）十六名は、十一月四日辟雍竣工に際しての推恩。同四年の三十五名は九月二十一日に合格を賜っているが、上舍試が秋にあったのか或いは同月四日の九鼎赦文に關係があるのか理由は不明。また大觀元年は、崇寧五年令の最初の實施年であり、蔡京が正月に二度目の宰相復歸を果たしたばかりということもあって、合格が六月になったのであろう。その後は、概ね五年令の規定通り春季に上舍試が行われている。本節の最後に、科擧・學校制併用の問題に觸れておく。

科擧廢止が宣言された崇寧三年十一月以降、天下三舍法が罷められる宣和三年二月まで、崇寧五年、大觀三年、政和二年、同五年、同八（重和元）年の都合五回、殿試が實施されている。このうち崇寧五年は、科擧廢止の詔に明言されているように、從來通り科擧による取士が行われたから、殿試の對象は上舍中等を含みながらも禮部奏名進士が大部分であったろう。また大觀二年は貢額の三分の一を解額とする科擧が實施されており、同三年の殿試は禮部奏名進士と太學・辟雍生が混在していたと思われる。政和二年の場合は、大觀四年五月の星變に應じた反蔡京派毛注の獻言によって學校七分、科擧三分の割合での取士が行われているので、事情は大觀三年と同じであった[18]。殘りの政和五年と八年の二回については檢討を要する。蔡京が三度目の宰相に復歸した直後の政和二年五月壬申（十六日）「參じうるに科擧を以ってし、縣學歲陞の法を罷むるは便に非ず」との上言を受け、「今自り竝びに大觀三年四月以前の指揮に依り、其の後降せる指揮は更に施行せず」との詔が出ているからである（『紀事本末』一二六）。またそれ以降、特に科擧を參用せよとの記事も檢索できない。しかし『宋會要』選擧四 考試條制 政和五年三月十六日には、臣僚言う、伏して見るに朝廷、法を設け士を取ること最も嚴密爲り。陛下、昨に睿旨を降し、試院は皇城司をして察事の親事官二十人を差わすも、唯だ貢士の擧院、別試所は未だ親事官を差わし察視せしむる明文有らず。別試所の引試、宗學、太學、辟雍、武學并びに開封府學三舍生の人數少なからず。貢擧と事體異なる無し。若し關防を爲すに預らざれば、他日玩習し復た姦弊を容るを深く慮る、と。之れに從い、六人を差わす。(19)

とあり、臣僚は貢士の擧院、別試所と試院を區別して擧げている。この年は三月九日に殿試が行われ、二十三日の「賜禮部奏名進士出身六百七十人」(『宋史』本紀二二)を前にしての上言と措置であった。この本紀の記述は慣用的な表現と言えるが、上言中の貢士の擧院は上舍試を意味し、試院が禮部試を指すと考えられる。從って、上言はこの年に行われた禮部試と上舍試を念頭に置いた發言であり、政和五年も科擧・學校併用であったと思われる。『通考』三二　宋登科記總目が、大觀三年から政和八年までは上舍魁と狀元の兩者に分けて名前を記載すること、『嘉泰呉興志』一七　進士題名の政和五年、八年の項が、崇寧五年から政和二年までと同じく何名かに上舍の注を付け進士と區別していることなどを考え合わせると、政和八年を含め五回の殿試はいずれも科擧禮部試の奏名進士をも對象としていた、すなわち科擧は完全には廢止されなかったのである。

三　天下三舍法の廢止

科擧は全廢されなかったとはいえ、取士の主要經路は、大觀から政和年間にかけて確實に學校へ移行していった。それにもかかわらず、天下三舍法は、宣和三年(一一二一)二月二十日、元豐舊制に戻る形で突然罷められる(『宋會要』職官二八)。宋人の認識によると、その理由は財政上の問題にあった。曾慥『高齋漫録』が「崇寧初め、蔡京事を用う。章公惇、客に謂いて曰く、蔡元長（京）必ず三舍を行わん。奈何、と。客曰く、三舍にて士を取るは、周官賓興の法。相公何すれぞ取らざるや、と。章曰く、正に人の家の百金の產有るが如し。其の半ばを以って門客に請い弟子に教うるは、是れ美事ならざるに非ず。但、家計當に如何。聞く者、以って知言と爲す[20]」と傳える、章惇と客の對話はその典型である。朱熹も名高い「學校貢擧私議」（『朱文公文集』六九）の中で、州學の三舍法施行は財政的に困難だとしている[21]。しかし、本章ではもう一つ別の理由を指摘してみたい。それは、學生に與えられた優免權である。但し財政問題、優免權いずれにしても、天下三舍法下での學生數が大きく影響してくるから、先ずその數を檢討しなければならない。

從來、徽宗朝の學生數としては、二十一萬餘員を擧げることが多く、それは『續資治通鑑長編拾補』二四　崇寧三年末に附された割注の以下の記述に據っている[22]。文字や數字の異同が問題となるので原文を提示する。

……治迹統類引羅靖雜記崇寧三年罷科擧、三年歲貢法成、三舍天下教養人爲士二十一萬餘員、爲屋九萬二十餘楹、費錢三百四十萬緡、米五十五萬餘石。

『長編拾補』は、『太平治蹟統類』の引く『羅靖雜記』の記事を紹介しているのであるが、『治蹟統類』二八は、これを崇寧三年ではなく、同四年十月丙辰に繫けている。また『羅靖雜記』については、詳細不明である。ところが、『古今源流至論』續集一〇　州縣學の割注に、

崇寧三年罷科擧、五年歲貢法成、三舍天下教養之士一十一萬餘員、爲屋九萬一千餘楹、貫錢三百四十餘萬緡、米五十五萬餘石。

とあり、同一史料に基づくと思われる二つの記事に、幾つかの數字の違いが見られる。前節で述べたように、科擧廢止の宣言は崇寧三年十一月、三歲一貢から歲貢になったのが崇寧四年十二月、歲貢法の完成は崇寧五年令からである

から、『治蹟統類』の「三年歳貢法成」は誤りで『源流至論』の五年が正しい。建物も『治蹟統類』の九萬二十は、千の一畫が離れたもので九萬一千が本來の數字であったと思われる。とすれば、學生數は二十一萬ではなく十一萬餘員が正しいのではないか。實は『羅靖雜記』と『古今源流至論』兩者の記述の原史料と推測できる記事がある。『考索』二七　崇寧三年十一月甲戌の條に引く『長編』大觀二年正月一日御製辟雍記である。その一節に、

……今天下被教養之惠凡一十一萬餘人、爲屋以居之凡萬一千餘楹、計其所費錢三百四十一萬餘貫、穀五十五萬餘石。

とあり、この部分を、徽宗は政府が掌握していた數字に基づき執筆したと考えられる。『考策』は、『源流至論』と同じく坊刻本のため印刷が悪く誤りも多い。爲屋の部分の凡は丸とも讀めるが、原字は九か或いは凡だとすれば九が落ちているに違いない。このように數字はとくに誤り易いが、三つの史料を照らし合わせれば、學生數は十一萬餘員ということになろう。また、この辟雍記は大觀二年正月朔日に書かれているので、その數値は崇寧三年、四年ではなく、大觀元年のものとするのが妥當である。

次に葛勝仲『丹陽集』一　乞以學書上御府幷藏辟雍劄子（政和三年上書）には、大觀三年末の學生、學舍、學錢、學糧など禮部が編纂した統計數値が載せられている。それに依ると、學生數は小學を含め十六萬七六二二人、學舍九萬五二九八楹、學錢の收入三〇五萬八八七二緡、支出二六七萬八七八七緡、學糧の收入六十四萬二九一石、支出三十三萬七九四四石などとなっている。學生數を示す史料は、更にもう一つあり、政和六年十一月十五日の學生懷挾代筆監司互察御筆手詔（『宋大詔令集』一五七）には、二十萬人としている。

以上の學生數に關する三つの史料を竝べると、大觀元年（一一〇七）に十一萬餘、二年後の大觀三年に十六萬八千弱、更に六年後の政和六年（一一一六）に二十萬と約十年で倍增したことが分かる。前節で見たように崇寧三年の段

階では、學校に人氣なく政府は學生を增やす對策に苦慮していたのであるから、崇寧四、五年から急激に增加したと考えられる。一方、崇寧二年から宣和二年までの合格者を全員上舍出身と假定しても、年平均にすれば及第を與えられる者は二四〇名に過ぎない。二十萬の學生に對し〇・一二%以下の合格率である。大多數の學生にとり、釋褐は實現不可能な目標であった。それにもかかわらずここに於いて學生數の急增がみられることは、科擧廢止宣言によって應擧者が學校に流れたというだけでは説明がつかない。政府の學生增加策が效果的であったと言うべきであろう。その學生增加策とは、崇寧四年三月戊戌（一日）の『長編』（『考索』二八）に、

詔す、應る學生の試補し已に學に入り、試を經て能く場を終るは身丁を免じ、外舍自り內舍に升るは本戶の役を免じ、上舍に升るは本戶の役を免ずるの外、仍お諸般の借借を免ず。其の應擧して免丁を得る人は自から舊に依れ、と。(23)

とある、役法上の優免權付與である。この規定については、既に高橋芳郎氏が、宋代における士人身分の確立を論ずる中で取り上げられており、刑法上の特典とともに無位無官の讀書人に與えられ、一般民戶と官僚士大夫の中間に位置する士人の指標とされる。(24)重要な指摘であると思われるので、ここでは氏の考説を參照しながら、本章の文脈の中でその意義を捉えなおしてみたい。三月一日の規定は、一箇月半後の四月壬午（十五日）の詔で若干修正され、州縣學に入學し、公・私試を經た學生、州學であれば外舍生は身丁（本人の役）が免除され、內舍生はその上で更に各種の借借（強制借り上げ）を免除、上舍生は官戶の法に依ることになった。官戶の法に依るとは、三月一日の上舍生に對する「本戶の役、諸般の借借を免」ずるに同じであろう。一般的に官戶は差役科配を減免されていた。(25)州縣學生に對する優免の構想は、既に神宗熙寧元年上奏の程顥「請修學校尊師儒取士劄子」の中に示されているが、實施されたという確證は未だ見ない。その本格的導入は崇寧年間のこととしてよいであろう。その結果を少し追ってみると、

『通考』四六 郡國鄕黨之學 政和七年（一一一七）の條に、

給事中毛友言う、比ごろ郡に守たり。役を訴うる者の言を見るに、富家の子弟、初めより書を知らず、第だ數百緡錢を捐し、人に試補を求め學に入り、遂に身役を免がる。其の歳升中らざるに比《およ》ぶも、更に數年にして始めて籍を除かるれば、則ち其の免がること已に多きを倖いとす。請うらくは、初めて試補し縣學に入る人は竝びに簾試し以って僞冒を別たん、と。之れに從う[26]。

とあり、優免目當ての不正の横行が知られる。同じ記事が『宋會要』崇儒二 郡縣學 政和七年九月十七日では「給事中毛支（友）言う、乞うらくは、應ゆる補試入學の人、竝びに州學の如く簾試し、縣學生、應に歳升試に預りて止だ身丁を免ぜん、と。之れに從う[27]」とあり、政府は縣學生に對し、州學同様長官による學力確認試驗の簾試を實施し、歳升試を受驗して初めて免役特權を與える對策を立てている。また學生數について、『紀事本末』一二六 大觀元年十二月壬午（一日）には、「建州浦城縣丞徐秉哲、一官を遷す。縣學生、籍に係る者千餘人、此れ一路の最多にして、秉哲考校の事を專らにするを以って、提擧學事司、優奬を加えんことを乞う。故に是の命有り」とあり、州縣學生への優免付與から二年も經たずして千人を超える學生を抱える縣まで出現した。その浦城縣が屬する建州でも政和四年に一三二八人の州學生を有しており（『宋會要』崇儒二 同年九月十五日）、こうして、政和六年末には全國の州縣學生數が二十萬人に達したのである。因みにここで優奬を賜った徐秉哲は、金軍の開封城包圍の際、開封府尹の職に在り、金が皇城の御物略奪をするときの先導を務めたり、金の張邦昌傀儡政權で中書侍郎に就いたりして史書を賑わす人物である。

優免を與えたことにより州縣學には學生が殺到した。人々を學校に向かわせる目的は、確かに果たされた。しかし、今度はそのことが天下三舍法を危うくして行く。浦城縣の場合、福建から江東、兩浙へ出入りする交通の要衝に位置し、建州最多の十鄕の規模をもつとはいえ（『元豐九域志』九）、山間盆地の一つの縣に優免權を得た學生が千人も出現するとなると末端行政の混亂は必至であろう。宣和二年六月二十七日の詔は「縣學の給食及び州縣小學或いは武學、醫學、八行の貢士の給劵は竝びに罷め、見に身丁、借借を免れ官戶の法に依る者は元豐進士の法によりて施行せよ」(28)とし、經費の節減と同時に優免の大幅な制限を實施している。元豐進士の法は詳らかにできないが、得解の擧人に與えられた身丁免除に限ろうというのであろう。(29)しかしこの建て直しにもかかわらず、この詔の八箇月後に天下三舍法自體が廢止されてしまう。その一箇月後、『考索』一七が引く『實錄』宣和三年三月辛酉（二十六日）の條には、

臣僚上言す、三舍法行われて自り、繫籍の學生竝びに差科を免る。是れを以って兼幷上戶の家皆な子弟を遣わし學に入らしめんとするも、人人俊彥に非ず。往往にして厚科・假手を以って庠序を濫す。其れ中下の戶、差科倍增し、老幼、州縣に旁午す。力むるも給す能わざれば或いは逃亡に至る。今、舍法既に罷む。乞うらくは更に差科を免るを許さざらんことを、と。之れに從う。(30)

とあり、州縣學生の免役特權は最終的に廢された。不正の橫行、學生數の急激な增加による鄕村の役負擔の著しい偏り、これらが財政難と共に天下三法廢止の原因となったことは、この史料からも十分窺える。

おわりに

北宋と異なる南宋社會の歷史的特質の一つに、士大夫の地域社會への關心の增大が指摘されている。(31)確かに中央志向が希薄で地域に密着した士大夫の姿は、南宋史料にしばしば見出される。こうした地域指導者とも言うべき地方の有力者は、多樣な形を取って存在し、必ずしも寄居や退休などの有官者とは限らない。高橋氏が前揭論文で擧げられ

た無位無官の士人も地域有力者の一角を占め、鄕村現實に好惡兩面の影響を與える立場にあった。氏はこれら士人が、獨自の法律上の身分を獲得していた例證として、擧人、生員に與えられた優免權を檢討し、前節でみた役法上の特典とともに刑法上の優遇措置の實例を數多く示されている。それら『淸明集』を中心に引用された南宋の事例の中で、小論に卽すると、特に、「敎刑」の概念に興味が惹かれる。高橋氏が「州縣學の自訟齋における一定期間の強制的な學習改過」と言われるように、士人の犯罪者が士人であるが故、本刑の代わりに、本來、州縣學の學生が學規や輕微な犯罪を犯した場合に收容される自訟齋で「聽讀」何か月の罰に處せられることである。正規の刑具の杖に代え、竹篦で打たれることを伴う記事も散見される。(32)敎刑の適用には準據すべき法令は無く地方官の自由裁量に任され、しかも敎刑の對象となる士人は、擧人や前生員に限らず、地方官が詩賦や讀書の素養有りと判斷し、「儒」とか「士」と認めればよいのであるから、士人の底邊はかなり廣くなる。

南宋時代、官僚士大夫と一般庶民とも區別され、その中間に位置した士人への刑罰が學生のそれになぞらえて行われたことは、何を示唆するであろうか。州學、縣學が遍く普及し、自訟齋が附置され、州縣學生が大量に出現した時期を經過しなければ起こらぬ現象と言えないであろうか。天下三舍法下の政和學規の一つには、「州縣學生、學にありて杖以下犯す有らば學規に從い、徒以上若しくは外に在りて犯す有らば竝びに法に依りて斷罪す(33)」とある（『宋會要』崇儒二　政和三年六月庚申）。本來學生を對象とする規定が、學校を出て廣く一般の士人に適用される事態が生じたのである。役法上の特典を求め州縣學に大量流入した學生は、天下三舍法廢止以後の地域社會に密着した士人と同じ階層に屬すると言えよう。とすれば、南宋社會が特定の形態で出現する契機の一つは、徽宗朝の天下三舍法にあったと言えるであろう。蔡京の科擧・學校政策は、建前上の目的の實現には程遠かったが、宋代社會に與えた影響から見れば看過できない歷史的意義を有する。それはまた、眞宗朝以來、科擧を通して全土から遍く人材を集め、かれらを官僚として今度は全土に派遣して統治にあたらせるという、全國規模での人材循環による王朝維持システムの構築を目指し、慶暦新政、新法改革を經て百年後にようやく行き着いた科擧・學校改革の最終的な姿であった。その擔い手が蔡京であったということに、筆者は中國の歴史の深い因縁を感ずる。

兩宋交替期に國家の方向を決定付けた徽宗朝上舍出身の爲政者たちの行動形態に、かれらの太學時代の經驗はどのように影響したのかという問題を含め、次章では南宋初めの王安石問題について検討する。

注

(1) 蔡絛『鐵圍山叢談』三。絛は、蔡襄を伯父、京の弟卞を叔父と呼んでおり（同書四）、蔡一族の系譜についてはなお検討を要する。なお、準の墓は、杭州臨平山にある（清 張大昌『臨平補記補遺』一）。

(2) 本書第三章六九頁參照。

(3) 『宋史』四七二 本傳。『長編』二七七 熙寧九年七月壬戌。同二八三 熙寧十年七月壬申。

(4) 宮崎市定「宋代の太學生生活」上下（初出は『史林』一六―一・四 一九三一、『全集』一〇所收）、王建秋『宋代太學與太學生』（中國學術著作奬助委員會 一九六五）、袁征『宋代教育』（廣東高等教育出版社 一九九一）など。『宋より明清に至る科擧・官僚制とその社會的基盤の研究（平成二・三年度科學研究費補助金研究成果報告書 中嶋敏研究代表）』には、科擧學校關係の文獻目録（稿）が収録されている。

(5) 『宋會要』職官二八 國子監 神宗熙寧元年正月に「諫官滕庠言、慶暦中、太學内舍生二百員、竝官給日食。近年毎人只月支錢三百文添廚、其餘自造、比舊所費殊寡。卽今補試諸生一百五十人、方撥四五十人入學、足二百員、其餘試中未入學者、尚百餘人。遠方孤寒、待次多日、卻歸鄕裏、奔馳道路。今太學齋舍空閑甚多。欲乞增置生員一百人作三百數。況本監歳收租課足以供（瞻）［贍］。又諫官吳申言、今太學生徒以二百人爲限、其數嗇狹、遠方之士、逾年待次。伏乞學生不限員數、庶使嚮儒日盛、流化天下。詔申・庠再參定。中等欲於内舍生二百人外、增一百員、名外舍生。逐旋補試、且令入齋聽讀、仍不破

官中貼廚錢。候内舍生有闕、卽將外舍生撥塡。如此則有廣朝廷育才之意、亦不違先降學制。從之」とある。前揭宮崎論文は、當時『宋會要』を利用できなかったためか、『玉海』一一二の記事を引かれ、原文の「外舍生」を「上舍生」に改めて解されたが、『玉海』も原文通り「外舍生」が正しい。

（6）『宋會要』崇儒一　太學　熙寧四年十月十七日、『長編』二二七　熙寧四年十月戊辰など。

（7）『通考』四二　熙寧八年の項には「太學安惇等、已升上舍皆特免解。其自發解者卽免禮部試。時三舍未有推恩定法、故特降命也」とある。

（8）前章では、太學の獄を元豐制施行に向けての必然的措置としたが、こうした見方をすれば、むしろこの獄が元豐制制定の契機となったと考えることも可能であろう。

（9）『長編』原文は、「詔、諸州置教授者、學生依太學三舍法考選陞補。内上舍生每歲貢一人、内舍生每歲貢二人、上舍生限當年十二月到京、隨太學補試、合格者與充内舍生。不合格許再試、三經試不中者遣還。内舍生不候試與充外舍。諸州貢上舍生到京、竝權破外舍生食。諸路各選監司一員提擧學校、仍令知・通專管勾。諸州試内舍・上舍、竝監司選差有出身官一員與教官同考試、仍彌封謄錄合用條貫、令于國子監取索行下。其外州不可行者、比類條具申尙書省」。

（10）『長編』四八五　紹聖四年四月丁亥に「翰林學士承旨蔡京言、三學補試外舍法、春以三月、秋以八月。今來太學公試亦是同月。竊慮參雜。詔、補試外舍生、春用正月、秋以七月」とある。

（11）『宋會要』崇寧二　郡縣學　崇寧元年八月二十二日、『紀事本末』一二六　州縣學　崇寧元年八月甲戌。

（12）『宋會要』職官二八　國子監　崇寧元年十月二十七日には「……若試中上等補充太學上舍、試中等下等者補充内舍、餘爲外舍生。……」とあり、合格中等の扱いが前注の記事と異なるが、こちらには衍字、脫字の可能性がある。

（13）『考索』二八『長編』崇寧元年十月戊辰（十七日）、前注（12）の『宋會要』。辟雍の竣工については『選擧志譯註㈠』本文一二六註（二）を參照。

（14）『宋會要』崇儒二　郡縣學、同選擧四　考試條制、『考索』二八『長編』崇寧三年十一月丁亥など。

（15）「太學試上舍生、本處與科擧相幷、試以間歲。今旣罷科擧、又諸州歲貢士、其改用歲試。每春季、太學・辟雍生悉公試、同院混取、總五百七十四人。以四十七人爲上等、一百四十人爲中等、遇親策士許入試。一百八十七人爲下等、補內舍生」。

(16)「太學舊制、止分立優・平二等、自今欲令辟雍・太學試上舍中程者、皆參用察考、以差升補。其考察試格、悉分上・中・下三等。貢士則以本州升貢等第、太學內舍則以校定等第。每上舍試考已定、知擧及學官以中試之等參驗于籍、通定升絀高下、兩上爲上、一上一中及兩中爲中、一上一下及一中（一）下・兩下爲下。……」

(17) 尙書省言：「檢會從事郎、陳州教授李璆狀：自崇寧元年補試入太學、四年十一月緣父蔭補（大）［太］廟齋郞。大觀元年第一等升補內舍、當年累成上舍上等校定。政和元年赴上舍第三人、合釋褐人數。承朝旨、合候殿試。政和二年殿試、賜第一等上舍及第。伏軌學令節文、諸有官貢士附試合格者、上等升一等差遣。及同年有官附試上等人李綱已蒙推恩了當」。詔李璆依李綱例、與承務郎、仍除國子博士。

(18) 科擧廢止宣言後の學校・科擧併用についての、ここまでの記述は『選擧志譯註㈠』本文一二六註四及び一二七、一二八兩條の本文と註を參照。

(19)「臣僚言、伏見朝廷設法取士、最爲嚴密。陛下昨降睿旨、試院令皇城司差察事親事官二十人、唯貢士擧院別試所未有差親事官察視明文。別試所引試、宗學、太學、辟雍、武學竝開封府學三舍生人數不少、與貢擧事體無異、若不預爲關防、深慮他日玩習、複容姦弊。從之、差六人」。

(20)「崇寧初、蔡京用事。章公惇謂客曰、蔡元長必行三舍、奈何。客曰、三舍取士、周官賓興之法。相公何爲不取。章曰、正如人家有百金之産、以其半請門客教弟子、非不是美事、但家計當何如。聞者以爲知言」。

(21)「……又欲斟酌擧行崇寧三舍之法、而使歲貢選士於大學。其說雖若賢於混補之云、然果行此則士之求入乎州學者必衆、而今州郡之學錢糧有限。將仍其舊則其勢之偏選之艱難而塗之狹、又將有甚於前日解額少而無所容也」。

(22) 川上恭司「宋代の都市と教育――州縣學を中心に――」（梅原郁編『中國近世の都市と文化』所載　京都大學人文科學研究所　一九八四）、John W. Chaffee, *The Thorny Gates of Learning in Sung China*, Cambridge University Press, 1985, p.226, Note 63.

（23）「詔、應學生試補已入學、經試能終場免身丁、自外舍升內舍免本戶役、升上舍免本戶役外、仍免諸般借借。其應擧得免丁人自依舊」。

（24）高橋芳郎「宋代の士人身分について」（『史林』六九―三　一九八六　同『宋―清身分法の研究』北海道大學圖書刊行會　二〇〇一に所收）。

（25）『慶元條法事類』四八　賦役門　支移折變、同　科敷。なお、借借については、宮崎市定「借借の解」（同『アジア史研究　四』所收　一九六四、『全集』二三）を參照。

（26）「給事中毛友言、比守郡見訴役者言、富家子弟初不知書、第捐數百緡錢、求人試補入學、遂免身役。比其歲升不中、更數而始除籍、則其倖免已多矣。請初試補入縣學人、竝簾試以別僞冒。從之」。

（27）「給事中毛友言、乞應補試入學之人、竝如州學簾試、縣學生應預歲升試、止免身丁。從之」。

（28）『宋會要』崇儒二「詔、縣學給食、及州縣小學或武學・醫學八行貢士給券、竝罷。見免身丁措借依官戶法者、依元豐進士法施行」。

（29）高橋氏は、注（24）論文において、注（23）の「其應擧得免丁人自依舊」を、「科擧廢止以前に擧人の資格を得ていた者は、舊來通り丁役を免除するという意味にほかならず、役法上の擧人の資格が固定化した終身資格であったことを示すものである」と解された。しかし、崇寧三年十一月、科擧廢止とともに、次回の科擧は從來通り行うという通達が出されていることを考えると、この句は、四年解試の擧人は舊來通り身役を免除する、との意味にも取れ、この記事だけでは終身資格があったと斷定することはできないように思われる。

（30）「臣僚上言、自三舍法行、繫籍學生竝免差科。以是兼幷上戶之家、皆遣子弟入學、非人人俊彥也。往往以厚科假手濫庠序。其中下之戶差科倍增、老幼旁午於州縣。力不能給、或至逃亡。今舍法既罷、乞不許更免差科。從之」。

（31）Robert P. Hymes, *Statesmen and Gentlemen : The Elite of Fu-Chou, Chin-His, in Northern and Southern Sung*, Cambridge University Press, 1986.

（32）竹篦で打つことも、學規に由來すると考えられる。宮崎前掲注（4）論文、周密『癸辛雜識』後集　學規。

(33)　「州縣學生、有犯在學杖以下從學規、徒以上若在外有犯並依法斷罪」。

第五章　南宋初期の王安石評價について

はじめに

本章では、南宋の建炎・紹興年間（一一二七〜六二）、王安石が體制内でどのように評價され位置づけられていたかを考察する。勿論、體制の評價も最終的には諸個人の評價に還元されるのだが、安石を批判するにしろ支持するにせよ、そのことが南宋朝の政策決定や國家制度の形成に何らかの影響を與えた限りに於いて專ら問題にしたいということである。

南宋政權は概ね舊法黨の立場にたつといわれる。王安石の全面的復權が遂になされなかったという意味でそれは事實である。しかし大勢としてはそうでも、個々の政治過程は當然のことながら曲折に富んでいるし、舊法黨の立場も反新法という以外、その實態はそれほど明確でない。從って南宋の政治史或いは政治思想史をこうした角度から分析することに意味はあるかと思う。これはまた、一章から四章で檢討した、北宋が百年かけて追及してきた科擧を軸とする統治機構再生産システムの構築が蔡京の天下三舍法の挫折という結果に終わった後を、南宋政權がどう引き受けたかの問題でもある。

そして何よりも安石評價は、道學形成の問題と表裏の關係にあることが重要である。道學派の形成過程を政治史に即してみるならば、その究極に「程朱の學」の官學化という事態があり、政治的、社會的勢力として自己を擴大しようとして最初に出會った障碍が王學であったからである。本書は、道學形成の問題を直接の課題にはしていないが、本章は、社會的、政治的勢力としての道學派形成過程を考察する前提でもある(1)。

一　高宗の經術主義

蔡京ら新法黨政權下で北宋が金の侵寇を蒙り滅亡したことは、南宋政權を必然的に反新法＝舊法黨の立場に立たせることになった。既に靖康元年（一一二六）、蔡京、王黼、童貫らが相次いで貶竄あるいは誅殺される中で、元祐黨籍及び學術の禁が除かれ舊法黨系士人への追封などが行われている(2)。高宗がその路線を繼承したことは當然であろう(3)。言わば反新法、舊法黨支持は南宋政權の前提であり、何人も否定し得ぬ建前であったといえる。

ところで、高宗の反新法黨の立場を見ると、そこにはやや異なる二つの動機が含まれているように思われる。例えば、建炎元年五月の卽位時、新法黨を彈劾する二つの詔が降されたが、それぞれの內容の違いがこの二つの動機の相違を示している。一つは受命時の大赦である。その中に、「蔡京、童貫、朱勔、李彥、孟昌齡、梁師成、譚稹及び其の子孫は、皆な國を誤り民を害す人、更に收敍せず」（『三朝北盟會編』一〇一）との條文があるように「建前論的」立場から前代の爲政者の責を問うもので、この立場は以降、元祐黨人の復權という形で政策化されてゆく。卽位二箇月後の七月、元祐黨籍に在った李積中の知襄陽府任命を皮切りに（『要錄』七 同年七月乙丑）、二年正月周武仲の上言や「明受の亂」後の高宗復辟の赦文で全面的な黨籍人の錄用が明示されるが、本格的に實施されるのは建炎四年七月以降である。その後十年以上に亙り回復措置がとられた。對象となるのは、元符三年に上書した臣僚のうち邪等の籍に入れられた者及び徽宗の崇寧年間、黨籍碑に名を刻まれた者たちで、本人の復官、贈諡、追封や恩典の復活、子孫の

錄用などが與えられた。(4)

一方、建炎元年五月丙午、やはり新法系の蔡確、蔡卞、邢恕の追貶が行われているが、これは「宣仁后を誣謗し、且つ自ら定策の功有るを言うに坐」したからであった（『要錄』五）。この措置は、卽位大赦の翌日の詔、「宣仁聖烈皇后、哲宗を保佑し社稷を安んずる大功有り。姦臣私を懷き聖德を誣衊し著して史册に在り。國史院をして官を差し實を摭りて刊修し、天下に播告せしむべし」（『要錄』五　同月辛卯）に卽應したものである。それではこの詔の意味するところは何か。一つは『要錄』同條に附された呂中の『大事記』の見方がある。宣仁皇后とは言うまでもなく英宗の皇后、神宗の生母であり、哲宗の元祐年間、司馬光、文彥博ら舊法黨系の人物を登用して垂簾の政をしいた女性である。それ故『大事記』は「我朝の治、元祐を甚と爲す。母后の賢、宣仁を最と爲す。熙・豐の小人相繼いで事を用いるの後に當たり、元祐を以って繼ぐに非ざらしめば、則ち中原の禍、靖康を待たずして後ち見われん。京師守りを失うの時に當たり、元祐の治をして人の耳目に在らしめざれば、又た何を以って炎興の運を開かんか。此れ宣仁の功なり」と言い、舊法派の元祐の政治を至高のものとし、元祐の治の中心人物として宣仁皇后を位置づける。その宣仁皇后が、新法派章惇、蔡卞らに詆誣され追廢すら論議されたことの不當を明らかにするのは、黨爭の再開ではなく、「古今人心の天理」だと述べる。要するに『大事記』は、先述した「建前論」的立場からの見方に近い。しかしこの詔は高宗にとり更に切實な意味があった。というのは、高宗が建炎元年五月南京應天府で卽位したとき、金に拉致された欽宗から高宗への帝權の移讓は、開封に在って獨り北行を免れた元祐太后の手を經るという形式のもとに行われたからである。だがこの哲宗の皇后は、紹聖三年九月に皇后を廢されて以降、廢立を繰り返され、當時甚だ不安定な立場に置かれていたのであった。(5)元祐太后の地位を強化するためには彼女を皇后に推し全面的に支持をしていた宣仁皇后の評價に疑點を殘してはならない。このように事は高宗卽位の正統性にかかわる問題であったのである。この高宗のより個人的動機からの反新法派の立場は、舊法黨人の復權策とは別に、新法派の視角からの歴史敍述を訂正する修史事業の推進として具體化する。

今、敢えて高宗の反新法黨の立場に二つの要素を見てとろうとしたのは、前者の「建前論」の場合には、亡國の直接の契機は蔡京一派の「紹述の政」にあるにしても、その第一原因は安石の新法實施に溯るとして安石批判が前面に出てくる。それに對して後者は、章惇、蔡京ら紹聖以降の修史に關連した新法黨人が主に批判され、安石への非難の調子が前者より弱くなるように思われるからである。そこでこのことを踏まえ高宗の反新法黨の動機についてもう少し考えてみよう。

黃庭堅、米芾、二王の書蹟を愛し自らも書を能くした高宗は、父徽宗と同樣、文化的には比較的高く評價されるものの、政治上は、金の北半占領、宋室南渡という狀況を前に、確固たる展望を持ち得ず、時時の宰相の言に左右されつつ和戰兩樣の主張の間を搖れ動いたということで評判はよくない(6)。確かに一定の政治方針を有していたとは言い難い高宗ではあるが、もし高宗に一貫したものを求めるとしたら、その文化人的素養にもとづく經術主義ともいうべき政治態度をあげることができる。高宗は自らの日課を「早朝退省ののち臣僚の章疏を閱覽し、朝食後は『春秋』『史記』を讀む。夕食後、內外の章奏を見て、夜『尙書』を讀むこと率ね二更まで(7)」と語っているように大變學問好きの天子であった(8)。學問を好む高宗は經筵を重視した。金の南下により揚州に追われながらも建炎元年十二月には、早速講讀官四名を從臣より選び、翌二年四月「故事、端午に講筵を罷め、中秋に至りて開く。朕、寡昧を以って茲の艱難に遇い、先王の道を學ぶは有益爲るを知る。方に孜孜として史を講ずるに、若し經筵暫く輟むれば則ち疑い有るも質す無く、徒に日力を費やさん。朕、罷むこと勿からんと欲するも可なるか」と問い、大臣が稱讚したので經筵が續行されたと見えるように(『要錄』一五 同月庚申)、休みもとらず學業に勵んでいる。因みにこの時の講讀官は、吏部尙書周武仲、翰林學士朱勝非、刑部尙書王賓、工部侍郎楊時である。以後、主に從官或いは秦檜專政の時期は臺諫が侍讀、侍講を兼ね、經書や故事の進講に當たった。こうした高宗の學問好きを經術主義と呼ぶのは、少なくとも高宗の意圖として學問を單なる机上のものに終わらせることなく、飽くまで政治の指針をそこに求め、聖賢の政治理念によって現實を指導するための古典研究と位置づけようとしていたからである。逆に、對金關係を始めとして高宗を取り巻く政治環境が、指針を古典に仰がざるを得ないほど苛酷であったとも言い得るのであるが。

「上、大臣に謂いて曰く、帝王の學有り、士大夫の學有り。朕、宮中に在りて一日も學を廢する無し。然して但だ前古の治道を究め、今に宜しき者有らば施行を要むるのみ。必ずしも章句を指摘し以って文を爲さず」（『要錄』一四三　紹興十一年十二月己卯）とか、「朕、書を讀む每に未だ嘗て苟《かりそ》めにせず。必ず聖人の立言する所以の意を思う。……書を讀みて適用せざれば、則ち愚人の猶お過無きがごときにしかず。書を讀みて適用せざるは、患を爲すこと更に甚だし」（『要錄』一四六　紹興十二年八月丁卯）という帝王學や學問觀は、それをよく示していよう。そして、經書から得た聖賢の政治理念を現實に生かす道を求めた高宗が、特に興味をひかれた學が、史學であった。

紹興二年十二月、新知江陰軍の趙詳之が、經筵で諸史を講ずるよう乞うた上奏に對し、高宗は六經が皆な王道を論ずるのに史書は多く覇を雜じえるという理由で却下している（『要錄』六一　同月辛卯）。しかし既に建炎二年の經筵では『資治通鑑』が讀まれており、高宗の史學への眼は早くから開かれていたようである。この時期、如何に『通鑑』を尙んだかは、自ら書寫した『通鑑』第四册を宰相黃潛善に賜わったり（『要錄』一七　建炎二年九月戊戌）、司馬光を姦人呼ばわりして『通鑑』の刊行を妨げた兩浙轉運使王琮が罷免され(9)、更には司馬光の子孫に月々錢米を支給するよう詔した（『要錄』二一　建炎三年三月甲申）ことなどが物語っている。

やがて紹興年間、戰局の小康狀態の中で經筵が再開されると、高宗の興味は『春秋』に向かう。先の日課でも、

『春秋』と『史記』の講讀を擧げていたが、『春秋』は二十四日で繰り返し讀了する精進ぶりであった。そして『左傳』を胡安國に附し句點を施せしめようとした紹興二年七月以降、高宗と『春秋』との關わりを示す記事が多く出るようになる（『要錄』五六　同月乙丑）。安國は、今が非常時であることを理由に、煩雜な『左傳』を措いて聖經に專念すべきであると述べ（『宋史』四三五　本傳）、これを契機に給事中兼侍讀として『春秋』を講義することになった。しかし八月には、當時最初の宰相位にあった秦檜に對する呂頤浩ら反對派の追い落とし工作の中で、安國は經筵を辭することになる。それにもかかわらず、高宗は安國の『春秋』解釋に大きな信賴を置いていたようで、紹興五年三月、彼の推薦した朱震に『左傳』を講義させ（『要錄』八七　同月丁丑）、六年十二月に進呈された『春秋胡氏傳』は、高宗の座右の書となったのである（『要錄』一〇五　紹興七年九月丁酉）。

「君爲りて『春秋』を知らざれば君爲るの道に昧く、臣爲りて『春秋』を知らざれば臣爲るの道に昧し。此の書、襃貶甚はだ嚴なり。眞に萬世の法なり」（『要錄』一四八　紹興十三年二月丙寅）とは、やはり高宗が『春秋』を帝王學の最重要書と考えたことを示す言であるが、『通鑑』のときと同樣、皇帝の『春秋』尊重は幾つかの波及效果をもたらした。一つは『春秋』注釋書の收集である。例えば紹興二年、河南助教杜諤が嘗て生前に集めた諸春秋諸傳が學官に附され（『要錄』五九　同年九月丙申）、三年二月黃庭堅の甥である右諫議大夫徐俯が『春秋解義』を進めており、或いは同六年には選人文旦の『春秋要義』、故崔子方の『春秋解』が學士朱震によって檢討、校正され、いずれも賞讚に與っている（『要錄』一〇四　同年八月辛丑）。また『春秋』に通じていることによって拔擢される者も出てくる。程門高弟布衣王蘋は、『春秋』に通じ素行高潔、憂時愛君の心があるというので、進士出身を賜り祕書省正字に除せられた（『要錄』八三　紹興四年十二月己卯）、これは異例のことであろう。紹興十二年、鄉貢進士の董自任は『春秋總鑑』を獻じたことにより永免文解の特典を賜った上、太學錄に充てられた。これらの措置が、春秋學の隆盛をもたらしたとは必ずしも言えないが、春秋學の質の向上の面で何らかの刺激を與えたことは十分推測できる。但しこれらの記事は、紹興十二、三年頃、すなわち金との和議成立以前の時期に多く見えることに注意しておきたい。これは高宗の終生變わらぬ經術主義も、政治狀況と全く無緣ではいられなかったことを示すのだが、こうした高宗の史學を中核とする經術主義が現實に具體化する例として、宣仁皇后問題と結びつく神宗・哲宗實錄の重修を擧げることができる。すなわち、高宗の舊法黨的立場を構成する最も大きな要素は、史學尊重であったといえるのである。以下、高宗の經術主義と王安石評價について二、三のテーマに卽して考えてみたいが、その前に建炎・紹興年間の安石批判の動きの大略を見ておく。

二　高宗と安石批判

高宗が自分の言葉で、安石や新法について直接語る記事は存外少ないのだが、臣僚との對話などから關連する部分を集めてみると、高宗及びその周圍の安石批判は幾つかの時期に分けて考えることができる。

まず北宋末の靖康元年（一一二六）、右諫議大夫楊時の、王安石を痛烈に批判した「上欽宗皇帝」文が、以降の安石批判に少なからざる影響を與えたことを指摘しておきたい。言うまでもなく程頤は元祐黨籍に入れられ、反新法、舊法派の立場は明らかであったが、二程の高弟でその正統を繼ぎ、しかも國子祭酒という顯職に登った楊時が安石批判の急先鋒に立ったことは、以後反王安石を標榜する政治勢力の中心に程學系の學者が登場してくる契機となった點で重要である。また理財に通じた經世家に共通して貼られるレッテルであるが、安石の政治が管商の術であるとの指摘、王氏の學が學者の心術を破壞したことなど、後の安石批判の內容がほぼ出揃っていることも注目される。言わば安石批判の一つの典型が、楊時の上奏の中に見られるのである。

さて南渡後は、高宗の即位（一一二七）から紹興三年（一一三三）前後に至るまでを一時期として考えることができる。この期間は、北宋滅亡後の混亂期で、南渡の衝撃に卽應した形での安石批判がみられる。建炎三年六月、北宋滅亡の原因であるとして、安石が神宗廟の功臣配饗から黜けられたのはその好例である。このとき配饗を罷める詔を執筆したのは胡寅で[10]彼はまた長文の上奏を奉り、その中で「安石が小人を用いたために仁宗の養育した君子が跡絶え、遂には國を誤るに至ったこと。熈寧以前の篤實躬行の士に替わり、安石以降佛老・虚無の説を唱え實用に適せぬ人物が出た」ことについて安石の罪を詳述した（『要錄』二七　建炎三年閏八月庚寅）。胡寅は以後も反新法の中心的存在であった。

一方、高宗の安石觀が未だ定まらぬことを示す記事もみえる。建炎四年六月己亥、監察御史江躋の史學に詳しいことが話題になったとき、高宗は「今の士大夫、史學を知る者幾人か。此れ皆な王安石の經義を以って科を設くるの弊なり」と語った。宰相范宗尹は、これに眞の原因は蔡京兄弟の「紹述の說」にあると答え、高宗の賛意を得ている（『要錄』三四）。建前的反新法が最も盛行したこの時期、高宗の本音が出ている點で興味深い。また紹興元年には、直龍圖閣沈與求が高宗の「王安石の罪は、新法を行うに在り」との言に對し、「安石は揚雄、馮道を高く評價し其の心術が正しくない。従ってその學術も曲說で天下を惑亂し、それが靖康の禍の原因である」と答えている（『要錄』四六同年八月庚午）。安石の思想傾向及びその學問に批判の目を向け高宗の考えを正そうとしたのであろう。沈與求は直接程學と繫がらないが、批判の内容は楊時の延長上にあると言える。要するにこの時期は、北宋滅亡の餘波の中で反新法の中核勢力が程學系官僚であることが明らかになり、次の全面的な安石批判政策實施期の前段階に當たると考えられる。

第二の時期は紹興四年（一一三四）から八年（一一三八）の、ほぼ趙鼎が宰相にあった期間で、程學系の學者が政治勢力としても有力になり、安石批判が實際の政治の上に最も反映された所に特色がある。神宗・哲宗兩實錄の重修が開始されたのもこの時期である。その經緯は次節で述べるが、ここでは高宗と修史の擔當責任者である宗正少卿兼直史館范冲との對話の一つを擧げてみよう。高宗は「今でも安石は正しいと言う者がおり、最近、安石の法度を行うよう求める者まで居たが、何故このようであるのか」と質した。史料には餘り殘っていないが、安石支持勢力の存在を示唆する發言であろう。それに對し范冲は、程頤の言を援用して安石の心術不正の害が今に及ぶことを説明した。論法は先に見た沈與求と高宗の會話の中での兩者の位置を程頤と范冲に置き換えればほぼ同じである。その結果、安石は舒王の告を毀抹されることになった（『要錄』七九 紹興四年八月戊寅、丙申）。この措置は、體制が王安石をどう評價していたかを知る一つの指標であり、建炎三年の神宗廟からの追放が張鼎の上奏に依ることを併せ考えると、この時期、程學系官僚が反王安石のスローガンのもとに政局を主導した樣子が知られるのである。こうした中で例えば紹興六年、吏部侍郎劉大中が侍講を命じられ制詞には「熙寧以來、王氏の學行われること六十餘年、邪説橫興し正途塞さる云々」とあり、經筵官の辭令までも安石批判を基調に書かれるようになっているのである（『要錄』九七 同年正月辛卯）。また程學系官僚の安石批判で王學の内容を論駁するものが高宗の目に觸れるのも、この時期である。既に楊時は『三經義辯』を著し『三經新義』を論じていたが、弟子の王居正は、それを更に敷衍して『毛詩辯義』二十卷、『尚書辯義』十三卷、『周禮辯學』五卷、『三經辯學外集』一卷とし、紹興五年、これらを七卷にまとめて獻上した。(11)

しかし、安石批判を梃子として急激に臺頭する程學派官僚の存在は、朝廷内部に摩擦を引き起こした。この間の事情を窺わせる記事に陳公輔の上言がある。彼の上奏は『道命錄』三に收められた紹興六年十二月二十六日の「伊川之學惑亂天下乞屛絶」の論が有名で、李心傳の按語によって南宋における程學禁止の始まりと一般に解されているものである。ただこの論は、程學の內容まで批判したものではなく、朋黨の弊害を指摘したに止まる。李心傳が言うように趙鼎が宰相になってから程學系の學者官僚の登用が多くなり、しかも趙鼎は伊川と面識がなかったので、利に聰い一部士人の間で「狂言怪語、淫説鄙喩」を伊川の文、「幅巾大袖、高視闊步」が伊川の行だとして程學徒を詐稱する風が起こった。やがてそれが他を排除し黨派を形成する動きとなったので、公輔は、安石の學が定論となった以後の朋黨の弊と同じであると批判したのである。從って公輔の程學批判は、同年七月に行った王安石の學術、政策への批判と併せ考えなければならないであろう（『宋史』三七九 本傳）。安石批判の論旨は『三經新義』『字説』が聖人を詆誣するものであること、『春秋』『史記』『漢書』を粗略にしたことなど以前から言われてきたことだが、それが「議する者、尙お安石の政事善からずと雖も、學術尙お取るべしと謂う」とあるように、王學支持者への反論という形をとっており、ここでも依然として官界での王學の影響が示唆される。要するに程學派官僚の臺頭に對する反動が、程學も王學も同じ朋黨の弊を有するとの批判を引き起こしたのである。

やがて紹興八年（一一三七）十月、趙鼎が宰相を去り秦檜專政時代に入ると、程學への彈壓が始まり、高宗を中心とする廟堂の安石批判の空氣にも變化が起こる。以降二十五年の秦檜の死までが一時期である。秦檜の沒後、趙鼎と檜を比較して祕書省正字葉謙亨は、「向に朝論は、專ら程頤の學を尙び、説を立つるに稍か異なる者有るは皆な選に在らず。前日の大臣は則ち陰かに王安石を佑び、其の説を取るに稍か程學に涉る者は、一切擯棄す」と述べ、高宗は「趙鼎は程頤を主とし、秦檜は安石を尙ぶ」と答えている（『要錄』一七二 紹興二十六年六月乙酉）。確かに趙鼎の程學尊重から一轉して秦檜の程學彈壓時代への變化は、秦檜と安石を結びつけることで程學と王學の對立という形に整理ができ、黨派と思想的立場の關係は理解しやすくなる。しかし秦檜＝王學という見方は、『道命錄』四などに引かれ良く知られるにもかかわらず、秦檜の學術の具體的內容は明らかでない。宋金和議を遂行した秦檜にとり、程學系の學者官僚に主戰論者が多いことは、當然程學彈壓の必要性を考えさせたであろうし、その際、程學者が攻撃する王學に近づくことは十分豫測できるのだが、反王學は南宋政權成立の「建前」であること、或いは王學の現實主義的性格が秦檜の政治方針に合致しはするものの、講和を積極的に支持する理論としての機能を王學が果たしてもつものかどうか、その邊りが明瞭でないので「秦檜は王安石を尙ぶ」という實態が明らかにならないのであろう。しかし高宗の安石批判がこの時期に弛んだことは確かである。紹興十四年、高宗は秦檜との會話の中で「王安石、程頤の學、各々長ずる所有り。學者當に其の長ずる所を取るべし」（『要錄』一五一　同年三月癸酉）と述べているが、部分的にせよ安石を肯定した記事はこれが初めてであろう。趙鼎の程學尊崇の行過ぎ是正が、まず陳公輔の論のように王學・程學兩者の「專門の學」の禁止という形をとり、やがて秦檜時代は「專門の學」で專ら程學を意味するようになり、その分だけ王安石が浮上する。高宗の言葉はそうした事情を背景としている。同年四月、將作監主簿蘇籀が、「近世の儒臣の諸經解を集めて唐の『正義』の缺けた所を補うように」と乞うたのに對し、高宗は秦檜に「此の論甚だ當たれり。諸說を學官に頒てば、王安石、程頤の說を師とする者も紛紜するに至らず」（『要錄』一五一　同月丙戌）と兩手を擧げて贊成している。安石に肩入れしようとする秦檜への牽制とも解釋でき、高宗の複雜な心理を覗かせている。

この時期、反王學の空氣が弛んだことは、次に擧げる陶愷の官歷の變遷からも窺える。尙書金部員外郎であった陶愷は、紹興六年二月己亥、知筠州に轉出させられ、翌月には監當差遣に落とされている。その理由は高宗の面對の言が「紹述の說」であり、父節夫が蔡京の黨であったからというものであった。新法黨の立場を堅持していたのであろう。このときの宰相は趙鼎、張浚である。しかし七年三月、鼎が相位を去っている間に監當官から知吉州に移り、やがて秦檜專政時代を迎えると再び金部員外郞に戾り、以後司農小卿、右司員外郎と中央官を歷任、十八年五月、直龍圖閣知潭州で卒した。新法派官僚陶愷の趙鼎時代の左遷と、秦檜時代の登用を見ると、秦檜の「安石を尙ぶ」立場は、必ずしも高宗の言葉の上だけではなかったようである。

二十五年の秦檜の死から、三十二年（一一六二）紹興の終わりまでが第四期であり、この時期、高宗の口から再び安石批判が出るようになる。[12] 同時に張浚、趙鼎、胡寅らの館職が復され、秦檜時代の反程學策は弛められた。しかし程學は以前のように優遇されることなく、王學と併存する形で認められたに過ぎない。そして程學對王學という對立そのものが希薄となってゆくのである。

以上、一つの目安として建炎・紹興年間を四期に分けてみた。宰執段階での黨派、學派の角逐と高宗の經術主義が合體してそれら諸時期の特色が出てくるようである。

三　實錄修訂

高宗の經術主義と王安石評價が關連する問題に修史事業があることは先に述べた。高宗の史學への興味は、過去の史實から現在の指針を汲みとろうとする所にあり必ずしも史書編纂とは結びつかないが、高宗卽位をめぐる特殊事情があるにせよ、その『實錄』改修に見せた意欲は、史學重視の姿勢ぬきにしては理解できないであろう。

王安石は經を尊んだにもかかわらず、『春秋』に學官をたてなかったことから、後世、『春秋』を「斷爛朝報（官報の斷片）」だと言って廢し、史學を禁じた元凶と評されている。このこと自體は、既に『宋元學案』九八　荊公新學略などが述べるように事實ではない。[13] しかし先にも引いた建炎四年の高宗と范宗尹の對話で、高宗が「今の士大夫が史學を知らぬのは安石が經義で科擧を行ったからである」と述べているように、安石と史學の禁を結びつける考えが一般的であったと思われる。特に『春秋』については、「荊公、詞賦を黜け經を尊ぶも、獨り『春秋』のみは聖經に非ずとして試せず。所以に元祐の諸人多く春秋傳解を作る」（張端義『貴耳集』下）という見方、すなわち『春秋』尊重卽反王安石との理解ができあがってゆく。從って高宗の『春秋』愛讀は、それだけで安石批判の立場に立つものと後世の人々に思わせたであろう。

高宗時代の修史で最も紛糾したのは、『神宗・哲宗實錄』の重修と『徽宗實錄』の編纂である。そこで以下、三實錄編纂の經緯を述べ、安石批判の問題との關連を考えてみる。高宗は卽位後ただちに宣仁皇后を誣蔑する記事があるからという理由で、國史院に刊修の詔を出したことは先述の通りである。帝位の正統性に拘わる問題であったので緊急を要したのである。しかし建炎から紹興初年までは、金軍の南下、度重なる移蹕などにより史官の整備すら儘ならず、建炎四年十二月、昭慈孟皇后の遺旨とも言うべき刪定の強い要望があったにもかかわらず、改訂に着手できたのは紹興四年になってからであった。このとき重修の理由は、『神宗實錄』には王安石の「日錄」が添入され、『哲宗實錄』は蔡京、蔡卞の手で編修されたから誤りが多く信を後世に傳える所以ではない、と述べられている。新法黨の黨派的觀點からの敍述を訂正するということであろう（『要錄』七六 紹興四年五月癸丑、庚申）。

さて『神宗實錄』二百巻は、元祐元年（一〇八六）二月、鄧溫伯、陸佃が修撰、林希、曾肇を檢討官、宰臣蔡確を提擧に編纂が始められ、同六年三月完成、呂大防が上呈している。この間、趙彥若、范祖禹、黃庭堅ら錚々たるメンバーが編集に參與した(14)。ところが完成後間もなく哲宗の親政開始とともに新法系官僚が政權を握り、蔡卞、曾布らによって『實錄』改訂の願いが出され、紹聖元年五月には重修の詔が降った（『皇朝編年綱目備要』二四）。元祐本が司馬光の『涑水紀聞』を多く採ったのに對し、このときの紹聖本は安石の『熙寧日錄』に依った。後にこれが問題とされるのである。三年十一月、重修成り、章惇が上呈した。この重修本は、元祐實錄を底本にして墨書し、增添の部分を朱書、削去は（雌）黄を用いたので朱墨史と呼ばれる。完成後、元祐本は焚毀されたらしい。一方、『哲宗實錄』は、元祐末年までの『前錄』百巻と以降の『後錄』九十四巻とに分かれ、徽宗の大觀四年（一一一〇）四月、蔡京によって進呈されている。前後に分けたのは、宣仁垂簾の政が哲宗とは異なることを明示しようとするためであったと言われる。(15)

　ところで、これら兩實錄の改修が紹興四年に本格化したことは、前節で述べた安石批判の第二の時期の始まりと一致し、程學系官僚の進出と軌を同じくするのである。重修の中心となった人物は、『唐鑑』の著者范祖禹の子の范冲で、華陽の人、司馬光の學を繼ぐとともに、光の子孫を撫育し或いは程門高弟尹焞を自代推薦したりしている。彼はまた趙鼎の姻戚でもあった。この時期、趙鼎、范冲二人の動きを見ると、建炎四年七月、冲は禮部尙書謝克家の推薦を受け、紹興四年五月、高宗じきじきの要望で直史館に任ぜられた。一方、趙鼎は同年三月參知政事、九月には宰相位に就き、六年十二月一日辭した後、七年九月から翌八年十月まで再び宰相となっている。『神宗實錄』の完成が紹興六年正月、『哲宗實錄』は八年六月、『續修哲宗實錄』が同年九月であるから、全て趙鼎の監修ということになる。また『朝野雜記』甲四 神宗哲宗新實錄や『要錄』關係記事から兩實錄の編纂に關與した主な人物を拾いあげると趙鼎、范冲以外に十九名ほどが數えられ、(16)その中で『宋元學案』『同補遺』に名のみえる者が十五名、うち伊川の學統上にある者は八名、特に張九成、高閌、喩樗ら楊時の門人五名の存在が目立っている。程學系以外の人物も當然のことながら司馬光、蘇洵ら舊法黨系が大部分を占める。こうしてみると、高宗の宣仁皇后問題を契機として興された修史事業は、實質的に趙鼎を中心とする程學系學者官僚によって推進されたわけで「實錄と謂うは但だ當に其の實を錄すべし。而して褒貶自ら見われん。若し附するに愛憎の語を以ってせば、豈に之れを實錄と謂わんや」（『要錄』一一一 紹興七年五月乙丑）と、改修における「公心」を強調する高宗の言葉にもかかわらず、編纂者の黨派性は否定すべくもなかった。

紹興五年二月、直史館范冲は『神宗實錄考異』五卷を撰し、史館に附して衆議にかけることを乞い許された。議論が多様なため、去取の意を明示して後世に備えるというのがその理由であったが、編修官内部でも意見の對立があったのであろう。また史館が底本として使用した「朱墨史」が原本と體裁が異なる上、簡便に從った寫本であったので、不備を補うため『考異』を著したのである。こうして一應五十卷分の完成をみたのが紹興五年九月、翌六年正月には二百卷が高宗に獻上された。

ところが趙鼎が一時相位を去っている間に問題が起こった。重修『神宗皇帝實錄』には、なお「詳略中を失し、去取未だ當ら」ざる所があるとして、史館に項目ごとの解説を附するようとの御筆が降されたのである。趙鼎の辭任後、獨り相位にあったのは張浚だが、この浚の意を受けた祕書著作郎何掄が「新錄の訛謬を正さん」と乞うた結果であった。これに對し、九月再び相位に就いた趙鼎は、ただちにこの措置に反論し、何掄の用いた蜀本が史館の底本である曾統の進呈本と異なる點のあることを指摘し「訛謬」は底本の異同によるものとしたのである。こうしてこの件は、底本の違いということで收拾されたが、浚の『新實錄』批判の眞意は、趙鼎の安石及び蔡京ら新法黨を徹底的に黜ぞける態度への不滿にあったとされている(17)。この事件は、趙鼎派による重修作業が朝廷内部にあって如何に微妙な位置にあったかをよく示していよう。

范冲は『哲宗實錄』を重修するに際しても『考異』の例に倣い『辨誣』一書を著し、史館の參考に供した。『哲宗實錄』は、蔡京が成書後、『時政記』『日曆』の類を焚毀したので史料蒐集からやり直さねばならず、曾布の『正論』などまでが史館に回されている。これらの史料の中から、京らの「誣謗」を證する記事を整理したのが『辨誣』である。こちらは大きな波瀾もなく八年九月、紹聖・元符年間分の『續修』を上呈して完了している。

趙鼎は『續修』完成の翌十月、宰相の位を追われ、以降十七年餘りにわたる秦檜獨相時代に入る。王安石を徇んだと評される程の秦檜であるから、趙鼎の兩實錄に批判的であったろうことは想像に難くない。しかし高宗の意向に正面から反對することになる兩實錄の再改訂はできなかったようで、史官を彈劾したり、問題があることを指摘しながらも兩實錄は結局そのまま置かれ、後代修史の基本史料となる。その代わり秦檜時代に編纂された『徽宗實錄』は大變疎略なものであった。『徽宗實錄』は、紹興十一年七月、元符三年から大觀四年に至る六十卷が進呈されているが、實錄院が「簡約に從い細務を略去する」よう指示し、また史官の方でも秦檜を諱避するので、緻密な仕事ができる狀態ではなかったのであろう。しかも大觀以降の分は遂に編纂されず、上呈された六十卷分も含めて編纂され直し、完成したのは孝宗の淳煕四年のことであった。

このようにみてくると高宗にとって、趙鼎及び彼の周圍の程學系學者官僚との出會いは、懸案の宣仁皇后問題を解決するためにあったかのようである。また趙鼎らも高宗の修史の意圖を十分理解し、自派の反王學、反新法黨の立場を更に堅固にする方向で『實錄』を改訂したが、張浚の反對からもわかるように、その立場は當時の朝廷内に在って必ずしも共通のものではなかった。兩朝實錄完成後に秦檜時代を迎えたことは、反新法派にとり大いなる僥倖であった。何故なら結果的に秦檜が手をつけられなかったことにより、この『神宗實錄』が後世の史家の安石觀をほぼ決定づけることになるからである。

四　進士科試題

王安石評價と密接に關連するもう一つの問題として科擧制度の改更がある。北宋の哲宗・徽宗朝、新舊兩黨の政權交替がある度に目まぐるしく貢擧の制が變わったことは周知の通りであるが、元祐の法に基づくといわれる南宋の科擧制度には、高宗の經術主義と安石の經術主義[18]との關係など考えるべきことは多い。

ところで先にみたように安石の科擧改革の最終目標は學校貢擧にあったといわれる[19]。ここでは安石以降の進士科の試驗科目について、その變遷を概觀して南宋初期の特色を考えたい。熙寧四年二月の改革は、詩賦、帖經、墨義の廢止、「易」「詩」「書」「周禮」「禮記」からの一經選擇と「論語」「孟子」の兼習。毎試四場として、最初が本經、次いで兼經の經義各十道、第三場は論一首、四場が策三道ないし五道を試することなどが主な改革點であった[20]。ここで詩賦が廢されたこと、及び經に「春秋」が含まれず、更にのちに安石の「三經新義」「字說」が解釋の基準とされたことが後世、論議の爭點となる。やがて神宗が沒し宣仁太皇太后の下で舊法黨が政權を握ると「字說」の引用が禁止され（元祐元年）、四年には詩賦の復活が行われて科擧の上でも新法は否定された。しかし舊法黨による改更は、春秋科の設置、解經に先儒の傳注及び自己の意見を用いることについては一致をみたが、詩賦と經義のどちらを重視するかでは意見が分かれている[21]。その結果、經義、詩賦の兩科をたてて、詩賦の進士は、第一場で「易」「詩」「書」「周禮」「禮記」「春秋左傳」から一經を選擇、「論語」「孟子」を兼習させ本經義二道、語・孟義各一道を試す。第二場で賦と律詩を各一首、三場で論一首、四場では子、史、時務策二道を試すことに、また專經進士は兩經を必修として一、二場で本經義各三道、語・孟義各一道を試し、三場以下は詩賦と同じにするということになった。詩賦の復活といっても經義は兩科必修であり、最早、熙寧以前の法に戻すことはできなかったのである。やがて哲宗の親政が始まると再び詩賦が罷められ、元祐の專經進士の法のみが行われた。この紹聖の法は、徽宗朝、天下三舍法施行時にも續けられ、靖康元年、再度詩賦復活の詔が出されたが、科場を設ける暇もないままに翌年北宋は滅亡した。

以上が熙寧、元祐、紹聖の進士科試題の概略である。これを承けた南宋は建炎二年五月、元祐の法を參酌して、詩賦、經義を分離した取士の法を定めた。すなわち毎試三場とし、詩賦を取る者は第一場に詩賦を各一首、經義の者は本經義三道、語・孟義各一道を、二場以降は共通で論一道、三場が策三道と決めたのである（『要錄』一五　同月丙戌）。このように元祐法と異なり、詩賦を選擇した者は經義を治めなくてもよいことに建炎法の特色がある。これを經術主義ということから見れば明らかに一歩後退であろう。既に元祐の改更のとき、專經にて受驗する者は十に二、三無しという狀態で[22]、士人は詩賦に殺到していたが、今度は經義の兼習がないのであるから結果は目に見えている。恐らく新法否定と經術主義を兩存させようとする高宗の最も苦慮した所だと思われる。

さて建炎二年の貢擧法制定に際し、經義は古注を用い、專ら王氏の說を取らぬようにとの上言があり、高宗はこれを認めているから、王學が經の唯一解釋であるという新法派の立場は當然否定されたと考えられる。しかし「不專」と述べるように、北宋の「字說」や「元祐學術の禁」の場合の禁令の如く嚴密な禁止令はなかったと思われることにも注意しておきたい。「字說」と違い、「新義」は元祐時に於ても全面否定はされず[23]、また「新義」を學んだ大量の士人に無用な混亂を起こさせまいとする配慮が働いたのであろう。

高宗朝は、都合十一回の科擧が實施されている。これらを先の安石批判の時期區分にあててみると、建炎二年と紹興二年が第一期、第二期が紹興五年と八年、三期が最も多く十二年、十五年、十八年、二十一年、二十四年の五回、最後が二十七年と三十年の二回である（いずれも省試の年、但し建炎二年は殿試）。では各科場でこれらの時期に對應するような特色が認められるであろうか。貢擧の法については、建炎二年の三場制がほぼ踏襲され、三十年の科場のみ例外的に經義・詩賦兼習で行われているが、大きな變動は無かったと言えよう[24]。しかし個々の場合をみると、ある程度その時期固有の問題が指摘できそうである。

高宗は、靖康元年（一一二六）に解試が行われ、省試を行わないまま北宋が滅亡したことから、解試合格者に對する省試、殿試の實施を模索した。科擧の續行が政權の正統性と自身への求心力を高めるからである。しかし開封の奪還はおろか即位した南京應天府の維持すらできず、金軍に追われるなか困難を極めたが、建炎元年（一一二七）十二月、駐蹕先の揚州で、各路の轉運司所在地において省試に代わる類省試の實施を命じ、翌建炎二年八月に參加できる者だけを集めて揚州で殿試を行った。次の紹興二年も類省試であったが、こうした中で先にみた三場制、經義・詩賦別習の原則がたてられたことが注目される。しかし政策全般を舊法に戻す建前にもかかわらず、何故元祐法の詩賦・經義兼習が實施されなかったのかが問題となろう。建炎元年六月十三日には逸早く元祐經賦兼習の制に返すことを論議していたにもかかわらずである[25]。當時恰も元祐時に反新法では一致しながら個々の點では意見の對立があったように、元祐法そのままの復活を主張する禮部尙書洪擬、經賦兩科の禮部侍郎王陶、詩賦のみの御史曾統など、詩賦復活の方法をめぐり政府内部で意見が對立していた。それを經賦兩科に決定したのは、高宗の「古今の治亂多く史書に在り。經義を以って登科する者、類ね史に通ぜず」との言葉であるが（『要錄』六一　紹興二年十二月癸巳）、この言葉の意味を考えれば、兩科分立の事情も納得できよう。「經を修める者は史に通じない」とは一般的に妥當する言葉でない。しかし熙寧の貢擧法改革後、新法系は經義を重んじて常に詩賦を罷め、同時に『春秋』も廢し、蔡京にいたっては史學を禁じた。一方、舊法系は經義・詩賦を兼習させ且つ『春秋左傳』を大經としたという情勢のもとで、經義を習う新法系士人が史に暗く、反新法系士人は對抗上詩賦を重んじ史を習う狀況が生まれていたことは十分想像できる[26]。しかも詩の習得に比べ經の習得に要する努力は數倍するというのであるから[27]、もし元祐法の如くであれば新法系士人が登場しやすくなることは明らかである。經術主義といっても特に史學を重視した高宗にとり、史學を盛んにするため詩賦のみの途を開くことは已むを得ぬ措置であったろう。南宋の進士科が元祐の經賦兩習の法を取らず、經賦兩科で始まった理由はこのように推測することができる。紹興五年の科場ではあるが、奏擧人中、詩賦を習う者一千五百餘人、經義一千餘人とあるから（『要錄』九〇　同年六月戊辰）、經賦の比率も概ねうまくいっていたと言える。

省試が復活した紹興五年、八年の科場が趙鼎宰相時に當たる。この時期、程學系官僚が多く中央に登用されたわけだが、科擧に於いても程頤の文の引用が多ければ上位合格となったと非難されている。李心傳は朱勝非の『秀水閒居錄』に述べるこうした記事に對し、五年の廷試第一汪洋、省試第一の黃中の策に頤の文は用いられていないと反論するが（『要錄』九三 同年九月乙亥）、しかし汪洋（＝汪應辰）、黃中兩者は程學系の學問を修めており[28]、結果的に程學系進士が上位を占めたことに變わりがない。こうしたことから七年、翌年の科場を前に秦檜派と目される權吏部侍郎吳表臣は、老成實學の士を遺落させぬためにも策論を重視するよう請うている（『要錄』一一二 同年七月戊申）。これは次の秦檜時代の程學彈壓の先驅けであり、新興程學派官僚に對する實務派官僚の巻き返しと解釋できる。

さて秦檜時代の五回の科擧で問題になることは、第一に、科場から程學の影響を一掃するため「專門の學」を禁じ、自派の臺諫をしてしばしば程學彈劾の上奏をさせたことである。『道命錄』四には、紹興十四年の殿中侍御史王勃の言をはじめ、何若、曹筠、鄭仲熊、張震らの上奏が錄されている。第二はそれと逆に當然のことながら秦檜派の大量の登第である。十二年の科場では兩浙の解を得た者二百八人のうち秦檜と繫がりが深い永嘉の擧人が四十二名もおり、溫州一州で兩浙の五分の一を占め、「宰執の子姪皆な焉れに預かる」という有樣であった（『要錄』一四四 同年三月乙卯）[29]。また二十四年の科場は秦檜派勢力のピークを示すもので、知貢擧らの考官が檜派で固められるとともに、檜の孫秦塤が省試第一、廷試第三で合格したのをはじめ周寅、鄭時中、秦焞ら秦檜派の子弟が多く上位で登第した。このとき秦塤や廷試第二の曹冠らは殿試對策の中で程學批判の文を綴っている（『要錄』一六六 同年三月辛酉）[30]。こうした中で紹興十二年、擧子が王安石の『三經新義』を用いるよう主張して、朝廷で論議することがあった。これは高宗の「安石の學は宏博だが穿鑿に私意を以ってするところが多いので用いるべきではない」との言で取り止めになっているが（『要錄』一四五 同年六月癸未）、このようなことを論議すること自體、その前の趙鼎の時期には考えられないことである。やはり「秦檜は安石を尙ぶ」の具體例であろうか。それから紹興十四年の解試が經賦兼習で行われたことにも一言觸れておく。これは十三年二月の國子司業高閌の言に依る措置で、太學復興に伴い、旬月課試の法を經義・詩賦・論策の三場とした制を科場にも適用したからである。元豐・元祐・紹聖の折衷案が太學の經術主義の名のもとに實施されたわけである。(31) しかし兼習は士人の間に混亂をもたらしたのであろうか、十五年の省試直前になって舊に戻され經賦兩科に分けられた。(32)

秦檜沒後の第四期は、科場に於ける程學、王學の相對化が行われた時期で、「一家の説に拘らず精擇博取せよ」との詔が出され（『要錄』一七三　紹興二十六年六月乙酉）、先の二十四年の貢擧で登第した秦檜親黨の秦塤、鄭時中、秦焞、周寅、曹冠らが左遷、追放の處分にあっている（『要錄』一七四　紹興二十六年八月癸酉）。制度面で注目されるのは、紹興十四年の解試で行われた經賦兼習が三十年の科場で再び實施されたことである。既に秦檜時代から士人がより習得し易い詩賦に流れる傾向があり、十の七、八は詩賦で應募したともいわれる（『要錄』一五五　紹興十六年十一月庚午）。しかも今度は「詩賦の人は史を讀まず」と高宗が嘆いたように、南宋初期の詩賦を優先せざるを得ぬ狀況とはむしろ逆になってきたのである。これに對して早くから經義で優秀な答案が多い場合には、十分の三を限度として詩賦の定員を回し經義及第者を增す措置がとられてきたが、經賦の不均衡は是正されず、特に『禮記』『周禮』『春秋』の應募者が少なく、『周禮』に至っては皆無という狀態であった（『要錄』一七五　紹興二十六年十一月癸巳）。これを是正するため紹興三十年の科場は第一場で大小經各一道を試す經賦兼習制が實施されたのであった。しかし三十一年二月、經義と詩賦に精通する士人が少なく、どちらか一方に優れた人物がいても落とされるとの理由で兼習制は再び舊制に戻されたのである。

建炎・紹興年間の進士科は、史學を重んずる高宗の經術主義を反映して制定されたが、北宋末新法下の科擧政策の影響が減ずるに從って、經術の衰退という豫想外の結果を齎らし、安石の經術主義は勿論、元祐法で意圖した經學や史學尊重も實現できず、高宗の意圖に反した結末を迎えたと言えるだろう。

五　従祀問題

南宋朝の王安石評價で看過し得ぬ問題に、孔子廟の配享、從祀がある。というのは『宋史』禮八に「淳祐元年（一二四一）正月、理宗太學に幸す。詔して周敦頤、程顥、程頤、朱熹を以って從祀し、王安石を黜く」とあるように、王安石が最終的に孔子廟から黜けられたのは、理宗の淳祐元年、南宋の滅びる僅か四十年前のことであったからである。王學と程學の對抗關係は、從祀問題によって明確に示されることになった。勿論、朝廷の道學公認はこの時より溯り、嘉定十三年（一二二〇）には周敦頤、程顥、程頤、張載の追謚がなされ、理宗の寶慶三年（一二二七）、朱熹が太師を特贈され信國公に追封されている。しかし何といっても國家の教學の中心である太學の孔子廟の從祀が王安石から程朱に變わったということは、王學、程學問題に最終的な結着がついたことを意味した。それではここに至るまでの孔子廟の從祀はどうであったのか、最後に考えてみよう。

紹興七年、胡安國が二程、邵雍、張載の封爵・從祀を要請して以來、二程或いは後に朱子を從祀せよとの上言は繰り返し行われている。それに對し安石削去の願いは孝宗の乾道四年（一一六八）十二月、太學錄魏掞之によるものと、淳熙四年（一一七七）孝宗の太學行幸の前後、吏部侍郎趙粹中、禮部侍郎李燾らによる上奏が知られる。(33)特に李燾の上奏は安石の子、王雱を從祀からはずす契機となったとされる。安石については、孝宗の意向或いは從官の論議がまとまらなかったことから從祀續行となった。では王安石父子は何時、誰の意志によって配祀されたのか。北宋末の安石配享の經緯からみてゆこう。

神宗の元豐七年、禮部の上言に依り孟子が顏子とともに宣聖に配食されることになり、同時に荀子、揚雄、韓愈が左邱明ら二十二賢の間に從祀された。これは孔子廟制度の一大變革である。というのは從來の配享が顏回を第一として、以下孔門十哲を列したのに對し、韓愈以降興った道統の考えに基づき、孟子を顏子の次に配したからである。(34) 所謂、廣義の宋學の道統觀をそのまま孔子廟制度に反映させたことになろう。こうして道統を繼承するものが從祀されるという考えができあがり、その中で徽宗の崇寧三年（一一〇四）六月、安石が配享され、位は鄒國公（孟子）の次に定められたのであった。やがて政和三年（一一一三）には安石が舒王に、王雱も臨川伯に封ぜられて從祀され、父子ともども孔子廟廷に配されたのである。

しかし欽宗の靖康元年、一連の反王安石反新法黨政策のもとで、右諫議大夫楊時の上言に依り安石配享の像もまた毀去された。だがこのときは安石は孔子廟から完全に追放されたわけではなく、「鄭康成の例に依りて從祀せよ」との詔が降され配享から從祀の列に格下げとなったのである。(35) 南宋末の黃震は「往歲、顏・孟の配享は竝びに先聖の左に列し、近ごろ曾子、子思を升すに又た竝びに先聖の左に列し、而して其の右を虛にし以って相向かわず」と述べ、その理由を太學博士陸鵬升に聞いたこととして、大略次のように言う「初め顏、孟の配享は左が顏子、右が孟子であった。熙豐年間、新經が盛行してから安石を聖人と爲し、顏子の下に配享した。故に左が顏子と安石、右が孟子であった。未だ幾ばくならず蔡卞が安石は孟子の下に在るべきではないとし、安石を右に遷して顏子と向かいあわせ孟子を顏子の下、第三位に移した。こうして左が顏、孟、右が安石となった。蔡卞はやがて安石を顏子の上、更には孔子に代えようとさえ考えていたのである。南渡後、安石の配享が罷められたのに孟子の位を元に戻す議が起こらなかったので今も右が虛なのである。(36) 顏、曾、思、孟四子の配享は理宗の咸淳三年（一二七六）に制定され、以後歷代の定制となった。[37] 後世の左右配享と異なり四子が孔子の東面に西向して一列に配位されていることが、當時も問題にされたのである。同様の指摘は既に王明清、岳珂もしており、[38] 孔子に誰をどのような位置で配享・從祀するかは諸説紛々であったらしい。例えば孔子の像は南面するが、これも朱子の意見では古禮でなく、「古人の神位は皆な西に坐して東に向かう」のであり、或いは宣聖の像を造ること自體、禮に反した。また開元禮に據ると釋奠は、時に臨んで位を設け、顔孟の配饗は先聖の左右に於いてなされているのに、今は東に坐して西に嚮うと、やはり配享の位置についても疑問を呈している。[39] 孔子廟の殿上での配享、十哲の從祀、東西兩廡での諸弟子、先儒の從祀が明確にされたのは政和三年（一一一三）の「政和新儀」制定に於いてであるが、このときの配享の位置關係は明らかでない。王明清、岳珂は顔孟は左右に配されていたと考えたのであろう。[40] ともかく安石父子は孔子廟に從祀された狀態で南渡を迎えたのである。言うまでもなく南宋は新たに行在を定め行宮を建設せねばならなかった。ということは、北宋末の太學孔子廟を繼承するとはいえ、建炎三年神宗廟への安石配餐を罷め、紹興四年舒王の告を追奪しながら、一方で再建した太學の孔子廟に安石父子を實質上祀り直したことになる。それは誰の意圖であったのか、史料は何も語らぬが、配餐を罷め王爵追奪を上言したのが趙鼎であったように、今まで見てきた所によれば秦檜を措いては考えられぬであろう。

南宋の太學は、秦檜宰相下の紹興十二年（一一四二）臨安府學を增修して太學とすることでまず再興された。翌年正月岳飛の舊宅が國子監太學に當てられ、國子司業に高閌が任命されてから本格的に制度が整えられる。七月には三百人の生員が合格し、大成殿に至聖文宣王を奉安して再建は一段落した。孔子奉安の禮を執行したのは秦檜である。こうして高閌は、太學復興の最後の仕上げとして高宗の視學を願い出で、十四年三月己巳、太學行幸が實現している。[41]

ところで高閌は嘗て太學で楊時に從い學んだことがあり、胡安國が楊時に士を訪うたところ閌を第一に推したという逸話の持主である。また彼は鄞縣出身であることから、後代四明伊洛の學の祖と仰がれるように龜山門下の程學系の學者であり、しかも趙鼎の黨として久しく追われていた者である。それにもかかわらず秦檜の下で登用され太學再建の任にあたったのは、彼が上舍選をもって進士及第を賜ったという經歴や經術主義の主張が認められたためであろう(42)。課試の法が高閌の意見により經賦兩習の三場と決められ、これが十四年の解試にも適用されたことは前節で述べた通りである。しかしこのことは同じく程學を奉ずる學者から反發を買うことになった(43)。それは秦檜に阿諛したことへの非難をも含め、この時期に太學を復興した政治的意味について指彈するものであった。秦檜の意圖は正しくそこにあった譯で、紹興十一年の玉牒所、十二年の崇政殿、垂拱殿、十三年の圜丘、太社、太稷、十四年の宗子學、祕書省、御書院ら一連の造營、設置は、和議を既定のものとし、講和の體制づくりのための國制整備であり、太學復興もその一環であったのである(44)。太學再建の意味がここにあるとすれば、孔子廟に從祀された安石父子は、飽くまで主戰論と王學批判を唱える程學系官僚を排除しようとする秦檜政治の象徴的意味合いを持っていたことになる。そしてこの從祀が以後百年續くということは、南宋の政治史、政治思想史を考える場合、心に留めておかねばならないと思うのである。

おわりに

以上、高宗の經術主義を軸に王安石評價に關連する實錄改修、科擧進士科の試題更定、孔子廟從祀について概觀してきた。いずれも表面を撫ぞるだけに終わってしまったが、それらの史料は、程學に代表される過激な王學批判派に對して、沈默こそしてはいるが安石を支持する官僚層の存在もまた示唆しているかのように思われる。秦檜がその中心であったことは既にみた。從って程學系官僚が安石や新法派を非難するのは、單に過去を問題にしているのではなく、現實に批判の對象があったからであろう。だが程學系官僚が、明確な集團、すなわち學派を成しているのに對し、安石支持層はその實態が明らかでない。要するに程學に對抗する王學派というものがないのである。この點本章で觸れることのできなかった王學の內容分析とその繼承の檢討が必要だが、少なくとも王學の繼承者がそれを表に出しつつ活動するという現象は見られない(45)。とすれば安石支持派とは、程學系官僚に批判的な者が、程學派の安石批判に與しなかった結果、我々の目に暗默の支持者層として映るのかも知れない。だがここで再び楊時の安石批判を想い起したい。彼は祖宗の法を變亂し、學者の心術を敗壞したことを非難した冒頭に、安石が管商の術を挾んだことを擧げているのである。法家的功利主義はその最も忌むところであった。或いは紹興元年、蔡京、王黼の門人であっても材能ある者は任用するとの詔が降されたことも併せて注意したい。當時、宰相であった呂頤浩は南宋の財政建直しに努力していたが、彼の配下で働く有能な官僚には新法黨系の者が多かったので、この詔が出されたという(『要錄』四八同年十月乙丑)。すなわち程學派に與しない官僚層とは、新法黨政權下の北宋末以來、實質的に政權を支えてきた實務派官僚がその主體ではなかったかと考えられるのである。

建前として舊法黨の立場をとる初期南宋朝に於いて、舊法黨が程學によってほぼ代表される狀況があったにもかかわらず、程學派が政權の中樞を占める時期が趙鼎時代の僅か四年に過ぎなかった原因は、彼らが實務派官僚と王學派を同一視し、自らをそれらに對抗する位置においたからではなかったろうか。程學派の王學批判がもしそうした意味をもつものであれば、秦檜沒後の政局の主導權を握り得ないのは當然で、せいぜい「程學王學兩専門の學に拘らず」との相對化の形で復權がなされるのに止まったのは十分首肯できる。依然として朝廷は程學を冷遇し、安石從祀が續くことになるのである。これを道學形成史から見れば、やがて體制教學の地位を得るためには、實務派官僚の支持が不可缺となるわけで、寧宗末より理宗朝にかけての政治史上の道學側の動きを改めて問題にしなければならないであろう。

注

（1）こうした觀點からの考察としては、James T. C. Liu, How did Neo-Confucian school become the state orthodoxy? *Philsophy East and West*. vol 23-4. 1973 が初期の論考としてある。近年の歐米の新儒教研究はこうした問題意識を下敷きにすることが多い。思想史に比重を置いた道學形成史の代表的論考には、土田健次郎『道學の形成』（創文社　二〇〇二）。Peter K. Bol. *"This Culture of Ours": Intellectual Transitions in T'ang and Sung China*. Stanford University Press, 1992. 小島毅『宋學の形成と展開』（創文社　一九九九）。

（2）『長編拾補』五三　靖康元年二月甲寅。

（3）『要錄』四八　紹興元年十月乙丑。以下本章は『要錄』に據る部分が多い。當然編者の李心傳の立場が問題になる。『宋史』本傳は「心傳有史才通、……蓋其志常重川蜀而薄東南之士、……」とあるが、道學に對しては明らかに好意的である。『道命錄』、『建炎以來朝野雜記』甲六　道學興廢、同　乙四　元豐至嘉定宣聖配饗議などを參照。

（4）例えば『要錄』三五　建炎四年七月丁巳、同四八　紹興元年十月丁卯など。

（5）そもそも后妃のなかで彼女だけが拉致を免れたのは、金が明確に后妃と認定しなかったからであった。千葉煕「孟皇后のこと――宋代の后妃その三――」（『生江義男先生還暦記念歴史論集』一九七八）。

（6）衣川強「秦檜の講和政策をめぐって」（『東方學報』四五　一九七三）同氏『宋代官僚社會史研究』第三章　秦檜の講和政策と南宋初期の官界（汲古書院　二〇〇六）。また寺地遵『南宋政治史研究』（溪水社　一九八八）は、時代・時期ごとに刻々變轉する政策課題への政治集團の諸對應という關係からこの時期の政治史を動態的に把握する試みである。

（7）『要錄』一一五　紹興七年九月丁酉、『朝野雜記』甲一　高宗。

（8）高宗の學問について、特に秦檜との關係で論じたものに庄司荘一「秦檜について」（『甲南大學論集』七　一九五八、同氏『中國哲史文學逍遙』角川書店　一九九三所收）がある。

(9)『要錄』二六 建炎三年八月癸亥。前任者范冲が『通鑑』を刻し、刊行直前になって轉任したが、後任の王琮は『通鑑』を邪說視して毀板したので處罰された。范冲については後述。

(10)『要錄』二四 同月戊申朔、『朝野雜記』乙一一 親筆與御筆内批不同の項參照。

(11)『宋元學案』二五 龜山學案。『要錄』八七 紹興五年三月康子。なお王居正は紹興四年九月、喩樗を左宣教郎と爲す制詞を執筆しているが、この制詞も安石批判の内容をもつ(『要錄』八〇 同月辛未)。喩樗は趙鼎の推擧にかかる程學派官僚。

(12)『要錄』一七三 紹興二十六年七月乙卯。高宗は陳瓘の『尊堯集』を讀み、その安石批判を嘉して謚を賜っている。

(13)安石と『春秋』については、今や宋代經學史研究の古典とも言える諸橋轍次『儒學の目的と宋儒の活動』(『著作集』一 大修館書店 一九七五復刊)四六九頁以下、皮錫瑞『經學歷史』八 經學變古時代、及び周豫同の注釋などを參照。「斷爛朝報」云々は、紹興十五年の進士周麟之が孫覺の『春秋經解』跋文に記した言葉で、それがもし安石の言葉であったにしても王應麟『困學紀聞』六が引く尹和靖の言のように、安石に『春秋』を廢する意思はなかったと考えるべきであろう。

(14)以下は『要錄』の該當記事の他、『郡齋讀書志』六、『直齋書錄解題』四、『長編』三六五、四五六、蔡上翔『王荊公年譜考略』二五、『朝野雜記』甲四 神宗哲宗新實錄などを參照。なお『宋史』藝文志は三百卷、『長編』四五六が引く王巖叟「朝論」は凡三百卷とする。

(15)『哲宗實錄』の編纂過程については、別に「『洛蜀黨議』と『哲宗實錄』――「宋史」黨爭記事初探――」(早稻田大學文學部東洋史研究室編『中國正史の基礎的研究』早大出版 一九八四所載)でやや詳しく檢討した。

(16)任申先、張九成、尹焞、高閌、胡珵、范如圭、朱松、王蘋、李彌遜、李公懋、喩樗、常同、王居正、劉大中、熊彥詩、環中、鄧名世、勾濤、張嵲らである。

(17)『要錄』一二二 紹興八年七月壬午、『道命錄』三。李心傳の言によれば、黃潛善の推薦を受けた張浚は「紹述の論」は「孝悌の說」だとし、趙鼎の安石批判及び新兩實錄に批判的であったとする。

(18)『宋史』三二七 王安石傳 熙寧二年二月、參知政事として神宗に述べた言葉に「經術正所以經世務、但後世所謂儒者、大抵皆庸人、故世俗皆以爲經術不可施於世務爾」とある。

(19) 宮崎市定「宋代の太學生生活」(『全集』一五所收)。本書第三章參照。
(20) 荒木敏一『宋代科擧制度研究』(東洋史研究會 一九六九) 九四頁參照。
(21) 御史劉摯は詩賦の復活を主張。左僕射司馬光は經術優先を唱えた。『宋史』選擧志一。『長編』三六八 元祐元年閏二月庚寅及び三七一 元年三月壬戌の條を參照。
(22) 元祐四年の知杭州蘇軾の言。『通考』選擧考四 同八年の中書の言では、太學生二千一百餘人中、詩賦を兼ねざる者は纔に八十二人という(『宋史』選擧志一)。
(23) 『宋元學案』九八 荊公新學略參照。
(24) 三十年の科場については『宋會要』選擧四 擧士一〇 二十七年二月一日及び三十一年二月二十二日の條。なお紹興十五年については後述。
(25) 『宋會要』三一 選擧四 建炎元年六月十三日の條。
(26) 馬端臨は、この間の事情について「按、尊經書抑史學廢詩賦。此崇觀以後立科造士之大指、其論似正矣。然經之所以獲尊者、以有荊舒之三經也。史與詩之所以遭斥者、以有涑水之通鑑蘇黃之酬唱也。羣憸借正論以成其姦、其意豈以六籍優於遷固李杜也哉」(『通考』三一 選擧四)と的確な批評をしている。
(27) 注(22)の蘇軾の言。
(28) 『宋元學案』四六 玉山學案。『宋元學案補遺』二六。
(29) 秦檜と溫州の人士との繫がりについては衣川前揭論文參照。溫州は兩浙でも特に科擧の盛んな地であること、有力な實學永嘉學派の中心地であることなど興味深い問題が多い。永嘉の士人については岡元司氏に「南宋期溫州の名族と科擧」(『廣島大學東洋史研究報告』第十七號 一九九五)など一連の研究がある。
(30) 秦檜派の程學彈劾は概してその内容が乏しい。このときの曹冠が、伊川の學は佛說を採り入れていると述べることが注意を引く程度である。
(31) 『朝野雜記』甲一三 四科。

（32）解試の段階で經術精通の秋試官が不足するなどの問題も起こり、混亂を窺わせる（『要錄』一五一 紹興十四年四月己酉）。

（33）『皇宋中興兩朝聖政』四七、五五、『朝野雜記』乙四 元豐至嘉定宣聖配饗議。清 龐鐘璐撰『文廟祀典考』（中國禮樂學會影印）參照。

（34）『通考』四四 學校五。陶希聖「孔子廟庭中漢儒及宋儒的位次」（『食貨月刊』復刊二ノ二 一九七二）。

（35）『靖康要錄』六。

（36）黄震『慈溪黄氏日抄分類』三二 四位配享封爵。

（37）顧炎武『日知錄』一四。

（38）『揮麈錄』前錄三。『桯史』一一。

（39）いずれも『朱子語類』九〇 禮七。

（40）以上の記述は、程元敏「王安石雱父子享祀廟庭考」（『國立臺灣大學文史哲學報』二七 一九七八）を參照。但し『通考』四四 崇寧三年には、安石配享の前に「三年太常寺言、國朝祀儀諸壇祠祭、正位居中南面、配位在正位之東南西面、若兩位亦爲一列以北爲上、其從祀之位又在其後」とあり、また『宋會要』禮一六 釋奠の紹熙三年八月十七日の條にも「兗國公顏回、鄒國公孟軻、舒王王安石配餐西上、王安石已降從祀之例、不曾明載指揮……」とあるので、北宋末から南宋初期にかけての配享の位置は確定が難しい。

（41）以上は『要錄』一四五～一五一の關連記事、『宋會要』崇儒一 太學を參照。

（42）『宋元學案』二五 龜山學案、『宋史』四三三 本傳參照。なお四明高氏については、石田肇「南宋明州の高氏一族について——高閌・高文虎・高似孫のこと」（『宋代の社會と宗教　宋代史研究會研究報告第二集』（汲古書院 一九八五）がある。

（43）『要錄』一五一 紹興十四年三月壬申に引く胡寅の書。

（44）『要錄』一四八 紹興十三年二月乙酉に附す呂中『大事記』。

（45）王學の内容については、道學形成史の流れの中で、その學問の特質を明断に抽出した論考として、注（1）前掲土田健次郎「王安石に於ける學の構造」（同氏『道學の形成』第六章第一節）がある。

第六章　「紹興十八年同年小錄」三題

はじめに

南宋半ばの太學は殺到する受驗生に對應できなくなり、受驗資格を省試不合格者と各州の解試受驗者上位の百分の三ないし六に限る待補という方式を採用した。(1) これに對し制限を設けない太學入學試驗を混補といったが、『西湖老人繁勝錄』は混補の年について「諸路の士人は通常の十倍、十萬人が受驗する。……一人の士は一人の從僕を帶同するから十萬人が受驗すれば二十萬人が京師に宿泊するわけである」と臨安府の大きさを誇っている。地方からの士人は故鄕の特產品を持ち込んで賣り出し、都の品々を買い込んで歸鄕するので商いも活況を呈した。(2)

北宋を通じて議論され試行錯誤を繰り返した科擧と學校をめぐる改革は、蔡京の天下三舍法の失敗を最後に政策としては省みられなくなり、南宋以後、學校は科擧の補完物として中國史に定着した。應試者は、相變わらず少しでも合格に有利な道に就こうと都の太學を目指したのである。南宋太學の入學試驗（補試）は、春夏二回や春一回など時期によって實施回數が異なるが、孝宗朝以降は概ね省試の年に行われるようになった。從って科擧の年は正月ないし二月から四月ころまで省試、殿試、補試と試驗が續き、全國から大量の士人が京師に集まる。それが太學混補であると通常の十倍十萬人が應募するというのである。しかし人々が最も注目するのは、やはり殿試合格者名簿の發表であった。三年に一度の科擧は、合格者の顏ぶれや順位の豫想など祝祭的雰圍氣のなかで都の住民に格好の話題を提供したことであろう。一方、進士合格者たちは、唱名後、朝謝から始まる各種の挨拶廻りや合格者名簿である題名錄の作成、名前を刻んだ石を禮部貢院に立てるなど一箇月に及ぶ一連の儀式に忙殺される。科擧のたびに作られた題名錄のうち、南宋のものは紹興十八年（一一四八）と寶祐四年（一二五六）の二つが『紹興十八年同年小錄』『寶祐四年登科錄』として現在に傳わる。(3)本章は、このうち前者にまつわる三つの話題を取り上げる。なおこれらの題名錄に關しては、中嶋敏氏に近年の研究があるので參照していただきたい。(4)

一　五甲末等徐履

科擧ごとに作成される題名錄のなかで紹興十八年と寶祐四年の二つのみが傳存する理由は、いうまでもなくそれらが朱熹と文天祥の合格した科擧であったからである。ただ狀元で合格した文天祥は、寶祐四年その當時もかれが人々の話題を集めたであろうが、朱熹の場合は第五甲九十人、全合格者三三〇人うち五甲は一四二人であるから下から數えたほうが早く、十九歲の無名の朱熹に注目する者は恐らく誰もいなかったであろう。この時の問題は狀元を誰にするかにあった。考試官の沈該、李朝正、詹大方らは第一に董德元、第二に陳孺の名を上奏した。ところが二人はそれぞれ右迪功郎、和州助教の肩書きをもつ有官者であった。宋では、北宋の仁宗朝以降、既に官位を有する者が受驗する鎖廳試經由の進士奏名者は狀元としないという慣例ができあがっており、第一位が有官者であったため第二位を狀元に格上げすることはそれほど珍しくはない。しかし今回は第一、第二のみならず第三位の莫汲も右修職郎の官位を有しており、結果的に四位の王佐が狀元となる異例の事態が注目を集めたのである。(5)

實は、紹興十八年の科擧での中心的話題は更に別のところにあった。それは『同年小錄』の最後、五甲一四二人に名前が載る徐履についてである。溫州瑞安縣出身二十七歳の徐履は、殿試に先立つ省試を一位、省元で通過している。これも北宋以來の慣例で、省試第一位は殿試の成績にかかわらず升甲、すなわち成績順に五段階に分ける甲を一つ升して、その末等に名を載せる決まりであった。從って通常であればどのように低い點數であっても五甲で合格することは有り得ない。合格者掲示板が出されると都の人々はあっけにとられ、「殿試の合格掲示板、ひっくり返せば徐履は狀元」と言いあったという。當然、その理由について人々は憶測を逞しくした。例えば、「徐履は功名心が大變強く、遂に精神を病んでしまい、殿試の答案には竹一本を描き〝竹一竿〟と題して提出した。朝廷は大目にみて、省元というので死後その子に一官を與えたが、子どももまた病氣で死んでしまい官は絶えた」と言うのに對し、「(優秀な婿を探していた)秦檜は(省元の履に)娘を妻わせようとした。そこで履は發狂したようにみせ、殿試には一字も書かなかった」と秦檜から逃れる手段であったことを言う者もいた[6]。また徐履の故郷、溫州の明代地方志は、秦檜が權力を專らにし和議政策を進めることに痛憤し、廷試對策の後にその姦佞を排斥する尋常ならざる文字を連ね、試驗官たちはこれをみて驚愕したが、高宗はその直情徑行ぶりを憐れみ末等に置いた、と説明している。また任官後は國子博士や地方官を歴任し、行く先々で聲望が高かった、とも記す[7]。

結局、省元徐履の殿試五甲末等の眞の理由は分からない。ただ『同年小錄』に記された一連の合格儀式の職掌分擔をみると、掌儀の項目に萬介と竝んでかれの名前がみえる。とすれば心神耗弱に陥ったとしても、それは一時的であったのであろう。北宋仁宗嘉祐年間から殿試は原則落第者をださないことになっていたが、實際には形式違反などによって採點されない例は少なくない。とすれば徐履も白紙か、竹の畫か、不規則答案かはともかく、形式違反と認定され甲外とされたが、省元ということで一甲升し、五甲末等に置かれたというのが實情ではなかろうか。

南宋末の黄震は、書經の讀書ノートのなかで、禹貢の「朔南曁聲教」について次のように記している。「古註では聲教を以って句を切り、諸家は皆なこれに從っている。友人の將榮甫が云うには、以前、徐履が省試に赴く途中、喉が渴きある村に水を求めたところ、老先生が四、五人の子どもたちに教えているところで、朔南暨で切り一句としていた。徐履がその誤りを指摘すると老先生は怒って、獨り朔（北）と南だけに聲教が暨《およ》び、東と西は預かることが無いのか。東と西は行き止まりがあり、だから海と流沙を以って言うのである。朔と南は地が廣く（行き止まりがない）、それ故、暨《およ》ぶを以って言い、以下の文はまとめて、聲教、四海に訖《いた》る、というのである。もし通説のように解釋するのなら聲教暨朔南というべきであり、どうして暨聲教というのか、と述べた。徐履は、その說を使用して省元となった」[8]。

黃震は書經禹貢の「東は海に漸《いた》り、西は流沙に被《およ》び、朔も南も聲教に暨《あずか》り、四海に訖《いた》る（東漸于海、西被于流沙、朔南暨聲教、訖于四海）」について、古註とは異なる讀み方を書き留めたのであり、友人將榮甫が言うように徐履の省試の答案が鄉先生の說で書かれたかどうかは分からない。しかしいずれにしても、紹興十八年の科擧を騷がせた徐履は、百年以上の後にも話題となっていたのである。

二　山陰陸氏

科擧に關する宋代史料をながめると、改革論議の多い北宋に對し、南宋は受驗者の不正や政府の對策の記事が目につく。制度が定着し、競爭が益々熾烈になった反映であろう。『同年小錄』合格者欄は、合格者の姓名、字、小名、小字から始まり、年齡、生年月日などが記され、最終二行に曾祖、祖、父の名とかれらの生沒、官職の有無、本貫と戶主の記述で終わる。これらの情報は恐らく家狀に依っているのであろう[9]。家狀とは、科擧應試者が受驗申請の際、提出する自筆の書類のことで、購入した答案用紙の冒頭に貼り付ける。これは答案が本人の筆跡であるかを確認し、替え玉受験を防ぐことをも目的としていた。更に家狀とともに家系圖の添付を求めることもあった。『宋會要』選擧一六―二四　發解　淳熙十三年閏七月四日の條に、以下のような記事がある。

臣僚言う、士人、戶貫を詐冒し、妄りに宗枝を引き以って就試を規圖する者あり。乞うらくは、應諸《およそ》伯叔兄等を以って戶と爲す者に行下し、雖《たと》え條制有りて施行する外、仍お各おの家狀の前に宗枝圖を畫き、須らく家狀內と曾祖を同じくするを要めしめよ。結罪して實に詣らば方めて試に就くを許さん。如し後來契勘して委に是れ僞冒たらば、應ずる人を將りて駁放し、其の同姓の情を知り容縱《ゆる》すは一例に罪に坐せん、と。之れに從う。(10)

讀みにくい箇所はあるが、內容は明解である。科擧の一次試驗である鄕試（解試）は、自分の本籍地で受驗しなければならない（本貫取解）。しかし應試者は少しでも合格に有利な土地で受驗しようと、本籍地を僞る例が後を絕たなかった。そのとき、戶主を伯叔兄などであると申告し、他處での應試を申請する場合が目についたのであろう。これに對し官側は、家狀の前に家系圖の添付を要求し、家狀と系圖の曾祖が一致することを確認したのである。

『同年小錄』の名簿中の戶主をみると父が最も多く、祖父、兄や伯叔も珍しくない。それに對し弟を戶主にする例は八名と少ないが、そのうち七名が有官者である。既に周藤吉之氏などによって部分的には紹介されているが（同氏『宋代官僚制と大土地所有』社會構成史體系　日本評論社　一九五〇）、正奏名合格者三三〇人の戶主の內譯を表にすると次のようである。

表中の存故は、『同年小錄』の記述をもとに區別したが、「故」字が缺落していると推測できる場合が少なからずある。從って正確さは嚴密でない。また高祖については記事がないので、すべて故として扱った。本貫が玉牒所の宗室には、戶主の記載がないので、その他・不明とともに別枠としてある。表からも伺えるように父から弟までを戶主とする二三四名中、有官者は一〇九名で約四七％、物故者が戶主である九十七名になると有官者は六十三名、六五％に

表Ⅰ　紹興十八年同年小錄正奏名合格者戸主別人數

戸主＼甲		一甲		二甲		三甲		四甲		五甲	
本人　77		1		4		8		26		38	
官の有無		有官	無官	有官	無官	有官	無官	有官	無官	有官	無官
父	存	2		1	3		7	8	15	6	25
100	故			2		3	5	6	4	4	9
祖父	存				1				4		6
48	故	1		2	1	1	2	6	4	14	6
曾祖	存										1
15	故	1				1		6	2	4	
高祖	存										
8	故	1	1					3		3	
伯父	存							3	2	4	2
11	故							1			
叔父	存						1	1			3
7	故							3			
伯祖	存									2	
2	故										
叔祖	存					1				1	
2	故										
曾叔祖	存									1	
2	故							1			
高伯祖	存										
1	故		1								
兄	存		2	1	4	1		3	8	4	5
30	故										
弟	存					3		2		2	1
8	故										
その他　2								姪　1		唐代？1	
玉牒所　16						4		12			
不　明　1								1			
計　330		10		19		37		122		142	

なり、戸主を誰にするかは、官戸としての扱いとその特權を維持することに基準があるといってよいであろう。しかし第二甲十六人李彦頴のように、父が存命にもかかわらず左迪功郎の兄を戸主としているのは、どのような事情があったのか、もし事實であるならあまりに目的に率直というか、法的に問題があろう。あるいはここでも父に「故」字が缺落しているのであろうか。いずれにしても、『同年小錄』の場合、前記『會要』がいう伯叔兄等を戸主とする目的の第一は、不正な寄應取解にあったというより、官戸としての特權維持にあったことが窺える。また直系親以外の戸主の存在など、宋代において血族集團を國家が統治のために把握する單位としての戸の長＝戸主と、現實の血族集團である宗族の長との關係がどのようなものであったかは、檢討されねばならない課題である。ここでは先述の『會要』の記事が提起する、系圖と戸主および本貫について科擧がらみの問題事例を『同年小錄』に即して、もう少し檢討したい。

山陰陸氏略系圖

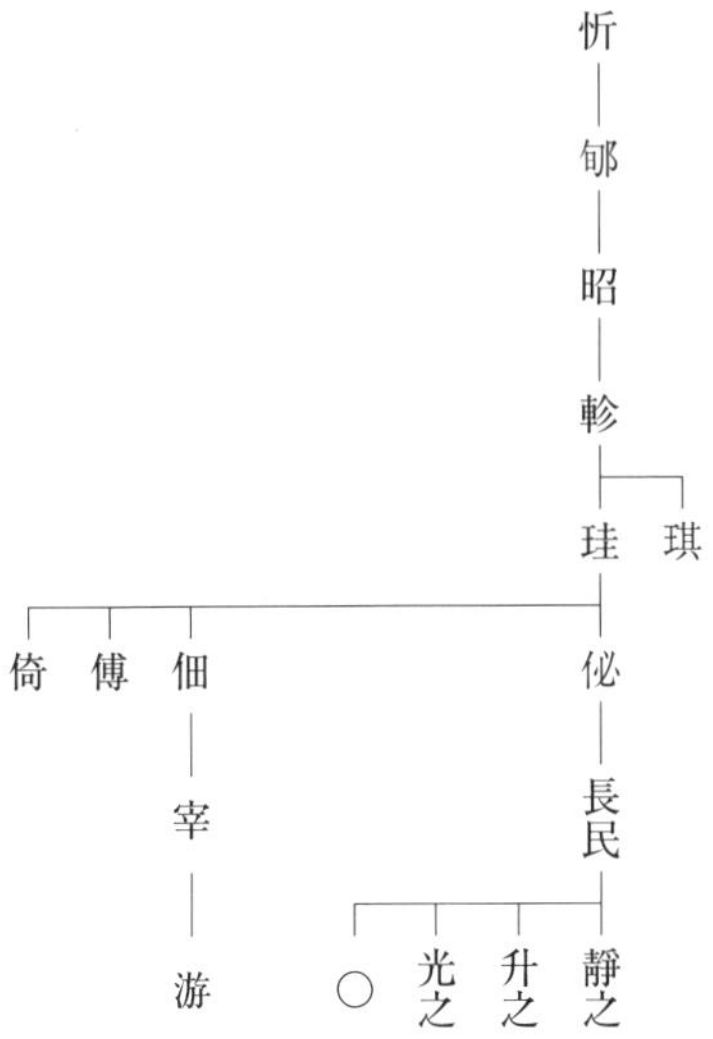

第四甲第九人の陸升之三十四歳と第二十六人陸光之三十歳は兄弟である。二人は、北宋以來多くの官僚を輩出し續けた會稽（紹興府）の名門陸氏一族であり、著名な詩人陸游と同世代、曾祖父として國子博士贈太尉珪を同じくする間柄である。珪の長子が佖、次子が王安石の弟子で熙寧三年の省元、進士第三人、尙書左丞まで至った佃、陸游はその孫である。一方、升之、光之兄弟は佖の孫で、父は政和五年の進士、左朝請大夫尙書右司員外郎長民、長民の四人の息子の長男は靜

紹興十八年同年小録第四甲

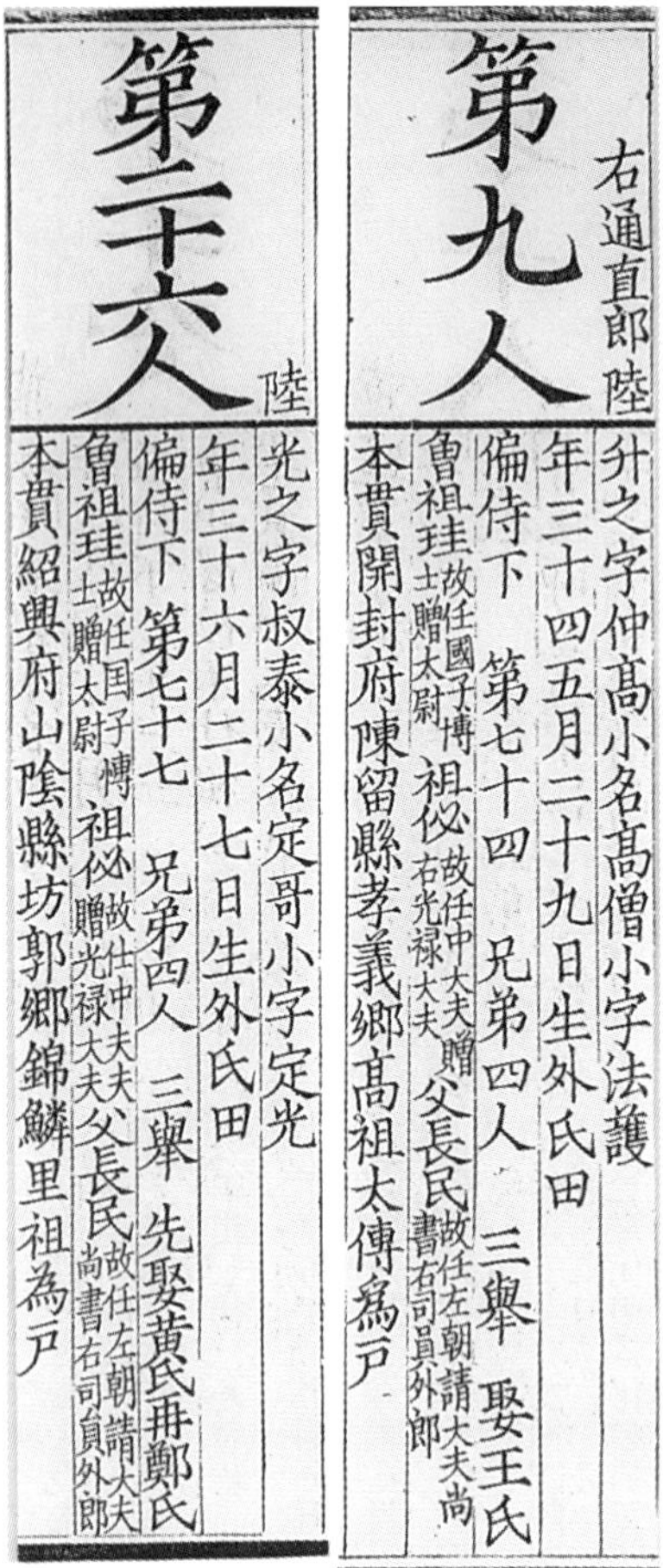
右通直郎陸
第九人
升之字仲高小名高僧小字法護
年三十四五月二十九日生外氏田
偏侍下　第七十四　兄弟四人　三舉　娶王氏
曾祖珪故任國子博士贈太尉　祖佖故任中大夫贈右光祿大夫　父長民故任左朝請大夫尚書右司員外郎
本貫開封府陳留縣孝義郷高祖太傅爲戸

第二十六人　陸
光之字叔泰小名定哥小字定光
年三十六月二十七日生外氏田
偏侍下　第七十七　兄弟四人　三舉　先娶黄氏再娶鄭氏
曾祖珪故任国子博士贈太尉　祖佖故任中大夫贈光祿大夫　父長民故任左朝請大夫尚書右司員外郎
本貫紹興府山陰縣坊郭郷錦鱗里祖爲戸

之、陸游が墓誌銘を書いている（『渭南文集』三三　浙東安撫司參議陸公墓誌銘）。この升之・光之兩人、兄弟でありながら、『同年小録』では本貫と戸主を異にする。

升之は開封府陳留縣を本貫とし、戸主は高祖の太傅、すなわち珪の父で眞宗大中祥符五年の進士の軫とする。弟の光之は、陸氏本來の紹興府山陰縣を本貫とし戸主は祖父の佖である。このとき父、祖父とも既に世を去っているが、兄弟で本貫・戸主を異にし、とくに兄が北宋の都開封府下の縣を本貫とすることをどう解釋すればよいであろうか。北宋では開封府試經由の應試者の最終合格率が最も高かったといわれたことと關係するのであろうか。二人とも三回目の受驗で合格しており、『寶慶會稽續志』六　進士の紹興十八年にその名を載せるから、地志は兄弟とも紹興府の出身という認識である。また後述のように兄弟の墓が山陰縣上皐尙書塢の父長民墓に竝んで立てられていることも、兄弟ともに紹興の人であるとの認識を補強しよう。ただ注意すべきは、陸升之が及第時、右通直郎の肩書きを有しており任子出身と考えられ、從って鎖廳試での受驗であった點である。

陸長民の長子、靜之が父の蔭により紹興元年前後、二十歳餘りのとき出仕したことは陸游の墓誌によって分かるが、弟升之の場合、いつ誰の蔭かを示す史料はない。最も可能性の高いケースは父の遺表の恩である。長民は紹興四年二月己丑、『同年小錄』記載の尙書右司員外郎に昇進しているから（『要錄』一七二）、これを最高位として紹興七年前後に沒したと假定すると、升之はそのとき二十三、四歳、遺表の恩で選人最下位の迪功郎を得ると順調に行けば三任七考で改官、更に一官進むと合格時の官位の通直郎となり、年數上の辻褄は合う。何故このような瑣末なことにこだわるかといえば、鎖廳試であれば一般人の鄕試（解試）と異なり、合格率が壓倒的に有利な漕試（轉運司附試）受驗であるから、本貫取解の原則は關係なくなる。殊更、原籍と異なる本貫を登錄し、本籍地以外での應試を求める必要もない。先述したように兄弟は三回目の應試での合格であり、升之は年齢的にみて二十一歳の紹興五年、二十四歳の八年、二十八歳の十二年、三十一歳の十五年（鄕試はその前年）のうちの二回を受驗したと考えられる。（但し「三擧」が鄕試合格省試受驗を意味するとすれば、すべての鄕試に應じたとしてもよい）とすれば一回目が恩蔭を受ける前の紹興四年の鄕試で、言うまでもなく開封は既に金の領地であるから、北方人は流寓として各地での受驗が認められた事情が背景としてあり、本貫取解の敕に從うため開封としたと考えればよいのであろうか。しかし、この考えは成り立たない。

兄弟の本貫・戶主が異なるということは別籍異財の措置を經過したということである。それは法的に父長民沒後のことでなければならないから、弟と異なる開封の本貫を別籍異財によって得ることは恩蔭で官位を得るのとほぼ同時期になり、わざわざ開封とする必要はなくなるからである。しかも『同年小錄』の「偏侍下」の記載を參照すれば、母は存命であり、唐律の規定では父母存命中は分籍できないから、どのように解釋しても兄弟別籍は律違反となる。

この點は目をつむるとし、結局、最も矛盾の少ない說明は、父長民ないしそれ以前から、陸氏は戶主を軫、本貫は開封府陳留縣としていたが（それは子孫の開封府取解を可能にするためともいえる）、長民沒後、紹興での取解を考える弟の光之が分籍して祖籍に戻り、任子の升之はそのままの戶籍を繼いだという解釋である。陸游の記述によれば、山陰陸氏の大墓が九里袁家嶴に在り、そこには七世の祖の忻夫妻、六世の祖郇夫妻、五世の祖昭夫妻の冢墓が存し、四世の祖軫は別の地の焦塢に葬られたが、夫人の墓はなお大墓に在ったという（『渭南文集』三九　陸氏大墓表　軫墓の場所は『嘉泰會稽志』六　冢墓も同じ。長民と靜之、升之、光之の墓は上皐尙書塢にあった）。大中祥符五年の進士である軫は、記錄に殘る山陰陸氏初の科擧合格者であり、一族にとり特別の存在であったといえよう。因みに子の珪、その長子佖はともに恩蔭出身であり、進士であるその子長民も初官は任子出身の太廟齋郞であった(11)。

いずれにしても法官や判語の解釋であればともかく、兄弟の本貫、戶主の違いを、律や敕の規定との嚴密な整合性を勘案しながら追及することにそれほど大きな意味はないであろう。ただ、戶主・本貫は、官戶の特權、とくに恩蔭による任官、そしてその官員が昇進して蔭補の權利を得、さらに官員を再生產し續けるサイクルや、子弟のためのより有利な應試のルートの確保に密接に關係していたであろうことは理解できる。

ところが皮肉なことに、陸升之の場合、このルートの確保は見事に失敗した。十八年の合格後、淮西提點刑獄司幹辦公事に移った升之は、翌年十月、諸王宮大小學教授として臨安に戾り、二十二年には知大宗正丞となっている(12)。『要錄』の編者李心傳はこの人事について、秦檜の政敵李光が配所で書きしるした私史の內容を、それを書寫した友人であり姻戚でもある光の子孟堅から聞いた升之が、譏謗の語ありと孟堅を告發した報償であろうと記す。紹興二十五年五月には、膨大な役得が期待できる提擧兩浙路市舶に轉じたことも秦檜の黨であるとことを裏付ける（『要錄』一六八　同年五月甲寅(13)）。しかしその年の十月秦檜が世を去ると、早くも秦黨への批判が始まり、十二月には反秦檜派を誹謗中傷したとして九人が除名勒停の處分を受けた。そのなかにかれの名もあり、廣西雷州への編管と決まった[14]。逆に升之の告發によって除名勒停、湖北峽州に流されていた李孟堅は許されている（『要錄』一七〇　紹興二十五年十二月壬午）。その後の升之について、王明清『玉照新志』は大略以下のような逸話を傳える。

秦妙觀は、北宋末宣和の名妓でその色香は都に冠たりといわれ、多くの畫工が容貌を描き賣った。陸升之は山陰の名流で詞も文も名手であった。晩年、秦黨に連座し官界を追放され家に蟄居したが、以前自分に語ったことがある。近頃、臨安を訪ねたとき、雨のなかぼさぼさ頭で垢まみれの顔の老婦人が市場で物乞いをしていた。ひさしの雨だれで足を洗いながら、自分（升之）に泣いて訴えていうには、お役人さまは秦妙觀の名前を聞いたことがおありですか。妾がそれです、と。變わり果てた姿であったが、聲の艶や所作には昔の面影がある。何がしかの金子を與え、その場を去ったのだ。升之は、話しながら涙が襟に滿ちていた。恐らく自らの晩年の流落不遇に似ることに愴然としていたのであろう。今でもそのときの言葉が耳に殘る、ああ。

山陰陸氏一族には、陸游のように紹興二十三年の鎖廳試、翌年の禮部試において秦檜が孫の塤の高位及第を強引に進めた影響を受け不合格になるなど、升之と立場を異にする族人がいた。しかも少年時代、靜之、升之兄弟と游は机を竝べて學んだ仲である（劉維崇『陸游評傳』第一章　陸游小史　正中書局　一九六六）。孝宗朝以降も陸氏は進士を出し續けたが、嘉定十年（一二一七）には升之の孫の若川が合格している。このように王安石や蔡京以來、南宋滅亡時の賈似道に至るまで、專權宰相を中心とした黨爭の絶えなかった宋代政界の官僚にあって、時の政權との距離のとり方は難問であった。政權交代のたびに立場が逆轉する狀況を乘り越えて一族の繁榮を維持するためには、同族のなかに異なる政治的立場の官員を併存させることが保險を掛ける意味で有效のように思える。科擧にどう對應するか、『同年小錄』の山陰陸氏一族はその一例ということになろう。

三　朱熹の本貫

本貫取解の問題について、もう一つ付け加えたい。『紹興十八年同年小錄』が今に傳わる理由の朱熹登第、その五甲第九十人の項をみると、本貫は建州建陽縣群玉鄉三桂里となっている。これに對し例えば三浦國雄氏は「彼の本貫は徽州婺源であって建州ではない。當時は原籍地受驗が原則であったから、建州で受驗するために本籍を現住所に移したのであろうか。それにしても、建陽とあるのが解せない。彼が建陽に居を定めるのはずっと後年、紹熙三年（六十二歲）のことであって、この時はまだ崇安五夫里に居たはずである。おそらくこれは書肆の誤刻であろう」（『朱子人類の知的遺產19』講談社　一九七九）と述べ、疑問を呈している。私も長らく同じ疑問を抱いてきたが、かといって誤刻說も腑に落ちない。それが近年の束景南『朱熹年譜長編』（華東師範大學出版社　二〇〇一）によって漸く氷解した。それを紹介しておく。束氏は、卷上一一二頁「一一四八　紹興十八年　戊辰　十九歲　春正月、娶劉勉之長女劉淸四」以下の按語のなかで、五種類の同年小錄の記載を引用比較して考察する。四庫全書、宋元科擧三錄（本稿はこれに據る）、叢書集成、朱玉編朱子文集大全類編第七册雜著引題名錄および滁州紹興十八年進士題名錄碑である。このうち朱玉所引題名錄のみが建州崇安縣五夫里開耀鄉としている。束氏は、五種のうち明の盛時泰が、朱熹同年の江賓王（四甲第百五人）手書の題名錄を家藏していた子孫である江柳汧から得て、嘉靖戊午に自からの蒼潤軒帖に入れ、その石刻が滁州題名錄碑文であり、それ故時代の上からも最も信賴に値すると考えた。そこでは行第が五二、戶主を自己としており、他書と異なる。また朱子文集大全が、明弘治本（三錄本）に據るとしながら建陽縣を崇安縣に變えたのは、當時の居住地と異なることに朱玉が困惑したからであろうとする。さらに朱熹は、岳父である劉勉之の墓表（文集九〇聘士劉公先生墓表）のなかで「墓は、草堂の渉溪西北七里の所、群玉鄉三桂里の學士原に在り」というから、群玉鄉三桂里は劉勉之の籍貫であり、ここから朱熹が本貫を妻の實家の本籍に移し、建州の鄉試を受驗したことが分かるとする。從うべきであろう。そのとき戶主も父から自分に變えたのであろう。因みに『八閩通志』一五 地理には 建陽縣を五鄉十八里として、そのなかに群玉鄉三桂里がみえる。通志は、元、明で鄉里名の變更がある場合は注記をし、ここでは何も言わないので宋以來の鄉里名なのであろう。但し、氏が紹興十七年の建州鄉試の家狀では崇安縣五夫里開耀鄉であったが、鄉試合格後、劉淸四を娶り、翌年の禮部試の家狀で建陽を本貫とした、という見解には保留とし直ちには從えない。

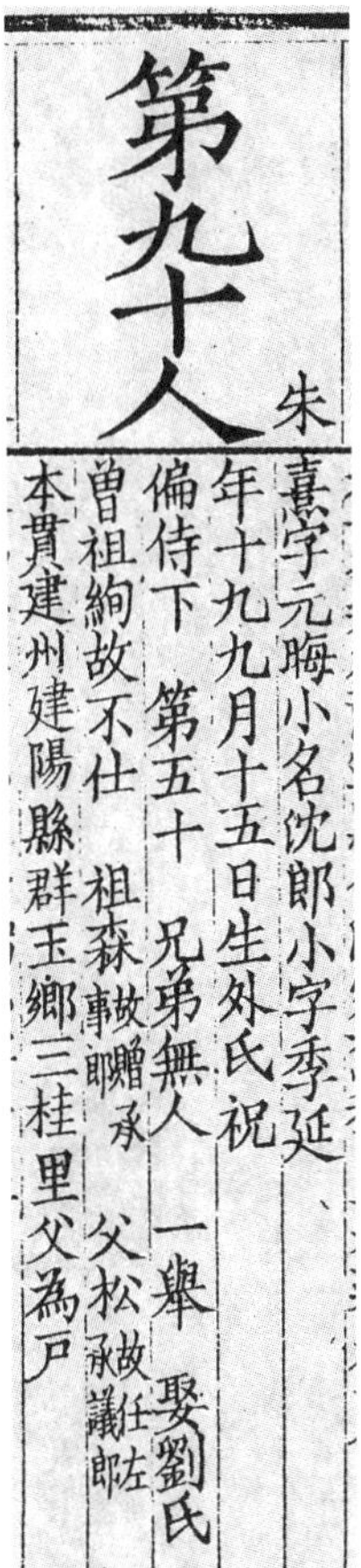
第九十人 朱
熹字元晦小名沋郎小字季延
年十九九月十五日生外氏祝
偏侍下 第五十 兄弟無人 一舉 娶劉氏
曾祖絢故不仕 祖森故贈承事郎 父松故任左承議郎
本貫建州建陽縣群玉鄉三桂里父為戶

高弟黃榦の朱熹行狀を始め、朱熹の傳記は本貫を徽州婺源縣萬安鄉松巖里とする。父松の本貫であり、母の祝氏も徽州歙縣の人である。また淳熙二年の序をもつ羅願『新安志』卷八 進士題名も紹興十八年の合格者として婺源の朱熹を收載している。何よりも朱熹自身、最後まで「新安の朱熹」と名乘っていた。しかし朱熹は生涯の大部分を福建建州で過ごしたのであり、墓も建陽唐石里に在る。もっとも棺を婺源に葬ろうという弟子たちの動きはあったが、嚴しい慶元黨禁の最中であり許されなかったという說もある。いずれにしても、祖籍、本貫、現住地を異にする宋代士大夫官僚の存在は普通であり、かれらの地域に對する歸屬意識は、今後の檢討課題である。

おわりに

『同年小錄』によると、このときの進士科試驗の流れは以下のようになる。紹興十七年三月二十四日に御筆手詔が降され、來春の廷試にむけ人材を送るよう全國に傳えられた。これに應じ秋に解試が一齊に行われる。翌紹興十八年二月十二日、知貢擧左朝奉郎權尙書吏部侍郎兼權直學士院邊知白以下三十二名の省試試驗官が任命され鎖院となる。續いて二月十八日、十九日、二十日の三日間に詩賦進士、二十二日、二十三日、二十四日の三日間に經義進士の試驗が實施された。三月二十三日、左朝議大夫權尙書禮部侍郎兼直學士院沈該以下十九名の御試試驗官が任命され、四月三日、策一道の御試が行われた。四月十七日、皇帝が集英殿に出御し合格者の名前を讀み上げ、狀元王佐以下の及第・出身・同出身三百三十人に釋褐を賜った。以下は合格後の動きである。

合格發表の翌十八日、新進士たちは禮部貢院に置かれた期集所に赴き、一連の合格行事の分擔を決める。それらは糾彈三名、牋表五名、主管題名小錄九名、掌儀二名、典客二名、掌計一名、掌器一名、掌膳一名、掌酒果一名、監門二名である。四月二十六日、朝廷から費用として千七百貫が支給される。これは北宋以來の慣例であった。四月二十九日に新進士たちは朝廷に赴き謝意を述べ、五月二日、法慧寺で黄甲を拜し同年を敍す。『宋史』選擧志 科目下の末尾の記事を參考にすると、新進士たちが東西に分かれて竝び互いに再拜し、次に一同の最年長者を選んで狀元がこれを拜し、最後に最年少者が狀元を拜する。新合格者たちが天子の恩を謝し、長幼の序を明らかにし、親睦を深める儀式である。五月五日、今度は國子監に赴き、孔子廟に拜謁する。最後に禮部貢院に題名石刻碑を立て、同じく貢院で聞喜宴を賜り行事が終わるが、この部分は五月　日として日付がない。『會要』選擧二―一八 進士科の紹興十八年には、六月三日、御書石刻の儒行篇一本を聞喜宴の新進士に賜り、以降、聞喜宴に内侍が遣わされ石刻御書を賜ることが慣例となった、という記事を載せる。また同じく『會要』は、その前の五月二十七日、王佐に左承事郎簽書平江軍節度判官廳公事を、本來の第一位董德元に左承事郎簽書鎭南軍節度判官廳公事を與えているから、聞喜宴はこれより以前かも知れない。いずれにしても、北宋では瓊林院で行われていた聞喜宴を復活させ、禮部貢院で行うことにしたのはこの時からである。

このように『同年小錄』からは、史書では確定しにくい細かな日付まで知り得、大いに參考になる。最後に一つ付け加えると、正奏名合格者の最後に特奏名第一人として徽州歙縣出身の兪舜凱、五十二歲、六擧の名前があげられている。記述事項は正奏名と同じである。これは特奏名第一位は恩典として同進士出身を與え第五甲に附すという從來からの規定によるものである。またこのときから京府助教に替わり將仕郎が授けられた。時折目にする紹興十八年の合格者を三百三十一人とする記述は、兪舜凱を數えるからであろう。

注

（1）『選擧志譯註㈡』學校試　四一八條參照。

（2）『西湖老人繁勝錄』混補年「諸路士人比之尋常十倍、有十萬人納卷、則三貢院駐著諸多。士子權借仙林寺・明慶寺・千頃寺・淨住寺・昭慶寺・報恩觀・元眞觀。太學・武學・國子監・皆爲貢院、分經入試。每士到京、須帶一僕。一（十）萬人試、則有十萬人僕、計二十萬人、都在都州權歇。蓋欲入試近之故也、可見都城之大」。
同　遇補年「天下待補進士、都到京赴試。各鄉奇巧土物、都擔戴來京都貨賣、買物回程。都城萬物皆可爲信」。

（3）他には、冒頭部分のみの記述であるが『咸淳七年（一二七一）同年小錄』が、元の劉壎『隱居通議』三一に採錄されている。

（4）中嶋敏「宋進士登科題名錄と同年小錄」、同「追論」（『汲古』二六、二七　一九九四、九五）「寶祐登科錄における宗室」（大東文化大學東洋研究所『東洋研究』一一六　一九九五）「『紹興十八年同年小錄』『寶祐四年登科錄』對校表」（いずれも『東洋史學論集　續編』汲古書院　二〇〇二に所收）

（5）四庫全書の『同年小錄』などは本來の王佐を第三位とするが、『要錄』一五七　紹興十八年四月庚寅の本條按語は、紹興二十三年十二月の鄭仲熊の王佐彈劾文に狀元ではあるが實際は第四であったとあり、從來第四位とされる莫汲が第三位、王佐は四位ではなかったかと示唆する。

（6）『宋人軼事彙編』一一「淳熙間省元徐履、因功名之念太重、遂有心疾。殿試用卷子寫竹一竿、題曰畫竹一竿、送上試官。朝廷亦優容之、以省元身後一官與其子。（子亦恙、官亦絕。）『貴耳集』下〈按、徐履紹興十八年五甲末一名。橋西雜記云、秦檜欲妻以女、履因佯狂、廷對不答一字。時人爲之語曰、殿榜若還顚倒挂、徐履依然作狀元。貴耳集誤也。是科卽朱子登第之年〉」。

（7）『弘治溫州府志』一一　人物「徐履、字子雲、一字少卿、瑞安人。倜儻有大志、每尙氣節。紹興戊辰省試第一。時秦檜專權、力主和議。朝野反目、履不勝其憤。廷試對策、斥其姦佞。策後托心恙爲迷妄失次語〈略云、陛下之天下、卽徐履之天下、徐履安得、不爲陛下盡心乎〉。朝臣視之愕然。高宗閔其徑直、命寘榜末。〈略〉歷刪定官、國子博士、通判信州、沿海制置司參議、所至有聲。終朝請郎」。

（8）黃震『黃氏日抄分類』五　讀尙書　禹貢　朔南暨聲教「古註以聲教斷句、諸家皆從之。餘友蔣榮甫云、昔徐履赴試、道瀉求水村舍、有老士人敎四五童蒙以朔南暨爲句。徐言其誤。老士人者怒曰、獨朔南暨聲教、而東西無預耶。東西皆有所止之地、故以海與流沙言。朔南地廣、故以暨言、而下文總以聲敎訖于四海耳。使如衆說、當云聲教暨朔南、何云暨聲教。徐用其說魁南省」。

（9）中嶋注（4）論文。

（10）「臣僚言、士人詐冒戶貫、妄引宗枝以規圖就試者。乞行下應諸以伯叔兄等爲戶者、雖有條制施行外、仍各于家狀前畫宗枝圖、須要與家狀內同曾祖。結罪詣實方許就試。如後來契勘得委是僞冒、將應人駁放、其同姓知情容縱一例坐罪。從之」。

（11）『蘇魏公文集』五九　國子博士陸君墓誌銘。陸佃『陶山集』一五　仁壽縣太君吳氏（軫夫人）墓誌銘、會稽縣君吳氏（佖夫人）墓誌銘。

（12）『要錄』一六一　紹興二十年正月丙午の條に付された日曆。同　一六三　紹興二十二年十一月辛巳。

（13）秦黨については、寺地遵『南宋初期政治史研究』第十二章　秦檜專制體制の構成　以下參照（溪水社　一九八八）。

（14）雷州には、夢歸堂と名づけられた寓居があったという（『雷州府志』古蹟）。

Ⅱ部　地域篇　宋代明州慶元府の士人社會を中心に

第一章　南宋地域社會の科擧と儒學——明州慶元府の場合

はじめに

筆者は、序論で述べたように「宋代科擧社會」について以下のように考えている。前近代中國社會を構成する二つの要素、支配者と被支配者、統治する側と統治される側を士と庶に區分けすることは、中國の歴史に一貫していた。科擧社會とは、科擧合格者を頂點に、應試者、さらには應試の能力ありと自稱する者をも含めた人々が、庶民と區別される士人として認知され、庶人層とは異なる士人層を形成する社會をいい、そのうち科擧官僚は、とくに士大夫とも呼ばれる。これは、十一世紀に確立した宋代科擧制度が、中國の傳統的な統治—被統治の概念である士—庶關係を、科擧に關わるか否かにより新たに區分けし再構成したことを意味する。士人は、最低限、識字能力と詩らしき韻文作成能力を要求されるが、實際に科擧へ參加するためには、高度なレベルの古典學の習得が必須であり、それを可能にする學力や經濟力の保持が前提となる。これらは、ほぼ從來の通説と同じ見方といえよう。しかしまた筆者は、こうした宋代の士人層の形成に、蔡京の科擧・學校政策が少なからざる役割を果たしたと考える。蔡京は、科擧に替えて學校出身者を官僚に登用する政策を進め、從來の科擧應試者を學校に誘導するために地方學の學生にその資格に應じ段階的な優免特權を與えた。その結果、優免特權を求めて地方の學生數は激增し、恐らくその數は宣和三年（一一二一）頃には全國で三十萬人近くにまで達したと推測する。蔡京の科擧・學校政策は、結局失敗に終わったが、それにもかかわらず、そのとき地方學生に與えられた特權は形を變えて南宋社會に受け繼がれ、かれらを士人という階層として中國史上に顯現させたことで、後世の中國社會に大きな影響を與えたと考えるのである（本書Ⅰ部 國制篇 第四章 蔡京の科學學校政策）。

均分相續の慣行や商品經濟の浸透した宋代以降の中國社會にあって、家產の安定と世代を越える大土地所有の維持は難事であり、有力な家は、さまざまな方法でその地位の保持に努めねばならなかった。そのなかで統治階級の一員となり權力と名聲と財力を同時に獲得できる科擧合格は、家勢を確實に維持し擴大するほとんど唯一の手段であった。ここに安定しない經濟基盤と社會的地位を安定させる手段としての科擧、逆に長期の受驗環境を支えるためには安定した相應の經濟基盤と社會的地位が必要という逆方向の相互關係が生まれ、競爭原理と階層固定化が同居する中國獨自の科擧社會が形成された。このように士人層を基盤とする科擧社會は、科擧が原則として萬人に開かれた能力主義を建前とするために嚴しい競爭原理の働く、上昇下降の激しい流動社會となる。士人層は、父系血族を核とする宗族を形成し、宗族單位で經營戰略をたて、特權の維持・獲得に努めるようになった(1)。こうした見方もまた通說といってよいであろう。

科擧社會のより詳細な具體相については、今後の檢討に委ねられた部分が多い。本章は、宋代科擧社會形成の問題を、浙東明州慶元府を例に檢討するものである。

明州及び西鄰の越州紹興府からなる寧紹地區の歷史に關しては、社會經濟史の觀點からの斯波義信教授の考察があり、明州甬江盆地の開發は南宋時代に完了し、明末には一層充實するとされた。既に北宋時代、明州は中央政府により高麗、日本との交易據點と位置づけられ、福建、廣東さらに東南アジアとの交流を含め、人や物の活發な往來がみられた。さらに南宋には宗室をはじめ北からの移住者が大量に押し寄せ、史氏一族からは宰相が輩出し、また海防の據點としての軍事機能もこの都市の重要性を一層際立たせた。それに呼應するように南宋期の明州慶元府は經學・史學・文學など學術・文化史の上でも多くの人材を生むことになる。以下、第一節で宋代明州慶元府の科擧をめぐる問題の一端を考察し、次に第二節として南宋末の王應麟と黃震という二人の慶元府出身の士大夫官僚を例に科擧社會を地域の觀點から檢討し、明州慶元府の科擧社會を考察するために今後とりあげなければならない課題が何であるのかを檢討したい。

一　明州慶元府と科擧

宋代の科擧合格者數を、最初に全國規模で府州別に累計して示したChaffee（賈志揚）教授によれば、兩宋を通しての進士數上位一〇州軍は、上から福州、建州、溫州、興化軍、饒州、泉州、吉州、眉州、常州、明州となる(2)。これを南宋に限れば、第一〇位の明州慶元府は福州、瑞安府溫州に次いで第三番目に多くの合格者を出した府州となる。但し、Chaffee教授も言うように、主として地方志の記錄に基づき算出されたそれぞれの合格者の正確な人數の確定は、多くの理由によって困難であるが(3)、大體の傾向を知ることは可能であり、當面はそれで十分である。ただし南宋の四川については、筆者が後に考察するとおり類省試合格者の進士を加えると大幅に人數が増加し、全國順位が大きく變わる可能性もあるが、未だ確定できない部分が多いので、ここでは除外する（Ⅱ部　第五章　南宋四川の類省試からみた地域の問題、なお近年、浙江大學で詳細な登科錄が作成されたと聞くが未見）。

明州慶元府については五種類（縣を入れると六種）の宋元地方志が現存し、そのうち『乾道四明圖經』乾道五年（一一六九）、『寶慶四明志』寶慶三年（一二二七）と『延祐四明志』延祐七年（一三二〇）には進士題名記が收錄されている。その『寶慶』巻一〇進士には「舊志は特奏名の人物も一緒に掲載している。題名碑も同様である。そこでここではすべて登科記を參照して修正した」[4]と割注があるように、『乾道』あるいはその編纂と同じ頃に建設され、貢院ないし府學に立石されていたであろう進士題名碑も特奏名合格者を算入して内容が不正確であったので、新たに原簿である登科記によって修訂したとある。『延祐』は、基本的に『寶慶』を踏襲したものであるので、『寶慶』の人數を一覧表にすると、**表1**となる。なお『寶慶』は、紹定二年（一二二九）の刻本が存するが、後人の續補があり題名記は開慶元年まで載せられ、表のように臨安が無血開城する二年前の咸淳十年の科擧までは『延祐』によった。

北宋時代の明州は、東南地方のほかの州と同じく歴代科擧の結果は低調であった。唯一政和八年にかろうじて二桁を記録した以外、合格者を出した科擧の各回平均人數は三人餘りである。南宋に入っても高宗朝は北宋の延長のよう

表1　明州・慶元府進士合格者表　北宋

皇帝	年號	乾道	寶慶	延祐	備考
太宗	端拱2年	2	1	1	
	淳化3年	1	1	1	
眞宗	咸平5年	1	1	1	
	景德2年	3	1	3	
	大中祥符5年	2	2	2	
	8年	2	2	2	
仁宗	天聖2年	1	0	0	
	5年	2	2	2	
	景祐元年	2	2	2	
	5年	1	0	0	寶元元年
	寶元元年	0	1	1	
	慶曆2年	3	3	2	
	6年	7	3	2	
	皇祐元年	3	2	2	
	5年	7	7	7	
	嘉祐2年	3	3	2	
	4年	3	3	3	
	6年	3	3	3	
	8年	4	4	4	
英宗	治平2年	2	2	2	
神宗	熙寧3年	4	3	3	
	6年	3	2	2	
	9年	7	4	4	
	元豐2年	3	2	2	
	5年	9	6	6	
	8年	3	1	1	
哲宗	元祐3年	7	5	5	
	6年	5	3	3	
	9年紹聖元年	4	2	2	
	紹聖4年	6	4	4	
	元符3年	7	5	6	
徽宗	崇寧2年	2	2	2	
	5年	8	7	7	
	大觀2年	2	0	0	
	3年	9	4	4	
	政和2年	8	5	5	
	5年	2	1	1	
	8年	16	11	11	上舍釋褐
	宣和元年	1	1	1	
	3年	6	4	4	
	6年	7	3	3	
計		171	118	118	

南宋

皇帝	年號	寶慶	備考
高宗	建炎2年	2	
	紹興元年	1	上舍釋褐
	2年	6	
	5年	7	
	8年	5	
	12年	6	
	15年	8	
	18年	2	
	21年	6	
	24年	0	
	27年	3	
	30年	13	
孝宗	隆興元年	11	
	乾道2年	4	
	5年	8	
	8年	8	
	淳熙2年	4	
	5年	5	
	8年	3	
	11年	5	
	14年	13	
光宗	紹熙元年	12	
	4年	17	
寧宗	慶元2年	26	延祐1行缺
	5年	15	
	嘉泰2年	6	
	3年	1	兩優釋褐
	開禧元年	9	

皇帝	年號	寶慶	備考
	嘉定元年	13	
	4年	12	
	7年	23	
	10年	30	
	13年	19	
	14年	1	兩優釋褐
	16年	17	
	17年	4	上舍釋褐
理宗	寶慶2年	45	宗室23人
	紹定2年	32	
	4年	3	上舍釋褐
	5年	45	
	端平2年	28	
	嘉熙2年	37	
	淳祐元年	32	
	4年	16	
	7年	35	
	10年	25	
	寶祐元年	32	
	4年	30	
	開慶元年	27	
	景定3年	12	
度宗	咸淳元年	16	
	4年	3	
	7年	4	
	10年	4	
計		751	

であり、孝宗朝にやや增加し、光宗から寧宗朝にかけて增加傾向が續き、理宗朝にピークをむかえる。一方、明州慶元府の解額は、紹興二十六年に北方流寓を理由としてそれまでの十二名が二人增えて十四名となり、それが二十八名に增額されるのは理宗の端平元年（一二三四）であるから、とくに寧宗朝以後は解額人數以上の進士を出すことが多くなる。これは既に Chaffee 教授が指摘したように、州の鄕試以外に太學解試や轉運司の牒試經由で禮部試に到る擧人が多かったことを意味しよう。當然、それらの受驗に見合う能力・資格をもつ者が多くなったということになる。あるいは免解の特典を受ける規定を充たした者もそのなかに含まれたであろう。南宋の太學への入學試驗は、混補であれ待補であれ非常な難關であることには變わりなく、合格は容易ではなかったから、鄕試以外のルートでの合格者が多いということは、慶元府の士人たちの應試者としての水準が他地域に比べ高かったことになる。また、理宗の端平元年に詩賦コースが十名、經義コースが四名の計十四名が增額され、解額が倍になった後も總合格者の人數に大きな變化はみられないということは、解額が必ずしもその州の進士合格者を何人出すかの決定的要因ではなかったことを示す。

理解を容易にするために、表の北宋と南宋の部分を棒グラフで表し、合格者人數の年代による變遷の傾向を示してみる。煩瑣になるので年號は省略してあるが、左から右に年代が推移する。

寶慶四明志北宋進士

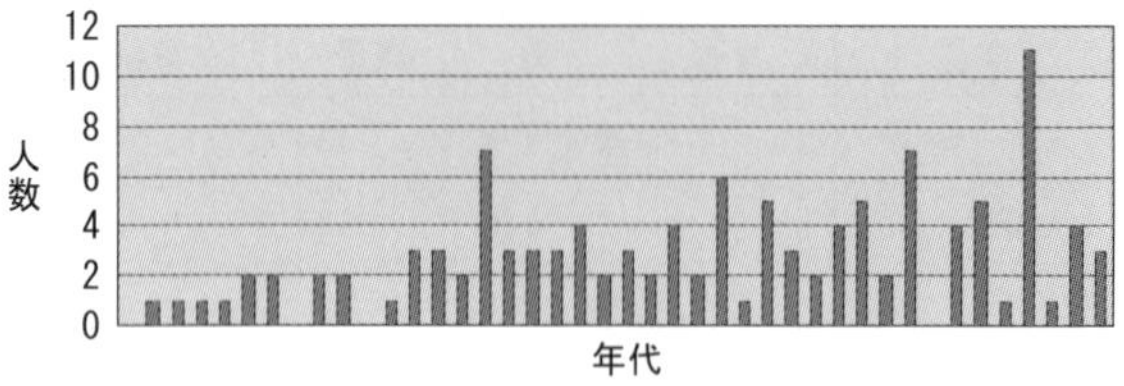

寶慶四明志南宋進士

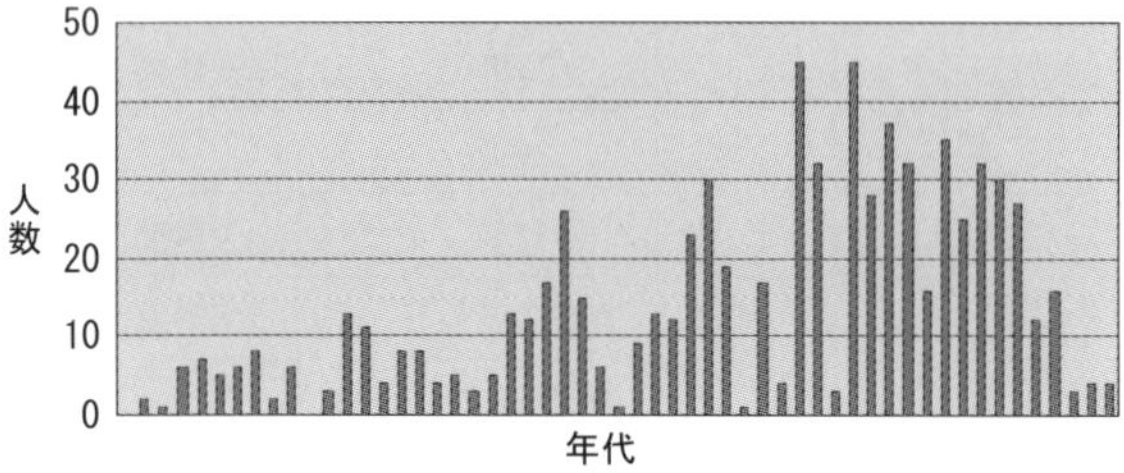

南宋初期から徐々に合格者數が增加し、後半以降に急增、理宗朝にピークを迎えるパターンを、本書では慶元型と呼ぶことにする。比較のために浙東では鄞の紹興府と台州・嚴（睦）州、溫州、浙西では潤州鎭江府・常州・湖州、それに福建の福州と泉州の南宋進士合格者數の棒グラフを掲げてみる（次頁）。

先述の Chaffee 教授は、これらを含む州府を長江三角州（常州、蘇州、湖州、秀州、臨安府）と東南沿海（明州、台州、溫州、福州）に分けて解額者數と進士合格者數の比率を提示されたが（中文版二二八頁）、ここでのグラフは人數の絶對數の多寡は別にして、合格者數の推移という觀點から三つの型に分類できる。一つは、時代が進むにつれ漸減傾向を示す常州を典型とするケースで、絶對數が少ないので明確ではないが湖州や潤州鎭江府もこれに該當し、概ね浙西の州に當てはまるといってよい。次が、時代の推移にかかわらずほぼ一定の數を維持するケースで、典型は福州である。これには、二十一人の合格者を出した科擧が一回あるものの、三～四人と十二～三人の間で不規則に上下する紹興府、また嚴（睦）州のように平均五人弱で一人から十一人の間で上下し、同樣に時代の推移に對して一定の傾向を示さないケースも含められる。三つめが明州慶元府の場合で、時代が下るに從い漸增する型である。ピークが慶元府より少し早い寧宗朝にくる台州、泉州もこれに該當する。

動向が確定できない四川を除けば、全國一の合格者數を輩出する福州は、解試に二萬人の受驗者が殺到したこともあり、南宋の解額は六十名から紹興二十六年に六十二名、そして南宋末には百名と他州に比べ飛びぬけて多い。次に解額數の多い州が、六十八名の江西吉州、五十五人の江東饒州、五十名の浙東溫州（いずれも京都栗棘庵所藏南宋輿地圖附載解額表）であるから、その差は大きい。こうした背景を考えれば、福州の每回五十名前後の進士合格者は、解額數に比べればむしろ少ないとの評價も成り立つ。いずれにしても應試者、進士合格者、解額の人數とその推移は、その州府のどのような地域的特色、とくに地域士人社會のあり方を物語るのであろうか。またそれらのパターンの比

州府別南宋進士數

グラフ１　南宋慶元府進士

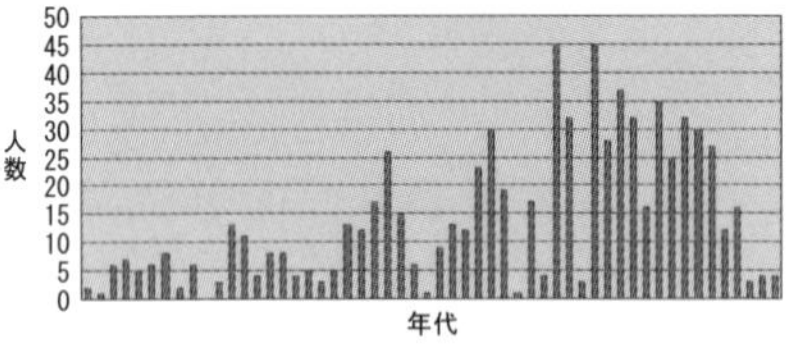

グラフ２　南宋泉州進士

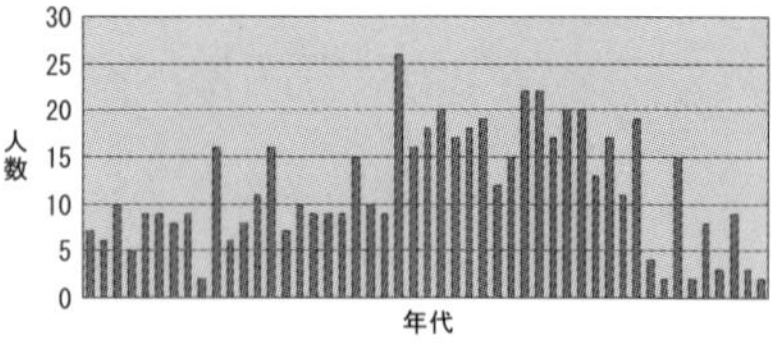

グラフ３　南宋越州紹興府進士

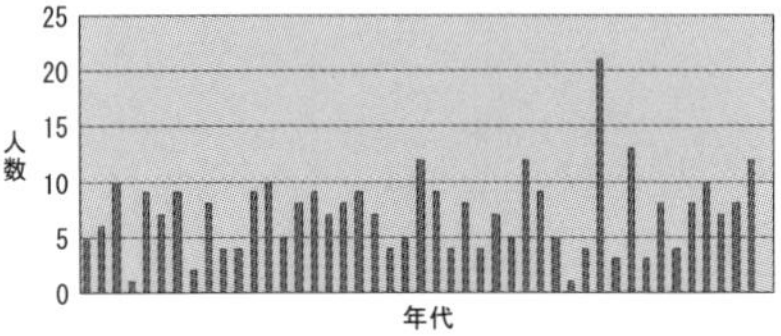

グラフ４　南宋嚴州進士

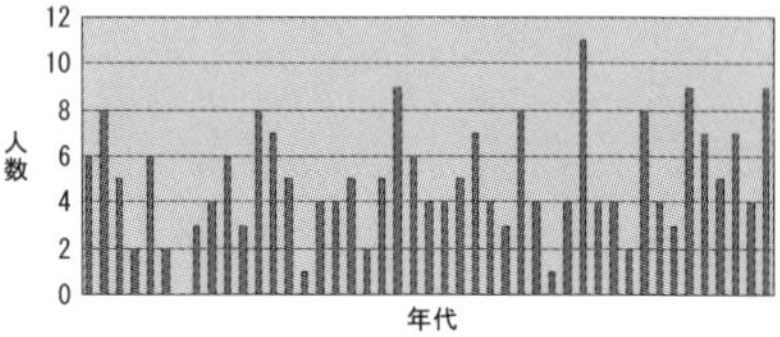

グラフ５　南宋溫州進士

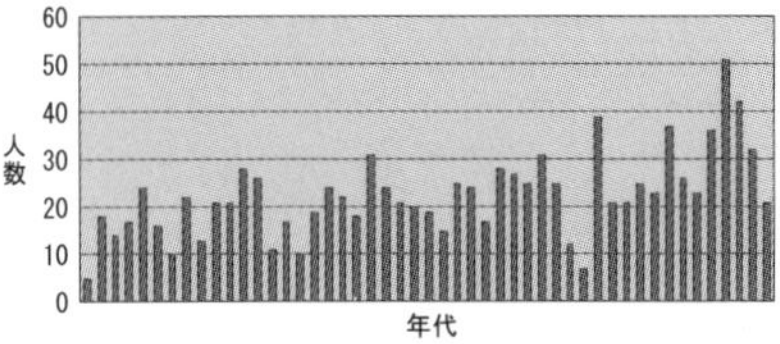

グラフ６　南宋台州進士

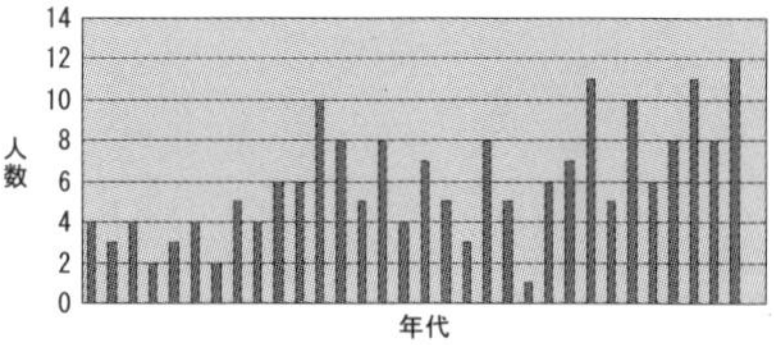

グラフ７　南宋潤州鎭江府進士

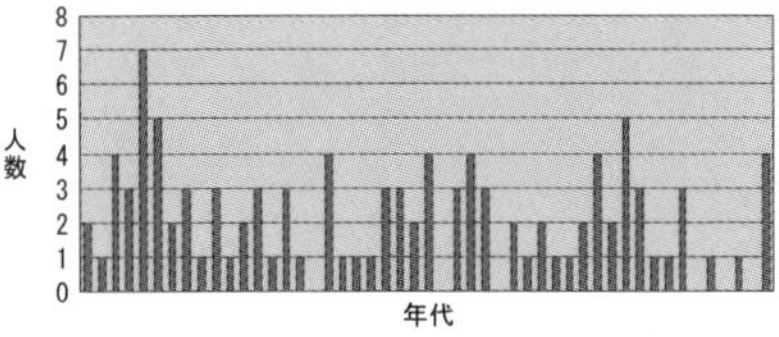

グラフ８　南宋常州進士

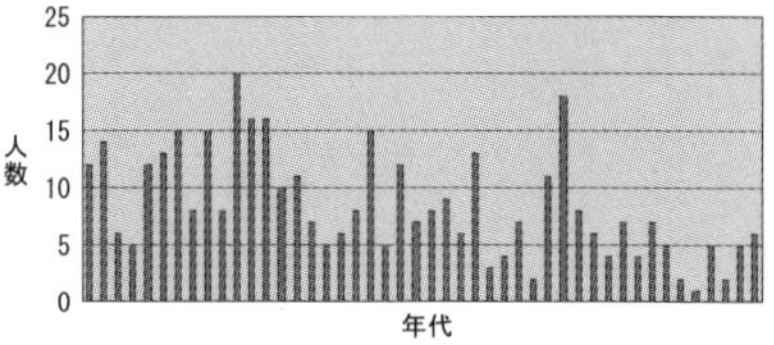

グラフ９　南宋湖州進士

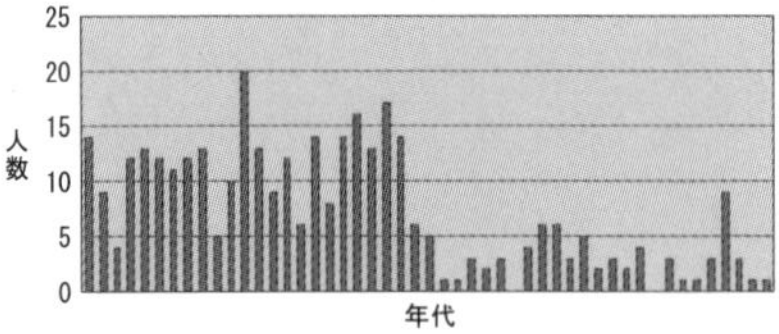

グラフ10　南宋福州進士

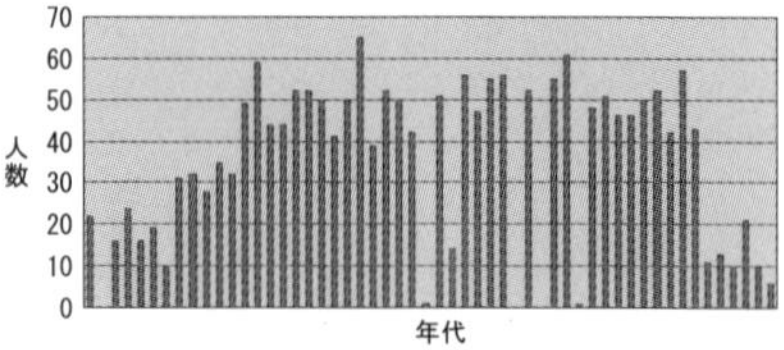

較にそもそも意味はあるのであろうか。節を改め慶元型が形成される背景を探るという觀點から、明州慶元府の地域士人社會の特質について検討する。

二　王應麟と黃震

（一）

王應麟（字伯厚、號厚齋、深寧老人　嘉定十六年一二二三―元元貞二年一二九六）と黃震（字東發　嘉定六年一二一三―元至元十八年一二八一）は、それぞれ現存する著作、『玉海』『困學紀聞』や『黃氏日抄』によって我々に馴染み深いのみならず、南宋末の慶元府を代表する學者であるとともに官僚であり、兩者とも、後世とくに明末以降の「浙東史學」に大きな影響を與えたという共通の要素をもつ。しかし同じ士大夫官僚とはいえ、十歳違いの二人の經歷は對照的ともいえ、その相違は兩者にとり人生の大きな節目となった寶祐四年（一二五六）の境遇に端的に表れている。それは、この年の『寶祐四年登科錄』（以下『登科錄』と略稱　本稿は『宋元科擧三錄』本に據る）が現存することで著名な殿試に關係する。周知のように、紹興十八年の科擧については朱熹が登第したことによって『同年小錄』が傳わり、今回の『登科錄』は文天祥が狀元で合格したことにより殘存した。ちなみにこの科擧では、やがて厓山で衞王を背に入水し趙宋の命脈を最終的に絕った陸秀夫も第二甲二十七人で合格している。かれはこの時十九歳、既に宗室の女性を娶っていた。また第五甲一二一人にはやがて王應麟の弟子となる胡三省の名前もみえる。

まず王應麟と寶祐四年の科擧であるが、『登科錄』の冒頭、御試策題に續く考試官の項目には、覆考檢點試卷官として王應麟の名前がみえる。『宋史』四三八本傳には、このときのことを「帝は集英殿に臨御し士に策を出題され、應麟を召して覆考官とされた。採點簿が上呈されると、帝は第七位の答案を一番とするよう望まれた。應麟はこれを讀むと頓首して〝この答案の古義にかなうことは手本とすべきであり、忠義の心は鐵石のように固い。臣はこのような人物を得られたことをお慶び申し上げます〟と答えた。そこで七番を首席とし、合格發表で名前が讀み上げられると、それは文天祥であった」(5)と記し、文天祥の狀元及第に應麟が一役買っていたことを述べる。また七歳違いの弟の應鳳が、第二甲九人で合格したこともかれにとっては喜ばしいことであった。しかし應麟にとって寶祐四年は、念願の博學宏辭科に合格し、以後の人生の大きな轉機となったことが最も重要であったろう。應麟は既に淳祐元年一二四一、十九歳で科擧に合格していたが、このとき「今の科擧受驗に從事する者は、名譽を求めるだけで、手に入れれば(學んだことを)一切捨ててしまう。制度典故はどうでもよく、省みられることはない。これは國家が通儒に望むことではない」(6)といい、合格後「閉門發憤」し「博學宏辭科に必ず合格することを誓い」「館閣の書を借りて讀みふけった」(本傳)という。その努力が實り、殿試に先立つこの年の二月、博學宏辭科に合格し、以降は四十歳前後の台州通判と四十代最後の徽州知事の外任以外は中央官で過ごすことになる。この勉學の成果はやがて『玉海』二〇〇巻に結實し、自身の受驗した博學宏辭科については『辭學指南』として別にまとめられた。要するに王應麟は、寶祐四年以降、中央の高官になるためには必ず經歷しなければならない通判・知州を經て、中書舍人や禮部尙書などの要職に就く一方で、國史編修・實錄院檢討官や侍講の淸要の官でも活躍するエリート官僚の道を歩むことになったのである。

それに對し第四甲一〇五人に名前を載せる黃震は別の立場にあった。『登科錄』によれば、初めての禮部試受驗にもかかわらず(鄕試は何度か失敗を重ねていた)、かれの年齡は四十四歳であり、しかも第四甲のため初任は三年後の開慶元年(一二五九)蘇州平江府吳縣尉であったから、官僚としての働きは四十七歳からということになる。以後、理宗沒後に一時、史館檢閲として寧宗・理宗兩朝國史と實錄の編纂に從事した以外は殆どを外任に終始している。ただ賈似道が宰相を罷免された後、宗正寺主簿から監察御史に任じられたが、黄震の直言を嫌う內戚に阻止され浙東提擧に出された、と本傳はいう。官歴の最後は宗正少卿を授けられたが辭退、元軍の到來を目前に宰輔が争って逃避を圖る朝廷を後にし、慶元府寶幢山中に隱棲した。城内には二度と足を入れず、日湖の畔の別業に置いた圖籍器物も略奪されるに任せた。黄震の最晩年については異傳が多く、隱退場所は定海縣の澤山であるとか、『宋元學案』では宋滅亡後、餓死したとの説も紹介されている。(7)

二人の官歴の違いは、その著作にも表れている。全祖望は、『宋元學案』を修訂增補するにあたり、膨大な著作を殘した同鄉の王應麟を眞德秀の西山學案から獨立させ、深寧學案を立ててその顯彰に努めた。しかし同時に「……宋史はただ其の辭業の權威を過大評價するのみである。自分がやや深寧を疎むのは、その辭科に馴染んだ雰圍氣が十分拂拭されていないことにある」と述べ「もし僅かに其の若書きの玉海をその學識の蘊奥を究めたものとするのであれば、見識は取るに足らない」(8)と『玉海』を代表作とする見方を批判している。應麟をエリート官僚へと進ませた博學宏辭科が、かれの著作に刻印した跡は深かったようである。一方、祖望により東發學案を立てられた黄震は、『黄氏日抄』六八　讀文集の最後に葉水心文集を取り上げ、そのなかで「外稾」の宏詞（博學宏辭科）の項目も抄錄している。葉適によれば、詞科は王安石が詩賦を廢し、その代わりに經術のみで士を採る科として設けたのであるが、今や高爵厚祿を獲る手段になったのみならず、能力ある士を道德性命の本統から逸脱させる害毒をながすだけであるといい「おもうに進士・制科について、その規定はなお議論して修正する餘地はあるが、宏詞科はただちに廢止するのみである」(9)と結論付けている。黄震はこれを「今詞賦・經義竝行則宏詞當直罷之而已」と節略引用し、葉適の考えに全面的に同調した。この卷は「景定三年（一二六二）甲子（甲子は景定五年）春、後學黄震謹書」とあり、王應麟の宏詞科合格後の執筆である。果たして黄震が王應麟を意識していたか否かは分からないが、かれには三年に一回行われる宏詞科を受ける意志は毛頭なかったようである。『黄氏日抄』には、巻六九以後、輪對劄子、上奏文、公移、榜文などかれが官・民へと書き送ったさまざまな文書、布告などを收載する。それらは地方官として活動したかれの記録にもなっているが、そこには當時の困難な社會狀況が生々しく描かれ、それに取り組む黄震の姿勢と的確な施策の記述は、南宋社會の歴史研究のための格好な材料を提供している。『黄氏日抄』が構成や内容に於いて他の宋人の文集と大きく異なる所はない。しかし、讀むものをして、かれの學習・學術の記録が讀書劄記・古今紀要の部分にあたり、そこで習得した學問・思想が地方官としてのかれの活動の基盤を作り實踐されていることを強く感得させる所に、かれの著作の特色があるように思える。

（二）

このように官僚としての經歴が異なる二人の起家前後の事情について、次に検討してみる。十九歳と四十四歳では、當然、本人をとりまく周圍の狀況が異なるであろうからである。とくに黄震は、四十四歳までどのように生計を維持し學業に從事したのであろうか。

王應麟の『玉海』各巻冒頭には「浚儀王應麟伯厚甫」とあるように、王氏の原籍は開封府浚儀縣（大中祥符二年から祥符縣）であったが、宋の南渡に伴い移住、曾祖父安道の乾道年間、明州に定居した（『四明文獻集』宋吏部尚書王公壙記　張大昌『王深寧先生年譜』宋人年譜叢刊12　以下『年譜』と略稱）。曾祖父、祖父ともに武官であり、祖父晞亮には文官の朝散大夫が追贈されている。

ここでは『延祐』巻五　人物　先賢から、まず父王撝に關する二つの記事を検討する。一つは、「幼學於里師樓昉」

であり、もう一つはやや長いが應麟、應鳳の二人の息子についての話で「同年余天錫參知政事、屬教其子弟。歳終致束脩以謝、堅不肯受。拱立言曰〝二兒習詞學、鄕里無完書。願從公求尺牘、往借周益公・傅內翰・番陽三洪、暨其餘家所藏書。〟余欣然許之」とある記述である。最初の記事は、王撝が子どものとき、鄕里の樓昉から學んだことをいう。この樓昉は若い頃、婺州の呂祖謙に從い、その博學、文章、議論の才で名を馳せ、慶元に歸ると其の門に集う者數百人と稱せられ、後の丞相鄭淸之を始め錚々たる顔ぶれが受業生であった。後世、應麟が呂學を學んだといわれるのは、父の樓昉從學に遠因するのである。また昉の編纂した歷代文章一編は、應試者によって暗誦され、擧業の必攜本となった。こうして鄞士は論策を善くするとの評が定着し、台・越の進士を業とする者が每歲數十人、列を成して學びにきたという。一方、樓昉は光宗の紹煕四年一一九三の進士登第であり（『寶慶』一〇）、李璧、黃裳が侍從のときの文は昉の作であったといわれるように、里師樓昉は、一方で官僚としての足跡を殘している。こうした里師に學んだ王撝は、同樣に文章・議論に秀で、その自信からか壯年になって詞學科に應じたが不合格に終わった。このとき、いずれ必ず二人の息子に宏詞合格の榮譽を獲させようと誓ったのである。應麟にとって博學宏辭科は親の代からの懸案であったことになる。

ここで次の話に繫がる。余天錫は、慶元府昌國縣の人。祖父が宰相史浩の子弟を教えた關係から鄞縣に住むようになり、天錫も史浩の息子である史彌遠の家で教授、すなわち家庭教師をしていた。場所は臨安であろう。宰相となって久しい史彌遠は、かれの謹嚴愼重な性格を評價し、密に自分に反感をもつ皇太子を廢し、寧宗後の新帝擁立の畫策に天錫を利用することを考えた。それは鄕試受驗のために慶元府に赴く天錫に宗室の秀でた若者を連れて歸るよう依賴したことである。天錫は紹興まで來たときたまたま雨宿りをした家で人品卑しからぬ兄弟に出會い、かれらを推薦した。その一人がやがて卽位して理宗となり、廢された元皇太子濟王の反亂へと事態は展開する、有名な理宗卽位をめぐる一連の事件の發端であった。嘉定十六年（一二二三）の科擧で王撝、余天錫は登第し、天錫は先の功績で理宗卽位の翌寶慶元年（一二二五）に起居郎に拔擢、數年ならずして執政位に上った。『年譜』は第二の記事を、余天錫が參知政事を拜した嘉熙三年（一二三九）に繫年している。應麟は十七歲、王撝は國子監正から將作監主簿に遷っている。この記事は二つのことを傳える。一つは、この繫年が正しければ國子監正ないし將作監主簿という中央官に、參知政事とはいえ、その家の子弟に恐らく應試のための教育すなわち家庭教師を依賴することが、とくに問題とはされてはいないということである。たとえこの年以前のこととしても應鳳は寶慶三年（一二二七）生まれであるから、王撝の登第以後の話となる。もう一つは、詞學の學習に必要な書籍が鄕里にはない、との言葉の意味である。先にみたように鄞縣は既に地域一帶の學業の中心のような位置にあったが、博學宏辭科を目指すための書籍となれば到底鄞縣では間に合わない。それどころか撝が國子監正であったとすれば國子監の藏書でも足りなかったのである。そこで參知政事の地位にある余天錫に口をきいてもらい歷代宏詞合格者の藏書の借用を願い出た。周益公は周必大、紹興二十七年の詞科合格。傅內翰は、該當の人物として傅伯壽しか見當たらない。弟の伯成とともに朱門であるが、弟が人格高潔、純實無妄と讚えられた高官であるのに對し、伯壽は韓侂冑の徒として善士を陷れたと後世の評判が甚だ悪い人物である。乾道八年の詞科合格。番陽の三洪とは、洪适・遵・邁の三兄弟で紹興十二年に适・遵が、十五年に邁がそれぞれ詞科合格。その外二十餘家の藏書をも借用を願うという徹底振りであった。こうした準備の結果が、先述の寶祐四年の應麟詞科合格であり、また弟應鳳の開慶元年詞科合格（『玉海』二〇四上「辭學指南」）であった。

父に從い臨安に滯在していた應麟は、嘉熙四年八月の國子監解試、翌淳祐元年の別試所省試（避親嫌の貢士のほか、國子監・漕試の貢士もここで受驗した）を經て廷試乙科に合格した。こうしてみると、王應麟は科擧受驗生として特別に惠まれた環境にあったといえる。父王撝は、宰相史彌遠、丁大全に組みせず、ために位達せずと評價されている。しかし余天錫との關係が端的に語るように、王父子の官僚としての存在そのものは、かれらの主觀的意圖とは別に、史氏一族を中心とする四明人脈によって嵩上げされていたと評價してよいであろう。

（三）

慈溪黃氏の祖籍は溫州樂清縣にあり、北宋の大中祥符年間、明州慈溪縣に移ったという。『登科錄』の記載は、震までの三代をいずれも無官とする。震の子彦實の墓誌銘（黃溍『黃學士文集』三三黃彦實墓誌銘）に大父一鶚を奉議郎とするのは、子の震による追贈であろう。黃震登第までのまとまった記錄は殆どないが、近年、張偉氏は『黃氏日抄』などから記事を收集し「黃震は幼いころ父から教えを受け、四書を熟讀した。理宗の端平元年（一二三四）、餘姚縣學に學び、三年の春にはまた鄞縣學で學び、朱熹三傳の弟子である王文貫に受業した。一年後、黃震は教師として生計を立て始めたが家庭環境は極貧で、同時に農業勞働にも從事した。鄕試に何回か失敗した後、理宗の寶祐四年（一二五六）、遂に詩經專攻で文天祥が合格した科擧で進士となった。順位は第四甲一〇五名であった」[10]と述べている。このような科第以前の黃震の境遇は、恐らく庶の家から科擧を目指す者たちの平均像であろう。教師として口に糊するがそれだけでは生計は立たず、農業にも從事する。貧しさに甘んじながら、鄕試への挑戰を繰り返すことは、本人の確固たる意志は當然として、それを支え、あるいは少なくとも許容する社會的環境が必須であろう。この問題への一つの手掛かりが『登科錄』の「治詩一擧」の「治詩」にある。

南宋の進士科は、詩賦と經義の兩コースに分かれ、應試者はどちらかを選擇する。經義を選擇すると、さらに易、書、詩、禮記、周禮、春秋の六つの經から一つを選び、第一場で受驗する本經を決める。『登科錄』は、『紹興十八年同年小錄』と記載內容が異なる部分が幾つかあり、その一つが各人の選擇したコースと經書名が記載されていることである。残念ながら『登科錄』は六〇一名の合格者のうち、第五甲一九〇名以下二十四人をはじめ三十人の缺落が有り、さらに選擇選經の部分が不明な者も何人かあるので完全な統計値はだせない。參考値にとどまるが、それらを集計すると詩賦選擇者は三一五名、經義選擇者は二五五名と總計五七〇名のうち詩賦が55％強、經義が45％弱と、新法時代北宋期の史書の記述がわれわれに與える豫見より、兩者の割合は接近している。經義コースの經書の選擇を多い順にあげると、書一〇九名、易三十六名、詩三十四名、春秋三十八名、周禮二十三名、禮記十二名と、これは先の史書から受ける印象とほぼ一致する。經書の合計が二五五名に至らないのは選擇した經書が不明な者がいるからである。これら經書の選擇と地域性の關係は、この統計だけでは分からないが、春秋は四川の士人の選擇者が最も多く、三十八名のうち四川を本貫とするものは十四名、後は路單位にすると各路五名以下である。

では黃震の詩經選擇には、どのような背景と意味を認めることができるであろうか。この課題に對し檢討すべき記事が『至正四明續志』二　人物　補遺　王文貫にみえる。

王文貫、字は貫道。鄞縣の人。早くから學を嗜み、鄕先生余端良と遊ぶ。太學公試に魁たりて、寶慶二年進士の第に登る。眞州に教授し、宗學諭に除せらる。弟宗道、兄と同に鄕薦を領し亦た進士に第す。文貫、毛氏詩說に精しく、輔氏を以って宗と爲す。從い游ぶもの常に數十人たり。同郡の名を知らるる者、奉化の汪元春、慈溪の黃震、倶に政事を論議するを以って時に稱さる。文貫、是れ由り名益ます著わる。四明、詩學最も盛ん爲り。奉化は尤も淵懿を得。舒文靖璘、楊獻子琛、倡首爲りて、曹粹中、王宗道皆な論說有り。三江の李氏は元白自り業を受く。文靖歸りて其家の詞伯・誨伯・森・以稱・以制・以益に教う。倶に踵し世科門人次を以って相授く。黃應春、杜夢冠、安劉、王良學は其の傑然たる者なり。鄞に在る者、文貫を稱す。然れども源は委に實に舒・李より由ると云う(11)。

あくまで至正年間からみた狀況であるが、慶元府は詩經學が盛んであると認識されている。『宋元學案』は、黃震を王貫道・王遂門人とし、『至正』の記述から文貫についてはそれが詩經學をめぐる繼承關係であることが分かる。その文貫が師事した余端良は『乾隆鄞縣志』一三に引かれる『成化志』の余端臣であり、「字正君、毛詩學に精し。慶源の輔氏を宗とし、以って朱子の傳に溯る。太學生と爲り、歸りて鄕に教授す。從い遊ぶ者、百餘人。王文貴の若きは其の最も著わるる者なり。慈谿の黃震・奉化の汪元春、倶に其の學に私淑す。遠近之れを宗とす。稱して訥菴先生と爲す」と記されている。黃震は、この余端臣の薛氏に嫁した女《むすめ》の墓誌銘を書いており（『日抄』九七　余夫人墓誌銘）、余氏一族との關係を「慶元府に舊と訥庵先生余君有り。經學を以って閭里に教授す。之れに從うは數百人。後ち多く名卿才子爲るを出す。余の生るるや晩きも猶お幸いにして其の門人宗學諭の王公貫道を師とするを得。因りて亦た竊かに先生の緒論を聞くを得、其子の余君子容と其の外孫薛君漫翁を識るに及ぶ。時に端平三年丙申歲春なり」[13]と、端平三年（一二三六）二十四歲のときからとする。この墓誌銘はその三十八年後の咸淳十年、余夫人が八十一歲で世を去ったおり息子漫翁の願いで書かれ、このとき黃震は祠祿を奉じて鄕里に歸っており夫人の葬儀に際會したのである。

また文貫門下で黃震と竝び稱された汪元春については、その行狀を執筆している（『日抄』九六　知興化軍宮講宗博汪公行狀）。元春は奉化の名家の出身で、嘉熙四年（一二四〇）の慶元府鄕試第一、翌淳祐元年の進士であった。その師弟關係について行狀は「公（元春）、少くして穎悟學を好み、詩を大（太）學余先生正君、及び宗學諭王先生貫道の二先生に受く。四明の詩學の淵源にして自る所なり。之れに從い遊ぶ者、常に百人を餘す。公獨り每に首を稱えらると爲す」[14]という。黃震は、行狀の末尾に「咸淳四年六月日門生文林郎史館檢閱黃震狀」と記す。汪元春は嘉定元年（一二〇八）の生まれ、咸淳二年（一二六六）の沒、震の六歲年長。行狀を書く立場から門生を稱したのか、實際に師弟關係にあったのかは不明。

以上の記事から知り得ることは、端平三年に餘姚縣學から鄞縣學に移った黄震は、王文貫門下に入ることで、詩經學を專門とする多くの同學を得たこと。その學は、嘉興府崇德に居し呂祖謙、朱熹に學んだ輔廣の學問が余端臣、王文貫を通じて繼承されたこと。同時に南宋中期、張栻、陸九淵、朱熹、呂祖謙に學んだ奉化の舒璘や同じ奉化の楊琛の詩經學が鄞縣三江の李元白に受け繼がれ、李家の家學となり四明の詩經學を大いに活氣付けていたこと。黄震と舒・李の詩經學との關係は定かでないが、同じ時期、同じ地域であるから、その內容の受容關係は措いても當然人的交流は存在したであろう。要するに二十年以上にわたって擧業に從事した黄震は、單に默々と無味乾燥な受驗勉強に一人で專念したのではなく、地域の學術交流のなかで生き生きと活動していたと推測できる。『至正』王文貫の項に名前がみえる杜夢冠もまた、黄震と同じ寶祐四年の第五甲一四八名の進士である。『登科錄』は、かれも「治詩一擧」とする。年齢は黄震より一歳年長の四十五歳であった。さらに文貫門下と舒・李系統の詩經學徒は、王應麟の息子の王良學を除いて、全員が進士に登第している。地域の學術と科擧は、この時期一體化していたと考えてよいのであろう。

おわりに

黄震『日抄』四　讀毛詩に引用された先行學說は、朱熹『詩傳』を始め、南宋期前半の著述を主とする。しかしその學殖の背景に、四明詩經學は確かに存在していたのである。朱熹が、科擧のための學問を擧業として嫌惡し、弟子達の應擧を快く思わなかったことはよく知られている。世俗の名利獲得の手段としての擧業と、踏み行うべき倫理道德を求め天下太平を實現する方策まで視野に入れる學を形成しようと努力する思想的營爲とは、同じ學問という言葉で括られても內實に天と地の差が有ろう。しかし兩者は常に對立するものなのであろうか。南宋前半は、各地でそれぞれ獨自の傾向や體系を有する學問が形成されていった時代である。慶元府にはそれら陸學、呂學、朱學など生まれたばかりの思想が將來され、それらは多くが里師・鄉先生によって地域の子弟に教えられた。やがてそれらを學んだ受業生が科擧に應ずるほか、鄉先生自身も登第するケースが稀ではない。後に朱學一宗と評される黃震はまさにその鄉先生の一人であった。ここでは思想の營爲と科擧受驗は共存し、蜜月の狀態にあったのである。いわば南宋後半の慶元府は、思想が學術に轉化する稀な一時期を經驗していたのであり、それがまさしく寧宗、理宗朝であった。本報告の冒頭で、南宋慶元府の科擧合格者の推移を慶元型と名づけ、慶元型が形成される背景を探りたいとした。粗雜な考察で、その回答にならないことは十分承知しているが、思想の形成と學術の傳播、それを取り入れる地域士人社會の動向、これらを總合的に檢討することでその課題に答えられるのではないかと考え、王應麟と黃震を例に南宋慶元府の士人社會の一斷面をみた。ちなみに王應麟が受けた別試所省試第二場の策問は第一題が「科擧」、第二題が「道學」、第三題が「理刑」であった。

注

（1）近藤一成「宋代士大夫政治の特色」（『岩波講座世界歴史』9　中華の分裂と再生　一九九九所載）及び本書序論。

（2）The Thorny Gates of Learning in Sung China, Appendix 3, Cambridge Univ. Press 一九八五。中文版『宋代科擧』東大圖書公司　一九九五。

（3）同上書 Appendix 4。

（4）「舊志、以特奏名雜載、題名碑亦然。今悉按登科記釐正之」。

（5）「帝御集英殿策士、召應麟覆考、考第既上、帝欲易第七卷置其首。應麟讀之、乃頓首曰〝是卷古誼若龜鏡、忠肝如鐵石、臣敢爲得士賀。〃遂以第七卷爲首選。及唱名、乃文天祥也」。

（6）「今之事擧子業者、沽名譽、得則一切委棄、制度典故漫不省、非國家所望於通儒」。

（7）黄震の隱遁、沒時のことは、近藤一成「黄震墓誌と王應麟墓道の語ること」（『史滴』三〇　二〇〇九）にやや詳しく論じた。

（8）「宋史但夸其辭業之威。予之微嫌於深寧者、正以其辭科習氣未盡耳。若區區以其玉海之少作爲足盡其底蘊、陋矣」。

（9）「蓋進士・制科、其法猶有可議而損益之者、至宏詞則直罷之而已矣」。

（10）「黄震幼父教、熟讀四書。理宗端平元年、他就讀于餘姚縣學。三年春、他又求學于鄞縣學宮、師從朱熹三傳弟子王文貫。一年後、黄震開始以教書爲生、因家境貧寒、同時也從事一些農業勞働。理宗寶祐四年、鄉試屢遭失利的黄震、終于在省試中《詩》一擧登文天祥榜進士、名列第四甲第一〇五名」（『浙江萬里學院報』一四—三　二〇〇一）。同氏『黄震與東發學派』三〇五頁（人民出版社　二〇〇三）。

（11）「王文貫、字貫道、鄞縣人。早嗜學、與鄉先生余端良遊。魁太學公試、登寶慶二年進士第。教授眞州、除宗學諭。弟宗道與兄同領鄉薦亦進士第。文貫、精毛氏詩説、以輔氏爲宗、從游常數十人。同郡之知名者、奉化汪元春、慈溪黄震俱以論議政事、稱於時。文貫由是名益著。四明詩學爲最盛。奉化尤得淵懿。舒文靖璘、楊獻子琛爲倡首、而曹粹中、王宗道皆有論説。三江李氏自元白受業。文靖歸教其家詞伯・誨伯・森・以稱・以制・以益、倶踵世科門人以次相授。黄應春、杜夢冠、安劉、王良學其傑然者。在鄞者稱文貫、然源委實由於舒李云」。

（12）「字正君、精毛詩學、宗慶源輔氏、以溯朱子之傳。爲太學生、歸教授於鄉、從遊者百餘人。若王文貴其最著者。慈谿黄震・奉化汪元春、倶私淑其學、遠近宗之、稱爲訥菴先生」。

（13）「慶元府舊有訥庵先生余君以經學教授閭里、從之數百人。後多出爲名卿才子。余生也晩猶幸得師其門人宗學諭王公貫道、因亦得竊聞先生緒論、及識其子余君子容與其外孫薛君漫翁。時端平三年丙申歳春也」。

（14）「公（元春）少穎悟好學、受詩于大（太）學余先生正君及宗學諭王先生貫道二先生、四明詩學淵源所自、從之遊者常餘百人、公獨每爲稱首」。

第二章　鄞縣知事王安石と明州士人社會

はじめに

前章では、出自が對照的な王應麟と黄震という二人の士大夫官僚を通して南宋末の明州士人社會について檢討した。特に黄震の場合、布衣の家から四十四歳の年齢で科擧に合格するまで、彼の擧業を支え可能にした一番の要素は、明州士人社會の構造そのものであったことを述べた。これまで、南宋明州の名族とよばれる一族については様々な視點からの多くの研究があり、それらは、本書で言う士人社會が明州ではどのような形で存在したのかを考える手がかりを與えてくれる。近年の黄寛重氏の研究は先行研究を踏まえ、史料網羅的にそれら名族について詳細に檢討し、士人社會の具體的な姿を明らかにしたと言えるであろう(1)。黄氏が取り上げた名族は、袁、樓、汪、高氏の一族であるが、この四姓だけを起點にしても、濃密な人間關係が明州の有力氏族全體に擴大することが理解され、これは南宋明州士人社會の特色の一つと言えよう(2)。

黄氏は、四家族（一族）の起家から南宋一代にわたる盛衰をおおよそ次のような觀點から檢討している。①四明で家を興し科擧及第者を出すに至る經過、②その經濟基盤、③教育と學術、④婚姻關係、⑤社會・文化活動など。このいずれもが明州士人社會の人々の緊密な繋がりを廣げ或いは前提とすることが強調される。それらは同じ師から教育を受ける同學。同じ年に科擧に合格した同年。陸學を中心とする學術・思想的立場の共有。そして何よりも數代にわたり士人間で何重にも結ばれた婚姻關係、とはいえ一族の家運は常に順調とは限らない、こうしたとき經濟的に困窮した名族と在地の富豪が婚姻關係を結ぶことも常態であり、姻戚關係は士大夫の家から更なる廣がりをみせる。さらに同族の互助組織である義田・義莊が同族を超えて地域の公益機能を果たすようになった鄉曲義莊の共同運營、或いは五老會、八老會や眞率會といった文化的結社への參加などである。これらは明州を特徴づける鄉飲酒禮の基盤であり、その繼續にも繋がる。

一例を南宋明州の代表的士大夫である樓鑰（一一三七～一二一三）と袁燮（一一四四～一二二四）の關係についてみると、黃氏は次のように述べる。それぞれの高祖である州學教授樓郁と袁轂が北宋仁宗朝の明州にあって師弟關係にあり、兩家はそれ以來の結びつきをもつ（因みに袁轂は嘉祐元年の開封府試首席で二位が蘇軾であった。ところが轂は省試で失敗し、當時は二年一貢であったので翌年、今度は明州で鄉試に再挑戰、これも首席で通ったが又も省試不合格、三度目の受驗で嘉祐六年の進士登第となった。このときも明州鄉試は首席だったという。『寶慶四明志』八　袁轂傳）。鑰と燮は、若いとき、楊氏が開いた城南の私塾で福州から招聘された教師鄭鍔の下で學んだ同學である。また袁燮は登第の前に樓一族の樓氏精舍で教えたことがある。中央政界にあって鑰は權吏部尙書兼侍讀、燮は權禮部侍郎兼侍講と時期は違うが寧宗の進講の職を務め、二人は韓侂冑に對立して共に下野し、晩年の燮は、同鄉の宰相史彌遠の主和論とも對立し歸鄉した。袁燮は明州陸學の中心人物の一人であり、樓鑰も朱陸呂三學の中では陸學を主とした。鄉里にあっては、袁燮の娘の一人は樓一族の樓槃に嫁ぎ、四明義田の管理を受け繼いでいた樓鑰は、自分の後任として高閌の甥の息子高文善と共に袁燮の弟槱を推薦している。二人のこうした多面的な關係は決して特殊ではなく、樓氏、袁氏はそれぞれ別の多數の名族とも繫がっており、南宋明州士人社會は同族を超え、さらに地域社會に開かれた人脈の重層構造から成り立っていたといえよう。黃震は、このような士人社會から生まれたのである。

黃寬重氏の「家族」研究を可能にした最大の要因は、南宋明州における豐富な個人傳記史料の存在である。近年、新出土を含め墓誌や行狀、書簡など個人傳記史料から緻密に當時の人間關係、家族關係を究明する作業が盛んである。黃氏の研究は、在來文獻が中心であるがその典型例といえる。南宋明州は「宋元四明六志」と稱される宋元時代の地方志が現存し、加えて樓鑰『攻媿集』、袁燮『絜齋集』という大量の個人情報を收載した個人文集が殘されている。これらを驅使することで、黃氏の研究は成り立っている。では、その南宋明州士人社會の源流はどこに求められるのであろうか。本章では、そうした史料に惠まれない、かつ明州士人社會の起點とも言われる北宋明州について、王安石を手掛かりに考察してみる。

一　知鄞縣王安石

北宋仁宗の慶曆七年（一〇四七）、二十七歲の王安石は明州鄞縣に知事として赴任し、翌慶曆八年末、亡父を埋葬するための金陵行きを挾み、皇祐元年（一〇四九）任滿ちて開封に戻るまで、三年足らずの間この地に滯在した。これより以前、安石は、父益の喪が明けた慶曆元年、都開封の國子監に赴きそこでの解試に合格して翌二年の禮部試を通過、續いて殿試に第四位の好成績で及第している。上位合格の進士はただちに州の屬官を與えられる例に從い、安石は淮南簽判として揚州に赴任した。その任期が終わり、次に知鄞縣として明州に來たのである。通常、進士四位合格ともなれば、地方官の一任が終わると館職の肩書きを求め、官も中央を望むものであるが安石は續けて地方官を希望した。

王安石の場合、公式の行狀が傳わらず、知鄞縣時代の事績を知るには『宋史』三二七など史書の本傳の該當部分を參照するか、浙江、明州あるいは鄞縣など歴代地方志の縣宰の箇所、又は幾つかある年譜の慶曆七年から皇祐元年までの記事に據る方法が便利である。ここでは、まずその最も詳細な記載例の一つとして『康熙鄞縣志』八　名宦傳の王安石傳をあげる。

慶曆七年、再び知鄞縣に調せらる。任に在りては讀書を好み文章を爲り、二日一たび縣事を治む。心を水利に殫し、湖を浚え堰を築き、堤塘を繕修するに、必ず躬ら其の地を歴す。凡そ東西十四鄕有り、隷する所の川渠、親しく視、民を飭めざるなし。鄞縣經遊記有り。今に至るも東錢湖に祠有り。山上に在りては、其の嶺、猶お安石を以って名とす。邑人鄞江先生王致、貧に安んじ道を樂しむ。安石、之れに師事し、歿すれば則ち其の墓に銘し、再び悼むに詩を以ってす。又た孔子廟に因りて學と爲し、縣の子弟を教養す。慈溪の杜醇に師爲らんことを請い、再び諄懇《ねんごろ》にす。又た教えを城南樓先生郁及び王祕校該に訪う。又た杜學士に上書し、邑民をして暇に乘じ河を開かしむ。運使孫諫司に書を上り、其の吏民をして錢を出し人の捕鹽するに購わしむるを力阻す。更に書を以って司法吏汪元吉の廉平を薦む。嘗て穀を貸して民に與え、息を立て以って償わせ、新陳をして相易えしむ。邑人、便を稱す。今邑中の經綸閣、實聖廟皆な之れを祀る。舊時、廣利・崇法二寺、皆な祠有り。(3)

この康熙本を含め、鄞縣時代の安石事績の記事は、恐らく邵伯溫『聞見錄』一一の安石新法をめぐる記載の冒頭部分を淵源とする。伯溫は、北宋仁宗至和三年（一〇五六）の生まれ、南宋高宗紹興四年（一一三四）の沒、著名な理學家邵雍の子であり、それ故、この書は父の政治的立場を反映し、反新法・反王安石色の強いことで知られる。本書は伯溫晩年の作といわれ、その子で『聞見後錄』を著した邵博が父の死後に整理定稿したので（李劍雄、劉特權　唐宋史料筆記叢刊本點校說明　中華書局　一九八三）知鄞縣王安石のまとまった事績としては最も早い記事となり、そこには以下のようにある。

王荊公、明州鄞縣に知たり。書を讀み文章を爲り、三日（他版は二日）に一たび縣事を治む。堤堰を起こし陂塘を決し、水陸の利と爲す。穀を民に貸し、息を立て以って償わしめ、新陳をして相易さしむ。學校を興し、保伍を嚴しくし、邑人之れを便とす。故に熙寧の初め執政と爲るや行う所の法、皆な此れに本づく。然れども荊公の法、一邑に行うは則ち可なるも、天下に行うは可ならざるを知らざるなり。又た遣わす所の新法の使者、刻薄の小人多く、功利に急にして、遂に河を決して田と爲し、人の墳墓、室廬を壞し膏腴の地たるに至るは、紀るすに勝う可らず。……(4)

この冒頭部分以降は、『聞見錄』の記述を基本として新法評價の箇所を含め、或いは增添し、或いは削除して元、明、淸と書き續けられ、前記『康熙鄞縣志』に至ったのである。

安石は着任すると、慶曆七年十一月七日から十八日まで縣内をほぼ一巡する視察に出かけ、管内の農田水利を始めとする諸狀況の把握に努めた（鄞縣經遊記）。この間の宿泊先は、舟中の二泊以外すべて慈福院、廣利寺、旌教院、開善院、景德寺、保福寺莊、普寧院、資壽院といった寺院であり、寺僧との交流は殘された詩から知られる。ここからも知縣としての安石は、地域社會の現實を自ら直接把握し、理解したうえで施策を進めたことが分かる。小論に卽し、この記事のうち地域士人層社會と安石の關係に課題を絞ってみると、『聞見錄』の「興學」と『康熙鄞縣志』の「又因孔子廟爲學、教養縣子弟」の記事および王致、杜醇、樓郁、王該らの士人との交流が先ず檢討の對象になろう。王致以下の士人たちとの交流は次節で考えることにして、本節では安石「興學」の實情について先ず檢討する。實は『聞見錄』の「興學」の語は『宋史』安石本傳にない。單なる省略とも解されるが、それに對し『康熙鄞縣志』では「孔子廟を縣學とした」というように興學がどういうことであったのかが具體的に書かれている。枝葉末節、些か煩瑣であるが、この「興學」が「孔子廟を縣學とした」という記述に變わる經過について考えてみたい。

宋代の明州を檢討するときの基本史料である『乾道四明圖經』（以下『圖經』）、『寶慶四明志』（以下『寶慶』）、『開慶四明續志』（以下『開慶』）、『延祐四明志』（以下『延祐』）、『至正四明續志』（以下『續志』）のうち、鄞縣學については『圖經』二 祠廟に、

　至聖文聖王廟、縣の東半里に在り。唐元和九年に建つ。皇朝崇寧二年、三舍法を行い、生員を教養するに因り、縣の西南半里に移し剏《つく》り而して大觀三年に成る。建炎四年、兵火に遭い、今に至るも未だ建てざるなり。[5]

とみえるのが現存『宋元方志』最初の記載である（多分、既に失われた北宋『大觀圖經』も北宋部分は同様であった思われる）。字句の多少の異同、增損はあるが、『寶慶』一二、『延祐』一三ともにこの記事を祖述し、それぞれ以降のできごとを書き加えている。ここには安石が學を興したということは記されない。一方、『寶慶』一二の知縣王安石の傳は、基本的に『聞見錄』の記述を踏襲して「興學」というのみで、その具體的な内容は書かれていない。とすれば『康熙鄞縣志』の「因孔子廟爲學、教養縣子弟」の字句の由來はどこに求められるのであろうか。今のところ、この記述の最も早い例は管見の限り、至元三十年（一二九三）秋八月の日付をもつ王應麟「重修（鄞）縣學記」（『延祐』一三）の「鄞在漢爲鄮、屬會稽郡。唐屬明州、建夫子廟於縣東。五代改鄮曰鄞。宋始立學、王安石宰縣、因廟爲學、教養縣之子弟、風以詩書、衣冠鼎盛。後遷縣西南。……」である。鄞縣學を縣の西南に遷したのは崇寧二年であるから、それ以前は唐に建てられた孔子廟に學が置かれており、それは宋政府の地方學建學の方針に則した縣宰王安石の業績であった、という。王應麟のこの記述によって、『方志』の鄞縣學の條と同じく『方志』安石傳の（鄞縣）興學が一つの記事として繫がったのである。

　一般論として、後世の人間が、歴史上のある人物の傳記や年譜を作成するとき、信頼できる情報源として最初に利用する材料は、その本人が書き殘した著作であり、それらの編年化が第一に行うべき作業となる。これは今まで引用

した知鄞縣時代の安石行狀の記述にも該當し、『康煕鄞縣志』に記載される諸事項は、次節で述べる問題を除いて殆どが安石の殘した著作の記事に對應する。王應麟が記し、『康煕鄞縣志』に至るまで書き繼がれた「因（孔子）廟爲學、教養縣子弟」の字句についても、安石が執筆し『臨川先生文集』七七に收録された「請杜醇先生入縣學書二」（『王文公文集』五）が史料來源であろう。杜醇は慈溪の士人で孝友が鄕里に稱されていた。後に開封に在った安石は、越からの客人があると彼の近況を尋ね、その訃報に接したときは追悼の詩を作っている（『臨川先生文集』九　悼四明杜醇。『王文公文集』四四　傷杜醇）。話を元に戻すと、在野の賢人杜醇を縣學の教師として招聘したが、固辭されたために書いた書簡の第一には「某、縣を此に得て年を踰ゆ。方に孔子廟に因り學と爲し以って子弟を教養せんとす。願わくは先生、聽くを留め而して之れに臨み、以って之れが師爲るを賜らんことを。某、與に聞く有らん」(6)とあり、王應麟の記述はこれに據ったと推測される。安石が縣宰になって年を越したというのであれば、それは慶曆八年のことになる。

この問題はこれで解決するのであるが、しかしもう一件、これに關連して些か氣になる安石の文章がある。それはかれの著作のなかでは著名な作品の一つに數えられる「慈溪縣學記」である。この中で安石は、

……（孔子）廟又た壞れ治めず。今、劉君居中、州に言い、民をして錢を出さしめ、將に修め之れを作らんとするも、未だ爲す及ばずして去る。時に慶曆某年なり。後、林君肇至る。則ち曰く古の學を爲す所以は吾れ得て見ざれども、法は吾れ以って循わざるべからず。然りと雖も吾れ人民を此に有せば、以って教え無かるべからず。卽ち民の錢に因り、孔子廟を作り、今の云う所の如く、而して其の四旁を治め、學舍講堂を其の中に爲くる。縣の子弟を帥い、先生杜君醇を起て之れが師と爲し學に興す(7)。

と記し、杜醇は慈溪縣學の教師として招聘されたという。『圖經』を始め、この學記を收録する『方志』は、慈溪縣

令劉在（居）中が再建を試みたという慶暦某年を「五年」とし（但し歴代方志に縣令劉在〈居〉中の名はみえない）、また『寶慶』以降の慈溪縣學の項には「學、舊と縣西四十歩に在り。皇朝雍熙元年（九八四）、縣令李昭文、先聖殿を建て其の中に居らしむ。端拱元年（九八八）、令張穎記す。慶暦八年、令林肇、縣治の東南一里に徙す。鄞縣宰荊公王安石、之れに記す。書を貽り邑人の宿學杜醇を招き諸生の師爲らしむ。……」(8)と、安石「學記」の記述をふまえた解説を付している。安石は慈溪縣のために「學記」を記しただけでなく、ここでも書簡を杜醇に送り、慈溪令林肇が再建した縣學の教師に招聘したことになっている。安石の文集には杜醇宛書簡は同時期の二通しか殘されていないから、慶暦八年にはさらに別の杜醇宛書簡が書かれていたのであろうか。先に釋然としないと述べた理由は、文集にある杜醇宛二通が實は慈溪縣學への招聘に關連する書簡ではなかったのかという疑問が完全に拂拭されないからである。「學記」によれば縣令林肇は場所を縣治の東南に移し、廢されていた孔子廟を再建して、その中に學校を設けたので「因孔子廟爲學」との表現は當然ながら慈溪縣にも當てはまるし、『宋元方志』鄞縣學の解説文に一貫して王安石興學の記載がないことも納得できるからである。しかし書簡内に「某得縣於此踰年矣。方因孔子廟爲學以教養子弟」と明確に述べられている以上、文脈からは鄞縣學のことと判斷せざるを得ないことも確かである。こうした曖昧さは殘るが、ここでは、王安石が縣知事として積極的に明州の在地士人層に働きかけ、縣學での學生指導を要請し、結果的に杜醇は鄞縣と慈溪縣兩學において「教養子弟」することになったのであり、それが後世に傳承される安石興學の明確なイメージとして王應麟によって元初に整理されたことに注意しておきたい。

むしろここで重要なことは「慈溪縣學記」に示された、王安石の縣學に對する強い思い入れである。まず安石が「學記」のなかで記す「猶お曰く、州の士、二百人を滿たせば乃ち學を立つるを得。是に於いて慈溪の士、學有るを得ずして、孔子廟を爲くること故の如し」(9)の背景には、慶暦四年三月十三日の詔があることを前提にしておかねばならない。當時は慶曆新政の一環として地方州縣學の設立が議論されており、節度州に限り州學設置が許された景祐四年（一〇三七）に續き、それ以外の州にも設置を認める詔がこのとき降された[10]。その規定の一つに州學の學生が二百人以上である場合には獨自に縣學を置くことができるとの條件があった。逆にもし二百人に滿たなければ、孔子廟か縣の官廳の建物を學舍にすることで代用する規定であった。明州學は學生が二百人に達しなかったので、管下の縣學は獨自の建物を設置することができなかったのである。明州の縣學が全て孔子廟に付屬していた理由はここにある。

こうした狀況下でも王安石は「學記」で學校の缺くべからざることを強調する。「其の陵夷の久しきに至れば、則ち四方の學廢さる。而して廟を爲り以って孔子を天下に祀る。木を斲り土を摶つこと浮屠、道士の法の如く王者の像を爲る。州縣の吏、春秋に其の屬を帥い其の堂に釋奠するも、學士は或いは焉れに預からず。蓋し廟の作るは學廢さるより出で、而して近世の法、然るなり[11]」と述べ、法的制約のなかで縣令林肇が、まず廟を再建し、その傍らに講堂、學舍を建設したことを、「噫、林君、其れ道有る者か。夫れ吏は今の法を變える無く、而して古の實を失わず。此れ道有る者の能くする所なり。林君の爲すや、其れ此れに幾からん[12]」と高く評價するのである。地方學は、安石にとって政治と敎化の原點であった。

二　慶曆五先生の出現

『宋元學案』を實質的に編纂した淸の全祖望は、「慶歴五先生書院記」を著して、鄕土の先賢を顯彰した（『鮚埼亭外集』一六）。五先生とは楊適、杜醇、王致、樓郁、王說の五人である。全祖望が記すには、宋の眞宗、仁宗時代は儒林の草昧の時代であり、當時、濂洛の徒は、方に萌芽の狀態であり未だ世に出ていなかった。また戚倫、孫復、胡瑗らが正學を興し、韓琦、范仲淹、歐陽脩らは廟堂に在り、學校が四方に遍く廣がり、師儒の道は明らかとなり、李之才、邵雍らが經術で學問を起こした、こうしたことを濂洛の學の先驅けという人がいる。しかし、かれらは「跨州連郡」でようやく數人を得ることができるのであり、かれらのような先生を得ること大變難しい。それに比べて我が鄉里の五先生は、わずか百里の間に集っているのであり、そのことは極盛というべきであろう、と當時の明州の人材輩出、學問教育の盛行を讚えている。

この五先生のうち王安石との交流が安石自身の著述によって確認される人物は、前節で觸れた杜醇とさらに王致、樓郁の三人である。以下、これら安石との關係に觸れながら、『宋元學案』六　士劉諸儒學案　の記述をもとに簡單に五人の略歴を紹介する。『學案』は、安定同調として四人を、最後の王說は鄞江家學に分類するが、ここではかれらの學問系統には立ち入らない。

「助教楊大隱先生適」　楊適、字は安道、慈溪の人で大隱山に隱居。人となりは重厚で屹立しており、議論は明晰で博く公正である。名利に動かされず、人には分け隔てなく接し、鄰人が收穫物を盜んだときも、人の物を盜むには餘程深刻な事情があるのであろうと咎めることをしなかったので、鄰人は大いに悔いたという逸話が傳えられる。人々は尊敬して名を呼ばず大隱先生と敬稱した。その德行・學問を傳え聞いた浙東西刑獄の孫沔は面會を望んだが、避けて會わなかった。先生が越州に出向いたとき、たまたま范仲淹が知事であり招かれて面談したが、何も求めず仲淹はますます先生を德としたという。こうして四十年間、錢塘の林逋や同郡の王致、杜醇らと交流し、後進は先生を師とせざるはなく、德行はますます高く、その名は京師にまで聞こえるようになったので、仁宗が天下の遺逸を求める詔を出したとき、明州知事鮑柯が朝廷に推薦して粟帛を賜り、次の知事錢公輔の推薦で將仕郎試太學助教を授けられ、州に招かれたが固辭したという。七十六歳で沒したが、遺言で墓にはただ「宋隱人之墓」と刻まれただけであった。

「學師杜石臺先生醇」　杜醇、石臺と號し、越の隱君子で慈溪に居住した。人の評價を氣にしたり、人から知られることを望まず、鄉里では孝友を稱えられた。自給自足の生活を送り、親を養い、經書に明るく修養に努め、學ぶ者はこれを模範とした。『學案』は、この後に前節で觸れた安石の書簡を引用し、始めに鄞縣學、次に慈溪縣學の師として招かれたといい、「二邑之文風」は先生から始まったと評する。

「處士王鄞江先生致」　王致、字は君一、鄞縣の人。先の楊適、杜醇の友人であり、道義を以って鄉里を化したので諸生は皆な三人を稱して先生と敬った。安石とは書簡の遺り取りがあり、「久しくお目にかからずお會いしたい」という安石の願いと、書簡の受領を謝する內容の「答王致先生書」一通が殘されている（『臨川先生文集』七七）。また七十年の生涯を淸貧と求道で終えた王致を悼む挽辭一首が、後年の作として『文集』三五にみえる。全祖望は、王致のために安石が撰したとされる長文の「鄞江墓誌」について、その初出は淸の聞性道編、康熙二十五年刻『鄞縣志』であり、內容、文體からみて安石に假託した後世の作であると斷じている。從うべきであろう。とすると王致についての情報量は極端に少なくなり、殆ど安石の殘した書と挽辭のみとなる。このことはまた後で考える。

「正議樓西湖先生郁」　樓郁、字は子文、奉化縣の人、鄞縣に移り城南に住む。志操高厲、學は窮理を以って先と爲し、鄉人の尊敬する所であった。慶曆年間、郡縣に學校を建てる詔が出され、鄉里の「文學行義」あるものを招いて師としたとき、郁が招かれて縣學で敎え、その後州學に轉じ十數年間敎授した。前節でも述べたこの慶曆四年の興學の詔では、州縣學の敎授は原則として有官者が任ぜられるが、該當者がいない州縣では、民間の學識ある人物を敎授として登用できるという規定があった。郁を始め當時の明州の敎授は、この規定による民間からの登用であった。郁は、州縣學での前後三十餘年間、その門下から中央、地方の大官となった俞充、豐稷、袁轂、舒亶らが輩出し、自らも皇祐五年の進士に合格し、舒州廬江主簿に任ぜられた。しかし「祿、親に及ばず」として仕官を斷念、大理評事の官で致仕し、終生家居して終えた。致仕は、五世の孫樓鑰によれば、繼母を養う弟妹がまだ幼いという理由であったという（『攻媿集』八五　高祖先生事略）。樓郁の縣學での教授は恐らく安石赴任前のことだと思われるが、安石は郁に「……足下の學行は篤美であり、士友に信あり、海瀕に窮居、自ら屢空の内に樂しむは、私の仰歎するところです」という丁重な書を送っており（『文集』七八）、その密接な交流が推測される。南宋四明の名族としてゆるぎない地位を確立する樓氏の最初の進士が郁であった。

「銀靑王桃源先生說」　王說、字は應求、鄞縣の人。鄕里に教授すること三十餘年、弟の該は慶曆六年の進士で安石とは詩を應酬する友人であり、說は弟と盛名を等しくした。當然、本人も安石との交流はあったであろう。熙寧九年、特恩で將仕郎の官を與えられ州長史に補せられたが、相變わらず「無田以食、無桑麻以衣、怡然自得」の生活を送り沒した。『學案』の銀靑とは、沒後、銀靑光祿大夫賜金魚袋を追贈され、神宗から親筆の敕額を賜った桃源書院が王說の隱居教授の地に建てられたことに依る（『明一統志』四六　書院）。全祖望の頃まで、この「桃源書院」の敕額は傳存し、鄞縣への敕額賜與の最初であると記文に記している（『結埼亭外集』二二　宋神宗桃源書院御筆記）。王梓材が言うように、五先生の中では異例の厚遇である。王說、該兄弟の子孫からは、以後、多數の進士合格者が出て、四明の望族としての地位を確立して行くことに關連すると推測されるが、最も早い該の長子瓘でも元豐五年の進士であるから時期的には合わない。やはりここでも厚遇には王安石の存在があると考えるべきであろう。なお『學案』は「鄞江先生之從子」とするが、說、該兄弟を王致の甥とする記事は、先の安石撰に假託された「鄞江墓誌」にみえるだけであり、その眞僞については後考を待つ。

これら五先生は布衣、特恩による授官、進士合格と肩書きは三様であるが、いずれも中央、地方に仕官することはなく、地域士人社會層の教育、學術の指導者として鄉里の尊敬を集めた人々であり、王説が楊適、王致を師とし杜醇、樓郁を友としたといわれるように（甬上三補耆舊詩）、互いに密接な人間關係を有していた。王安石は、こうした狀況にあった明州鄞縣に着任したのである。ここで問題としたいことは、それでは「慶曆五先生」、或いは「五先生」という言葉はいつから使用され、五人を一括りにして慶曆・皇祐年間の明州を「極盛」として考えるようになったのかということである。

これまで『學案』の記述をもとに五先生について紹介してきたが、『學案』は、いずれも『四明文獻集』を參照したと註記している。この書は、既に散逸した王應麟『深寧集』一〇〇巻、『制誥』四五巻の逸文を收集したものであり、五先生の傳については道光年間に葉熊が同様に逸文を收集・編纂した『深寧先生文小鈔摭餘編』一巻（四明叢書）に收載されている。從って、前節の王安石「興學」のイメージと同じく、五先生についても宋末元初の王應麟が描いた像を現代のわれわれも共有していることになろう。この五先生の語は、更に『寶慶』八　郡志の人物傳にまで遡る。但しそこでは、南宋晩期、既に名族として人材を多數出している樓氏、王氏の記事が他の數倍の分量を割いて敍述されていることはともかく、王致についても獨立の項目が立てられていない。王説の箇所で「……先是有王致亦州閭所師、至今郡庠以與楊公適、杜公醇、樓公郁竝祠、謂之五先生。……」といわれるのみで、州學に五人が祀られ五先生と呼ばれていたことを言うが、王致本人ついての説明はない。更に『圖經』になると巻三の奉化縣の人物に樓郁の説明が、巻五　慈溪縣の逸民の項に楊適がやや詳細に掲載されるだけで、他の三人についての記述はみられない。從って乾道年間にはまだ五先生の概念は無いか、在ったにしても特に強調されるわけではなかったといえよう（但し現存『圖經』には缺落部分がある）。結局、今のところ初見は、『圖經』より少し時代の下がる、嘉定六年（一二一三）沒の樓鑰『攻媿集』五一 息齋春秋集註序の「慶曆皇祐間、杜、楊、二王及我高祖正議（郁）、號五先生、俱以文學行誼表率于鄕、……」であり、ここに慶曆・皇祐年間に五先生と號したとあり、また樓鑰は、既に述べた八五 高祖先生事略にも四明五先生の語を使用している。管見の限り、文獻上、明州の慶曆五先生という表記はこれ以上遡らない。北宋仁宗朝の慶曆年間、明州地域社會に五人の學識・德行ありと評價された士人が存在したことは事實である。しかしかれらの存在をどのように認識するか、あるいはどのようなイメージで捉えたかは必ずしもいつの時期も同じとはいえない。ここでは、かれらが明州士人層社會の先賢として評價され、そのイメージが明確になって行く時期は、南宋半ばを過ぎてからである、とひとまず考えておく。

南宋の寧宗朝以降、明州慶元府の進士合格者が激增した背景に、この地域の士人社會の發展を想定することは常識といってよいであろう。そして時期を同じくして慶曆五先生という言說が出現し、宋末元初の王應麟によって言說は定型化され、ここでは觸れられなかったが袁桷撰『延祐』がそれを定着させたということができる。明州慶元府士人社會の發展は、自らの來歷の物語を必要としたのである。全祖望は「慶曆五先生書院記」において「五先生の著述、今に傳わらず。故に其の微言も亦た闕く」と、正直にかれらの思想內容は分からないとしている。しかし、だからといって慶曆年間の明州士人社會の歷史像は後世の想像の產物にしか過ぎないということではない。

仁宗朝、中央政府は地方學の設置を進めた。しかし明州は、州學在籍學生二百人以上という條件を充たさなかったために縣學が設置できず、規定に從い孔子廟を縣學とした。同時に正式の學官も置かれず、これも規定に從い在地士人が教師に招かれた。五先生とは、こうした國制の枠組みと時代の狀況のなかで出現した在地士人層の典型である。しかも安石が先の『慈溪縣學記』で「杜君は越の隱君子」といい、全祖望が「五先生、皆隱約草廬、不求聞達」（前掲「書院記」）と的確に表現したように、かれらは隱士から士人への過渡期の存在ともいえる。慶曆年間の明州士人社

會は未だその搖籃期であった。(13)

三　王安石の殘像

明州鄞縣に赴任した若き王安石は、やがて國政を擔い中國史の流れの方向を左右するほどの大改革を實施した人物である。それだけでなく、靑苗法を始め新法の多くが鄞縣時代の施策から構想されたといわれる。地域の人々はその知事の施策を評價し、經綸閣や廣利寺、崇法寺に祠を立てて安石を祀った。恰もその搖籃期に刷込まれたように、明州士人社會では安石への高い評價が南宋末に至るまで續く。また四明方志の新法黨系人士の敍述についても考えるべきことがある。次にこれについてふれてみたい。

『圖經』一二　祠廟　附祠堂には、安石祠堂を二箇所擧げている。その一つは嘉祐六年（一〇六一）に知州錢公輔が立て、胡宗愈が記の撰文をした廣利寺の生祠であり、安石の行跡を慕う鄕人の願いに應えたという。問題は、もう一つの經綸閣である。その經緯は『寶慶』一二　鄞縣志一　公宇の記述が詳しく、そこには次のように記される。

舊、聽事の西偏に在り。元祐中、邑に宰たる者、前宰の王安石、相位に登るを以って祠を閣の下に建立す。建炎四年、兵に燬かる。紹興二十五年、令王㦤、重建し、左朝散郎主管台州崇道觀維揚の徐度記す。乾道四年、令揚布、王荊公祠を閣の上に移す。後、閣とともに廢さる。淳熙四年、令姚溙、宅堂の北に徙し建つ。紹熙五年、令吳泰初、重建す。嘉定十七年、令張公弼、又た荊公祠を重建し、閣北の西偏に移す。閣の舊扁存せず。寶慶三年、令薛師武、立つ。(14)

この記述に依ると、王安石が宰相に就いたため、元祐年間の鄞縣知事がその祠堂を經綸閣の下に立てたことになる。

經綸閣

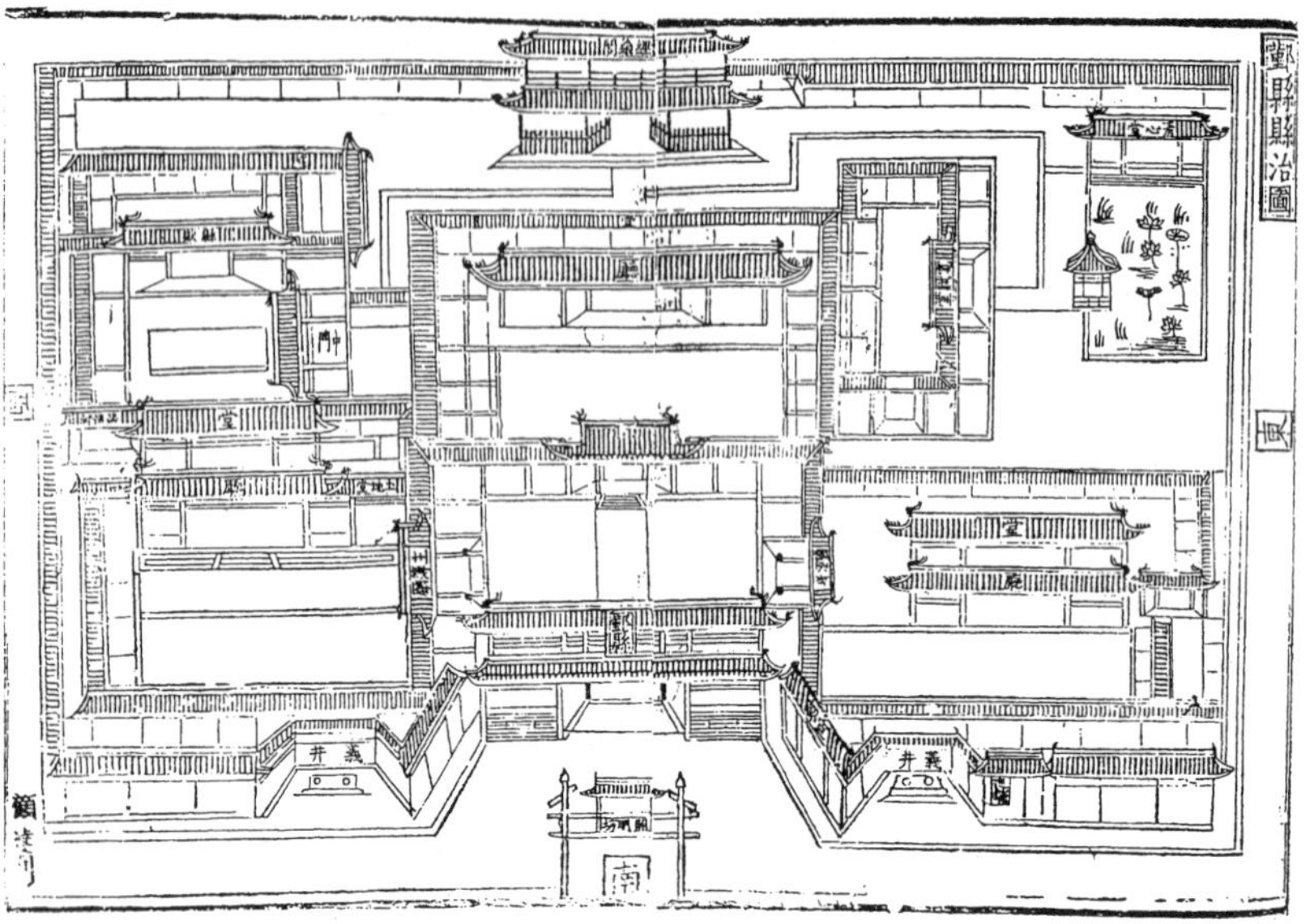

『乾隆鄞縣志』が引く『續志』佚文に「王安石、嘗て縣令爲り。邑人、其の政を思い、其の燕休の所に卽きて此の閣を作る」とあるように、經綸閣は安石祠堂を收める建物であった。これは紹興二十五年、王燁が重建したときに徐度が撰した「重建經綸閣記」（『圖經』九）に據る記述であり、そこには元祐中、縣令が「重屋を爲り、公の像を肖りて之れを祠り、名づけて經綸閣と曰う」と明記されている。とすれば『寶慶』の「下に」は、二階建ての經綸閣の一階にという意味であろうか。ともかく、縣の人士が縣令王安石の政治を讃えて、その沒後に建てた安石祠堂が經綸閣であった。中央では新法派に代わって新法否定の舊法黨が政權を握っていたときの建設である。北宋滅亡、中興後の建炎四年、金軍は兩浙深く侵入し、明州も甚大な戰火を蒙った。そのときに經綸閣も燒失した。その後二〇年を經た紹興二十四年、新たに赴任してきた縣令王燁によって、翌年、閣は再建された。この王燁は安石の弟王安國の曾孫にあたる。「重建經綸閣記」は次のよう

に記す。安石の時代から一百九年も經つのに安石「興造の蹟」は猶おはっきりと分別でき、縣民は常にその治世を語り繼ぎ、その蹟を指しては安石に思いを致し、文公の德は忘れたことが無いという。安石の「諸孫」が縣令として赴任してきたこの機會は、まさに經綸閣再建のときであるとして再建の許可を求め、一切の費用は民間から出し、公費は一錢も使わず七十日で竣工した、と。その再建が、實際は民間からの發意と經費の據出であることを述べる。その後も、一時的な廢止や再建を繰り返しながら安石を祀る經綸閣は存續し續けたのである。因みに宋版『(寶慶)四明志』に掲載する鄞縣縣治圖には、廳堂の北側に重層の經綸閣がみえている(前頁圖)。淳熙四年の再建時の位置を繼承し、一番奥まったところとはいえ、諸廳舍を従えるような配置である。宋一代、明州獨自の、中央政府とは異なる王安石評價の歴史を象徵していると言えるであろう。

一方、當然のことながら、明州出身の官僚たちの政治的立場は一様ではない。南宋になると、秦檜、韓侂冑、史彌遠らいわゆる專權宰相との距離の取り方が、本人のみならず一族・姻戚内での確執を生みだすことにもなり深刻な問題となるが[15]、北宋の場合は明州出身の高位の中央官が少ないこともあり、中央政界の黨爭が明州地域社會に直接の影響を與えることは南宋ほどではないようにみえる。「慶曆五先生」の一人、樓郁に受業した同學で共に中央の高官となった豐稷と舒亶の二人は、政治的には互いに逆の立場に在った。稷は、元豐三年に監察御史裏行となると王安禮の不法を彈劾し續けて神宗にたしなめられたり、最後は御史中丞として、即位した徽宗に司馬光、呂公著を辯護、『神宗實錄』を編纂した章惇を『安石日錄』を使用し、宣仁太后を誣罔したとして非難、ついには蔡京・卞兄弟を彈劾したが、その後、相位に就いた蔡京によって貶竄された。反新法の立場を貫いたといえよう[16]。それに對し舒亶は、後述のように反新法官僚に苛酷な彈壓を加えた張本人である。しかし兩人は、故鄉明州に在っては、亶の別莊で詩を應酬する仲であったという[17]。

舒亶という名前で筆者が直ちに思い浮かべる事件は、宋代の「文字の獄」として有名な烏臺詩案である。元豐二年、舒亶は蘇軾を死罪に追い込むべく彼の詩が天子を侮辱し朝政を誹謗しているとして「大不恭罪（大不敬罪）」の刑名を擧げて激しく彈劾した[18]。當時の肩書は、監察御史裏行。こうして舒亶は、中國史上、現在に至るまで多くの人々から敬愛され續ける東坡を刑死させようとした凶暴な敵役としてイメージされるようになる。事實、彼の本傳は、烏臺詩案で彈劾する側であった御史中丞李定、監察御史裏行何正臣などと同じ『宋史』三二九に收められ、その記述は彼の酷薄さを證明する事例で埋まっている[19]。その數例を擧げれば（括弧内は他史料からの補足）、新法を批判して流された鄭俠を再び逮捕尋問することを命じられた亶は、その持ち物から新法を批判する人名を載せた草稿を見つけ出して寫し取り、俠を嶺南に竄するとともに馮京や王安國らもことごとく處罰を受ける羽目になった。元豐の太學の獄は、もともと落第學生の（逆恨みの）告發で始まった些細な收賄案件であったが、亶は瑣末な事まで罪狀とし、多くの者を連座させて一大疑獄事件に仕立て功績とした[20]。烏臺詩案では軾のみならず、（その詩を所持したり唱和したとして）司馬光、張方平、范鎭など多くの高官の嚴罰を要求し、神宗から行き過ぎを咎められた。嘗て自分を引き立ててくれた中書檢正官張商英を、その息子（或いは女婿）について、中書の官にもかかわらず自分に請託したとして、それを暴露彈劾し職から追い落とした。こうして順調に官職を上げ、（試）給事中から權直學士院、御史中丞になると更に彈劾に磨きをかけた。しかし尙書省が法律通り奏鈔の目錄を作成していないという自らの彈劾、調査のなかで、當の御史臺も目錄を作成していないとの指摘を受け、それを糊塗する工作をしたり、或いは自分が直學士院のときに規定以上の廚錢（蠟燭代）を受けたことを逆に彈劾され、神宗自らの言葉で二官降格・勒停の處分を受けた。亶の相次ぐ起獄に戰々兢々としていた士大夫は、その微罪による重罰に遠近を問わず快哉を叫んだという。その後十數年にして復歸、知南康軍（そして知荊南府荊湖北路鈐轄）として辰・溪蠻の反亂鎭壓に從事し、陣中で沒した。以上がおおよその内容であるが、舒亶を肯定的に評價する部分は全くない。最初の熙河路での括田に成績を擧げたことは、そもそも熙河路經略が間違いであったという評價であるし、最後の「開邊の功を以って直龍圖閣由り待制に進む」にしても、その前に蔡京がした、という一句があることで、むしろ否定的意味合いを喚起させる。

これに對し、『圖經』五　慈溪縣　人物　の舒亶傳は、『宋史』と同じ人物とは思えないほど樣相を異にする。(21)ここには太學の獄の記述も烏臺詩案に關する敍述も無い。況や張商英の件も廚錢や尙書省の奏鈔錄目、更には降格勒停の處分にも觸れない。逆に學士院での辭令の執筆が兩漢の風ありと賞贊され、御史中丞として御史に相應しい人物十人の推薦がことごとく適材であったとして「人を知る」と稱されたことを記す。最後の「開邊の功」にしても評價したのは徽宗になっている。

そもそも兩傳が共通して採錄する冒頭の逸話（兩傳で多少の相違がある）が、兩者では全く別の文脈で語られる。すなわち舒亶が科擧合格後、最初に赴任した台州臨海縣の縣尉として、酒の勢いで叔父の妻を放逐（繼母を罵倒）した人物を、服さないとみるや直ちに手づから首を刎ね、自らを彈劾する狀を認めて卽刻辭職し（『圖經』では縣尉廳の壁に一首を殘す）、これを丞相王安石が見所があるとして中央の審官西院主簿に登用した、という出來事である。『宋史』は、その前に亶は省試を第一で合格したことを擧げ、優秀な文官として出發したように見えるが、實は性格凶暴、武斷政治を行い、それが熙河路經略や晩年の辰溪蠻鎭壓の「功績」に結びつくし、そうした性格がその間のさまざまな彈壓事件の根底にあることを示唆する。さらにこういう人物を登用する王安石と新法の問題點を暗示するのである。それが『圖經』になると、舒亶は幼少のころから文才を發揮した偉丈夫であり、特に聲律・程文に長じ太學での詞翰は天下一と稱されたとした上で、臨海縣は山と海に挾まれ、慓悍盜奪を俗とする僻地である。そうした暴力的な未開の風俗を是正するため縣尉として行った行爲が先の逸話である。亶は文筆に優れ博學強記であるが文弱の秀才ではなく、果斷な決斷力と行動力を兼ね備えた文官であり、その措置を安石は評價したことになる。それ故、熙河路では西夏との國境問題が起きたとき、王韶の消極論を抑え、單騎敵地に乘り込んで成果を擧げたのであり、晩年の辰溪蠻鎭壓の功もその性格に歸せられる、と言うかのようである。それにしても『圖經』の最後に、舒亶が陣歿する前、洪江の西に大隕石が落ちたという記述は、これが單なる列傳ではなく、「巨星墜つ」の偉人傳であることを示したいかのようである。

『圖經』が收錄する詩文のなかで、安石と舒亶の作品は群を拔いて多い。舒亶という人物を通してみる『圖經』は、『宋元四明六志』のなかでもかなり特異な位置にあるといえるであろう。それに比べ『寶慶』八の舒亶傳は、太學の獄には觸れないものの、それ以外は『圖經』と『宋史』の兩者の記事を併せた內容となっていて分量も三傳の中では最も多い。編纂時期の順から言えば、『圖經』、『寶慶』、『宋史』であり、『宋史』は『寶慶』から『圖經』の部分を取り去った構圖になる。さらに『圖經』は北宋徽宗朝の大觀元年に設置された「大觀九域圖志局」の命で編纂された從事郎李茂誠等撰『大觀（明州）圖經』を踏襲しているという。[22]とすれば蔡京時代の、しかも中央政府の指示で編纂された地方志を再錄した『圖經』舒亶傳がそのような記述であることは當然であろう。また彼の多くの詩文の收錄箇所は乾道年間の增添部分にかかるから、舒亶の高い評價は『大觀圖經』から『乾道圖經』まで變わっておらず、これが南宋前半の明州における舒亶像と理解してよいだろう。それでは我々は『圖經』、『寶慶』を經て『宋史』にいたる舒亶像の變遷から何を讀み取ることができるのであろうか。

結論を出す前に、もう一つ檢討しなければならない問題が殘されている。それは三傳の史料來源をもう少し細かく檢討することである。以下は推測に過ぎないが、一つの可能性として考えたい。前節で檢討した「慶曆五先生」と異なり、舒亶は中央政府の高官を經歷し、『宋史』に傳が立てられたことからも、沒後「行狀」が作成され、それは史館に送られたと考えられる。一般的に言えば、行狀は實錄の付傳、正史の列傳の基になる史料である。亶は崇寧二年（一一〇三）の沒であり、もし行狀が作成されていれば、時間的に『大觀圖經』がそれを參照することは可能であった。また「徽宗實錄」は、紹興十一年に元符三年から大觀四年までの六〇巻が一旦進呈されているが、大變疎略であるとして修訂を命じられ、それは結局完成せず、その後、六〇巻の進呈分も新たに再編纂されて孝宗の淳熙四年にようやくできあがっているので、『圖經』編纂者が「實錄」を見た可能性はない。(23) 一方、徽宗朝を含む「四朝國史」の列傳部分の完成は、淳熙十三年（一一八六）であり、『寶慶』編纂の約四十年前になる。従って『寶慶』編纂者が「國史」舒亶傳を見ることは時間的には可能であった。『寶慶』編纂の發議は明州慶元府知事の胡榘、實際の編纂主任は當初が慶元府學教授方萬里、その轉出に伴い新任の羅濬が主宰し一五〇日間で完成させた。(24) この短期間での編纂を考えると、『圖經』に比べ分量も增やした『寶慶』の舒亶傳は、再編纂された淳熙「徽宗實錄」に基づく「四朝國史」舒亶傳を利用したと考えてもそれ程無理はないように思える。

『圖經』、『寶慶』、『宋史』各記事の、それぞれ獨自の箇所、どれか二つに共通する箇所、三つすべてが記す箇所に分けると、『寶慶』獨自の記事の多くが『長編』の舒亶關連記事と共通することが分かる。(25) 李燾は、實錄、正史以外に多くの書・史料を參照したと述べる『長編』の神宗から徽宗朝部分を淳熙元年に完成・上呈し、また「四朝正史（國史）」編纂にも従事したが、その完成を待たず淳熙十一年に沒している。『長編』の舒亶關係記事が、編纂途中の實錄や正史の舒亶傳と同じものかどうかは確定できない。しかし『寶慶』の記事の原史料が國史院に在ったことは確かで、先述の國史を利用した、と考えるのがやはり最も無理がなさそうである。

明州での舒亶のイメージは、北宋から南宋半ばまでは文武に長けた偉人としてのそれであった。南宋末になると否定的な側面も加わりイメージは變化するが、何れにしてもそれは基底において中央史館の描く像と連動していた。凶暴な姦人のイメージは、元の『宋史』列傳で定着するのであろう。

以上、驅け足で明州における王安石、「慶曆五先生」、舒亶各三様の評價の形成と變遷をみてきた。それらはいずれも明州という地域社會の獨自性を際立たせる側面をもち、その獨自性は何らかの意味で中央との關係における明州士人社會の個性であった。宋元四明六志を校勘した淸の徐時棟は、全祖望の『寶慶・開慶』跋文の「『寶慶』は訛謬が多い。元豐の舒亶、中興の王次翁には（その必要がない）堂々たる大傳を作っているのに、高閌傳に楊時から（伊洛の）學を受けたこと、秦檜の緣組の申し出を斷ったという（重要な）ことが書かれていないのはどうしたことであろうか。僅か百五（十）日で作り上げたというのは尤もなことだ」という論評を引用している。[26] 確かにその通りである。しかし道學が體制正統教學となった後世の眼からではなく、南宋後半に生きる者の眼を通せば、明州の現實がこのように見えていたとも言える譯で、安石、五先生、舒亶三様の評價の變遷はその意味でも檢討に値するであろう。最後にもう一度王安石に立ち返って本章を終わりたい。

おわりに

安石自身にとり、その私生活においても鄞縣時代は特別であった。曾鞏に依賴した亡き父の墓誌銘の原稿である「先大夫述」を執筆、埋葬したことはその一つである。また、安石撰の墓誌銘のなかで最も短く最も印象深い「鄞女墓誌」がもう一つのできごとを傳える。

鄞女者、知鄞縣事臨川王某之女子也。慶曆七年四月壬戌前日出而生、明年六月辛巳後日入死。壬午日出葬崇法院之西北。吾女生惠異甚、吾固疑其成之難也。噫。（『文集』巻一〇〇）

解說する必要はないであろう。銘文はない。若い父親の胸底からの呻きである。さらに安石は、この娘に詩一編を残している。

別鄞女

行年三十已衰翁。滿眼憂傷只自攻。
今夜扁舟來訣汝。死生從此各西東。

版本によって字句の異同が多少ある。これは李壁箋註、劉辰翁評點本に據り、その評には「慘絕」とある。この詩を、詹大和「王荊公年譜」は三十歳ということから皇祐二年に繫年し、顧棟高「王荊國文公年譜遺事」は鄞女卒の慶曆八年に繫年する。最も詳しい蔡上翔「王荊公年譜考略」は墓誌も詩も載せない。私は、安石の鄞縣知事の任が終わり、いよいよ明州を離れる皇祐元年の作であろうと考えている。開封へ向うために西行する安石は、恐らく二度と來ることのない崇法院の娘の墓に別れを告げたのである。明州の人々は、永く「鄞女墓誌」と「別鄞女」詩を記憶し續けた（全祖望「題王半山鄞女志」『鮚崎亭外集』卷三五）。

宋代明州士人社會にとっても、王安石にとっても慶曆年間は、特別の時期であった。

注

（1）黃寬重『宋代的家族與社會』（東大圖書公司　二〇〇六年六月）。

（2）南宋明州の名族で缺かすことのできない史氏については、既に Richard Davis 氏の *Court and Family in Sung China, 960–1279 : Bureaucratic Success and Kinship Fortunes for the Shih of Ming-Chou* (Durban : Duke University Press, 1986) があるため、敢えて採り上げなかったと述べるが、四氏との關係で史氏は頻繁に登場する。

（3）「慶曆七年、再調知鄞縣。在任好讀書爲文章、二日一治縣事。殫心水利、浚湖築堰、繕修堤塘、必躬歷其地。凡東西十有四鄕、所隸川渠、靡不親視飭民、有鄞縣經遊記。至今東錢湖有祠、在山上其嶺猶以安石名。邑人鄞江先生王致安貧樂道、安石師事之、歿則銘其墓、悼以詩。又因孔子廟爲學、教養縣子弟。請慈溪杜醇爲師、再諄懇。又訪教于城南樓先生郁及王祕校該。又上書杜學士、使邑民乘暇開河。上運使孫諫司書力阻其令吏民出錢購人捕鹽、更以書薦司法吏汪元吉之廉平。嘗貸穀與民立息以償、俾新陳相易。邑人稱便。今邑中經綸閣實聖廟皆祀之。舊時廣利崇法二寺皆有祠」。

（4）「王荊公知明州鄞縣、讀書爲文章、三日（他版二日）一治縣事。起堤堰、決陂塘、爲水陸之利、貸穀於民、立息以償、俾新陳相易、興學校、嚴保伍、邑人便之。故熙寧初爲執政所行之法皆本於此、然荊公之法行於一邑則可、不知行於天下不可也。又所遣新法使者、多刻薄小人、急於功利、遂至決河爲田、壞人墳墓室廬膏腴之地、不可勝紀。……」

（5）「至聖文聖王廟在縣東半里。唐元和九年建。皇朝崇寧二年、因行三舍法、教養生員、移瘗縣西南半里而成於大觀三年。建炎四年遭兵火、至今未建也」。

（6）「……某得縣於此踰年矣。方因孔子廟爲學以教養子弟。願先生留聽而賜臨之、以爲之師。某與有聞焉」。

（7）「……廟又壞不治。今劉君居中言於州、使民出錢、將修而作之、未及爲而去。時慶曆某年也。後林君肇至、則曰古之所以爲學者吾不得而見、而法者吾不可以毋循也。雖然、吾有人民於此不可以無教。卽因民錢、作孔子廟、如今之所云、而治其四旁、爲學舍講堂其中、帥縣之子弟、起先生杜君醇爲之師而興於學」。

（8）「學、舊在縣西四十步。皇朝雍熙元年（九八四）縣令李昭文建先聖殿居其中。端拱元年（九八八）令張穎記。慶曆八年、令林肇徙於縣治之東南一里。鄞縣宰荊公王安石記之、貽書招邑人宿學杜醇爲諸生師。……」

（9）「……猶曰州之士滿二百人乃得立學。於是慈溪之士不得有學、而爲孔子廟如故」。

（10）『宋會要』選擧三―二三。周愚文『宋代的州縣學』一九九六年を參照。

（11）「至其陵夷之久、則四方之學者廢、而爲廟以祀孔子於天下、斲木摶土如浮屠道士法爲王者像。州縣吏春秋帥其屬釋奠於其堂、而學士者或不預焉。蓋廟之作出於學廢、而近世之法然也」。

（12）「噫、林君其有道者耶。夫吏者無變今之法、而不失古之實。此有道者之所能也。林君之爲、其幾於此矣」。

(13) 初出論文作成時には、全祖望「慶曆五先生書院記」が王應麟の記事に基づくことについての先行研究が存することに氣づかなかった。佐藤仁「全祖望撰〝慶曆五先生書院記〟考」(『久留米大學文學部紀要』第六號 一九九五 同氏『宋代の春秋學宋代士大夫の思考世界』研文出版 二〇〇七所收)には、「書院記」及び仁宗朝の明州地方學の狀況について考察がなされている。事實認定においては異なるところはないが行論の文脈は同じでない。早坂俊廣「〈場所の思想史〉序說 (上)」(『信州大學人文科學論集〈人間科學編〉』第四十二號 二〇〇八)參照。

(14) 「舊、在聽事之西偏。元祐中、宰邑者以前宰王安石登相位而建立祠于閣之下。建炎四年、燬于兵。紹興二十五年、王煒重建、左朝散郎主管臺州崇道觀維揚徐度記。乾道四年、令揚布移王荊公祠于閣之上。後與閣俱廢。淳熙四年、令姚搸徙建于宅堂之北。紹熙五年、令吳泰初重建。嘉定十七年、令張公弼又重建荊公祠移於閣北之西偏。閣之舊扁不存。寶慶三年令薛師武立」。

(15) 注(2)黃氏前揭書。

(16) 『延祐』四 人物攷上 豐稷「元豐三年安惇薦爲監察御史裏行。王安禮自潤州召知制誥。安禮在潤飲刁約家爲姦利事、稷力攻之、不報。復遷翰林學士、稷數上疏神宗論之。曰、安禮事誠有之。朕以其兄安石姑全容之。安禮入政府、稷出爲利州路提點刑獄。……徽宗即位、召爲諫議大夫。遷御史中丞、首疏言司馬光・呂公著皆賢直、不宜以罪黜貶。上曰改先帝法焉得無罪。稷曰法有不便誠當改。上目送之。遂入疏論章惇誣罔宣仁太后、神宗寶籙悉以王安石日錄亂去取。蔡京・卞兄弟植黨已久、若大用必誤國。由是皆坐貶。會曾布入相、稷將論之、首罷稷工部尙書兼侍讀、改禮部尙書。蔡京入相、追貶司馬光立黨碑、稷貶海州團練副使道州別駕安置臺州除名徙建州。……」。

(17) 『宋元四明六志校勘記』五は『延祐』の佚文として『乾隆鄞縣志』一八から「(舒)亶初與豐稷、周鍔同學於樓郁。及入朝(豐)稷嘗薦之。亶有園在西湖、歸里與稷、鍔倡酬。陳瓘、晁說之咸與焉。所謂嬾堂者也」という文を引いている。現行『延祐』は舒亶傳が缺落している。

(18) 本書Ⅲ部第二章「東坡の犯罪――『烏臺詩案』の基礎的考察――」を參照。

(19) 『宋史』三二九 列傳八八「舒亶字信道、明州慈溪人。試禮部第一、調臨海尉。民使酒詈逐後母、至亶前、命執之、不服、卽自起斬之、投劾去。王安石當國、聞而異之、御史張商英亦稱其材、用爲審官院主簿。使熙河括田、有績、遷奉郎。鄭俠既貶。復被逮、亶承命往捕、遇諸陳。搜俠篋、得所錄名臣諫草、有言新法事及親朋書尺、悉按姓名治之、竄俠嶺南、馮京、王安國諸人皆得罪。擢亶太子中允、提舉兩浙常平。元豐初、權監察御史裏行。太學官受賂、事聞、亶奉詔驗治、凡辭語微及者、輒株連考竟、以多爲功。加集賢校理。同李定劾蘇軾作爲歌詩譏訕時事。亶又言、王詵輩公爲朋比、如盛僑・周邠固不足論、若司馬光、張方平、范鎭、陳襄、劉摯、皆略能誦說先王之言、而所懷如此、可置而不誅乎。帝覺其言爲過。貶軾、詵、而光等罰金。未幾、同修起居注、改知諫院。張商英爲中書檢正、遺亶手帖、示以子噐所爲文。亶具以白、云商英爲宰屬而干請言路、坐責監江陵稅。始、亶以商英薦得用。及是、反陷之。進知雜御史、判司農寺、超拜給事中・權直學士院。踰月、爲御史中丞。擧劾多私、氣焰熏灼、見者側目、獨憚王安禮。亶在翰林、受廚錢越法、三省以聞、事下大理。初、亶言尚書省凡奏鈔法當置籍、錄其事目。今違法不錄、既案奏、乃謾以發放歷爲錄目之籍、亶以爲大臣欺罔。而尙書省取臺中受事籍驗之、亦無錄目、亶遽雜他文書送省、於是執政復發其欺。大理鞫廚錢事、謂亶爲誤。法官吳處厚駁之、御史楊畏言亶所受文籍具在、無不承之理。帝曰、亶自盜爲贓、情輕而法重。詐爲錄目、情重而法輕。身爲執法、而詐妄若是、安可置也！命追兩秩勒停。亶比歲起獄、好以疑似排抵士大夫、雖坐微罪廢斥、然遠近稱快。十餘年、始復通直郞。崇寧初、知南康軍。辰溪蠻叛、蔡京使知荊南、以開邊功、由直龍圖閣進待制。明年、卒、贈直學士」。

(20) 太學の獄についての詳細は、Ⅰ部第三章「王安石の科擧改革をめぐって」を參照。

(21) 『圖經』五　慈溪縣　人物　「舒亶、字信道、縣人也。生而雋異、魁梧特達。垂髫時爲四皓頌、言偉志大。老師宿儒知其有遠識、博學強記、爲文不立藁。尤長於聲律・程文、太學詞翰、秀發爲天下第一。有舜琴歌南風賦膾炙人口、流輩服之。登治平二年進士第。授臺州臨海縣尉。縣負山（瀕）海、其民慓悍盜奪成俗。有使酒逐其叔之妻至亶前者、命執之不服卽斬其首、以令投檄而去。亶有詩題尉廳壁云、一鋒不斷姦兇首、千古焉知將相才。丞相王安石聞而異之、召除審官西院主簿、充熙河路分畫蕃漢疆界。時洮隴新蹀血。帥臣王韶欲以重兵防護、亶一切卻去、獨以單騎徑往宣示朝廷威信。夷人以刃剸肉、試其誠否。亶受之無難色、於是歡呼畏服乃定其界而還。授太子中允御史裏行、累遷試給事中直學士院、制命辭令、瞼重渾厚、有兩漢風、衆論稱之。擢御史中丞、被詔擧任御史者十人、所擧皆稱職、時以爲知人。崇寧元年、荊南辰州蠻猺反。除直龍圖閣知荊南府、亶被命討蕩督勵士卒兵、未壓境而賊蠻屈膝、請命朝廷遣使撫問。加待制職。亶時計議進築移屯沅之洪江。俄得疾、是夕有大星隕於洪江之西、遂卒於軍。徽宗皇帝悼惜其才、贈龍圖閣學士、澤及其子孫。有手編元豐聖訓三卷幷文集百卷藏於家」。

(22)『圖經』乾道五年黄鼎序によれば、制置直閣張公（張津）が僚屬に委ねて編纂、散逸していた舊錄（大觀圖經）を得、增添して七卷とし、更に篇什碑記など五卷を追加、一二卷にしたという。舒亶傳は、前注のように卷五の慈溪縣に收錄されているので、舊錄の記事の可能性が高い。

(23) 北宋末皇帝の實錄編纂過程は、本書Ⅰ部 第五章「南宋初期の王安石評價について」を參照。

(24)『寶慶』羅濬序。序文作成時の肩書は從政郎新贛州錄事參軍。

(25)『寶慶』八舒亶傳「舒亶、字信道慈溪人。生而魁梧、博聞強記、爲文不立藁。登治平二年進士第、授台州臨海縣尉、縣負山瀕海、其民慓悍、盗奪成俗、有使酒逐其叔之妻者至亶前、命執之不服卽斷其首、以令投檄而去、留詩云、一鋒不斷奸兇首、千古焉知將相材。丞相王安石聞而異之欲召用。會丁父憂服闋乃除審官西院主簿、徙秦鳳等路提點刑獄。鄭民憲相度熙河營田、民憲言其宣力最多、乞以減年磨勘回授之。特改奉禮郎提擧兩浙常平。熙寧八年十一月入爲太子中允權監察御史裏行。元豐二年七月、論知湖州蘇軾上謝表譏切時事、幷上其印詩三卷。時御史中丞李定、御史何正臣亦攻軾、詔罷軾任逮赴御史獄。十二月獄成、軾責授檢校水部員外郎黄州團練使本州安置。亶又言張方平、司馬光、范鎭、錢藻、陳襄、曾鞏、孫覺、李常、劉攽、劉摯等、收受軾譏諷朝廷文字、各罰銅二十斤。亶爲縣尉坐廢、時張商英爲御史、言其材可用、得改官。及亶知諫院、商英爲中書檢正、以其婿王潙之所業屬亶、亶幷其手簡繳進、自以職在言路、不受干請也。四年自侍御史知雜事、除知制誥兼判國子監、累遷試給事中、直學士院御史中丞。六年、以論奏尚書省錄事坐廢。紹聖元年三月復通直郎管句洞霄宮。崇寧元年正月、起知南康軍。時方開邊蠻寇擾辰州。七月除亶直龍圖閣知荊南府荊湖北路都鈐轄。辰州故黔中郡、歷漢唐皆建郡縣、至五代始棄不通。然亦有内屬者、熙寧元豐開復沅誠、而元祐中又棄之。自是猺人恃險難制、亶圖上地形、募施黔土人、分七路遣將授以方略、斬賊首幷其徒黨三千餘級、俘數百人、破洞百餘、遂分敍浦辰溪龍潭爲七、以忠順首領主之、既奏功朝廷。又詔亶興復誠州乃進屯沅州、兵未壓境而渠陽五溪降胡耳。西道最爲僻遠、至是亦請命天子爲之告廟肆赦、改誠州爲靖州。亶復計議築屯沅之洪江、分兵江之南建若水豐山貫堡三寨。靖州跨大江在飛山之東、猺人出人多以爲障蔽、亶乃選形勝得飛山福純坡、建新城最爲控扼之要。二年、朝廷遣使撫問、除龍圖閣待制、卒于軍年六十三、贈龍圖閣學士。有手編元豐聖訓三卷、文集百卷」。

以上の『寶慶』舒亶傳から分かることは、安石によって拔擢された審官西院主簿に着任したのが丁憂後であったこと、熙河路での活動を評價したのは鄭民憲であったことなど、である。なお徽宗朝は現行『長編』では缺落している。
(26)「宋元四明六志」校勘記五　寶慶四明志。

第三章　宋末元初湖州吳興の士人社會

はじめに

明清時代の科擧研究に大きな影響を與えた何炳棣『科擧と近世中國社會──立身出世の階梯──』は、浙江省における學問的成功の地理的分布が明から清にかけて大きく變化したことを指摘している(1)。明代に紹興・寧波・嘉興・杭州の四府がそれぞれ五〇〇名以上の進士を輩出した記錄は清代の他省でもみられず、また、紹興・寧波の進士合計は省北部の裕福な杭州・嘉興・湖州の合計より多かったが、清代には北部三州、とりわけ杭州への大集中が起ったとする。何氏のあげるデータをみるかぎり、明清代を通じ、これら五府のなかで湖州の地位は比較的見劣りするが、それでも現在の縣單位で比較すると、清代の縣は概ね二縣で現代の一縣に相當するが、湖州市の吳興縣（何氏の論文執筆當時）すなわち烏程・歸安は全國第五位に位置し、府の總數でも全國八位につけているから、やはり學問的成功を收めた地方と考えてよいのであろう。何氏は、こうした變化を引き起こす要因を人口移動などさまざま考察しているが、一般論としては「杭州灣と太湖に沿った三角州は國內で最も進んだ米・茶・絹の生產地帶の一つであり、また、この地域の大きな經濟的・人的資源は、長い目で見れば、必ず學問的成功に轉化されたということが一つの明白な理由であった」と述べている。

省內各地域の進士合格者數の變動を引き起こす要因を考えるという作業は、實に魅力的であるが、實際には因果關係を推測する程度に終わってしまうことは、何氏が述べるとおりであろう。小論は、推測に終わることを覺悟しながらもその魅力に抗し切れず、南宋湖州の進士合格者數の變化の理由を探り、地域士人社會の變化を讀み取る作業を試みるものである。

一　科擧合格者數からみた南宋の湖州

本書地域篇第一章で、各州の進士合格者總數の比較とは別に、時期による合格者數の增減に注目すると、南宋にあっては江南を含む東南地域とくに兩浙（浙東・西）、福建の兩路諸州は、漸增、維持、漸減の三類型に分類できることを指摘した(2)。このうち、沿海部の明州や溫州は漸增型、江南の常州、湖州は漸減型の典型といえる。さらに前者は東南地域のなかでは相對的に開發フロンティア、後者は開發先進地域とみなされるから、二つの傾向は地域開發の歷史的特質と相關關係にあると推測できよう。すると南宋の經濟・文化の先進地域で科擧合格者が年代とともに減少する理由はどこにあるのであろうか。

この問題を考えるに際し、もっとも分かりやすい比較は明州慶元府と湖州（濟王竑の湖州に據る反亂により、理宗以降は安吉州と改名）の場合である。附載した兩州の進士表の縱軸は合格者人數を示すが、先に論じた際にも述べたように目盛は明州が湖州の倍に設定してある。合格者數ではなく、問題は時代による增減であり、この兩表からその對照的な推移は一目瞭然である(3)。

南宋半ばを境に、合格者數が增加する明州に對し、湖州は激減させている。この間、兩者の戶數の變化は、明州が政和六年（一一一八）十二萬三六九二、乾道四年（一一六八）十三萬六〇七二、寶慶元年（一二二五）十四萬三四九と推

南宋慶元府進士

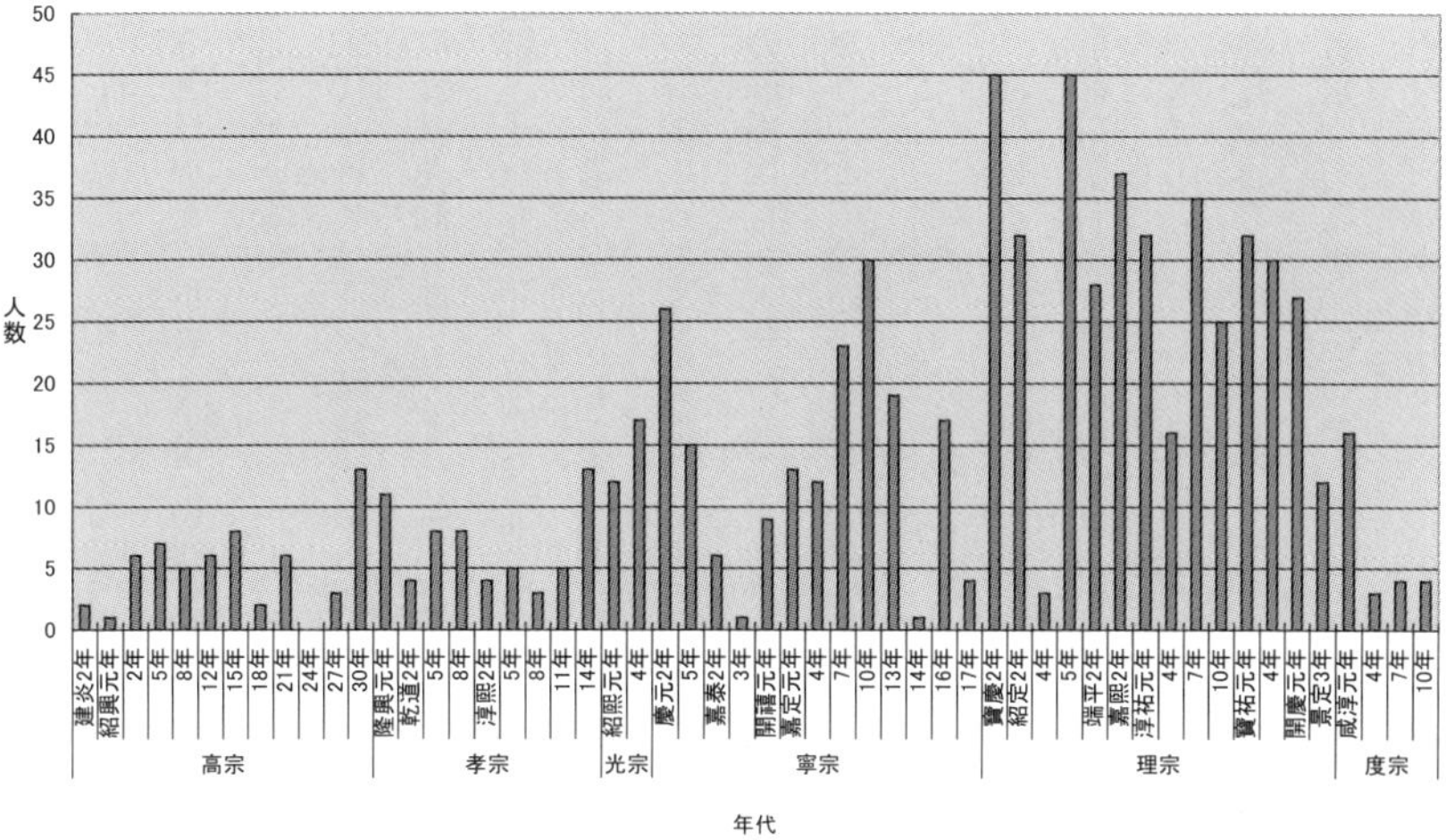

南宋湖州進士表

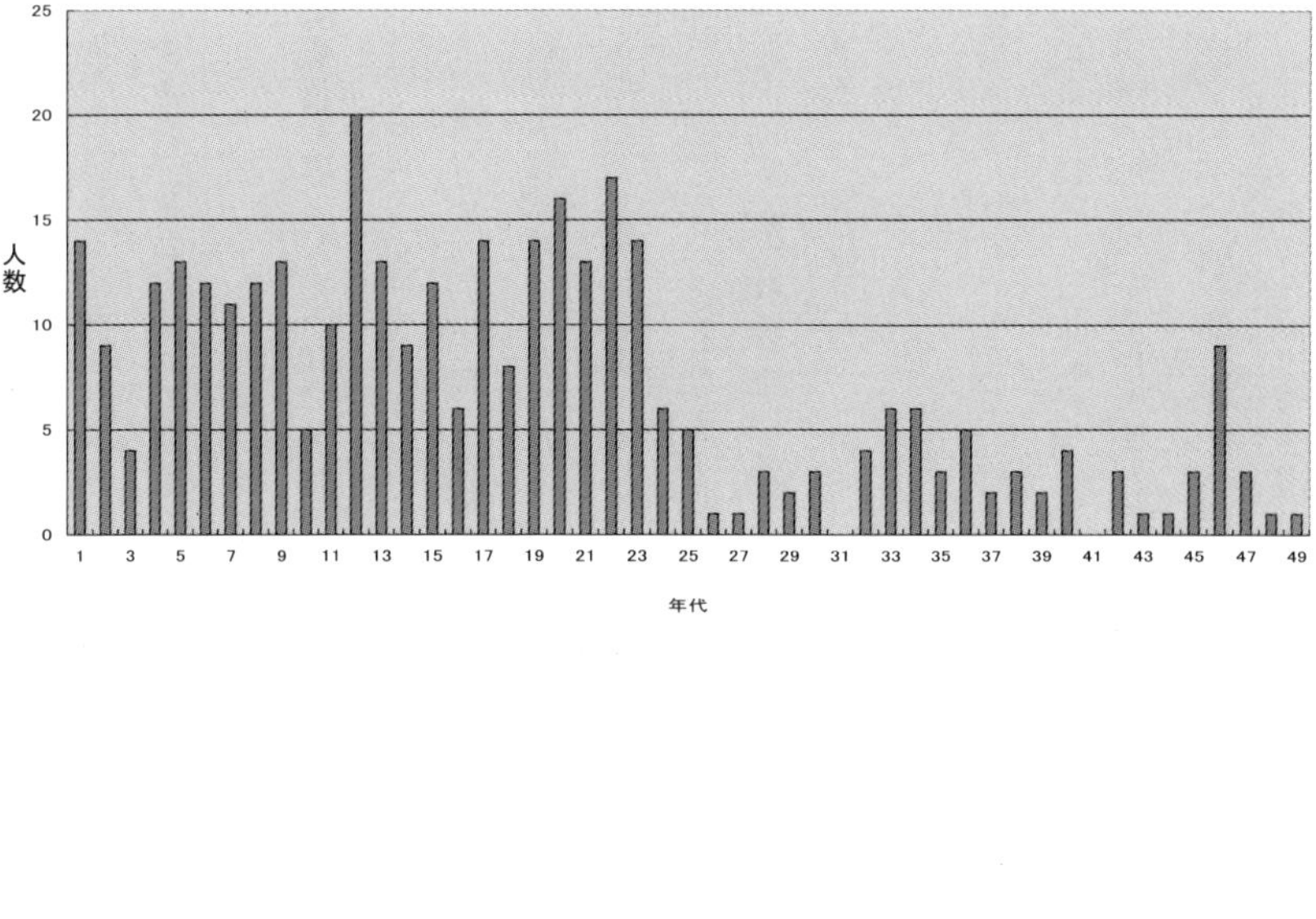

移し戸數の年平均增加率は一・二%、湖州は崇寧元年（一一〇二）十六萬二三三五、淳熙九年（一一八二）二十萬四五九〇、至元二十七年（一二九〇）二十三萬六五七七で年平均一・三%の增加率とされる。(4) 湖州が明州の約一・六倍の戸數を有するとはいえ、戸數＝人口の變化の形はほぼ同じといえる。從って合格者數の變化の差異を、人口數の增減に歸することはできない。

そもそも宋代の科擧は一次試驗である鄕試に一定の合格枠を設定する解額制を導入しており、人口の增減は合格者數の變化に直接は連動しない。その解額は明州の場合、北宋宣和三年に天下三舍法を罷め科擧を復活したときが十二名、南宋紹興二十六年（一一五六）に北からの流寓者のために二名增加させ十四名に、そして理宗の端平元年（一二三四）、一擧に倍增して二十八名となっている。(5) 表から分かるように合格者數の增加は光宗朝から始まっており、端平の增額は州の鄕試以外のルートで合格する人數の增大を前に、州の解額を倍增して實勢に對應した措置と理解できる。一方、湖州の解額は宣和五年の科擧復活最初の鄕試が八名、紹興二十六年に二名增額、また流寓一名增で計三名增加の十一名となり、この額が南宋末まで續いたと思われる。(6) 人口數も北宋の進士合格者總數においても、より多い湖州がどちらも及ばない明州より解額が少ないということは奇妙であるが、結果として解額數の多い明州慶元府は南宋に限れば福州、溫州に次ぐ全國第三位の進士合格者を出した州となる。

先の湖州解額の史料は、應試者の動向についてもう少し詳しい情報を提供してくれる。それは、宣和五年の終場人數が五〇三人であり、南宋に入ると解額は八名から十一名に增えたが終場の人數は四～五倍に增加したというのである。地方志編者としては暗に增額が少なすぎると言いたいのであろう。ここから南宋での湖州の應試者は、嚴密には第三場受驗者數であるが二〇〇〇人から二五〇〇人ほどであったことが分かる。すなわち湖州鄕試の倍率は一六〇から一八〇倍となり、確かに南宋後半の最多の解額一〇〇名に二萬人が殺到したといわれる福建の福州には及ばないもの非常な難關であったことに變わりない。問題は、それにもかかわらず南宋後半の湖州進士合格者が解額に遠く及ばなかったことにある。通常、一次試驗は太學解試や漕試などのルートで受驗する者が多數あり、結果的に解額以上の最終合格者を出す州もあったから、全合格者が解額以下となると實際に鄉試經由の進士登第者はさらに少なく、湖州の場合その減少傾向が目立つのである。結局、一次試驗の激烈な競爭にもかかわらず、地域枠無しで競わせる禮部試にあっては、全國から集まる得解者のなかで合格を勝ち取る力のある湖州人が少なかったということなのであろう。

筆者はⅡ部第一章において、明州慶元府で進士合格者數が時代と共に增加する背景として、南宋後半、朱子學や陸學、呂學など同時代に形成された新しい思想・學術を明州士人は積極的に取り入れ、それら新思想と格鬪しながら學業と學術活動を兩立させ、士人間の交流の中で新たな地域士人社會を作り上げていった歷史狀況を提示した。とすれば既に北宋の仁宗朝、胡瑗が全國に先驅けて州學に經義・治事の兩齋を置き、經學・實學兩コースを授業し大いに學生を集め、やがてそのカリキュラムは太學にも採用されたという學の傳統をもつ湖州は、どのような背景で南宋の科擧合格者を遞減させていったのであろうか。胡學の問題は別に詳細な檢討を要する課題であるが、胡瑗の墓は烏程縣にあり、仕官した子の志康、孫の獬解・鮮解、及びその子孫らは元、明に至るまで湖州に居住したものの、かれらが吳興士人社會へ與えた影響は今のところ判然としない。胡瑗の號を冠した府治西北の安定書院は、理宗の淳祐五年（一二四五）の創建で元、明に重修・重建を繰り返し存續したが[7]、その創建當初、山長に招かれた程若庸は朱門高弟黃榦の學統を繼承する朱子學者で性理の學を說いた（『宋元學案』八三　雙峯學案）。その『學案』一　安定學案が評するように、胡瑗その人の位置づけは、孫復とともに「宋學の先河であり（宋世學術之盛、安定・泰山爲之先河）」、「伊洛の先を開（開伊洛之先）」いたことにあり、その思想內容というより「孔孟沒して自り、師道振るわず（自孔孟沒、師道不振）」「正學の明らかならざる（正學之不明）」狀況に「體用を以って先とする學問（其學以體用爲先）」（黃震『黃氏日抄』四五）

で三十年間天下の才を教育した事實が重んじられていたのである。

安定から春秋を授けられた朱臨は致仕後、呉興城西に住み、子孫は湖州の名族と稱されるようになる。子の朱服は熙寧六年の殿試を前に病氣となり執筆もままならなかったが、まだ知る人の少なかった王安石『詩義』に通じていたため第二人で合格、その後、元豐年間の太學の獄によって制定された太學新法を國子司業として嚴格に運用し、また反新法の言動を取り締まった。しかし晩年は蘇軾との交流を彈劾されて海州團練副使蘄州安置の處分を受け、興國軍に移され卒している。(8)かれの言行は子の朱彧が著した『萍州可談』に多く記され、そこでは蘇軾との關係の記事が專ら語られている。彧自身、恩赦により流配先の海南島から常州に向う最晩年の軾に會い、強烈な印象を受けている。既に胡安定の存在は關心の對象外であり、新法派や蘇軾との關係こそが問題なのであった。ではわれわれの眼に映る南宋の湖州の情景とはどのようなものであろうか。節を改めて檢討する。

二　趙孟頫と周密——鵲華秋色圖をめぐって

元を代表する文人官僚であり書畫家である趙孟頫の代表作として、鵲華秋色圖は夙に有名である。(圖1)乾隆帝が愛玩し、山東の巡幸に持ち歩いたといわれるこの作品が中國繪畫史に占める位置についてここでは問わない。問題としたいことは、宋の太祖趙匡胤十一世の孫でありながら元朝五帝に仕えて翰林學士承旨に至り、沒後、魏國公に封ぜられた趙孟頫が、宋滅亡後は出仕せず、後世「愛國詞人」と評される周密の爲に、この畫卷を描いた背景についてである。畫面は乾隆帝の御題や鑑藏印で埋め盡くされているが、中央に趙孟頫自筆の題識がある。そこに「公謹は齊の人である。自分は副知事として齊州に任官し、退任して歸鄉したので、公謹の爲に齊の風景を説明した。只だ華不

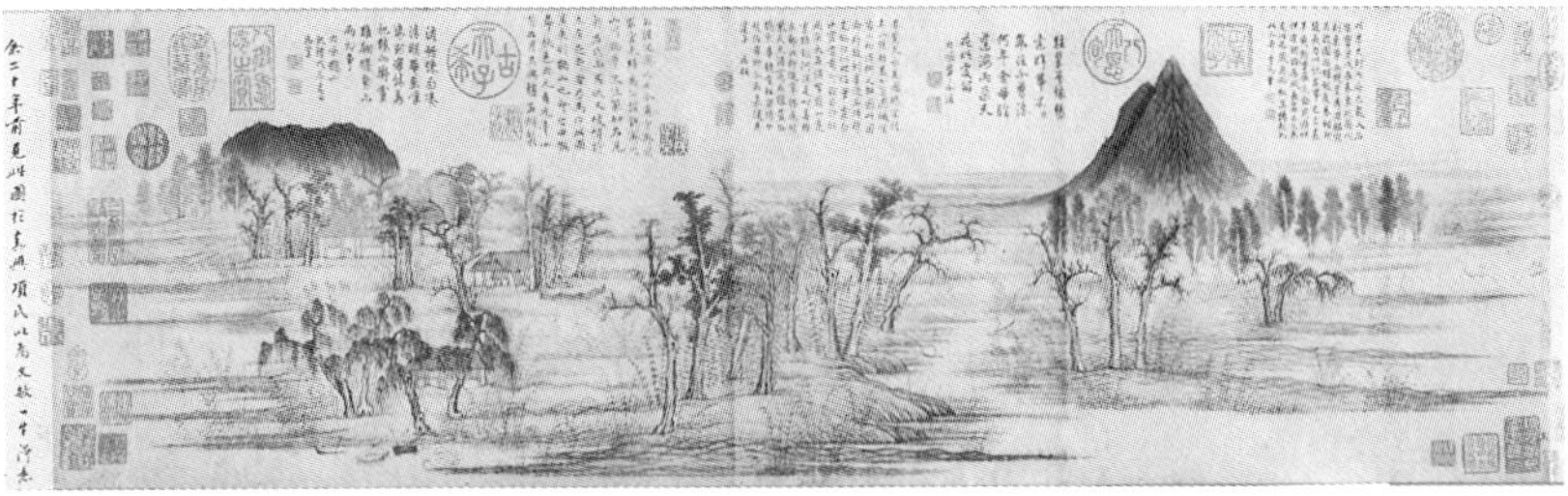

圖１　鵲華秋色圖（二玄社複製より　以下同）

注山のみ有名で、名は春秋左氏傳に見えている。その山容はまた險峻で屹立しており奇觀というに足る。そこでこの畫を描いた。東にあるのが鵲山であり、これを鵲華秋色と名づけた。元貞元年十二月、呉興の趙孟頫が作成」[9]（圖２）と述べるように、これは齊を原籍とするが未だ彼の地を訊ねたことの無い周密、字は公謹のために、同知濟南路總管府事の任を終え呉興に歸った孟頫が、自ら實見した山東の山川を描いた畫巻なのである。この題識の問題點は後に觸れる。元貞元年は一二九五年、孟頫四十二歲、周密は六十四歲のときであった。文獻史料中に二人の交流を直接示す記事はそう多く殘されていない。しかし、ここではかれらが共に南宋湖州の人であり、二人はその呉興士人社會の文化を共有していた點に特に注目したい。

まず二人の略歷を確認しておく。周氏は密の曾祖祕が宋の南渡にともない濟南から呉興に移住した。祕は御史中丞、祖の珌が刑部侍郎、父晉は知汀州と代々官僚となり、密は紹定五年（一二三二）父の任地である臨安府富陽縣の官舍で生まれている。母は嘉定年間に參知政事を務めた呉興の章良能の女《むすめ》、妻は南宋中興に多大の貢獻をなした武將楊沂中（存中）の曾孫である伯嵒の女で、姻族はいずれも浙江の名望家といえる。父の蔭によって任官し、臨安府の幕僚、婺州義烏縣令などを務め、咸淳十年に臨安府豐儲倉擔當官として臨安に在住する。元軍が駐屯した湖州には歸らず、杭州開城後は癸辛街にある楊存中の築造した環碧園で宋遺民として過ごした。なお趙孟頫が歸鄉した元貞元年には、密も墓參りのために呉興に戻っている。大德二年（一二九八）沒、

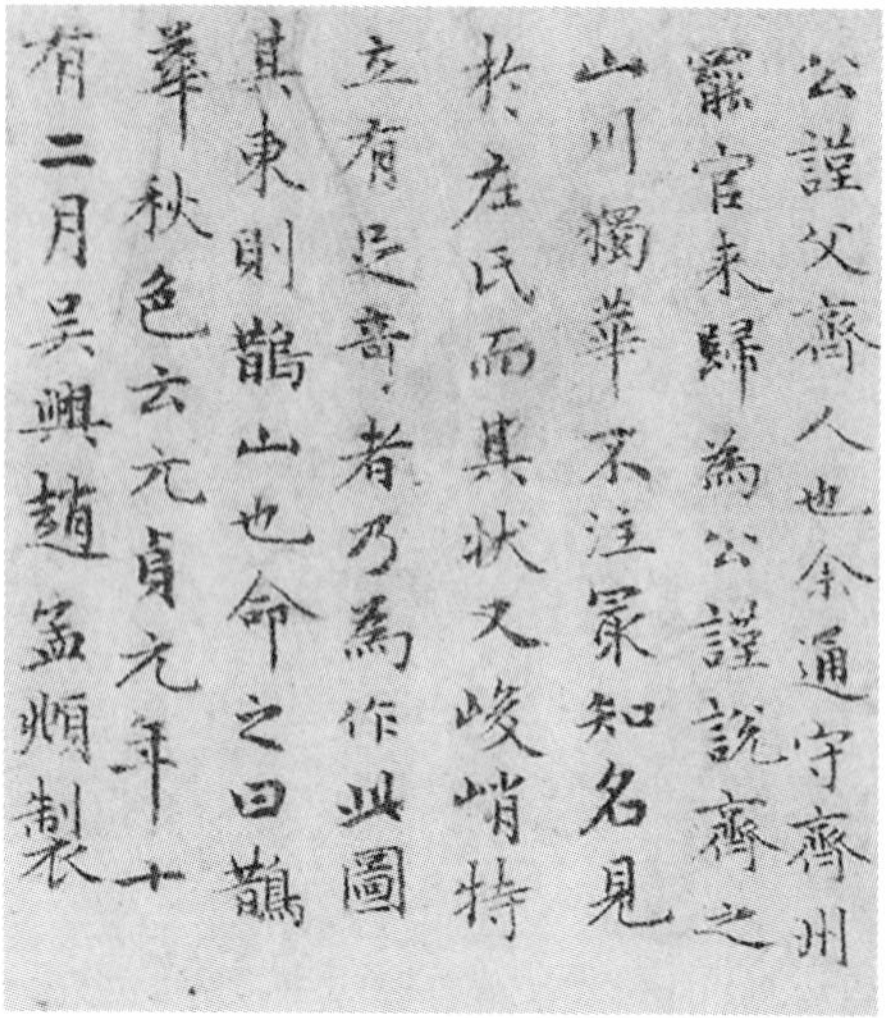
公謹父齊人也余通守齊州
罷官來歸為公謹說齊之
山川獨華不注最知名見
於左氏而其狀又峻峭特
立有足奇者乃為作此圖
其東則鵲山也命之曰鵲
華秋色云元貞元年十
有二月吳興趙孟頫製

圖２　鵲華秋色圖趙孟頫自識

六十七歳（清 顧文彬編『草窗年譜』宋人年譜叢刊12）。官僚としては微職を經歴したに過ぎないが、かれの多くの著作は南宋末の浙江について豊富な情報をわれわれに與えてくれる。

一方、趙孟頫は、太祖趙匡胤の第四子德芳の子孫にあたり、その家は五世の祖、謚安僖、秀王子偁の廟が湖州に立てられて以來、吳興に居住するようになった。子偁の子伯琮が後の南宋第二代皇帝孝宗であり、その同母兄伯圭の第三子師垂が曾祖、孟頫は父與訔の第七子として寶祐二年（一二五四）湖州に生まれた（周密はむしろ父與訔の友人であった）[10]。父の蔭により任官、眞州司戸參軍を務めたが二十六歳のとき宋が滅亡、湖州で家居の生活を送っていた。三十三歳のとき世祖フビライの命を受け江南の人材を發掘にきた程鉅夫に白羽の矢を立てられ、元に出仕して高官に至ったことは周知のことであろう。元朝第一の書家であり畫家として評價されるが、『元史』一七二 本傳は最後に「孟頫の才能は書畫のみ評價され過ぎる。その書畫を知る者は、その文章を知らない。その文章を知る者は、その經世の學を知らない（孟頫之才頗爲書畫所掩、知其書畫者、不知其文章、知其文章者、不知其經濟之學）」という前史官楊載の言を引用して終わる[11]。

兩者が生まれ育った南宋の湖州は當時獨特の歴史環境にあり、それが吳興士人社會の在り方にも影響を及ぼしていたと思われる。南宋嘉泰『吳興志』二〇 風俗に「高宗皇帝、臨安に駐蹕してより、實に行都の輔郡と爲り、風化先に被り、英傑輩出す。四方の士大夫、山水之勝者を樂しみ、鼎來して卜居す」とあるように、南宋になると行在臨安への近さと山水の景勝故に多くの士大夫がここに居を構えたという。江南の諸都市はどれも風光明媚を誇るが、湖州の場合には加えて杭州臨安との地理的條件から多くの士大夫官僚層を招くことになったのである。これを周密が書き殘した湖州の庭園の記事から檢討してみる。

『癸辛雜識』前集 呉興園圃には「呉興、山水は清遠、昇平の日、士大夫多く之れに居る」として、南渡後は秀安僖王の府第がもっとも壯觀であるとし、周密が日ごろ遊ぶ城内外の三十三の庭園を列擧している（記事中の黃龍洞など三所は庭園というより名勝なので除外）。造園から歳を經て周密がこの記事を記す頃には所有者も變わり、形狀を變えたものもあるが、樓閣、堂亭、書院が各處に配置され、「天下山水之美、……呉興特爲第一」（葉適『水心文集』一〇 北村記）に相應しい情景を生み出していた。これらのなかでは趙氏の姓を冠した園が最多で十一を數え、その多くが秀王一族の庭園であった。趙孟頫に關係する園もみられる。月河の西の蓮花莊は莫氏の造園にかかわるが、今は趙氏のものという。『呉興志』一三 苑囿にある月河莫郎中園（莫氏は、胡安定に受業した嘉祐二年の進士莫君陳に始まる呉興の名族、多くの進士を輩出した。郎中とは乾道五年の進士漳をいうか）のことであり、蓮花莊の名稱から推して今の所有者は孟頫と思われる。また趙氏菊坡園について、もと新安郡王（伯圭の長子師夔）の趙氏蓮莊が分割され、これはその半ばであると記し、菊坡は孟頫の父與訔の號であるから、當時は與訔一族の誰かの所有となっていたであろう。さらに城外にも趙氏蘇灣園があり、やはり菊坡與訔の始めるところとする。周密自身の苑囿もあげられている。以前は韓侂冑一族の所有であったので韓氏園と呼ばれている庭園がそれで「後歸余家」と記す。高さ數十尺の太湖石三峰が置かれ、千百の役夫を動員して運んだのであろうと韓侂冑全盛時の財力に想いを致している。

そのほかもっとも古い北宋の左丞葉石林少蘊の邸宅跡、母方の章參政良能の嘉林園、さらには四川井研出身の歷史家李心傳の弟性傳の李氏南園もみえる。彼ら兄弟は湖州に寓居していた。要するに呉興の園囿は、北宋以來の土着の名家、北宋滅亡時に南渡した宗室、同じく北から移住してきた北方出身の士大夫官僚、さらには各地から呉興に奇寓している者などさまざまな士人によって營まれていたのである。そして周密は恐らく、これら園囿の所有者らのもっとも好ましい生き方を、兪氏園の兪澂、字子淸にみていた。その兪氏園の解說には「兪子淸侍郎は（北門の）臨湖門の居宅に庭園を構えていた。兪氏は退翁から四代にわたり致仕の年齢に達する前に引退し、みな長壽を享受して、晩年は庭園の樂しみをもった。思うにこれは我が呉興士大夫の譽れである」とある。兪子淸についてはさらに詳しい記事が『齊東野語』一〇兪侍郎執法に記されており、そこでは嚴正な法運營で鳴り響いていた子淸の幾つかの逸話を紹介している。嚴正とは、恣意も、酷に過ぎることも、寛に過ぎることも、況や法を曲げることなど許さない態度である。自身が墨戲の竹石を善くした兪澂は、權刑部侍郎、待制を以って引退したのだが、それは致仕年齡七十歲の前であり、その後十年の家居を園池・琴書・歌舞の樂しみで過ごした。實は、北宋慶曆二年の進士兪汝尙（退翁）の起家以來、兪氏一族の早い致仕は、澂に至るまで五人が踏襲し、かれらは引退後の生活を樂しんだ。そうした兪氏一族の生き方を、周密は榮としたのである。また兪澂は、大叔父（伯祖）俟の蔭で出仕したのであるが、周密は、俟の描いた墨戲竹石二紙を實際にみて「自成一家」とその出來榮えに感心し、澂の墨戲にはきちんとした由來があるのだと納得している。科擧受驗にあくせくせず、できれば恩蔭で出仕し、官僚としては筋を通す仕事をやりぬき、早めに引退して園池・琴書・歌舞の生活を樂しむ、上昇志向にとらわれず、いわば俗と雅の調和を一生のなかで成し遂げる、これが周密の思い描いた士大夫としての理想の生活であった。[12]

こう考えると、この時期の言說としては一際目立つ周密の道學批判の言がよく理解できるように思える。周密は『癸辛雜識』續集下と『齊東野語』十一に「道學」の項目をたてて考えを述べている。兩者は基本的には同じ論調であるが論の構成を異にする。『雜識』は若い頃聞いたという呉興の老儒沈仲固の說を紹介し、道學者は言うことは立派であるが空虚な題目に過ぎず、行うことは輕佻浮薄、自分の立身出世のため、實務に長けた眞の能力者を排斥する小人集團であり、いずれ國家に大きな災禍をもたらすであろうとの仲固の極論ぶりに驚嘆したが、賈似道が國政を握るに及んで不幸にも豫言が的中してしまったと回顧する。一方『野語』では、伊洛の學の流れのなかで、自ずから一家を爲したもの（自爲一家者）として張栻、呂祖謙、朱熹を評價し、とくに朱熹には最大級の贊辭を贈っている。これに對し張九成、陸九淵には禪僧の影響が有り異端に流れていてもその自覺がないと低い評價であり、永嘉諸公に至っては同日には語れないと評價しない。周密にとって程學の流れを集大成した朱子學は、朱熹の思想體系として最大限の評價を受けるべき存在であり、かれの道學批判とは、自らの能力ではしかるべき地位につけないことを悟った「一種淺陋之士」が、道學の名に附して自分を賣り込む獵官活動に對しての批判であった。

所謂「道學派」のこうした態度は、實は南宋初めの程學派に類似している。蔡京ら新法黨の政治によって亡國の憂き目をみた反動から、南宋初期は舊法黨とくに程學に近い人物が政局の主導權を握る場面があった。秦檜ら和平派は、主戰論を展開する程學派の彈壓を強めたが、そのときの程學派の態様を、周密の描寫する「褒衣博帶、危坐闊步」「抄節語類以資高談」「閉眉合眼號爲默識」と同様の表現を使って非難していることは興味深い(13)。秦檜ら南宋初期の程學派批判と周密の道學批判の違いは、時の政治の風向きを讀むのに長け、權力に阿諛追從する人士を批判することが、最終的には趙鼎という和平派の最大の障害を排除するための手段に過ぎなかった秦檜に對し、周密は逆に朱熹の學問の俗物による利用が國家を危うくすることへの危機感からの批判であった(14)。

慶元僞學の禁で彈壓を受けた道學派は、理宗の寶慶三年（一二二七）に朱熹が太師を特贈されたころから復權が始まり、淳祐元年（一二四一）太學の孔子廟の從祠から王安石が永久に追放され、程頤、朱熹ら道學者が代わって加えられたときに確定した。道學は主流派への流れに乘ったのである。機を見るに敏な「淺陋之士」は一齊に道學に靡き始めた。呉興の老儒沈仲固はその風潮に眞っ先に反發し、同じ呉興の周密は眞の道學と淺陋の士の道學を峻別して批判した。その背景に政治の世界がもつ醜さ・猥雜さを厭い、むしろ美の世界に遊ぶことを願う呉興士人社會が透けて見えてくる。これを先の論考で考察した明州慶元府と比較してみると、それぞれの地域士人社會のいわば「文化的熟成度」の相違を感じる。その意味で、元の時代のことではあるが呉興の趙孟頫と永康の胡長孺に關する次の逸話は、それが事實か否かは別として、浙西と浙東兩士人社會の違い、あるいは「文化の浙西」と「學術の浙東」を象徵するといってもよいであろう。

趙文敏孟頫と胡石塘長孺は、至元中、その名が世祖にまで聞こえ召されてお目見えした。上が文敏に何ができるか、と問われると、「文章を作ること、それに琴棋書畫を辨えております」とお答えした。次に石塘に問われると、「臣は正心修身齊家治國平天下の何たるかを辨えております」と答えた。そのとき胡石塘の被っている笠が傾いていた。上は「頭上の一個の笠すらまっすぐに出來ないのに、どうやって國を治め天下を平らかにするのか」といわれ、ついに召抱えられなかった。(15)

周密のための趙孟頫〈鵲華秋色圖〉作成は、「遺臣」と「貳臣」という政治次元の對立ではなく、「士人文化」を共有するこうした南宋の呉興士人社會を前提にして初めて理解することが可能となる。(16)さらに推測を重ねれば、この同じ文化狀況が能力ある士人をして擧業に邁進する單純な上昇志向の生き方を躊躇させ、結果として湖州における進士合格者の漸減につながったのではないかと思うのである。

三　楊載題跋をめぐって

以上、南宋湖州吳興の進士合格者漸減の歷史的背景を、趙孟頫の鵲華秋色圖に關連させながら檢討してみた。しかし鵲華秋色圖については、小論が成り立つために看過できない疑問が美術史側から提起されているので、以下簡單に觸れる。

日本の代表的な中國繪畫史研究者である鈴木敬教授は、この鵲華秋色圖について『中國繪畫史―中之二』で「……大きなV字形の構成にそって華不注山と鵲山、秋を代表する樹林を配したものであり、兩山の位置からみて濟南附近から北を遠望した形がとられている。兩山の關係は北から南望した形をとる場合、畫としては逆に描かれなければならない（本文篇40頁）」「跋や印をとりのぞいた鵲華秋色圖卷は實に奇妙な作品であることが分る。その奇妙さ、不自然さはすべて李鑄晉教授が指摘しているので（「鵲華秋色圖卷」一九六五　スイス）[17]省くが、このような不可思議な表現の目立つ作品を趙孟頫の原作とすることには若干の躊躇があり、もし原作とすれば大きな改變の手が後世加わったとみなくてはなるまい。それは畫上の自題が加筆され鵲・華の方位を間違えてしまった時と同一かも知れない（本文篇50頁）」「自題の不可解な記述〝……華不注山の形狀は險しく、……その東にあるのが鵲山である。〟乾隆帝は、趙の〝筆誤〟とする。私は乾隆が言うように一時の筆誤とは受け取ることはできない。筆誤なら正したらよいのであり、大きな間違いを犯した自題をそのまま齊人周密に捧げることは有りえないであろう（圖版篇18頁注（一八））と繰り返し贋作の疑いを強く示唆されている。確かに趙孟頫自筆の題識としては不可解な誤りがあり、乾隆帝も自らの題識に記すように、そのことに氣がついていた。また畫の構圖も奇妙といわれる。因みに跋や印をとりのぞいてみたものが

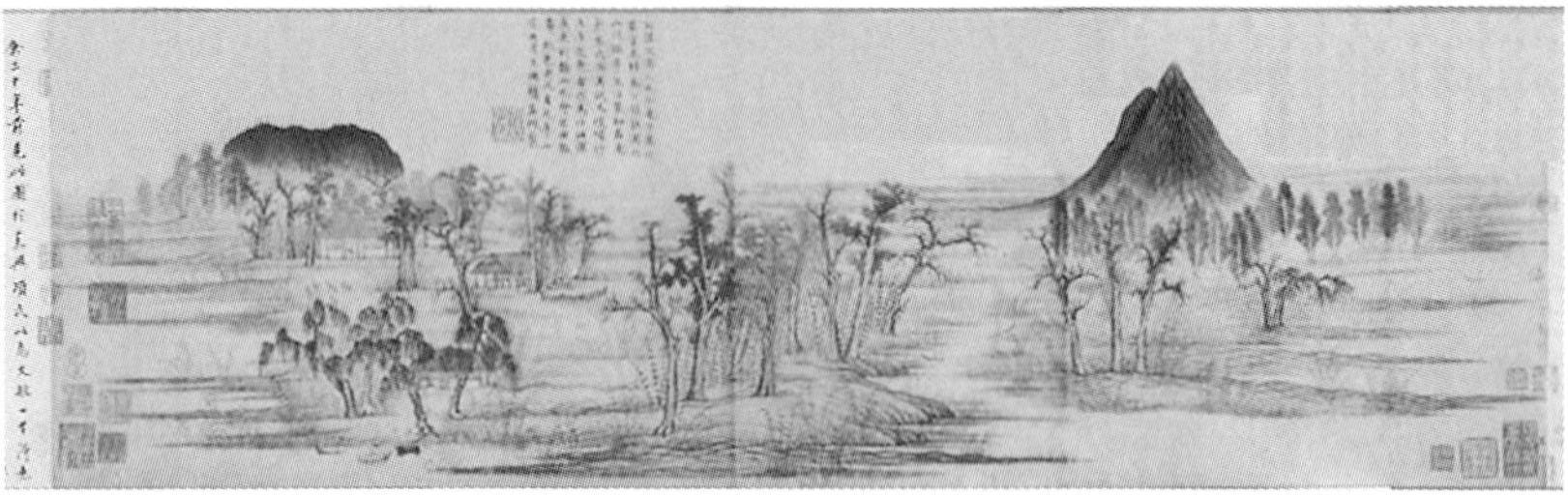

圖3　乾隆以前の鵲華秋色圖

圖3であり、これが乾隆以前の鑑賞者たちが目にした鵲華秋色圖である。ただ筆者には、これをみても美術史家が指摘する如く董元（源）の影響がかなりはっきり分かるようになる程度であり、この構圖が趙孟頫の作品として奇妙なのかどうかは残念ながら判斷はできない。周密の『雲烟過眼錄』には趙孟頫がこのとき燕京から持ち歸った書畫などの目錄があり(18)、そのなかに董元の畫が含まれているから確かに影響は受けたのであろうとは推測できる。ということで、この復原も筆者にとって眞贋問題の解決とはならなかった。

　疑わしいといえば趙孟頫高弟で行狀を撰した楊載の題跋も、自書する執筆の年月や孟頫の官位などおかしいといえばいえる（圖4）。孟頫自らの題識を除けば本圖卷最初の題跋となる楊載の跋文には、「大德丁酉孟春望後之三日」とあるから、執筆は大德元年（一二九七）正月十八日ということになる。しかし大德は元貞三年二月の改元以後の年號であり、この年の正月はまだ元貞年間である。跋文を記した時點で、楊載は近々の改元と新しい年號を知っていなければこの記述はあり得ない。また楊載は、趙孟頫を「承旨」と呼ぶが、孟頫の翰林院承旨就任は延祐三年（一三一六）のことであり、翰林院入りにしても至大三年（一三一〇）の翰林院侍讀學士が最初であり、確かに大德元年には翰林院への推薦がなされたらしく、結局、本人は辭退しているが、翰林院入りの機會があったというだけで美稱として長官の稱號である承旨を使うには少々飛躍しすぎると思う。もしこの畫卷が題跋を含めすべてが後世の贋作であるとすると、今までの行論は、議論のきっかけを失うことになる。

ただし小論に即していえば、現在、臺灣故宮博物院に所藏されているこの圖卷が、孟頫の手になる眞作なのか、あるいは後世の模本にすぎないのかは、實は重要でなく、趙孟頫が周密のために鵲華秋色なる圖卷を描いたか否かという事實の有無が問題である。とすれば同時代の楊載の題跋は、それが後世の僞作でない限り、圖卷の事實が存在したことの證言となろう。現存題跋が楊載の眞筆であることの證明は難しいが、少なくとも題跋の内容の矛盾點は解決しておかねばならない[19]。

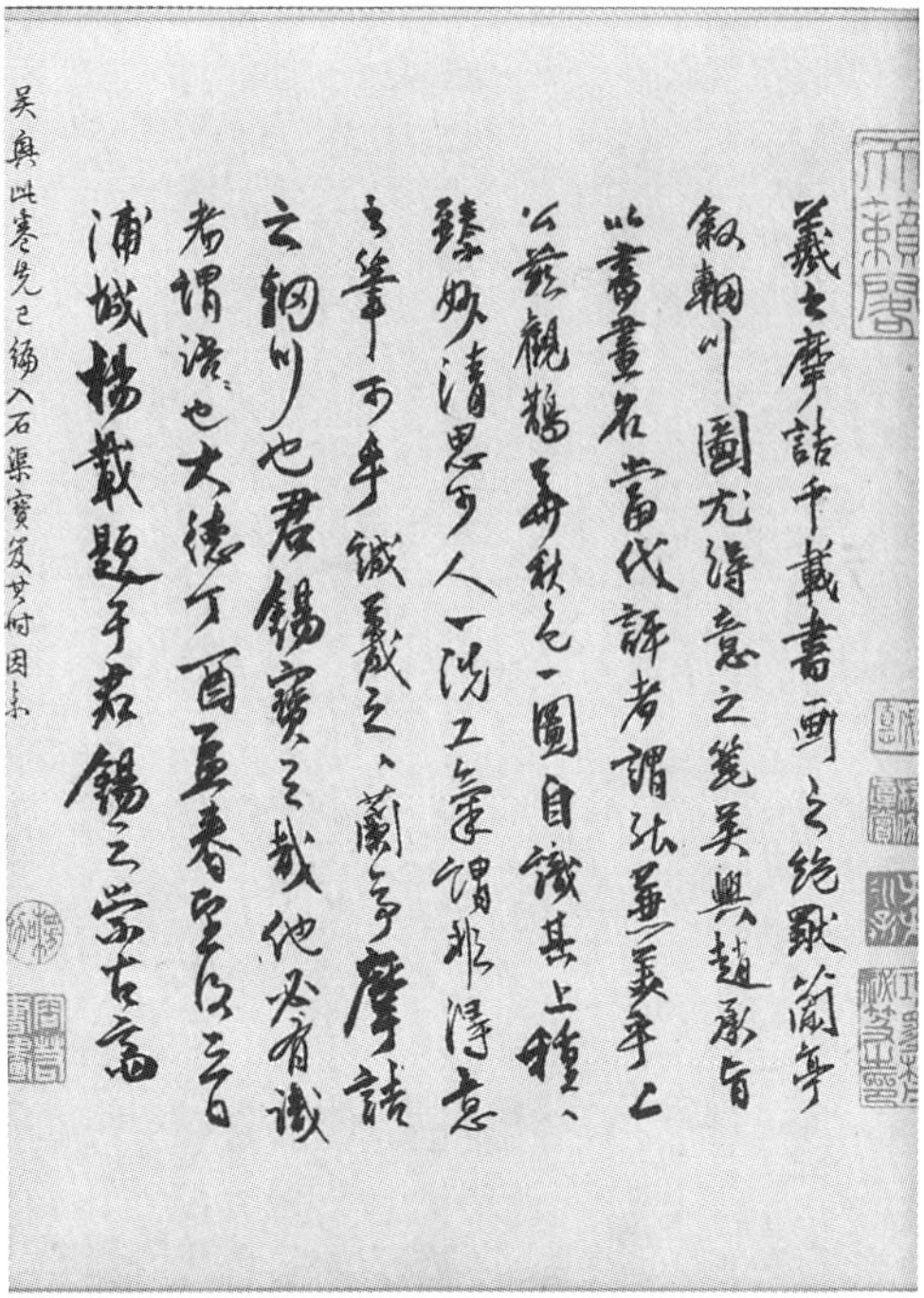

圖4　楊載題跋

楊載（南宋咸淳七年一二七一～元至治三年一三二三）は、北宋楊億十一世の孫であり、それ故億の本貫を以って浦城の楊載と記すが、實際は杭州に住む。延祐二年（一三一五）の科擧同年の黄溍による行狀（『金華黄先生文集』三三　楊仲弘墓誌銘）および元史一九〇の列傳がある。それらに據ると、楊載は四十歳の頃（至大三年一三一〇）、戶部賈國英の推薦で翰林國史院編修官となり武宗實錄の編修に攜わった。その後、地方官に轉じ、延祐二年の科擧に合格している。國史院編修官となった時期には、本傳に「吳興の趙孟頫、翰林に在り、載の爲る所の文を得、極めて之れを推し重んず」とあるように、先述の至大三年に侍讀學士として始めて翰林院入りした趙孟頫から推薦を受けているが、それ以前の兩者の關係は不明である。そこで先ず楊載が鵲華秋色圖をみたという所藏者及びその齋室「君錫之崇古齋」について檢討する。

『元人傳記資料索引』は、君錫を別名とする元人を三人著錄しているが、それら呉晉卿、張瑾、陰元圭の傳記資料ではこのうちの誰がこの君錫であるか特定できない。『石渠寶笈』二八　御書房一の趙孟頫書「福仙禪院碑」一册の解説に「張氏君錫」「崇古齋」の二印があると記され、ここから題跋の君錫の姓は張氏すなわち張瑾のことであり、崇古齋はその齋室名と考えたいのであるが、恐らく『索引』の張瑾とは別人であろう。確かに『索引』の擧げる『雲南通志』一九名宦　元に「張瑾、字君錫、號玉溪、河南の人。至正の間（一三四一〜）、雲南廉訪副使と爲る」とある。しかし後述のように君錫は泰定（一三二四〜）以前に沒しているから同一人ではありえない。張瑾は、むしろ『元史續編』一三　至正三年十二月に記す、處士から（翰林待制に〈『何氏語林』五〉）拔擢された人物の一人で、至正五年の阿魯圖「進宋史表」に名前を列記する翰林待制奉議大夫兼國史院編修官張瑾であろう。それ故、崇古齋の君錫が諱であるか字ないし號であるのかを含め、本人については後考を待つことにする。

趙孟頫『松雪集』八　任叔實墓誌銘によると、「余、十年前、杭州に至る（大德三年、行江浙等處儒學提擧としてであろう）。故人大梁の張君錫、上虞の蘭穹山寺碑を以って余が書を求む」とあって、『石渠寶笈』所載の會稽上虞縣の蘭穹山福仙寺碑文の書を孟頫に依賴した人物が張君錫であった。『嘉泰會稽志』八によれば、福仙院は縣の西北三十里にある唐咸通三年建立の古刹である。墓誌銘は、この福仙院の碑文の撰者が四明の任叔實であり、その文の立派なことに感銘した孟頫は、その後、杭州にやってきた叔實と知己となったこと、こうした經緯から、叔實沒後、墓誌銘を記すことになったと述べる。[20] 任叔實の沒年は武宗至大二年（一三〇九）、埋葬の年は諆年とあり不明であるが、墓誌銘執筆は沒年からそう遠くない時期であろうから、君錫が孟頫に福仙寺碑文の書を依賴した時期は大德三〜四年（一二九九～一三〇〇）頃ということになる。その時點で孟頫は君錫を故人（舊友）と表現しているので、大德元年に張君錫の崇古齋に鵲華秋色圖が存在していたことは十分考えられることである。

張君錫について二、三付け加えておく。柳貫『柳待制文集』一一夷門老人杜君行簡墓碣銘によると、墓主の杜敬と張君錫はともに開封の人で早くから杭州に居を構え、至元・大德の間に朝廷が禮樂の事を講求するに際し、宋の古都である汴・杭の耆舊に意見を求めるという雰圍氣の中に在ったという。柳貫のみるところ、杭州での兩人は集賢柴貢父、尙書高彥敬、都曹鮮于伯機、承旨趙子昂、饒州喬仲山、侍講鄧善之ら「鑑古を尤《よく》し、淸裁有る」人士と「每に其の論議を上下」し、諸公はその見解を尊重した。その結果、延祐初め朝廷は大樂署丞に張君錫を、次に杜簡を拔擢したのであった。杜簡は、泰定元年（一三二四）に七十歲で沒し、君錫はその數年前に世を去っていたという(21)。ここに杭州で君錫が交流した人士として名前が擧げられている鮮于伯機は、大德二年二月二十五日、かれの邸宅で王羲之「思想帖」鑑賞の會が開かれたことでも著名な文人官僚鮮于樞であり、會には趙孟頫、鄧善之らが參加し、そこに周密の名がみえる（郁逢慶『續書畫題跋記』）。要するに趙孟頫の杭州赴任を機會に、かれや鮮于樞を中心として集った杭州在住の文人の輪のなかに張君錫も位置していたわけで、若き楊載が「君錫之崇古齋」で鵲華秋色圖をみたことはほぼ確實といえるであろう。ただし題跋の實際の執筆は、それより後の時期と考えたい。なお元人の題跋には、他に楊載題跋に觸れる范梈德機のものがある。これも嚴密には考證が必要であるが、楊載題跋の存在を裏から支えている。

おわりに

小論は、第二節で吳興士人社會の特色を檢討したが、それは周密の目から見た士人社會に過ぎなかった。別の目か

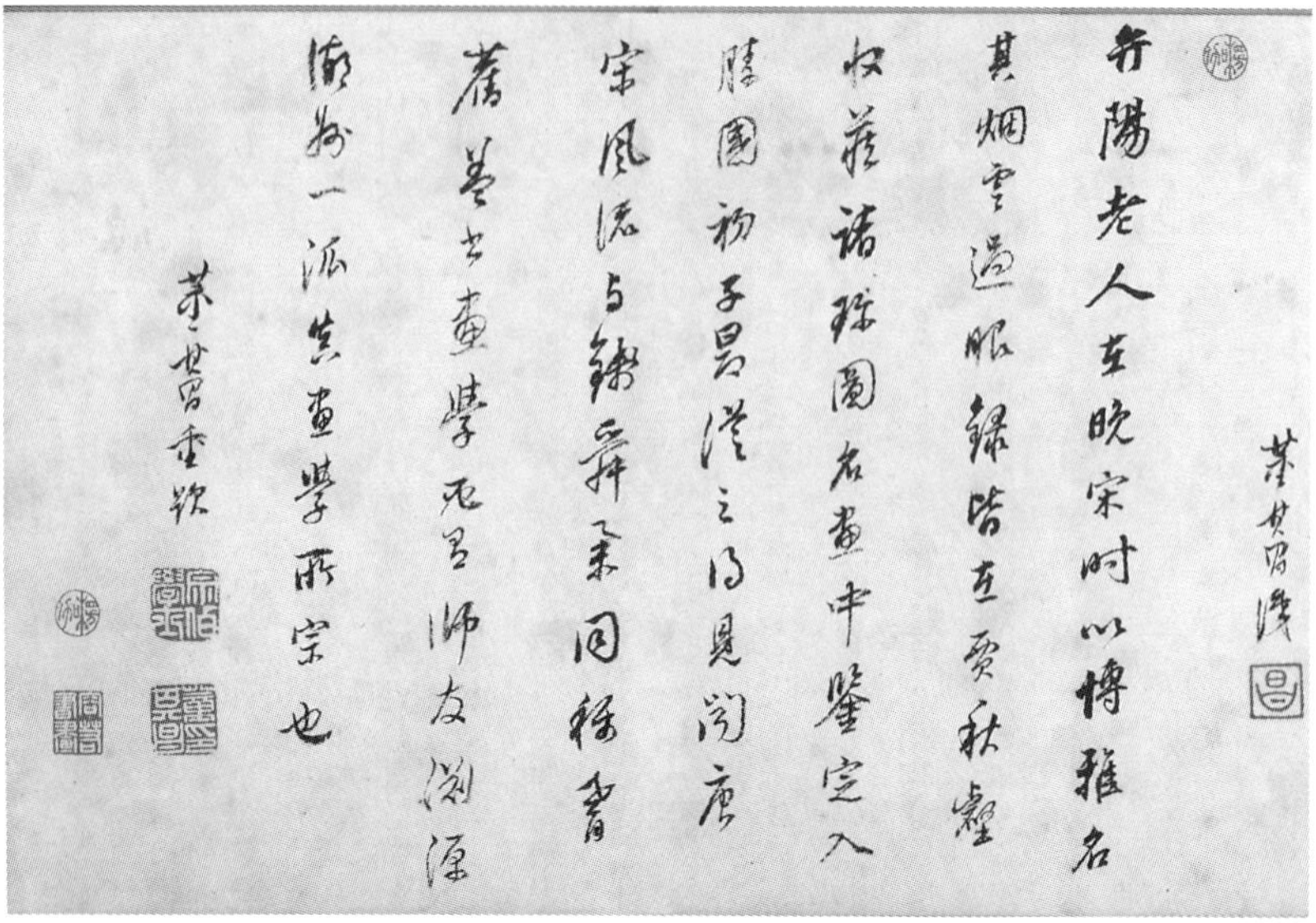

圖６　董其昌題跋

ら異なる特徴の士人社會を描くことも可能であろう。また元朝の趙孟頫や鮮于樞をとりまく文人官僚のサロンは杭州をその場としていた。小論では觸れられなかったが周密生前のかれを取り巻く元初の士人サロンも杭州にあった。吳興士人社會の「文化」を湖州獨自のものとするには些か無理があろう。しかし同時に、元末四大家と呼ばれるこの時期を代表する「文人」畫家たちの活動の場が太湖周邊を中心としていたことも事實である。一方で、南宋期に時代が降るにしたがって進士合格者數を減らしていった典型的なもう一つの州に常州があることを思えば、浙西の文化的成熟と進士合格者數の遞減はあながち無關係ともいえないであろう。

明末、「尙南貶北」論を唱えた董其昌は、この圖卷題跋の一つで「……蓋書畫學必有師友淵源、湖州一派、眞畫學所宗也」と記し（圖６）、元初に湖州が南宋畫院の傳統を繼承する杭州とは異なる獨自の美的傳統を築き[22]、その中心にいた趙孟頫の影響は孫の王蒙をはじめとする[23]「元末四大家」を經由し、やがて吳派として繪畫史の主流となることを見通していた。とすれば、董其昌が主張する「王維に淵源する南宗畫」の經由地は宋末呉興の士人社會にあり、かれの南宗畫論をどのように評價するにしても、湖州呉興は、唐・宋・元・明と繼承されるの士人文化の流れのなかで再検討される必要があろう。これは科擧社會と科擧文化の問題でもある。

注

（1）*The Ladder of Success in Imperial China, Aspect of Social Mobility, 1368–1911* Columbia University Press 1962 二四四頁以降、寺田隆信・千種眞一譯 日本語譯版 平凡社 一九九三 二四一頁以降。

（2）中國語版は「宋代科擧社會的形成——以明州慶元府爲例」『厦門大學學報（哲學社會科學版）』二〇〇五—六 二〇〇五）。

（3）グラフの典據は、明州が『寶慶四明志』と『延祐四明志』、湖州が『（嘉泰）呉興志』と萬曆『湖州府志』。但し人數は、地方志によって相當數の異同がある。

（4）呉松弟『中國人口史 遼宋金元時期』（復旦大學出版社 二〇〇〇）一四九頁。

（5）『寶慶四明志』二 貢擧。

（6）嘉泰『呉興志』一一 學校。この箇所は誤字が多く、ここでは同じ記事を引用した明天啓『呉興備志』一八進士の記述による。いずれも呉興叢書所收本。

（7）萬曆『湖州府志』書院。

（8）以下の湖州の人物についての敍述は、とくにことわらない限り『呉興備志』一一、一二による。

（9）「公謹父、齊人也。余通守齊州、罷官來歸、爲公謹説齊之山川、獨華不注最知名、見於左氏。而其狀又峻峭特立、有足奇者、乃爲作此圖。東則鵲山也、命之曰鵲華秋色云。元貞元年十有二月、呉興趙孟頫製」。

（10）Ankeney Weitz *Zhou Mi's Record of Clouds and Mist Passing Before One's Eyes: An Annotated Translation.* Brill 2002 一九〇頁注二三二。

(11) 趙孟頫の交友關係と主に碑文撰書を中心とした經歴については、櫻井智美「趙孟頫の活動とその背景」（『東洋史研究』五六―四　一九九八）に詳しく、宋末湖州士人社會の考察にも基本史料を提供してくれる。

(12) 「兪子清侍郎臨湖門所居爲之。兪氏自退翁四世皆未及年告老、各享高壽、晩年有園池之樂、蓋吾鄕衣冠之盛事也。……」

(13) Ⅰ部　第五章參照。

(14) 周密の道學批判を、それが家學であること及び南宋政治史と學派史の流れのなかで論じた論考に、石田肇「周密と道學」（『東洋史研究』四九―二　一九九〇）がある。

(15) 「趙文敏孟頫胡石塘長孺、至元中有以名聞于上被召入見。問文敏會甚麼。奏曰〝做得文章、曉得琴棋書畫〟。次問石塘奏曰〝臣曉得那正心修身齊家治國平天下本事〟。時胡所戴笠相偏攲。上曰〝頭上一個笠兒、尚不端正。何以治國平天下〟竟不錄用」（元末明初『農田餘話』）。

(16) 村上哲見氏は、宋末元初の江南文人に對する「貳臣」か「遺民」かの評價は、乾隆帝及び『四庫全書提要』の恣意的規準によるもので、そもそも元初の江南文人の間にそうした意識はなかったと論じられている。なお小論で使用する士人社會という語は、村上氏がそれぞれ一部を重ね合せつつも別の概念として定義された讀書人、士大夫、文人それら全體によって構成される集團を意味している。村上哲見『中國文人論』（汲古書院　一九九四）に收錄された「雅俗考」（一九八三初出）「文人・士大夫・讀書人」（一九八八初出）「貳臣と遺民――宋末元初江南文人の亡國體驗――」（一九九四初出）を參照。

(17) Chu-tsing Li *The Autumn Colors on the Ch'iao and Hua Mountains A Landscape by Chao Meng-fu.* Arutibus Asiae Publishers 1965.

(18) 『雲烟過眼錄』下　趙子昂孟頫乙未自燕回出所收書畫古物のなかに「董元河伯娶婦一卷。長丈四五、山水絶佳、乃着色小人物。今歸莊肅與。余向見董元所作弄虎、故實略同。董元水石吟龍、高祖題」とある。

(19) 題跋全文は圖4を參照。「義之摩詰、千載書畫之絶、獨蘭亭敍・輞川圖尤得意之筆。吳興趙承旨以書畫名當代、評者謂能兼美乎二公。茲觀鵲華秋色一圖、自識其上、種種臻妙、清思可人、一洗工氣、謂非得意之筆可乎。誠義之蘭亭、摩詰之輞川也。君錫寶之哉。他必有識者、謂〔語　誤字〕也。大德丁酉孟春望後三日、浦城楊載于君錫之崇古齋」と讀める。ちなみに故宮博

物院藏 最晩年の至治二年（一三二二）靜春堂詩序を參考までに擧げる（圖5）。

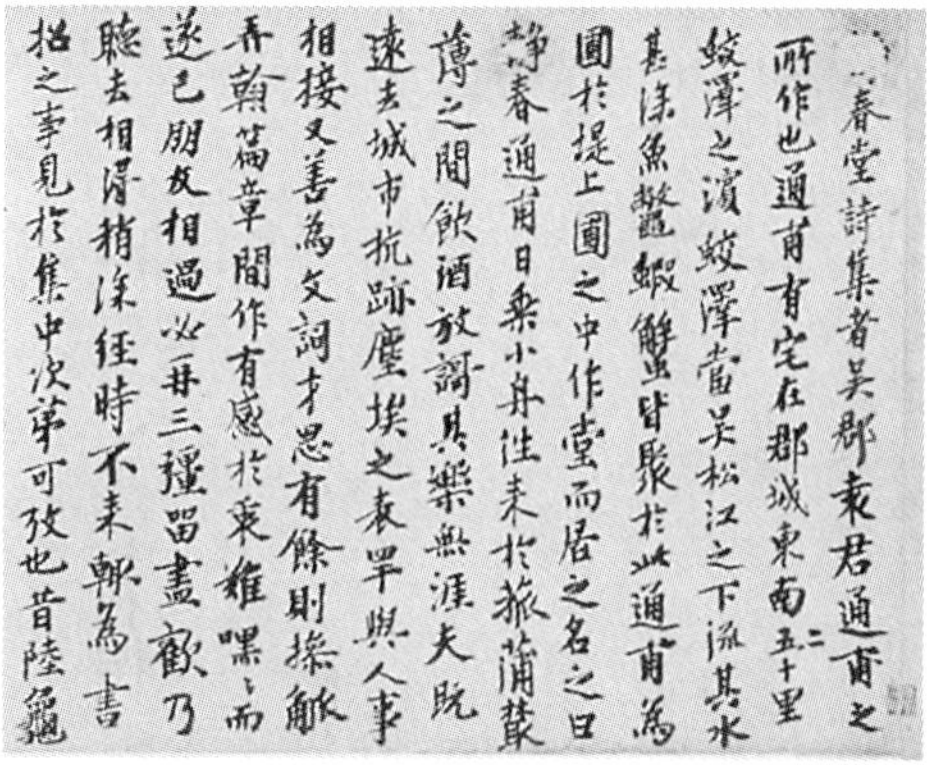
靜春堂詩集者吳郡袁君通甫之
所作也通甫有宅在郡城東南五十里
蛟澤之濱蛟澤當吳松江之下流其水
甚深魚鱉蝦蟹皆聚於此通甫爲
圖於堤上圖之中作堂而居之名之曰
靜春通甫日乘小舟往來於菰蒲葭
薄之間飮酒放謌具樂無涯夫既
遠去城市抗跡塵埃之表罕與人事
相接又善爲文詞才思有餘則操觚
弄翰篇章間作有感於衷雖喋喋而
遇朋友相過必留三鍾留盡歡乃
聽去相違稍深經時不來輒爲書
招之事見於集中次第可攷也昔陸龜

圖5　楊載　靜春堂詩序（北京・故宮博物院法書撰）

（20）「余十年前至杭。故人大梁張君錫以上虞蘭穹山寺碑求余書。讀一再過曰「噫、世固不乏人斯文也。其可以今人少之哉」。君錫曰「是四明任叔實之文也」。余始聞叔實、夢寐思見之數年。叔實自四明來杭、余始識叔實。……」

（21）夷門老人杜君行簡墓碣銘并序「至元大德間、儒生學士蒐講藝文、紹隆製作禮樂之事、蓋彬彬乎太平極盛之觀矣。然北汴南杭、皆宋故都、黎獻耆長、往往猶在、有能參稽互訂、交證所聞、則起絕鑒於敗縑殘楮之中、寄至音於淸琴雅瑟之外、雖道山藏室、奉常禮寺、亦將資之以爲飾治之黼黻。若予所識張君君錫、杜君行簡、則以汴人而皆客杭最久。于時梁集賢貢父、高尙書彥敬、鮮于都曹伯機、趙承旨子昂、喬饒州仲山、鄧侍講善之、尤鑒古有淸裁。二君每上下其論議、而諸公亦交相引重焉。延祐初、朝廷首起君錫爲大樂署丞、將次及行簡、而君錫死。又數年、行簡死。……得年七十、而終泰定元年十二月二十二日也。……」

（22）Chu-tsing Li The Role of Wu-Hsing in Early Yuan Artistic Development Under Mongol Rule. ed.by John D.Langlois *China under Mongol Rule.* Princeton University Press 1981.

（23）王蒙は、趙孟頫の外甥という説もある。朱彝尊『曝書亭集』六三 王蒙傳。

第四章　王安石撰墓誌を讀む――地域、人脈、黨爭――

はじめに

近年、中國では新出を含めた墓誌の移錄、整理、刊行事業が相繼ぎ、中國史學に新たな史料群を提供することで、新しい研究狀況が創出されつつある。それは特に、墓誌銘作成が本格化した南北朝から隋唐までの時代に顯著である。宋代史おいては、Ⅱ部二章で紹介した南宋明州慶元府の名族研究に墓誌が史料の中心的役割を果たしているように、社會集團や人物交流などの社會史研究の基礎史料であり續けることは今後も變わりないであろう。但し宋代以降は、現存の個人文集中にそれぞれかなりの數の墓誌銘が收載されており、總計では膨大となることもあって墓誌銘自體を新史料群とする認識は乏しく、實際、こうした既存墓誌を主な材料に宋代官僚の系譜や姻戚關係を解明する多くの論考が以前から發表されている(1)。但しいずれにしても、墓誌銘を利用するには、そこから得られる情報とともに、それらが歷史研究の史料としてどのような特質、性格を有するのかの考察が最初になされるべきであろう。本章は、安石撰墓誌をめぐる覺え書きであり、將來の墓誌史料學のための準備作業であるとともに、墓誌からみる士人と地域をめぐる問題にも言及したい。

王安石『臨川先生文集』には、個人の傳記史料として行狀三、神道碑十二、墓表八、墓誌一〇五の計一二八件の行狀・碑誌が收錄されている。これは同時代の士大夫に比べ、かなり多い數といえよう。ちなみに范仲淹は神道碑五、墓表五、墓誌十七の二十七件、司馬光は、行狀一、神道碑二、墓表二、墓誌二十六の三十一件であり、蘇軾に至っては、行狀一、神道碑四、墓誌十三の十八件と大部な文集を殘した文豪としては極端に少ない。もっともこれは蘇軾自身意圖したことであり、恩師張方平を祭る文のなかで「軾、天下に於いて未だ嘗つて墓に誌せず。獨り五人に銘するのみ。皆な盛德の故なり。……」と述べ、また同知樞密院であった趙瞻の神道碑執筆の敕命を辭退する上奏においても「右臣、平生、人の爲に行狀、埋銘、墓碑を撰せざるは、士大夫の共に知る所なり。近日、司馬光行狀を撰するは、蓋し光、曾つて亡母程氏の爲に埋銘を撰せし爲なり。又た范鎭の爲に墓誌を撰するは、蓋し鎭と先臣洵とは平生の交契至って深く、撰せざる可からざりし爲なり。詔を奉じて司馬光、富弼等の墓碑を撰するは、敢えて固辭せざるも、然れども終には本意に非ず。……」と、個人的事情により已むを得ざる場合以外は、原則として書かないと宣言している。南宋の洪邁は、晉、宋以來潤筆の習慣があり、唐に至って盛んになったとして高額の謝禮をめぐるさまざまな逸話を紹介し、またこうした風潮に義を金錢で買うものと反發する士人たちの存在をあげ、その中で蘇軾が墓誌を書かないことにも觸れている(2)。軾の本意がどこにあったかは別にして、當時の士大夫社會に、誰れそれは一字幾らと潤筆料の噂がながれ、碑誌原稿料の相場ができあがっていたことを窺わせる。當然、金錢目當ての作誌者がいたことも事實であろう。それはともかく、兄に倣ったのか弟の轍も少なく、神道碑一、墓表一、墓誌四を殘すのみである。一方、安石と同じ江西出身である歐陽脩は、行狀二、神道碑十二、墓表十七、墓誌八十二の一一三件、曾鞏は、行狀一、神道碑三、墓表二、墓誌五十九の六十五件と比較的多くが文集に收載されていることは興味深い。

本來、贈官や賜諡、列傳の資料などとして史官に送付することを目的に書かれる行狀や五品以上の高官に許された墓道に建てる碑への執筆は、なかば公的行爲である。それに對し、同じく墓道に建てるが七品以上に許される碣や八品以下への碑碣の代替物である哀詞など（いずれも墓表と呼ばれる。官品は唐令）及び地中に納める墓誌銘の執筆は、個人的關係による私的行爲としての性格が強い。從って小論では、撰者の個性がより發揮されやすい墓表と墓誌を主たる對象にする。『臨川集』所收の墓表、墓誌一一三件のうち、巻九九の金太君徐氏墓誌銘は、巻一〇〇の仁壽縣太君徐氏墓誌銘の一部であり徐氏は同一人物であるから、總件數は一一二となる。また同巻壽安縣君王氏墓誌銘は、安石門下陸佃の『陶山集』一五に同文があり、陸佃の代筆の可能性が高い。以下、安石撰墓誌墓表をめぐる問題のいくつかを考える。

一　安石撰墓誌の概略

『臨川集』所載墓誌墓表實數一一二件の內譯をみると、男性が八十二名、うち有官者は進士登第三十九名、諸科、恩蔭、武官などが二十五名の計六十四名、無官の者十二名とほかに宗室六名である。女性は三十名で、有官者夫人が二十二名、有官者母三名、宗室夫人三名とその大部分を官僚の妻が占める。殘りの二件は安石の外祖母黃氏と知鄞縣時代に一歳餘りで夭逝した娘への短くも胸を打たれる別れの言葉である。對象者を地域別にみると不明の一名を除き、淮水以北の三十名（これは、熙寧二年二月十七日、河南永安縣に一齊に埋葬した、それ故公務にかかわる義務的執筆の可能性が高い宗室の九名を含む）に對し、以南は八十一名を數え、豫想されることながら南方の者が壓倒的に多い。しかし、南北別の概數は比較的容易に把握できるとしても、路、州の單位で對象者を區分けしようとすると、たちどころに難しくなる。それは、例えば安石の友人で易學の著書があり、治平元年に五十四歳で沒した劉牧の場合を擧げると以下のような事情が絡むからである。劉牧の先は、もともと杭州臨安の人であったが、曾祖彥琛が吳越の衢州刺史となり、その地で沒し衢州西安縣に葬られたので、劉氏は西安の人となったという。この傳でゆくと劉牧は、荊湖北路に轉任した直後に急逝し、眞州揚子縣に葬られているので劉氏は眞州の人となるのであろうか。嘉慶『西安縣志』三三 儒林は、『崇禎府志』の劉牧傳を載せ、同書四七 墓誌銘には安石撰墓誌を收載するから、やはり西安の人と認識されていたようである。但し收載墓誌は節略で、墓の所在地の部分は省略されている。また周嘉正、その子彥先・茂先と彥先の子濤の一族四人の墓誌が殘る周氏をみると、その祖先は華陰から成都の郫縣に移り、元來は成都の人であったという。しかし後蜀に仕えたため初め孟氏に節を盡くし出仕しなかった嘉正の父敬述が、やがて召されて最後は淮南東路知泰州で卒し、そこに葬られたので周氏は泰州の人となった、と安石は記す。嘉正は、進士甲科に登第し地方官として治績をあげ、その子の彥先は、後妻に後述する安石の祖父の弟王貫之の娘を娶り、彥先の妹は安石の兄の一人に嫁いでいる。嘉正は明道二年（一〇三三）卒、彥先は慶曆二、三年（一〇四二、四三）頃、弟の茂先は父と同じ明道二年の卒であるが、三人はともに嘉祐三年（一〇五八）三月に泰州北原の墓域に埋葬された。しかし彥先の子の濤は治平三年（一〇六六）に京師で卒し、同年揚州江都縣に葬られている。濤には五人の息子があり、『宋元學案』九六、『宋元學案補遺』九八は次男の穜、三男秩、その弟祕を新法黨系の人物として著錄し、いずれも泰州の人としている。(3)『補遺』の記事が基づくという姓譜は未見であるが、後世、濤の墓所に關係なく周氏の子孫は、依然、泰州の人と認められていたのであろう。このように安石撰墓誌に於いて某は某處の人と明確に記すか、あるいは推測せしめる記述がありながら、墓地の所在が明らかにその某處とは別である例が少なくとも二十八件を數える。男性墓誌總數が八十二であるから、不一致の比率はかなり高い。これらのケースは、どのように考えればよいのであろうか。某處の人とは、一般にその本貫を示す語句と理解できる。何らかの理由によって本來の居住地から移動し、その移住先を本貫としたため結果としてそこに埋葬したというのが實際の經緯であり、墓誌にいう「某處に埋葬したので、某處の人となった」は、その修辭的表現に過ぎず、墓所の所在は某處の人すなわち本貫を規定する主要因ではなく、從って墓地の所在と某處の不一致は、特に問題とするに足りないと理解してよいのであろうか。しかし、一方で以下のような見解もある。『宋文鑑』一二〇に收められた吳孝宗「與張江東論事書」で、安石の弟王安國を朝廷に推擧することに難色を示す張江東に對し、吳は「竊に以うに、安國は江西の人と雖も、而して其の父は乃ち江東に葬らる。今の進士・諸科の擧に應ずるは皆な墳墓を以って據と爲す。安國をして若し江東にて應擧せしむれば不可有る無し。豈に應擧を以って可とし、而して敦遣を以って不可とする有らんや。矧んや安國、未だ嘗つて身は江西に居せず。其の應擧は則ち淮南及び開封に在り。今、縱使《たとえ》江西にて之れを擧ぐるも、亦た虛籍を按ずるに過ぎざるのみ。云々」と反論している。吳孝宗については次節で觸れるが、安石の姻戚で、この書簡の年時と相手の張江東、前後の事情は不明。推擧可能の條件の一つに本貫があり、安國は江西の人だという考えに對し、本貫應擧原則といっても、現に居住していなければ虛籍であり、墳墓の地に據るべきだというのが、その主張である。實際、嘉祐三年三月十一日、禮部の言に從い、祖父の墳墓の地でも取解を許す科場條制が出されている(4)。とすれば、墳墓の地こそ事實上の本貫とする見方も、當時廣く受け入れられていたと言えるであろう。

『淳熙三山志』四十の歲時には、元日の上冢、寒食の墓祭、冬至の序拜など福州の士庶が季節ごとしきりに墓所に參拜する習俗を記している。そこでは州人の墳塋は皆な四郊にあるとし、寒食の墓祭の說明では、「士庶は合に廟祭すべからず。宜しく上墓を許すべきは、唐の明皇自り始まる」と、玄宗以來、廟祭に代わる禮として墓祭が公認されたこと、柳宗元「近世の禮、拜掃を重んず」や五代史「野祭して紙錢を焚く」の語句を引き、上墓の風習の盛行を擧げたうえで、寒食春祀に富室大姓は一族が墳下に集まり、多い者は數百人、少ない場合でも數十人が盛大に祭りを擧行し、これが尊祖、睦族の道であると述べている。唐開元七年ほかの假寧令にみえる、文武百官の親が五〇〇里外にいる場合は五年に一回旅程を除き十五日の寒食拜墓のための休暇を支給する規定（『唐令拾遺』二九）や、先の寒食に觸れた柳宗元の言に「……田野の道路、士女遍《あまね》く滿ち、皁隷・傭丐、皆な父母の丘墓に上るを得。馬醫・夏畦の鬼、子孫の追養を受けざる者無し」とあることなどから、唐代の寒食上墓の盛んな風潮を指摘し、またこの上墓の風習が宗族の形成とその機能の實效に多大の影響をあたえたとする見解も、既に提起されている。(5) 確かに唐令や開元禮の寒食拜掃の規定、寒食を詠った唐詩、さらに宋代でも唐制を回復して寒食上陵が定められたこと、官吏の休暇規定では寒食が冬至と竝んで最も長い七日を給されていること、そして先の南宋半ばの福建福州の風俗から、こうした趨勢を想定することは可能である。(6) しかし安石撰墓誌が示す、北宋半ばの長江中下流域を中心とする士人の本貫と墓所の乖離は、この趨勢と必ずしもぴったり適合しない。

外任のために全國を移動する士大夫官僚が、故郷以外の地で死沒することは稀れではないであろうし、その場合、護喪して故郷に歸るほか、任地或いは歸鄉途中で埋葬することもまたごく普通の事例であったろう。この邊りの事情を當の士大夫たちがどのように考えていたか、司馬光の『書儀』喪儀の記述は、その一端を窺わせる。臨終から喪あけの禫祭まで一連の喪禮規定の中で、墓所に關係する項目は喪儀三「宅兆（墓地）・葬日を卜す」以下である。司馬光は、開元禮は墓所・葬日を五品以上は卜、六品以下は筮で決めるとするが、卜筮に詳しくなければ杯珓を用いてもよい、祖先の墓域に葬るのであれば卜する必要はないなど、隨時、コメントを入れながら記述を進めてゆく。このうち光が、特に強調することは次の二點である。一つは孝經の「其の宅兆を卜し、之れを安措す」とは、地を卜して吉凶を決することを謂うのみであり、今の陰陽家が山崗風水を相《み》、葬師が墓地や葬日の選定如何で子孫の禍福運命が決まるなどというのとは意味が全く異なるということである。葬師の言に左右されて墓所が決定できず、棺を寺に預けたまま、或いは遠方に放置したまま時がたち、遂には棺の所在地すら分からなくなるというのは不孝の最たるものと非難する。第二に、家が貧しく禮にかなった喪儀ができずに埋葬しないという主張に對する見解である。光は、『禮記』檀弓下の孔子の言葉「菽を啜い、水を飲み、其の歡を盡さしむ、之れを孝と謂う。手（首）・足《からだ》の形を斂《おさ》め、還《すみやか》に葬り、椁无くば其の財に稱う、之れを禮と謂う」を引き、また歴史上の諸例を引用しつつ、出來る範圍で行えばよいのであるとし、河中の進士周孟が貧困のため深く穴を掘って親の骨を改葬しただけの極端な例まで擧げ、これは禮に及ばないが葬らないより餘程賢だとして、何よりも埋葬しないことを批判する。これと關連し、外任官についても述べている。「世人、又た遊宦して遠方に沒し、子孫、其の柩を火焚し、燼を收めて歸葬する者あり。夫れ孝子、親の肌體を愛す。故に斂めて之れを葬る。他人の尸を殘毀するは、律に在りて猶お嚴たり。況や子孫乃ち悖謬たること此くの如きにおいてをや。其の始め、蓋し羌胡の俗に出づ。中華を浸染し之を行うこと既に久しく、習い以って常と爲る。見る者、恬然として曾つて之れを怪しむ莫し。豈に哀しからざらんや」と、外任官が任地で死亡した場合、歸鄉して埋葬する便のために火葬に付する習慣を嚴しく諫める。ではどうすればよいのか。光は、ここでも『禮記』檀弓下を引き、春秋呉の季札が齊に行き、子が死んだとき齊の嬴・博の間に葬り、「骨肉、土に復るは命なり。魂氣は則ち之かざる无し」と言い、孔子がこれを禮に合するとしたことを根據に、「必ずや歸葬する能わざれば、所在に葬るも可なり。猶お之れを焚するに愈《まさ》らざらんや」と、墓所の所在地には拘泥しないと主張する。

「骨肉（主るのは魄）は土に復り、魂は之かざる无し」を、禮制上の基本的靈魂觀とすれば、「之かざる无き」魂を安んずる祭りこそ大事であり、土に復った骨肉は二義的存在となる。事實、司馬氏『書儀』で、墓所にて執行する喪禮項目は、實際に棺を埋葬するときの及墓、下棺、祭后土、題虞主のみであり、以降は魂を憑依させた祠版（木主、神主）の前での儀式となり、服喪が終わり祠版を影堂に移した後の祭禮も墓所とは無縁に、この影堂で行われるのである。とすれば、先の開元二十年、廟祭の代わりに規定された上墓拜掃は、本來の禮制からは逸脱しているといえよう。光は、喪儀六　祭の注で、影堂について「仁宗の時、嘗つて詔有りて太子少保以上は皆な家廟を立つを聽す。而して有司は終に之れが爲に制度を定めず。惟だ文潞公（文彦博）のみ廟を西京に立つ。佗人は皆な之れを立つなし。故に今、但、影堂を以って之れを言う」と記し、また『書儀』二 冠儀 の注で、古の禮は、皆な廟で行われたが、今は廟をもつ家は少ないし、影堂は狭いので禮を行い難く、冠は外廳で、笄は中堂で云々、というように、實情に應じての變更は認めつつ、儀禮一般の中心として影堂を位置づけている。司馬光『書儀』の内容を、ほぼ取り入れた朱子『家禮』においても、影堂は祠堂と名前を變えているが、同じく家禮を執行する中心であった。(7)

以上、司馬光の見解に從えば、安石撰墓誌の墓所と本貫の不一致の例は、むしろ禮制に則した結果とも評價できるが、無論、それぞれのケースで當事者たちがどのように考えていたかは、別問題である。朱熹が、「墓祭は古禮ではないが大害なし」としたこともあり、寒食上墓の風習の定着は歴史の趨勢であったろう。(8) 例えば、清末廣東の林伯桐撰『人家冠婚葬祭考』は、民祭の場合であるが展墓や掃墓を合族の機會と捉え、その重要性を強調してやまず、士人を對象とする同『士人家儀考』四 喪儀考證 においても特に展墓古今所重考の項目を設け、心を盡くすべきことを說く。節季ごとの年中行事としての展墓、掃墓であれば居所と墓所が遠く離れているのは不都合であろうから、いずれにしても禮制と習俗の間にあって、安石撰墓誌が示す事例がどのような歴史的位置にあるのかの検討が必要とされる。

前置きが少し長くなったが、先述の墓誌の地域區分の問題に戻ると、某處の人の某處と墓所が異なる二十八例は、ひとまず某處を本貫として數えることにすれば、おおよそ以下のようになる。路別では、最多が江西路の二十五名、次が兩浙路の十九名、淮南東路十七名、江南東路十名などである。逆に全くいない路は、河北東路、河東路、陝西路、荊湖南路、四川四路、廣南兩路であり、後の新舊兩黨派の地域的構圖にほぼ重なる。州別でみると、撫州十一名、東京開封府も同數だが宗室が大部分なので除外すると、次が揚州九名、杭州七名、江西の建昌軍六名、福建建州五名の順になり、殘りは各地に散在する。州別最多の撫州は、言うまでもなく安石一族の本貫である臨川縣を管する州であり、親族の墓誌銘を書いたために數が多くなったのだが、本貫、居住地、墓所の所在地の關係は、先の安國敦遣の論議が示すように、實は安石自身の問題でもあった。これは北宋半ば、士大夫の地域への歸屬意識に關わってくる課題であるので、節を改めて考えてみる。

二　安石撰墓誌からみる王氏一族

一般に墓誌銘がもつ重要な史料情報の一つは、その人物の親族關係や出自、系譜であり、これは從來の研究が最も利用してきた部分である。『臨川集』墓誌墓表には、廣義の姻戚を入れると二十九名の安石親族が含まれる。最も近い人物は、自分の娘と兄の安仁、弟の安國、逆に疎遠の者としては、例えば墓表を記した江東路江州德安の太常博士鄭詔を擧げることができよう。嘉祐三年、六十歳で沒した詔の墓表を依賴してきた人物は、長男の湜であるが、かれは妹婿朱介之の紹介で安石を訪ねてきたのであった。その間の事情を墓表は「介之は余に於いては外姻爲り。而して其の妻（詔の娘、湜の妹）、能く君（詔）の實を道い、將に泯沒して聞く無きを懼る。數しば涕泣し其の夫（介之）に屬し、余の一言を得て以って之れを墓に表せんことを求む。蓋し余、嘗つて使を江東に奉じ、九江を泝り廬山に上り、其の山川を愛づ。而して其の州人士大夫の賢にして與に游ぶべき者を問うも能く言うなし。今、湜、能く其の父の賢を言うこと此くの如し。其の州人の此こに游仕する者に問うに、乃ち以って良《まこと》に然りと爲す。鄭君、誠に此くの如し。豈に特だに一鄉の善士たるか。云々」と述べる。安石が自ら書いた箇所は、冒頭の三〇數字とこの最後の部分だけであり、本人の經歷など墓誌の主要部分は湜の書狀の引用である。これは、本人と面識がなかったからであるが、しかし安石なりに書狀の内容の裏付けを取り、その結果を書いているのである。仲介した朱介之は、墓誌には廣陵の人とされており、安石の妹の一人は、皇祐元年の進士で廣陵江都の朱明之に嫁しているから、恐らく兩人は兄弟か同排行であり、「余に於いては外姻爲り」とは、この關係を指しているのであろう。(9) 疎遠という所以である。

臨川の安石一族については、祖父王用之の弟貫之、その子の師錫、先述の安仁、安國兄弟、女性では張奎に嫁した妹と夭逝した娘の六人の墓誌がある。王貫之は、眞宗咸平三年（一〇〇〇）の進士登第、一族最初の科學合格者である。曾鞏は、安石の祖母である用之夫人謝氏の墓誌銘を書いているが（『元豐類稿』四五 永安縣君謝氏墓誌銘）、そこでは王氏の中で初めて起家した人物を觀之としている。その官職などから推せば觀之は貫之と同一人物である。安石は貫之墓誌の冒頭、「其の先は太原に著望たり。公の曾大考諱某、考諱某、皆な撫州の臨川縣に葬る」とその一族の由來を語っている。しかし、父王益の墓誌銘を曾鞏に依賴するために用意した資料の先大夫述（『臨川集』七十一）では、「王氏、其の先は太原より出、今は撫州臨川の人爲り。始めて徙る所以を知らず」と、太原からの移住の理由は不明と、系譜の遠い祖先については自信のない書き方である。それはともかくこれらの記述によって、安石の曾祖父までは、臨川に葬られていたことが分かる。ところが、貫之は、天聖六年に沒し、翌年和州歷陽縣に葬られたが、その後、墓所が低濕だというので、夫人張氏の埋葬時に眞州揚子縣に改葬合葬されている。『臨川集』『王文公文集』ともに叔父臨川王君墓誌銘とある子の師錫も揚子縣の父の墓域に埋葬された。一方、祖父王用之についての傳記史料は未見であるが、先述の曾鞏執筆の夫人謝氏墓誌によると、九十歲の天壽を全うし臨川で沒した謝氏は、鄰縣の金谿縣に埋葬されている。とすれば用之の墓所も金谿にあることになる。明嘉靖四年刊『江西通志』一八 陵墓には、金谿縣靈谷山の東に王寺丞（用之）の墓がある、とする。安石の父王益は、寶元元年（一〇三八）、江寧府通判在職中に沒し、慶曆八年（一〇四八）江寧府に葬られた。安石の母のための曾鞏撰墓誌は、墓所を蔣山（鍾山）としており、ここには安仁、安國も葬られている。周知のように安石は、熙寧九年十月に宰相を罷め、使相判江寧府として金陵に戻り、翌年、

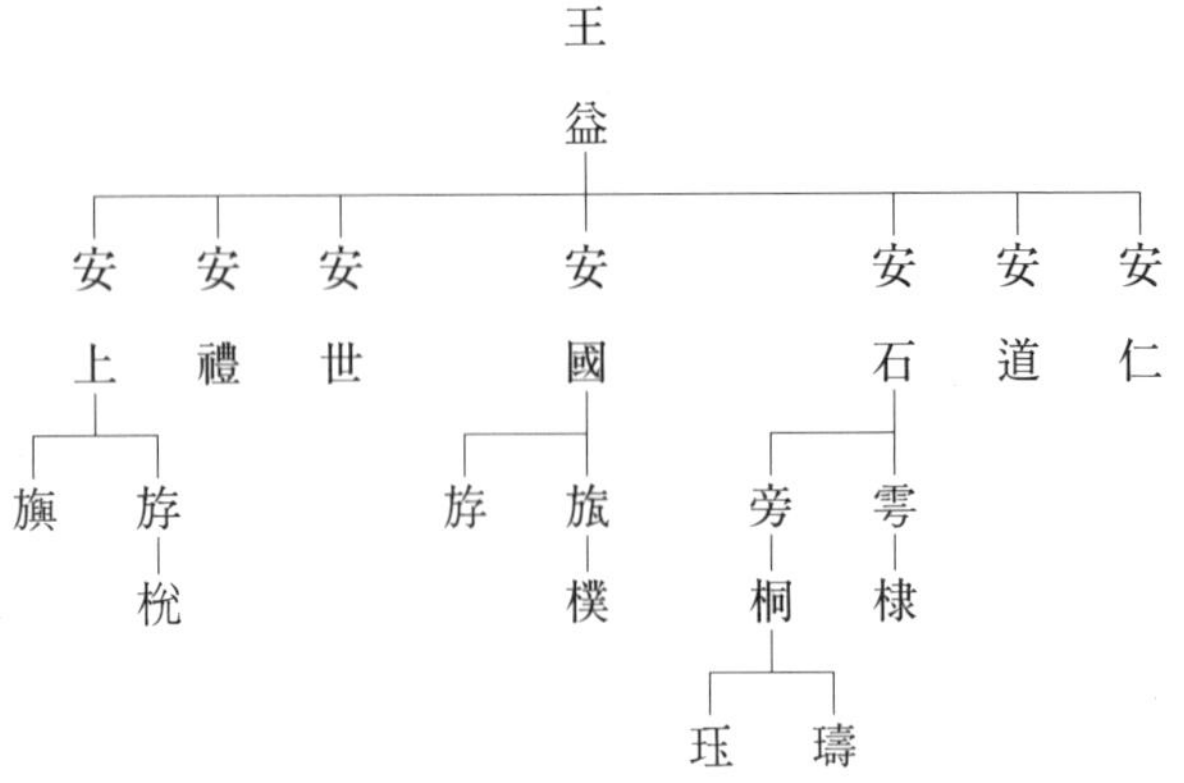

判江寧府を辭して實質的な引退生活にはいった後もここに留まり、結局、金陵を終焉の地とした。その間、元豐七年に大病をしたとき、居宅を寺院とすることを願い、報寧の寺額を賜ったので、故宅は半山報寧禪寺となった。半山は、これも周知のように居宅が江寧府東門から七里、蔣山から七里のちょうど中間に所在したことに依る號である。病癒えた後の安石は、城内の貸家住まいと傳えられるが（『景定建康志』四一　王荊公宅）、沒後はこの半山寺に葬られた。元『至正金陵志』一三下　耆舊の王安石傳には、王益以降五代にわたる一族の名前と簡單な經歷を記し、最後に「楚國（益）以下、皆な建康に葬る。今、集慶（金陵）、湖州、蕪湖及び平江の寶華、皆な王氏の族有りと云う」として、王氏一族の墓所が、建康に在ること、元末には子孫が江南一帶に廣がっていたことをいう。『至正金陵志』から復元できる系圖は、上揭のとおりである。(10)

例えば桐の子珏には、晁公遡撰墓誌銘があり（『嵩山集』五四　王少卿墓誌銘）、そこに家は蘇州寶華山、墓所は湖州烏程縣と明記してあるから、『金陵志』の「皆な建康に葬る」は、必ずしも正確ではないが、既にみてきた限りで安石の祖父以降、故鄕臨川に葬られた者はいない。それ故、『金陵志』は、安石傳を耆舊の項に入れ、「其の先は、撫州臨川の人。父楚國公益字舜良、登第し仕えて尙書都官員外郎通判江寧府たり。年四十六、官に卒す。因りて金陵に家す。云々」と、益以降を江寧の人と斷言するのである。しかしまた安石は、金陵居住時代の執筆である常秩の墓表に「……熙寧十年二月己酉を以って卒す。五月壬申を以って葬る。臨川の王某、其の墓に誌して曰く云々」（『臨川集』九〇 寶文閣待制常公墓表）と記し、元豐三年の安國墓誌には「君、臨川の王氏、諱は安國、云々」といい、張奎に嫁して元豐三年に沒した妹の墓誌でも「長安縣太君、臨川の王氏、尙書都官員外郎贈太師中書令潭國公諱益の女、云々」と記述し、元豐八年、最後の墓誌となる安石夫人の叔父呉賁墓誌にも「臨川の王某誌す」（『臨川集』九八 呉錄事墓誌）と、最後まで自らと兄弟を臨川の王氏と表現していた。『金陵志』の記述は、些か勇み足であったろう。とはいえ、晩年の安石が實質上、江寧の人であったことも疑いない。後代の江寧府志は折衷案を選んだのであろうか、結局、安石傳を流寓の項に收載している（『嘉慶江寧府志』）。

前節の司馬氏『書儀』でみたように、禮制上は父祖の墓がどこに在ろうと原則論としては問題がない。地域への歸屬意識とも本來は無關係である。だが安石は、儒教の禮制だけを行動規範にしていたわけではなく、佛教とも深く關わっている。一方で、三經新義の編纂に心血を注ぎ、『周禮』を新法政治の理論的根據に据え、儒教主義を根底としつつ、現實の矛盾を的確に把握し大膽且つ根元的な改革に挑戰する姿は、安石の公的一面を示している。同時に禪僧と交流し、佛典に注釋を加え、特に自宅を寺に喜捨するに至る江寧居住後は、よく指摘されるように佛教への傾斜が著しく、それは安石の私的內面生活の重要な部分を占めていた。安石にとり、儒教・佛教によって代表される公的・私的の兩世界は對立するものではなく、併存兩立していたのである。安石もその擔い手の一人である新儒教が、佛教が占有していた士大夫の內面世界を取り込み、佛教批判の最終段階を完成させるのは、次の南宋時代になってからであろう。安石は、熙寧九年十二月、もう一つの喜捨を願い出て許されている（『長編』二七九 同年月丙戌、『臨川集』四三 乞將田割入蔣山常住劄子 同六〇 依所乞私田充蔣山太平興國寺常住謝表）。自分には既に養老すべき親はなく、息子にも先立たれた。養親の祿、雱に賜った銀で江寧府上元縣に購入した田があり、米三四二石七斗七升八合、簟《たかむしろ》一萬七七七二領、小麥三三石五斗二升、柴三二〇束、鈔二四貫一六二文省の歲入があるので、この田を兩親と雱の功德、永代供養の費用として太平興國寺に喜捨したいというのであった。蔣山太平興國禪寺は南北朝以來の名刹であり、先述のように兩親及び兄弟の墓は鍾山にあるというから、その場所はこの寺域の可能性が高い。王安石にとり、兩親と息子を供養する寺の所在地、やがて自らも葬られる江寧府は流寓の地以上の場所であったろう。(11)

安石撰墓誌銘の姻戚關係を讀むと、今まで述べてきた王氏一族の流動的な地域歸屬意識とは逆に、本貫との濃密な關係の側面が現れる。既に從來の安石關連の諸論考で必ず言及されてきた事柄であるが、南豐の曾氏、金谿の吳氏との二重三重の婚姻關係を、行論の關係上ここでまとめて整理してみる。まず撫州の東鄰、建昌軍南豐縣の曾氏について。安石は、二歳年長で幼少の頃からの友人曾鞏との關係から、曾氏一族の五人、致堯、その妻黃氏と娘及び息子の易占とその妻吳氏の墓誌を執筆している。最初の撰文戶部郎中贈諫議大夫曾公墓誌銘は、大中祥符五年（一〇一二）に沒した、鞏の祖父致堯のもので、執筆は一説に慶曆三年（一〇四三）という。(12)もしそうであれば、安石二十三歲、最も早期の墓誌に屬する。致堯は、太平興國八年（九八三）の進士、南唐に仕えず、曾氏で初の、南豐からも最初の登第者となり、慶曆七年には歐陽脩がその神道碑を書いている。多くの編著書で知られ、『宋史』四四一 文苑に傳が立てられるなど曾氏が世に出るきっかけとなった人物である。從弟の士堯も淳化三年（九九二）に及第、咸平三年（一〇〇〇）には長男易從、次男易直が、天禧三年（一〇一九）に姪の舜擧、天聖二年（一〇二四）に五男の易占と易直の子曄というように、この時期曾氏は進士を輩出し、以降も登第・得解する者が多かった。(13)安石のもとには、鞏が父易占の命によって誌文を依賴しに來たが、曾氏と王氏の關係は、この易占の世代から始まる。咸平三年登第の兄易從は、王貫之と科擧同年であり、易占の墓誌の中で安石は「公の故人の子、王某」と自らを記し、また曾鞏は安石の父益の墓誌の中で「先人（易占）、公に從って遊び、……吾も又た安石と友」と、その交友關係を互いに述べているからである。こうした兩家の關係から、安石は鞏の兩親と祖父母の、鞏は安石の兩親と祖母の墓誌を書くことになったのであろう。

河東縣太君曾氏墓誌銘は、致堯の娘の一人、鞏の伯母の墓誌であり、彼女は安石の外祖父吳畋の兄敏の妻であるとともに安石の妻吳氏の祖母でもある。すなわち吳氏を介して、王氏と曾氏は姻戚の關係になる。吳敏は、淳化三年の進士であるから曾士堯と同年。このとき金谿はまだ臨川縣に屬する一場であり、縣への昇格は翌々年のこと[14]。天聖二年に敏の長男芮が、寶元元年には次男蒙が登第している。嘉祐三年（一〇五八）までこの三人以外にこの縣からの登第者はなく、吳氏は金谿で最初に進士を出した家であった[15]。安石は、この吳氏について敏の三男賁と四男蕃の墓誌を書いている。賁の娘の一人は、安石が畏敬して止まぬ若き友人、廣陵の王令に嫁いだ。しかし令は、嘉祐四年、二十八歲で『論語注』一〇卷、『孟子講義』五卷、『廣陵集』二〇卷を殘して世を去ったため、安石は王逢原墓誌銘、王逢原挽辭、題王逢原講孟子後を著し深く悼んでいる。もう一人、臨川吳子善墓誌銘の吳興宗も金谿の吳氏一族の可能性があるが詳細は不明である[16]。

先の王氏の例にならって曾氏、吳氏の墓所に觸れておくと、曾氏一族は、故鄕南豐縣の崇覺寺に葬られ、宋元以來、三月上巳の禊日には儒學の師生が鞏の墓に祭るのを例としたという[17]。一方、吳氏は、賁が京西南路唐州桐柏縣に、蕃は故鄕金谿縣に葬られた。王氏の臨川縣、吳氏の金谿縣、曾氏の南豐縣の位置關係は、臨川縣を流れる臨川水（今の撫河）を遡ると鄰が金谿縣で、支流の金谿水沿い、臨川縣から約六〇キロの處に縣治があった。但し南宋の撫州崇仁縣の人吳曾『能改齋漫錄』九　烏石岡柘岡鹽步門には「荊公の外家吳氏が居する烏石岡は、臨川を去ること三〇里」とある。臨川水は名を盱水と變え、さらに遡ると建昌軍治の南城縣に至り、そこから約三〇キロ上流に南豐縣が在る。南豐は、淳化二年まで撫州に屬していた。このように王、吳、曾三氏は、臨川水系によってまとまる地域に屬しており、かれらの姻戚關係は、この地域での宋初の科擧を契機として形成されたことが確實である。Hymes 氏が撫州を例に北宋と南宋の local elite の存在形態を議論する中で提示された、七十三氏五百組の婚姻事例のうち、検證可能な百組餘りについての中には當然上の三氏間の婚姻關係が含まれ、網羅的に收集された史料につけ加えるものはない。その結論である北宋士大夫の州域を超えた婚姻關係の特色は、三氏にも明確にみられる。同時に、三氏間の姻戚關係の形成過程を示す安石撰墓誌は、それらの婚姻がまず地域基盤を出發點とし、やがて州域を超えた關係に向かう樣子を表しており、さらにかれらの搖れ動く地域への歸屬意識をも示している。今後は、かれら自身の地域概念を含めて検討する必要があろう。

三　墓誌の依頼、執筆そして讀み手

墓道に立てられる碑碣の文章は、當然參拝者が讀むことを前提に書かれるのであるが、地中深く埋めてしまう墓誌は、被葬者の功業をひたすら後世に傳える目的で書く、と多くの墓誌は記している。例として本名も沒年、執筆の年も分からない呉處士墓誌銘（巻九十四）を擧げてみる。福建建安の大姓であった呉氏は、處士の曾祖父の代から南唐の地方官であり、曾祖父、祖父の世代では十數人が出仕したという。父は汀州軍事推官のとき宋朝に歸し、鄭州新鄭縣主簿となったが、處士が幼いうちに世を去った。以後、殘された母に仕え、弟と睦み、父の春秋の祭りを缺かさず、老年に至っても自ら祭りを率先して行い、その態度は父がそこに現存しているかのようであった。讀書は大要を取るを旨とし、貧に安んじ、三人の子には生產を事とさせず「士にて貧なるは、工商にて富なるより多し」と說き、進士の業に努めさせた。こうして次男の申は進士となり、太平州軍事推官のとき、その官舍で七十八歳の生涯を閉じた。以前、水害で家屋が壞れ避難した先の江州の風景が氣に入り、ここに家したので、息子たちは江州に歸り埋葬した、云々。以上は、吳申が友人の南陽の張頡に依賴し書いてもらった原稿にもとづき、安石が執筆した部分、以下は安石自身の見解である。吳申が言うには「先人、不幸にして善を爲すに力むるも、天下に顯わるを獲ず。今、其の葬るや宜しく銘を得、後世をして見る有らしむべし」と。自分は、君を知ることはできなかったが、私の友人たちは君が子弟の教育で道を盡くしたことを傳えている。その結果、子息は皆な世に出、特に申の文章品行は廣く知られている。天子が、士大夫の朝廷に列する者の父母に、子の官位に應じて贈官するのは、天下の父母を勵まし、子の孝心を慰める所以である。君の善き教えと子弟の人材は、必ずや高爵盛位の報いが及ぶことになろう。生前は及ばずとも、沒後やがて得ることは皆なの確信する處である。故に銘を書くのである、と。

生前、その高い人格に見合う十分な社會的地位や評價を得られなかった人物、志半ばで世を去った友人を顯彰する墓誌は、強い目的意識で書かれる。その場合、王逢原墓誌銘の王令に對するように、自ら筆をとり、故人への想いを直接綴る例と、依賴者の提出した資料によって書く例に分かれるが、後者でもその人を評價する部分は執筆者の價値觀が滲み出る箇所である。さらに墓誌銘の多くを占める、順調な生涯を送った人物に對する墓誌の場合は、依賴者の資料提出が殆ど付隨していると思われるが、そこで渡された資料は系譜や官歷など比較的客觀的な箇所に利用され、評價の部分は、やはり執筆者の意向が優先されよう。先述した安石の父益に關する先大夫述と曾鞏の墓誌銘は、墓誌に「使者、安石の述を以って書と與に來たりて銘を請う」と記すように、その兩方が殘る貴重な例であるが、それらの比較によっても、この點は確認できる。從って依賴者の思惑と、執筆者の意向がかみ合わない場合も當然出てくる。

皇祐六年三月、享年七十歳で世を去った常州の屯田員外郎贈兵部員外郎錢冶の妻蔣氏のため、息子の錢公輔らは、翌年の埋葬に際し書を安石に送り墓誌を依賴した。それに應え安石は、蔣氏が、何人も大官を出した常州宜興の富裕な一族の出身で、二十一歳のとき錢氏に嫁し、夫の死後は貧困に苦しむも、窮迫をものともせず子弟の教育に力を盡くし、ために諸子は利に走る者なく、朝廷で活躍する者も出てきたこと。街中の士が、家の榮えと讃えたが、蔣氏は喜ぶ顏もみせず、淡々と家事に精を出し、五十歳を過ぎ沒するまで裁縫は自ら行い、見かねた嫁が委せるように願うと、自分は婦でありこれは自分の職であると答え、その感化は嫁に及んだことを記す。これを安石は「嗚呼、時俗に流れずして、樂しみて己の道を行うを盡くす。窮通・榮辱の身に接し、而して其の常心を失わず。今の學士大夫の難き所にして、女子を以って之れを能くす。此れ尤も難きなり」として賞贊したのである。但し安石は、家事に勤しむことだけを婦德と考えていたわけではない。女性の墓誌で、詩書が巧みであること、子弟に歷史を講義したこと、佛教に通じていることなどその知性の豊かさを讃える例は、特に一族の女性を始めとして數多い。ここでは、蔣氏が狀況の如何を問わず、己の道を盡くしたことに最大限の評價を與えているのである。ところが錢公輔は、安石の墓誌が不滿で、修正を求めたらしい。公輔の書簡は殘っていないが、安石の返書でその間の事情がほぼ分かるので、內容の大略を次に紹介する。

錢公輔學士に答える書（『臨川集』七十四）「近頃、銘文を求められたこと、足下が世に著名な方であられ、それなりの人を得てご兩親の銘文をつくることもできますのに、小生の蕪雜な文を所望されたことは、そのお氣持ちがかりそめではないと思い、お受けした次第です。ところが、ご希望に沿わず、書き改めて欲しい箇所がお有りのこととは、全く思い及びませんでした。しかし、拙文はそれなりの意義を込めてありますので、修正のご希望には沿いかねます。どうぞ拙文を返却され、足下の意を滿たされる方に依賴して下さい。家廟について、今の法では足下は未だ立てることはできないでしょう。足下は博識であられますが、要は見識ある人と論議されることです。上位で科擧を合格され通判となられたこと、通判の官廳には優美な庭園があることなど、どうして母君の榮譽となりましょう。このようなことを書かねばならないのでしょうか。貴きこと天子となり、富は天下を所有しても、苟くも道を行うことができなければ、まことに父母の恥となるのです。況やたかが上位及第や通判など、少しばかり辞賦を作るを心得ていれば、市井の小人でも可能であるのです。どうしてそのようなことを言う必要がありましょう。それ故、銘では街中の士が夫人の榮譽としても、天下の見識有る者は悲歡・榮辱を其の心に置かないと述べ、太夫人が街中の士と異なり、天下の見識有る者と同じであり、それこそが賢たる所以、銘すべきことなのです。云々」

家廟は、慶暦元年、舊制に從い文武官の建立が許されたが、具體的な規定をめぐって議論が續き、この墓誌銘が書かれた至和二年十二月に、正一品平章事以上は四廟、樞密使など東宮少保以上が三廟、餘官は寢に祭ると決められた。錢氏が立てられないとは、こうした議論の進行を背景にしての見解であろう。公輔は、皇祐元年の進士甲科及第、通判の差遣を得たことは、それが二位以内の成績であったことを意味する。安石は、科擧の上位合格など眞の價値を置く問題ではないとしたが、それに對し公輔が、安石の意見を入れて考え直し、この銘文を石に刻んで埋葬したのか、それともこの墓誌銘は原稿のままで終わったのかは、墓誌の實物が出土しなければ分からない。しかし、公輔は自分の甲科及第にこだわったようである。一九七九年、河南省密縣で神宗の熙寧年間に參知政事を務めた馮京の墓が發見され、八一年の調査で四室から四合の墓誌が出土した。元祐九年（紹聖元年）沒の馮京、皇祐二年沒の最初の妻王氏、至和二年沒の繼妻富氏、元祐三年沒の三番目の夫人富氏のものである。兩富氏は姉妹で富弼の長女と次女、王氏と繼妻富氏は嫁いで僅か一年で世を去っている。二人は同じく嘉祐八年十二月に埋葬され、兩墓誌の序と銘の書丹が朝奉郎知國子監書學楊南仲、隸書の題蓋が邵必と共通である。このうち王氏の撰文を錢公輔がしており、その冒頭で「初め皇祐元年春、余、進士に擧げらる。今の翰林學士馮公當世と倶に春官第一、二の選に中り、交わりを几席の間に定む。云々」と記したのであった。(18) 當世は馮京の字、かれが狀元、自分は第二というのである。安石から甲科及第の記載を拒否されて八年後、公輔は自らの筆で當初の想いを果たしたというべきであろう。

この蔣氏墓誌をめぐるやりとりは、吳子良『林下偶談』、周輝『淸波雜志』中でも取り上げられ、公輔に嚴しい見方が示されたり、安石の頑なさの實例とするなど士人の間での恰好な話題となっている。さらに何を書き、何を書かないかとともに、どのように書くかも大いに問題となる。一例として歐陽脩の尹師魯墓誌銘（『居士集』二八）を擧げよう。慶曆七年、四十六歳で沒した尹洙には、墓表を韓琦が、祭文を范仲淹らが書くなど當時の錚々たる士大夫がその死を悼んだが、脩の墓誌銘には各種の批判が寄せられたようである。詳細は省くが、尹洙の文章家としての名聲を十分評價していないとか、功績の敍述が不十分であるとか、古文の主唱者としての意義を理解していないとかいうものである。脩は、これに關連した書簡を殘しており（『書簡』七　答孔嗣宗、與尹材〈洙の甥〉）、さらに論尹師魯墓誌なる一文を草し（『居士外集』二三）、批判がいかに的外れであるか大々的に反論した。これは、文章とはいかに書かれるべきものかという文章論にもなっている。當然、これも士大夫讀書人間の話題となり、『容齋隨筆』一三、朱翌『猗覺寮雜記』上でも議論されている[19]。このように墓誌銘は、地中深く埋め、はるか後世に故人の功績を傳えるといいながら、實際は執筆されると直ちに巷間に廣まり、少し時間がたてばその人の文集に收錄されたり、筆記で論議されたりして、同時代人が共有する話題となっていた。一人の人間の全體評價に關する問題だけに、何を價値あるとし、何を無價値とするか、執筆者と對象者雙方の全人格をかけた、論爭の場を墓誌銘は提供していたのである。

四　墓誌銘からみた黨爭

安石撰墓誌銘は、新法・舊法兩黨派の争いに登場する人物の關係者を數多く含む。それらを新法黨に繫がる人々の墓誌を讀むと、直接、兩派の爭いに關する記述はないものの、正史や編年體史書の記事によって描かれる黨爭像とは、少し違った角度からの側面が見えてくる。このことについて、やがて舊法派の一方の中心となる蘇軾を攻擊した人物に關連する墓誌銘を例に述べてみたい。安石を始めとする新法派にとって、機知に富み說得力ある議論を展開する軾は、むしろ司馬光より厄介な存在であった。まず、熙寧四年六月、軾が中央政府から杭州通判に轉出する契機を作った謝景溫關係、次に元豐二年八月の「烏臺詩案」を起獄した李定、何正臣關係を取り上げる。

熙寧三年四月に侍御史知雜事に拔擢された謝景溫について『宋史』二九五本傳は、「景溫、未だ嘗つて中朝に仕えず。安石、之れと善くし、又た景溫の妹、其の弟安禮に嫁す。乃ち驟に擢びて侍御史知雜事と爲す。安石、方め蘇軾を惡む。景溫、軾の向《さき》に憂に丁りて蜀に歸るに、舟に乘り商販するを劾す。朝廷、六路に下し篙工を捕逮し、水師を して其の事を窮めしむ。訖に一實無し」と、治平三年六月、父洵の柩を護り眉州に歸った蘇軾が、賜った官舟を利用して蘇木、鹽や磁器を私販し禁制を犯したと彈劾したが、無實であったとする。この件によって、景溫の評判は地に墜ちた(20)。安石は、この謝氏について景溫の弟景平と景回、母の夏侯氏の墓誌銘と父絳の行狀を執筆している。本傳が述べるように、絳の娘の一人は安石の弟安禮の妻であるから、謝氏と王氏は姻戚であった。兩氏の關係は、恐らく絳と安石の父益が、大中祥符八年の同年であることから始まったのであろう。行狀の末尾に「先人、公と皆な祥符八年の進士、而して公の子景初等、歷官行事を以って來たりて、云々」と記す。同じく絳の長子景初に依賴された夏侯氏墓誌銘は、彼女が夫の墓に合葬された康定二年（慶曆元年 一〇四一）に書かれていたとすれば、安石二十一歲、科擧合格の前年となり最初の墓誌執筆となる。このように安石と謝氏の交流は早い時期からあり、事實、景初が築いた海塘を記念する、慶曆八年七月記の餘姚縣海塘記（『臨川集』八二）には、切磋琢磨する二人の姿が書かれており、このとき安石は明州鄞縣、景初が餘姚縣、越州會稽縣に景溫、杭州錢塘縣に韓縝が知事として在任しており、吳越の境はこの四邑を以って法としたという（『范忠宣公文集』一三 朝散大夫謝公墓誌銘）。少壯地方官として、かれらはそれぞれの政治を意識しあい、他者もかれらを比較する關係にあった。

謝氏一族について瞥見すると、黄帝以來の系譜を誇るが、盛族として世に現れるのは太宗の淳化三年（九九二）に進士及第した濤からである。長子絳は文名をもって知られ、仁宗の天聖・明道年間、西京留守錢惟演のもとで通判絳、推官歐陽脩、掌書記尹洙、主簿梅堯臣が日々應酬した古文詩歌、文雅の會は廣く人口に膾炙した。かれらの交流は文學にとどまらず、絳の妹は梅堯臣の妻に、絳の長子景初には歐陽脩の師である胥偃の娘が嫁ぎ、脩も偃の娘を妻として互いに姻戚關係を結んだことはよく知られている(21)。先述のように絳の娘の一人は安禮の妻であり、また景初と胥氏の娘は黄庭堅に嫁いでいるから、かれらは宋の士大夫文化がまさに展開しようとしている時代の、その中心に位置する姻戚集團であった。これは謝氏碑誌の執筆者の顔ぶれをみても明らかである。謝濤については、行狀を尹洙が、神道碑を范仲淹、墓誌銘を歐陽脩、絳の行狀は王安石、墓誌銘は歐陽脩、景初の墓誌銘は范仲淹の次子純仁、梅堯臣夫人謝氏墓誌銘を歐陽脩がそれぞれ書いている。安石が執筆した謝絳夫人、景平、景回三人の墓誌も、これら碑誌の一環に屬す。なお、謝氏は、濤まで杭州富陽を本貫とし、墓所も同地にあったが、絳が任地の鄧州で沒しそこに葬られると、以降鄧州を本貫するようになった。こうしてみると安石や謝景温は、若き地方官時代を、新たな士大夫政治を確立しようと活動した范仲淹らの官僚集團の末端に位置して過ごし、特に景温はその中核ともいうべき謝氏一族出身である。親の服喪を利用し官僚に禁じられた商賣に手を出す、蜀出身の新興官僚、極端にいえば成り上り者に過ぎない蘇軾の行爲は許せなかったに違いない。景温にとり不幸だったのは、次に述べる李定の服喪問題と重なってしまったために、その主張が必要以上に黨派的に受けとめられたことである。いずれにしても安石派の一角は、慶曆以來、名門というべき存在となった士大夫官僚集團によって擔われていたと言える。

元豐二年、文字通り蘇軾抹殺を圖って起こした詩案の起獄者御史中丞李定、監察御史裏行何正臣、同舒亶のうち、安石は、李定、何正臣二人の關係者の墓誌銘を記している。國子博士致仕李君墓誌銘は、李定の父問の墓誌であり、「定、文行有り、余に從いて游ぶ。故に與に銘を爲る」とあるように、定が受業生という理由から書いたもので、李問との直接の關係はなかったようである。李氏はもと金陵の人、その後、高郵、廣陵へと移り、問は同學究出身、地方官を歷任後、治平元年九十歳で沒し、翌年、揚州に葬られた。詩を善くし、柳開、王禹偁に稱されたことを特記する。李定は、熙寧三年、青苗法賞贊の發言によって選人の身分で諫官に拔擢されたが、宰相曾公亮らの反對にあい、安石はやむなく權監察御史裏行に任命しようと圖った。しかしここでも反對論が多く、辭令起草擔當の知制誥らが辭職して抵抗したため紛糾し、結局、御史就任もならなかった。このとき論者が上げた反對の理由の一つに、定が母仇氏の喪に服さなかったのではないか、という疑惑問題がある。李定は以前、年老いた父に侍するため解官を願い出たが、仇氏の喪については隱匿した不孝人だというのである。本人は、仇氏は乳母であって生母でも庶母でもないと主張し、調査もされたが關係者は既に死沒しており、結論は出なかった。しかし、司馬光が、同時に問題となっていた謝景溫の彈劾による商販疑惑の蘇軾と不孝の李定とどちらがより惡質かなどと帝前で議論したこともあり、朝廷の非難は定により強く向けられるようになった。また蘇軾は、この頃、朱壽昌という人物が行方不明の母を探すため、官を辭し、刺血寫經、艱難辛苦を經た末、漸く見いだした美談を賞贊する詩を作った。李定は、これを自分に對する當てつけと解し、これが後の烏臺詩案の伏線になったという說もある。(22) この間、安石は、李問墓誌銘の中で、「君、開封の浩氏を娶る。兩男子有り、察は山南道節度推官、蚤卒す。定、集慶軍節度推官」と記していたが、帝前では「李定は、最初、仇氏は乳母だと申しており、また兄察の生母であれば定にとっては庶母、服は緦麻に過ぎない、云々」と辯論しており、墓誌の記述と異なる發言をしている。李定出自をめぐる噂は、この後、尾鰭がついたらしく、南宋の筆記に「元豐年間、一世を風靡した開封の美妓蔡奴は、定の妹である。仇氏は初め民間にあって子を生み、これが僧の了元、佛印禪師である。次に李問の妾となって定を生み、やがて郜氏に嫁して蔡奴を生んだ」といった類の記事が散見される。(23)『宋史』三二九の本傳は、「定、宗族に於いて恩有り。財を分かちて振贍し、家に餘貲なし。任子を得れば、先に兄息に及び、死するの日、諸子皆な布衣たり。徒だ王安石に附し驟に美官を得、又た蘇軾を罪に陷す。是を以って公論之れを惡み、不孝の名遂に著わる」と好意的な句で結んでいる。朝野の反對を押し切って新法立ち上げを計る安石にとり、熙寧二、三年は、それまでの長い地方官務めによって中央との人脈が比較的薄いが故に、もてる人間關係を總動員して新法支持派を結集する必要に迫られていた時期である。長江下流域の人脈は、その有力な擔い手であった。その中には、謝氏のように既に名門と評される一族もあったが、官僚の子弟とはいえ、出自すらはっきりしない李定も含まれていたのである。しかも選人から諫官御史にという強引な人事が問題をさらに紛糾させ、その影響は元豐年間にまで及んだと言えよう。

烏臺詩案の告發者の一人で、王安禮から「姦回にして士類を汚衊す」と罵倒された何正臣は、蔡確人脈であるが、安石の尙書祠部郎中集賢殿修撰蕭君墓誌銘に名前がみえている。墓誌は、撫州の西鄰、臨江軍新喩縣の人である蕭固のために書かれたものであり、固の長女が江州湖口縣主簿何正臣に嫁している。正臣も新喩の人で同鄉の婚姻であった。安石は、ほかに固の長子洵に袁州軍事推官蕭君墓誌銘と、恐らく同族である蕭貢の夫人のために壽安縣太君李氏墓誌銘を執筆している。蕭氏は、固の曾祖父が長沙から南唐に歸し、新喩に田百頃を賜り、ここに家したという五代以來の大姓である。固と一族の蕭注は廣東・廣西の路官を務め、儂智高の亂を始めとする南方政策の現場指揮官として大いに活躍した。しかし人身賣買や南方少數民族への苛斂誅求などを、司馬光や蘇軾に近い李師中に彈劾され失脚している。墓誌銘は、固の南方經略の見通しの正しさを詳述し、これを辯護して書くが、『長編』の關係記事は嚴しい書き方である(24)。これら蕭氏墓誌執筆の經緯を、墓誌の記述から讀みとるのは難しいが、康熙十二年刊『新喩縣志』一〇に據ると、宋初から元豐年間まで蕭姓の登第者は十人に及び、大中祥符八年に蕭貢の名がみえる。これは父王益と同年であり、その夫人李氏の墓誌を書いている所をみると、關係の發端はここでも益にあったように思える。黨派の形成にはさまざまな要因が考えられるが、安石の場合、父の科擧登第によって生まれた人間關係が、大きな部分を占めていたことが、墓誌銘から分かる。

おわりに

南宋の趙彥衞は『雲麓漫鈔』八で「近世の行狀、墓誌、家傳は、皆な門生故吏の手に出、往々文其の實を過ぐ。人、之れを喜ぶこと多し。率ね正史と合わず」と述べ、趙普や陳堯佐傳を引いて誤りを例證している。安石撰墓誌には、子供の數、人名など細かな所で矛盾する箇所があるものの、趙彥衞の指摘は特に問題とするに足りない。むしろ、その「人、之れを喜ぶこと多し」という語に注目したい。墓誌を書く行爲と讀む行爲の日常化という狀況が想定できるからである。この時代の人々の人間關係とその交流の實態を知るための史料として、かれらが殘した詩賦、書簡のほか、墓誌も十分檢討に値する材料を提供すると言えよう。しかも詩や書簡が、ある場面のある部分だけの關係であるのに對し、墓誌は、その人間一生の全體評價をするだけに、その關係は全面的である。そこでは依賴者、執筆者、對象者の價値觀がまず問題となり、從って墓誌を媒介とする人間關係は廣義の思想史上の課題とならざるを得ない。そこに描かれた人間像は、第一に執筆者が抱くそれであって、他の二者がそれをどの程度共有しているかは、個々の事例ごとに異なってこよう。安石の殘した墓誌の大部分は、士大夫官僚のものであり、無官の男子十二名も全て有官者の親族であるから、安石は士大夫階層のあるべき生き方を提示したことになる。その中で、建安章君墓誌銘は官に就くことを拒否した人物の墓誌として、些か特異である。建州浦城、章得象の族人章友直は、卓越不羈、高節大度人を過ぎる材で、選擧を求むるを肯ぜず推薦も斷った。江淮から海嶺、京師と全國を旅し、豪傑の士から閭巷の庸人まで交流した人々すべてを魅了し、是非利害、富貴貧賤から超然としていた。音樂、書畫、奕棋で名を知られ、文章篆書を善くしたので、太學石經を篆書することになった。嘉祐石經と呼ばれるその出來映えは、李斯、陽冰に相上下するといわれ、試將作監主簿を與えられたがこれも辭退し、嘉祐七年十一月、開封で世を去った。このような生き方を、安石は、列子・莊子のいう、境遇や人の評判にとらわれず、「性命の情」に從い、人爲の束縛から自由な「天の君子」として評價する。その莊周論（『臨川集』六十八）に通ずる議論である。安石は、早世した太學時代の友人の馬漢臣墓誌銘に於いて、奔放不羈な馬仲舒に禮法を說いているが、制度や社會の枠組みの中で各自の立場に相應しい行爲を要求する前に、人間を人間たらしめる性命の情こそ大事とし、それに據っているか否かを第一義としていたことがここからも分かる。墓誌銘は、結局のところ安石の生き方を投影した、かれの作品であった。

注

（1）青山定雄氏の「五代宋に於ける江西の新興官僚」（『和田博士還暦記念東洋史論叢』一九五一）から「宋代における華南官僚の系譜についてⅢ——特に揚子江下流域を中心として——」（『江上波夫教授古稀記念論集　歴史編』一九七七）までの一連の論考が、その代表的なものである。近年の最も重要な著作は Robert Hymes. *Statesmen and Gentlemen*：Cambridge University Press, 1986.

（2）『東坡後集』一六　祭張文定公文三首　『東坡奏議』九　辭免撰趙瞻神道碑狀　洪邁『容齋四筆』六　東坡作碑銘。蘇軾の親族墓誌依賴の事情については、本書Ⅲ部第三章「張方平『文安先生墓表』と辨姦論」を參照。

（3）墓誌には稺、穜、秩、穆、稌の五名が記され、祕は見あたらない。

（4）荒木敏一『宋代科擧制度研究』五二頁　『宋會要』選擧三　科擧條制。

（5）中村喬『中國の年中行事』一九八八、一〇〇～一〇六頁。宗族形成との關係の指摘は Patricia Ebrey. 'Early Stages of Descent Group Organization' in *Kinship Organization in Late Imperial China.* Ed. Ebrey and J. L. Watson : University of California Press, 1986, pp20-29.

（6）『大唐開元禮』七八　王公以下拜掃〈寒食拜掃附〉、宋代の寒食上陵は『宋史』一二三　禮二六　上陵之禮、『宋會要』禮三九　命公卿巡陵を、休暇は『宋會要』職官六〇　休沐　國初休暇之制を參照。

（7）仁宗の時の家廟規定は、『宋會要』禮一二　群臣士庶家廟。『書儀』と『家禮』については、小島毅『中國近世における禮の言説』一九九六　二章　家禮の構造　を參照。

（8）『朱子語類』禮七　祭。後代の墓祭重視論は、この朱熹の見解を踏まえたものが多い。丘濬は『大學衍義補』五二　家鄕之禮中で、墓祭を古禮ではないが、「人の情に順い、禮の意を得と謂うべし」と結論し、毛奇齡になると墓祭は古典にあり、古禮に非ずは誤りとして清明日霜降日行墓祭禮を積極的に肯定する。また杜貴墀『典禮質疑』三　墓祭、前注小島論文も參照。

（9）但し、曾鞏『元豐類稿』四五　仁壽縣太君吳氏（安石母）墓誌銘では、朱明之を同じ揚州でも天長縣の人とする。

（10）安石をめぐる親族關係の詳しい系圖は、東一夫『王安石事典』一三四、一三五頁に示されているが、安石の子の世代以降は一部異なる。

（11）竺沙雅章氏は、太平興國寺を王安石の墳寺とされている（『宋代佛教社會史研究』第三章　宋代墳寺考　一二八頁）。なお安石晩年を扱った專論に、木田知生「王安石の晩年——半山園と定林寺——」（『東洋史苑』四〇・四一　一九九三）があり、安石の墓の所在について詳論する。また同氏「王安石と佛教をめぐる諸問題」（『小田義久博士還暦記念東洋史論集』一九九五所載）は、安石と佛教との關係を廣範圍に考察している。

（12）顧棟高『王荊公年譜』上　慶曆三年の項に考證がある。

（13）乾隆二十四年刊『建昌府志』二九　選擧。致堯の六、七男は得解擧人。なお致堯墓誌は、男三とし、夫人黃氏墓誌は四人とするが、神道碑は七人とする。

(14)『元豐九域志』六に依る。『宋史』八八 地理四は、開寶五年に金谿場を縣に升した、とする。

(15) 康熙二十一年刊『金谿縣志』四 科目進士。

(16) 吳子善墓誌は、弟の孝宗、字子經の依頼によって書いたという。従って吳興宗、孝宗は兄弟で、また安石にとって兄弟の父偃は、諸舅に當たるとも記している。安石の母吳夫人と妻の吳氏の父の世代は同じであるから、この表現に問題はないが、吳敏の孫である妻の吳氏が、敏の4人の息子、芮、蒙、蕡、蕃の誰の娘かについてと吳興宗兄弟の關係は諸史料一定しない。諸史料が示す系圖は以下のようになる。

①吳子善墓誌

吳英―表微―偃┬興宗
　　　　　　　└孝宗（子經）

（偃は安石の諸舅）

②宋故右承議郎吳公（愨）墓誌銘（孫覿『鴻慶居士集』四十二）

吳敏―蕃┬頤（顯道）┐
　　　　└某（子經）┴愨―槖

（愨にとり安石夫人は諸姑）

③金谿吳君墓誌銘（『臨川集』九十八）

吳蕃┬世隆
　　├世範
　　├女
　　├女
　　└女

④康熙二十一年『金谿縣志』五

吳敏┬芮
　　├蒙
　　├?―頤（顯道）―○―槖
　　├噴
　　└蕃

（蕃は安石の舅）

なお、蔡上翔は、『孫公談圃』に蒙が安石夫人の叔父とあること、及び蕡と蕃の子女の嫁ぎ先が全て分かるので、残ったが芮が吳氏の父であるとする（『年譜考略』九）。安石の外祖母黃氏墓表は、舅の藩が墓誌を書いたとする。この藩が蕃とすれば、父は蕃の可能性が最も高い。但し③の墓誌は、岳父のものにしては簡略に過ぎるように思われる。

(17) 康熙二十二年刊『南豐縣志』三　壇廟祠墓。

(18) 河南省文物研究所・密縣文物保管所「密縣五虎廟北宋馮京夫妻合葬墓」(『中原文物』一九八七―四)に寫眞が、『新中國出土墓誌　河南』下　密縣に全文の移錄がある。なお、『石林燕語』八では、至和中のこととして、このときの廷試は沈文通が一位であったが、恩蔭で太廟齋郎であったため二位とし、馮京を一位としたとする。但し至和年間に廷試は行われていない。

(19) 以上は『宋文紀事』二三、三三を參照。熊本崇「朱熹『攷歐陽文忠公事蹟』を讀む」(『中國知識人の精神構造の展開についての史的研究』科研費B研究成果報告書　一九九六所載)は、歐陽脩の行狀、碑誌とその基礎資料である事蹟との關連を、當時の政治狀況や人間關係から考察し、その中で尹洙墓誌銘にも觸れている。

(20) 『長編』二一三　熙寧三年七月丁酉の條所引、林希『野史』に「……卒に其の實無し。……士論、景溫を薄くせざる無し」と記す。現在は、柳田節子「宋代官僚と商業行爲」(『宋元社會經濟史研究』一九九五所收)など、蘇軾の商販行爲を認める見解が多い。

(21) 洛陽での交流は、邵伯溫『邵氏聞見錄』八。婚姻關係は、清水茂「北宋名人の姻戚關係」(『東洋史研究』二〇―三、一九六一)、筧文夫『梅堯臣』解說(『中國詩人選集二集』三　一九六二)を參照。

(22) 『邵氏聞見錄』一三。

(23) 陸游『老學庵筆記』一、劉克莊『後村詩話』前集二など。

(24) 『長編』一八九　嘉祐四年二月甲戌、同一九三　嘉祐六年四月庚申、同一九四　同年七月己亥。

第五章　南宋四川の類省試からみた地域の問題

はじめに

乾道六年（一一七〇）から淳熙五年（一一七八）まで足掛け九年を四川で過ごし、彼の地で多くの知己を得た陸游は、故郷紹興に隱棲、自適の晩年に到るまで彼らとの交流を續けた。[1] その陸游に「蜀俗厚」という文章があり、こう述べている。

何耕、類省試卷中に云う有り「是れ何の道なるかな（是何道也夫）」と。道夫は、耕の字なり。初め未だ必ずしも心有らず。耕、時名有り。會たま有司も亦た自ら其の文を奇とし、遂に以って蜀士に冠たり。士も亦た皆な人を得るを以って相賀す。而れども其の偶たま暗號に近きを議せず。師渾甫、本名は某、字は渾甫。既に拔解さる。志高く退きて省試に赴かず。其の弟、乃ち其の名を冒し以って行くに、渾甫に告ぐるを以ってせず。俄に遂に登第すれば、渾甫、字を以って名と爲し而して字は伯渾たり。人人、盡く之れを知る。弟、仕え亦た郡倅に至るも、一人の之れを議する者無し。此の事、若し閩、浙に在らば、訟訴紛然たらん。（『老學庵筆記』三）[2]

何耕は、次節でみるように著名な蜀人官僚。陸游は自らの權知蜀州赴任を前に、當時知蜀州であった何氏に書簡を送っている（與何蜀州啓『渭南文集』八）。何耕が、乾道四年以降に蜀州の知事を務めたことは墓誌銘から知られるが、この何氏が耕であるかは不明であり、具體的な交友は確認できないにしても、二歳年下の何耕が蜀地の同僚であったことは確かである。(3) また師渾甫には、乾道九年、嘉定府に赴く途中の眉山で面會しており、その緣から陸游は、後年、息子の求めに應じその文集に序文を書いている（師伯渾文集序『渭南文集』十四）。このように兩人の同僚・知友である陸游は、彼らの科擧にまつわる風聞とそれへの蜀人の對應について、「違法」行爲に寬容な四川の科擧文化を「風俗が厚い」と評しているのである。

しかし、蜀の科擧をめぐるこうした牧歌的な狀況は長くは續かなかった。また一般の、とくに中央政府の見方は當然異なる。半世紀近く後のことになるが、寧宗の嘉定十五年（一二二二）、監察御史方猷（浙東台州寧海縣出身）は、四川の科擧の弊害を論ずるなかで、とくに解試の常軌を逸した紊亂を「試官、文を校せず、解を賣るを以って常例と爲す。士子、業を修めず、解を買うを以って捷徑と爲す。歲、大比に及べば、局を置き價を立て、上下交通し、公私市を爲す。題目、未だ試せざるの前に得、姓名、未だ考せざるの前に定む。因循習熟し、恬として怪しむことを爲さず」と述べる。(4) 試驗などあって無きが如し、すべて金次第というのである。これは、方猷の上言（注（4）參照）中にあるように榮州の寄居官劉光の子の頤と孫の濟が不正合格した事件に關する狀況說明の一部である。

事件は、嘉定九年の科場で起こった。朝奉郎劉光は、榮州發解監試官何周才を買收して子と孫の合格を謀り、何周才は、楊元老なる人物の策を入れて答案中に三字餘りの暗號を書き込ませることで請託に應えた。結果は、劉頤と劉濟のみならず劉氏一門の親戚・館客が合格者の半ばを占め、さすがにこの事態に怒った士人趙甲が試驗官派遣の權限をもつ遂寧府所在の轉運司に訴え、轉運司は遂寧府に事實調査を命じた。調査の結果、不法が判明し、當時、潼川提刑兼轉運判官であった魏了翁から案件が中央に送られ、九年十一月十四日に榮州知事の楊叔蘭が監督責任を問われ罷免、劉光も子への教育責任から一官を下された。劉光は首謀者の一人であろうから、この處分では輕すぎるとの印象を受けるが。その後、大理寺の審理が續き、二年後の嘉定十一年十一月十一日に關係者の最終處分が決定した。それによると事件の中心人物監試官の承直郎榮州簽判何周才は、とくに死刑を免ずるも、ただちにすべての官職を剝奪する除名勒停とし、忠州牢城に配するが刺面と家財沒收は免ぜられた。試驗官の石伯酉、扈自中、馮寅仲は一資降格の上、罷免。劉頤は徒二年の私罪、贖銅二〇斤とし「擧人犯私罪、不得應擧」條に照らして以降の科擧受驗禁止と三百里外州軍への編管。楊元老も徒二年の私罪、蔭の資格を減ずるほか杖一百、贖銅一〇斤、三百里外州軍への編管。劉濟は五百里外州軍へ配するという内容である。大理寺の決定に對し、何周才、劉光らに官當（官位返却による贖罪）を認めるべきだとの意見が出たが、原案通り決定した(5)。

先の方猷の上言は、事件が發覺してから六年後のことである。彼は、こうした解試の不正に對し、四川では三場の試驗官が相互に答案を點檢し、合格判定には試驗官全員が係わり、答案に全員が署名して、以後問題が起こった場合は全員の責任を問い、昇格人事などで監司守臣の推薦を受けられぬようにする、という措置を提案し裁可された。

『宋史』選擧志を始め、南宋の科擧關係の史書には、不正・弊害の記事が充滿している。その地域は全國にわたるが、例えば嘉定八年の殿中侍御史黄序（福州羅源出身）は「竊に考えるに、國家が科目を設けて士を取るのは、進士科が最も人材を拔擢するからである。そこで三年毎の科擧の年には、これを嚴密に行ってきた。しかし時代が變わるとともに、弊害も多くなり蜀の四地域が最も甚だしい。蜀は人材の豐かなことを誇るが、都から遠く、科場責任者は其の弊害に耐えられない」と述べ、「利を求める者は、答案を裕福な家に賣り込み、仕官を願う者は、答案を有力者に持ち込む。答案の一部は採點場から流出し轉々として鄰州で見つかり、不合格答案がほかの採點場に回され不合格の記號が消される。或いは上官や同僚の故郷に出向き、皆な自分の欲望を實現させようと努めている」とその具體例を擧げる(6)。四川における不正の横行が群を拔くと非難するのである。その上で、四川では漕試・諸州解試・類省試それぞれに「私取の弊」があるとして對策を述べるところをみると、四川の科擧には、全國に蔓延する不正の一環というだけではなく、四川固有の状況下における腐敗という獨自の側面をみる必要があるように思われてくる。

周知のように、宋代の四川は鐵錢行使地區として、經濟的には特殊な地位に置かれていた。南宋になると、初期に全國各地でそれぞれの思惑で活動した軍閥が、秦檜による兵權回收策により國軍として大軍に再編成され指揮權を奪われた後も、四川のみは依然呉氏の勢力が溫存され、中央政府は民政・軍政の統御に苦心し續けた。勿論、一般論として中國の各地域にはそれぞれ固有の地政學的條件があるから、中央が常に萬遍一律の統治を實施するという譯にはゆかない。しかし宋代の中央集權支配とは、人事・財政・軍事の權力を中央政府が一元的に握ることと理解されているから、南宋四川の場合、類省試や定差の規定など、他地域に比べ中央政府が認めるその獨自性はかなり際立つ。本章は、科擧・人事の側面から宋代四川の特殊事情を検討し、中國王朝における中央と地方の問題の一端を考察する。

一　何耕の場合

何耕（建炎元年一一二七～淳熙十年一一八三）、字は道夫、漢州綿竹縣の人。紹興十七年の類省試第一であった彼には、從來與えられていた進士及第、殿試第三の恩例が、秦檜の指示により進士出身の授與に格下げされ、かつこれが以降の常例になったことで記錄に名を殘した。しかしそれのみならず、彼の經歷は南宋蜀人官僚の一つの典型としてみることができる。そこでまずは彼の生涯を簡單に紹介する。もとづく史料は、淳熙十四年（一一八七）、同時に進士合格を果たした耕の次男と三男の悳（德）彥、悳固が、亡父の元同僚であり、右丞相に就任したばかりの周必大のもとに赴き、執筆を依頼した墓誌銘である(7)。

何氏は、世々漢州綿竹縣に住み、祖父の代には食客日に數十人といわれているので、土地の一大有力者であったのであろう。ただ耕まではいずれも無官であった。祖父は鄰縣德陽の史彬と交流があり、息子の革がその娘と緣組をした。これが耕の父母である。一家は德陽に居住し、それ故、史書には德陽の何耕と表記される。史彬は絕學先生と號し、百人以上の弟子を抱える儒者であった。耕は、幼兒のときよりこの外祖父に教育を受け、その英才ぶりは漢州學教授に赴任した東西四川の名士、張行成と任慥の目にとまったという。紹興十七年、弱冠にして類省試第一に合格したが、先述のようにここで秦檜の橫槍が入る。墓誌銘は結果だけを簡潔に記し、事の經緯や降等の理由などは一切記さない。史書によれば、このときの策問は「古今蜀人才盛衰之故」という題であった。耕の對策は「蜀人は、節と道に從うものであり、世俗に關心は無い」として、歷史上の多くの人物を例に、彼らの出處進退、世評、顚末を嚴しく論評するものであった。送られてきた答案を讀んだ秦檜は激怒し降等を命じたが、その理由は、對策の內容にあったという說と、何耕が綿竹の人で張浚と同鄕であったからという說がある。主戰論者の張浚は、當時、秦檜の「欺君誤國の罪」を糾彈する上章のために廣東連州に置かれていた（『朱子文集』九五下　少師保信軍節度使魏國公致仕贈太保張公行狀下）。講和體制がようやく軌道に乘りつつあった秦檜にとり、張浚を連想させ、或いは關係の可能性を疑わせる何耕の存在は許しがたかったのであろう。しかし、さすがにそれを直接の理由とすることは憚り、權禮部侍郎沈該をして「今回の類省試高等に合格した人物は、今までその第一に與えられた推恩を考え、殿試を受驗して下位の成績となることを心配し、行在への旅程をことさら遲らせている。そして殿試が終わった頃に到着し、道を急いだのですが病氣のため遲れました、と報告をする。このような者に殿試第三等と同じ優遇は與えられないので、以後、四川類省試第一等は進士出身、餘は同出身とする」と書かせ、檜が署名した上で卽時の施行を高宗に求めたのである(8)。どうやら何耕は、このとき殿試に赴いたが期日に間に合わなかったらしい。

以後の官歷を簡單に述べると、まず初めに與えられた官は、選人最下位の迪功郎であり成都北西の彭州州學教授に任ぜられた。その後、位階を二つ上げ從政郎として成都府學教授となり、ここで制置使兼知成都府沈介、轉運使周綰、何逢原らの推薦を受け、從八品の左宣教郎に改官している。周必大はこれを、中朝の名士が異禮を以って公に待した、と特に記す。この改官は紹興三十一年終わりから三十二年初めのことと思われるから(9)、紹興十八年の合格を考えると、進士及第、殿試第三待遇から進士出身へと格下げとなった影響は、後の官歷に顯著に表れているといえよう。改官直後の孝宗の登極恩では、正八品の左奉議郎、成都府路轉運司幹辦公事に、續いて吏部尙書汪應辰の推薦があり成都府通判に拔擢された。墓誌は、通判在職中の事績を述べるなかで乾道四年の年號を記している。地方官としての活動の內容は省略して、官歷のみを追うと、知蜀州のとき母の喪に服し、除服の翌年、羌が沈黎（黎州）に寇したため四川宣撫使虞允文の命で雅州知事に任ぜられている。その後、知果州から嘉州に轉じ、乾道九年から淳熙二年までその任にあり、元年には別試所監試官を務めた（『宋會要』選擧二一―一）。やがて潼川府路提點刑獄公事となり、淳熙四年の類省試では敕差監試官として人材を多く拔擢したと稱されている。この年、何耕は初めて朝廷に召され、翌淳熙五年、入對して孝宗に恢復四事を論じた。中央での官歷は、倉部員外郞から戶部郞中兼國史院編修官侍講東宮に、續いて國子司業、祭酒を經て太子侍讀となり、祕書監に移ったところで、再び四川への外任を願った。周必大は墓誌のなかで、淳熙六年に夫人の李氏を失ったのが歸鄕の理由であると記している。四川に戾った耕は、潼川府知事を務め、淳熙十年六月、宮觀差遣を希望しつつ、未だ返答がないまま官舍で沒した(10)。享年五十七歲。

このように類省試第一の何耕は、三十五年間の官僚生活の大部分を四川の地方官として過ごし、中央官としての活動は僅か數年であった。四川類省試合格者の場合、他地域の應試者と異なり、そのまま任官を願うか、さらに殿試に赴くか二通りの選擇肢があったが、類省試どまりで任官を願えば、恐らく通常は一生を四川の地方官めぐりで過ごすことになったのであろう。次にこの點を、別の史料で確認しつつ四川特有の地域性について考察してみる。

二　『鶴山先生大全文集』墓誌銘にみる四川士人

本節の主題に入る前に、登科錄に何耕の名がない理由を考え、問題の所在と考察の視點を提示したい。何耕が參加できなかった、或いはしなかった紹興十八年の殿試は、周知のように朱熹が登第した科擧の最終試驗であり、それ故、その及第者名簿である同年小錄が現在に傳わる例外的なケースである。そして、そこにあげられた一甲から五甲まですべて三三〇人の合格者の姓名のなかに何耕の名前は記載されていない。これは同年小錄作成が、殿試唱名後に行われる一連の合格儀式の一つとしてある以上、名を呼ばれない人物が記載されないことは當然ともいえる。

ところで、宋代四川の科擧合格者の總數や、その州別、時期別の內譯を知りたい場合、四川通志は便利な書物である。とくに嘉慶版　卷一二一　選擧志一以降の登第者名簿は科場の年毎に記載されており、檢索に都合が良い。雍正七年編纂の四庫全書版四川通史　卷三三は、それが地域別になっており、兩書の登載人物名には多少の出入りがあるが小論では嘉慶版を主に使用して檢討する。そこで、紹興十八年同年小錄の、本貫を四川とする合格者六十六名を、嘉慶版同年掲載の七十人の名前とつきあわせると、同年小錄にあり四川通志にみえぬ者が三名いる。しかしそのうち二名は紹興年間の年分不明の項に掲載されており、結局、第五甲一一〇名成都府郫縣の李敦仁のみが收錄漏れということになる。嘉慶版は、明代に四修された通志をもとに編纂された雍正七年版をさらに增修・改訂したもので、そこからの直接の收錄ではないにしても同年小錄の情報が掲載人名・出身地の基本內容を構成しているといえよう。では四川通志にのみ名前がのせられる七名は、類省試どまりであった人物なのであろうか。それにしては何耕の名がみえない。

實は、何耕は嘉慶版 巻一二五 選擧志四の宋擧人の項に收載されている。しかし、その宋代擧人の項の冒頭には「宋の鄉擧は漕試であり、これを發解というのは、合格者を省試に解送するだけであるからである。このときは未だ釋褐せず出身もない。明の鄉試の合格者が、ただちに銓選に赴くことができるのと異なる。云々」と解說するように、四川通志の編者に類省試の理解はなく、また宋代の鄉擧は本來州單位で行われたとの認識も缺けている。ただ、現存地方志のなかには、稀に擧人の名簿を登載するものがあり、また文集にも進士不合格の記事から解試のみの合格と類推できる者があるから、編者は、これらを妄りに削ることはしないとして計一〇四名を鄉試合格のみとして名前を採錄したのである。何耕が、どの時期の編纂段階で擧人の項にいれられたか分からないが、四川の著名人であり、紹興十八年の登第者に含まれてはいないが官僚として活動はしており、まったく無視することもできず擧人の項にいれたのであろう。(11) いずれにしても先の七名は、結果として類省試どまりであった可能性はあるが、それを意識して收錄したわけではなく、從ってそのすべてが網羅されているとはいいがたい。

すでにみたように、南宋四川類省試及第者には、及第は初期のみとしても出身ないし同出身の進士號が與えられていた。殿試合格者と初任官やその後の昇進の速度に大きな違いはあるが、兩者とも科擧官僚であることに變わりはない。同年小錄との比較から、四川通志の南宋の項は殿試及第者のみの名前を掲載したのではないかとの疑いがでてくるとすれば、四川通志によって四川の科擧合格者數を把握し、他地域との比較などを行うことは再檢討しなければならなくなる。今、合格者數を全面的に洗いなおす餘裕はないので、四川の官僚を多く收載する魏了翁撰の墓誌銘を例に、殿試通過者と類省試どまりであった科擧官僚の比率が、おおよそどの位であったか檢討してみる。(12)

成都府路邛州蒲江出身の魏了翁『鶴山先生大全文集』（以下『鶴山集』）には、行狀四、神道碑二、墓誌銘一一〇が收載され、とくに墓誌銘數は通例の文集に比べ多い部類に入る。(13) このうち巻八八の吳獵行狀は、公務上のやや特殊な執筆經過であるので除くと、殘り一一五人の傳記は本人との關係に濃淡があるにしても、依頼者を含め魏了翁との個人的な繫がりから書かれたことが窺える。墓主の内譯は、男性一〇三名、女性十二名、男性のうち特奏名や生前贈官を含む有官者は七十九名、無官者は二十四名である。無官者には鄕貢進士二名、國學進士一名が含まれる。有官者のうち四川出身は四十三名を數え、任子や恩蔭が明記され科擧經由ではないことが分かる者が六名、しかし一人は鎖廳試を受けており、別に入官までの記事がない者一人を差し引きすると、三十五名が進士の肩書きを有する四川人となる。この三十五名のうち四川通志の進士登第に名を連ねる者は十三名に過ぎず、後の二十二名の名前は記載されていない。また三十五名の官歷をみると中央での任官が記されている人物は、掲載・非掲載どちらも四人ずつの八人のみで、しかもかれらの官歷も大部分は四川の官職で占められている。

四川通志に名前が登載された十三名は、魏了翁の記述から多くが確かに殿試を通過していると推測できる者である。一方、名前がみえない二十二名のうち例えば眉州丹稜の史堯輔のように「開禧三年の解試は易學第一で通り、類省試も高等で合格、翌年の廷中對策は韓侂冑誅殺で浮ついた世論を批判、眞德秀は評價したが詳定官が抑え、結局乙科に終わった」と殿試受驗を明記する場合（卷七十一　宣教郎致仕史君堯輔墓誌銘）、ほかに「明年（紹熙四年？）擢第廷中」と記す邛州臨邛の李僑（卷七十三　承奉郎致仕李公僑墓誌銘）、「進士甲科」とされる邛州大邑の李坤臣（卷七十七　李中父墓誌銘）、紹熙四年進士乙科の崇慶府江源の張鈞（卷八十二　故祕書丞兵部郎官潼川府路轉運判官張公墓誌銘　なお南宋館閣續錄七　には紹熙四年陳亮榜進士及第　治春秋とある）、嘉定十年御試合格の章游（卷八十二　雒縣丞章公墓誌銘）の五人は殿試合格と考えられるが、後の十七名は類省試どまりと思われる。もっともそれら五人にしても張鈞以外、官僚の肩書きを有した期間は最も長い史堯輔と章游が九年、李僑、李坤臣には實質上仕官の實績がない。從って地方志に登第の記錄があるかないかを、殿試通過の有無として判斷することはできないが、南宋四川の類省試出身者は、進士出身ないし

北　宋	太宗	眞宗	仁宗	英宗	神宗	哲宗	徽宗	合計
回　數	8	7	13	2	6	5	8	49
人　數	47	47	343	41	191	199	509	1377
平　均	5.9	6.7	26.3	20.5	31.8	39.8	63.6	28.1
年平均	2.1	1.8	8.2	8.2	10	12.4	19.6	8.2

南　宋	高宗	孝宗	光宗	寧宗	理宗	度宗	合計
回　數	12	9	2	10	13	3	49
人　數	852	573	54	465	615	37	2596
平　均	71	63.7	27	46.5	47.3	12.3	53
年平均	23.7	20.5	4.5	15	15	3.4	17.1

＊ほかに年代不明124人。

同出身の資格を有していても、進士として地方志に收録されず、統計數字にも反映されない可能性が大きかったといえるであろう。

上表は、嘉慶四川通志巻一二二から作成した四川の科擧合格者の統計である。科擧の年分不明者が判明者より大幅に多いので、科場ごとの人數の提示はできない。

ちなみに、各種の地方志から全國の路別總合格者人數を集計した Chaffee 氏の *The Thorny Gates of Learning in Sung China*（一九九～二〇〇頁　Cambridge University Press 1985）における四川四路の南宋總計は二五二九人であり、嘉慶版の數字と大差は無い。しかし、『鶴山集』墓誌銘が語るように、南宋四川では進士號保持者のうち地方志に名を載せるものが半數に滿たなかったとするなら、この數字は大幅に見直さなければならない。

もう一點、東福寺塔頭栗棘庵所藏「輿地圖」付載の解額表は南宋末四川諸州の解額數を傳える貴重な資料である。それによると潼川府路一五〇人、成都府路一七一人、利州路五十七人、夔州路七十四人の計四五二人が四川の解額總數である。これを類省試合格率十六分の一で算出すると一回平均二十八人餘りとなり、これは表の一回當たりの平均値とかなりの差である。ここから、類省試合格枠に含まれない省試―

殿試經由の四川進士の數が多かったと考えてよいのか、いずれにしても宋代史研究の場合、殘された數値をもとに議論を展開するには未だ解決すべき事項が多いといえよう。

三　南宋四川の科擧と地域性

再び、類省試の制度について簡單に整理し、南宋四川の科擧の弊害について考えてみる。兩宋交替期の混亂狀況のなかで全國に實施された類省試は、紹興三年（一一三三）十月に廢止の詔が出され、同五年から禮部での省試が復活した。しかし四川のみは例外とし、南宋末まで類省試は繼續する。その理由は、弊害が多いので四川も罷めるべきだとの議論が起った紹興二十七年五月、繼續を主張した兵部侍郎兼國子監祭酒楊椿の言が代表する。それは「蜀の士は貧しい者が多く、かれらに三峽を越え、湖を何度も渡り、萬里の道に苦しませてよいのであろうか。弊害は試驗官に人を得れば解決する」というものである。結局、四川以外から任官した監司や州の知事・通判の子弟・賓客は資力があるから都の省試を受けるべきだとの指示と、類省試の最高責任者の監試官および考試官を敕任とすることで四川類省試は續けられることになった。北宋の都開封に比べ、杭州臨安がより遠方であるとも、南宋の蜀士が突然貧窮したとも思えないが、他の類省試繼續論もほぼ同じ主張を繰り返している(14)。今は、南宋四川が、對金、つづいて對モンゴルと終始北方勢力との戰時ないし準戰時體制を強いられた前線地域であったことから、何らかの優遇策が必要であったのではないか、と推測するにとどめる。

類省試の試驗日程は、九月十五日鎖院、十一月放榜であったが、それでは翌年の殿試に間に合わない恐れがあるとして、紹興二十九年以降は八月内鎖院に改められた（『會要』選擧四―三三　擧士一〇　七月四日）。なお州の解試は以前から三月十五日であった。また合格率については、淳熙年間の議論において一般省試が十七人に一人であるのに対し、十六人に一人に据え置かれここでも優遇策が講じられた（『雜記』乙 一五 淳熙議復四川類省試所減額）。こうして四川の擧人は、解試合格の後、直接臨安の省試に赴くか、成都府制置司の類省試を受驗するか、また類省試合格者はそこで任官するか、さらに殿試を受驗するために臨安に赴くか、幾つかの選擇肢を有していたのである。(15) 類省試のみで殿試に赴かない者は、當初、合格順位第一が殿試三等の進士及第、その餘は同進士出身として扱われたが、紹興十八年の何耕以後、第一も進士出身、餘は同進士出身と格下げになったことはすでに述べた。ただし殿試が何かの理由で行われないときは、第一は舊例に從い殿試第三等の扱い、第二第三は第一甲に、九番目以上は第二甲に付すとされた（『雜記』甲 一三 四川類省試榜首恩數隆殺）。

ところで四川の科擧の弊害として、先に擧げた解試での不正とともに漕司試の解額の多さが問題にされていた。『宋會要』選擧五―一二 貢擧雜錄 紹熙五年（一一九四）十月二《マ》日八《マ》日の記事に、

詔し、成都・潼川兩路轉運司の解額、各おの二十名を存留し、餘の額は四川制置司下の成都・潼川轉運司をして、諸州の解額及び終場の人數を取會し、多寡を參酌し撥取均平せしむ。既にして成都運判王溉、「諸路運司の避親門客、有官礙格人の解額の內、成都八十三人、潼川府路八十人、部する所の州軍に視らべ寬爲り。此れを以って擧人、移牒を利とし戶貫を冒承、服屬を詭託すること其の繁に勝えず。乞うらくは、各おの存留十名を與え、以って諸州の守貳の門客、及び礙格有官人、及び東南の蜀に游宦すること實に二千里に及ぶ同姓緦麻親を待ち、餘る所は、諸州の足らざるを補い、用って奔競の風を革めん」と言うが故に是の命あり。(16)

とある。これは知州や通判の親族・姻戚或いは門客、既に恩蔭などで官位を有する者、さらに四川以外の地から任官してきた官僚に同行する同姓緦麻親以上の有服親で鄉里が二千里以上離れた子弟には、通常の州における解試ではな

く轉運司で行われる轉運司附試（漕試、牒試）を受驗させるという規定についての措置である。四川四路のうちとくに應試者の多い成都府と潼川府の場合、それぞれ八十三人、八十人の合格枠があるので、それを各十人に制限し、殘りの合格枠を各州に分配して欲しいという要請に對し、倍の二十人にしたというのである。同じ四川でも夔州路、利州路は東南諸路の漕試と同じく解額は三數人というから、兩路の突出振りは際立っている（『兩朝綱目備要』三　紹熙五年夏　革兩川牒試弊(17)）。

この記事の背後に窺える四川、とくに兩路の科擧をめぐる事情はどういうものであったろうか。先の王溉の上奏では「戸貫を冒承、服屬を詭託」と、不正の横行を減額の直接の理由としているが、漕試に應募者が殺到する背景には、その有資格者がもともと多いという状況があったのではないか。Chaffee 氏前揭書によれば南宋の進士合格者が最も多い路は福建路で、總數は四五二五人とある。それに對し四川四路は二五二九人であるから、『鶴山集』墓誌銘四川出身進士のうち四川通志登第者名簿への掲載十三人と非掲載二十二人の比率を、大幅に減らし假に一對一としても、實數は福建の總數を輕く超えてしまう。この人數の多さに加え、獨自の人事權の存在が問題となってくる。北宋は八路定差の制を施行し、本來中央の吏部が有する官僚の人事權を川峽四路・福建・廣南東西路（從って實際は七路）の轉運司に委ねた。南宋になると四川のみこの制度が存續し、轉運司の扱う差遣の範圍に若干の議論はあるが、通判以上が中央の堂選、小郡の知州・監以下が四川の漕選と決められた(18)。しかし實際は堂選であっても、四川出身の進士は四川への差遣を希望するものが多く、『鶴山集』墓誌銘の進士の大多數は四川のみの任官で終わり、中央へ出仕した者もそれが一時的であったことが確認できる。

要するに、四川の進士號獲得者は現存する統計數字の恐らく二倍以上であり、これもまた『鶴山集』墓誌銘からの印象によれば、その多くが恩蔭により複數の子弟を任官させている。その結果、有官者總數は南宋諸路のなかで最大となり、その上に他路と異なり大多數が出身の四路に任官するから、結局、南宋四川の地方官は、下級であるほど四川出身者で占められてしまうという状況が出現していた。中央政府の、四川は科擧の弊害が最悪であるという認識は、こうした事情をその背景として釀成された四川の現實に對するものであった。

おわりに

南宋の史家、眉州丹稜の人李燾は、蘇州出身で淳熙四年から七年まで四川安撫制置使として成都に在任、類省試貢院を建設した胡元質のために長文の「貢院記」を作成した（『成都文類』四六）。そのなかで「……今、天子、取士の權を分かち、以って外閫に畀わる事、事體至って重し。誠に郡國の歲貢の計偕に與る者、比ぶるを得る所に非ず。……」と、胡元質の言葉を自ら再度引用して、取士が天子の專權事項であるにもかかわらず、四川制置使が類省試による官僚拔擢の最終權限を分與されたことの重大さを確認する。李燾は、古制に則れば諸州の貢院は不可であり、京師においても學と別に建てられた禮部貢院は古制に合わないと考える。しかし成都で類省試という制度が行われる以上、「明天子の天下の士を待する所以の意」にかなうためにも貢院は必要であると述べ、東西五十一丈四尺、南北九十一丈、屋三百七十二楹という壯麗なその完成を壽いだのである。同時にこの貢院は、成都府の鄉試や吏銓でも使用され殆ど虛歲がない、と科擧と四川官僚人事の考査（外銓）の中心となることを強調する。減稅など善政を敷いた胡元質の德を稱えながら日頃の自說を展開したと自らいうように、李燾にとり禮制上の特例が必要とされる故鄉四川は、天子から特別な扱いをうける特別な地域なのであった。

長江の流れに沿って對金防衛線を敷いた南宋は、國防の要としての大軍を長江沿いに配置するとともに、それら大軍のための軍糧補給機關として淮東、淮西、湖廣、四川の四總領所を設置した。北宋の國家經濟が、對遼・西夏防衛線に駐屯する軍への糧食補給制度によって大きく規定されたと同樣、南宋大軍を支えるシステムが南宋の國家經濟のみならず國家のあり方をも規定したということはできるであろう。北宋の場合、首都から遠く離れ東西に長く伸びた防衛線を維持するために、鈔・引を利用する專賣制や和糴政策によって、首都開封を中核に江南の生産と河北・陝西の消費を結びつける工夫が必要となり、それがわれわれに北宋における全國的規模での流通體制の形成を印象づける結果を招いている。しかし華北を失い南半を統治するに過ぎない南宋では、大軍と總領所、言い換えれば需要と供給はほぼ同一地域で完結し、全國規模での流通構造形成の契機とは必ずしもならなかった。各大軍と各總領所一つずつの組み合わせの連鎖が、長江沿いの南宋樞軸地帶に展開する狀況は、北宋に比べ南宋國家は中央集權的要素が希薄との印象をあたえる。

その典型が南宋四川の場合であり、地理的要素もあってその完結性は理解しやすい。だが地域の完結性は、國家の分權傾向に卽結びつくであろうか。小論でみた類省試と外銓の制度は、確かに兩宋交替期に現れた四川の自立を繼續させているようにみえる。しかしその自立性は、中央政府の施策を代行することにあり、むしろ王朝支配の地域へのより深い浸透という側面をも有していた。四川士人の科擧への關わりは量的にも質的にも擴大し、外銓は四川人による四川地方行政の占有を再生産しつづけた。中央政府の認識した四川の弊害とは、こうした王朝支配の四川地域への浸透の副產物であったともいえよう。王朝支配の地域への浸透が、王朝支配の基盤を崩してゆくという逆說をここにみることができる。左司諫張次賢は、廣南東西路の解試科場の統合について特例措置を願う上奏のなかで「竊に謂うに、藝を考し能を興すは、遠きを視ること近きの若し。此れ聖朝、天下を公とするの心なり。俗の同じからざる有り、法の未だ便ならざる有るに至りては、時に解し而して之れを更張するは、亦た聖朝の免れざる所なり。……」と述べている（『宋會要』選擧一六―三三 貢擧 嘉定十五年二月十九日）。「俗の同じからず、法の未だ便ならざる」事態に對應する施策の行方は、他の事例についても參照しつつ更なる檢討が必要であろう。

注

（1）蜀士との交友の一端については、本書Ⅲ部第四章「東坡『黄州寒食詩卷』と宋代士大夫」でも觸れている。

（2）「蜀俗厚。何耕類省試卷中有云、是何道也夫。道夫、耕字也。初未必有心、耕有時名、會有司亦自奇其文、遂以冠蜀士。士亦皆以得人相賀、而不議其偶近暗號也。師渾甫本名某、字渾甫。既拔解、志高退、不赴省試。其弟乃冒名以行、不以告渾甫也。俄遂登第、渾甫因以字爲名、而字伯渾。人人盡知之。弟仕亦至郡倅、無一人議之者。此事若在閩・浙、訟訴紛然矣」。

（3）民國『崇慶縣志』六 秩官には、宋の刺史十六人の項に、何友諒の名前を陸游の前に置き、何耕の名はみえない。とすれば何友諒が、その前任者であろうか。いずれにしても在任年次は確定できない。

（4）『宋會要』選擧一六―三 貢擧 嘉定十五年三月一日 記事の全文は「監察御史方猷言、竊惟本朝科擧一務至公。全蜀人才素號爲盛。然地遠而私容易、法玩而弊獨稔。賓興在迩。苟不申嚴其禁、竊恐僞冒愈滋、才否無別、甚非聖選士之初意。且蜀之類省試、例自朝廷遴選試官、多擇東南士、夫于彼者爲試文主點檢試卷等官。故其弊稍減。若夫諸州解試官、雖自漕司選差、然其弊有可駭者。試官不校文以賣解爲常例。士子不修業、以買解爲捷徑。歲及大比、置局立價、上下交通、公私爲市。題目得于未試之前、姓名定于未考之始。因循習熟、恬不爲怪。如曩歲榮州解試、寄居劉光與監試何周才合謀、鬻解光之子、直入棘圍、就試官位、置酒納賂。洎揭牓、劉氏一門親戚館客、殆居其半。由是士子不平、訴之有司、推鞠按奏之牘今可覆也。夫天下之士、公私不能竝行、利害不可兩立。此豈幸而失思。厥遐方寠士終歲矻矻、得以姓名達于天府、獨有三年一試耳。顧爲徇私者奪之、則其憤者必多矣。西蜀之地、祖宗視爲殿之西角、攷藝興能弊一至此。詎可縱而不問乎。乞四川每遇解試三場、仍自三房互考、取放之際、須令應在院試官、公共參詳、見得合格、卽於所取卷子內同列名御。異時或有踈失、一例坐罪。有曾考試徇私被按之人、竝不許監司守臣推薦擧、則貪冒者知懼、抑欝者獲伸。遐陬知里選之公、寒士無陸沈之患。其於科擧誠爲至便、從之」。

(5) 前注書、選擧一六―二 嘉定九年十一月十四日、十一年十一月十一日の條。

(6) 『宋會要』選擧六―二四 貢擧雜錄 嘉定八年九月二十八日「殿中侍御史黄序言、竊惟國家設科目以取士、惟進士得人爲盛。故於三歳大比、每加詳焉。然世變愈下、姦弊愈滋。四蜀爲甚。蜀號多士、邈在一方。爲主司者不勝其弊。嗜利者賣號於多貨之室。嗜進者納號於勢要之門。分卷不至本房則宛轉旁搜於比鄰。已黜之文、或出他房則回護揩改其批鑿。或差在所上官之鄉、或差在同官所居之郡。皆得以行其私。豈不負國求賢之意。臣嘗採蜀中輿論、則四路漕試・諸州解試・四川類省試皆有私取之弊。……」

(7) 『文忠集』三五 朝請大夫知潼川府何君耕墓誌銘〈淳熙十四年〉、右丞相在任期間は淳熙十四年二月から十六年正月まで、その後五月まで左丞相『周益國文忠公年譜』(宋人年譜叢刊九所收)。

(8) 『要錄』一五八 紹興十八年七月「……會(何)耕以後至、乞推恩。(秦)檜批送禮部措置、(沈)該論其意、即曰、今擧有試中高等之人、爲見先有已降等第推恩名色、及慮御試卻中底甲、往往在路遷延日月、才候試畢、竝自陳爲病趁赴不及、顯屬太優、檜熟狀、畫可。自是遂爲故事」。

(9) ただし墓誌銘は、次の記事を、紹興三十二年六月の「今上(孝宗)登極……」として續け、一方『南宋制撫年表』によれば、沈介が前任地蘇州平江府から知成都府に任命されたのは紹興三十一年十一月、着任は孝宗即位後の隆興元年五月であるので、時期は兩史料で若干の違いがみられる。

(10) 李之亮『宋川陝大郡守臣易替考』(巴蜀書社 二〇〇一)は、何耕の知潼川府を、『鶴山先生大全文集』七四の新知邛州何君墓誌銘(耕の長男德方)の記事から淳熙十一年から十三年としているが、魏了翁の墓誌に年號の記載はなく、耕は本文のように十年六月に沒している。李氏同書には、淳熙九年二月に陳升卿が知潼川府を罷免されたとあるから、耕の在任はそれ以降、翌年六月までとなろう。

(11) 『梁谿漫志』九 何祕監語には「蜀人何道夫祕監耕常言、一切世間虛幻、留之不住、將之不去。士大夫惟當做留得住、將得去底事耳。又云、官不必高、但願衣食粗足而可以及人。道夫平生香火祈禱、每及於此。樂善者鏤版、以傳其言。道夫仕宦得

任子恩、輒先及猶子、既歿。三子澤皆不及。已而德彥、德固聯登淳熙丁未進士第。紹熙庚戌、德方亦決科。識者知其爲善之報焉」と記す。記錄者の費袞は無錫の人。江南の人が蜀の何耕の逸話を記し、また恐らく四川で何耕の言葉を刊行する者がいたことは、彼の名聲の廣がりを推測させる。何耕のモットーが、高位豐祿を求めず、しかし官僚を出す家で在り續けること、は當時の士大夫の共感を呼んだのであろう。なお最後に登第した長男德方の墓誌銘は、魏了翁が書いている（『鶴山集』七四）。

(12) 現存史料から明らかにできる、より完全な宋代登科錄が浙江大學の宋史研究者によって作成されたことを伺ったが（浙江大學祖慧教授の講演）、筆者は未見。

(13) 北宋の例については、先の第四章「王安石撰墓誌を讀む——地域、人脈、黨爭——」を參照されたい。

(14) 『朝野雜記』甲一三 類省試「……言者以爲不能無弊、議罷之、悉令赴南省。事下國子監、楊文安〈椿〉時以兵部侍郎兼祭酒、言於朝曰、蜀士多貧、而使之經三峽、冒重湖、狼狽萬里、可乎。欲去此弊、一監試得人足矣。遂請令監司、守倅子弟賓客力可行者赴省、他不在遣中。……二十九年七月、吏部侍郎周綰復請遣行在精強官充監試、上以道遠難遣、乃成都漕臣王瞻叔〈之望〉充監試、嘉州守臣何希深〈逢原〉爲考試官、而別試所亦差官監考試。又詔監試官依監學條法、取摘試卷詳定。類省試降敕差官自此始。……」および『要錄』七十七 紹興四年六月壬申 禮部侍郎兼侍講陳與義の見解など。

(15) 慶元元年までの規定の推移は『宋會要』選擧五—一五 貢擧雜錄 慶元元年十一月十五日の條にみえる。

(16) 「詔、令成都潼川兩路轉運司解額、各與存留二十名、餘額令四川制置司下成都潼川轉運司取會諸州解額及終場人數、參酌多寡撥取均平。既而以成都運判王溉言、諸路運司避親門客有官礙格人解額內、成都八十三人、潼川路八十人、視所部州軍爲寬。以此擧人利於移牒、冒承戶貫、詭託服屬、不勝其繁。乞各與存留十名、以待諸州守貳門客、及礙格有官人、及東南游宦于蜀實及二千里同姓緦麻親。所餘以補諸州不足、用革奔競之風。故有是命」。節略した同一內容の記事が『宋會要』選擧一六—二七 發解 紹熙五年にみえ、それによると、王溉の上奏によって兩路漕試解額を二十名としたのは五年五月二十八日である。

(17) なお『宋會要』選擧一六—二八 發解 慶元元年八月三日の條に、淳熙十六年からの兩浙轉運司附試の解額數がみえ、最小は嘉定三年の終場一〇六九人に對し四人、最大は嘉定十五年の終場二四九三人（淳熙十六年は一五六二人）で十人とある。

成都・潼川の二十名は、すぐ後の紹熙五年十月二十八日に制置使邱崈の言により十二名に減額され、應試者がすくないときは二十人に一人の割合で合格と改められた。なお『宋會要』選擧一六―二七 發解 では十二名の部分が「二十名」となっているが誤りで、『兩朝綱目備要』三の「十二名」が正しい。

(18) 『宋史選擧志譯註㈢』七四九條および註參照（安野省三氏擔當）。「吏部條法 奏辟門」（『永樂大典』一四六二五 一九葉以降）に四轉運使に銓注之法を代行させる詳細な規定がみえるが、定差の範圍は『宋史』の記事以上に詳しい記事は無いようである。

第六章　宋代の士大夫と社會——黄榦における禮の世界と判語の世界——

はじめに

一九七五年、福建省福州北郊約五キロにある第七中學の體操場造成地より、一基の石礦墓が出現し、中から精巧な絹織物や衣服など三五〇點以上の副葬品が出土して注目を浴びた。墓誌によると、墓主は、理宗の淳祐二年（一二四二）将仕郎趙與駿に嫁ぎ、翌年十七歳の若さで世を去った黄昇という女性である。相手の趙與駿は、太祖十一世の孫、彼も六年後の淳祐九年二十七歳で沒している。黄昇墓誌銘の作者趙師恕は彼の祖父であり、浙江餘杭縣令や知静江府などの地方官を歴任した後、淳祐の初めに宗室の戶籍、教育、賞罰などを掌る泉州の知南外宗正司事を拜命、任滿ちて福州に歸ったところ孫の嫁の死に際會したのである。師恕の官歴と、出土の絹織物の一點に「宗正紡染金絲絹官記」の墨書があることを考えると、副葬の精巧な絹製品の數々は、泉州の宗室用絹織物工房の製品と推測され、當時の福建における技術水準の高さを示す實例を提供すると言われている(1)。

ここで興味を惹かれるのは、墓誌に記された趙與駿夫妻婚姻の契機である。新婦黄昇の父は、知泉州兼提擧市舶司や廣東轉運を務めた黄朴で、紹定二年（一二二九）の狀元。祖父すなわち朴の父黄振龍は、福州解試及第の鄉貢進士。考官であった眞德秀がその答案を激賞し、翌年面識を得た振龍は擧業を廢し朱子學に沒頭するようになる。以降、福州城東の故居で朱熹の端莊存養の說を實踐しつつ、長子朴とともに黄榦の弟子として後半生を過ごした(2)。趙師恕も、この黃榦同門である。黃昇は早くに母を亡くし、祖母で振龍の妻、潘氏に養育された。また趙與駿は父を亡くし、祖父の師恕に育てられた。たまたま境遇を同じくする同門の誼で、師恕は朴に緣組を申し入れたのである。振龍は既に嘉定十二年（一二一九）他界していたが、要するに有力な宗室一門の孫と狀元の娘の緣組が、黃榦門下という事實を契機に實現したのである。これは、黃榦を通して福州名族社會の中に朱子學が浸透していたことを示す一例といってよいであろう。周知のように、朱熹晩年を取り卷く政治的環境には嚴しいものがあった。「慶元僞學の禁」と稱する韓侂冑の思想彈壓によって、朱門一同逼塞させられる中、朱熹は世を去っている。師の埋葬に參會した門人たちに官憲の目は嚴しくひかり、朱熹に文の謚が贈られたのは、沒後九年、開禧用兵に失敗し侂冑が誅されてから三年後の嘉定二年（一二〇九）であった。以降、中央政界において朱子學は徐々にその地步を固めてゆき、淳祐元年（一二四一）、朱熹は周敦頤、程顥、程頤とともに孔子廟に從祀された。この時、王安石が最終的に太學文廟から追放され、體制教學上での道學派の優位が明らかとなっている(3)。趙與駿、黃昇婚姻はその翌年のことであった。

本章は、朱子學派の形成と擴大という觀點から「宋代士大夫と社會」の問題に接近したいのだが、その場合どのような課題が設定され得るであろうか。朱子學の官學化など中央政府レベルでの動きは一先ず措き、地域社會に朱子學が浸透、定着してゆく範圍に問題を限定しても、社會に働きかける朱子學側の動因の分析、働きかけを必然ないし可能にする思想的・物理的諸條件の檢討が取り敢えず必要であろうし、社會の側がそれを受け入れる下地、或いはもっと積極的に朱子學を希求する狀況など考察すべき點は多い。今それらの議論を全面的に展開する準備はなく、ここでは黃榦という一人の朱熹門人の軌跡を通して如上の問題の一端を瞥見するにすぎない。論に入る前に、士大夫という用語に少し觸れておこう。

士大夫官僚という言葉が示すように、士大夫は本來政治的存在である。但し、この「政治」は飽くまで中國の歷史的傳統に卽した意味のそれであって、現代日本語の語感とずれがあることは言うまでもない。それ故、島田虔次氏の、廣く受け入れられている以下の定義を小論でも使わせていただくのが妥當であろう。「士大夫とはなにか。唐代、科擧制度の確立とともにおこり、宋代にいたって確乎不動の勢力となったところの獨特の支配者階級である。經濟的には地主であることを例としたが、しかし、それは必ずしも必須の條件ではない。士大夫の特徵は、なによりもまず、知識階級である點に、いいかえれば、儒教的經典の教養の保持者たる點に、すなわち「讀書人」たる點に求められる。いま少し周到にいえば、その儒教的教養（それは同時に道德的能力をも意味する）のゆえに、その十全なあり方としては科擧を通過して爲政者（官僚）となるべき者と期待されるような、そのような人々の階級である。[4]」島田氏は、官位の保持を士大夫の絕對必要條件としてはおられないようであるが、高橋芳郎氏によれば、官に在る讀書人が士大夫であり、官と民の中間に在る無位無官の讀書人は士人であるとされる。[5] 史料が、常に士大夫と士人を官位の有無により截然と區別して使い分けているわけではないが、確かに高橋氏の言われるごとく、特に南宋では二つの用語法にそうした違いが存する傾向は認められるし、後述のように士人層が一個の社會身分として認知されたいたことを窺わせる狀況もある。とすれば島田氏のいわれる士大夫の中には、士人も含まれるということになろう。本書は、今までみてきたように、逆に士大夫を含む意味で士人という用語を使用してきたのだが、ここでは用語の嚴密な定義は問題ではない。重要なことは、士大夫の士大夫たる所以が、儒教的教養すなわち道德的能力にあることである。この教養ないし能力は、格物・致知・誠意・正心・修身・齊家・治國・平天下の『大學』八條目の朱子學的理解が端的に示すように、個人の內部で完結するものでなく、自己の內面から始め、自身、親族、地域社會、全世界へと外延を擴げながら絕えず外部世界へ働きかける動きを構造的に內包しており、ここに士大夫が社會との關わりを必須とする朱子學側の動因があるといえる。そしてこの教化の働きこそ、中國の傳統的思考によれば政治の最も肝要な部分と意識されていたのである。

一　黄榦略傳

黄榦（紹興二十二年一一五二～嘉定十四年一二二一）、福州閩縣の人。字は直卿または季直、號は勉齋。謚、文肅。監察御史瑀の第四子。朱門高弟で朱熹の女婿。文集には、四庫全書の『勉齋集』四〇巻のほか、靜嘉堂文庫に四庫本と巻の配列が異なる『勉齋先生黄文肅公文集』四〇巻附集一巻が現存し、附集は、國史附傳、轉官告詞、謚議、覆謚、門人林羽の手になる行實、李燔の鼇峰精舍堂記と諸門人による祭文を收錄している。この陸心源舊藏本は、昭和五年編刊の『靜嘉堂文庫漢籍分類目錄』では陸氏の分類に從って宋本と著錄され、平成四年の『靜嘉堂文庫宋元版圖錄』は、その後の檢討の結果として明刊本に修訂し登載しないが、版木は元刻と推定してよいと思われる。近年、これと同版とおぼしき北京圖書館（現國家圖書館）本が、同館古籍珍本叢刊の一冊として公刊され容易に閲讀できるようになった。この北京圖書館本には、附集のほかに語錄と年譜が付けられ、特に門人鄭元肅錄、陳義和編の年譜はすこぶる有用で、黄榦の生涯をかなり詳しく辿ることができる。(6) 本章は、主としてこの年譜に依據しながら、宋代士大夫の社會の問題を考えようというものである。先ずは、黄榦の一生の大略から見てみよう。

黄榦の先は福州長樂縣に居していたが、七代前に閩縣に移り、城東負郭一里餘りの三昧、崇壽兩寺の間に居したという。『淳熙三山志』（以下『三山志』と略稱）三三によると兩寺は易俗里に所在した。高祖徽、曾祖時は不仕、祖の南仲は七度禮部試に赴いたが及第せず、子の瑀の恩で朝奉郎に封ぜられている。父の瑀は紹興八年の進士、饒州司戶參軍を振り出しに地方官を歴任、監察御史を經て江南東路提點刑獄公事を拜命、赴任の前に轉運副使に移り、更に知漳州に轉じたところで內憂に丁り、免喪後は病のため主管台州崇道觀を得たが、乾道四年（一一六八）六十歳で沒した。その間、紹興二十七年、泉州永春縣の知事として在任したとき、初めての外任で同じ泉州の同安縣主簿の職にあった若き朱熹がたまたま公務のため永春に出張し、親しく瑀の聲望を耳にし、講義中の姿を見ている。瑀には夫人葉氏との間に男五人、女二人の子供があった。長男は杲、紹興三十年の進士（『三山志』二九）、官は宣敎郎江南提刑司檢法官。父亡き後、榦は母とこの長兄の下で過ごすが、淳熙六年（一一七九）榦が二十八歳のとき沒している。次男東は父の蔭で出仕、最後は通直郎撫州樂安縣知事、慶元六年沒。三男の査は不仕。四男が榦で、五男の栒は早世。女子二人の內、長女は江淮湖廣路總領司幹辨公事の任文茂に、次女は同安縣知事の余元一にそれぞれ嫁いでいる。任文茂は紹興三十年の進士で杲の同年（『八閩通志』四十六）、多くの進士を出した福州任氏一族である。余元一は興化軍仙遊縣の人で、弟の崇龜とともに淳熙五年の進士、榦の義弟ということで朱熹に親炙した。(7) 母の葉氏は、中奉大夫（從五品、これは死後の追贈と思われ、生前は朝議大夫正六品。『三山志』二十七）大任の娘であるから、榦を取り卷く家族、姻戚はいずれも歴とした官僚の家柄であった。黃榦父子の社會的地位はこのようであったが、經濟狀態は、朱熹が「公（瑀）の資、剛介にして少き自り卽ち刻苦し自ら厲す。家貧しくて麴を市に鬻ぎ、而して書を挾みて之れに隨う。苟しくも其れ義に非ざれば寒く且つ飢うると雖も得て衣食す可からず。閩俗、火葬多し。公、父の喪に遭うに、親黨其の貧を憐れみ、諭して俗に從わしむ。公、哀號して答えず。盡く家人の衣具を鬻り、卒に葬るに禮を以ってす」（『墓誌銘』）と記す所を見れば、とても餘裕ある家計とはいえない。なお次節に關連するが、禮の實踐には費用のかかることがこの記述からも窺える。淸貧は瑀の生涯續き「御史爲るの時、嘗て病甚だし。臨安の守、趙公子潚も亦た廉節を以って著わる。旨を被り公の家事を視、其の篋櫝を見るに、蕭然として衣に兼服無し。俯仰嘆息すること之れを久しうす。卒するの日、家に餘財亡し」（同上）という狀況であった。貧窮は、息子たちも受け繼いだらしい。次兄の東は、慶元六年、樂安縣に赴任する途中、撫州に至ったところで病に倒れ、州學の官舍で急逝した。教授の劉塡が對應に當たり荷物を調べたところ殆ど所持金が無い。左右に聞くと、撫州に到着する前に路銀が盡きていたという。劉は急ぎ自分の家の道具を質に入れて棺や裝束を整え、路や州の同僚に募金して、ようやく柩と殘された幼い子供たちは福州に歸ることができたという（『勉齋集』三五 仲兄知縣墓表）。榦も、書簡の中でたびたび家計の困窮に觸れ、弟子たちの書會の收入だけでは自活するに足りないとか、祿を得るための出仕だとか述べている（『勉齋集』三 予李敬子司直書第二狀、六 予胡伯量書第一、二、七狀）。その出仕にしても、年譜の紹熙五年七月の條、鄭元肅の記錄によると「自分が初め官を辭したのは、それ（官）が高すぎるからではない。父の官歷を見ていると、路官の俸給ぐらいになって漸く赴任の費用が賄えるのである。官が低く俸が薄ければ、祿に賴ることもできない。貧しければ、官に在っても志を行えない。心力を簿書米鹽に空しく費やすのと、山林に隱居して講學と道の追及に專念するのと、どちらが樂しみであろうか」と自問する複雜な思いであった。恆產が無ければ、道學への專念はかなりの困難を伴ったであろうし、例え恆產を有しても、その維持にはしばしば道學の教えと抵觸する場面があったに相違ない。いずれにしても朱子學を生きることは樂ではないが、黃氏一族の場合、その社會的地位は紛れもなく士大夫のそれであり、しかし經濟的には決して惠まれていなかったことが以下、略歷を檢討する前提である。

黃榦の生涯は、大きく三つの時期に分けられる。第一は、淳熙三年二十五歲で朱熹に入門するまで。年譜にこの時期の記事は殆どない。第二は、朱熹の下での習學と講義に明け暮れた二十五年間で、師の死の翌年嘉泰元年五十歲までとしておく。そして第三が、五十一歲から七十歲の死までの二十年間、主に地方官として東奔西走した時期で、この期間の記事が年譜の三分の二以上を占める。では、第一期から年代順に注意すべき事項を檢討してみよう。

朱熹に入門するまでの記事が殆どないということは、榦が、士大夫の家の子弟として極く普通に科擧を目指す勉學生活を送っていたことを推測させる。乾道四年の項に、十七歳で父を失った後、李淡齋、字は深卿に從い詞賦と古文を學んだ、とある。淡齋には、兄および榦と同じく朱熹に學びやがてその娘が榦の次男輔に嫁ぐことになる潘植、柄兄弟とその父滋も受業しており、福州で文詞・行義を以って學ぶ者の宗師とされた人物である（『勉齋集』三三　處士潘君立之行狀）。年譜は又たかれらが學んだもう一人の師として、林拙齋の名をあげている。諱は之奇、字は少潁、呂本中の弟子で紹興二十一年の進士。朝廷が王安石の三經新義を參用しようとしたことに抗議したと本傳にあり、提擧福州市舶司を務めた後、祠祿を得て家居していた。呂祖謙も一時學んだことがある（『宋史』四三三）。こうして應擧の準備が整った榦は、二十三歳の淳熙元年、長兄の赴任に從って常德府桃源縣に居寓していた關係から、湖北漕試を受驗した。しかし結果は不合格に終わり、以後、年譜は應擧について一切觸れることがない。逆に、例えば翌淳熙二年、朱門の劉淸之が榦を朱熹に紹介した件を記す項に、潘瓜山（柄）の言「劉公、一見して之れを奇として曰く、子は乃ち遠器なり、時學は子を處する所以に非らず」を付して、大器であるから擧業は相應しくないと示唆したり、淳熙九年の項、朱熹の仲女（本來の次女は早世、從って實際は三女）を娶ったときの同じく瓜山の語「文公、公に語るに道德・性命の旨を以ってすれば言下に領悟し、遂に科擧の業を厭う。慨然として道に志す有りて、深觀默養すること十年に幾し」を見ると、擧業をきっぱり斷念し道學に專念したかのようである。朱熹が「己の爲にする學問」に害有りとして擧業を否定し、弟子の應擧に嚴しく對したことは有名であるから、事實そうであったのだろう。黃榦は、紹熙五年（一一九四）七月に寧宗卽位の覃恩による岳父朱熹の奏補によって官を得ており、年譜を見るかぎり淳熙元年の失敗以降、科擧とは緣を切りやがて二十年後の恩蔭による出仕に至ったと理解できる。だが、どうもそうではないらしい。

かつて田中謙二氏は「朱熹と科擧」という短文を書かれ、受驗を望む弟子に翻意を促したり怒りを爆發させたりする朱熹の姿、それが、弟子たちの科擧に向かわざるを得ない事情を受け入れはじめ態度を軟化させる樣、そして最後は擧業と「爲己の學」の兩立は可能だと說くようになる心の搖れを主に書簡を材料に活寫された。(8)この擧業への讓步は、淳熙の末年（一一八八・八九）ごろと推定されているのだが、その中で黃榦に關係する朱熹の書簡を二通紹介しておられる。一通について田中氏は「淳熙十年（一一八三）、三女のむこ黃榦が地方試を受驗したとき、朱熹は知友あての書翰（別集・卷四「予向伯元」書）の中で、いとにがにがしげにいっている」と述べられ「わかい連中は、立身出世のことを忘れず、そのために畫策しますのも、笑止の沙汰です」と書翰の一部を譯出されている。もう一通は、紹熙三年（一一九二）と推定される黃榦本人宛のもので「今年は科擧を受けぬとのこと、なんとも勇斷です。しかし、親御がこの事をうらみに思われるなら、自分勝手は許されません。さらに深く考慮されては如何」（續集・卷一「答黃直卿」）と譯され、老師の意を體した高弟が老母の夢をふみにじり科擧を斷念したことに、今度は朱熹のほうがいささか慌てる、として朱熹の態度の變化を示す一例とされた。年譜からは到底窺えない黃榦のこの科擧への態度は甚だ興味深いので、少し檢討してみたい。

まず淳熙十年とされた向伯元宛書簡についてであるが、その冒頭に「黃婿、已に三山に歸り、馬帥の招きに赴き、今秋漕試の計を爲す」とあり、以下、田中氏の譯された「わかい連中は……」と續くので、その時期は馬帥なる人物が福州にいるときということになろう。帥は、安撫使であるから、馬姓のそれの赴任時期を捜せばよい。ところが生憎馬姓の安撫使は見當たらない。しかし、『三山志』二二の郡守表によると、淳熙十六年四月から翌紹熙元年十一月まで馬大同なる人物が知州に在任している。『八閩通志』二八 秩官の知州事一員の割注に「福州、景德自り以後、知州は多く安撫使を兼ぬ」とあるから、この馬大同は安撫使を兼任していたので馬帥と呼ばれたと推測できる。朱熹は馬大同と交流があり、大同の從曾孫が所藏していた朱熹の大同宛書簡に跋文を書いた元の柳貫は、そのうちの一通、擧子倉に關する書簡について、これは知漳州期（淳熙十六年～紹熙二年）のものであろうとし、更に「蓋し時に尙書公

（大同）、福建安撫知福州爲り」と記している（『柳待制文集』一八 跋朱文公與馬會叔二帖）こともそれを裏付ける。[9] とすれば黄幹が受驗しようとした時期は淳熙十六年ということになり、この年は確かに秋賦の年に當たっていた。黄幹が何故通常の福州解試ではなく、五服以内の親が試驗官に居るなど特殊な條件の場合受驗する轉運司での漕試に應じ得たのか詳しい理由は分からない。因みに漕試は一般の解試に比べ合格率が高く、また仲兄の東は、淳熙十三年に南劍州沙縣の知事となり母を奉じ赴任していた。

田中氏の擧げられたもう一通の書簡は、近年、朱熹の書簡の多くを編年化した陳來『朱子書信編年考證』においても紹熙三年に繫年されており、同書は他に同じ續集・卷一に收める黄幹宛第三二狀を付し、そこでも朱熹は科擧斷念の再考を促して「固より試の未だ必ずしも得ざるを知る。然れども未だ必ずしも得ざるの心を以って例に隨い一たび試するも、亦た未だ害と爲さず」と受驗を勵ましている。[10] では一旦應試斷念を表明した黄幹は、師の忠告で翻意したのであろうか。これも明證はないが、『勉齋集』七 書六の鄭成叔宛第三狀に「秋賦甚だ近し。淬厲し日々進むを計る云々」とあり、同じ第四狀には「幹、試の後、多事にして、再び入山の盟を尋ねんと欲するも未だ能わず云々」などとの言葉があり、鄭成叔宛の第一狀は紹熙三年夏、第七狀には慶元二年の執筆を示す割注があって以下年代順に竝んでいることを考えると、三狀でいう秋賦は紹熙三年の解試であり、結局應じて失敗したと見るのが妥當であろう。この連續する二回の科擧の不合格の後、紹熙五年に朱熹の奏補によって將仕郎の官を得たのである。とすれば、二十三歳の最初の應試と不第以後、二十五歳で朱熹の門に入り「科擧の業を厭」い「深觀默養すること十年に幾し」という淳熙九年の年譜の記事は恐らく事實にしても、淳熙末年頃から朱熹の科擧に對する態度が變わり始めたこともあり、再び應擧へと傾いていったのであろう。昇官發財を唯一の目的に、激烈な競爭を勝ち拔く手段としてだけの擧業は、確かに「爲己の學」の妨げにしかならない。しかし、道學は自己修養に止まらず、治國・平天下を最終目標とする儒學の正統と自負する以上、科擧を通って民を教化徳育する立場を確保することは必須の要請でもあった。科擧の否定は、學の構造上無理と言わねばならない。田中氏が「いとにがにがしげにいっている」と譯された朱熹の「後世の輩、未だ進取を忘れず此の計較を爲す。亦た笑うべきのみ」の語は、むしろ女婿の應試を認めることと自分の以前の言動との乖離に對する照れ隱しの表現のように感じられる。いずれにしても士大夫と科擧は、深刻重大にして且つ微妙な問題であった。このことは後程また觸れることにする。

既に年譜の第二の時期に入ってしまっているが、寢床も設けず、疲れれば椅子の上で假眠し、目覺めればまた讀書を續けるという刻苦勉勵の入門時から、亡き師への心喪が終わり差遣に就くまでの二十五年間を特色付ける事項は習學と講義である。先に述べたように淳熙九年（一一八二）三十一歳で朱熹の三女を娶った後も、崇安五夫里潭溪沿いの紫陽書堂に住し、師の「經典を討論し、諸書を訓釋す」る作業に參加する日々が續いた。淳熙十三年、仲兄が南劍州沙縣知事に任官すると同行の母の下に赴き侍したが、翌十四年に朱熹は季子在を幹の下に送り從學せしめている。更に十五年には夫人と輅、輔二子が沙縣に來て太夫人に事えることになるから、この邊りが永い研鑽期間の一節目となるようで、紹熙二年四十歳の年譜には「朋友・生徒、新河の舊居に會す」とあり、既に福州で獨自に講學していた樣子が窺える。これ以降毎年のように、家のある福州と師の居住する建州間を一度ならず往復する生活が續き、また第二期全體を通じて朱熹の外任に從う南康軍、臨安、漳州、潭州行があり、更に仲兄の各任地の母への訪問が加わるから、二十五年間はかなり移動の機會が多い時期であった。

黄幹が、生涯最も力を盡くした著作は、師から委託された禮書の編纂である。朱熹が永年暖めた禮書編纂の構想の實現に着手した紹熙三年以降、幹は分擔する喪祭禮について學友門人と討議を重ねつつ師の編纂事業に協力してゆくが、このことは次節の課題であるのでここでは觸れない。紹熙五年の春、衢州の母の下に赴くため福州を發ち朱熹の居する建陽の考亭に寄ると、師は知潭州湖南路安撫使の命を受けて赴任するところであったので隨行することになった。潭州滯在中のこの年の七月に光宗内禪と寧宗の卽位があり、その登極恩によって榦が將仕郎に奏補されたことは先に述べた。定策の功により丞相となった趙汝愚の推薦で侍講を拜命した朱熹は、潭州から京師に上り、榦もこれに同行している。ところが韓侂冑の畫策によって僅か四十五日で侍講を追われた朱熹は建陽に戻り、榦は途中で衢州の母の下に留まって、翌慶元元年春再び臨安に赴き銓試に應じて合格した。その結果、四月には迪功郎、監台州戶部贍軍酒庫を授けられている。しかし韓侂冑の彈壓はいよいよ激しく、趙汝愚が宰相を逐われ、臨安で親しく交流した太府寺丞呂祖儉も罪を得るに及んで京師を離れ、十一月に朱熹の下に歸った。これ以降、朱門は嚴しい狀況に置かれるが、黃榦に關する限り年譜から餘り緊迫した空氣は漂ってこない。慶元二年の項では、諸生が福州城南で相變わらず從學している樣子を述べるし、三年には仲兄に從っていた母が任官先の吉州で卒し、偶々同行していた榦は、兄と共に護喪して福州に歸り喪に服すが、その服喪場所箕山の廬居にも多數の學生が來訪し受業している。五年に講學の場所は新河の居所となり朱熹の諸孫も從學し、七月、喪があけると城南に移った。八月には諸生に每日易一卦、孟子兩板を講ずるを課し、休日は僧舍に集い湯餠を設け交替して講義を復習し、通じない者は罰を受け一日從容として過ごしたという。翌六年二月には閩縣學で舍菜の禮を行い光齋の禮を講じ、三月一日、縣學の讀書の課程を定めた(11)。こうした黃榦の講學體制の確立に對し、度々勵ましの言葉をかけてきた朱熹は死の一日前に絕筆となる書を送り、授書の次第、諸生が益々の信賴を寄せていること、告文・規約の出來榮えを賞し深い安堵の想いを傳えた。前年の十一月から師の下に侍していた榦は、二月十二日に考亭を發ち一旦福州に戾っていたのである。このように年譜は、專ら黃榦の福州と建陽での習學と講學の樣子を記し、僞學の禁の災禍には殆ど觸れない。それはこの時期に服喪の期間が入ったこと及びかれの官界での立場が、中央の權力鬪爭が直接及ばない低い地位に過ぎなかったからであろうし、それはまた禮書編纂に沒頭する幹の周圍の人物たちが地域社會のレベルを超えた存在ではなかったことをも示す。

朱熹の死は慶元六年三月九日の正午、福州に居た黃幹の下に訃報が届くと取るものも取らず日に百里をとばして考亭に到着したのが二十一日であった。かれは「甥舅の親を以って師生の禮」を行い、心喪に服し三年間官に就かないことを決意する。不幸は重なり、五月には仲兄が撫州の學舍に沒したので柩を迎えに徒歩で出發、八月、考亭に戻り、十一月に師を建陽唐石里に葬った後、翌嘉泰元年正月、兄の柩とともに福州に歸った。母と師と兄を失い、學の繼承と遺命の完成という大きな課題を背負って第二の期間は終わる。

嘉泰二年（一二〇二）、僞學の禁が弛む中、三月に心喪を終えた幹は、夏になると吏部に赴き八月に監嘉興府崇德縣石門酒庫の命を受ける。待次して實際に任地に到るのは、翌年の十二月であるが、以後地方官として渾身の力をふりしぼった精勤の日々が續く。以下第三期に當たる部分の官歷とその仕事ぶりを簡單に見る。當時石門庫の敗壞は浙西に最たりと言われ、酒務は巨額の赤字を抱えていた。幹は、その原因を胥吏が酒政を恣しいままに操り私腹を肥やしている現狀にあるとして、米麥の買い付けを始め自ら陣頭に立って經營を指揮し、その結果、豐醇な酒が釀しだされ私釀は取り締まるまでもなく跡を絶ち、酒課は一轉して黑字になった。(12) ここに至るには晝夜寒暑を問わずの精勵と、狡猾な胥吏や拍戶（酒造請負）の地位を惡用して私釀を行い莫大な利益を擧げる鄉村の豪民との鬭爭があり、加えて近鄰の新市、烏靑兩庫の運營まで擔當させられたので、五日に一度は前夜に舟に乘り未明に到着する文字通りの東奔西走の激務をこなさねばならなかった。こうした活動に對し或る人が「このような些事（酒務）は、どうして君子を煩わせるに足ろうか」と言うと、幹は笑って「どれが國家の仕事でないといえようか。知らないことがなく、できないことがないというのが有能な人材であろう。ところが世の役人は務めて鷹揚に構え、嚴かなこと神明の如きであるが、一體何の役に立っているのか(13)」と答えたという。年譜は更に、辛棄疾が石門を通った折「これこそ、所謂聖賢

（孔子）が嘗て委吏（倉庫番）田乘（家畜番）であられたということだ」と、『孟子』を引いて賞贊したことを付記する。萬章章句下のこの部分は、貧窮に苦しみ生活の爲に祿を食む場合を論ずる中での言葉であるから、卑職に在って正心誠意努力する様子を單純に讚えたものとばかりは言えないが、今は深く問わない。但しこの時期、兩浙轉運司や知嘉興府にあてた四通の啓のすべてに、自らの淺學非才を恥じ、半生を薄落の身で過ごしたが偶々一命を忝くするも機會を失すること十年、今や五十歳を過ぎ知力體力ともに衰え、本來なら田舍に引き籠り官界を傷つけないようにすべきであるが、家に數十畝の田なく二十人の扶養家族を抱え、飢寒を未だ免れないこと官に在っても忘れることがない云々と、縷々過剩とも言える謙辭を連ねているところを見ると、かれ自身、どのような立場に在っても全力を盡くせばよいという單純な思いだけでなかったことは確かなようである。またこれらの啓は、このような自分であるから庇護を宜しく賴むとの要請がその趣旨であり、こうした場合の常套句でもあろう。實際、「代庖而越俎（越權行爲）」を陳謝せざるを得ない一介の釐務官が、改革の實を擧げるためには上司の理解と支援が不可缺であるから、むしろ必要な言辭とも言える。しかしそれにしても卑屈さすら感じさせる言い回しには、恩蔭で官を得、五十歳を越えて漸く酒庫の監官となった履歴への複雜な思いがあったのであろう。それはともかく、酒庫は軍財政に直結する財源である。開禧二年は韓侂冑によって金との戰端が開かれた年でもあり、幹による酒庫經營の立て直しは高く評價され、荊湖北路安撫使吳獵の奏辟を受けて、三月荊湖北路安撫使激賞酒庫兼準備差遣となり五月江陵に着任した。

江陵では招軍買馬に功あり、また提點八關として光・黃兩州、信陽・德安兩軍の窮山絶谷を奔走すること三、四千里。金軍侵入で江陵に引き返す途中賊徒に道を阻まれ、山谷の間を絶食のまま逃匿するうち病に倒れ、三晝夜吐血すること數斗。吳獵の京西湖北宣撫使への轉任を機に、後任宇文紹節の度重なる入幕要請を固辭して建安に歸った。半年後の開禧三年十一月、今度は江西提擧常平趙希懌、知撫州高商老の奏辟で知臨川縣事に就き、十二月出發、翌嘉定元年正月に着任した。臨川は健訟難治で知られた縣である。ここでも紹介する事柄は多いが、山積する裁判案件を迅速的確な判斷で次々と處理、鄕村の實情を把握することでさしもの健訟の風を押さえ込んだこと、州學で講義し臨川縣學を建設したこと、旱蝗害の救濟に盡力したことなどを指摘するに止める。この間、縣政の治績大により知撫州陳葦孫、江西安撫使趙希懌、江西提刑李珏、轉運判官胡槻、提擧常平章良肱の五人が擧主となって改官を推薦し、吏部尙書汪逵も政績を朝廷に報告した。嘉定四年二月に知臨川縣事の任を滿了し吏部に赴いたところ、吏は格法不備を以って改官を阻み、授けられた官は從政郎南劒州劍浦縣令であったが、考亭にて待次している翌五年二月に從八品宣教郎に改まった。繼いで四月には知臨江軍盧子文の奏辟により知新淦縣事の命が下り五月に着任している。既に鄰縣臨川での聲望が傳わっていたから官民の期待も大きかったが、一年に滿たぬ在任中、懸案の綱運問題を解決、訴訟にも腕を振るい期待に違わぬ活躍であった。ここでも轉運判官楊楫、提擧常平袁燮、知軍盧子文が幹の治績を朝廷に奏聞し、安撫使李珏、轉運使王補之も奏擧している。この臨川、新淦縣での活動のうち裁判關係は三節で再び検討するが、鞠獄に存分の腕を振い得た背景として、兩縣への赴任が奏辟に依っており、州官、路官レベルに強力な後ろ楯の在ったことには注意しておきたい。

嘉定六年六月、一旦監尙書六部門の命がおりたが、中央への任官を望まぬ勢力があったことからすぐに安豐軍通判へと變わり、九月、着任した。この年には和州歷陽縣で鞠獄にあたったり、朱子語類の編纂を手掛けている。七年二月、通判建康府事を特に添差、五月には權太平州として當地に暫く滯在し、九月、利州路安撫使劉甲、兵部侍郎李珏の自代があり、權發遣漢陽軍提擧義勇民兵となって金陵から五十日をかけて到任した。漢陽は郭內が民戶二千と兵二百、郭外は長江沿いに浮居草屋の人家二千があるに過ぎない小軍であり、對岸の顎州の屬縣のような位置にあった。郭の內外といっても舊城は痕跡もとどめぬ狀態であったので、再三再四築城の計を上申している。しかしかれがここで最も力を入れた仕事は折からの大旱に對處する荒政であり、顎州の制置使趙方、轉運使吳柔勝と衝突しながらも救荒の實を擧げ、吳柔勝は却ってその功績を高く評價するようになり上級官廳との軋轢から辭意の固い榦の慰留に努めた(14)。漢陽軍知事には約一年在職し、嘉定八年十二月、六月以來申請していた祠祿の官を得、翌九年二月に正八品の通直郎に轉じ、漢陽から廬山の下を經由して考亭に歸ったのは四月であった。十月まで朱熹ゆかりの竹林精舍で諸生に講義し、朱在から依頼されていた朱子行狀の草稿を執筆する。十一月、考亭から福州に戻り、城南の法雲寺僧舍を假の住居としたが、十二月には權發遣安慶府事の命が下り力辭するも許されず、十年二月に巳む無く拜受する。この間、法雲寺の寓居に朋舊諸生を集め、同志規約を示し先師の遺訓を守るよう求めた。それは、毎日一經一史を讀むこと。論語、周易、左傳を以って首となすこと。毎日讀んだ量、疑問とする項目を日記に箇條書きにして記錄しておくこと。城内外に住む者は月に一度、五十里外に住む者は季に一度、百里外の者は年に一度集まり、記錄を持ち寄り師友と問題點を檢討し、義利の分を明らかにし、言行の要を謹むというものであった。

安慶府（淮西舒州）は次邊ということで家族は攜えず單身の赴任となった。實際、この時期金軍は光州から黃州にかけてしばしば侵入し、各地で戰鬪が繰り返されている。騷然とした狀況の中で着任した黃榦にとって先ず手掛けなければならなかったことは、城壁のない安慶府に堅固な城池を築くことである。一刻の猶豫も許されなかったので、正式な築城の許可が降りる前の五月八日から工事を始め半年弱で、五・二キロ餘りの城壁を完成させた。その間、毎日五鼓には宣化堂に入り、その日の工程の細目の打合せ、工夫の徵發先や配置などの具體的な指示を下す。次に府の政務に從い民の訴訟を審理する。その後、來客に接見したり士卒を閱し、僚佐と防衛問題について檢討、工事現場の巡視が終わると既に日も暮れている。夜は書院で經史を講じ、客があれば宴席を設けるという日課を繰り返した。榦は當時六十六歲、餘程頑健な身體に惠まれていたのであろう。臨川縣時代、着任すると早朝四時から夜十一時まで執務し、どうせ長くは續くまいと高を括っていた胥吏が一向衰えぬ幹の氣力に遂に自分たちの事務處理が追い付かなくなり、大いに服するようになったという精勤ぶりは生涯變わることがなかったのである。翌嘉定十一年二月、權發遣和州の命があり、江淮制帥の要請により金陵に赴き淮東を視察して軍議に與ったが、偶々泗水で宋軍が大敗する事件がおこり、幹の建議は受け入れるところとはならず、また幕府の內實についても失望し和州に戻った。四月に再び知安慶府の命が出たが辭し、廬山の僧舍に寓居して祠祿の朝命を待った。七月、大理寺丞に除せられたが辭して、九月、福州の法雲寺寓舍に歸る。十一月、主管建寧府武夷山冲佑觀となり、寓舍の一室及び城東張氏の南園に局を置いて儀禮經傳通解續巻編纂に從事しつつ諸生に講學。十二年、法雲寺寓舍が狹隘で生徒が溢れたので于山の嘉福寺僧舍に講學所を移し、法雲寺には朱熹に因む雲谷と名付けた書樓を建て、また翌十三年春、北山に高峰書院を築き諸生が從學している。この年の夏、漸く儀禮經傳通解續巻喪禮部分の編纂を終え、九月、權發遣潮州を命ぜられるも辭し、十一月には主管亳州明堂宮を受け、翌年が七十歳であるので致仕を乞うた。嘉定十四年正月、懸案の文公行狀を完成させた後、三月十七日早朝卒然と逝った。夫人の朱氏もこの年の八月一日後を追うように世を去っている。

以上、年譜から官歷を中心に主要事項を羅列してみたが、黃幹の高い實務能力、旺盛な行動力は官界における『大學』八條目の朱子學的理解の實踐を可能にし、各任地での固有の課題に全力で取り組む姿は、典型的な道學系地方官僚の誕生を窺わせるものであった。同時に、黃幹が地方官として活動する頃には、既に朱熹、張栻らと關係・交流のあった人物が多く路・州官のポストにあってその活動を引き立てたこと、すなわち黃幹が存分に腕を振い得る條件が整っていたことも指摘しておきたい。例えば、石門酒庫時期に幹を江陵に呼んだ荊湖北路安撫使吳獵は張栻に學び朱熹に親炙した人物である（『宋史』三九七）。臨川・新淦時期の江西安撫使趙希懌は朱熹に親しい同じ宗室の趙汝愚に從い辛棄疾をも推薦しており（『宋史』二四七）、知撫州の高商老は朱熹から「人を爲己之學に從わせる人物」と評され、また社倉法を始めて實施し（『宋元學案』七十七）、江西提刑の李珏はその母の行狀を袁燮が書いており（『絜齋集』十六）、この袁燮は陸九淵門下であるが朱熹とも懇意で幹が知新淦縣事のとき江西提擧常平の任に在り、また江西轉運判官楊楫は朱門高弟（『勉齋集』三六　祭楊通老）として幹に近く、かれらはいずれも黄幹を推擧した人物である。この時期、道學系ないしそれに近い學者官僚の路州官レベルでのネットワークの存在が黄幹を通して逆に見えてくるとも言えよう。かれらは未だ體制派ではないが、むしろそれ故比較的ストレートにその價値觀を全面に出して活動することが可能であったのであろう。こうしたことを、第Ⅰ部第五章で問うた、道學の官學化への歩みの基礎を形成する動きの一つとしてみておきたい。

二　禮の世界

「士大夫と社會」という視點から年譜を讀むと、第二期後半から第三期にかけての禮書編纂及び前節では省略した古禮の實施に關する數多くの記事が獨自の意味を持ってくる。師の言葉を引いて定義するように、禮が「天理の節文、人事の儀則」（『勉齋集』二〇　書晦菴先生家禮）であるとするなら、黄幹にとり禮とは究極の根據である天理に基づく人間界の規範の具體的表現であり、禮の實踐によって在るべき社會秩序が初めて顯現することになるからである。從って、禮書の編纂は在るべき社會實現のための基礎作業、古禮の實踐は社會を在るべき姿に近づけるための一つの努力であり、ということは現實には反秩序的な社會が遍く存在しているとの認識が前提とされていたことになる。黄幹の場合、その社會とは身近な鄉里社會、知事として爲政の對象となる州縣レベルでの社會であった。本節と次節では、黄幹と禮との關わり合いからかれの認識する當時の社會現實を在るべきと想定する社會に如何に近づけるかをめぐる問題について檢討したい。「士大夫と社會」の中心的課題がここにあると思われるからである。

朱熹が晩年に力を注いだ『儀禮經傳通解』（以下『通解』と略稱）については、朱子禮學の構造を明らかにした上で『文公家禮』の犀利な分析を軸に兩禮書を比較した上山春平氏の勞作や、簡にして要を得た戸川芳郎氏の解説など既に幾つかの秀れた先行研究がある。(15) 『通解』そのものについてはそれらを參照していただくとして、ここでは先ず黃榦が關與した限りにおいての『通解』編纂過程から見てゆくことにしよう。年譜初出の『通解』關連記事は、紹熙三年の「初めて文公『儀禮經傳通解』を編集し、先生、喪祭二禮を分掌す。是の秋、始めて朋友と之れを討論す」である。『通解』は大きく⑴家禮⑵鄉禮⑶學令⑷邦國禮⑸王朝禮⑹喪禮⑺祭禮の七部構成となっており、それぞれ『儀禮』を經の本文、『禮記』その他の書を傳として關係箇所を抽出し經文に附する形式をとっている。七部の內譯を見ると家禮は五卷八子目、鄉禮三卷七子目、學禮十一卷十七子目、邦國禮四卷十子目、王朝禮十四卷十八子目、喪禮十五卷圖式一卷十三子目、祭禮十三卷十三子目で、このうち家禮から王朝禮までは、邦國禮までの一部を除いて朱熹晩年の自らの手による定稿と、未定稿のまま殘された王朝禮を合わせ、季子の在が嘉定十年に『儀禮經傳通解』として南康の道院で刊行している。殘りの喪禮は朱熹の意を體した黃榦の手に成り、祭禮は黃榦の沒後その草稿を弟子の楊復が十三卷に分けたものを、嘉定十六年に張虙がやはり南康で『儀禮經傳通解續』として刊行した。年譜の「喪祭二禮を分掌す」とは、この喪祭禮編纂の委託が紹熙三年であったことを意味する。

上山氏は、朱熹が最初に禮書を編纂しようとした時期は淳熙二年（一一七五）の頃まで遡るであろうとされ、そのときの構想は儀禮を家禮、鄉禮、邦國禮、王朝禮、喪禮、祭禮の六部に分類して本經とし、禮記を傳として儀禮關係箇所に附け、そこに收まらない諸篇を五類に分けて最後にまとめて置くというもので、その考えが紹熙二年頃まで約二十年間あたためられていたと推測される。そして紹熙五年（一一九四）、朱熹が潭州知事として長沙に赴任した頃から門人たちとの共同制作の形で編纂が具體化しはじめ、同年、臨安に召されて侍講となったときには國家事業として補助を受けるべく「三禮を修めんことを乞う劄子」を準備した。しかし韓侂冑によって臨安を追われたため上奏文は提出されることなく、結局僞學の禁の彈壓下に實際の編纂が行われることになり、慶元三年（一一九七）以前のある時期に先に述べた學禮を含む七部構成の最終構想が出來上がったとされる。從っていずれの『朱子年譜』の慶元二年の項に「是の歳、始めて禮書を修む」とある敍述について「『通解』の編纂がこの年「始めて」手をつけられたとするのは不正確である」とも述べられるのである。朱熹の書簡や語類の記事を丹念に集めた上山氏の論證によって『通解』の編纂過程はほぼ明らかになったと思われる。今、黄榦年譜によってこの間の事情を檢證してみると、先ず先述の紹煕三年に編纂を委託された喪祭二禮とは、初期構想か或いは最終構想によったものなのかが問題となる。これについては、初期構想そのままであるかははっきりしないが、少なくとも最終構想に基づく分經は完成していなかった。それは、榦の年譜の慶元二年の項に「文公……門人に分界して禮書を編輯す。先生、實に經を分かち傳を類するを爲し、文公、删修筆削す。條例皆な議するに與る」とあり、この時點でもまだ分經類傳が議論されているからである[16]。年譜は續けて案語を付け、初め文公は先生に喪祭二禮を分擔させたが、實際は冠婚家鄕邦國王朝など全て先生は相談に與っていたのであり、執筆基準に關する文公と先生の間の往復書簡は數多くありここでは紹介しきれない、としてそれらの一部分を提示している。更に「明年（慶元三年）三月乙亥朔、竹林精舍にて儀禮集傳集註を編次す。書成り經傳を條理し定本を寫成するは文公之れに當たり、而して分經類傳は則ち其の功を先生に歸す。然るに集註集傳は乃ち此の書の舊名なり」として、慶元三年三月に禮書の編纂が始まり定本の筆寫が進んだことを述べる。最後に「丙辰（慶元二年）丁巳（同三年）自り以後、累歳刊定し庚申（同六年、朱熹沒年）に訖わるも、未だ脱稿せず。而して先生の分つ所の喪祭二禮は猶お未だ其の中に在らず」と記し案語を終えている。すなわちそれまで試行錯誤していた編纂は、慶元二年に最終構想の議論が煮詰まり、翌三年三月にその構想に依る作業が一氣に展開する。こうして朱熹が沒するまでに家禮・鄕禮・學禮・邦國禮まではほぼ定稿が完成したが、王朝禮は草稿のまま殘され、黃榦分擔の喪祭二禮はそれらの中にも含まれていない、というのである。以上の記述は上山氏の論證通りであるが、氏の「こうしたデザイン（最終構想へ）の變更がいつごろ生じたのか、という點については確かめるすべはないが、朱子が黃榦に與えた晩年の手紙に、それが少なくとも慶元三年以前であったことを示唆する……」とされる最終構想の確定は、年譜の案語によって慶元三年に絞り込むことができるようであり、また『朱子年譜』の慶元二年の「始めて禮書を修む」の記事は、最終構想を練りながらの禮書編纂の開始がこのときに始まったと解すればあながち不正確な敍述とは言えないのである。

黃榦が分擔することになった喪祭二禮は、七部構成の現行『通解』の二部を占めるに過ぎないが、分量的には全體の六割弱に當たる膨大なものである。年譜の慶元五年には「朋友を會聚して喪祭二禮を纂修す。各々長編を爲くり以って文公の所に納る」とあり、朋友の協力の下に編纂が進められ、それぞれが稿本である長編を作成して朱熹存命中は親しく添削を受けていた。同年七月、協力者の一人である友人の鄭文遹に宛てた書簡の中で「禮書の分類は、日夜考え續けております。この二日ほどは、初めて喪大記と士喪禮に取り掛かりました。檢討してみますと關連しているところが多く註疏は一箇所にまとめられそうです。もしそうであればそれ程繁雜にはならないでしょう。あと十日もあれば書き寫すことができます。孟子が滕文公に（父の定公薨去に際しての服喪について）答える箇所の類は入れるべきなのでしょうが、ぴったりする所がありません。また顧命のような諸經も皆な採錄すれば佳く、荀子、左傳の類は別に外傳を作ります。云々」と述べ、更に早い時期に疑問點について兩人の意見を檢討したいと要望しており、共同作業の具體的樣子が窺える（『勉齋集』七　與鄭成叔一三狀）。なお『孟子』滕文公條は、現行『通解』では喪禮卷十一　喪服義に付載されている。黄榦は、師の心喪を終えた嘉泰二年、監石門酒庫を待次する間、福州で二禮編纂の繼續を本格的に開始する。書局を烏石山の神光寺、後に仁王寺に置き、同門の劉勵、門人の鄭宗亮、潘徴、それに先の鄭文遹が分擔し榦が統括した。この時點でどの程度進捗していたか分からないが、前節で見たように嘉泰三年の末からは地方官として任地を轉々とし、公務に忙殺されて編集のためのまとまった時間は取れなかったように思える。知安慶府を辭して福州に戻り、再び編纂に專念できるようになった嘉定十一年、榦は既に六十七歳になっていた。こうして四十一歳のとき朱熹から喪祭二禮の分擔を委囑されてから二十八年後の嘉定十三年、その喪禮十五巻の定稿を漸く完成させたのである。

さて、上山氏が「前者（『文公家禮』）が日用の實踐のための指針としての役割をもつのにたいして、後者（『通解』）は禮關係の古典の體系的な集成を意圖したものであり、兩者はその目的と性格を大きく異にしていたのである」と言われ、また『朱子語類』八四 二五條の「目下編纂中の禮書は、ただ古代の禮の制度をあらかた保存しておいて、後の時代の人たちが禮を作るときに、それぞれの手で簡略化して、實行可能なものをその中から擇びとることができるようにしておくだけだ」との朱熹の言葉を紹介されているように、『通解』編纂は禮書の集大成を目指した作業であり、禮學の土臺を築く基礎作業であった。『朱子語類』八四で朱子が繰り返し言うように、古代の禮制を文字通り復活させることなど不可能であるし必要もないことであるから、『通解』は實踐を直接想定はしていない。しかし禮が「人倫秩序の實踐規定であり、それは實際には〝冠・婚・喪・祭〟といった通過儀禮の際に、その儀式の進行上、規定しておかなければならない參加構成員の、人間關係が、一いちの具體的な行事のなかで、その成員おのおのの動作・言語・服装などの儀容の細部にわたる指示をとおして、顯現することになっている。つまり尊卑差等の階層序列を維持することによって、社會の秩序をはかる規定である」（戸川三九九～四〇〇頁）以上、實踐がなければ全く無意味であり、『家禮』を通した「〝本然の性〟たる「五常」の、その一環であり、天豫の實體である」（戸川四〇二頁）禮の實踐を背景で支える土臺が『通解』なのである。何故このような自明とも思われることを再確認するかというと、ただならぬ分量の、現代ではよほど特別な目的をもった研究者でなければ手にとる意欲すら起こらぬ、まさに繫文縟禮そのものといった『通解』を編纂するかれらのエネルギーは何處から出てくるのか、かれらにとっての『通解』のアクチュアリティーを押さえておきたいからにほかならない。實際、黃榦は泣き言など洩らしてはいないが、編纂に攜わった朱門の一人である胡泳は、自らの服喪のときに喪禮を編次し、始死から終禮まで門目を立てて朱熹に呈し、歸鄕するとき師は「編禮を續けるように」と要望した。泳は「禮を研究するのは無味乾燥です。しばらく止めたいのですが」というと、朱熹は「張橫渠が人に禮を學ばせたとき、呂大臨は、まるで木札を嚙むようだ、と言った。今、半日は義理についての書を讀み、半日、禮書の分類に從っても問題ない」と答えている（『朱子語類』八十四 論修禮書）。思索の意欲や喜びを刺激する課題の義理や理氣とは違い、膨大な古代の禮制を形式的に分類する仕事はかれらにとっても死ぬほど退屈であったに相違ない。朱熹もそのことを十分理解していたからこその答であろう。とすれば、黃榦らが途中中斷はあるものの二十八年を費やし、それでも完成せず、朱熹からみれば孫弟子の代にようやく完成した『通解』編纂の事業を繼續させたエネルギーは何であったのか。それは、一見無味乾燥のような仕事が實は秩序立った在るべき社會實現のために必要不可欠な基礎作業だという意識をおいてはないであろう。そして目の前に展開する現實の地域社會が人々の欲望追及の場に過ぎず、無秩序の混亂が深まれば深まるほど、そのエネルギーは增大していったようにみえる。

『勉齋集』十九に嘉定十三年六月朔の日付をもつ趙季仁習鄕飮酒禮儀序が收錄されている。趙季仁とは、黃榦門人で小論冒頭に紹介した黃昇墓誌銘の作者趙師恕であり、この年、福州補山にて鄕飮酒禮を主宰し、榦は上僎として臨席したが、恐らくその記錄への序文である。趙師恕は、嘉定九年、餘杭縣令のときに『晦菴先生家禮』を刊行したり、そこでも鄉飲酒禮を行うなど率先して禮の實踐に努めていた。この序の中で黃榦は、今、鄉の有志が鄉飲酒の禮を學んだが、儀式の次第だけを習い其の義が明らかにならないのでは困るからこの文を記したとして「……鄉飲は親睦を教うるなり。鄉閭親睦すれば、陵犯爭訟の風息む。夫れ、禮は敬を主とす。敬、勝れば則ち乖く。乖けば則ち離る。聖人、禮（樂？）を制し必ず之れを濟うに敬を以ってす。和、勝れば則ち瀆る。瀆るれば則ち慢る。聖人、禮を制し必ず之れを濟うに和を以ってす。之れを始むるに禮を以って敬を教え、之れを終えるに樂を以って和を教う。……敬し而して和するは禮の大義なり。此れ鄉閭に親睦し而して陵犯爭訟の風息む所以なり。……」と、鄉飲酒禮の目的は地域社會の親睦であり、陵犯爭訟の風潮の根絕であると繰り返し述べている。すなわち黃榦らにとって、強者が弱者を凌ぎ、紛爭案件が山をなしているのが現實の社會であり、それに對し長幼尊卑の序が確立し人々が睦みあう在るべき社會を實現するための實踐が鄉飲酒禮の擧行であった。年譜にしばしば現れる黃榦門下での古禮の實踐は、こうした秩序の確立への動きであった。例えば嘉定十二年十二月、門人の張元簡は、妹を古婚禮で嫁がせるため黃榦に儀法を正してもらい、同十三年三月には、門人陳伋が長男の冠禮を古冠禮で行うべく黃榦に相談している。このときは、陳伋の兄が主人となり、楊復が賓客、黃榦と趙師恕、張元簡が臨席している。或いは朱熹が沒したときの閩縣學友に宛てた書簡では「……五服の親は、各々古の衣冠を着用し、諸生は弔服に麻を加え、深衣の制の如く冠経を着用するのが宜しい」（『勉齋集』十二）と禮制に對應した服装を要請しており、嘉定十四年四月、黃榦自身の埋葬には、柩を載せた車の綱（紼）を執る門人子弟二百餘人、皆な衰経菅屨を着け、三十里を引いて山間に至り、鄉人はこのような禮に則った喪儀は未だ嘗て目にしたことがないと嘆息したという。

　しかし、古禮の實踐は何の問題もなく行われた譯ではなかった。黃榦が鄉飲酒禮擧行の考えを明らかにすると、周圜ではこれを止めようとする者が甚だ多かったという。榦の意志は益々固く、いよいよ趙師恕が補山で行った日、州縣官や寄居官など禮に與ることを榮譽と考える者千百輩が集まり「一人の敢えて非笑する者無し」と、年譜は記す。或いは張元簡の古禮による婚姻の項目にも、鄕人は張氏と姻家の龔氏を賢としたが、古婚を行おうとする鄕人の中には、親迎の奠鴈は人の驚き笑う所となるとして黄榦にどうするか訊ねる者もあったことを記す。榦の答えは「今、人家の子弟、鬬鷄・走馬するを以って怪と爲さず。而して巍冠・博帶し禮を行うを以って人の非笑を顧慮するか」というものであったので、其の人は意を決して實行した、とある。鄕飲酒禮は、紹興の十數年間官主導の下、州縣において行われたことがあり、科擧の應募に酒禮への參加が條件となっていたことすらある。それにもかかわらず嘉定年間それは一般の人から見れば、時代錯誤の仰々しい催し物のように感じられていたのであり、奠鴈の儀も笑うべき奇異な所作に思われたのである。年譜は、禮の實行は結果的に人々に感銘を與えたとするが、道學系士人の言動が、一般の感覺と乖離していた實情も率直に記しているのである。事實、朱熹の喪禮に際し、古制に則って冠経を着けるよう求めた先の閩縣學諸友宛の書簡では、續けて「諸兄、終に駭俗の慮れ有らば、或いは且らく麻布の頭巾を用うるのみ」と述べており、喪服についても大幅に讓歩せざるを得ない狀況があった。在るべき社會の實現のために、非秩序の現實に對する反措定として提起した禮の實踐は、當時の一般士人の目には現實遊離の突飛な行動としか映らなかったのであろう。それを現實變革の突破口として敢えて實行したところに黄榦一門の獨自性があったように思える。

在るべき社會の想定には、それに見合った在るべき個人の生き方の提示がある。『勉齋集』三十三から三十五に載せる朱熹を含めた十人の行狀、十八人の墓誌銘がそれであり、二十八名のうち有官者は十人、鄕貢進士を含む布衣の者十二人、女性六人、地域的には任地の臨川關係や李心傳の弟李道傳の四川など若干例を除けば大部分が福建の人で多くは朱門に屬す。基本的には顯彰文であるそれらの人物描寫に共通する諸要素を取り出すと、そこに黄榦が期待する在るべき生き方が浮かび上がってくる。今、それらの要素が殆どすべて盛り込まれている例として、小論冒頭に擧げた黄昇の祖父黄振龍の墓誌に依ると次の五つ行動様式が指摘できる。①輕財急誼。他の行狀・墓誌では輕財急義で表現されることが多いが、自らの資産を省みず親族や鄕閭の貧窮者に援助の手を差し延べる行爲を言う。それは飢饉時の發粟、生活困窮者への支援であったり、冠婚葬祭における援助や客人の接待であったり人によって事例は様々であるが、營利を喜ばず相互扶助を實踐するという地域社會の有力者に中國史上傳統的に期待され續けてきた生活態度である。②紛爭調停。これも地域の有力者に期待される機能の一つで、親族・鄰里の種々の紛爭を義理に基づく說得によって解決する能力と立場が備わっていることを言う。紛爭が地方官に上る前に、民間の自助努力によって地域の平和を維持することが望ましかった。③擧業・利祿の輕視。黄振龍が福州解試合格後、朱子學に沒頭し擧業を斷念したことは述べたが、昇官發財を人生の目的の第一に置くことの反倫理性の主張は行狀・墓誌で度々繰り返され、鄕先生として道義の普及に專念した態度などが稱賛される。但しこれが微妙な問題であることは、先述の如く黄榦自身の振る舞いからも明らかである。もう一つ具體例を追加すると、『通解』の共同編纂者であった鄭文遹の家は、閩縣象山に二百年續く大姓であり、父の倫のために黄榦が墓誌銘を書いている。そこでは象山が沿海の貧しい土地柄で人々は大姓に賴って生活し、鄭氏はその著姓の一つであり、紹興年間にはその祖が海盜から鄕里を保全するなど地域社會の中心的存在である、と言う。倫は「志尙高潔、讀書を好み」怡閣と名付けた家塾を建て子弟に理義を教えたが（『勉齋集』十七　次山怡閣記）、本人は「營利を喜ばず、壯歲にして卽ち場屋を棄て、山水の間に放懷し、詩を爲りて自ら樂しむ」生活を送った。この教育熱心な父の下に育ち、朱熹及び榦の門下として親族姻戚の子弟、鄕閭の學徒に聖賢の道を教えつつ著作に勵む文遹の姿は、典型的な在野の道學系士人である。紹熙三年から嘉定十三年まで三十通を越える黄榦の文遹宛書簡からも、たとえ科擧に合格していなくともその倫理的存在によって地域指導者としての立場を確立した道學系士人の出現を見てとることが可能なようである。しかしその鄭文遹にしても、陳宓撰の墓誌銘によれば、嘉泰四年、三十八歳のときに福州解試を通り眞德秀や陳洽に期待されながらも省試には失敗し、五十七歳の嘉定十六年、再び省試に應じたが合格せず、諸公の留める所となり淮浙の間を往來するうちに京師で病に陷り、翌十七年客死している。(17) 鄭文遹にとっても科擧は一生の課題であったのである。④性理の學を志す。③の擧業の輕視から、また行狀・墓誌の對象者に朱門が多いことからも、當然期待される共通要素である。⑤禮の實踐。黃振龍は、病が革まると新衣に換え「男子は婦人の手に死なず」として女性を退かせ正寢で沒した。「我死なば謹みて浮屠の法を用うる勿れ」が最後の言葉であり、日頃から「朱文公家禮」に從って行動するよう家人に求めていた。このように行狀・墓誌では特に喪禮を古禮に則って行ったという記述が目立ち、その際、必ずといってよい程、佛式の拒絶が前提となる。それは佛教にとどまらず佛老巫覡という閩俗一般の拒否であるが、黃榦の講學が寺院の一角を借りて行わざるを得ない狀況からも分かるように、佛教王國の觀を呈する福州の現實を前にして、禮の實踐とは現實には佛式の否定という明確で具體的な自己主張を取ったのである。他に對象が有官者の場合には、⑥として豪民の非法行爲を處斷したり、淸廉を貫くといった地方官としての共通態度を指摘できる。こうした行動樣式を實踐する人々、すなわち長者と呼ばれる一群の士人が、黃榦の期待する在るべき社會の擔い手であった。

禮書の編纂と古禮の實踐という形で禮的世界を提示し、現實の社會に對しそれに向けて進むべき目標を揭げ得たというそのことが、この時代の南宋地域社會に朱子學が根づく一つの要因と考えてよいのではないかと思われる。ではその禮的世界の對極にある現實世界はどのようなものであったのであろうか。

三　判語の世界

黃榦が地方官として荒政、財政、司法、軍事、教育など地方政治全般にわたり八面六臂の活躍をしたことは旣に概略を一節で述べた。これらの活動の中で、特にかれが鄉村現實をどのように認識していたかの理解に手掛かりを與える分野は司法であろう。裁判案件への對處に、かれの期待する鄉村秩序の在り方が現れるからである。ところで『勉齋集』の特色の一つに、判語の收錄がある。凡そ士大夫官僚であれば何がしかの地方官の經歷をもつのが普通であり、州縣の牧民官となれば裁判は重要な公務であり判決文の作成は不可缺な業務となる。從って多くの士大夫が判語の執筆に係わっていた筈であるのに、何故それらはかれらの文集に收載されないのであろうか。恐らくその理由は、裁判が吏事であり、判語が內容も文體も雅とは程遠い俗そのもの、しかも事案の一件書類の一部を爲すに過ぎず、それとてどこまでが本人の手になるか判定しにくく、士大夫の作品としては認めがたいということであろう。黃榦同樣、その文集に判語を收錄する劉克莊が判語の跋文に「……儒學と吏事、粗言と細語は同じものであるから、共に廢すべきではない。姑らく記錄に留めて子孫に示す(18)」とわざわざ斷らなければならなかったことが、その間の事情を物語る。それにもかかわらず南宋になると、判語を收載する文集が出現し、『淸明集』の如く實際の判決文を集めた判語集が單獨刊行されたりする新たな事態の展開には、地方行政のマニュアルやハンドブックを必要とする地方官の大量出現とか、更には吏事に對する士大夫層の考えや取り組みに、北宋とは異なる何らかの變化が生じたことなど南宋固有の時代背景が想定できよう(19)。では、黃榦の判語からはどのような時代背景を讀み取ることができるであろうか。

『勉齋集』三十八から四十には、都合三十七道の判語が收錄されている。しかし、この數はかれが係わった判語のごく一部に過ぎないと思われる。年譜を見ると、例えば知臨川縣事時代の項には「臨川の風俗、強勁負氣。小しく爭訟有らば、家を破り身を亡ぼすと雖も皆な暇恤せざる所有り。是れに由り事務繁劇、微事にして數年決せざる者、紛至沓來する有り」と健訟の風を記した後、田畝山林の爭いがあれば鄕村に出向いて實地檢證し、その度に五、六件の訴訟を解決したとする。文集に臨川關係は七道收載されるが、扱った案件はとてもその數にとどまらないであろう。實際、年譜に記す、富室の租を負う民が自分の子女を殺して富室の仕業と誣告する風を絶った事件についての判語は收錄されていない。或いはこれは縣が判決を實施できる犯罪は杖以下であるという規定によって判語が存在しないとも考えられるが、年譜は「告する者有る毎に、卽ちに吏輩を星馳し里正・鄕官と同に地頭に急下し其の事を驗せしめ、其の情實を得ざる無し。然る後、其の誣罔の狀を究む」とあるから、何らかの判斷は下していたであろう。また、安豐軍通判時代、和州で未解決の事件を擔當することになったとき、囚人の枷をはずし親しく飲食をして心をときほぐし自供を得ようとしたが失敗。ある夜、井戸の中に人がいる夢をみて直感し、翌日囚人に「汝は人を殺し死體を井戸に投げ入れたであろう。すべて分かっている。どうして自分を欺き通せるか」と詰問した。驚いた囚人は恐れ入って自供し、果たして廢井から被害者の死體が現れ解決したという事件は、黄榦にとって得意な一件であった筈であるが、これも收錄されていない。

言うまでもなく『勉齋集』への判語の收錄は、黄榦自身の仕事ではない。現在、既に失われているが公刊が知られる宋版の黄榦文集には、施懋刊の一〇巻本（衡陽本）、趙師恕刊の二四巻本、甥の黄友進刊の四〇巻本、そしてそれらを集成した咸淳九年（一二七三）黄震刊の『勉齋大全集』四〇巻などがある。[20]これら諸本の收錄內容は不明であるが、傅增湘の見た宋本の清初寫本は巻十五を判語としていること、[21]及び現存元刻本、四庫本と同じ四〇巻という巻數から、少なくとも宋刊の黄友進、黄震本には判語が收載されていたと考えられる。從って文集への判語の收錄は黄榦の近親者か弟子筋が行ったことになり、その際、ある種の取捨選擇がなされたのか、或いは入手できたものをすべて收錄したのか詳しい經緯は分からないものの、結果的に三十七道は、多くが士人ないし士大夫に關係した判語であるという特色をもつ。裁判案件の中でも士人關係を重視する傾向は、實は黃榦自身の姿勢でもあった。知新淦縣のとき、江西轉運判官であった十歲年長の朱熹同門楊楫宛書簡の中で「墳墓の木一本が切られれば墓を暴いたと訴え、男女が爭っていれば強姦だと訴え、路傍に行き倒れがあれば殺人だと訴え、夜に人の家を覗けば強盜だと訴えるなど」、江西は健訟の風が盛んであるとの認識を示しつつも（巻四　復江西漕楊通老）、同じ朱門の江西轉運司幹辦公事李潘宛書簡では「臨川に比べますと（新淦は）上級官廳との遣り取りの勞はずっと少なく、同僚からも助けられておりますが、寓公・士人の制し難いことは臨川より甚だしく、寓公の家が勢を以って民を擾するには法を按じて之れを治めるだけです」と、寓公・士人對策への苦慮を繰り返し述べている（巻三　與李敬子司直書）。寓公とは字義から言えば寄居官のことであろうが、ここでは寓公・士人で廣く在地の士大夫・士人を指していると思われる。前節でみたような長者として鄉村秩序の中核に期待される在地の士大夫・士人が、まったく逆にその地位を利用して不法を働き、「鄉曲に武斷する」豪橫として問題を起こす現實が、文集に收錄された判語の世界であり、黃榦の認識した鄉村秩序の現狀であった。

『勉齋集』に現れる臨川縣の危教授や新淦縣の謝知府の豪橫ぶりについては、既に先行研究での指摘があり、また形勢戶が地方權力と結託しながら行う地域支配の構造についても明らかにされつつある(22)。今ここでそれらを再論する必要はないと思うが、同樣な例を一つだけ擧げ、黃榦の對應をみておく。巻二十八　公劄の中に「轉運司に申し、曾縣尉の不法豪橫の事の爲にす」と題する一狀が收錄され、納粟補官によって贛縣東尉の官を得た曾千齡なる人物の惡行が告發されている。それによると新淦縣の揚名、斷金二鄉諸都の良民に塗炭の苦しみ與えている曾千齡はもと他家の幹僕であったが、開禧年間に知事となった韓元卿が貪欲であることを見逃さず、賄賂攻勢をかけて取り入り、果ては孤遺であった姪を元卿の息子に嫁がせ、知事の姻戚として縣下に威を恣しいままにするようになった。兩鄕に肥沃な田や財産をもつ民がいれば、殺人、強盜にかこつけて關係者として事件への巻き込みを謀って勾引收監し、その上で救出劇を演じその際に田畑、財産を巻き上げてしまう。被害者は、官府の威光の前に泣き寢入りをせざるを得ない。魔手は孤遺の田産、寺觀の財物にまで及び、二、三年の間に税錢二、三百貫に相當する資産を築き上げた。土地、財産を失い流民となる者數知れずの有様である。曾の家には私設の監獄があり、勝手に拘引狀を出したりその樣子は官府のようで、凶惡な幹僕たちや胥吏を使い日夜殖産に勵んでいる。かれらの行爲は、殺人、強盜、枉法受贓と變わらないのに何の咎めも受けず、日々王侯貴族のような贅澤三昧の生活をしている、というのである。この公劄は「都運大著」すなわち當時轉運判官の楊楫に宛てたもので、冒頭は例によって、自分は困難な縣政に從事し普段の政務でも粗漏あることを恐れているのに、身を省みず豪民と敵對しようとしている、との謙辭から始め、二十人の扶養家族を抱え貯えもなく失職すれば野垂れ死にだが、今ここで百姓を救わなければ上は朝廷に背き、下は學んだことに背くと決意のほどを述べる。確かに手強い相手であるが、たかが進納人の豪民に些か大げさな言い回しのようにも思える。ただ公劄中、州縣での弊害の淵源を中央での權臣の跋扈や開禧用兵に求める一節があるので、或いは韓元卿は韓侂冑の一族かも知れない。とすれば新淦の豪民の地域支配の構圖は、一地方權力との結託で完結するものではなくなり、黃榦の記述はそれなりの切迫性が出てこよう。こういう狀況に對し、かれは轉運司に人戶の詞訴を結絶、未結を問わずすべて錄して送り、朝廷に上奏するを願い、且つ曾千齡と幹僕たちを收監し、全財産を沒收、遠地への追放を進言したのである。年譜の嘉定五年、知新淦縣事の項に「時に邑に寓公有り。貲を以って鄕曲に武斷し、租税は輸せず。邑と民、之れに苦しみ、訟牒を累ぬること三、四百紙に至る。先生、爲に諸司に申して朝に白し、隆興に徙居せしむ」とある處置がこの事件を意味しているのであれば、黃榦の願いは實現したことになる。

文集に、曾千齡關係の判語は收錄されていない。かれが自らの裁量で解決する範圍を越えていた事件なのであろう。しかし手を拱ることは斷じてなく、辟召で赴任し州路官に自分の支持者が多い事情や朱門の人脈を驅使して鄕村秩序の回復を實現したのである。士大夫は幹僕を用いて訴狀を提出でき、事件の審理で州縣に勾引されるのは殆どが幹人であったり、士人となれば吏人はその姓を單獨で呼ぶことができず某省元と稱さねばならないなど、士農工商の中で士は別格の扱いを受ける。(23) 事實、黃榦の判語からもこの特權は確認できる。例えば、山地を強占したとする誣告事件を調べてみると、裏で絲を引いていた人物が明らかになった。この男は自ら士人と稱し、確かに文墨を解するに過ぎなかったが士人と認定、竹篦二十、枷項して縣門に告示すること三日、市中にも事情を榜示せよとの判決を下している（卷三十九　徐鎧教唆徐莘哥妄論劉少六）。或いは墓田をめぐって告訴合戰する張兄弟は、轉運幹辦公事と解試合格の經歴をもつ二人であるので、黃榦は「祖父から見れば、兄弟は本より一氣、何故爭うのか」しかも「一人は官途にあり、一人は鄕薦に預かり、門戶の榮えというのに、相爭うとは門戶の辱じ」と戒め、「小民の愚頑なる者なれば則ち當に情實を推究し、之れを斷ずるに法をもってするも、士大夫に於いては則ち義理を以って勸勉し、敢えて愚民を以って相待せず」と諭す。結局、二人には訴狀を撤回させ、和解を命ずるのである（卷三十九　張運屬兄弟互訴墓田）。或いは、一般に豪戶は訴えがあっても一向に出頭してこない。排風の（肩で風切る?）龔儀という豪戶はその最たる者で、人の墳地を侵占して屋を建て訴訟になったがどうしても出頭せず、訴えた人は困り果て遂に墳墓を移し變えた。その後、立て續けに牛を奪った、山や家を占據した、稅を納めないなど七、八件の訴えがあったが、いずれも出頭しない。安下の主人（保證人でもある安停人のことか）を收監するに及んでようやく出頭してきた。もし人々が龔儀のようであれば、州縣の知事や法律の存在などまったく無意味になる。龔儀は重く處斷すべきである、と述べながら、一轉してしかし龔儀は士人と稱しており、秋試（嘉定六年の解試）も迫っていることであり、しばらく罪を免じ枷をはずし安下人の葉萬卿に送り責任をもって監督せしめる、と判決する（巻四十　龔儀久追不出）。法制上、農工商とは一線を畫す存在の士は、このように士大夫から怪しげな士人までを含み、文集の判語三十七道中二十二道を占める新淦縣の事案で、黄榦は不法非道の士を彈劾・說諭しつづけるのである。官僚士大夫階層の末端と部分的に重なり、且つその豫備軍であり、鄕村社會の秩序の中核として期待されるが故に特別な扱いをされる士人の動向が、黄榦の判語の主たる關心の對象といえよう。それは禮の世界の裏側、考えようによってはそのマイナスの延長線上の世界でもあった。

最後に、この判語の世界が黄榦の身内に存在し、かれ自身が當事者として係わらざるを得なかった事件について觸れておこう。巻二十九　公劄の「與西外知宗訴同慶墳地幷事目」に依ると事件のあらましはこうである。福州東門外の故宅から百餘歩のところに同慶院という寺があった。建物の多くが黄氏の祖先の寄捨に成り、三世の祖より以來墳墓は皆なこの寺院にあって、三百年にわたり黄氏一族はここで春秋の祭祀を行ってきた。父の瑀は嘗て寺の廊屋に書院を建て、偶々住居の無かった父の従妹の夫である趙帳管が借りて住むことになった。趙氏、名は公瑀といい宗室。公字の排行は、廷美六世の孫にあたる。ところがこの趙氏は一向に書院を返さず、子供も増えて一家は十二人になり、寺に占住するようになった。淳熙年間、趙帳管の諸子が僮僕に墓地で馬を牧させ墓所を荒らしたので、先兄は閩縣に訴え小門を作り、馬の通路を塞ぎ、祭祀所までの路を確保した。このときの措置は牓に記されており今でも有效である。やがて慶元年間、母が亡くなり郊外に墓所を營むと、趙帳管の息子は、僧堂を占據し祭祀所への通路を塞ぎ、更には墳地を侵占、臺所や浴場などを建增した。一族はこの暴擧に苦しむも、敢えて告發はせず鄕里の長上に依賴し辭を低くし丁寧に善處を要望したが、趙氏は一顧だにしなかった。已むを得ず宗司に訴えると、逆に大いに騷ぎ立て、或いは多額の賠償を要求したり威力をもって脅かしたり強辯を弄したりで、宗司は遂に官に委ねてその場所を測量し、侵占した部分を確定し返還を告示した。しかしその後も趙氏はあれやこれやと理由を付け裁定を受け入れないので、刑部への上訴を考えたが宗司が最終決着を計り圖記も作成した。ところが先兄が亡くなったり、自分も官途に就き、十八年間墓所に詣でることもできなかったが、その間、趙氏で仕官している者に出會えば解決を依頼し、鄕里の族人には手紙を送って對處させた。祠祿を得て歸ってみると解決どころか侵占は更に甚だしく墓前の石も取り去られ、禮に從ってこれを問うた從弟が暴行を受けたり、救おうとした從弟が重傷を負う事件が起きた。今春には、修復した墳地に汚物をかけたり、盛り土を削ったり、竹林を伐採したりでこれらは孫の仕業である。福州の宗室は概ね禮法を守っているが、城東の一族だけは例外で民の害になっている。禁地の件であれば、子孫としては必爭のことであり忽せにできない。以上が、宗正司への訴え狀の大體の內容である。

事件のその後を傳える資料はないが、卷三十七　雜著の嘉定十四年、死の直前の淸明節に書かれた始祖祭田關約は、この墳地維持費用のための祭田の設置について記す。祖先祭祀續行への明確な意思表示であろう。三十年以上にわたり黃榦を惱ませたこの紛爭は、かれ自身の判語に頻出する案件、所謂婚田債負の類いであり、また墓田墳地の爭いは南宋中期の宗族結合の狀況を窺う興味深い史料であるが、[24]ここでは以下のことを指摘するに止める。すなわち紛爭が起こったとき、當然のことながら黃榦は先ず當事者同士の話し合いで解決を計った。それが不調に終わり、次に取った方法が鄕里の長上への調停の依賴である。これは二節でみた長者に期待される機能に賴った措置であり、これが失敗して始めて官、ここでは相手が宗室であるから西外宗正司に訴えるという手順が取られている。また禮に從ってとか、義理によってとかの語がしばしば現れるように、判語の世界は禮の世界を前提として、その外延に位置することが黃榦自身の行動に卽しても確認できるのである。

おわりに

以上、黄榦の軌跡を通して宋代の社會と士大夫の問題について考えてみた。そこから受ける印象は、かれら自身自分たちが歴史上新たに出現した階層であるとの意識は乏しかったかも知れないが、かれの事跡全體は、確かに宋以前の支配層とは異なる出自の士大夫・士人層を宋代社會の中に定位させようとする營爲にほかならなかったのではないか、ということである。中國史上の傳統概念である士は、唐宋變革期を經て新興士大夫官僚として新しい政治體制の中にその政治的位置を確定し、科擧は士大夫官僚を再生產する裝置としてそれなりに機能した。また士は、北宋半ばに顯現した新思潮の擔い手として、新しい世界觀の形成に參畫する立場も確保した。しかし、それらに比べ社會の中、特に地域社會內部でその政治的、思想的に見合う安定した、より正確にはそれらと整合する位置を士大夫・士人層は未だ確立してはいなかったようにみえる。士人が地域有力者として形勢戶と規定されたり豪橫の呼稱を冠せられる事態の出現が、それを物語る。士人の現實社會での存在形態が、政治上、思想上のそれと齟齬をきたしていたと言える。それぞれの個別の事情を抱えた士人は、個人として或いは親族集團、地域內存在、學派、官僚集團としてそれぞれのベクトルをもち、それらの總合として時代のベクトルが形成される。黃榦の提示したあるべき士人の姿は時代の總合ベクトルとどう關係し、結果的に後世の歷史にどのような影響を及ぼしたのか、またそれら士人に焦點を絞った南宋中期の地域社會の斷面の構造を、北宋社會のそれと比較することによって、その構造が北宋以來の延長線上に在る同質のものなのか、或いは連續線上にあるが北宋社會の成熟形態としての變化がみとめられるのか、それともこの時期に初めて出現する何らかの新しい要素を抱えた社會なのか、時代の歷史的特質を確定する作業が今後の課題であろう。

その意味で本章は、地域の觀點を中心に檢討した事例研究であるⅡ部の第一〜五章とは、やや異なる角度からの事例研究である。

注

（1）以上は福建省博物館編『福州南宋黃昇墓』（文物出版社　一九八二）に依る。
（2）『勉齋先生黃文肅公文集』三三　貢士黃君仲玉行狀。以下『勉齋集』と略稱。本書引用は、元刻本による（一節參照）。
（3）本書第Ⅰ部第五章參照。
（4）島田虔次『朱子學と陽明學』（岩波新書　一九六七）一四頁。
（5）高橋芳郎「宋代の士人身分について」（『史林』六九―三　一九八六　同氏『宋―淸身分法の研究』北海道大學圖書刊行會　二〇〇一に所收）。
（6）靜嘉堂本、北圖本は共に版心に元の「延祐二年刊補」と刻す葉を多く混じえ、北圖本は影印なので正確には判定できないが、補葉は靜嘉堂本により多いようである。四川大學古籍整理研究所編『現存宋人別集版本目錄』によれば、元版『勉齋集』は他にもう一本が吉林省圖書館に藏されているという。後述（三節）する宋版『勉齋集』と元版との關係を含め、靜嘉堂本の書誌學的考察は後考を待ちたい。
（7）『朱文公文集』九三　朝散黃公墓誌銘。なお朱熹及びその弟子たちを取り巻く人間關係については、市來津由彥「福建における朱熹の初期交友者達」（『東北大學敎養部紀要』五四　一九九〇、同氏『朱熹門人集團形成の研究』創文社　二〇〇二所收）、小島毅「福建南部の名族と朱子學の普及」（宋代史研究會研究報告第四集『宋代の知識人――思想・制度・地域社會――』汲古書院　一九九三）が參考になる。
（8）『中國文明選　朱子集』月報一五所載（朝日新聞社　一九七六）。
（9）『南宋制撫年表』下　福建路の淳熙十六年にも、馬大同の名を載せる。

（10）この書簡中に、辛棄疾がこのとき福建提點刑獄であったことを示す記述があり、紹熙三年執筆の證據とされている。

（11）『勉齋集』一〇與潘謙之の第一狀に「……縣學極齊整、又日瞻先聖以爲依歸、莫大之幸。不知尊友能一來相聚旬月否。兩月得待先生誨論、方悟向來學問差處。尤欲與朋友共正之。齋中規矩、只得十分嚴正、不然、誤人子弟、罪有所歸也。廿一日入學、廿二日便略與諸友擬試俟補試。後諸友齊集、鳩金買牲、舍菜于先聖、遂講光齋之禮。初一日、卽立定規繩讀書。……」とあり、巻二十二には、このときの執筆と思われる「閩縣學謁先聖文」が收められる。黃榦がどのような形で縣學と係わったのか今のところ明確にできないが、朱門の會聚が閩縣學で行われていることは興味深い。

（12）黃榦の石門酒庫での活動については、佐藤明「南宋期石門酒庫の胥吏について」（『柳田節子先生古稀記念　中國の傳統社會と家族』汲古書院　一九九三）でも觸れている。

（13）年譜嘉泰四年の項「……或謂是瑣瑣者、何足以煩君子。先生笑曰、孰非公家事耶。惟無事不知無事不能、乃爲通材。世之仕者、務爲簡佚、儼如神明、竟亦何用。……」

（14）漢陽軍での救荒策は、斯波義信「荒政の地域史――漢陽軍の事例――」（『東洋學報』六六合併號　一九八五、同氏『宋代江南經濟史の研究　訂正版』汲古書院　二〇〇一所收）においても論じられている。

（15）上山春平「朱子の『家禮』と『儀禮經傳通解』」（『東方學報』五四　一九八二）、戸川芳郎『和刻本儀禮經傳通解　解題』（汲古書院　一九八〇）。

（16）舊稿では黃榦が紹熙三年に喪祭二禮部分の編纂を委託されたとき、それが最終構想によったものではないであろうという根據にこの年の記事をあげた。しかし舊稿公刊時、佐竹靖彦氏からこの分經類傳は後述の長編作成と同じ作業を意味するのではないかとのご指摘をいただいた。具體的な作業をどこまで確定できるか難しいが、學禮を設けるか否かの議論でないことは確かで、慶元二年、經傳の分類未確定部分を殘しながら既に長編作成作業に入っていたと考えるのが自然のようである。紹熙三年の段階では依然はっきりしないので、大筋で論旨に變わりはないが、最終構想云々の箇所の表記を若干改めた。

（17）『復齋先生龍圖陳公文集』一二一進士鄭君墓誌銘。

（18）『後村先生大全集』一九三　書判跋。

(19) 陳智超「宋史研究的珍貴史料——明刻本『名公書判清明集』介紹」(『名公書判清明集』下 附錄七 中華書局 一九八七)。

(20) 『慈溪黄氏日抄分類』九一 跋勉齋集。

(21) 『藏園羣書經眼錄』一四 集部三 『勉齋先生文肅文集』三七卷。書名は元刻本と同じ。卷數は先の宋本、元本いずれとも異なる。

(22) 梅原郁「宋代の形勢戸と官戸」(『東方學報』六〇 一九八八) 佐藤明「前近代中國の地域支配の構圖——南宋期江南東路を中心に——」(『中國史學』一 一九九一) 草野靖「宋代の形勢戸」(『福岡大學 人文論叢』二五—一 一九九三)。

(23) 『慈溪黄氏日抄分類』七八 詞訟約束。

(24) この記事を宋代の宗族研究の一史料として扱っている論考に Patricia B. Ebrey 1986. "The Early Stages in the Development of Descent Group Organization" *In Kinship Organization in Late Imperial China 1000-1940*, ed. P.B.Ebrey and J.L.Watsons. California : University of California Press. がある。

Ⅲ部　個人篇　文人官僚蘇東坡

第一章　東坡應擧考

はじめに

北宋仁宗朝の嘉祐二年（一〇五七）は、權知貢擧歐陽脩が禮部試受驗者の晦澁奇怪な文章の改革を試み、ために科場の「文體亦た少しく變ず」と稱されたこと、殿試黜落制が廢されたこと、これ以降、間歲一貢となり、やがて治平三年の三歲一貢定制化への道を準備したことによって、科擧史上、注目される年である。(1) これらは、いずれも科擧制度の確立という點からみて重要な改革であるが、ここでは少し視點を變え、この年の及第者の一人であった蘇軾の應試をめぐる問題を考えることで、當時の科擧受驗の實態がどのようなものであったかを垣間見て、Ⅲ部で取り扱う蘇軾をめぐるさまざまな檢討の緒論としたい。

二十二歲の軾と十九歲の弟轍の同時合格は、兄弟の文名を一擧に都に廣め、歐陽脩や韓琦らの知遇を得ることとなった。ところで、兄弟は科擧の一次試驗である解試を何處で受けたのであろうか。兄弟の本籍地は、四川の眉川である。從って、本貫取解の原則によれば、眉州の解試を受驗しなければならなかったはずであった。このことについて、『宋史』本傳、またそのもとになったと思われる轍による墓誌銘は何も觸れず、王宗稷の『東坡先生年譜』は、嘉祐元年の項に「先生、年二十一。進士に擧げらる。鳳鳴驛記に云う、始めて余、丙申の歲、進士に擧げらる。扶風を過ぎ、舍を館人に求む。云々」と記す。ここで王宗稷自身は、東坡が眉州で得解したとは一言もいっていないが、かれらが眉州から成都府（當時は益州）、京兆府經由の北行ルートで上京したことを思えば、記述の順序からして、眉州で得解し扶風に到ったと理解されても不思議ではない。王年譜は『蘇東坡全集』などに付され最も通行しており、東坡取解場所を殊更、分りにくくしたように思われる。

しかし、蘇軾は開封の解試を受験した、と明確に述べる年譜もある。施宿の『東坡先生年譜』嘉祐元年の項には、「是の歳、先生始めて進士に擧げらる。京師に至り、秋、開封府解を請う」とあり、また孫汝聽の『三蘇年表・蘇潁濱年表』も轍（從って軾も）は開封府秋試で得解したと記している。眉州取解を明言する年譜がない以上、東坡兄弟は開封府試を受けたと理解するのが正しいようであり、實際、地域篇第二章でふれ、また後にも引くように南宋明州袁燮の高祖轂がこのとき開封府試の首席、軾が第二であったのであるが、これらの年譜・年表などはいずれも南宋とはいえ後代のものであり、一次史料で眉州か開封府かを確定する必要があろう。

北宋は一代を通じ、科擧制度の整備を續け様々な改革案が論議され實施されてきた。それらの論議・改革は、士大夫政治とは何か、それを擔う士大夫官僚像とはどのようなものかを問い、それに相應しい人物を選ぶための制度はどうあるべきかという科擧の理念を前面に出す立場からのもの、また試驗を如何に公平に不正なく行うか、というものとに分けられる。實際の論議・改革は、どちらか一方ということはなく、兩者の要素を含むが、ときには封彌・謄錄法のように後者の要求が前者の理念を妨げる場合もあった。いずれにしても、これらの改革の成否を實際に左右したのは、議論の緻密さや整合性というより、科場に殺到する應試者の動向であった。とすれば、蘇東坡兄弟の取解問題は、こうした動向を窺う一つの目安になろう。

一　開封府解試と眉州解試

王文誥は、『蘇文忠公詩編注集成總案』一　嘉祐元年の條を、本文は開封府取解說をとって記述するが、割注で、眉州取解と考えられる史料もあるとしてそれらを列擧している。そこで先ず、總案の擧げる開封府、眉州兩說それぞれの根據となる史料を檢討してみたい。

開封府取解に關連しては、五つの史料が擧げられている。すなわち①蘇洵『蘇老泉先生全集』上張侍郎書（本章での引用は『嘉祐集』十四による）、②邵博『邵氏聞見後錄』十五所引　雷太簡上韓忠獻書、③蘇軾　牛口見月詩、④同　林子中王彥祖詩、⑤袁燮　先公墓表である。このうち③は、嘉祐四年の作とされている詩で、丙申（嘉祐元年）の年に都が洪水に襲われた樣を回顧する句があることから、城內が冠水していた五月には京師に到着していたとする、いわば狀況證據。④では、第四句に付けられた軾の自註「軾、與子中（林希）、彥祖（王汾）、子敬（顧臨）、完夫（胡宗愈）同試擧人景德寺」を、林希ら四人とともに景德寺を會場とする開封府試を受けた意と解し、論擧の一つにしている。但し、東坡の文集中、この詩を含め四人を同年だと明記する箇所は何處にもなく、この點はなお詳考を待つと多少の留保を付けている。また⑤は、袁燮の曾祖父（實際は高祖）轂が開封府秋試の首選であったとき軾は第二、との記述があることによる（『絜齋集』一七）。王文誥は、これらを傍證としつつ、より確かな根據として①、②の書簡の內容が一致することを擧げる。

①は、當時、知益州として成都に赴任していた張方平に、蘇洵が送った書簡であり、その中の「……二子軾・轍あり。……京師、賢士大夫多きを聞き、往きて之れに從いて游び、因りて以って進士に擧げられん。洵、今年五十に幾

し。嬾鈍を以って世に廢せらる。……惟だ此の二子のみ、之れをして復た湮淪棄置の人爲らしむるに忍びず。今年三月、將に之れと與に京師に如かんとす。……」とある部分を引き、東坡父子は、嘉祐元年三月に開封に向かって出立したとする。これは②の、知雅州の雷太簡が、蘇洵を韓琦、張方平、歐陽脩に推薦した書簡のうち韓琦宛の中に「……張益州安道、（洵を）薦めて成都學官爲らんとするも報ぜず。今春、二子を將いて都に入り、秋試に就かんとす。……」という言葉と合致し、開封府取解の確證とした。これらに從えば、蘇洵に連れられた東坡兄弟が、開封府秋試を受験したことは間違いないところであろう。(2) 問題は、むしろ眉州説の史料にある。というのは、王文誥の擧げる二（三）點は、いずれも蘇軾自身の文章だからである。東坡は、確かに眉州取解と述べているのであろうか。

はじめに、王文誥が嘉祐元年の項で「范舍人に謝する書に據るに、乃ち是の年、眉の秋試に在り。冬杪、京に至る」と注する、『蘇東坡全集』（以下、軾の引用は、通行七集本による）前集二十六　謝南省主文啓五首の范舍人を檢討してみよう。嘉祐二年の禮部試では、權知貢擧が歐陽脩、權同知貢擧に王珪、梅摯、韓絳、范鎭の四名が任命された。合格後、五人に謝文を呈したが、ここで取り上げるのは范鎭に上呈したもので、當時の四川と科擧をめぐる狀況が簡潔に述べられていて興味深い文である。今、直接關連する箇所を引くと、

……蓋し通義（眉州）は蜀の小州、而して眉山は又た其の一縣たり。去歳、禮部に擧げられし者、凡そ四五十人、而して執事は梅公と親しく權衡を執りて之れを較べ、得る者十有三人なり。……軾や十三人の中に在り。(3) ……

であり、眉州から禮部試に擧げられた者が、四五十人おり、うち十三人が合格したと述べるに留まる。總案は、四五十人を四十五人とするが、『經進東坡文集事略』四十一　范舍人でも四五十人となっており、概數を言ったものであろう。因みに南宋のことになるが、魏了翁『鶴山先生大全文集』四十一　眉州𢹂貢院記によれば、眉州の解額は慶元初め五十二人に增額されたが、舊制は三十六人とあり、これは三歳一貢の數であるから、四年ぶりに實施された嘉祐元

年の解額として四五十人は妥當な數字である。しかし、もし東坡が眉州で得解したのであれば、敢えて概數を言う必要はなく、また蜀出身の范鎭と梅摯が蜀の士人を拔擢したことを強調する文脈から、この四五十人を眉州出身で禮部試まで進んだ者と廣く解することは、十分可能である。「冬梢、京に至る」は、眉州で秋試を受けたのであれば、そうなるということで、謝文の中にそれを示す記述はない。從って、これを眉州取解の根據とすることはできないように思われる。

次に、總案注文に、「范文正公文集敍に據れば、乃ち明年（嘉祐二年）春の後、京に至る」とある、卷二十四 范文正公文集敍はどうであろうか。慶曆三年、八歲の軾が、入學した道士張易簡の塾で覗いた石介の慶曆聖德詩によって初めて范仲淹の名を知った、との回顧で始まる序文は、續けて、

嘉祐二年、始めて進士に擧げられ、京師に至れば則ち范公歿せり。既に葬られて墓碑出づ。之れを讀み流涕するに至りて曰く、吾、其の人と爲りを得ること、蓋し十有五年。而して其の面を一たびも見ず。豈に命に非ざるか。

是の歲、等第し、始めて歐陽公に知らる(4)。……

と、記す。これによれば、確かに嘉祐二年春に京師に來たかのようである。とすれば、どうしても前年秋の眉州解試に受かっていなければならない。しかし敢えて異論を唱えれば、この箇所をどこまで文字通り嚴密に讀んでよいか躊躇させる要因もある。序文の書かれた年が元祐四年、東坡應擧から三十數年經っていることは問わぬとして、この文章全體は、慶曆三年から十五年後、墓碑を讀み（慶曆三年を入れれば嘉祐二年は十五年後）その年に等第し、その三年後に范純仁を知り、また六年で范純禮を、さらに十一年後に范純粹を知って序文を委囑され、十三年にして稿成った、八歲で公を敬愛してから四十七年であるというように、范仲淹父子との關係を、節目節目の年數を入れながら齒切れのよいテンポで回顧する形をとっている。應試の細かな段階・等第と墓碑との出會いを二年の出來事としてまとめて

記述してしまうことは、文章の勢いを考えればむしろ自然ともいえる。但し、これも單なる蓋然性に過ぎず、眉州取解を否定するまでにはならないが、逆に序文は開封府取解を覆すほどの根據にもならないということである。總案が、開封府取解への異説として注記にとどめたのは、妥當な措置である。

第三は、先掲『王宗稷年譜』でも引用されていた、嘉祐六年、初めて任官した鳳翔府時代の作、鳳鳴驛記（卷三十二）である。總案は、これを東坡父子が上京するときの史料として使用し、取解問題の箇所では取り上げていないが、多少考えるべきことがあるので、ここで檢討を加えたい。記の冒頭を再引すると、

始めて余、丙申の歲、進士に擧げらる。扶風を過ぎ、舍を館人に求む。既に入るも居るべからずして出で、逆旅に次す。(5)

記は、知鳳翔府宋選が、驛舍を改修した顯彰文であり、東坡父子が「居るべからずして出」るを得なかった理由は、驛舍損壞のためと推測できる。先述のように時間的順序からいえば、眉州取解の後、成都、利州、褒城經由で鳳翔に至ったと解釋できる一文である。小論は今まで「擧進士」を、解試に合格し、次の省試受驗のため禮部に送られることと限定して讀んできたが、必ずしもそう讀む必要はない。例えば、『長編』一〇八 天聖七年十一月癸酉には、

上封する者言う「今歲、開封府、進士に擧げらるる者、千九百餘人に至る。妄りに戶籍を冒すもの多し。之れを條約せんことを請う」(6)と。

とある「擧進士」は、得解者の數ではなく取解者であろう。眞宗の天禧四年、一時、開封府の寄應請解者の數を別枠で決めたことがあり、進士は四四四名、解額分數は十分の三であった（『宋會要』選擧一五 同年三月二十八日）。この數を參照しても、『長編』の千九百餘人は取解者だと考えられよう。(7)とすれば記文の「擧進士」も、科擧に應ずるというほどの意味でつかわれていると解せばよく、いずれにしても、記文での問題點は、むしろ東坡父子が驛舍に宿を求

めたことにある。

『長編』一〇三 天聖三年八月辛亥の條に、知益州薛田の言として、

本州發解の擧人、張詠自り以來、例として館劵を給され京師に至る。今、三司の移文を得るに、乃ち吏人を責め給する所の官物を償わしむ。朝廷の意に非ざるを恐る。(8)

と、宋初二度にわたって知州を務めた張詠以來、慣例として發解擧人に給されていた驛劵の廢止に異議が申し立てられている。仁宗は、漢の貢士は皆な郡國が食を給したのだから、今、遠方の貢士だけでも支給すべきだとして、三司の措置を撤回させている。遠方の發解擧人への驛劵支給は、以前にも規定がみられる。『長編』十 太祖開寶二年十月丁亥には「西川、山南、荊湖等道に詔し、今自り發解する擧人、往來は竝びに劵を給す」とあり、薛田の上言のあるところをみると、この規定は、一旦廢止されたか、行われなくなったらしい。しかし、天聖三年の措置によって、東坡兄弟がもし眉州發解擧人であれば、驛舍を求めた行動は、十分納得がゆくのである。では、一行が開封府試に赴く場合はどうであろうか。『長編』一八九 嘉祐四年正月壬寅の條に、三司張方平が編纂した驛劵則例に嘉祐驛令の名を賜ったとの記事がある。そこに「初め、内外文武官、下は吏卒に至るまで、給する所の劵、未だ定まらず、又た多少同じからざる或り。……」と見え、吏卒まで驛劵が支給されているが、これは當然公用であろう。『宋刑統』二十六剩給傳送 諸不應入驛而入者等條の疏議によれば、私用で驛舍を利用できるのは、職事官五品以上、邊遠及び村店なき處では九品以上等の條件がある。(9) 宋にもこの規定が適用されているのであるから、私用は有官者に限られていたであろう。蘇洵は、このとき無位無官であり有官者の特典を使える立場にはなかった。しかも、かれらは應擧の旅とはいえ、本貫取解の原則を無視しようというのである。「舍を館人に求め」た開封取解の旅には、何か事情がある、と考えるべきであろう。

二　本貫取解と寄應取解

　前節では、東坡兄弟の眉州取解の史料が、驛舍問題を除いて、開封說を退けるほどの根據をもたないことを見てきた。かれらが開封府秋試に應じたのであれば、次に、本貫取解の規定との關係が問題となる。宋初以來、解試受驗者が少しでも合格に有利な州で取解し、或いは服喪を隱して受驗するため、戶籍を僞ったり、一時的に田產を購入して戶籍を移し、他州で應試する寄應取解の弊害が指摘され、度々禁令が出されてきた(10)。特に寄應取解が多かったのが、開封府と國子監の二つの取解がある京師であった。禮部試の下第者で故鄉に歸らず次の科擧を都で受驗しようとする者や、まさに蘇洵が述べているように「京師、賢士大夫多きを聞き、往きて之れに從いて游び、因りて以って進士に擧げられん」と、格段に優れた受驗環境故に士人が殺到したのである。その結果、最終合格者の中に開封受驗者の占める割合は甚だ大きくなった。Ⅰ部第一章「宋初の國子監・太學について」でも引いたが、洪邁『容齋續筆』十三金花帖子には、眞宗咸平元年（九九八）孫僅榜の合格者について「第一自り十四人に至るに、惟だ第九名劉燁のみ河南の人爲り。餘は皆な開封府を貫とす。其の下、又た二十五人も亦た然り。應に都の人士、選に中ること是の如きの多かるべからず。疑うらくは亦た外方の人、寄名託籍し、以って進取の便を爲すのみ」との記述があり、これほど極端ではないにしてもこの傾向は恆常的であった。東坡兄弟が等第した科擧の次から三回、嘉祐四年、六年、八年の各路別の發解の人數と最終合格者の數を示す司馬光の上奏（『溫國文正公文集三〇　貢院乞逐路取人狀』）によれば、國子監・開封府は、數の上でも合格率でも斷然有利であったことが明らかである（表一參照）。このことが、また多くの寄應取解を呼ぶことになった。

これに對し、政府は手を拱いていた譯ではなく取解の禁令を繰り返し、處罰を嚴しくしたり、逆に先述の如く開封府に一定の寄應請解の枠を設けてみたり各種對策を試みている。今、東坡應擧に一番近い時期の開封府試の規定を檢索すると、天聖七年（一〇二九）のものがある。從來、開封府試は土着人以外でも條件を滿たせば受驗の道が開かれていた。例えば、化外からの受驗者など戶籍の無いことが明らかな者、戶籍は有るが本貫から離れて久しい者は、連帶保證人となる有官者がいれば受驗可能であった。ところが、この年、廬州進士の王濟なる者が、兄の修が祥符縣に田十八畝を購入したのを利用、兄を父として投狀、また王宇という人物は、濟の家を本貫とし濟家の三代を自分の三代と僞って投狀する不正が發覺したのを機會に、條件の見直しが檢討された。その結果、開封府に戶籍を有していても、七年以上その場所に居住していなければ投狀を認めないことになり、戶籍の無い者については、有出身京朝官の保證人のほか、先に居住の縣に投狀し、耆鄉、縣官の連帶保證人も要求されることとなった。さらに、外州に戶籍の

表一　司馬光「溫國文正公文集」三
○貢院乞逐路取人狀：表上段は最終合格者數、下段は發解者數

嘉　　祐	4年	6年	8年
國　子　監 (進士解額100人)	22 118	28 108	30 111
開　封　府 (進士解額210人)	44 278	69 266	66 307
河　北　路	5 152	—	1 154
京　東　路	5 157	5 150	—
陝　西　路	—	1 123	2 124
河　東　路	0 44	1 41	1 45
梓　州　路	2 63	—	—
利　州　路	1 26	—	0 28
夔　州　路	1 28	0 32	—
荊湖北路	—	0 24	1 23
荊湖南路	2 69	2 69	2 68
廣南東路	3 97	2 84	0 77
廣南西路	1 38	0 63	0 63
小　計〈合格〉	86	108	103
京　西　路 淮　南　路 兩　浙　路 江南東路 江南西路 成都府路 福　建　路	79-α	75-β	90-γ
全　　國	165	183	193

ある擧人は（将來の免解の恩典のため）今までの科擧受驗を有效と認めた上で本貫地に歸すなどの新規定が決められた。この詔が、嘉祐年間まで效力をもっていたか明らかでないが、少なくともそれらに東坡兄弟の開封取解を可能にする條件の無いことは確かである。かれらが等第した年の十二月、また本貫取解を嚴しく勵行させる詔が出されている。「……應ゆる天下の擧人は竝びに本貫に歸せしむ。本縣の令佐をして其の行實を察し、以って州に上せしむ。知州・通判、審覆し、以って轉運司に上す。……」（『宋會要』選擧三　嘉祐二年十二月五日）。これは、間歳貢擧實施の詔の一部であり、その中で州縣官が擧人についての保證責任をもつことを明言したものである。このように頻繁に寄應取解の禁が出され、開封府滯在の外州擧人の歸還が命ぜられるのは、これらの措置に實效のなかった證左といえるが、それでは蘇東坡もそのような規定無視の一人であったのであろうか。

この問題の回答に推測の手掛かりを與える史料が、先に引用した蘇洵の張方平宛書簡である。一介の布衣と大官という關係から來る表現上の制約を考慮し、書簡の趣旨を酌みとると大略以下のようになろう。「洵と方平が互いに知りあった關係であることは、天下周知であり、そこに愧ずべき事柄は何もない。今、あなたに依頼したいことがあり、それを言えば至公の關係が損なわれるのではないかと迷いに迷った。しかし人を知ることは、その人を憂えることであり、その人の家族、親族、友人を憂えることであると思い敢えて述べることにした」。この逡巡する心境を語る部分が、全體の三分の一以上を占めている。續けて本題に入り、「二子軾・轍は幼い頃から勉學に勵み、田舎者故、禮儀知らずであるが、經書詩文は大いに進歩した。この勢いで邁進するならば、天子の爵祿を得ることも夢ではない」として、既に引いた都での遊學の希望と三月出發の豫定を述べる。そして漸く依頼の部分に入るのだが、實は肝腎の依頼事項が、餘りにも婉曲な言い回しのためはっきりしないのである。「一門の中、行く者は三人、而して居る者は尙十數口。行く者の爲に計れば則ち居る者を害い、居る者の爲に計れば則ち行く能わず。云々」と、何か經濟上の援助を期待する口吻でもあるし、「軾・轍をして下風に進むを求めしめん」と、張方平の弟子としての認知を求めているかのようでもある。筆者が期待したような、驛券の支給依頼であるとか、特別の推薦狀とかを願う明確な文言は何處にもない。言えることは、蘇洵が、張方平を齊の桓公・晉の文公に譬え、その力を非常に高く評價し、方平の一言ですべてが適えられるかのように書いていることである。

ところで、この洵の書簡に對する方平の反應が、僅かであるが窺える。『欒全集』三九　文安先生（蘇洵）墓表に、

……初め、君、將に京師に游ばんとして益州を過ぎ僕と別る。且つ其の二子軾・轍に見え、及び其の文巻に曰く、二子は、將に鄕試に從わんとす、可なるか、と。僕、其の巻を披きて曰く、鄕擧に從い、騏驥に乘り而して閭巷を馳すは、六科の英俊を擢く所以なり。君が二子、此の選に從うも、猶お其の逸力を騁せるに足らざるがごときのみ、と。君曰く姑らくは後圖と爲さん、と。遂に以って擧に就き、一たび上れば皆な進士の第に登り、再び制策を擧ぐれば竝びに高等に入る(11)。……

と振り返っており、蘇洵の依頼を兄弟の制科への推薦人となることと理解したようである。張方平自身、茂材異等科と賢良方正能直言極諫科の二度の制科に合格して今の地位を得たという特異な經歷を持つ(12)。恐らく兄弟の將來と自分の過去を重ね合わせたのであろう、推薦に意欲的であった。洵は、制科應募は次の段階だとして上京したのであるが、しかし、このとき尙書戶部侍郎知益州兼益利路兵馬鈐轄であった張方平が、東坡兄弟を何らかの形で支援したことはほぼ確實であろう。それが、應擧行においては發解擧人に準ずる待遇を與え、開封府での請解を可能にするものであったことは、可能性の一つとして十分考えられる。とすれば、先揭の東坡の文章中、嘉祐元年の「擧進士」についての書き方が曖昧であることには、それなりの意味があったと言えよう。すなわち、宋初以來、年々緻密さを加える貢擧條制とは別の次元で、高官の推薦・保證といった人間關係のネットワークを利用する應擧の道が存在・機能していた

ことを示唆するのである。蘇洵その人が、科擧・制科での失敗の後、このネットワークを使い歐陽脩の推擧を取り付けることで念願の官位を取得したことは、よく知られている。官位取得は後のこととはいえ、父は自らの經驗を基礎に、息子たちの等第戰略を練ったのである。このことを含め、次節で當時の眉州の科擧をめぐる状況を検討したい。

三　眉州貢擧と蘇家・程家

蘇軾は、先に引いた謝范舍人啓の中で、蜀の士人の動向を、「……孟氏朝に入りて自り、民始めて肩を息むるも、死を救い傷つくを扶くるに暇あらず。其の後、執事、諸公と相繼いで朝に登り、文章功業を以って天下に聞こゆ。是に於いて耒耜を釋き而る者塗を塞ぐ。故に數十年の間、學校衰息す。天聖中、伯父褐を解き西歸す。鄉人歎嗟し、觀して筆硯を執る者十室にして九、……」と述べ、仁宗朝になって漸く民心安定し、科擧を目指す者が多くなったとする。もっとも當の范鎮は、「初め、蜀人、學に向かうを知ると雖も、而して仕官を樂しまず。張公詠、其の鄉里に聞有る者を察し、張及、李畋、張逵を得、……其の後三人皆な朝に薦められ、倶に員外郎爲り。而して蜀人此れ自り寖く仕官するもの多し」（『東齋記事』中）と言い、張及らが等第した眞宗初め頃より仕官の氣運が興ったとするが、チェフィー氏の進士及第者數統計表[13]によれば、成都府の合格者數は、太祖・太宗朝が二十五人、眞宗朝が二十四人、仁宗朝が一九七人、以下英宗・神宗朝一二八人、哲宗朝一三一人、徽宗朝二八三人と及第者の增加が仁宗朝に著しいのは明らかである。

この傾向は眉州においても同じで、仁宗朝から進士及第者の數が增え始める。兩宋の眉州進士及第者の題名錄である雁塔碑は、計八八〇餘名を載せるが、北宋の部分をまとめると表二のようになる[14]。

累計三百二十二名（制科を加えれば三百二十四名）は、成都府路のみならず四川全體の中でも成都府とともに突出している。參考までにチェフィー氏が作成した兩宋州別進士合格者累計表を、北宋に限定して合格者の數が多い順に竝べ變えてみると表三のようになる。[15] この數字を基に議論するためには幾つかの前提條件を考えなければならないので、ここでは眉州が全國的にみて決して少なくない合格者數を記録してきたことを指摘するにとどめる。因みに眉州は、兩宋合計でも全國八位であるが、成都府は十位以内に入らず、同じく北宋十位の衢州も順位を落とし、代わりに溫州が三位、明州が十位に入る。さらにもう一點付け加えると、北宋における成都府と眉州の人口比をみるに、『元豐九域志』七 成都府路は、成都府の主戶約十一萬九千戶に對し、眉州を約四萬八千戶、成都府の約四割の主戶數としている。成都府路は、一府十二州からなり、その十四行政單位の中で成都府が最も戶數が多く、眉州の主戶數は第七位

表二　全國總合格者數は、荒木敏一『宋代科擧制度研究』附篇、登第者數表を參照。

	年號	科擧回數	全國總合格數	眉州雁塔碑
太祖	960～976	15	172	0
太宗 976～997	太平興國	4	443	1
	雍熙	1	285	0
	端拱	2	214	0
	淳化	1	353	2
	至道	0		
眞宗 997～1022	咸平	4	871	1
	景德	1	247	0
	大中祥符	6	596	3
	天禧	1	140	2
	乾興	0		
仁宗 1022～1063	天聖	3	526	11
	明道	0		
	景祐	1	499	9
	寶元	1	310	8
	康定	0		
	慶曆	2	973	17
	皇祐	2	1018	14
	至和	0		
	嘉祐	4	919	22
英宗	1063～1067 治平	2	450	3
神宗 1067～1085	熙寧	3	1117	13 制科 1
	元豐	3	1288	22
哲宗 1085～1100	元祐	2	1042	25 制科 1
	紹聖	2	1076	27
	元符	1	561	11
徽宗 1100～1125	崇寧	2	1209	22
	大觀	1	685	16
	政和	3	2166	57
	宣和	2	1435	36
計		69	18595	322 ＋2

第三　北宋進士合格者上位州。チェフィー前掲書、付錄三に據る。

北宋順位	符　州	路	北　宋	南　宋	計	兩宋順位
1	建　州	福　建	809	509	1318	②
2	福　州	福　建	550	2249	2799	①
3	常　州	兩浙(西)	498	394	892	⑨
4	興化軍	福　建	468	558	1026	④
5	泉　州	福　建	344	582	926	⑥
6	成都府	成都府	330	251	659	／
7	饒　州	江南(東)	329	621	950	⑤
8	眉　州	成都府	328	567	898	⑧
9	吉　州	江南(西)	266	643	909	⑦
10	衢　州	兩浙(東)	250	359	609	／

に過ぎない。また、北宋末までの戶數の變化はあっても、成都府に對し四割という數字はほぼ同じであるから、眉州の進士合格者の比率はさらに高くなる。要するに四川にあって眉州は進士合格の特異州ということになる。雁塔碑に見る限り、こうした傾向は北宋後半になるに從い顯著となり、東坡兄弟受驗の頃は、その兆しがはっきり現われてきた時期といえる。まさに東坡が、「吾が州の俗、古に近き者三有り。其の士大夫、經術を貴び、……始め朝廷、聲律を以って士を取り、而して天聖以前、學者猶お五代の弊を襲う。獨り吾が州の士のみ經に通じ古を學び、西漢の文詞を以って宗と爲す。……」(卷三十二　眉州遠景樓記)という風土が現實にあったのであろう。なお、行政面では、仁宗の景祐元年、提點刑獄司廨舍が眉州に移されている(『長編』一一四　同年閏六月壬申)。

こうした科擧をめぐる眉州の大狀況に對して、東坡周圍の小狀況はどうであったのであろうか。眉州名族の一つ孫氏は、藏書家で知られていた。『鶴山先生大全文集』四十一　眉山孫氏書樓記は、唐の開元年間書樓が建てられ、僖宗から御筆書樓の二字を賜って以來の由來を記している。五代に燒失し、孫氏は居を郊外の魚鄉鎭に移した。宋の建國前後、孫降衷は太祖の面識を得、眉州別駕に任ぜられるとともに、洛陽・開封で收書に努め、その孫の闢も上京して書を購い、天聖の初め書樓を再建した。孫氏初めての進士堪がその記文を書いている。書樓は同時に山學と號する講學の地になり、多くの士人が學んで書樓山學の名は轟いた、という。再度の被災が、魏了翁の時代近くだというので、仁宗朝後半にも講學の地として活動していたと思われるが、東坡父子との關係はなかったようである。天聖八年の進士で、後に參知政事にまでなる孫抃は堪の從兄。嘉祐五年樞密副使となった抃が、兄弟の伯父蘇渙を提點利州路刑獄に薦めたことはあるが（蘇轍『欒城集』二十五 伯父墓表）、父子が應擧に際し抃に接近した形跡もない。

よく知られているように、兄弟は最初、道士張易簡の塾に入り、後、儒學を劉巨の西社で學んだ。このときの同學に家氏兄弟勤國・定國・安國がいた。定國は東坡の同年で、題名碑に依ると眉州出身十三名とは、軾、轍、定國のほか、盛義史、程進、程之才、楊諮、石良方、王洵、史元頴、史家、蘇惟演、杜溥である。家定國には呂陶による墓誌銘があり（『淨德集』二三）、應擧の事情が多少分かる。關連の部分を引くと、「……方に冠せんとして進士に擧げられ、聲華翕然たり。慶曆中、天下に詔して學を興す。時に歐陽文忠公の友人張公應之、治中爲り。群士に課試し、君の詞業純茂なるを善す。倶に京師に來たるを與し、既に第に擢かれ雅州名山尉に除さる。……」とある。歐陽脩の友人張應之とは張谷、脩が墓表を書いている（『歐陽文忠公集』二十四）。眉州通判の後、開封の知陽武縣となり皇祐五年に沒しているので、家定國が受けた秋賦は、皇祐四年（一〇五二）か、その前の、墓誌銘の記述に從えば十八歲であった慶曆八年（一〇四八）になろう。そして張谷とともに都に滯在したといい、一ないし二度禮部試または殿試に失敗し、或いは谷沒後も開封に留まり、嘉祐元年の解試は都で受けた可能性もある。

もう一人、東坡に關係の深い同年に程之才がいるが、應試の事情は不明である。母方の從兄弟であり、兄弟の姉の夫でもあった。嫁ぎ先とのトラブルで姉が僅か十九歲で急逝して以來、恐らく眉州一、二の大姓である程氏と、娘を失くした蘇洵との關係は最悪の狀態にあった。若い從兄同士にもその餘波は及んだが、後年は周圍の思惑を越え交誼を結んだようである。蘇洵が二十代も後半になって漸く勉學に志した動機の一つは、實兄渙と妻の兄であり之才の父である濬の等第にあったと推測される。結局、洵は二人に遲れをとったまま、今度は息子と今や仇敵となった義兄の息子の應試に立ち會う羽目になったのである。このように東坡父子の應擧には、父子二代にわたる程氏一族の科擧への動きが背景としてあるように思われる。

さて、東坡は、范鎭の墓誌銘の中で、「……薛奎、蜀に守たり。道に鎡（鎭の長兄）に遇い、士の客とすべき者を問う。鎡、公を以って對う。公、時に年十八、奎、與に語りて之れを奇とす。……朝に還るに公と倶にす。或る人、奎に蜀に入りて得る所を問う。曰く、一偉人を得たり。當に文學を以って世に名せん、と。……進士に擧げられ禮部第一爲り。……」（巻三十九）と知益州薛奎の引き立てにより開封に出たと記す。司馬光の范景仁傳（文集六十七）には、「補國子監生及び貢院奏名皆な第一」とあるから、開封で國子監秋試によって得解したことが分かる。東坡が、嘉祐二年の南省主文五名に呈した謝文のうち、同じ蜀出身の三名のうち王珪・梅摯ではなく范鎭に對する文の中で蜀及び眉州の科擧について詳しく言及したのは、自分とある意味で共通の經緯を有していたからではないであろうか。先引のように、張詠は張及・張逵・李畋を得、薛奎が范鎭、張谷は家定國と歴代知益州・眉州通判が人材發掘を誇るのは、蜀が僻遠の地であるとともに、競爭原則の科擧全盛の時代にあっても、官僚登用の本道は推薦制だとの意識が色濃く殘っているからでもあろう。張詠の推薦の二人は益州解試から等第したが、[16]范鎭のように都での應試の機會を與えられる場合もあった。張方平と蘇軾兄弟の關係はこうした流れのなかの一例と考えることができ、かれらの交流は生涯續くことになる。本貫取解がいかに嚴しく求められていても、東坡兄弟は、堂々と開封取解ができたのである。

おわりに

最後に、等第後の問題點を少し付け加えておきたい。蘇軾は、禮部試を第二で通過したものの、殿試は乙科であった。歐陽脩が自らの文體改革の趣旨を體現する答案として絶賛し、第一位に置こうとして弟子の曾鞏のものではと疑い二位にしたという逸話をもつ蘇軾の詩文は、殿試の考官には未だ十分理解され得なかったようである。等第後、直ちに母の喪に服し、都に戻ったのは嘉祐五年である。そこで與えられた辭令は、河南府福昌縣主簿というものであった。西京に屬するとはいえ、熙寧三年には鎭に格下げとなり壽安縣に編入されてしまう小縣の主簿である。澠池縣主簿を命じられた轍とともに命を辭退し、翌年、二人は賢良方正能直言極諫科に應じて合格した。今度の辭令は、制科合格に見合った大理評事鳳翔府簽判であり、エリートコースに乘った軾は最初の任地に向けて出發したのである。この任官前後の動きをみると、蘇洵が張方平にあてた書簡と、それを巡る兩者の思惑、反應を思い出させる。或いは主簿任官辭退は、翌年の制科實施の情報をいち早く入手した蘇洵の、豫定の行動であったのかも知れない。

東坡父子が、張方平に接近しそのつてで起家したことは、官界での最初のかれらの立場に影響を與えなかったであろうか。嘉祐六年、司馬光は三度にわたり秦鳳路經略安撫使知秦州の張方平を、怯懦輕易の人物で安撫使の任に耐えない者であり卽刻罷免すべしと論じている。さらに治平四年にも參知政事となった張方平を姦邪鈍猥と二度にわたり彈劾する（文集二十、二十一、三十八）。或いは既に慶曆八年、成都出身の御史何郯によって資性姦回と非難されたり（『長編』一六五　同年八月丁丑）、慶曆の改革以來、歐陽脩との不和を取り沙汰されるなど、官界での評判は芳しくない。財政に通じた能吏との評價（『長編』一八三　嘉祐元年八月癸亥　仁宗との對話）の裏返しであろうか。周知のように、父の喪があけ本格的に官僚としての活動を開始する熙寧二年から建中靖國元年の死まで、軾の生涯は黨爭の渦中から一歩も逃れることのできないものであった。元祐の黨爭にしても、その錯綜した人間關係は、嘉祐元年から檢證する必要があろう。

注

（1）歐陽脩が改革を試みた太學體について、東英壽氏は、駢文ではなく石介の影響を受けて流行していた「險怪奇澁」な古文だとし、「この科擧によって文體は、駢文から古文へと大轉換をしたのではなく、既に一大勢力となっていた古文という文體の範圍内に於いて、「險怪奇澁」の太學體から、明快達意の古文へとまさに少しく變化した」と述べる（同氏「「太學體」考——その北宋古文運動に於ける一考察」（『日本中國學會報』四〇　一九八八）。なお太學體の問題を、北宋の文學史と思想史が交差する領域という觀點から、その歷史的意義を檢討した論考として、朱剛「『太學體』およびその周邊の諸問題について」（『橄欖』一五　二〇〇八）は、この時期の蘇軾を考える上でも有益である。本書では餘り言及できなかった歐陽脩の全體像については、小林義廣『歐陽脩　その生涯と宗族』（創文社　二〇〇〇）を參照。また殿試黜落制廢止については、古垣光一氏が嘉祐二年から始まったという通説を否定する見解を表明している（「宋代の殿試について——『趙淸獻公充御試官日記』の紹介（その二）」『目白學園女子短期大學研究紀要』二七　一九九〇）。嘉祐二年は、このとき初めてたまたま不合格者が出なかっただけであり、黜落制はその後も存續し落第者も實際に出ているというのがその主張である。しかし、これは制度というものの理解に關係してくるが、不孝・紕繆といった形式違反による採點對象外者が落とされていることを以って、黜落制廢止はなかったとすることはできないと思う。『宋會要』選擧一及び七の、禮部奏名數と進士合格者數を比べると、嘉祐二年以降二十五回の科場のうち、『長編』などで數字を補い、兩方の數が揃う二十三回をみると十五回で兩者が一致する。制度としては廢止されていたと考えるほうが、この結果を説明しやすい。

（2）中華書局中國古典文學基本叢書『蘇軾文集』六六　跋送石昌言引には、嘉祐元年九月十九日、蘇洵が送石昌言北使文を作ったとする。とすれば、この時點で洵は都に居たことになろう。

（3）「……蓋通義蜀之小州、而眉山又其一縣。去歲擧于禮部者凡四五十人、而執事與梅公親執權衡而較之。得者十有三人焉。……軾也在十三人之中、……」

（4）「嘉祐二年、始擧進士、至京師則范公沒、旣葬而墓碑出。讀之至流涕曰吾得其爲人、蓋十有五年、而不一見其面、豈非命也歟。是歳等第、始見知于歐陽公、……」

（5）「始余丙申歳擧進士、過扶風求舍於館人。既入不可居而出、次於逆旅。……」

（6）「上封者言、今歳開封府擧進士者至千九百餘人、多妄冒戶籍、請條約之」。

（7）『宋會要』選擧一五 同年八月十日の條には「京府秋試進士、不下二千人」とある。

（8）「本州發解擧人、自張詠以來、例給館券至京師。今得三司移文、乃責吏人償所給官物、恐非朝廷之意」。

（9）「不應入驛而入者笞肆拾、雜令、私行人職事伍品以上、散官爵國公以上、欲投驛止宿者聽之。邊遠及無村店之處。玖品以上、勳官伍品以上、及爵遇屯驛止宿亦聽。……」

驛については、趙效宣『宋代驛站制度』二六九～二七〇頁（聯經出版 一九八三）、曾我部靜雄「宋代の驛傳郵鋪」（『宋代政經史の研究』吉川弘文館 一九七四所收）を參照。

（10）例えば早いものでは、『宋會要』選擧一四 太祖開寶五年十一月十四日、同 景德二年七月二十日 戚綸の言など。

（11）「初君、將游京師過益州與僕別、且見其二子軾轍、及其文卷曰、二子者將以從鄉擧可哉。僕披其卷曰、從鄉擧乘騏驥而馳閭巷也、六科所以擢英俊、君二子從此選、猶不足騁其逸力爾。君曰、姑爲後圖。遂以就擧一皆登進士第、再擧制策並入高等。……」なお、この墓表の問題點については後の第二章で詳しく論ずる。

（12）『欒全集』付錄 行狀（王鞏撰）。

（13）John Chaffee, *The Thorny Gate of Learning in Sung China*. Cambridge U.P. 1985. 一三二頁表二一。

（14）『嘉慶眉州屬志』一〇。筆者所見のものは『民國眉山縣志』七 選擧志。但し四川の地方志に掲載された宋代進士合格者の數に問題のあることは、Ⅱ部第四章を參照。

（15）Chaffee 前掲書、付錄三。

（16）張詠『乖崖先生文集』八 送進士張及赴擧序。

第二章　張方平「文安先生墓表」と辨姦論

はじめに

前章では、蘇軾・轍の取解地を検討し、それが本貫取解の原則に反して眉州ではなく都の開封であったことを論じ、併せて蘇父子がそうした行動を取った背景を考えてみた。その際、開封取解を可能にした要因として張方平の支援を推測し、その傍證史料の一つにかれの「文安先生（蘇洵）墓表」の一部を利用した。ところが、この墓表については由來僞作だとの主張があり、近年、宮崎市定氏もこの僞作説を支持する論考を發表されている(1)。本章は、文安先生墓表僞作説を檢討するものであるが、固より、ある文獻史料の眞僞を論ずる場合、僞書であることは證明できても逆にそれが眞だとの證明は論理的に不可能である。從ってここでは僞作説の論據を檢討し、もしその論據が薄弱であれば、換言するなら僞作の決定的證據にならないとするなら、當時、張方平に蘇洵の墓表を執筆するどのような必然性があったのか考えてみることにする。

本論に入る前に、僞作説の要點を整理しておこう。實は、墓表僞作説はそれを主題に論じられたことはなく、王安石の姦邪を豫言した文として名高い蘇洵の「辨姦論」を後人の贋作とする議論の中で唱えられたものである。すなわち「辨姦論」は「文安先生墓表」の中で初めて紹介され、この墓表とともに北宋末から南宋初め筆記類、朱熹の『名臣言行録』に引用されるが、初期の洵の文集には收録されていない。「辨姦論」が墓表と切り離され本文のみ單獨で引かれるのは、南宋淳熙年間、呂祖謙編纂の『皇朝文鑑』を最初とし、明以降の唐宋八家文に收録されるに至って遠く日本でも廣く讀まれるようになったという。(2)「辨姦論」が世に現れるこうした經緯と、後述するように「辨姦論」の内容上の疑問からそれが僞作だと斷定されたこと、及び蘇洵沒時、既に歐陽脩・曾鞏が墓誌・墓表を書いているので、洵のために新たな墓表は必要ないという理由で、張方平「文安先生墓表」も僞作とされたのである。さらに蘇軾は、父の墓表執筆に對し張方平に禮狀を書いている。當然、この謝書も僞作とされる。要するに蘇洵の「辨姦論」が僞作であるから、それを最初に紹介した張方平の墓表も、蘇軾の謝表も僞作でなければならないというのである。しかしこの行論は、些か武斷に過ぎないであろうか。宮崎氏も指摘されるように、「辨姦論」の本文の中には一言も王安石という言葉は出てこない。文中の姦人が王安石を指し、早くから安石の姦を見拔いていた蘇洵は、安石の母の死に際し多くの士大夫が弔問に出かける中、獨り往かずにその文を作ったという前後の事情を含め、張方平の解說なしに「辨姦論」と安石を結びつけて理解することは殆ど不可能といえる。とすれば、「辨姦論」の眞僞を論ずるには、先ずこの墓表についての檢討がなされねばならないと思うのだが、「辨姦論」を僞作と論ずることに急なあまり、その議論は殆ど行われてこなかったのである。極論すれば、もし張方平自身が「辨姦論」を僞作したとするなら、「文安先生墓表」を僞作とする理由はどこにもないのである。

一　僞作論の問題點

辨姦論、墓表、謝書の三點を最初に僞書と論斷したのは、康熙の進士、乾隆初に戶部侍郎に至った李紱であり、その見解を繼承し更に關連資料を博捜して、僞作說の立場から論評を加えたのが蔡上翔である。この二人は王安石の故郷、撫州の人で、郷土の偉人である安石の冤を雪ぐことに努力した人物である。特に蔡上翔は、嘉慶九年に畢生の大作『王荊公年譜考略』を著し、その巻十で僞作説を詳しく展開しており、この問題に關する論點はほぼここに盡くされているといってよい(3)。その後、梁啓超の「王荊公」、最近では鄧廣銘の『王安石』がこれに從って邵伯溫による僞作説を支持し(4)、先掲宮崎論文も李・蔡の議論を追認した上で獨自の見解を提出したのである。

今、李・蔡兩人の僞作説をみると、その論據は大略二つに分類できる。一つは、辨姦論の文章・內容を問題にするもので、譬の不適切、典據の誤り、事實との相違、論旨不明、文に品格がないなどの指摘である。確かに、姦人（安石）を晉の王衍と唐の盧杞を一人にしたような人物だとしたり、春秋時代、我が子を殺して君に食らわした易牙、自宮した豎刁、親を捨てた開方と比較するなど些か妥當性を缺く記述があり、他の指摘にも最もだと思われる點が多い。しかし繰り返しになるが、辨姦論の中に王安石の名は一度もあらわれず、姦人が安石を指すとしたのは張方平の墓表である。蘇洵の安石に對する考えは、この文に關する限り不明とせざるを得ない。李・蔡兩人は、墓表と論の區別を十分せず姦人卽安石との前提で議論しているかのようである。更に氣になることは、辨姦論・墓表・謝書が、それぞれ文名高く傑出した才能をもつ蘇洵、張方平、蘇軾の文章として內容、表現法ともにまったく相應しくないから、後人の贋作であるとする點である。これは、いわば後世に形成されたかれらの人物像を基準とした判斷であり、その限りでは正しいのだが、では逆にそれらを眞作としてかれらの人物像の方を修正する餘地はまったくないのであろうか。

第二は、辨姦論の豫言的性格に關するものである。豫言であるから當然なのだが、蘇洵沒後の出來事で洵の知り得ぬ事實が書かれていることが後人の僞作の證據だというのである。この指摘についても、それが「辨姦論」本文の記述か、墓表にあるのかを區別して考える必要がある。二人の主張を適宜要約して示すと、例えば本文に「好名の士、志を得ざるの人」を集め、顏淵、孟軻の再來となす、とある箇所について、本文が書かれたとされる嘉祐八年に安石の周りにこうした人物は見當たらず、呂惠卿が該當するにしてもかれが安石に接近するのは洵の沒後であるから知り得ないと批判する類である。無論、呂惠卿云々は李・蔡兩人の解釋であって辨姦論にはない。墓表についてはもっと明確に事實の誤りを指摘する。すなわち「嘉祐の初め、王安石、名始めて盛んにして、黨友一時を傾く。其の相を命ずる制に曰く、生民以來數人のみ、と。……」の記述は誤りも甚だしく、嘉祐の初め安石はまだ顯官ではなく、黨友も稀であった。安石が宰相になるのは熙寧三年であるから、どうして治平三年に沒した洵の墓表に命相の制が出てくるのか、というのである。本文については類推して導き出された事象への反論、墓表に對しては記述の明らかな時間的矛盾を衝くものといえる(5)。

ここで一つの疑問が生ずる。それは、李・蔡兩人には、墓表が蘇洵沒後間もない時期に執筆されねばならないとの先入主があるのではないかということである(6)。知り得ないことを書くという第二の批判は、この前提がなければ出てこない。蘇洵沒後程なくして墓表は書かれた筈である。しかし、その墓表の中には、三、四年後のことまで書かれている。従ってこの墓表は後世の僞作である、という論理である。それが、元祐元年以降の邵博溫僞作説へと繋がっていくのだが、果たしてそうであろうか。念のため事項の流れを整理しておくと、墓表が言う安石の母の死に際して弔問に行く代わりに蘇洵が辨姦論を書いたという年は、嘉祐八年（一〇六三）八月、この年の三月、仁宗が崩じ英宗が卽位している。治平三年（一〇六六）四月、蘇洵が沒し、六月、官舟を賜った軾・轍兄弟は、父の柩を護って眉州に歸る。翌治平四年（一〇六七）八月、洵は眉州彭山縣安鎭鄕可龍里に葬られた。この年の一月には英宗が崩じ神宗が卽位している。翌年、熙寧と改元され、喪があけた兄弟はその冬に眉州を發ち、二年（一〇六九）春、開封に戻った。一方、安石はこの年二月に參知政事となって新法改革を推進し、翌三年（一〇七〇）十二月、同中書門下平章事を拜命、熙寧七年（一〇七四）四月まで在任、一旦知江寧府に轉出した後、翌八年二月には宰相に復歸し、九年十月まで在職した。

墓表には、治平四年八月に定められた廟號英宗が使われていたり、「先生既に沒して三年、而して安石事を用い、其の言、乃ち信ぜらる」などの句がある。ここから、普通であれば墓表は洵の沒直後ではなく、暫く經ってからの執筆と考えるのが自然であろう。張方平の卒年は元祐六年（一〇九一）十二月であるから、可能性としては執筆の下限をこの時點まで下げることもできる。そしてその時期によっては、安石の事跡は過去に起こった出來事、すなわち結果論として論ずることになり、墓表に關する限り豫言的要素はまったくなくなる。李・蔡兩人がこうした可能性を檢討しなかった理由は、偏に第一の批判を重視するからであろう。しかし、それは辨姦論はともかく、墓表を僞作とする決定的論據とはならない。では、もし墓表が張方平の手になるとするなら、それは何時頃のことと考えればよいのだろうか。

二　墓表執筆の時期

手掛かりは、まず蘇軾の禮狀に付けられた表題にある。李・蔡兩人はこの謝書も僞作だというのだが、『東坡集』二十九に收められた書簡は、「謝張太保撰先人墓碣書」と題され、軾は太保の肩書のある張方平に書を送ったとしている。この巻二十九には、「上韓丞相論災傷手實書」を始めとして十通の書簡が收められており、題に官職が記される場合は、書簡が認められた時點での相手の地位、官職を書いているようである。例えば、韓丞相とは韓絳のことで、書簡はその内容から熙寧七年十一月末に書かれたと思われ、絳が安石の江寧府轉出後、熙寧七年四月から八年八月まで丞相の任にあった事實に對應している。また文彥博宛が三通あり、それぞれ「上文侍中論強盜賞錢書」「上文侍中論榷鹽書」「黄州上文潞公書」（『經進東坡文集事略』には黄州なし）と題されている。先の二通は、韓絳宛と同じく軾が知密州であったときのもので、文彥博は、熙寧七年四月に河東節度使守司徒兼侍中の肩書で判大名府に就任している（『長編』二五二）から、やはり書簡の執筆時と題の官職は一致する。殘りの一通は、黄州の地名からも分かるように軾の配所からの書簡であり、文中にある宛名の留守太尉は、元豐三年に文彥博が太尉を拜し判河南府となったことと合うが、題では單に潞公と稱するのみである。ここで當然、では書簡の題は誰が付けたのかという問題が起こる。今、その回答を用意する餘裕はないが、弟轍の撰した軾の墓誌銘には、著作として『東坡集』四〇卷、『後集』二〇卷、『奏議』一五卷、『內制』一〇卷、『外制』三卷を擧げ、また軾の生前、既に幾つかの詩文集が門人たちによって編集出版され、ひろく世に行われたという(7)。南宋孝宗朝刊と推定される現存最古の刊本『東坡集』には、勿論この謝書が收録されている。この刊本が、轍の墓誌銘にいう東坡集を祖本とする蓋然性は高く、もしそうであれば謝書が僞書である可能性は非常に低くなり、題も軾本人か編集者、少なくとも軾と同時代人が付けたと考えられよう。とすれば、墓表は張方平が太保であったときの執筆ということになる。

張方平に太保の肩書が付く時期を、『長編』及び『樂全先生文集』で檢索してみると、該當する期間が二つある。一つは、『樂全集』二九　辭免宣徽使劄子にみえる宣徽北院使檢校太保判應天府の官銜を帶びた時期で、この劄子には熙寧七年十二月の年月が注記されている。『宋史』職官九　敍遷之制　檢校官に「初めて宣徽、節度に除せば太保を加う」とある規定に從って檢校太保が加えられたのである。この劄子は、『長編』二五八　熙寧七年十二月丁卯（四日）に「觀文殿學士戶部尚書知應天府張方平を宣徽北院使判應天府と爲す。方平辭して曰く云々」とある條に對應し、以降の『長編』の記事によれば、一旦は劄子で請うた辭退が認められ知青州に任ぜられた。しかし結局、青州には赴かず、翌八年正月二十二日、宣徽北院使の官を受け（『長編』二五九　熙寧八年正月乙卯の條割注）、十月壬辰には宣徽南院使に遷っている（『長編』二六九）。檢校太保の加官を何時まで有したか明記する史料は乏しいが、『長編』二九九　元豐二年七月甲戌の條及び『欒全集』二十九　致仕告詞に、宣徽南院使光祿大夫檢校太傅張方平を宣徽南院使檢校太傅太子少師致仕とするとあり、元豐二年の致仕以前のある時點で檢校太保から檢校太傅に遷ったことが分かる。すなわち、第一は熙寧八年正月に檢校太保の加官を得てから檢校太傅に遷るまでの期間であり、それは同年八月から十月までと絞り込むことができそうである。(8)　第二は、『長編』四六八　元祐六年十二月乙卯朔の條に「太子太保致仕張方平卒す」とある太子太保の官を有していた時期である。『長編』四六一　元祐六年七月乙丑の條、方平が宣徽院使を帶びて致仕することとの是非を議論する記事の中で、劉摯は「方平、舊嘗て宣徽院使爲り。官制、宣徽院を罷め、後、覃恩に因りて太子太保に轉じ、宣徽院使を落とす。云々」と述べている。これは、「元豐の官制改革によって宣徽院が廢された後も、現任の使號は殘されていた。元豐六年以降は方平一人のみ宣徽使の官を領していたが、哲宗の卽位の恩で太子少師致仕から太子太保致仕に轉じた際、宣徽使の官が削られた。しかし元祐三年、宣徽使が復置されたことに從い方平に再び宣徽南院使が加えられた」という文脈のなかでの議論である。この經緯は、軾による張文定墓誌銘の記述とも一致し、方平の太子太保は、元豐八年三月卽位の哲宗登極恩時から元祐六年十二月の死去までとなる。

では、張太保という呼稱はどちらの時期のものであろうか。蘇轍『欒城後集』二十の張方平を祭る文には、祭張宮保文、再祭張宮保文との題が付いている。とすれば、太子太保の略稱は「宮保」になるようである。それ故、ここでは張太保を最初の檢校太保の時期、熙寧八年正月以降、十月までと理解しておく。先述したように、熙寧八年二月、宰相に復歸した王安石は、翌九年十月、再び宰相を辭して江寧府での實質的な引退生活に入っている。新法時代は依然續いているとは言え、もしこの邊りに墓表が書かれていたとすれば、表中の安石個人の事跡はすべて既に起こった出來事で方平既知の事柄であった。

三　蘇家の事情

蘇洵沒後十年ほどの歳月を經たこの時期、軾・轍兄弟に父の墓表を新たに依頼するどのような事情があったのであろうか。しかも以前、曾鞏が墓表に類する文を既に書いていたにもかかわらずである。『東坡全集』六十一に、元豐元年の注記をもつ「祭老泉焚黄文」が收められている。この祭文は、通行の東坡七集に入っていないのだが、「文安先生墓表」を考えるとき甚だ興味のある內容である。短いので全文を引いておく。

乃者、熙寧七年、十年、上再び南郊に事うる有り。告成の慶、幽顯に覃及す。我が先君中允、太常博士を贈られ、都官員外郞を累贈さる。軾・轍當に兆域に奔走し、以って天子の命を致すべきも、王事に程有れば、敢えて私を言わず。謹みて人を遣わし告黃二軸を賚え、中外の親を集め、日を撰びて焚納す。西のかた望めば隕涕の至りなり。

要約するまでもなく、熙寧七年と十年の十一月冬至に行われた南郊祀の推恩が死者にまで及び、蘇洵の官が太常博士、都官員外郞に進められたことに關する文である。黃紙で作った告身を墓前で燒き、死者に報告する儀禮を焚黃という。在職の身の兄弟は、已むを得ず代理を眉州に送って祭りを行ったのである。先に洵沒時に與えられた官位は從八品の光祿寺丞であった(9)。この祭文から、その後正八品の太子中允が贈られ、熙寧七年に從七品の太常博士、十年に正七品の都官員外郞が贈られたことが分かる(10)。

ここで再び前節で引いた軾の謝書の題に注意したい。「謝張太保撰先人墓碣書」とは、張方平が父洵の墓碣を撰したことへの禮狀の意であり、碣は碑と同じく死者の生前の德功、行狀を讚えて墓道に立てる石碑であるが、墓碑とは制度上明確な違いがあった。その違いは、石の形狀の差異と立石の資格であり幾つかの史料に見えるが、[11]ここでは同時代の禮書である司馬光『書儀』によって考える。司馬光は、當時、社會で行われていた冠婚葬祭の慣習を批判し、在るべき禮式を提示するためにこの書を著した。その卷七　喪儀三　碑誌の項では、墓碑の歷史的由來と問題點を述べながら、世間が好む高墓大碑は盜掘の目印を提供するようなものだと戒めつつ、喪葬令の記述を引用している。

喪葬令、一品は墳の高さ一丈八尺。毎品二尺を減ず。六品以下は八尺を過ぐるを得ず。又た五品以上は碑を立て、螭首龜趺、趺上の高さ九尺を過ぐるを得ず。七品以上は碣を立て、圭首方趺、趺上の高さ四尺。石獸、三品以上は六、五品以上は四。……

『慶元條法事類』七十七　服制門の儀制令や服制式にも同樣の規定がみられるが、ただ官品による碑碣の區別を、六品以上が碑、八品以上を碣と一品ずつ下げている。蘇洵の墓碣に關しては、唐制を繼承したと思われる『書儀』の規定が時期的にも該當するであろう。すなわち、その沒時光祿寺丞であった洵には、墓碣を立てる資格が制度上なかった。[12]

「老蘇先生哀詞」を書いた曾鞏が、その中で「既に歐陽公に請うて其の銘を爲り、又た余に請うて辭を爲り、以って之れを哀す。銘は將に之れを壙中に納れ、而して辭は將に之れを冢上に刻む」と述べ、この哀詞が內容的にも形態上も碑碣の銘文に等しいにもかかわらず哀詞に留まった理由は、この規定の故と思われる。先述した李・蔡兩人の、曾鞏による墓表が既にあるのに何故新たな墓表を必要とするのかとの批判は、墓の傍らに立つという形態の上では當たっていても、それが碑碣ではなく哀詞であった點、的をはずれた批判であった。一つ付け加えると、哀詞序文で洵の著作を擧げた部分に「明允爲る所の文、集二十卷有りて世に行わる」とある。生前に文集二十卷が編修印行されていたと言うのである。これは、歐陽脩撰の墓誌銘にも記述がある。李・蔡兩人が言う、初期に刊行された十五卷本『嘉祐集』は卷數こそ違うが、生前の二〇卷本の系統にあるとみてよいだろう。とすれば、沒後十年ほどして紹介された辨姦論が、この『嘉祐集』に收錄される筈はないのである。

熙寧七・十年の郊恩によって七品官を得た地下の洵は、漸く墓碣を立てる資格を手に入れたことになる。軾・轍兄弟には、あらたに墓表を依賴する十分な動機があったのである。ここで熙寧八年から十年の軾・轍兄弟、張方平の動きを簡單に押さえておく。蘇軾は、熙寧八年十二月に知事として密州に着任、翌熙寧九年の十二月には交代で密州を發ち、新たな赴任地河中府に向かった。しかし途中、十年二月に知徐州への轉任の命を受け都に寄ろうとするが、國門を入る許可が降りず郊外の范鎭の別莊に滯在した後、四月に徐州に赴く。この間百日餘りを、弟轍と共に過ごしている。その轍は、熙寧九年十月まで齊州掌書記に在ったが罷めて歸京し、十年二月に南京留守であった張方平の辟召を受けて簽書應天府判官に任命され、軾と別れた後、秋には南京に至っている。一方、方平は次節で詳述するが、熙寧八年五月に宣徽南院使判應天府から東太一宮使となったものの南京居住を許されているから、とくに熙寧十年前後、かれら三人の意思疎通は比較的容易であったろう。以上のことからここでは、墓表依賴の時期を、安石の江寧府轉出後、焚黃の祭前後と考えておく。北宋末から南宋初の葉夢得は、その著『避暑錄話』上の中で、蘇洵は元來兵を論ずることを好み、上京してからその議論は人々の持て囃す所となったが、經術を談ずる王安石は獨り喜ばず、しばしばこれを衆の前で譏ったので、洵は安石を仇のように憎むようになった、とし

會《たまたま》、張安道も亦た荊公の排する所と爲る。二人、素より相善し。明允、辨姦一篇を作り密かに安道に獻じ、荊公を以って王衍、盧杞に比す。而れども歐文忠公に示さず。荊公、後、微かに之れを聞き因りて樂しまず。子瞻兄弟、兩家の隙、遂に解くべからず。辨姦久しく出でず。元豐の間、子由、安道に從い南京に辟され、明允の爲に墓表を請う。特に之れを全載す。蘇氏亦た石に入れず。比年世に傳わること少なし。……

と記している。辨姦論のことは一先ず措き(13)、墓表についての記述は筆者の推測に近い。石に刻まれなかった理由は、

元豐二年に出來した烏臺詩案によって立石の話どころではなくなったからであろう。このように、張方平が太保と呼ばれた時期の下限に多少曖昧な點が残るものの、墓表の依頼と執筆を煕寧八年から元豐初年にかけてのことと考えれば、多くの疑問が解消されるのである。

李・蔡兩人の墓表僞作説には、もう一つ論點がある。それは、方平と洵では官位の上下に甚だしい隔たりがあり、年齢の上でも年下の洵に、方平は何故、文安先生と尊稱しているのかという指摘である。軾・轍と同年の曾鞏ですら哀詞の中で明允と呼んでおり、當時の社會常識からも、豪直な方平の性格からしてもあり得ないというのである。しかし、この點も執筆の時期を十年下げれば、墓表中の先生の呼稱はそれほど違和感がなくなる。更に『東坡集』二十四　樂全先生文集敍及び『樂全先生文集』三十四　謝蘇子瞻寄樂全集序によると、方平の著作の編纂は、煕寧四年八月から六年十二月までかれが南京留司御史臺の職に在った頃に溯る。些か文章の體式を知る留臺の吏に、篋底に溜まっていた原稿を分類編集させ、書吏數人が筆寫して一應成書の形としたが、自分で校閲したわけではないので誤りや脱漏が大變多かった。これを求めに應じて蘇軾に呈すると、軾は自ら編纂し直し（當然、以降の文も加えて）定本を完成してくれたので印行する、と方平は文集編纂の過程を述べる。軾の敍文に「公、今年八十一」とあるから、元祐二年の完成である。この『樂全集』の巻二十六に論蘇内翰と題した一文がある。内容は、元豐二年八月、御史臺の獄に繋がれた軾の爲の切々たる辯護の論である。このとき蘇軾は知湖州であり、内翰すなわち翰林學士ではない。軾がその職に在ったのは、宣仁太皇太后の垂簾聽政の下での元祐元年九月から、同四年三月知杭州に轉出するまでである。従ってこの文の題は、先述の『東坡集』の謝書と異なり、文が草されたときの官名ではなく、『樂全集』編纂時のそれが書かれているのである。「文安先生墓表」という題も、洵沒時では勿論なく、墓表執筆時でもなく元祐初めのものとして考えなければならないのではないか。周知のように神宗の崩御、宣仁太后の聽政は政權をめぐる勢力關係を激變させた。太后の強力な引き立てによって、それは軾にとって必ずしも歡迎すべきことではなかったかも知れぬが、顯官に拔擢され一方の黨派の領袖と目されるようになり、文人としての聲名が天下を覆う軾と、元老としての待遇は受けているが、眼病を患い、序文に對する軾への禮狀も自ら筆を取ることができず口述筆記を餘儀なくさせられている最晩年の方平とでは、無名の青年を推擧する高官という往年の關係と同じではない。況や軾の手が入っている『樂全集』である。墓表原文と『樂全集』に收められたそれが、まったく同一のものかどうか我々には知る由もないが、元祐二年の段階で、『樂全集』が文安先生と稱することはごく自然であったろうと思われる。

蘇家の事情の最後に、軾・轍兄弟緣者の墓誌、行狀をめぐる問題を一つ付け加えたい。洵沒時に、兄弟が歐陽脩に墓誌を、曾鞏に事實上は墓碑銘に當たる哀詞を依賴したこと（『居士集』三十四、『元豐類稿』四十一）は先に述べたが、兄弟は、父の葬儀に弔問のため訪れた司馬光に、亡母程氏の墓誌銘を賴んでいる（『溫國文正公文集』七十六）。突然の依賴に當惑した光は固辭したものの斷り切れず、夫人の德行は知る所でないのでとして資料の提示を求め執筆したのである。程氏は嘉祐二年（一〇五七）四月の沒、その年の十一月蘇家の墓域に葬られているから、夫の死の九年前のことになる。兄弟が殿試に合格した直後のことであり、洵は未だ布衣の身であった。兄弟は、蜀人の合葬は同壟異壙で亡母の埋葬時に日者が銘を作らなかったからだ、と墓誌銘のないことを述べている。父を葬るに當たって、歐陽脩に遜色のない執筆者による墓誌銘を母にも求めたのであろうか。治平四年四月、洵の柩を護って眉州まで戻った軾は、亡父がその父序の行狀を未完のまま殘していたことを知る。そこで父の遺志を繼ぎ、祖父を顯彰するために行狀を完成させ（中華書局『蘇軾文集』一六　蘇廷評行狀）、且つその墓誌銘を曾鞏に依賴した（『東坡集』二十八　與曾子固書）。翌熙寧元年春、蜀からの書狀を受け取った鞏は、求めに應じ墓誌銘を書いている（『元豐類稿』四十三　贈職方員外郎蘇君墓誌銘）。更にこれと前後して、軾は亡き妻王氏の墓誌銘をも作っている（『東坡集』四十）。王氏は、父に先立つこと一年、治平二年五月に開封で世を去っていた。

このように、蘇軾は父の死と服喪のための歸鄕の間、故人となった家族の墓誌銘や行狀を、矢繼ぎ早に執筆或いは依賴したのである。これは恐らく、家族の墓がある眉州に滞在していたということが軾にそうさせた最も大きな動因であろうが、同時に、筆者はもう一つ別の要因を想像してしまう。それは、蘇洵にみられた強い社會的上昇志向を受け、蘇家を士大夫の家として名實ともに定立させようとする意向である。前章で少し觸れたように、洵が二十代も後半になって學に志した契機は、實兄と義兄の登第にあった。しかし、かれ自身は應擧に失敗し、妻の實家であり娘の嫁ぎ先である程氏との確執、特に義兄の息子たちと軾・轍の受驗競爭などさまざまな要因が重なって上京の道を選んだ。その結果、兄弟の科擧合格、制科及第、洵の任官、更には父子の文名の確立というように、蜀の一地方都市の士人から天下に名を馳せる士大夫への飛躍を手にしたのであった。墓誌銘、行狀は、そうした中で、士大夫の家に相應しい形式を整える一環としてあったのではないであろうか。その延長線上に文安先生墓表があると考えたい。

四　張方平と王安石

前節まで、蘇軾が父洵の墓表を張方平に依賴したことを前提に論を進めてきた。もし方平の文安先生墓表執筆が事實とするなら、王衍・盧杞や易牙・豎刁・開方に比するその激しい王安石批判、というより憎惡はどこから來るのか。方平にそうした辨姦論の解説をさせる動機の檢證が必要となろう。

ここでは、方平と安石の確執について比較的多くの記述を殘している『宋宰輔編年錄』七に基づいて兩者の關係を考えることにする。(14) 治平四年九月辛丑、張方平と趙抃の二人が參知政事に任命された記事に、方平の中央政界での動きを中心とする簡單な傳記が付載され、そこには安石と關わる幾つかの話が載せられている。しかし徐自明撰のこの書は、南宋嘉定年間の成書といわれ、方平の傳記部分も『長編』や『東都事略』、『丁未錄』などに依っているから記事の内容をそのまま事實と認定することは些か問題がある。そこで以下、『編年錄』の方平と安石の關係に關する記述を年代順に取り上げ、それらの逸話なり出來事が他の史料で裏付けられるか確認するという方法で、方平の安石觀を檢證することにしたい。

（一）「張方平が知貢擧であったとき、王安石を考校官に推薦するものがあった。從ったところ、安石は貢院の事柄を皆な急に變更しようとしたので、方平は之れを惡み罷めさせ、以降交流を絶った」

同様な話は、『宋史』三一八 張方平傳、『古今紀要』などにみえ、『編年錄』を含め恐らく『東都事略』七十四の記事の祖述である。『宋史』はこれを皇祐の貢擧とするが、『宋會要』選擧一 貢擧の慶曆六年六（正の誤り）月十四日には、翰林學士孫抃を權知貢擧、御史中丞張方平ほか三名を權同知貢擧とするとあり、同じく選擧一九 試官 慶曆六年正月十四日の條では、點檢試卷官の中に王安石の名前があるから、慶曆六年の貢擧である。安石は初めての外任である簽書淮南判官の任を終え、開封に滯在していた。しかし、この逸話自體は變革者王安石のイメージと後年の方平と安石の不和から導き出された觀があり、方平と同時代の史料によっても確認できない。

（二）「初め、神宗は（御史中丞）司馬光を翰林院に復歸させる意向で論議にかけた。曾公亮は、後任の御史中丞に安石を登用せんことを請うたが、方平が反對したので滕甫が光に代わり中丞となった。安石はこのことで方平を憎んだ」

治平四年九月、方平が參知政事に就いたときの人事問題である。方平の任用に、御史中丞であった司馬光は執拗に反對した。神宗は已む無く、光の口を封ずるため翰林院に復歸を命じ、その後任人事をめぐって方平が安石を阻止した話である。これは本傳、蘇軾執筆の墓誌銘にも記されるが、行状に書かれている點を特に重視したい。方平の行狀は、娘婿の王鞏の手になり、記されている事柄の年時がはっきりしないという缺點はあるが、非常に長文で詳細な傳である。『長編』一七五　仁宗皇祐五年七月乙丑の詔に「臣僚の行狀、本家の自撰及び人の爲に撰する者、竝びに須く實を摭い虛美を得ざるべし。如し檢勘して實を失する者は其の罪に坐す。侍御史吳祕の請に從うなり」とあり、嚴しく虛僞の記載を禁じている。これは、行狀が實錄や國史の傳の基礎史料となるものであり、いわば準公文書として取り扱われたことを意味しよう。王鞏は行狀の末尾に「右、謹みて閥閱功狀を具し、太常考功に上り謚を議せんことを請い、及び史館に上り以って編錄に備えんことを」と、その目的を形式に從って記している。[15]黨爭全盛の時期、記錄に黨派性の免れない元祐年間の執筆であるが、行狀を特に重視したいのはこの理由に因る。方平と安石の確執は、この時點で本格化したと考えたい。

（三）「(治平四年）十月己酉、參知政事張方平は父の憂を以って位を去った。（中略）中書が方平の闕を補わなかった理由は、方平の復歸に備えたからである。しかし服喪が終わって戻った方平は、觀文殿大學士を以って留守西京、知陳州、ついで南京に從った。神宗は、方平に宣徽使を與え都に留めようとしたが、安石は、方平が御史中丞のとき賈昌朝に阿附したことをもって反對したので、遂に宣徽北院使を拜して知靑州、中太乙宮使、また宣徽南院使で知應天府となった」

『編年錄』は、この記事の前、（二）の部分で、服喪後の方平が參知政事に復歸できなかった理由として、御史中丞呂公著の「方平貪邪」の彈劾と安石が憎んでいたことを擧げている。要するに熙寧年間、服喪が終わった方平が中央に戻ることができなかったのは、安石の妨害に因るとし、それを（二）で述べた方平の措置に對する安石の報復人事と理解しているのである。參知政事復歸がならなかったことについて、軾の墓誌銘では「安石悅ばざるを以って」方平が避けたとあり、復歸を阻止する直接の言動は書かれていないが、方平辭退の背後に安石の意向を見ている。これに對し、方平を宣徽院に除し京師に留めたい神宗と安石のやりとりは、『續資治通鑑長編紀事本末』六三 熙寧三年正月戊午の條に殘されている。李燾は、『長編』二五九 熙寧八年正月、詔して張方平を宣徽院に歸すの條に詳細な注を付けて神宗と安石のやりとりの時期を考證する。方平の新舊傳はこれを知陳州から南京に徙る途中、神宗に拜謁したときのこととするが、これは熙寧七年十月であり、この年の四月に安石は宰相を罷めているから本傳は誤っているとして三年正月に繫年したのである。(16) 恐らくこれが正しく、方平の參知政事復歸がならなかったため、神宗は宣徽院使に除して京師に置こうとしたが、それも安石に阻止されたという經過なのであろう。結局、方平が宣徽院使を拜したのは、先述したように熙寧八年正月のこととなる。

(四)「王安石は尤も方平を忌んでいた。神宗は方平を樞密使に任命しようと欲し、既に批が出され、安石は將に文書を行下しようとしたが呂惠卿がこれを留めた。惠卿は安石に、安道が中央に入れば必ず我が派にとって不利になる、と述べ、翌日、再び反對を進呈したので、この人事は沙汰止みとなった」

『長編』二六三 熙寧八年閏四月癸卯に關連の記述があり、『長編』は司馬光『涑水記聞』十五 所載、同年五月の紀年をもつ記事に基づく。方平は、熙寧八年四月、宣徽北院使を帶して中太一宮使となったが、外任を願い閏四月に判永興軍の命が出た。しかし病を理由に辭したので宮使に復し、神宗は閏四月四日に陳升之が罷め缺けていた樞密使の職に充てようとしたときの顚末である。この後、方平は十月に宣徽南院使判應天府として南京に赴く。熙寧八年は、二月に安石が宰相に復歸しているから、ここでも中央に方平を置きたい神宗の希望は入れられなかったことになる。

『編年錄』には載せないが、方平の安石觀を窺うに見逃せない記事が『長編』に引かれているので簡單に觸れておく。卷二二六 熙寧四年八月戊寅、方平が判南京留司御史臺に任ぜられた條の割注にある司馬光『日記』の一文である。

司馬光日記に云う「九月初四日、張觀文、判南京留臺たり。安道素より介甫と善からず。上初めて即位するや、人の介甫の賢を薦むる者甚だ衆し。上、安道に訪う。安道曰く、是人、虚名有りて實用無し。晉の王夷甫たり。もし果たして之れを用いれば、恐らく天下の風俗を敗らん、と。介甫聞きて之れを銜む。故に安道、參知政事を以って父の憂に丁り、服除きて舊位に復さず、知陳州たり。内自ら安んぜず、故に疾を稱して去るなり」

同様の記事が『記聞』十六にも見え[17]、そこでは方平を翰林學士承旨とするので、その言は神宗卽位の治平四年一月から方平が參知政事になる九月までのことであろう。その間、母の服喪が終わった後も江寧府に居していた安石は、三月に知江寧府の命を受け、九月には曾公亮の推薦で翰林學士となっているが、上京は翌年のことになる。方平は、（一一）で述べた安石の御史中丞任命に反對したほぼ同じ時期、安石を王衍になぞらえる意見を神宗に表明しているのである。辨姦論本文中の姦人が王衍に類比され、その姦人は安石だとする墓表との共通點に注意しておきたい。

張方平は、王安石の新法推進に強く反對していた。しかし兩者の確執は、安石の新法政策以前に本格化している。それも兩者の人事をめぐってであり、安石が實權を握った熙寧年間は、方平が攻撃を受ける立場になった。政策論爭に先行するこじれきった人間關係、こうした經緯を考えると、墓表の憎惡とも思われる激しい安石批判は、十分書かれる可能性があったと言えよう。

おわりに

以上検討したように、墓表と謝書を取り巻く状況證據は、僞作説否定の方向を示しているように思える。とすれば、定説化した感のある辨姦論僞作説にも再検討の餘地はあろう。因みに李燾は、『長編』二〇八 治平三年六月壬辰の條で墓表の一部と辨姦論を本文の記事として引用している。愼重な考證に基づき『長編』を編纂した李燾に、僞作の認識は無かった證左である。

最後に殘された問題を一つ擧げておきたい。軾の謝書は、方平が墓表中に辯姦一篇を收載してくれたことを特筆している。辨姦が初めて作られたとき、我々兄弟は極端だと思ったが、公（方平）獨り、自分の考えと同じだとして「固より已に之れを先朝に論じ、之れを史册に載」せたので、今は知られなくとも後世決して沒することはない。が、公の紹介によって人々は父にこの文があることを信じてくれるであろう云々と記す。その「先朝に論じ、史册に載せた」とはどのような事實を指すのであろうか。方平が翰林學士承旨の立場で英宗朝の史官の記錄に留めたことを意味するのであれば、ここに當時の士大夫が史書に事跡を殘すことへの強い希求を、兄弟も共有していたと理解できるのではなかろうか。

『英宗實錄』三〇巻は、熙寧元年正月二十四日（一説に二月丁酉）に編集が始まり、二年七月己丑に上呈されている（『玉海』四八）。一方、正史は熙寧十年五月戊午に『仁宗・英宗兩朝正史』として編纂が開始され、七月辛未には二帝紀の草稿二册が進呈され、その後、五年の歳月をかけ元豐五年六月甲寅に一二〇巻が完成している（『玉海』、『長編』二八二、同三二七）。内譯は、紀五巻、志四五巻、傳七〇巻であり、特に傳の部分は實錄に比べ事跡が頗る多くなったと『玉海』は注する。前節までの推測によれば、墓表の依頼、執筆は、兩朝正史編纂の開始前後に行われたことになる。また文淵閣本『嘉祐集』附錄二巻の中には、蘇洵の爲の墓誌、哀詞、祭文、挽詞が收錄されている。それらを書いた十六名のうち、曾鞏は英宗實錄檢討官、韓琦、曾公亮兩者は實錄上呈ないし提擧官なので措いて、蒲宗孟が兩朝國史修史官、王珪が兩朝正史監修國史、蘇頌が兩朝正史修史祕書丞と英宗朝を對象とする修史に係わる名前が何人か見える。父の傳記に關する記録を整備しようという軾・轍の意圖の中に、兄弟の關係者によって進められている正史編纂は何の影響も與えなかったであろうか。

書き殘された史料を素材とする文獻史學は、いわば研究の初歩的常識として、その文獻がどのような意圖と目的に基づいて書かれ、どのような經過を經てわれわれの前にあるのか、史料の性格認定を必須とする。蘇洵の墓表の眞僞をめぐってあれこれ憶測を試みた小論は、それがなかなか困難な作業であることを確認しただけで終わってしまったが、論じ盡くされたと思われる課題にも、まだ檢討の餘地があることは示し得たと思う。

注

(1) 宮崎市定「辨姦論の姦を辯ず」（『劉子健博士頌壽紀念宋史研究論集』同刊行會編　同朋舍出版　一九九一所載、『全集』一一）。

(2) 宮崎前揭論文三一七頁以下。

(3) 李紱の見解は、『穆堂初稿』四五　書辨姦論後に見え、『王荊公年譜考略』にその節錄がある。

(4) 鄧廣銘『王安石』人民出版社　初版　一九七五　二一五頁。『鄧廣銘全集』一（二〇〇五）に收められた最終版の「北宋政治改革家王安石」（一九九七年附志）では、初版の該當記事が收錄されている「十二　王安石逝世后儒家反動派對他的惡毒攻擊」の章は削除されているが、邵伯溫僞作説は變わらない。同書二三一頁參照。

(5) 安石が宰相の職に就いた熙寧三年十二月丁卯と同八年二月癸酉の命相の制は、『宋大詔令集』に收錄されているが、「生民以來數人而已」の句は見えない。或いは參知政事のときの誤りかとも思われるが、このときは知制誥李大臨の草制で、褒異優借の辭が無いことに安石が怒ったという逸話が傳わるほどなのでその可能性は薄い。

(6) これは特に蔡上翔に強い。李紱は前揭書において「老泉以治平三年卒、四年葬。張文定又同時在京師。欲爲墓表宜即在葬時。今墓表不著作表年月、固已非體。而表中及荊公命相則神宗之世矣。何其遲耶。瀧岡阡表之遲、蓋云有待。此表豈亦有待、何不言其所以遲也」と述べ、歐陽脩の瀧岡阡表を引き合いに出して葬時でない場合のあることを言うが、洵には否定的である。なお、この部分は『考略』に引用されていない。

（7）笠沙雅章　宋版『東坡集』解題　汲古書院　一九九一。村上哲見「蘇東坡書簡の傳來と東坡集諸本の系譜について」（同氏『中國文人論』所收　汲古書院　一九九四）。

（8）蘇軾の張文定公墓誌銘（『後集』十七）は、中太一宮使から宣徽南院使檢校太傅判應天府に遷ったと記す。とすれば檢校太傅の加官は熙寧八年十月壬辰のことになる。この時期の墓誌の記述には幾つかの問題があり（『長編』同年條の割注などに指摘がある）、また方平が最初に宣徽北院使を拜したときの加官を檢校太尉とするなど全面的に依據するにはためらいがある。しかし王鞏撰張方平行狀（後述）は、このときのことを「……次日中書纔奏事。上曰、張某、朕再三留而請不已。須從之。因議恩典、或有異言。乃易宣徽南院使、加檢校太傅。有謂公、上殊慊然、有不足之色。遂判應天府。受命登對、上曰、卿請已確此命、朕深不得已。玉色怡久之、辭日特賜方團帶。……」と記す。とすれば在京慰留が叶わなかった神宗は、已むなく宣徽北院使を南院使に代え、檢校太傅を加官することで優恩を示したと理解できる。靜嘉堂藏影宋抄本『樂全先生文集』附錄行狀は、元豐二年七月の致仕を「宣徽南院使檢校太傅太子少師を以って致仕す」とするが、やはり南宋孝宗朝刊本の抄本に據るとする文淵閣本の行狀では「宣徽南院使檢校太保太傅太子少師」とする。靜嘉堂本が正しいように思うが、呼稱としての太保が八年十月以降に使われた可能性もまったくは否定できない。

（9）英宗は、太常禮院での禮書編纂が終わって沒した洵を悼み、特に銀絹各百匹兩をその家に賜った。兄弟は、それを辭退して代わりに贈官を願い、この官を賜った。

（10）寄祿官と官品の對應は、宮崎市定「宋代官制序說──宋史職官志を如何に讀むべきか──」（佐伯富編『宋史職官志索引』同朋舍所載　一九六三、『全集』一〇）。梅原郁「中國法制史雜感──元豐の官制改革をめぐって」（『歷史と社會のなかの法比較法制史研究──思想・制度・社會』二　比較法史學會　一九九三）を參照。元豐改革以前の官・品の對應は史料に明記されていないので、『宋史』職官志九　元豐寄祿階の新官に對應する舊官を、職官志八に表示される新官の官品に當てはめた。

（11）仁井田陞『唐令拾遺』喪葬令第三十二、二十及び參考一、二に集成されている。

（12）例外として「若隱淪道素、孝義著聞、雖不仕亦立碣」の規定があったが、蘇洵には該當しないであろう。なお近年發現の

「天聖令」の喪葬令第二十九の諸碑碣の條文は「右竝因舊文、以新制參定」とあり、官品は唐令と共通する（天一閣博物館、中國社會科學院歷史研究所天聖令整理課題組『天一閣藏明鈔本天聖令交證』下册　中華書局　二〇〇六）。但し「以新制參定」の意味は後考を待つ。

(13) 後述の如く、洵の生前、方平が安石に排されたことはあり得ない。

(14) 王瑞來校補『宋宰輔編年錄校補』中華書局　一九八六。

(15) 唐代の公式文書としての行狀については、中村裕一『唐代官文書研究』第四章第四節に考察がある（中文出版社　一九九一）。

(16) 本傳とは、新舊『哲宗實錄』に付された傳であろう。

(17) 司馬光『日記』と『涑水記聞』の關係については内閣文庫藏『司馬溫公全集』汲古書院　一九九三　解題　佐竹靖彦「增廣司馬溫公全集所收の手錄と日錄をめぐって」に考察がある。日記のこの部分は、影印本の日錄にはみえない。

第三章　東坡の犯罪――『烏臺詩案』の基礎的考察――

はじめに

北宋神宗の元豐二年（一〇七九）、湖州の知事であった蘇軾が朝政誹謗の詩を作ったかどで御史臺の獄に繫がれ、嚴しい取り調べの後、黃州安置の處分を受けた「烏臺詩案」は、北宋の文字の獄として夙に有名である。文人蘇軾にとっても政治的、經濟的な逆境のなかで、それ故、作品に深みが增したとされる黃州時代を招く原因となった事件であり、生涯の節目の一つに擧げられる重要なできごとであった。從って、蘇軾の傳記は必ずといってよいほどこの事件に一節を割き、事の顚末を詳しく敍述するのが例である。しかし、この詩案が北宋の歴史或いは政治史の上にどのような意味を有するのかの檢討は、これまで餘りなされてこなかったように思われる。北宋は、士大夫政治が確立し、士大夫文化が形成された時代である。蘇軾は、紛れもなくその北宋を代表する士大夫の一人であり、かれの身に起こったこの詩案は、當然、かれの個人的なできごとに留まらず、士大夫政治と呼ばれる中國近世に固有な政治體制の特質の一端を窺わせる事件の筈である。本章は、文學と政治が交差する詩案を通して士大夫官僚が擔った北宋士大夫政治の特質を考えたいという意圖を含みつつ、その基本史料である『烏臺詩案』の基礎的考察を行うものである。

一　『烏臺詩案』の史料的性格

蘇軾の詩獄を最も詳細に傳える南宋朋九萬編『烏臺詩案』については、『四庫全書總目提要』史部二十傳記類存目六に簡にして要を得た解說がある。ここでは、その記述を敷衍する形で検討を加えたい。提要は、冒頭で本書を「卽ち蘇軾御史臺の獄詞なり」として、周必大『二老堂詩話』の「元豐己未（二年）、東坡、詩を作り訕謗するに坐し、追されて御史の獄に赴く。當時、供する所の詩案、今已に印行せらる。所謂烏臺詩案、是れなり。靖康丁未（二年）の歲、臺吏、隨駕して眞案を挈え維揚に至る。張全眞參政、時に中丞たり。南渡し取りて之れを藏す。後、張丞相德遠、全眞の爲に墓誌を作る。諸子、其の半ばを以って德遠に遺り潤筆に充つ。其の半ばは猶お全眞の家に在り。余、嘗つて借りて觀るに、皆な坡の眞筆なり。凡そ塗改有れば卽ち押字し而して臺印を用う」という記述を引く。『烏臺詩案』は、文字通り御史臺に保管されていた東坡詩獄に關する一件書類を南宋になって印刷刊行したものだというのである。蘇軾の眞筆とは、直筆の供述書のことであろう。張全眞は、建炎四年五月から紹興元年八月までと、同六年十二月から八年正月まで參知政事を務めた張守で、建炎の初めは御史中丞であった。張德遠は、高宗朝の主戰派の中心人物張浚。張守は紹興十五年に沒しているから、浚の墓誌執筆はそれ以降のことになる。この一件書類の刊行をその分割以前とすれば、周必大の傳聞は刊行時期を推定する一つの手掛かりとなろう。提要は續けて、『二老堂詩話』に眞跡と刊本の異同についての記述はない、と述べる。これは陳振孫『直齋書錄解題』十一に「『烏臺詩案』十三卷。蜀人朋九萬錄。東坡下御史獄公案。附以初學發章疏及謫官後表章書啓詩詞等」とあり、不分卷の現行『烏臺詩案』と卷數及び內容に一致しない點があるからである。更に南宋胡仔撰『苕溪漁隱叢話』にも「三卷有寄」が收錄されており、これも巻數が現行『烏臺詩案』とも『直齋書錄解題』本とも合わないとする。この『漁隱叢話』收錄の事情については、胡仔の言を引き「其の父舜陟、靖康の間、嘗つて臺端たり。臺中に子瞻の詩案、具に在り。因りて其の本を錄し得たり。近時、刊行する所の烏臺詩話に視ぶるに尤も詳しきと爲す。今、叢話に節入す(1)」と記す。侍御史であった胡舜陟が御史臺で眞案を視て抄寫し、それが刊行本より詳しいので子の仔が節錄したというのである。提要は、『漁隱叢話』收錄の記事を檢討すると、現存『烏臺詩案』より一、二事少ないだけで、その餘の條目は皆な同じであるから、現存本は胡仔の見た『烏臺詩案』とも違うし、『書錄解題』本に附するという謫官後の表章なども見えないので、或いは後人が『漁隱叢話』を基に若干を付け加え、朋九萬の名に借りて別に刊行したものかと推測している。なお「三巻有寄」とは、『漁隱叢話前集』の巻四二末から巻四五にかけて詩案が收錄されているという意味で、書寫本の原巻數を指すのではない。

ところで、提要が觸れないもう一本の詩案がある。『學海類編』に收める周紫芝『詩讞』である。周紫芝は、江東宣城の人。紹興十二年の進士、官は右司員外郎、知興國軍、文集の『太倉稊米集』、『竹坡詩話』などが現存する。『詩讞』の跋文にあたる部分は文集巻四十九に「讀詩讞」として收錄され、そこには東坡詩獄の簡單な經緯を記した後「……故に當時の款牘、好事の者往々争いて相傳誦し、之れを詩讞と謂う。予、前後の見る所の數本、大概相類すと雖も、首尾詳略は同じからざること多し。今日、趙居士、當塗の儲大夫家の藏する所を攜え以って予に示す。昔見る所に比べ詳を加う。蓋し善本たり。……」とある。また『詩讞』本文の末尾に「讞案の載する所此れに止まらず。餘の長篇は別集刊行せるに詳見す」と述べるのを勘案すると、周紫芝は複數の詩案を見ており、その中で最も詳細な刊本である江東當塗縣の儲氏家藏本を節錄したものが『詩讞』であったことが分かる。先の『漁隱叢話前集』には紹興十八年の序文があり、紹興年間前半に既に幾つかの詩案が刊行されていたことがここからも知られよう。『詩讞』

は、前後に邵伯溫『河南邵氏聞見錄』、王鞏『甲申雜記』、蘇軾『東坡志林』、楊時『龜山語錄』、馬永卿『元城先生語錄』から各一條を引用して、その體裁は詩話の形式に近く、これは當時刊行された詩案の書名が、『書錄解題』や『漁隱叢話』で『烏臺詩話』となっている理由を示唆するかのようである。

では、現行『烏臺詩案』は胡仔が錄したものに後人が些か付加し、朋九萬の名を冠して刊行したという提要の見解は首肯され得るであろうか。確かに後表が示すように御史臺が告發した東坡の諸詩については兩書一致する。違いは、『漁隱叢話』が『詩讞』同様、詩の全文を引用するのに對し、『詩案』は問題となる部分のみ引くこと、告發内容のうち『詩案』に引かれる詩以外の記や贊、哀詞などが『漁隱叢話』では一切扱われないこと、詩が朝政誹謗に當たるか否かの解釋の文章・語句に若干の異同があることなどである。しかし、最も大きな差異は、『烏臺詩案』の構成が、①告發の劄子及び狀四通、②證據として提出された蘇軾の詩集『元豐續添蘇子瞻學士錢塘集』についての記事、③家狀と官歷、告發の對象となった三十九項目に亙る詩文の解釋から成る供狀、④逮捕から取り調べ、自供に至る經過と關係者七十六名の有罪・無罪の判定、⑤御史臺による刑名の檢討と最終判決及び敕による最終處分の決定の各事項から成るのに對し、『漁隱叢話』は家狀と官歷を除いた③の移錄にとどまることである。これは、分量から見れば『烏臺詩案』の大部分を占めるそれぞれの詩に關する解釋論議の箇所が共通するので提要の見解が妥當かのようであるが、『漁隱叢話』に見えない、特に②、③の家狀と官歷部分、④及び⑤を付加するには別に基づく原資料が必須である。『烏臺詩案』は『漁隱叢話』を基にするというより、周必大が言うように、御史臺保管の一件書類を直接刊行したものと考えるのが適當であろう。『書錄解題』の十三卷本『烏臺詩話』は、その記載に誤りが無ければ、むしろそれを增添し詩話形式にして刊行した別本と考えるべきではないか。いずれにしても『烏臺詩案』が、文字の獄に關する貴重な一次史料であることは注意してよい。

ここで一つ問題が残る。提要が解題する『烏臺詩案』は、先述したように存目に分類され、本文は四庫全書に収められなかった。一方、現在の通行本はすべて『函海』収録本に據る。とすれば存目本と函海本の關係はどうなのか検討する必要が出てくる。兩書が同版或いは同一系統であることを明示する證據は管見の限り未だ目にしないが、それを窺わせる手掛かりはある。存目本は、提要に「編修汪如藻家藏本」と注するように、總目協勘官として四庫全書の編纂官に名を連ねた文淵閣校理翰林院編修汪如藻の所藏本である。また函海本は、編者李調元の識語に依れば不分巻の宋本であり、明の高儒撰『百川書志』に載せる『烏臺詩案』一巻に該當し、書錄解題本とは別本とする。(2) 李調元は四川綿州の人。乾隆二十八年の進士。その『函海』總序に、四庫全書編纂の進展に伴い翰院同館の友人と連絡して内府所藏の副本を借覽し、善本を得ると直ちに書工を雇って書寫させ、乾隆四十六年の秋から始めて四十七年の冬に編修が終わったという。四十六年は四庫編纂が一段落した年に當たる。すなわち四庫編纂の情報を逸早く入手していた李調元は、『函海』に収錄するに際し汪如藻家藏『烏臺詩案』について當然調査したであろうし、「今、得る所の宋本」(識語)がその書寫本である可能性もある。例えそうでなくとも、もし存目本と違うのであれば識語に何らかの記述があるべきである。それが無いことは、『函海』收錄本と存目本が少なくとも同一系統であることを推測せしめる。

參考までに、『烏臺詩案』の各項に收載する問題となった蘇軾の詩文と他の二書の收錄關係の有無を表示しておく。收錄されている場合は、該書の收錄順に假に番號を付けその數を示した。なお備考の欄の巻數は詩については王文誥編『蘇文忠公詩編注集成』(孔凡禮點校『蘇軾詩集』)、それ以外は『蘇東坡全集』(東坡七集)、『東坡先生全集』に依る。

◎は『元豐續添蘇子瞻學士錢塘集』收錄を示し、また收載された詩の關係者が受けた處分についても付記した。

烏臺詩案、漁隱叢話、詩讞收載詩文對照表

烏臺詩案	叢話	詩讞	備考
1與王詵往來詩賦			
1季杞寺丞見和前篇復用元韻	1	なし	巻七　◎
2戯子由	2	なし	巻七　◎
3山村五絶	3	1	巻九　◎
4湯村開運鹽河雨中督役	4	なし	巻八
5薄薄酒	なし	なし	巻一四
6水調歌頭	なし	なし	王詵　追兩官勒停
7後杞菊賦一首并敍	33	なし	前集巻一九
8書韓幹牧馬圖	5	なし	前集巻三二
2與王詵作寶繪堂記			
1寶繪堂記	なし	なし	前集巻三二
2人日獵、城南會者十人、以身輕一鳥過槍急萬人呼爲韻、得鳥字	なし	なし	巻一八
3與李清臣寫超然臺記			
1超然臺記	なし	なし	前集巻三二
2和李邦直沂山雨有意	6	なし	巻一五
3次韻答邦直、子由五首	6	12	巻一五　李清臣　罰銅三〇斤
4臺頭寺雨中迯季邦直赴史館分韻得憶字人字兼寄孫巨源二首	6	13	巻一五
4次韻章傳			
1次韻答章傳	7	なし	巻九　◎　章傳　無罪
5迯劉述吏部			
1寄劉孝叔	30	なし	巻一三　劉述　無罪
6寄周邠諸詩			

1 徑山道中次韻答周長官兼贈蘇寺丞	31	なし	巻一〇		周邠　罰銅二〇斤
2 次韻周開祖長官見寄	32	なし	巻一九		
7 與子由					
1 潁州初別子由	8	なし	巻六	◎	蘇轍　監筠州鹽酒稅務
2 寄子由詩	なし	5	未見		
3 初到杭州寄子由二絶	8	なし	巻七	◎	
4 遊徑山	9	なし	巻七	◎	
8 杭州觀潮五首					
1 八月十五日看潮	10	6	巻一〇	◎	
9 和黃庭堅古韻					
1 答黃魯直書一首	11	なし	前集巻二九		黃庭堅　罰銅二〇斤
2 次韻黃魯直見贈古風二首	11	なし	巻一六		
3 祭文與可文一首	なし	なし	前集巻三五		
10 與王紛作碑文					
1 王元之畫像贊一首	なし	なし	前集巻二〇		王紛　罰銅二〇斤
11 與劉邠通判唱和					
1 送劉邠倅海陵	12	15	巻六		劉邠　罰銅二〇斤
2 廣陵會三同舍各以其字爲韻仍邀同賦	12	なし	巻六	◎	
3 次韻劉貢父李公擇見寄二首（其一）	12	11	巻一三		
4 劉貢父見餘歌詞數首以詩見戲聊次其韻	12	なし	巻一三		
12 與湖州知州孫覺詩					
1 贈莘老七絶	12	3	巻八	◎	孫覺　罰銅二〇斤
2 宿餘杭法善寺寺後綠野亭望吳興諸山懷孫莘老學士	なし	なし	巻七	◎	
13 送錢藻知婺州					

1 送錢藻出守婺州得英字	14	なし	巻　六	錢藻　罰銅二〇斤
14 送張方平 1 送張安道赴南都留臺	15	なし	巻　六	張方平　罰銅三〇斤
2 張安道見示近詩	15	なし	巻一七	
15 和李常來字韻 1 次韻劉貢父李公擇見寄二首(其二)	16	15	巻一三	李常　罰銅二〇斤
16 爲王安上作公同記 1 滕縣公同記一首	なし	なし	前集巻三二	王安上　罰銅二〇斤
17 揚州贈劉摯孫洙 1 廣陵會三同舍各以其字爲韻仍邀同賦	17	なし	巻　六　◎	劉摯　罰銅二〇斤
2 書簡	なし	なし	未　見	
18 次韻潛師放魚詩 1 次韻潛師放魚	18	なし	巻一七	僧道潛（參寥）有罪
19 知徐州作日喩一篇 1 日喩一首	なし	なし	前集巻二三　◎	
20 爲錢公輔哀辭 1 錢君倚哀詞	なし	なし	東坡先生全集巻七五	
21 與僧居則作大悲閣記 1 大悲閣記一首	なし	なし	前集巻三一	僧居則　有罪
22 與黽繹先生作文集序 1 黽繹先生詩集敍一首	なし	なし	前集巻二四	顏復(太初の子)　罰銅二〇斤
23 和陳述古十月開牡丹四絕 1 和述古冬日牡丹四首	19	4	巻一一　◎	陳襄　罰銅二〇斤

24寄題司馬君實獨樂園				
1司馬君實獨樂園	20	14	巻一五	司馬光　罰銅二〇斤
25送曾鞏得燕字				
1送曾子固倅越得燕字	21	16	巻　六　◎	曾鞏　罰銅二〇斤
2答曾鞏書	なし	なし	未見	
26湖州謝上表				
1湖州謝上表一首	なし	なし	前集巻二五	
27遊杭州風水洞留題				
1往富陽新城、李節推先行三日、留風水洞見待	22	17	巻　九	李杞　無罪
2風水洞二首和李節推	22	8	巻　九	
28和劉恕三首				
1和劉道原寄張師民	23	18	巻　七　◎	劉恕　無罪
2和劉道原見寄	23	9	巻　七　◎	
29送蔡冠卿知饒州				
1送蔡冠卿知饒州	24	なし	巻　六　◎	蔡冠卿　無罪
30爲張次山作寶墨堂記				
1寶墨堂記一首	なし	なし	前集巻三一	張次山　無罪
31送杜子方陳珪戚秉道				
1送杭州杜戚陳三掾罷官歸鄉	25	なし	巻一〇　◎	三名　罰銅二〇斤
32與王鞏作三槐堂記并眞贊				
1三槐堂銘一首并敍	なし	なし	前集巻二〇	王鞏　監賓州鹽酒務
2王仲儀眞贊一首并敍	なし	なし	前集巻二〇	
33謝錢顗送茶一首				

1和銭安道寄惠建茶	26	なし	巻一一	◎ 銭顗　無罪
34送范鎭往西京 1送范景仁遊洛中	27	なし	巻一三	范鎭　罰銅二〇斤
35祭常山作放鷹一首 1雩泉記一首 2祭常山回小獵	なし 28	なし 10	前集巻三二 巻一三	
36後杞菊賦幷引 1後杞菊賦一首幷敍	33	なし	前集巻一九	盛僑　罰銅二〇斤
37同李杞因獵出遊孤山作詩四首 1李杞寺丞見和前篇復用元韻	1	なし	巻　七	◎ 李杞　無罪
38徐州觀百歩溪詩 1和子由與顔長道同遊百歩洪相地築亭種柳	29	なし	巻一五	
39張氏蘭皐園記 1靈壁張氏園亭記一首	なし	なし	前集巻三二	
なし	なし	王復秀才所居雙檜二首	巻　八	
なし	なし	御史獄中遺子由	巻一九	

二　彈劾と處分

東坡詩獄について、『長編』は巻二九九　元豐二年七月己巳と巻三〇一　同年十二月庚申の條でその發端と結末をやや詳しく記すが、全體の經過を知るには不十分である。最も豐富な材料は、史書ではなく概ね蘇軾に好意的な立場から記された多くの筆記類の記事であり、それら斷片的な逸話の數々を集積することにより事件の具體的な全體像が浮かび上がってくる。當然、筆記である以上その記事をどこまで事實として確定できるかについては愼重にならざるを得ないが、そこから得られるイメージは『宋史』巻三三八本傳及びそれが主に基づく弟轍による墓誌銘の簡明な記述の範圍から出ないことも確かである。本傳は、「……知湖州に徙り、上表し以って謝す。又た事の民に便ならざるを以って敢えて言わず。詩を以って託諷し、國に補う有るを庶う。御史李定、舒亶、何正（臣）、其の表語を摭り竝びに爲る所の詩を媒蘖し以って訕謗と爲し、臺獄に逮赴せしむ。之れを死に置かんと欲し、鍛錬之れを久しくするも決せず。神宗獨り之れを憐れみ、黄州團練副使を以って安置す」と記し、墓誌は更に蘇軾に肩入れして敍述するが、内容は同じといってよい。ここでは、この短い記述の中の①御史は蘇軾を告發して死罪に追い込もうとした、②神宗が黄州團練副使、本州安置の裁定を下した、の二點を『烏臺詩案』に即して檢證してみる。それは、御史の死罪の請求と除名も伴わぬ行政處分の安置という決定の間の落差の事情を知りたいためである。多くの筆記類が、死を覺悟して自殺まで考えた東坡の心情の搖れ、非常な危機感を抱いた東坡周邊の人々の動きを傳えており、實際、東坡は弟に獄中から遺言とも言える詩を送っている。御史の告發は決して形式的なものではなかったのであり、切迫した状況の中で餘裕とユーモアを忘れないいつもの東坡の姿はそこにない。神宗はその危機を救ったのであろうか。

『詩案』は、先述のように冒頭、監察御史裏行何正臣劄子、同舒亶劄子、國子博士李宜之狀、御史中丞李定劄子の四通の彈劾文を收載している。このうち具體的な刑名を擧げて彈劾した人物は舒亶であった。それによると、多くの詩文を作って朝廷を誹謗している蘇軾は、「指斥乘輿」によって「大不恭」（＝「大不敬」）の罪に當たると主張する（「敬」字が太祖の祖父の諱に當たるため「恭」に代える）。すなわち唐律十惡の六「大不敬」罪を適用しようとしたのである。職制律によれば、乘輿を指斥し情理切害なる者は斬であった。この一連の彈劾の口火を切ったのは何正臣である。

六月二十七日、乗拱殿で神宗に對し、知湖州蘇軾の到任謝表に朝廷を愚弄する文言のあること、中外に新法への誹謗中傷を撒き散らし悔悛の情がまったく見られない以上嚴罰に處すべきであるとの上奏文を證據の印行された詩集とともに上呈している。續いて七月二日、今度は崇政殿にて先の舒亶と李定が神宗に彈劾の劄子を提出した。月日は記されていないが國子博士李宜之も、提擧淮東常平として赴任する途中、宿州靈壁鎭で同年三月二十七日湖州に向かう蘇軾が當地の張碩秀才の爲に書いた「靈壁鎭張氏園亭記」を目にし、中に譏諷の語句があると訴え出ている。こうして神宗は七月三日、彈劾文四通と證據の詩集『元豐續添蘇子瞻學士錢塘集』四冊を中書に回し、知諫院張璪、御史中丞李定には「推治以聞せよ」との詔が下された。翌四日、御史臺根勘所に中書から四通の彈劾文と詩集が送られて詩獄が始まったのである。

『長編』は、この詩案に前後する時期に限ると二件の「指斥乘輿」に關係する獄を記録している。一つは熙寧三年五月庚戌（巻二一一）の條にみえる、貴妃沈氏の弟、故相沈倫の孫の皇城使・開州團練使沈惟恭が恩澤を求めて入れられず、怨んで皇子を呪詛したり、他人の言に借りて乘輿を指斥した事件である。その意を受けた門客の開封進士孫棐も時事を譏り、乘輿を指斥し、王安石を誹謗する司馬光の章疏を僞造して發覺、惟恭は除名瓊州安置、棐は棄市に處せられた。もう一つは元豐四年四月壬申（巻三一二）、前追官勒停人越州山陰縣主簿太原府教授余行之が廢黜を怨んで妄りに符讖を造り、乘輿を指斥し言切害を極めたとされる事件で、行之は凌遲處死となった。いずれも乘輿指斥だけが問題にされたのではなく、また第二の事件は勿論、詩獄當時の東坡が知るわけもないが、御史の指斥乘輿の彈劾が極刑を招く事態は十分現實味を帶びて受け止められていたであろうことは想像できる。

御史臺の派遣した皇甫遵らが、知事解任と御史臺への出頭命令書を持って湖州の蘇軾の下に到着したのは七月二十八日。八月二十八日に蘇軾一行は開封の御史臺に着き、直ちに審理が開始され、三十九項目、延べ六十七の詩文について誹謗の有無の尋問、關係者の調査などが行われ十一月二十八日に取り調べが終わっている。三十日には權發運三司度支副使陳睦が錄問し、翻異なきことを確認して結審した。最初は頑強に否定した東坡も、最後はすべての罪狀を認めたようである。こうして御史臺は、蘇軾の罪狀に該當する律、敕と宋刑統の條文及び對應の罰の規定をすべて提示し、最終決定を上奏して神宗の裁決を仰いだ。『烏臺詩案』最後の部分「御史臺根勘結按狀」に三項に分けて引かれた條文は次の通りである。[3]

一、①「臣僚、上表して謝を稱するに因り、妄りに詆毀有るを得ず。御史臺に仰せて彈奏せしめよ」（敕）これは言うまでもなく知湖州到任謝表に關連して適用された敕である。この敕には罰則の規定が無いようで、續いて②「海行條貫、刑名を指定せざれば、不應爲の輕重に從う」との敕を擧げ、③「不應爲の事理重き者は杖八十」（唐雜律六十二條）を引いて、杖八十の私罪にすべきとする。次に御史臺での尋問に際し度々虛妄不實の供述をしたとして、④「別に制して下問案推し、上に報ずるに實を以ってせざるは徒一年、未だ奏せざるは一等を減ず」（唐詐僞律七條）を適用し、杖一百の私罪とする。

二、更に詩賦等の文字を作り朝政を譏諷し、御史臺の尋問に罪を認め供述したとして、⑤「匿名文字を作り、朝政及び中外の巨僚を謗訕するは徒二年」（律。敕の誤り）を引く。また關連して⑥「罪人、疑に因りて執えられ、贓狀未だ明らかならざるに、官の監問に因り自首するは、按問擧げんと欲し自首するに依れ」[4]（敕）と⑦「罪を犯し按問擧げんと欲し而して自首するは二等を減ず」（刑統）の二條を示し、これを適用すれば⑤について「合に徒一年の私罪に比附すべし。輕に係るは更に旨を取らず」の結果になるとする。

三、この箇所が御史臺の最終判斷の部分と思われ、一、二、から二罪以上俱に發するは重きに從う原則により、⑤の「匿名文字を作り、朝政及び中外の臣僚を嘲《ママ》訕するは徒二年、情重きは者は奏裁」を最終的に適用し、⑧「私罪を犯し官を以って徒に當つる者、九品以上は一官を徒一年に當つ」（唐名例律十七條）及び⑨「館閣、貼職は一官と爲すを許す。或いは官を以ってし或いは職を以ってし、時に臨んで旨を取る」（敕）の規定に従って、現任が祠部員外郎直史館であり太常博士を歴した蘇軾は、「兩官を追し、勒停して、放つ」とする。更に⑩「比附して刑を定むるに中らざるを恐るるを慮るは奏裁す」（敕）とあるを引き、蘇軾は情重きに係わり且つ比附であり、或いは官を以ってし或いは職を以ってす、すなわち旨を取らねばならないとして神宗の裁決を仰いだのである。

これに對する神宗の決定は、「責授檢校水部員外郎充黄州團練副使、本州安置、不得簽書公事」であった。この處分は、御史臺の原案に比べ果たして輕いのであろうか、重いのであろうか。(5) 御史臺は、理由を明らかにしないまま當初の指斥乘輿による大不恭罪での立件をいつの間にか撤回してしまっている。その最終原案に依るならば、東坡に對する具體的措置はどうなるであろうか。蘇軾の詩文が匿名文字に當たるとは思えないが、御史臺は「匿名文字を作り朝政を誹謗した云々」の敕に據って徒二年を主刑とした。これは官當法に従い追二官となる。(6)『烏臺詩案』供狀に示される軾の出身以來の寄祿官は、制科合格後、大理評事、大理寺丞、殿中丞、太常博士、祠部員外郎と昇進してきている。文字通り二官を追すれば殿中丞に戻ることになる。しかし⑨の規定により直史館を一官に當てることで、實際は太常博士への降格で濟む。しかも、もし⑦の「按問擧げんと欲して自首する」規定が適用されるなら、主刑の二等を減じて徒一年、すなわち追一官、直史館の返上だけで濟んでしまう。次の勒停は職務停止であり差遣を取り上げてしまうことを意味する。宋朝では、差遣停止を追一官に當てる例があるといわれるので、(7) この場合それが該當するのか、また追二官とは別に勒停が加わるのか判然としないが、より重い後者としても御史臺の原案では一官の降格、差遣停止で濟んでしまいそうである。いずれにしても蘇軾の場合、「情重」く、比附が妥當か、官と職のどちらを當てるかの問題があり皇帝の裁決に委ねばならないのであるが、當初の大不恭に比べれば格段に輕い處分の提示といえるであろう。

しかしこれは、御史臺が追及の手を緩めたことを意味しない。この年の十月十五日、仁宗の皇后であった曹太皇太后が危篤となり德音が降されたが、李定らは懸命に蘇軾を恩赦の對象外とするよう要請しているからである（『長編』三〇一）。

そこで神宗の裁定であるが、これは前例に從った處分であろうと推測する以外、筆者には今のところ分析の手掛かりがない。責授された檢校水部員外郎は、十九ある檢校官の最下位にあり、檢校は恩典としての加官の場合と處分に伴う場合がある。もともと水部員外郎は常調の員外郎に轉ずる者のうち贓罪敍復人が取るコースの最初の官なので(8)、そうした意味で加官されたのであろうか。團練副使は注記梅原論文に、本來實職であったものが當時は武官の給料をあらわす寄祿官となっており、月二十貫文の手當て、とある。一切の職務行爲を禁じられていた（不得簽書公事）安置人に規定の給與が支給されたものか疑問だが、現官の祠部員外郎は三十貫、一官追されたとして太常博士であれば同じ二十貫になり、本俸の額面の上で大きな差はない。こうしてみると神宗の裁定は、確かに死罪に追い込もうとする御史臺の意向を抑えたという、多くの筆記類の記述や本傳、墓誌の記載通りの措置と考えて誤りでないが、『烏臺詩案』の示す御史臺の最終原案に卽していえば、むしろ提案に從い更に輕い處分も可能であったにもかかわらず、御史臺とほぼ同じ程度ないしやや重い裁定を下したと評價することもできるように思われる。

おわりに

小論は、現行『烏臺詩案』の史料的性格、御史臺の告發と最終處分に限って檢討したに過ぎない。詩獄の具體的經過や表示した問題の詩文とそれに關する御史臺の尋問の內容について論ずるには至らなかった。また元豐元年十二月に起こされ、この詩獄と竝行して十一月まで續いた太學の獄からは、國子監と諫官・御史の人事面での一體化というこの時期特有の現象が明らかとなる。(9) これは言事の官といわれる諫官・御史が、熙寧・元豐の政局の展開に固有の役割を果したことを意味し、新法政治の展開にかれらの動向は決定的ともいえる影響を及ぼした。王安石が江寧に退いた後、中央政界に隱然たる力を持つようになる蔡確は、一連の獄案を利用して自らの立場を強化してきた人物である。烏臺詩案に當時參知政事の地位に在った確の名は直接出てこないが、その影はどうしても氣になる。やがて新舊兩黨の勢力關係が逆轉する元祐年間、この蔡確は自らの作った詩によって今度は自分が指斥乘輿、大不恭罪で告發される。所謂「車蓋亭詩案」である。確は、結局、英州別駕新州安置の處分を受け、やがて貶所で沒する。詩案は北宋の政治史研究に避けられない課題といえよう。そもそも唐律には見えない「匿名文字を作り、朝政及び中外の臣僚を嘲訕するは徒二年」の敕が、いつどのような狀況で發せられたのか、「士大夫及び上書して事を言う人を殺すを得ず」と定めたといわれる「太祖誓碑」の眞僞あるいはそうした逸話を必要とした背景、さらにそれらと詩獄との關連など、宋代士大夫政治の特質に直結する問題であろう。(10)

注

(1)『漁隱叢話』は、この箇所を「余之先君、靖康間、嘗爲臺端。臺中子瞻詩案具在、因錄得其本。與近時所刊行烏臺詩話爲尤詳。今節入叢話、以備觀覽」と記す。

(2)『百川書志』十八集　文史に「烏臺詩案一卷　宋祠部員外郎直史館知湖州蘇軾時遭羣小搆成詩禍拘忌烏臺之卷案也」とある。

(3)條文の紹介については、川村康「『東坡烏臺詩案』中の律・敕・刑統遺文」(『東洋法制史研究會通信』九　一九九五)を參照。

（4）假にこう讀んだ。原文は「罪人因疑被執贓狀未明、因官監問自首、依按問欲擧自首」である。

（5）宋代官員の處罰については、梅原郁「刑は大夫に上らず――宋代官員の處罰――」（『東方學報』六七　一九九五　同氏『宋代司法制度研究』創文社　二〇〇六所收）。

（6）官當法については、滋賀秀三『唐律疏議譯注篇一』（律令研究會編『譯注日本律令五』東京堂出版　一九七九）卷第二名例一七、卷第三名例二〇を參照。

（7）梅原前揭論文二五八頁。

（8）『宋史』職官志九　文臣京官至三師敍遷之制。中嶋敏編『宋史選擧志譯注㈡』銓法上（渡邊紘良譯注）「淳化以前」の項參照。

（9）熊本崇「元豐の御史――宋神宗親政考――」（『集刊東洋學』六三　一九九〇）同「北宋の臺官――神宗朝・哲宗朝を中心に――」（『東北大學東洋史論集』六　一九九五）。

（10）烏臺詩案を流傳や情報傳達の觀點から考察した有益な論考に、内山精也「『東坡烏臺詩案』流傳考――北宋末～南宋初の士大夫における蘇軾文藝作品蒐集熱をめぐって――」（『横濱市立大學論叢』四七　人文三　一九九六）同「東坡烏臺詩案考（上・下）――北宋後半期における文學とメディア」（『橄欖』七、九　一九九七、二〇〇〇）がある。

第四章　東坡「黃州寒食詩卷」と宋代士大夫

はじめに

「書は何かと問われれば、この書を默ってさし出せばよい」と石川九楊氏をして言わしめた蘇軾「黃州寒食詩卷」は、由來、歷代鑑賞者の贊嘆の辭をほしいままにしてきた。(1) 現存詩卷の題籤者である清末の人梁鼎芬（節菴）、題字の揮毫者乾隆帝をはじめ、この詩卷に題跋を認めてきた諸家はいうまでもなく、近年の中國書道史關係の書物において東坡書蹟中の神品第一とする解說は定着しているが、それにもましてこれを「書の中の書、書中の龍（王）」とまで激賞することで石川氏の評價は際立つ。(2) しかも從來、この書が何ゆえ神品第一なのかについては印象批評以外、殆ど何の說明のなされることがなかった中で、氏は「黃州寒食詩卷は、完全な三折法段階に移行を果たした段階で、二折法の書の歷史をもう一度總括している。その點が新三折法への轉生を果たした黃庭堅とは異なりある種のわかりにくさを孕んでいる理由であり、また古法三折法を見据えている點で書の規模《スケール》は途方もなく深大」と述べ、各書字の詳細な分析をふまえそれらが王羲之（二折法）と顏眞卿（三折法）を統合した空前絕後の書であることを明らかにする。そしてその孤絕し屹立する姿に「書の中の書」である理由を求めた。これは「筆蝕」という氏獨自の概念を中核に、書道史ではなく書史として中國の書の歷史を體系化した獨特の觀點からの位置づけであり、その體系を受容するか否かは別として、氏の文脈に沿う限り甚だ說得力ある說明といえよう。(3)

言うまでもなくこの詩巻の價値は、續く黄庭堅（山谷）の書（跋文）の存在によって倍加された。のみならず山谷の跋文は「この東坡の詩は李白も及ばぬところがあり、書は顔魯公、楊少師、李西臺の筆意を兼ね、東坡も二度とこのような書は書けないであろう」と記すことにより、後世の評價の方向を決定付けた。[(4)] この詩巻に記された題跋の類を記載の順に擧げれば、東坡の詩と山谷の跋文の間に乾隆帝の小字行書乾隆十三年（一七四八）の題記があり、山谷の後に明董其昌の行書題跋、南宋張縯の楷書題跋、近人王世杰の民國四十八年（一九五九）行書題跋、内藤虎次郎の大正十三年（一九二四）楷書題跋、顔韵伯の民國七年（一九一八）行書題跋、羅振玉甲子（一九二四）行書題跋と續く。これら錚々たる歴代鑑賞者の豪華絢爛ともいえる跋文が、この詩巻の價値を一層高めていることは疑いない。

諸題跋のなかでとくに顔跋は、詩巻が乾隆年間に清朝内府に入ったのち、英佛軍の圓明園焼き討ちにより巷間に流出した以降の流轉に詳しく、内藤湖南の跋はそれを含め、歴代の著錄と先行題跋を考證することにより、黄庭堅題跋以後の詩巻の歴史を簡潔にまとめている。典雅な文章と智永を學んだというその王羲之流の書は、これら題跋中で群を抜く。半年餘り自らの書齋に置き日夜親しく賞玩、祕藏の乾隆御墨を磨し、心太平室の純狼毫を用いて書き上げたという跋文からは湖南の感激ぶりが立ち上ってくるようである。また羅振玉跋は、光緒二十八年（一九〇二）湖廣總督として武昌に在った張之洞のもとに、その蘇軾癖を知る當時の詩巻所藏者が高價での買い取りを期待して來訪した折の逸話を記したもので、張之洞顯彰の文意にもかかわらず客と書の賣買をめぐり虚虚實實の驅け引きを展開する之洞の姿が興味深い。

本章は、烏臺詩案で黄州に流された蘇軾の寒食詩眞蹟、この「書の中の書」に黄跋が加えられ、北宋を代表する二家の書が妍をきそう至寶が誕生して傳世するに至るまでの經緯を主に考察し、そこに宋代固有の時代狀況がそれを可能にしたことを讀み取ろうとするものである。先ず湖南の跋を摘錄して、問題のありかを示したい。

一　湖南題跋をめぐって

內藤湖南は、乾隆帝の巻首題字「雪堂餘韻」の四字が倣澄心堂紙の致佳なるものに書かれている指摘から始め、東坡の詩、山谷の跋雙方に刊記署名のないこと、山谷跋後に董其昌（玄宰）の跋があることをいう。次に張丑（青父）の「清河書畫舫」の語を紹介、および卞永譽（令之）「式古堂書畫彙考」にも著錄のあることを述べ、阮元（藝臺）の「石渠隨筆」をやや詳しく引用して山谷の跋が書かれた事情の解說の代わりとする。その上で、詩巻中の「埋輪之後」印を、張氏のものと考える。これは次節で詳しくみるが、山谷跋の誕生にかかわった張氏は漢の張良の子孫を稱しており、「埋輪」が張良の裔である後漢の張綱の故事に因むことからの指摘であろう。[5] 續いて巻中の印記に觸れ「天曆之寶」や孫退谷、納蘭容若諸人の印により乾隆以前の來歷が知られるとする。湖南の說明はないが「天曆之寶」は元の文宗天順帝（年號天曆）のもの、孫退谷（承澤、一五九三〜一六七六）は「北平孫氏」、納蘭容若（性德、一六五五〜八五）は「成德」「容若書畫」「楞伽」などの印からの推定と思われる。[6] さらに乾隆以降の流傳は顏跋に明らかであるとし、その顏韵伯が大正壬戌（十一年、一九二二）に來日、東京で菊池惺堂に重價で讓ったことを明らかにする。翌大正十二年九月の關東大震災で東京は十の六、七が燒け、菊池氏の先代からの蒐集品も灰燼に歸したが、氏は身を賭して李龍眠「瀟湘巻」とこの詩巻を持ち出し救ったことを述べ、その行爲を稱えている。この菊池氏が上洛、湖南に跋文を依賴し、半年餘り手元に置いた後、大正十三年四月に以上の文を記したとする。さらに追記があり、嘗て丁巳（大正六年　一九一七）の年に北京の書畫展覽會でみたことをいう。

湖南が引く阮元『石渠隨筆』二　の關連箇所原文には次のようにある。

蘇軾黄州寒食詩墨蹟巻、後に黄魯直跋有り。世の鴻寶爲り。顧に戯鴻の刻する所は、蘇詩黄跋に止まる。其の後の張縯一跋は、人、未だ之れを見ず。其の跋に云う（張縯跋略）。彭大司空云う、縯跋に謂う所の曾大父禮院は乃ち張公裕なり。曾て祕閣校理に官たり。其の子浩は卽ち謂う所の永安、庭堅が爲に仁宗皇帝御書の記を作る者なり。盧山府君は、乃ち公裕の弟公邵なり。通直郎に官し盧山縣に知たり。張氏は世々蜀州江原の人爲り。留侯の裔より出づと云う。故に三晉を以って署望するなり、と。

一、二の文字の出入りはあるが、これが『湖南文存』七（『全集』一四所收）に収載する蘇東坡黄州寒食詩巻跋の引用部分である。阮元が引く彭大司空とは、明清時代に大司空が工部尙書の別稱であったことを考えると、南昌の人で乾隆二十二年の進士、翰林院南書房の上司にあたる彭元瑞（一七三一～一八〇三　字掌仍、號芸楣）がその人であろう。實は、詩巻に書かれた湖南跋の原文には傍線部が缺落しており、これであると曾大父禮院が張公裕、永安がその子の浩であることが分かりにくくなる(7)。いずれにしても上記引用で中略した張縯の跋が、山谷跋の事情を知る手掛かりであるので、以下全文を原跋から引く。

東坡老仙の三詩は、先世の舊と藏する所なり。伯祖永安大夫、嘗て山谷に眉の靑神に謁せしとき行書の帖を攜うる有り。山谷、皆な其の後に跋す。此の詩は其の一なり。老仙、文高く筆妙にして、粲として霄漢雲霞の麗しきが若し。山谷又た之れを發揚蹈厲す。絶代の珎と爲すべし。昔、曾大父禮院、中祕書に官たりしとき、李常公擇と僚爲り。山谷の母夫人は公擇の女弟なり。山谷、永安に帖を與えて自ら言う、先禮院を公擇舅の坐上に識る、と。是れ由り永安と游好す。先禮院所藏の昭陵御飛白記及び曾叔祖盧山府君志名（銘）有りて、皆な山谷集に列す。惟だ諸跋は世に盡くは見えず。此の跋尤も恢奇。因りて詳らかに巻後に著す。永安は河南の屬邑爲り。伯祖嘗て之れが宰爲り、と云う。三晉の張縯季長甫懿文堂書す。

東坡老仙三詩、先世舊所藏。伯祖永安大夫、嘗謁山谷於眉之靑神、有攜行書帖。山谷皆跋其後。此詩其一也。老仙文高筆妙、粲若霄漢雲霞之麗。山谷又發揚蹈厲之。可爲絕代之珎矣。昔曾大父禮院、官中祕書、與李常公擇爲僚。山谷母夫人公擇女弟也。山谷與永安帖自言、識先禮院於公擇舅坐上。由是與永安游好。有先禮院所藏昭陵御飛白記及曾叔祖盧山府君志名、皆列山谷集。惟諸跋世不盡見。此跋尤恢奇。因詳著卷後。永安爲河南屬邑。伯祖嘗爲之宰云。三晉張縯季長甫懿文堂書。

先の彭元瑞の言によれば、張縯の曾大父（曾祖父）禮院は張公裕であり、祕閣校理にあったとき李常と同僚であった。また河南の永安縣知事であったことから永安大夫とよばれる伯祖（大伯父）とはその子の浩、さらに曾叔祖盧山府君は公裕の弟張公卲となる。縯跋は、黄庭堅の母が李常の妹であったため、庭堅は李常を介して張公裕を知ったといい、庭堅が眉州靑神縣を訪れたとき、浩はその緣で公裕所藏の東坡の詩三點を攜えて面會し跋文を依頼したという。庭堅は、このほか同じく公裕所藏の仁宗の飛白に記を、また公卲の墓誌銘を書いており、いずれも『山谷集』にみえると述べる。確かに前者は仁宗皇帝御書記として乾道年間刊『豫章黄先生文集』十六（四部叢刊初集）に收録され、後者の通直郎張修孺墓誌銘は『別集』十（後述）にあるが、ここで少し厄介な問題が起こる。それは張縯がいう『山谷集』とは何を指しているのかという問題である。というのは同じ『別集』には、この山谷「寒食詩跋」をも收録しており、縯の、「飛白記」と「墓誌銘」は『山谷集』にあるが、三詩の庭堅跋文が未錄なのでこの跋を記したという記述と矛盾するからである。もっとも「未だ盡くは見えず」との部分否定の言いかたからいえば三詩の跋すべてが見えないわけではないにしても、この跋がとりわけ「恢奇」であるから記したという以上、縯跋が書かれた時點では『山谷集』に收録されていなかったと考えざるを得ない。では現行『別集』が兩者を收めることをどのように説明すればよいのであろうか。

ここで小論が使用する劉琳氏等編『黄庭堅全集』（四川大學出版社 二〇〇一。以下『全集』と略稱）に觸れ、上記の問題を考えたい。『全集』本文は正集三二巻、外集二四巻、別集一九巻、續集一〇巻、補遺一一巻からなり、付録として傳記、年譜、歴代序跋を始め人名索引まで付し、黄庭堅の著作集として現在もっとも完備した内容をもつ。本文についていえば、底本とした光緒二十年義寧州署刻本『宋黄文節公全集』（別稱『山谷全書』）は、乾隆二十七年刊『宋黄文節公全集』（緝香堂本）に續集一〇巻を增補した重刻本で、近刊『全集』は『山谷全書』にさらに佚文を蒐集した補遺一一巻を加えることにより、山谷の詩文を今日可能な限り網羅した決定版の全集となった。黄庭堅の著作は、詩や書簡、題跋の單刻を含めると、宋以降かなりの數の刊行がなされているが、著作集ということになれば正集、外集、別集それぞれの編纂と刊刻を問題とすればよく、現在、それらの系統關係はほぼ明らかである。『全集』の前言によると、正集の編纂は南宋の高宗建炎二年、胡直孺が發議し、後に庭堅の甥洪炎らによって刊行された三四巻がその始めで、四部叢刊初集三〇巻はこの乾道年間の刊本という。またやはり高宗朝に、正集出版を補佐した李常の子の李彤は收録されなかった詩文を集め、外集一四巻を刊行した。さらに孝宗淳熙九年に山谷の族孫黄□は、正集、外集にも未收の詩文を集めて別集一九巻として出版した。以降には、これら三集に慶元五年同じく黄□編の『山谷先生年譜』三〇巻や山谷の父黄庶の文集『伐檀集』二巻を加える形で、明弘治十六年開雕嘉靖六年刊の『山谷全書』があり、萬暦三十二年の『重刻黄文節山谷先生文集』、先述の清乾隆二十七年刊『宋黄文節公全集』と續く。

『全集』前言は、張公邵墓誌銘と寒食詩跋の兩者を收める『別集』について、當初一九巻であったが後に增補され二〇巻となったという（十一頁注一）。『文獻通考』經籍六十三に、『黄魯直豫章集』三〇巻『別集』一四巻、『豫章別集』一巻との著錄があり、『別集』には「陳氏曰く、皆な集中の遺す所の者なり。（江陵府）承天（禪院）塔記、黄給事（叔父給事）行狀、毀壁（序）の如きは、其の顯顯たる者なり。諸孫□子耕、集めて之れを傳う」と陳振孫の『直齋書録解題』二十の記述を引用した按語を付している。但し『別集』一四巻は『外集』一四巻の誤りであろうし、『豫章別集』一巻は、『直齋書錄解題』原文では二〇巻となっている。一方、趙希弁『郡齋讀書志附志』には『豫章先生別集』二〇巻『黃文纂異』一巻とあり「右、豫章先生別集は乃ち前集、外集の未だ載せざる者なり。淳熙壬寅（九年）先生の諸孫罃の編する所なり」と記す。このように南宋後半の著錄はいずれも二〇巻とするが、嘉靖本『山谷全書』別集に付す黃罃の豫章別集跋では「合わせて十九巻と爲す」と明記しているから、前言が言うように一巻分增補されたとすることも可能である。ただ各著錄からそれを證明することはできず、單なる巻數の變更に過ぎなかった可能性もある。しかし、慶元五年（一一九九）の「山谷年譜序」には罃自ら「別集二〇巻」とも記しているので、もし增補が行われ、その際、寒食詩跋を新たに收錄し、また張縯の跋が淳熙九年（一一八二）以後、增補版刊行以前に書かれたと考えれば、その時點で『山谷集』に墓誌銘はあるが詩跋はなく、縯跋の矛盾はなくなる。(8)

二　雅州嚴道の張氏

張縯については後節でまた觸れることにし、再び山谷跋が記されたときの經緯に戻る。まずその時期については、既に先行研究がいうように、縯跋で伯祖張浩が山谷に眉の青神で會ったときと述べられているので、黃山谷が戎州から眉州青神に赴いた元符三年（一一〇〇）七月から再び戎州に戻った十一月までとなる。(9) そこでその間の事情を少し詳しく檢討してみる。哲宗の親政が始まり新法黨が政權に返り咲いた紹聖年間、蘇軾ら舊法黨の人物は次々と中央を追われ、或いは罪を得たが、山谷も涪州別駕黔州安置の處分を受け、紹聖二年四月から四川夔州路の黔州に滯在していた。元符元年（一〇九八）、提擧涪州路常平として赴任してきた張回が、その母同士が姉妹ということで、親嫌の理由から同じ四川の潼川府路戎州安置に變った。これには、よりましな土地に移すという朝廷の意向があったからだとの説もある（『山谷先生年譜』二七　元符元年の項）。やがて元符三年一月に哲宗が崩じ徽宗が即位すると、向太后の方針で黨禁が弛められ、山谷も宣義郎監鄂州在城鹽税として復歸することになった。微職とはいえ現任に復歸でき正規の俸祿が支給されることを率直に喜んでいる（同上年譜三年五月）。こうして戎州を離れようとした山谷は、長江の増水で三峡を越せないため方向を轉じ、眉州青神縣に滞在する姑（伯母ないし叔母）の黄氏を訪ねることにし、七月二十一日に戎州を出發、八月十一日に青神縣に到着した。

この黄氏は、張誾の妻で、當時青神縣尉をしていた張祉（字介卿）の母親である。山谷は、祉の異母兄の張祺の墓誌銘を書いており（『全集』正集三一　張子履墓誌銘）、ここから張氏及び山谷との關係がほぼ明らかとなる。張誾は字子儀、唐末に河南から成都へ、さらに雅州嚴道に移り四世代を經た張氏一族の一人で、雅州出身の最初の進士といい眉州知事などを務めて惠政を稱えられ（『乾隆雅州府志』九　官績）、太常卿で卒した。誾は三人の妻を娶り、最初が胥氏でその子が墓誌銘の張祺である。この祺にも前後三人の妻があり最初が史氏、次が黄氏で彼女は山谷の從妹に當たる。三番目が再び史氏で、この息子の協、字大同は『山谷集』に度々名前が登場し、山谷から親しく教えを受けたり、書を望んだりしている。とくに元符三年正月、任地から歸る大同に與えた「韓愈送孟郊野序跋」は現存し（米プリンストン大學美術館藏）、戎州時代の山谷が書において新境地に達したことを示す記念碑的な作品である。因みに張祺の墓誌銘は、元符二年に大同が母史氏とともに戎州の山谷のもとにやってきて執筆を依頼したものである。張誾の二番目の妻は錢氏、三番目が山谷と同族の黄氏で封號は長壽縣君。祉の兄に禠字子謙がいて、山谷の青神縣滞在時にしばしば行動をともにしている。以上からこの一族の系圖を示せば左のようになろう。

雅州嚴道の張氏　　〈 〉は山谷との關係

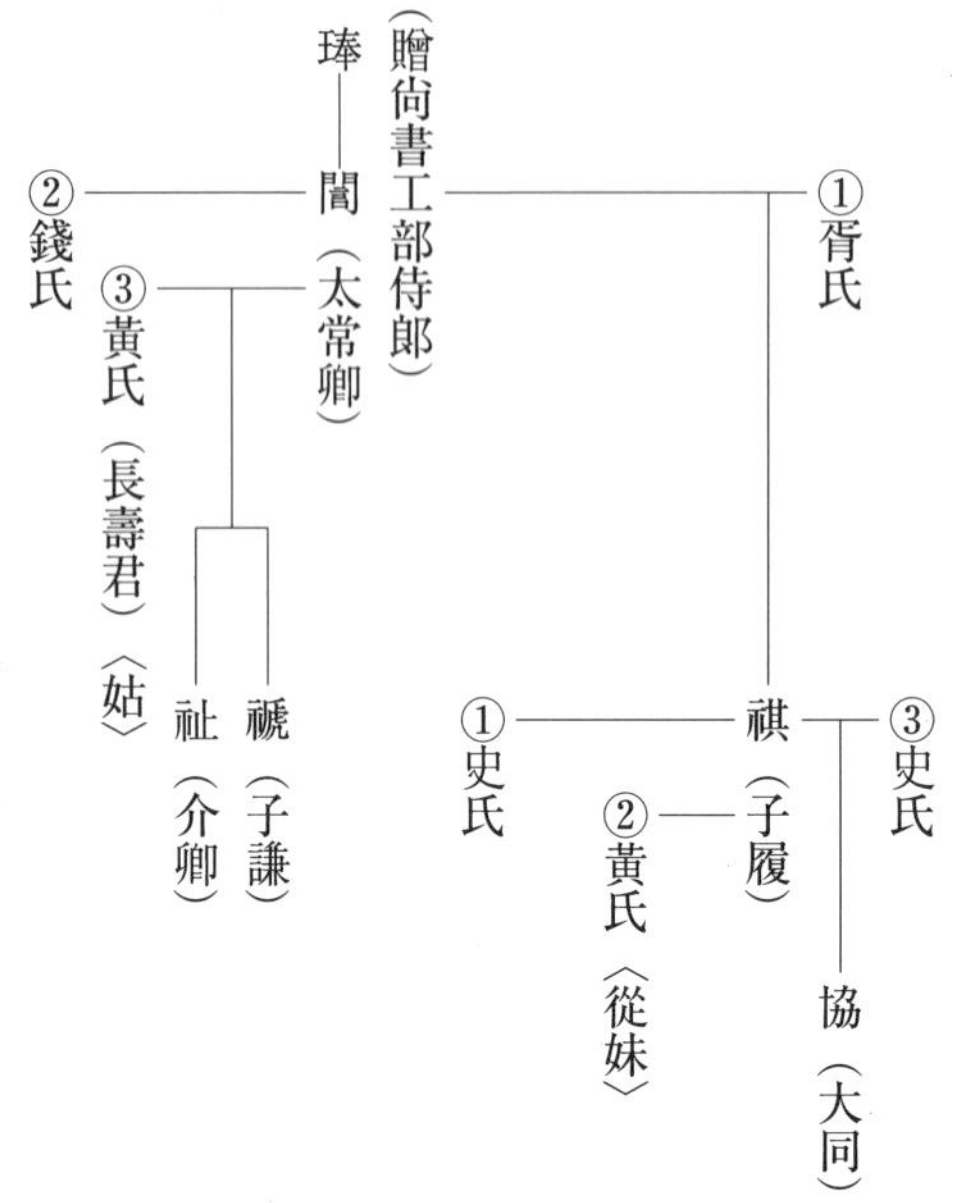

このように山谷と嚴道張氏は姻戚關係にあったが、右の系圖以外にも山谷との關連を窺わせる一族の人名が『山谷集』に登場する。『續集』八　答王觀復の第五書簡では、眉州大族孫汴の孫の思道を族兄と呼び、同時に思道は「某外生張協之婦翁」と述べているから、姻戚である孫思道は外甥張大同夫人の父ということになり、二重の姻戚關係になる。但し『別集』七　書柏學士山居詩題後では「史紹封の子の會は、自分の外甥張協と蘇氏において友婿《あいむこ》」というか

ら、ここでは史會と張協の夫人は蘇氏姉妹ということになる。なお『正集』十 史彦昇送春花という七絶に付けられた『內集詩注』に「彦昇、名は會、靑神の人、紹封の子」とあり、靑神縣の人であることが知られる。この蘇氏夫人が眉山の蘇氏一族であるか否かは分からないが、張協は孫氏か蘇氏を再娶したと理解すべきなのであろうか。また『正集』十七 懷安軍金堂縣慶善院大悲閣記には、記を依賴した人物として「通直郎知金堂縣事張禔」の名を擧げ、かれを「外兄張子安」と呼ぶ。元祐二年の作であり、名の禔が「しめす偏」であること、字が子安で子履、子謙と子の字が共通であること、外兄と稱していることを考えれば、張祉や祺と異母兄弟ないし同排行の、いずれにしても嚴道張氏一族であろう。山谷が靑神に家姑黃氏を見舞った背景には以上の如き張氏との二重、三重の姻戚關係があった。

三　蜀州江原の張氏

一方、靑神縣に赴き寒食詩跋を求めた張浩、南宋になりその經緯を跋として認めた張縯一族に關してはどうであろうか。詩卷元有者の張公裕については范純仁『范宣公集』に墓誌銘があり（卷十四 承議郎充祕閣校理張君墓誌銘）、また弟公邵には先述の山谷撰墓誌銘がある。これらによれば遠祖は前漢の張良、後漢の張綱と稱し、公裕の六代の祖が蜀州江原に移り江原の張氏となったという。公裕の父中理は學行が評價され遺逸推薦に預かるが赴かず、試將作監主簿の肩書きを授かった。中理には七人の息子があり、五人が官となり長男の公裕が最も著名であるという。七人のうち兩墓誌から名前が分かるのは公裕、公邵の二人であるが、『嘉慶四川通志』六十一 輿地風俗に引く「費著氏族譜」の張氏の項には、中理の子として元祐五年の五經出身、公謹の名を擧げる。公謹の子深は、鄰の成都府雙流縣に移り崇寧年間に進士合格、兩宋交替期には張浚の下で潼川路提刑や轉運副使、さらに四川都轉運使などとして活躍したという。官となった五人の長幼は公裕が長男というほかは不明である。公裕には上から洞、浩、洪の三子があり、張縯は浩を伯祖と呼ぶので縯の祖父は洪となる。また公郘には澥、湜の息子があった。これらを圖示すれば左のようになる。

蜀州江原の張氏（寒食詩巻所藏者　公裕以外の兄弟の順は不明）〈　〉は縯跋での呼稱。

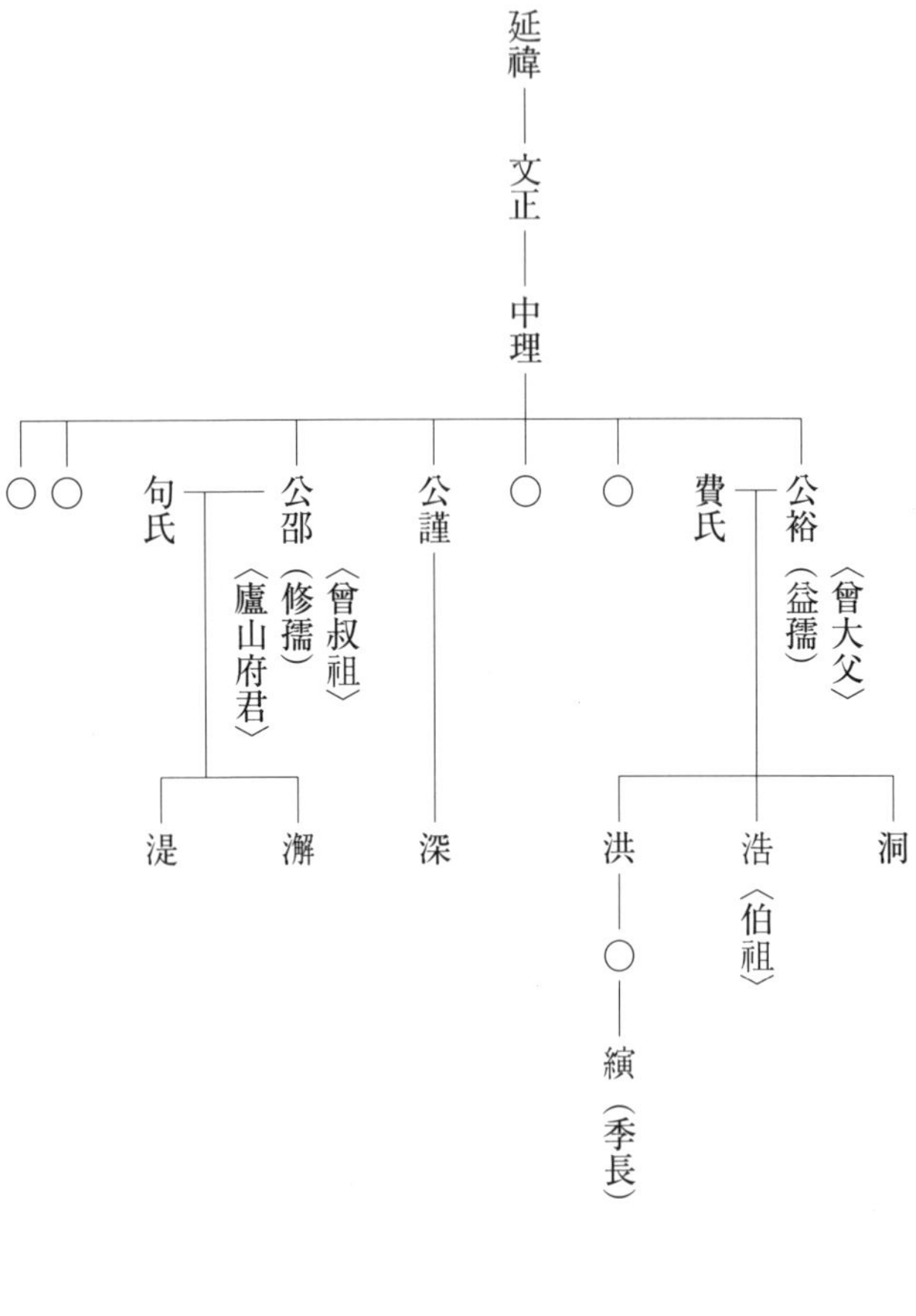

張公裕は、皇祐年間の進士、戎州軍事推官を振り出しに地方官を歴任し、治平三年（一〇六六）、歐陽脩の提言による宰相・參知政事は館職にふさわしい人物を各五名推薦せよとの詔が下ったとき、韓琦の推薦で二十名の中にその名が入った。山谷の母方の伯父で皇祐元年の進士甲科合格である李常も同じく推薦され、翌年、共に祕閣校理を賜っている。(10)母の喪があけると同知禮院に就き、熙寧三年七月には、親王襲爵問題で執政と爭い同僚の知禮院文同らと一官降格の處分を受けた（『長編』二一三）。熙寧五年（一〇七二）、英宗の祔廟をめぐり、天子七廟制のもとでは太廟からはずれる太祖の高祖にあたる僖宗の處置、とくに僖宗を新たに始祖として太廟に入れるか否かをめぐる論爭に參加、七廟制を定めた太祖の意向を尊重して始祖に反對したが入れられなかった（『長編』二四〇　十一月戊辰）。後、文彥博の辟召を受けるも養親を理由に地方官を願い、嘉州の知事として赴任している。父の服喪後、六十歲になった公裕は祠祿官を求め鄉里に歸ったが、元豐六年（一〇八三）五月、六十一歲で世を去った。詩、易、春秋、老子、陰府經の注解、家集三〇卷などの著がある（全て佚）。これが官歷の概略である。同じ四川出身者の文同との親しい交流をみれば、(11)蘇軾との近い關係も容易に察しがつくが、「寒食詩卷」眞蹟がどういう事情で公裕の手に渡ったのか、それを示す史料はない。定說のように「寒食詩」の「三たび寒食を過ごす」を文字通り受けとり、最も早く元豐五年の作としても公裕の死まで一年餘り。僅かに東坡の「跋張益孺清淨經後」（孔凡禮撰『蘇軾文集』六六）が、蘇軾と張公裕の繫がりを示すのみである。

子の張浩については殆ど史料がなく、唯一手掛かりとなる情報は、清の光緒二十五年（一八九九）に發見された元符二年の石刻題名記殘碑の內容である。『崇慶縣志』（民國十五年）藝文十一　金石　には宋元符題名殘刻として次の題記を前段六行、後段六行に移錄する。

元符二年上巳前　公尹永康軍導江
一日　縣主簿季宗況前
提刑察院頓公按　梓州鹽亭縣主簿
部過邑同知江源　張浩前□□□
縣事馬賁新武信　陽縣□□□□
軍節度掌書記張　游張氏□

民國十二年（一九二三）に調査したときには、石碑は二つに割られ水門の水止めに使用されて、文面は殆ど磨滅していたが、幸い發見時に記錄した者があり、そのときは最後の三行に判讀できない文字があっただけという。『縣志』の解釋を要約すると次のようになる。元符二年に提刑司屬官（察院は本來、中央の監察御史の役所）頓起が管轄下の縣を巡察中、江源縣知事馬賁新、梓州路遂寧府武信軍節度掌書記張公尹、成都府路永康軍導江縣主簿季宗況、梓州鹽亭縣主簿張浩、他一名と張氏某に同遊したときの題名記である。碑の出土地を調べると江源鎭の東七里ばかりの所で、皈禪院の近くである。從って碑の出土地は趙淸獻の題壁のある張景通の創建した善頌堂の故址と考えられる。一族の張公尹、張浩の案內で參觀したときの題記であろう、と。

この解釋でほぼ間違いないと思われるので、少し說明を加える。張景通は公裕の父中理のことで、先に記したように遺逸として推擧されながら赴かず、試將作監主簿に任ぜられ、子の榮達により最後は少師まで累贈された人物である。その存在は中央にも知られ、公裕が養親のために嘉州知事を願い四川に歸るとき司馬光、范鎭らは中理に詩卷を贈った。司馬光『司馬文正公傳家集』六 に收錄されたその詩題は「寄題張著作〈中理〉善頌堂〈嘉州公裕學士之父〉」とあり、(12)公裕はそれらの詩卷を石に刻むため文同に序を求めたことも先に述べた。文同には、また江源張景通善頌堂と題する七律がある。(13)いずれの詩も遺賢に相應しい中理の姿と息子たちの相次ぐ官界入りの譽れ、善頌堂の景觀を詠っている。とすれば文同の詩の原注「雲蓋、堂下の石銘」とは、善頌堂に建てられた詩巻石刻を指しているとも解釋できる。さらに趙抃にも「過嶺回寄張景通先生示邑下同人」という詩が殘されている。(14)趙抃には蘇軾の撰した神道碑があり、仁宗景祐元年の進士、殿中侍御史として宰相らをも嚴しく彈劾し鐵面御史と呼ばれ、神宗朝には參知政事まで務めたが、王安石の新法に反對し中央を離れ、元豐七年、七十七歳で世を去った。淸獻はその謚である。抃は二度にわたり成都府知事を務めるなど蜀に關係が深かった。先の詩はそれとは別に、まだ官歷の淺いころ歷任した地方官のうち、蜀州江源縣知事を離任したときのものであろう。詩の內容から推すと、文行ありとして張中理を官に推薦した人物は、この趙抃その人ということになる。中理の善頌堂に趙抃の題壁が書かれた理由は、兩者のこの親しい關係にあったのである。「長厚淸脩」を稱えられた張淸獻の題壁と司馬光・范鎭らの詩巻石刻の存在、仁宗飛白書の所藏など、當時の善頌堂は四川の文人官僚たちが同游する格好の名所となっていた。このとき一行に同道した張公尹は、その名前からみて『縣志』のいうように公祐、公邵の兄弟か或いは同排行の一人とも考えられる。公裕の息子張浩は、翌年、寒食詩など東坡三詩を攜え、跋文を依賴しに眉州靑神縣の黃山谷を訪ねたのである。

靑神縣に姑を見舞った山谷は、流配を許された直後でもあり、久しぶりに鬱屈の氣が解けたのであろうか、この時期の詩文はいずれものびやかな表情を漂わせている。『全集』五に收める「借景亭〈幷序　元符三年戎州作〉」はその一つだが、序に「靑神縣尉廳、城頭の舊屋を葺して借景亭を作り、史家園の水竹を下瞰す。終日寂然として、了に人迹無く、又た大木綠陰の間に當たる。戲れに長句を作り、信孺明府、介卿少府に奉呈す」とあり、詩は張祉（介卿）と信孺という人物に奉呈されている。少府は縣尉のことであり、明府は縣知事を指す。『全集』は、この信孺を閬州知事魚仲修の後任者となる程信孺としている。(15)信孺はまた八月末に山谷のために酒宴を設けたことも知られる（『全集』別集二 游中巖行記二)。しかし詩本文には「靑神縣中、兩張を得、民の財力(物)を愛し、惟だ傷わんことを恐るのみ。二公、身ら民を安んじ乃ち樂しむ。……」とあり、二公を知縣と縣尉の兩張すなわち張信孺と張介卿というようにもみえる。字に「孺」を含む人物は、『全集』中、成孺、德孺など外にも多くみられることもあり確定しにくいが、もし張信孺であれば張公裕、公卲の字が益孺、修孺であるから、官を得た五人の兄弟の一人ということになり、山谷來訪の知らせは知事自らによりいち早く江原に傳わったことであろう。それはともかく、靑神縣で張浩以外の江原張氏が山谷に同道していたことを示す史料がある。「別集」二の先掲「游中巖行記」の三に「元符庚辰(三年)季秋の丁丑(九月十四日)、尉の張祉介卿及び其の兄榹(禠)子謙、姪協大同、甥宋正臣端弼、予を邀え、茗を擕えて來たり玉泉を煮る。同に來る者、楊湛君睨、張瀣持遠。自頃《ちかごろ》屢しば來たるも、常に晦冥に苦しむ。是の日天地開廓、極目千里。黃某魯直」とある張瀣は、亡き盧山府公公卲の子である。中巖は靑神縣の靑衣水の北に位置する名勝三巖の一つ。山谷は滯在中、しばしば訪れたらしく同游記を幾つも殘している。靑神縣滯在中、山谷は多くの知友に取り圍まれていたが、その中心に姻戚の雅州嚴道と舊知の蜀州江原、兩張氏一族の姿があり、こうしたなごやかな空氣と、配流を釋かれた解放感のなか、題跋としては異例の東坡の本詩に竝ぶ大字による山谷寒食詩卷跋が生まれたのである。

四　南宋の善頌堂

山谷跋誕生の經緯を記した張縯、字は季長について、同時代のまとまった傳記史料はなく、民國十五年と一九九一年編纂の兩『崇慶縣志』の該當記事が詳しい。とくに後者はもっとも詳細であるが、殘念ながら典據の記載がない。それらを參照しつつ行論に必要なその經歷を拔きだすと、生まれは紹興の初め、隆興元年(一一六三)の進士。乾道八年（一一七二）、四川宣撫使王炎の幕下に入り利州路興元府南鄭に赴任。このとき陸游と同僚となり、以後二人は張縯が世を去るまで三十五年以上の交友を續ける。翌年、王炎の辭任にともない、四川を離れて入京し祕書省正字に遷るが、淳熙元年（一一七四）から四年まで父の服喪で歸鄕、五年以降は各地に任官した。その中には淳熙十四年前後の利州路提刑、知遂寧府、中央に戻った紹熙年間の大理寺少卿、再び外任の知漢州などが確認できる。[17]紹熙二年以後、「天資傾險、貪得好進」「賦性極鄙、所至姦贓」などとする三回の彈劾による宮觀差遣の記事が目に付くが、黨爭のなかのことでもありその實情は分からない。[18]嘉泰元年（一二〇一）以降は故鄕江原に戻り、著作に專念し、開禧三年（一二〇七）に沒した。著に『中庸辯擇』『陶靖節年譜』など數百卷があったという。[19]

「寒食詩巻」との關連でもっとも注目すべきは、丁憂で家居していた張縯のもとに、淳熙四年、范成大が訪れたことである。淳熙元年十二月、四川制置使に任命された知靜江府廣西經略安撫使范成大は、二年正月に桂林を發ち、六月に成都に到着、以來その任にあった。しかし淳熙四年、病を理由に祠祿を願って許され、五月二十九日に成都を離れている。途中、永康軍を廻り青城山をへて六月九日、江原縣に至った。このときのことを『吳船錄』は「丁丑、三十里にして早くに江原縣に頓《とどま》る。前館職張縯季長招きて其の曾祖作る所の善頌堂に至る。季長の祖、司馬溫公、范太史と同朝にて相善し。新法を論じ合わずして歸る。二公、善頌堂詩を作り以って之れを送り、壽を其の親に歸せしむ。詩卷皆な存す。壁に趙淸獻公宰邑の時の題字あり。季長の族祖浩の藏せる仁宗飛白の書、山谷跋する所は、其の末句『譽天地之高厚、贊日月之光華、臣知其不能也』と。今の集中は『臣自知其不能也』に作る。自の字、蓋し後來の增す所、語意方めて全きなり。山谷自ら洪州分寧縣雙井里前史官臣黃庭堅と稱す。蓋し戎州に謫さるる時に跋する所なり」と記す。曾祖（中理）は高祖、祖（公裕）は曾祖の間違いであるが、善頌堂はこのときも健在であり、張縯はここで所藏の司馬光らの詩の原蹟、山谷跋の仁宗御書を范成大に開陳したのである。成大は『山谷集』に收載されている跋文との違いを指摘し、その肩書きから書かれた時期を推測している。なおこの肩書きは、『豫章黄先生文集』をはじめ諸文集の記にはみえない。さらに范成大はこのとき「江源縣張季長正字家善頌堂」の詩を作っているが、その詩題の原注に「季長、盡く先世の藏する所の圖書を出す。壁に趙清獻公、令爲りし時の題名有り。是の日、新米を食し、坐中皆な賛《ほ》め喜ぶ。夏の初め嘗て大旱なればなり」ととくに記す。(20)「盡く」が文字通りであるかは別にしても、このとき「寒食詩巻」が出されていれば、必ずや記録にとどめている筈である。それが無いということは、何かの理由で張縯が出さなかったのか、或いは淳熙四年の段階ではまだ所藏を知らなかったのかのどちらかであろう。

同じことは陸游の場合についてもいえる。先述のように三十五年以上にわたる張縯との交友は、互いに遣り取りし、或いは蜀と山陰と遠く離れながら相手を思う三〇首以上の詩を『劍南詩稾』に殘したことでも知られ、『渭南文集』四一の祭張季長大卿文は、その二人が「異體同心、有善相勉」と生涯切磋琢磨する關係であったことを述べている。陸游は江原縣の治所である蜀州通判の二度の就任を含め乾道六年（一一七〇）から淳熙五年（一一七八）まで四川に滯在した。その間、何度か江原に赴いているが、「宿江源縣東十里張氏亭子未明而起」の題詩があることをみれば（『劍南詩稾』六）、陸游も善頌堂を訪れたことは確かである。(21)その陸游に寒食詩巻に關する記述は一切殘されていない。周知のように陸游は、成都府知事であった汪應辰が、乾道四年に蘇軾の書を刻して作成した西樓帖三〇巻のうち、優品を選び東坡書髓一〇巻として再編纂しているほど軾の書への關心は高い。にもかかわらず寒食詩巻への沈默は、張縯がそれを示さず、陸游にも鑑賞する機會がなかったからなのであろう。

先に、縯跋は淳熙九年以降に書かれた可能性があると述べた。范成大、陸游二人の言動も、それを支持しているかのようである。

おわりに

東坡・山谷の北宋二大家が竝び競う空前絶後の書卷にもかかわらず、張縯のあとに宋人の跋はなく、當然、あまた刊行された宋人題跋類の書物にも『山谷題跋』を除き寒食詩は收載されない。わずかに詩卷の荊湖南路轉運使印が爾後の宋人鑑賞の痕跡を殘すのみである。

蘇軾の政治的位置は、政局に連動して浮沈を繰り返した。同時に、根強い人氣があるその書は、時の政權からみれば本人同樣あるいはそれ以上に扱いに氣を使う存在であった。とくに徽宗朝は、東坡の書や書物の所有が禁止されたのみならず、版木は焚かれ、その石刻も毀たれた。しかしそれにもかかわらず一般の東坡愛好熱は冷めず、書や書物はひそかに所有され讀み續けられた。のみならず實は朝廷中樞においても建前上の禁令の陰で、東坡の書の收集熱は盛んであったのである。[22]そのため書の所有者は、國禁を犯すことと權力中樞によって書を卷き上げられる二重の危險に曝されていた。この危險は、乾道六年（一一七〇）孝宗が蘇軾に文忠の謚を贈り、乾道九年に曾孫嶠が奉った文集に御製の序を賜ったことで、一應なくなったといえる。しかし當時の人にとり、政權交代にともなう評價の逆轉の豫想が完全に拂拭できたかどうかは疑わしい。張縯にそうした心理がはたらいていたか分かるはずもないが、寒食詩卷の所藏について、善頌堂を訪れた范成大、陸游も目にすることがなかったほど愼重であったことは確かであろう。

王朝の興亡を含めた政治の變動に加え、自然的、人爲的災害も傳來の作品が失われる大きな要因であることはいうまでもない。現存寒食詩卷はその上下が焦げて、英佛軍による圓明園燒き討ちの跡を殘し、さらに關東大震災、東京大空襲にも遭遇している。この作品が、今ここにあるということは、單なる偶然の結果ではなく、その作品に價値を認め、場合によっては生命を賭けても守り後世に傳えようという人々の營々と續く努力の集積として初めて可能なのである。要するに傳世作品は、後世の人々のそれを殘そうという意思の產物であり、「在る」こと自體に明確な價値判斷が含まれている。この點が、偶然發見された出土作品との大きな違いであり、恐らく事情は、文獻史學が扱う傳世史料も同じであり、史料の存在そのものが歷史であるともいえる。——中國文化史とは何かと問われれば、默ってこの寒食詩卷をさし出せばよい。

注

（1）石川九楊『書の宇宙』十四　文人の書・北宋三大家　十八頁（二玄社　一九九八）。

（2）同氏『中國書史』三二一～三四頁（京都大學學術出版會　一九九六）。以下の同氏の言葉はこの書に依る。但しこれ以外の東坡書蹟についての氏の評價は嚴しい。例えば「蘇軾の書で評價しうるのは、顏眞卿の書の亞流にすぎない宸奎閣碑、あるいは王羲之寄りの尺牘（たとえば致長官董侯閣下）などとは次元を違えた、新しい質をもっている黃州寒食詩ただひとつに限られるといっても過言ではない」（前注書八頁）など。

（3）注（2）同書には「……曰く言い難いところそのものを何とか言葉に換えようとする營爲がなければ、書の美の存在を證明することはできず……」（五頁）、「蘇軾の書は難しい。その深々とした魅力にもかかわらず〝ここがこうだ〟と指摘しえない深みがある」（三四頁）や「〝黃州寒食詩卷〟には、書固有の表現のもつすごさ、一度限りの臨場のこわさ、危險性をも含めて、書固有の表現のすべてがここに隱されていると言っても言い過ぎではない」（二二五頁）とあり、おそらく氏の研究者と實作者二つの立場を前提とした、粘り強い思索の結果、導き出された見解であろう。

（4）顏魯公は顏眞卿、楊少師が楊凝式。從來、李西臺は李建中と理解されてきたが、近年、李西臺は李邕であるという說が出され論爭となった。『故宮文物月刊』五〇期（一九八七）、六〇期（一九八八）など。衣若芬『赤壁漫遊與西園雅集——蘇軾研究論集』（線裝書局　二〇〇一）一八四頁以降參照。なお石守謙「無佛處稱尊——談黃庭堅跋寒食帖的心理」（『故宮文物月刊』八五期　一九九〇）は、山谷跋の最後の文「無佛稱尊」の佛は蘇軾、尊は自分の書と解し、山谷の竝々ならぬ自負と蘇軾への對抗心を讀み取ろうとする。蘇軾、黄庭堅兩人の謫居とその心理、書との關係などを論じて興味深い。

（5）地方官の査察を命じられた張綱が、「豺狼路に當る。安んぞ狐狸を問わん」と述べ、朝廷要路の大悪を除くことが先であると、車輪を洛陽都亭に埋めて出發しなかった故事（『後漢書』五十六　張綱傳）。

（6）收藏家の印については、佐野光一「黄州寒食詩巻の傳來」（『中國書法ガイド蘇軾集』二玄社　一九八八）が詳しく解説している。

（7）中田勇次郎『碑帖題跋記』黄庭堅一四三黄州寒食詩巻跋は「……この詩巻の宋の張縯跋によると、その伯祖にあたる張公裕が眉州の青神（四川）で黄庭堅に會見したとき、……」（同氏著作集一〇所收　二玄社　一九八七）とするが、伯祖は公裕の子である浩としなければならない。

（8）いささか瑣末になるが、この可能性が全くないわけではないことを述べる。『全集』付錄にある黄㽦「豫章別集跋」（嘉靖本巻末）には「散亡を博く求め、八百六十八首を得たり」としてその内譯を「詩七十六、銘・贊・頌六十九、序・説・記四十二、律賦・策問五、箋注二、書・表・奏狀・啓二十八、雜著六十五、疏・詞・文三十四、行狀・墓銘・表二十四、題跋二百三、書簡三二〇、合して十九巻と爲す」と記す。ところが日本の國立公文書館内閣文庫藏嘉靖本には異なる數字を載せる。内閣文庫には毛利家と林家舊藏の二本の嘉靖六年序をもつ明版『山谷全書』が所藏されており收錄する別集の位置が異なるが同じ版である。いずれも後刷りでとくに林家本はかなり刷りが悪い。その㽦別集跋は『全集』付錄と同じく淳煕壬寅（九年）の紀年を記しながら（嚴密には『全集』の二月一日旦が内閣本では二月旦となっている）、收錄する記事の總數と内譯に異同がある。まず總數では八八一首と十三の增があり、内譯でも增減の違いがある。行狀・墓銘・表の部分が同じ二十四（但し原文は一十四。毛利家・林家二本とも内譯の數を足しても總數とならないが、内閣文庫藏萬暦四十二年刊の『重刻黄文節山谷先生文集』別集の㽦跋は毛利・林舊藏嘉靖本跋と同じで且つ内譯の合計は總數に等しいので、數字はこちらを用いる）に對し題跋は一九九で四の減である。しかも別集の巻數は二〇とあり、『全集』の引く嘉靖本跋と異なる。なぜ同じ嘉靖本で違いがあるのか詳細は分からないが、㽦が淳煕九年以降、内容の改定を續けていた可能性は否定できない。因みに清乾隆刊の緗香堂本の別集は一九巻であるが、付する畱跋は毛利・林家本と同じで二〇巻とする。なお江兆申氏は張縯跋を一一八〇（淳熙七）年頃書かれたというが、とくに根據は示されていない。また江氏のいう湖南跋の一九一七（大正六）年は、湖南が北京でこの詩巻を見た年であり、跋は先述のように一九二四年に書かれたものである（『故宮文物月刊』八五期　一九九〇）。

（9）　中田勇次郎『黃庭堅』（二玄社　一九九四）年譜一七七頁など。

（10）　『長編』二〇八 治平三年一〇月甲午、同二〇九 治平四年閏三月丙午。『長編』二〇九は祕閣校勘とする。祕閣校勘は、南宋の理宗紹定元年（一二二八）に置かれた選人資序、無品の職事官である（龔延明『宋代官制辭典』二四二頁）が、ここでは館職任命であり、同じく祕閣校勘となったとする李常について『長編』二一〇 熙寧三年四月壬午には「右正言祕閣校理李常、落職し太常博士・通判滑州と爲す」とあるので、墓誌の記述に従い祕閣校理とする。

（11）　文同『丹淵集』二六 送張學士知嘉州序は、熙寧八年上元の作で、同六年秋友人の張公裕が知嘉州として四川に赴くに際し、友人知友が餞別の詩を送った。公裕は、知興元府にある私（文同）のもとにそれらの詩を石に刻むので序が欲しいと依頼してきた、とあり、交友の一端が知られる。

（12）　詩は「玉壘老先生、逍遙樂太平、門闌百客盛、冠蓋一鄉榮、國族招邀近、堂皇指顧成、江山對平遠、圖史散縱橫、止水中心適、秋毫外物輕、鯉庭新露冕、閭巷不須驚」。

（13）　『丹淵集』十三「庭前雲蓋碧巉嵓、堂上先生雪滿髯、說藥客來聊下榻、謁齋僧去便垂簾、種時法好花難謝、買處錢多石易添、子舍光榮身壯健、只將香火事華嚴。〈雲蓋堂下石銘〉」。なお文同は、張中理の死に際して「張中允先生挽詩」三首を捧げており、其の三でも「庭前雲蓋石」と詠んでいる（同二十）。

（14）　二年官役愧能名、賢得斯人幸合幷、幾度孝廉交郡辟、一生文行出鄉評、君廬卓水江頭遠、我馬靑泥嶺頂行、西首胡爲書以贈、欲持同邑寄諸生。

（15）　「續集」五　答王觀復の第四狀に「頓首、承魚仲修待程信孺來、遂解印、便欲作整暇堂意記去。乍到靑神、終日接應人事、比夜則嗒然就臥、終無意可作。……」とあるによる。

（16）　「靑神縣中得兩張、愛民財力（物）惟恐傷。二公身安民乃樂、新葺城頭五（六）月涼。竹鋪不涴吳綾襪、東西開軒蔭淸樾。

當官借景未傷民、恰似鑿池取名月」。

（17）『宋會要』職官四七—一、六二—二七、七三—六、選擧二二—四、食貨六八—八四など。

（18）『宋會要』黜降官七三—六。同七四—一一の嘉泰元年八月二十三日、知潼川府の任命取り消しの場合は、「理作自陳」という自らの希望で宮觀差遣を與えるという形式をとり、實質的には處罰の意味をゆるめた措置であった。また彈劾のレッテルが書畫コレクターに往々貼られる語句であることは興味深い。

（19）陸游『劍南詩稾』七三　哭季長二首の原注に「季長晩著書數百卷」とある。現在はすべて佚。

（20）『石湖居士詩集』一八　江源縣張季長正字家善頌堂〈季長盡出先世所藏圖書、壁有趙清獻公爲令時題名。是日食新米、坐中皆贊喜、夏初嘗大旱也〉「我窮江源來、名勝頗追逐。薫風秀沃野、在處得寄矚。頌堂有佳士、文字照縑竹。圖書抱世守、古錦韜玉軸。黄金不滿籯、故園有喬木。逡巡酒如澠、霍霍具水陸。田頭新穀升、一飯香滿屋。回思閔雨時、敢望遽炊玉。摩挲壁間題、明府遂州牧。山高江水長、百世照尸祝。我來坐琴壇〈琴壇在成都西園、清獻公彈琴宴坐處〉、靦汗媿前躅。空餘煙霞痼、未許是公獨。請歌靑城遊、或附耆舊錄」。

（21）前節で紹介した、恐らく善頌堂に建てられていた頓起ら題名碑の出土地が江原鎭の東七里ほどの所という傳承は、陸游が宿をとった江源縣の東十里にある張氏の亭子が善頌堂であることを示す。

（22）六章「西園雅集考——宋代文人傳説の誕生——」でやや詳しく検討する。

第五章　知杭州蘇軾の治績——宋代文人官僚政策考——

上　その救荒策

はじめに

元祐四年（一〇八九）七月、外任の念願かなった蘇軾は、知事として杭州に着任した。熙寧年間の通判時代から十五年を經た、二度目の杭州行である。以後、六年二月翰林學士承旨を拜命、再び中央に呼び還されるまでの一年半餘り、多忙な地方官生活を杭州で過ごすことになる。西湖の風光は、今回も詩人の心を和ませてくれたが、彼をとりまく現實は一段と嚴しいものがあった。(1)蘇軾はこの時期、十數狀にのぼる水旱救濟策を上呈している。兩浙西路兵馬鈐轄を兼帶していた軾は、浙西七州軍全域にも目を配らねばならなかったが、救濟の主要な對象は杭州である。連年の災害によって、事態が一刻の猶豫も許されぬ程切迫していることを繰り返し強調し、政府に早急な對策を求めたのである。

本章は、主に軾の上奏文によって、知杭州時代の彼の救荒策の特色を考え、また政府側の對應を勘案しつつ、その實際を檢討しようというものである。周知の如く、中國の著名な文人、學者は官僚であるものが多い。特にその傾向は宋代に著しい。中國史上、屈指の文豪蘇東坡は、言うまでもなくこうした宋代文人官僚を代表する一人であった。それ故、知杭州蘇軾の救荒策を檢討することは、救荒策の事例研究の一つであるとともに、文人の官僚政治家としての一側面を檢證することになり、ひいては宋代士大夫政治の特質の一端を窺うことになるかと思う。以下、問題が奈邊にあるかを述べ本章の緒言としたい。

さて當然のことと言うべきか、弟轍の手になる墓誌銘や、それにほぼ依據する『宋史』本傳は、軾の救荒策は適切であったとして高い評價を與えている。また乾道『臨安志』巻三、牧守、蘇軾の項には、彼の郡守としての事績を簡潔に記すが、その大部分は救荒に關する記事で、これまた墓誌銘によっていると思われ「以て全活する者甚だ衆し」と、同様の評價を下している。それらがいずれも、軾の施策を德とした杭州の民が彼の祠堂を建てたと記すことは、評價が單に好意的な身内によるだけではなく、當時の杭州の人々によってもなされていたことを示すものとして注意されよう。因にこのとき建てられた祠堂は、元符三年（一一〇〇）知杭州として赴任した呂惠卿によって壞されている（淳祐『臨安志』巻十、蘇公堤）。小論は、結論としてこの評價に異を唱えようとするものではない。大筋においては墓誌銘や本傳の記述を了承するのだが、そこに些か考えるべき問題もまた在ると思われるのである。例えば、李埴『皇宋十朝綱要』十三、元祐六年六月の條に以下の記述が見える。

兩浙西路大水す。杭州の死者五十萬、蘇州三十萬たり。詔して吏部郎中岑象求を本路轉運副使と爲し、仍りて米百萬斛・錢二十萬を賜い、象求をして賑給せしむ。

兩浙西路大水、杭州死者五十萬、蘇州三十萬。詔、遣吏部郎中岑象求爲本路轉運副使、仍賜米百萬斛錢二十萬、令象求賑給。

杭州の死者五十萬とは、假に十分の一が事實だとしても少なからざる數である。元祐六年は、二月に翰林學士承旨を拜命し、五月二十六日に入見しており（『長編』四五八）、軾は既に杭州を離れている。だが、たとえ六月の時點で離任していたにしても、事態は前年來の結果として生起するのだから、當然、この記事は彼の救荒策評價の見直しを要求するであろう。蘇軾に失政があったか否かである。前記『臨安志』は、元祐四年秋から五年春までに關して觸れるだけだが、墓誌銘は、軾の獻策が多く入れられ呉越の民は復た流散を免れたと述べるのであり、もし六年夏にこのような慘狀を呈していたとするなら、やはり軾の施策との關連が問題にされなければなるまい。こうした觀點から五年秋以降の上奏を檢討すると、責められるのは軾ではなく、彼の對策要請に直ちに應えなかった政府であり、むしろ被害が出る前に豫防措置を講ずべく、繰り返し提言した軾の見通しの確かさを證明する記事ということになりそうだが、いずれにしてもこの邊りを確認する必要がある。

ところで實は、岑象求らの派遣はともかく、杭州、蘇州の死者については數字そのものが多分に疑わしいのである。というのは、第一に、この記事は『長編』や『宋會要』の關連箇所に全く見えず、今のところ僅かに『十朝綱要』と同趣旨の編纂書である陳均『皇朝編年綱目備要』二十三、元祐六年六月の條、「浙西水」の本文に割註して「杭州死者五十萬、蘇州三十萬云々」とあるのを檢出し得るに過ぎないこと。[2] 第二に、『通考』二十六、賑恤、哲宗元祐六年に翰林學士承旨知杭州蘇軾の言として、「浙西二年諸郡災傷、今歲大水、蘇湖常三州水通爲一、杭州死者五十餘萬、蘇州三十萬、未數他郡云々」と記すが、これは元祐六年七月十二日の蘇軾「乞將上供封樁斛斗應副浙西諸郡接續糶米劄子」を節略したもので、この時期、彼は知制誥兼侍讀であり、しかも原文で熙寧災害の時とする死者の數を、誤って元祐六年に繫けているのである。『十朝綱要』『綱目備要』が、同様の誤りを犯している可能性は十分ある。というより兩書の記事は別な角度から考えてみる必要がありそうである。すなわち、それを單なる誤記としてではなく、元祐六年六月段階での蘇軾をとりまく政治狀況の中で意味を捉えるとどうなるかということである。

元祐年間は、所謂洛・蜀・朔黨の確執が極まった時代である。軾の外任希望の主な理由も、この黨爭から逃れることにあったが、杭州から中央に戻った彼は、再び洛・朔黨側の攻撃に晒されることになった。後節で見るように今度はその彈劾の中に、浙西の災害を誇大に報告し朝廷を惑わしたとの一條が含まれていたのである。蘇軾の強力な要請を背後に推測させるこの米百萬石、錢二十萬貫という多額の賑濟費用の賜與を機に、浙西水災の程度を疑問とする御史の劾奏が續いた。こうした文脈の中で見れば、前記兩書の記事は、明らかに蘇軾辯護の立場で書かれたことが分る。史書の記述が、書き手の黨派性ないしどの黨派に與するかに影響された事例といえよう。そこで本章では、まず元祐四年秋から五年春までと、五年夏から六年初めにかけての蘇軾の提言及び政府側の對應の事實經過を追うことに努め、その後、これらの施策と、軾をめぐる人間關係や黨爭との關連について若干檢討してみることにする。

一　元祐四年秋から五年春まで

はじめに、關連する蘇軾の上奏を擧げておこう。いずれも『東坡奏議』に收められている。①乞賑濟浙西七州狀（元祐四年十一月四日）②乞降度牒召人入中斛㪷出糶濟飢等狀（元祐五年二月十四日）③論葉溫叟分擘度牒不公狀（同年二月十八日）④奏戸部拘收度牒狀（同年五月二十七日）⑤奏浙西災傷第一狀（同年七月十五日）⑥奏浙西災傷第二狀（同年七月二十五日）⑦申明戸部符節略賑濟狀（同年八月二十五日）⑧相度準備賑濟第一狀（同年九月七日）⑨相度準備賑濟第二狀（同年九月十七日）⑩相度準備賑濟第三狀（同年十月二十一日）⑪相度準備賑濟第四狀（同年十一月二十一日）⑫再乞發運司應副浙西米狀（元祐六年三月二十三日）⑬乞將上供封椿斛㪷應副浙西諸郡接續糶米劄子（同年七月十二日）ほかにⒶ乞開杭州西湖狀（元祐五年四月二十九日）Ⓑ申三省起請開湖六條狀（同年五月五日）も密接な關連がある。以下、上奏の順に各狀の內容を檢討してみたい。本節では①〜④狀及び西湖ⒶⒷ狀が對象となる。

まず四年十一月四日の日付をもつ①狀について。『奏議』の上奏文の中で、この①狀だけが、「兩浙西路兵馬鈐轄龍圖閣學士朝奉郎」という肩書をつけ、知杭州の代わりに兵馬鈐轄を使用している。浙西兵馬鈐轄は知杭州が兼ねるのであるから殆ど同じことで、また刊刻の際に知杭州を省略しただけとも考えられるが、浙西の兵權を統括し、やがて宣和三年には安撫使に改稱される兵馬鈐轄を使用することで、監司と同等の立場を前面に出したとも解せよう(3)。⑤狀でも、兩浙の災傷對策のいわば最高責任者として轉運使、提點刑獄とともに浙西・浙東兵馬鈐轄を擧げており、蘇軾が單に杭州だけではなく、浙西全體について責任を負う立場にあることを明確にする意圖が感ぜられる。

彼は浙西七州軍――杭、蘇、潤、秀、湖、常、睦州と江陰軍――の狀況を次のように報告している。冬から春にかけての長雨で田畑は冠水し、早稻を植えることができなかった。漸く五、六月になって水が退き、晩稻を植付けると、今度は日照りで高下の田兩方が被害を受けてしまった。今、米は一斗九十足錢になり、冬に向い貧民の中には飢える者も出はじめている。兩浙は水鄕であり、裏作の麥は非常に少ないので、次の收穫は秋まで待たねばならず、それとてはっきりしたものではない。今のままであれば、來年の端境期、飢饉・盜賊の恐れは必至である、と。こうした現狀認識に基づき政府に對策を提言するのだが、「本司、已に提轉と商量し、多方擘畫、準備するを除くの外、合に申奏すべき事件有り」とあるように、これより以前、提刑、轉運と災傷對策を協議したと言う。その內容について記すところはないが、恐らく秋稅の減免措置であろう。③狀によると杭州の檢放分數は一分六釐であった(4)。

①狀における軾獨自の要請とは、第一に、來年發すべき上供斛斗及び滯納分の百六十餘萬石を半額ないし三分の二に寬減し、殘りは豐作の年に二年分割で納めることを認めて欲しいということ(5)。第二に、各州では多くの名目の和糴が競合し、官吏の爭糴を招いて米價を押し上げているので、常平倉の收糴と省倉の軍糧用を除き、一時官の穀物買上げを中止して欲しいこと。更に浙中は以前から錢荒狀態にあり、今それが甚しいので上供錢二、三萬貫をもって民から金銀紬絹を買上げ、銅錢を放出するようにと願っている。第三は、私鹽密賣の盜賊集團を特に嚴重に取り締る權限

を臨時に與えて欲しいとの願いであるが、主な論點は一、二であろう。ほかにも、例えば寛減された上供米を補塡するに際し、交替間近な官吏が手抜きをせぬための措置など細かな對策についての記述もあるが、①狀の狙いを一言でいえば、米價を騰貴させぬための政府の財政的措置、すなわち上供米の寛減と不急の和糴の停止を獲得することにあった。「今來、また敢えて朝廷別に錢米を賜るを望まず」と、それ以外の要求は極力控えている。米價を上げぬこと、蘇軾の救荒策はいつでもこの一言に盡きるといってよい。

それでは、朝廷は軾の要請にどう應えたのであろうか。『長編』四三五は元祐四年十一月末尾に①狀を錄した後、次の如く記す。

詔して上供米三の一を留むるを許す有り〈「詔許留上供米三之一」〉、此れ軾の墓誌に據る。軾の奏するは當に刪取し必ずしも備載せず。然れども亦た當時の事情を見、故に具に之れを存す。軾の五年二月十四日の奏に云う「朝廷の上供米二十萬石を本路に賜るを蒙り出糶〈糶〉す」〉。是れに由り米翔貴せず。復た度牒百道を賜るを得、米に易え以って饑者を救う。明年春に方り卽ちに半價を減じ常平米を糶し、民皆な免るを得。……

有詔許留上供米三之一〈詔許留上供米三之一、此據軾墓誌。軾奏當刪取不必備載、然亦見當時事情、故具存之。軾五年二月十四日奏云、蒙朝廷賜上供米二十萬石於本路出糶〈糶〉〉。由是米不翔貴。復得賜度牒百道易米以救饑者、明年方春卽減半價糶常平米、民皆得免焉。……。

度牒と常平倉についてはは次にみることにして、ここでは朝廷の二つの措置を確認しておきたい。時間的順序からは、上供米二十萬石を賜予する聖旨が先で、⑧狀によると十一月二十九日、發運司から兩浙に出糶用米として送る命が降されている。上供額斛三分の一寛減の聖旨はそれより遲れ十二月中というが〈⑤狀〉、日付ははっきりしない。或は正月にずれ込むかも知れない。政府はこの米五十餘萬石分の買付けの替わりに、その費用で銀、絹などを和買し、軾の錢荒對策にも應えている。このように朝廷側の對應は要求以上であったといえるのである。勿論、蘇軾の方も、①狀の上奏とは別に、何度か中央へ働きかけている。『東坡後集』十四に收める十二月二十七日付け「上執政書」もその一つで（同じ書が『東坡續集』十一に「上執政乞度牒及因修廨書」として收められる）、「某已に三たび其事を奏す」とその形跡を示す。この書は、二十萬石の賜予を大恵としながらも、これのみでは不十分として更に三十萬石の寬減を求めており、こうした願いに推されて上供米五十萬石寬減の措置がなされたものであろう。

朝廷から豫想を上回る措置を賜った軾は、元祐五年正月から常平倉を開いて賑救を始めた。②乞降度牒召人入中斛㪷出糶濟飢等狀は、常平倉運營上の問題點、特に常平米不足への對處を述べたものだが、そこでの敍述を中心に彼の糴糶の見通しを紹介してみよう。杭州は、州治の錢塘、仁和兩縣のほか、餘杭、臨安、富陽、於潛、新城、鹽官、昌化の九縣を領した。「在州幷びに倚郭の兩縣の糶する常平米一千石、及び外の七縣、大縣は日に百石を糶し、小縣は五十石、約計するに日に五百餘石を糶す」として一日千五百石が必要であるから、正月より六月まで開倉するには二十七萬石の常平米を準備しなければならない。ところが、本州と倚郭二縣はほぼ足りるのだが、餘の七縣で三萬石が不足している。先に朝廷の賜與した二十萬石のうち杭州には越・睦州から三萬石が移送されるものの、それは軍糧の缺額六萬餘石に充てられ常平倉には回らない。そこでこの不足分三萬石をどう補充するかであるが、彼の計畫は、度牒の出賣によって糴本錢を得ようというものであった。前年の九月、老朽化した役所の改修費用として度牒二百道を求めたことがあり、先述の執政宛書簡は、未だ返答のないこの件について再度要求すると同時に、まず度牒を常平本錢に充てた後、改築費用に回すことを願ったものであった(6)。二百道の度牒を賣却し、それを本錢にして二萬五千石の米を收糴する。更にその米を出糶することで一萬五千貫が手元に殘り、これを改築費に充てるという計算なのである。②狀は、ほぼこの書簡の繰り返しであるが、米の收糴先として蘇、湖、常、秀州を考える點、この時期、浙西にはまだ多少、收糴の餘裕があったことを窺わせている。

ところで軾が②狀を上奏したのは二月十四日であったが、實は朝廷はこれに先んずる正月二十六日、既に空名度牒各三百道を淮南、兩浙路に給していたのである。二月十七日になって、その杭州割當分が僅か三十道と知らされ、憤激した軾は翌日、度牒分配の不公平を彈劾する奏狀を奉った。ここで攻撃の槍玉に擧げられたのが轉運使葉溫叟である（③論葉溫叟分擘度牒不公狀）[7]。兩浙路の今年災傷被害を認められた州は、杭、越、蘇、湖、常、秀、潤、衢、婺、台等で、このうち衢州は放稅二釐で對象外となり、殘りの九州に配分されたのである。軾の怒りは、二百道の要求に對し杭州が三十道の支給に留まったことと同時に、災傷の程度が蘇州より輕く、人口に至っては杭州の一、二割しかない潤州に百道を給する恣意的な配分に對して向けられた。その配分を一人で取り仕切ったのが葉溫叟というわけである。軾は、敕旨に依れば、分配は提刑、鈐轄との合議の上、災傷檢放率、各州の大小、戶口の多寡に應じてなされるべきであるのに、葉溫叟は提刑、鈐轄との協議は勿論、轉運判官張璹に相談することもなく獨斷で決めたと非難するのである。杭州は兩浙中の甲たる州であり、城內の人口四、五十萬、外縣の主客戶口三十餘萬を抱える上、檢放分數は一分六釐と低いのだが、普段から米を自給できず蘇、湖、常、秀州からの搬送に賴る特殊事情がある。たとえ杭州が豐作でもこれら諸州が凶作であると忽ち窮し、現在米價は斗九十足錢で、これは錢荒を考慮すると熙寧以前の百四、五十文に相當するから狀況は非常に深刻であると訴え、常平米は十九の場を設け日々十五、六萬人以上に出糶されている、二百道は無理でもせめて百五十道を、と要請した。他州は常平倉の缺米を報告していないのだから、三萬石を補充するには猶不十分だが、度牒の半數を杭州に賜るようとの言い分である。

軾の葉溫叟批判には手嚴しいものがある。例えば、次の一節などは意味深長である。

切に緣るに度牒三百道、約ね錢五萬餘貫に直し、所在の商賈富民之れが爲に奔走洶動す。而して溫叟一面に任意分擘し、更に逐司に計會せず。豈に穩便を得んや。兼ねて臣、去歳の諸郡税賦を檢放するを訪聞するに、多く不實不盡有り。只、蘇州の如きは積水瀰望すること衆の共に見る所。今來の放税分數、反って潤州に及ばざるは、蓋し是れ檢放の官吏、漕司の意指を觀望し、及び各おの本州の長吏に隨い意を用いて厚薄するは、未だ必ずしも皆な是れ的實ならず。今來、溫叟放税分數を專用して斷を爲し、深く未だ允らざると爲す、……。

切緣度牒三百道約直錢五萬餘貫、所在商賈富民爲之奔走洶動、而溫叟一面任意分擘、更不計會逐司、豈得穩便。兼臣訪聞去歳諸郡檢放税賦、多有不實不盡。只如蘇州積水瀰望衆所共見。今來放税分數反不及潤州、蓋是檢放官吏觀望漕司意指、及各隨本州長吏用意厚薄、未必皆是的實。今來溫叟專用放税分數爲斷、深爲未允、……。

度牒三百道は、一道百七十貫とすれば總額五萬餘貫に相當する。當然、利をめぐって商人、富民たちが暗躍することになる。他官と協議することなく獨斷で處理した葉溫叟は、恰かも商人、富民と結託しているかのような書き方である。加えて災傷認定にも溫叟の意向が強く働いているとし、轉運使葉溫叟への全面的不信を表明しているのである。この間の溫叟の動きが具體的に分ると興味深いのだが、殘念ながら詳細は不明である。ただこの時の知潤州は、やがて蘇軾に代わって知杭州となる林希で、彼は紹聖年間、元祐の舊法黨諸人を譏ったことなどから後世の史家に評判のよくない人物である。

さて蘇軾の上言は、要求通りではなかったが今回も聽き入れられ、百道が杭州に支給されることになった（Ⓐ狀）。ここで後の上奏をも參考にしながら常平倉運營の樣子を整理してみよう。まず先の執政宛書簡には、正月から七月まで一日千五百石を賣り出すとして三十一萬五千石の必要額に對し、軍糧充當分を除くと現在十七萬石を有するだけだと述べるように、四年十二月、兩浙出糴用米二十萬石賜予の段階で、杭州の常平倉には十七萬石貯藏されていたことになる。また⑤狀には「去年、杭州の管する常平米二十三萬石」という記述があり、これは上供米五十萬石寬減措置後、十二月末の數字かと思われ、增加分はその後の收糴によるのか、或は軍糧用を含んでいるのかも知れない。更に②狀では二月から六月まで二十二萬五千石出糶の豫定を立て、三萬石不足するというのであるから見管は十九萬五千石になる。これに百道の度牒による收糴分——二百道で二萬五千石の計算であるから——一萬二千五百石を加えた二十萬七千五百石が五年二月段階での常平米になる。[8] 一方、出糶については、正月から六月までが十五萬石（⑤狀）、七月までに十八萬石（⑧狀）との額が見出せる。このように當初の一日千五百石の出糶見通しに對し、單純平均して八百五十七石の出賣に留まったのである。豫想を下回ったのは杭州だけではなかった。④奏戶部拘收度牒狀には、淮西提刑が本路の常平斛斗は十分足りているので度牒は必要ないとの上申を戶部に行い、更には兩浙の轉運、提刑までが、「本路、今年豐熟にして別に流民なし」と上申したことを述べる。その結果であろう尙書省は聖旨に計らず戶部に度牒の回收を命じたのである。④狀は、こうした度牒の拘收、別途使用の措置に異議を申し立てたものであるが、政府は今度の兩浙災傷に對し、輕微との印象を深めたことは疑いない。

以上のように、元祐四年秋から五年春までの蘇軾の救荒策は、常平倉の運用を中心にしたものであった。それは豐作による穀價下落から農民を救うために市價より高く收糴し、凶作による高騰から都市住民を救うため市價より安く出糶するという傳統的運營とは大分異なり、政府の上供米買付けなどの財政策と密接に連動した運營であるが、恐らく災傷被害が比較的重大でなかったという事情にも助けられて一定の效果を擧げたと言えるであろう。王德毅氏は『宋代災荒的救濟政策』（『中國學術著作獎助委員會叢書』五二、一九七〇）において、宋代の救荒策を次の如く列擧されている。「各種賦稅と積缺の蠲減ないし倚閣」「賑濟・賑糶・賑貸」「土木事業の興起」「刑罰の寬減」「勸分」「閉糶と遏糴の嚴禁」「米價不抑制策」「祠部度牒の販賣」。蘇軾の施策は、この中の「賑糶」のみに固執するとも言える程、常平倉中心の策である。賦稅の減免は實施しているが大きな期待をかけている風もなく、上供米の寬減は爭糴を止め穀價を自然に抑え、賑糴用の收糴を容易にするためであり、度牒販賣は勿論糴本錢を得るためであった。[9] 更に商人による米穀の流入を促すため五穀力勝税の免除もおこなっている（西湖Ⓐ狀）。常平倉に直接繫がらない施策といえば、私財五十兩を投じて設置した病坊經營ぐらいのものであろう。[10] そうして、無償給付や賑濟や、勸分、土木工事には強く反對している。賑濟は、官物には限りがあるのに飢民は無數であり、一度倉米を放出してしまえば後は何も無くなるからであり、[11] 勸分、土木工事については、先の執政宛書簡で、

……此の外、只、富民を勸誘し穀を出し官の賑貸を助けしめ、及び常平錢米を用い民を募りて工役するの二事有るのみ。然れども皆な行い難し。勸誘の利、未だ貧民に及ばざるに、而して誅求の禍、先に上戸に及ぶ。浙中の富民、官錢を缺く者十人にして九、決して勸誘すべきの理無し。民を募りて工役するに至りては、亦た實惠に非ず。若し飢貧を散募せば工役に堪えず、鳥獸聚散して錢を得れば便ち走る。熙寧中、嘗つて此の事を行う。名は召募と爲すも、其の實は等第上より差科するを免れず。官支の錢米は盡く役夫に入り、而して本戸は又た須らく錢を貼して人を雇うべし。凶年、人戸重さねて此の擾有り。此れ虛名にして實無く、利少く害多し。……

……此外只有勸誘富民出穀助官賑貸、及用常平錢米募民工役二事、然皆難行。勸誘之利未及貧民、而誅求之禍先及上戸、浙中富民缺官錢者十人而九、決無可勸誘之理。至於募民工役亦非實惠。若散募飢貧不堪工役、鳥獸聚散得錢便走。熙寧中嘗行此事。名爲召募其實不免於等第上差科、官支錢米盡入役夫、而本戸又須貼錢雇人。凶年人戸重有此擾、此虛名無實利少害多、……。

と述べる通りである。それでは蘇軾が常平倉の賑糴を殆ど唯一の施策とする理由はどう考えたらよいのであろうか。それは杭州という場所の性格と密接に關連すると言えるだろう。「水陸の會」で、「城內の生齒數えるに勝うべからず。約計するに四、五十萬」の全國有數の消費人口を抱え、しかも「自來土產の米穀多からず。全て蘇、湖、常、秀等の

般運に仰ぎ」、一旦事あらば大量の流民が押し寄せる土地柄、平常でも流通經濟に負うところ大なる場所である杭州では、[12]穀價の安定こそ第一の關心事になる。こうした考えの背景には、一州一路が災傷にあっても何處かは豐熟であり、價格が上れば利を求める商賈によって必ず穀物が齎される筈との認識が前提とされよう。いわば自然の需給調節作用を促進させるため五穀力勝税を免じ、米價不抑制策をとるのである。しかし自然の需給調整といっても、そこには賣り惜しみや買占めなどの人爲的障碍、穀物集荷や搬送時間など自然障碍によって局地的、一時的な危機は避け難い。それを常平倉の運用によってカバーしようというわけであろう。常平倉は、豐凶に應じて糶糴する運用法は同じでも傳統的な時間的落差による調節機能から、空間的落差による調節機能へ重點が變わってきたと考えられるのである。すなわち蘇軾の救荒策は、流通經濟を前提とする、すぐれて都市的性格をもつ施策と言えるのである。

ところで、蘇軾は賑濟用社會事業について終始否定的であると述べた。仁宗の皇祐年間、同じ知杭州として荒政に從事した范仲淹が、今は工賃が安いからと盛んに官、寺の造營事業を行わせ、飢民を救濟したという有名な逸話と對照的な態度である。[13]しかし蘇軾も、この時期、今に至るまで西湖の景勝に華を添える蘇堤の築造という土木工事を起しているのである。これについて些か觸れておこう。

蘇堤は初めからそれを目的として造られたものではなかった。西湖を浚渫して出た泥土を利用して築堤した、いわば副產物である。彼は、通判として滯在していた頃に比べ西湖の葑の繁殖が激しく、湖面の半分を塞いでいることに驚き、あと二十年もすれば湮滅してしまうというので早急な對策を檢討したのである。Ⓐ乞開西湖狀には、西湖が杭州にとって不可缺の理由が五つ擧げられている。それは（一）眞宗の天禧年間以來續いている放生池の役割が果たせなくなる。（二）唐の李泌が湖水を引いて作った六井が涸れれば、杭州の民は再び鹹水を飲まねばならなくなる。（三）湖水を一寸下げれば十五頃の田に灌ぎ、日に五十頃を潤すという灌漑用水の源として必要である。（四）城内の運河は湖水に頼るが、もしこれを多量の泥沙を含む江潮にすれば、三年ならずして兵夫十餘萬功を調する開浚工事が必要となる。（五）歳課二十餘萬緡を數える杭州の酒造りに湖水は缺かせぬこと、である。工事の可否、工程の具體的立案などは、下僚の監商稅務蘇堅、知仁和縣黃僎、錢塘縣尉許敦仁らの意見に従ってこれを上奏する一方（Ⓑ申三省起請開湖六條狀）彼自身は財政的裏付けを計った。Ⓐ狀が元祐五年四月二十九日の日付になっていることは、この頃、昨年來の災傷對策の見通しが着いたという意味であろうか、③狀によって得た度牒百道をその費用にしようというのである。すなわちこれまでに毎道百七十貫で賣却し一萬七千貫を得た。これを本錢に「召人入中」させ減價出糶した結果、約一萬貫石の錢米が手元に殘っている。本來、廳舍の改築費用として使用すべき錢穀だが、豫定を變え西湖開浚費に充てようということで、既に四月二十八日から工事を始めているようである。しかし、湖上の葑田二十五萬餘丈、用夫二十餘萬功の見積りに對し、先の經費で賄える分は十萬餘功で約半分である。そこで殘りの費用調達のため更に度牒百道を願い、五十道を新たに朝廷から、五十道は先に兩浙に賜った三百道のうち杭州以外に支給された未消化分より回して欲しいというのがⒶ狀の願いである。結果は、今回も願いが入れられ、五月二十八日に五十道が新たに支給されたのであった。西湖の葑田は菱蕩に變わり、堤上には芙蓉、楊柳が植えられ、これを望めば繪のようで、人々は蘇公堤と名付けたという（『長編』四四二、元祐五年五月壬辰の條）。このように先の一萬貫石に加えて、再び毎道百七十貫で賣却したとすれば一萬七千貫の更なる支拂いが行われたのであるから、賑濟事業としてはかなりの波及效果が期待できそうだが、軾はどう考えていたのであろうか。西湖Ⓑ狀の中の割註には、

若し錢米を量破し飢民を召募し役を興すも、必ずや事を濟さず。若し日每に米三升錢五十五文足を破せば、一強壯の人夫を雇い、然る後に使すべし。強壯と云うと雖も、然るに難食の歲、數千人をして食を得しむれば、其の力、以って凶年を度し、亦た賑濟に歸せん。

若量破銭米召募飢民興役、必不濟事、若毎日破米三升錢五十五文足、雇一強壯人夫、然後可使。雖云強壯、然難食之歳、使數千人得食其力以度凶年、亦歸於賑濟也。

とあり、これは許敦仁の意見とも考えられるが、そうであるにしても軾は追認しており、依然、飢民（流民）対策ではないと考えていたようである。しかし強壮にしても「難食」の状態にあるのであるから、軾の主観的意圖とは別に、西湖開浚は賑災時の雇傭事業として十分機能したと言えるだろう。

二　元祐五年夏から六年春まで

元祐五年の端境期を無事乗り切り、西湖の開浚まで濟ませた蘇軾は、安堵する間もなく夏に入ると再び災傷の虞を心配せねばならなくなった。七月十五日付⑤奏浙西災傷第一狀は、五、六月、浙西の數郡では大雨が止まず、太湖が溢れ稻に被害を與えている。米價は再び上昇を始め、七月初には斗百錢足陌に達した。今は新米が出回る時節だというのに、未だに常平米の出糶を續けている。この分では災傷は去年より深刻になりそうだ、と述べ、蘇、常、潤州の水害や潮害、特に城内が尺餘の水に浸かる湖州、見渡す限り水面下に沒してしまった吳江の例を將官劉季孫、轉運判官張璹の視察によって報告している。狀況はその後も惡化する一途で七月二十一日から二十四日にかけての大雨は、水災を決定的なものにしたようである（⑥狀）。ところが災傷對策に掛かろうとする軾の前に、今回は二つの困難が待ち構えていた。一つは、連年の災害で農民の疲弊が蓄積し僅かな異變でも大きな被害が出る可能性のあること。官側にも同じことが言え、去年二十三萬石貯藏のあった常平米は、七月末で五萬石にまで減少している。今年も凶作となれば、浙西の穀物は拂底するであろうから對策は昨年より數段難しいものになる。第二に、それにもかかわらず、監司の足並みが揃っていないこと。轉運使葉溫叟とは先述の如く度牒分配をめぐり問題があった上、五月には四年秋以來の災傷評價に關して提刑とも意見の相違をきたしていることが明らかになった。因にこの時期の提點兩浙路刑獄は楊傑である。(14)

そこで軾が採った方針は、深刻な現狀を中央に逐次報告するとともに、荒政の失敗例として熙寧の事態を、成功例として今回の措置を意圖的に對比させ、飢饉が起る前に手を打つべきだという彼の持論をより說得力あるものにすることと、同時に監司や地方官との關係を密にし、一致して中央に對處できる體制をつくることであった。本節は、⑤～⑬狀が對象となる。

彼が、⑤、⑧、⑨、⑬狀で繰り返し述べる失敗例とは、熙寧八年の措置のことで、この時は江西及び兩浙の上供米百二十三萬石を賑濟用に移送、截留し各地で炊き出しを行ったが何の效果もなく、杭州五十萬、蘇州三十萬の死者を出してしまった。減免した稅米百三十萬石、酒課の缺額六十七萬餘貫、計約三百二十餘萬貫石の損失を出しながらお且つこの慘狀である。その原因は、流民が出てから漸く動き出すという偏に對策が後手に回ったことによるというのである。それ故、七月の段階で轉運、提刑、兩路鈐轄に詔を降し、半月を限って對策を建てさせるよう命じて欲しいと願ったのが⑤狀である。續いて七月二十五日、⑥奏浙西災傷第二狀を上呈し、水害の深刻化を述べ、⑤狀の實施を再度要請した結果、八月四日、聖旨が下り軾の願いは入れられた。ところが降された戶部の符を見ると、奏狀の「如逐司以謂不須準備出糶救濟、卽令各縣保明、來年委得不至飢殍流亡、結罪聞奏」の一句が略されてしまっている。そこでこの部分の復活明記を求め、⑦申明戶部符節略賑濟狀を奏した。これは、轉運、提刑、浙東兵馬鈐轄の足並みを揃える前に、彼らの救荒に對する見解を責任をもって明確にするよう上から強制することで、まず同じスタート臺に立たせることを狙ったのであるから、決して削ることのできない一句であった。

一方この時期、監司や地方官に個別に働きかけてもいた。『總案』三十二、元祐五年八月には「寄越守錢勰書使勸提刑馬瑊至杭議兩浙災傷事」とあり、以下の書簡を擧げている。

……浙西數郡の水潦、既に甚し。而して七月二十一、二、三日の大雨暴風、掃盡に至るに幾し。災傷既に去歳に減ぜず、而れども常平の備え已に空たり。此の憂僕と中玉に在り。事の當に面議すべくして尺書を以って盡すべからざる者有り。屢たび此意を以って之れを招くも絶えて留意を蒙らずして云う「冬初、方に浙西を過ぎん」と。子の功旦夕到ると雖も、然れども此の大事、聚議を得て乃ち濟らん。數舍の勞、譬えば來りて一に看潮せんが如きは亦た自ら佳事たり。試みに公に告ぐるに此意を以って之れを勸むるも、僕の言と云う勿かれ。……

……浙西數郡水潦既甚、而七月二十一、二、三日大雨暴風、幾至掃盡、災傷既不減去歳、而常平之備已空。此憂在僕與中玉、事有當面議不可以尺書盡者。屢以此意招之絶不蒙留意云、冬初方過浙西。雖子功旦夕到、然此大事得聚議乃濟。數舍之勞、譬如來一看潮亦自佳事、試告公以此意勸之、勿云僕言也。……

中玉は馬瑊の字。楊傑が七月に禮部に轉じた後の兩浙提刑である。錢勰は知越州で浙東兵馬鈐轄を兼ねる。兩浙の提刑司は越州に置かれていた（『輿地紀勝』一〇、紹興府）。勰は十月知瀛州へ轉ずるが（『長編』四四九、十月己亥の條）、翌年まで杭州に逗留している。軾は度々、馬瑊を招いて兩浙の災傷について協議しようとしたが反應がない。そこで特に親しくしている錢勰を通し、看潮の名目などを作り共に訪ねる機會を設けるよう賴んだのであろう。また『續集』四、與胡深夫（『總案』三二、元祐五年七月、寄秀守胡深父《ママ》論廣糴書）の一書は、胡深夫がそれまでの秀州の官員と異なり、着任早々、來年に備えて高價を惜しまず收糴していることを勵ましている。(15) このように官員各個に直接根回しをすると同時に、上からの命で救濟策を立案させるよう求めたのである。

軾は、こと救荒については官員性悪説をとるようである。「官吏上下、皆な檢放を樂しまず」（⑨狀）が彼の基本認

識であった。⑤狀貼黃には、

臣、近ごろ邸報を觀る每に、諸路の監司、多く是れ三、四月間に於いて、先に雨水勻調、苗稼豐茂と奏す。災傷至るに及ぶも、餓殍流亡するを待つを須って、然る後に奏し知らしむ。此れ有司の常態、古今の通患なり。豐熟は先に知らざるも、人人争いて奏し、災傷は正合《まさ》に預じめ備うべくも、相顧みて言わず、……

臣近者每觀邸報、諸路監司、多是於三、四月間、先奏雨水勻調、苗稼豐茂。及至災傷、須待餓殍流亡、然後奏知。此有司之常態、古今之通患也。豐熟不先知、人人爭奏、災傷正合預備、相顧不言、……

と述べ、朝廷が實情を把握することは大變困難だとする。しかしまた、救濟策準備の命に應じて建策した⑧狀の末尾には、以上の對策は轉運、提刑にも諮った上であり、且つ中央財政に用立てせねばならぬ轉運司官吏が自ら上供米寬減を願い出すには不都合があろうとの一文を添え、他司への配慮もみせている。こうして強制、懷柔兩策によって一應、九月段階では形の上だけにせよ轉運、提刑、鈐轄の足竝みを揃えたのであった。その間にも、八月には水災による檢放實施を要求した秀州嘉興縣の民が、官の拒否に怒って騷ぎ、死者四十餘人を出す事件が起っている（⑨狀、『長編』四五〇、元祐五年十一月壬申の條）。

それでは今回、軾が要請した對策とはどのようなものであったのであろうか。彼としては、元祐四年秋から五年春にかけての（イ）上供米の寬減によって穀物市場に餘裕をもたせ（ロ）穀物に替え紬絹銀を買い上げることで錢荒を弛め（ハ）上供米の移送を受けた上で（ニ）正月より常平米を出糶する措置が成果をあげたと考える以上、當然、同じ施策を目指すことになる。杭州の場合で言うなら、來春の出糶を遂行するためには二十萬石の新たな收糴が必要であるから、米價を騰貴させず、連年の凶作の中で如何にして買上げを實現するかが中心課題であった。

五年九月七日の⑧相度準備賑濟第一狀は、二項目の要請をする。第一に、上供米寬減の數を今年は半數に增やし、去年通り價錢に折し場を置いて金銀紬絹を收買して欲しいこと。もし爭糴になり常平米を高價收糴したとすると、來春の減價出糶は必至で、浙西全體の常平米は五十萬石必要であるから、斗十文の減額でも五萬貫の損失となり、上供米寬減は決して收支の合わぬ措置ではない、と述べるところなど、終始數字を擧げながら論を進める蘇軾らしい部分である。第二は、昨年二十萬石であった發運司上供穀物の賜予を三十萬石に增額し、本年も減價出糶用に賜りたいというものである。前回と同じ措置を、額を增して要請したわけである。⑧狀から十日後の九月十七日、軾は⑨相度準備賑濟第二狀を奉り、新たな提案を行った、それは杭州で收糴を始めてから一箇月を經るのに、一人の入中應募者もなく、蘇、湖、常、秀州の被害の影響が直接及んできていることがはっきりしたからである。蘇、秀州では斗九十五文足といい、杭州でも添價收糴が不可避な情勢であった。そこで、發運司に詔して糴本錢を準備させ、江淮の豊熟な州縣で置場和糴を行い、米五十萬石を一先ず眞州、揚州に貯える。來春もし兩浙の常平米が不足すれば、それを搬送して出糶し、常平本錢を發運司に支拂う（杭州では正月以來十八萬石を出糶した代價九萬九千貫の本錢を有していた）。必要なければ、先に要請した寬減折斛錢でその米を購入し兩浙の轉運司上供米に振り替える、との案を立て裁可を乞うたのであった。

ところが、朝廷の指揮を待つ間、再び轉運、提刑との齟齬が目につきだしたのである。九月頃と思われる宰相呂大防宛の書簡（『後集』十四、杭州上執政書二首、『續集』十一、上呂僕射論浙西災傷書）は、⑧狀の二項目實現を依賴したものであるが、軾の上供米寬減の願いについて轉運司の職權を侵すのではないかとの疑問が投げかけられたことを述べ、それはどうにか説得したが、五穀力勝税の免除は轉運司を憚って未だに實施できないでいる。これは自分が疲懦で人を畏れるからであり、回屈の罪は免れぬと率直に記している。轉運との關係は依然、微妙であったと言える。また十月二十一日、⑩相度準備賑濟狀では、煮え切らぬ提刑の措置を批判している。その一つは、官の收糴價格についてであった。この時期、浙西の米價はやや落着き七十文足以下に留まっていたが、軾の見通しでは、來春以降百文を超えるのは確實に思われた。そこで七十文で收羅し元價で出糶しても民は利を得、官も損をしない、と判斷、杭州は七十文での買上げを指示した。しかし現在三萬石餘りを收羅し得たに過ぎない。こうした嚴しい狀況であるのに、提刑は、二、三文の官錢を惜しんで減價收羅に固執し、そればかりか買い上げが進まぬからと杭州に收羅中止を命じ、秀州の常平米から十萬石を、災傷の激しい湖州には蘇州から五萬石を移送させようとしている。これは來春の米價高騰を見越して買占めを謀る富民が、高價收羅を行えば官錢を損なうとの噂を流し、官司を動搖させて收羅を止めさせようとする術策に陷るものであり、更に蘇、秀州は最大の產米地とはいえ、今次の水災で常平米の收羅は二、三萬石に過ぎないのであるから、送る方も迷惑を蒙りまた受ける側もこれだけでは不十分である、とその措置の問題點を指摘した。十月も下旬となり、收羅時機を逸する恐れがでてきたので、焦りの色を濃くしているのである。⑩狀から、發運司五十萬石買付け策について、提刑が同意している樣子を讀みとることはできない。一向に進捗しない常平米收羅をめぐり、各司の思惑、足竝みの亂れが目につくのである。

十一月二十一日、蘇軾は一箇月ぶりに⑪相度準備賑濟第四狀を上奏した。朝廷からはこの時點で未だ何の指示もない。⑪狀は、杭州諸縣の義倉米四萬餘石を常平米に回し、賤價出糶すること。從來三年以上の古米は減價出賣が許されていたが、來春はそれ以外も每斗五文の減額を、特に今年の收羅分は二十文の減額を認めて欲しいと願ったものである。無償給與の賑濟はしないとの從來の態度を義倉にも適用しようというのである。この⑪狀以降、彼の上言は暫く中斷する。

前回に比べ、朝廷の反應ははかばかしくなかったが、漸く發運司五十萬石收羅の件に關してのみ聖旨が降された。『長編』四五一、元祐五年十一月末尾に軾の一連の上奏を錄した後で、之れを久しうして乃ち詔有り。發運司、合に起すべき上供并びに封樁等錢一百萬貫を兌撥し、時に趁びて斛斗を羅買封樁し、準備移用す。餘は浙西鈐轄の奏する所に依り施行せよ、と。〈此れ六年三月二十三日、杭州を罷むる後、再び發運司、浙西に米を應付するを乞う狀に據る。詔の下るは、當に六年春初に在り。………〉

久之乃有詔。發運司兌撥合起上供幷封樁等錢一百萬貫、趁時羅買斛斗封樁準備移用。餘依浙西鈐轄所奏施行。〈此據六年三月二十三日、罷杭州後再乞發運司應付浙西米狀。詔下當在六年春初。………〉

と記す。この措置を六年春の初めと斷定することはできないように思えるが、それはともかく、⑫再乞發運司應副浙西狀の記述を中心に前後の經緯を述べてみよう。元祐六年正月二十六日、軾を吏部尙書となす命が（『長編』四五四、同年正月丙戌の條）、また二月四日には翰林學士承旨の命が（『長編』四五五、同年二月癸巳の條）降り、彼は中央に召還されることになった。太皇太后は早くから軾を中央に戻したい意向であったが、弟轍の御史中丞在職、杭州の災傷を理由に引き延していたのである。こうして三月、何一つ適確な對策を施せぬまま、軾は杭州を離れた。宦塘河で德淸縣を經由し湖州から蘇州に出るコースをとったのは、湖、蘇州の災害を自分の目で確かめるためである。太湖周邊の慘狀を具さに實見した彼は、あらためて發運司の收糴の不備を責め、⑫狀を奏したのである。上供錢、封樁錢を本錢とし五十萬石を兩浙災傷用に收糴せよとの聖旨にもかかわらず、淮南、江東の米穀値上りを理由に買い澁り、二十萬石を截撥していたに過ぎなかったからである。もし發運司が去年收糴せず兌撥すべき米が無いのであれば、上供米を截留してでも五十萬石を確保して欲しいと願っている。この⑫狀で注意したいのは、發運司が、昨年出糶用に兩浙路に賜與された二十萬石のうち「不盡一十六萬七千餘石」を五十萬石の中にいわば繰り越し分として入れている、との指摘である。軾はこれは別會計だと主張するのだが、いずれにしても去年の二十萬石の大部分は使用されずに殘されていた譯である。前節で述べたように度牒も未消化で殘っているので、前回、飢饉が起るとの軾の矢繼ぎ早の上言に敏感に應えた朝廷が、今回反應が鈍いのは、それなりの理由があったと言うべきであろう。

四月、潤州に到った軾は、知潤州から彼の後任として杭州に赴いた林希に書簡を送り災傷を論じている。(16)やがて五月二十六日、翰林學士承旨として廟堂に入った蘇軾は、朝廷を舞臺になおも兩浙救濟のために働きかけるのである。

三　彈劾・辯護・交遊

元祐六年五月十九日、入見を前にした蘇軾は早くも外任を乞う狀を提出している。中央に還ることは、再び黨爭の渦中に飛び込むことを意味したからであろう。案の定、御史は軾の災傷報告が疑わしいと攻撃してきたのである。直接の契機は、小論冒頭で問題にした岑象求らの賑濟使者派遣にある。本節は、まず六月から八月にかけての朝廷の兩浙災傷に對する働きから述べてみよう。

『長編』四六〇、元祐六年六月丁未の條には、その使者派遣について、吏部郎中岑象求を兩浙路轉運副使、左承議郎楊瓌寶を轉運判官に任じ、米百萬石、錢二十餘萬緡を賜わり、蘇軾の奏する所に從い災傷を賑濟せしむ、と記す。(17)三月二十三日付の⑫狀提出後、どのように働きかけたかを明示する史料はないが、今回の措置が軾の強い要請であることは、この『長編』の記事からも間違いないと思われる。⑧狀の上供米寛減や常平糶出米要求は遂に入れられなかったが、恐らく軾の實見に基づく訴えが、それを大幅に上回る賜予を引き出したものであろう。しかし彼の繰り返し警告する、對象が後手に回ることはなかったのか、『十朝綱要』の死者の記述も相俟って氣になるところである。ただ兩浙災傷に關する軾の最後の上奏である七月十二日、⑬乞將上供封樁斛㪷應副浙西諸郡接續糶米劄子は、杭州監稅蘇堅の報告として、七月現在、日に三千石を糶し今月末には底をつく、と述べる。六月の百萬石賜與がまだ實施されていないときの報告と思われるので、五年の端境期もどうにか乘り切れたと言えそうである。なお⑬狀は、七年春以降の對策について上言したものである。

岑象求らの派遣に對し、まず注文をつけたのは侍御史賈易であった。『長編』四六二、元祐六年七月辛未の條には、彼の上言のあらましが載せられている。それによると、彼は自らが聞いた浙西の風水害の狀況を述べ、死者が甚だ多いことは認めながらも、現在は水も退き農田が漸く耕されるようになり、各州が規定通り常平倉を開き炊き出しをした結果、小康狀態にあるとする。その上で自分の意見を付け加え、二浙の佃民は以前から驕虚で少を以て多となしその弊は久しい。それ故、監司と州縣に詔して、災傷の程度、救濟の實施狀況を詳細に報告させ、朝廷はその虚實を調査し、虚僞の報告をなした者は責を問えというのである。賈易は、今回賜予した錢穀が、常平錢穀の乏しい狀況下で有效に作用するよう、單に支散の多きを以って功績とさせないための實情把握だと理由づけているが、その意圖は明らかに軾を非難するにある。二浙の佃民に對する、驕虚にして少を以て多となすとの評は、蘇軾その人に向けられたものであろう。續いて殿中侍御史楊畏も同様な觀點から事實調査を求めている（『長編』同條）。二人の上書には、一言も直接軾を譏る言葉はないが、『宋史』三五五、賈易傳に、「蘇軾杭に守たり、浙西の災潦甚だ苦しきを訴う。易、其の僚楊畏、安鼎を率い、軾の姑息に譽を邀め朝聽を眩惑するを論じ、考實を加えんことを乞う」と述べるは、恐らく的確な評であろう。

この時期、蘇軾をはじめ、弟の轍、呂陶などの所謂蜀黨を攻擊する急先鋒が、この賈易であった。その學問上の繼承關係は分らぬが、政治上の立場は、朱光庭とともに程頤の徒、すなわち洛黨の主要人物と看做されている。軾が入見前に提出した「乞郡狀」及び七月六日の「再乞郡劄子」に於いて、最も氣にしている存在が賈易であった。後者には、……臣、賈易と本より嫌怨無し。只、臣の素より程頤の姦を疾むに因る。言色に形わるは、此れ臣剛褊の罪なり。而して賈易は頤の死黨なり。專ら頤の怨みに與らんと欲す。頤、孔文仲を教誘し、其の私意を以って事を論ぜしめ、文仲の奏する所と爲る。頤既に罪を得るに因り、易も亦た坐して去る。而して易乃ち謝表の中に於いて臣の弟轍の密命を漏泄するを誣す。此れに緣り再び知廣德軍に貶せらる。故に臣兄弟を怨むこと最も深し、……。

……臣與賈易本無嫌怨。只因臣素疾程頤之姦。形於言色、此臣剛褊之罪也。而賈易頤之死黨、專欲與之頤怨、因頤教誘孔文仲、令以其私意論事、爲文仲所奏、頤既得罪、易亦坐去、而易乃於謝表中、誣臣弟轍漏泄密命、緣此再貶知廣德軍。故怨臣兄弟最深、……。

とあり、自ら賈易と不仲の原因を述べている。元祐年間の洛蜀の爭いについては、小論の範圍外で觸れ得ないが、有名な、司馬光を弔哭することの可否を廻って軾が程頤を卑俗な言葉でからかった事件を切っ掛けに、文學者と經學家という多分に氣質の差に根づく感情的對立が、兩者の周圍の人間を卷き込む、深刻な黨爭へと發展してしまった。(18)軾が知杭州に在任中も中央では確執が續いており、彼は再びその直中へ歸ってきたのである。こうした含むところのある相繼ぐ兩浙災傷調查要求に對し朝廷は一旦これに從おうとしたが、給事中范祖禹の長文の反論により思い止まった。(19)前年正月、蘇軾を中央に推薦した范祖禹は、ここでも彼を辨護したのである。この封駁は、さすが范祖禹というべきか、唐の代宗、德宗、憲宗らの救濟事例が次々引用され、頗る說得力ある名文である。ところが注目すべきは、その論旨が一貫して、疑わしきは救うという方針、すなわち陸贄の「費す所は財用、收むる所は人心、苟も人を失わざれば、何ぞ乏用を憂えん」とか、憲宗の「國は人を以て本と爲す。其の災い有るを聞かば、當に急ぎこれを救うべし。豈復たこれを疑うべけんや」との言葉を引くように、蘇軾の狀況報告が事實であると認定した上で賜予に贊同した譯ではないということである。賈易らの如く、災害を過大に報告したとして罰すれば、以後官吏はこれに懲りて百姓の死を坐視し、救濟を口にしなくなるであろうし、本來監司は凶年・飢饉を言いたがらないのに現在、かなりの被害が報告されているのであるから、改めてここで調査を命ずることは貴重な時間を無駄にする、まず救濟を實行すべきだと說いたのである。勿論、范祖禹に事實認定レベルでの論が無いわけではない。彼が獨自に得た情報により、蘇州饑民の死者、日に五、七百人とか、湖州では貧民が城内に流入し死者が相繼いでいるなど、被害が甚大であることへの言及もしている。しかし、轉運、提刑、鈐轄や州縣からの樣々な報告、蘇軾の面奏、御史の劾奏など論議の渦の中で、朝廷が最終的判斷を下す根據となったのは、どれが正確な報告かという事實問題の次元ではなく、結局、范祖禹の說くように、災傷に對する一般論、物を失うも人は失うべからず、との原則であったからである。

その後の動きを簡單に述べておこう。七月二十八日、軾は「乞外補廻避賈易劄子」を奉じ、賈易、楊畏、安鼎の調査要求は、自分を攻擊する目的で出されたと斷じ、給事中范祖禹、諫官鄭雍、姚勔の公論に依る反駁のあったことを言う。八月二日、賈易は再び蘇軾、轍兄弟ら蜀黨を彈劾し、その中で今度ははっきりと蘇軾の災傷報告が虛僞であると難じた。賈易の判斷では、累年の災傷は一、二分に過ぎず、軾の、死者が半數を越えた煕寧時を更に上回るというのは全くの誇張だという。更に西湖の浚渫についても、度牒は費用を賄うためであった筈であるのに、民から工事用具を強制借り上げしたり捍江廂卒を酷使して、湖中に長堤を築き遊觀を事とした、と極め付けた。賈易の執拗な攻擊に對し、軾は二日後の八月四日、「辯賈易彈奏待罪劄子」を書き再び辯明している。ここで後任の知杭州林希、提刑馬瑊、屬吏蘇堅らの書簡は皆な災傷を極言していると具體名を擧げ、自らの正しさを主張した。[20] 同じ日、軾は數度にわたる外任の願いが入れられ知潁州に、賈易は言事失當とされ知廬州へと轉出させられ、この爭いは一段落した。さすがに易の災傷評價は入れられなかったのである。このように中央では兩浙の災傷措置も、黨爭の道具、彈劾の材料にされたのであった。

最後に再び杭州時代に戻り、蘇軾の對人關係について疑問を一つ述べておきたい。中央での政爭絡みの場合、論敵とはかなりとげとげしい雰圍氣が目につくのだが、杭州に於いても既に見たように轉運、提刑と災傷策をめぐって劾奏に近いことまでした蘇軾である。彼らとの關係はどうであったのであろうか。『總案』に記される、共に唱和、同游した人物を拾い上げてみると、この時期の文人蘇東坡をとりまく交遊關係が自ずから浮かび上がってくる。(21)彼らの多くは官僚であり、東坡と特に親しいとされた浙東鈐轄錢勰、監稅務蘇堅、轉運判官張璹、或は秦觀らが頻繁に現われるのは當然として、他に詩僧あり、更には章惇の子である章援、周敦頤の子の周燾、蘇堅の子の蘇庠らとの交遊も興味深い。そうしてそれらに混じり轉運使葉溫叟、提刑楊傑、馬瑊らの名も見えるのである。元祐四、五年の災傷評價で意見を異にし、軾の足を引っ張る形となっていた楊傑は、五年七月の彼の送別會を含め四度同游の記錄が殘り、馬瑊とは、軾が杭州を離任するに際し應酬した厚情溢るる詞が殘されている（王明清『玉照新志』二）。この兩者はまだしも、度牒配分問題で名指しの批判をし、商人との結託を示唆して廉潔を疑わせるような言を浴びせた葉溫叟の場合はどう考えればよいのであろうか。軾は、溫叟と少なくとも二度同游している。最初は元祐五年十月十六日、張璹、周燾、侯臨と南屏寺に遊び、二回目は六年二月のことで、石門へ赴き同行は侯臨と張弼である。このうち後者は、浙江上流の石門に新運河を穿って新路を作る計畫の下見に出かけたのであるから、同道の張弼の詩に次韻する二首を物しているとはいえ、半ば以上は公務の出張と言えるだろう。一方、南屏寺については詳しい經緯は分からないものの、隨分和やかな雰圍氣であったらしい。同僚とのつき合いと言ってしまえばそれまでだが、私的交遊であることは確かであろう。北宋は文人意識の確立した時代であり、士大夫にとって、政治の世界とは全く次元の異なる「精神生活の根底を流れる有閑階級の私的なあそびの精神」に基づく文學・藝術の世界が自立した時代だといわれる。(22)もしそうであるなら、杭州時代の蘇軾にも、上奏文に端的に表わされる政治の公的世界と、唱和同游に見える文人の私的生活が截然と區別されていた一つの證左として上記の事柄を理解して良いのであろうか。

葉溫叟について少し付け加えておこう。葉夢得『避暑錄話』下には、溫叟を辯護する記事がある。夢得の祖父は義叟、その弟が溫叟なのである。それによれば、蘇軾と葉溫叟は同年で、浙西の災傷に際して軾の施予が濫であるとの風評から彼を守ったのは溫叟であり、轉運使として兩浙を巡視し、災害の實情を具に報告し度牒の賜予に力があったのも彼ということになる。しかも、溫叟が兩浙全體を勘案して度牒分配を決定したのに、軾は杭州だけを念頭に賜予の半數を要求、入れられないと激怒して溫叟を譏ったが、これは溫叟が轉運使の立場に忠實であったために起った事件であると、軾の上奏とは全く逆の評價を與えるのである。ここに身内を庇う贔屓目を指摘するのは簡單なのだが、だからといって王文誥のように、葉夢得は蔡京の狎客で言うことは信用できないと、頭から否定してしまってよいのかどうか、俄には判斷できないと思われる。先に見た如く、軾の施予が濫であるとの風評は確かに存したようであるし、朝廷もそういう印象をもったことは、元祐五年秋以降の對應を見ても分かる。少なくとも葉夢得の黨派上の立場からだけで判斷してはならないであろう。淸の吳騫撰『蘇祠從祀議』は、蘇東坡祠に從祀された三十二名の小傳であるが、從祀のトップは葉溫叟なのである。この祠は、何時頃の建造なのかはっきりせず、また從祀も杭州で多少關係のあった人物を網羅的に配しているようなので、その序列に大した意味はなさそうであるが、吳騫は葉溫叟が祠られていることを氣にし「案ずるに溫叟、僧牒を分擘するに均しからざる有りて、公に劾さると雖も、然れども同僚と新河を相視る。其の勤要沒すべからず」と、些か苦しい理由付けを行っている。吳騫の解釋は一先ず置くとして、後世、葉溫叟を蘇祠從祀の首位に置く評價もあったことは興味深い。當時の士大夫世界を理解するには、政治や文學・經濟や思想など多様な視角からの究明が必要とされていることを、今更ながら痛感させられるのである。

おわりに

以上、元祐四年から六年にかけての常平倉運用を中心とした蘇軾の救荒策を検討してみた。年表一つ作れば濟む、しかも限定されたテーマに蕪辭をつらねたが、幾つかの問題をも指摘できたように思える。今、それらをまとめて結語に代えたい。

蘇軾が賑濟や社會事業など、他の救荒策を否定して常平倉の出糶策に固執したことは、知穎州時などにも見え、彼の一貫した方針であった。それは彼の救荒策が、終始流通經濟を念頭に置いた物價對策であったことを意味する。同時に和糴、和買等政府の財政策と連動させつつ圓滑な收糴方法を講ずる彼の目には主に都市部に向けられていたともいえる。事實、軾は城市に赴いて收糴できぬほど遠方の鄕村に恩惠の及ばぬことは十分承知していたし（⑫狀）、常平米を買えぬほど貧しい飢民の流殍は已むを得ぬと、初めから極貧層を切り捨ててさえいる（⑬狀）。こうした態度は、杭州という一大消費都市の性格と深く關連していたと言えよう。杭州は平時に於ても穀物の自給は適わず、蘇州、秀州などの產米地に賴っており、一旦災傷ともなれば膨大な流民が殺到する。軾が檢放分數に大きな關心を示さないのは、それがこうした事態に效果を期待できないからであり、それ故、賈易の杭州の災傷は一、二分に過ぎないとの指摘は、たとえ事實であったにしても、杭州の實情から言うならば的はずれの非難なのである。このように見れば、元祐四年秋から五年夏までの軾の措置は、災傷の程度がその言ほどではなかったにしても一定の效果を認めてよいように思われる。今堀誠二氏の「蘇東坡は賑工賑給を常平倉が行ふ事に反對したが、その論據は第一に資本の消耗と言ふ事にあつた。彼の腦中に財政あつて民生の無かつた證據である」（「宋代常平倉研究」『史學雜誌』五六―一一、一九四六）

との評は、酷に過ぎるであろう。

ところで、この時期の軾の動きを追うと、少なくとも災傷對策に關する限り、官僚機構は殆ど有效に機能していない、むしろ障碍になっていたとの印象を受ける。確かに五年夏までの軾の提言は、要請以上の賜予で應えられた。しかし中央では、弟轍など蜀黨とされる人々の支援があったことは十分豫想されるものの、災傷對策すら黨爭の彈劾材料としてしか扱われない狀況があったし、地方は常平倉の最高責任者である提刑をはじめ諸監司との足並みは亂れ放しであったのである。かろうじて軾の離任後、提刑馬瑊が中央の軾を援護したらしい痕跡を認め得るに過ぎない。結局のところ、朝廷の救濟策は、官僚機構が作動した結果ではなく、軾と宣仁太后との親密な個人的繋がりによって齎らされたものと考えざるを得ないのである。

筆者が最初に軾の救荒策に興味を抱いた切っ掛けは、彼の上奏文に常平倉の糶糴米石數や市場の相場、糶糴を行った場合とそうでない場合の財政上の得失計算など、豐富に示される數字であった。數字といっても加減乘除がせいぜいなのだが、詩人と算盤との取り合わせを面白く感じ、文人官僚といわれる人々が具體的データをどう取り扱っているかを知りたいと思ったのである。それにしても朝廷の最終判斷が、軾の示した數字ではなく、范祖禹の述べる災傷對策の一般的理念に據ってなされたということは、宋代士大夫政治の性格を考える上で示唆的であろう。

連年の浙西水災に對し、蘇軾は人災の側面のあることを指摘する（「進單鍔吳中水利書狀」）。浚渫を怠り排水が滯る松江の水利事業の必要性を說き、單鍔の案を推薦したのである。こうした技術面を含め、士大夫官僚による宋代政治の特質を多面的視角から究明することが要請されているように思われる。

注

(1) 例えば彼の心境を傳える書簡として『東坡續集』六、與潘彦明には「久不奉書、切惟起居佳勝、老拙凡如舊、出守舊治、頗得湖山之樂、但歳災傷拯救勞弊、無復齊放懷自得之娯也、……」とある。なお本稿の引用は、通行の『東坡七集』に依る。またいちいち註記しないが、王文誥『蘇文忠公詩編註集成』總案は全體としておおいに參考になった。蘇軾の杭州時代については、張其昀「東坡先生在杭事迹」(『宋史研究集』二、所收)朱宏達「蘇東坡在杭州」(『杭州大學學報』一九八〇―二)參照。

(2) 范祖禹『范太史集』二〇、封還臣寮論浙西賑濟狀には、蘇州の饑民の死者日に五、七百人との報告を記す。なおこの上奏については後節で觸れる。

(3) 『宋史』一六七、經略安撫司、同、府州軍監。

(4) 草野靖「宋代の頑田抗租と佃戸の法身分」(『史學雜誌』七八―一一、一九六九)四頁には、減免の手續きについて「法規によれば、官私田の災傷は、夏田(冬季作物)は四月中に、秋田(夏季作物)は七月中に、水田は八月中に、縣司が民の訴狀を受け、州司に上申し、州司より通判或は他の職官を檢田官として縣に下し、縣の令佐とともに災傷田の根苗(苗色根槎)を檢覆し、減免率(所放分數、荒熟分數)を定めて所屬の監司に上申し、然る後に鄕村に榜示して減免を行っていた」と説明されている。

(5) 北宋時、兩浙路の漕運上供米額は百五十萬石との記録があり(梁方仲『中國歴代戸口、田地、田賦統計』二九四頁「北宋淳化四年東南六路漕運上供米額」上海人民出版社、一九八〇)、兩浙が東西に分かれていたのは熙寧の數年であるから、上供米六十萬石は、兩浙路全體の額と考えてよいであろう。以降、路單位の朝廷の施策はほぼ兩浙路全體を對象とするように思われる。

(6) 『奏議』六、乞賜度牒修廨宇狀。五代錢氏の建立になる現杭州廳舍は壯大であるが老朽化が激しく、元祐四年六月に一部が倒壞して手分、書手の二人が負傷し、八月には鼓角樓が潰れ、鼓角匠の一家四人が壓死した。官吏は大風雨に遭うたびに戰々兢々としている。見積りの結果、二十七箇所の建物が倒壞寸前で、改修費用四萬餘貫に充てるため、度牒二百道を賜りたい、との趣旨である。

（7）『長編』四三〇、元祐四年七月庚寅の條に「度支郎中葉溫叟權兩浙路轉運副使」とあり、また同、四五四、元祐六年正月戊寅の條に「……左朝請大夫兩浙路轉運副使葉溫叟爲主客郎中……」とあるように、蘇軾の杭州在任中とほぼ重なる期間、兩浙轉運司に在職したが、『長編』は轉運副使とする。

（8）常平米が比較的豐富に貯えられていることは、靑苗法が罷められた後、死藏されていた靑苗本錢を利用して積極的に收糴し、舊來の常平倉運營を復活せよという、提刑司宛の元祐四年七月の指揮が影響しているかも知れない（『長編』四三〇、同年七月丙申の條）。

（9）知穎州時代にも同様な申請をしている（「乞賜度牒糴斛斗準備賑濟淮浙流民」元祐六年十二月二十五日）。度牒販賣を願うこと自體、ある意味では蘇軾救荒策の特色といえるかも知れぬ。例えばこれが程顥になると「王道の正」に非ずということで批判的になる。不蠶、不耕の人を增やすことになり、結局ツケは農民に回ってくるからというのであろう。常平本錢をめぐる王安石と神宗の問答參照（竺沙雅章「宋代賣牒考」同『宋代佛敎社會史研究』所收、同朋舍、一九八二）。二程高弟楊時は、こうした師の賣牒批判を辯護している（楊時『楊龜山先生集』六、神宗日錄辯）。

（10）「墓誌銘」「……公又多作饘粥藥劑、遣吏挾醫分坊治病、活者甚衆、公曰、杭水陸之會、因疫病死、比他處常多、乃裒羨緡得二千、復發私橐得黃金五十兩、以作病坊、稍畜錢粮以待之、至于今不廢、……」

（11）⑬狀「……臣在浙中二年、親行荒政、只用出糶常平米一事、更不施行餘策、而米價不踊、卒免流殍、蓋緣官物有限、飢民無窮、若兼行借貸俵散、則力必不及、中路闕絶、大悞飢民、不免拱手而視億萬之死、……」

（12）同じ浙西でも、水田稻作が中心で養蠶の見られぬ蘇州、秀州と、逆に穀物生產より紬絹生產の目立つ杭州など、都市によってかなり性格の差があったことが指摘されている。梅原郁「北宋時代の布帛と財政問題――和預買を中心に――」（『史林』四七―二、一九六四）同「南宋折帛錢をめぐる一考察」（『史林』四八―三、一九六五）參照。

（13）沈括『夢溪筆談』一一（梅原郁譯注、二巻一八頁、平凡社、一九七九）、『范文正公年譜』皇祐二年の條。

（14）『嘉定鎭江志』一五、宋潤州太守に「楊傑、朝散郎。元祐初自尙書郎守潤、未幾被召、辭不赴、就移浙西憲」とあり、後任

の王覿が知潤州となるのは元祐三年五月。また『長編』四四五、元祐五年七月乙丑の條に「提點兩浙路刑獄楊傑爲禮部員外郎」とあり、提刑在任は、元祐三年五月から五年七月までである。なお高麗僧義天の案内をした楊傑を讃えた詩については五章下四六一頁を參照。

(15)「乍到整葺、相勞神用、浙西數郡、倒被淫雨颶風之患、而秀之官吏獨以爲無災、以故紛紛至此、公下車倍加綏撫、不惜高價廣羅、以爲嗣歲之備、憲司行文欲收糴米、此最良策、而推戶專斗所不樂、故妄造語言、聰明所照、必不搖也、病中字不謹」。文中、提刑が糴米を勸めていることに注意しておきたい。なお『長編』四四八、元祐五年九月乙酉の條、或は後述の八月、嘉興縣の事件の記事は知秀州を章衡としており、また「以故紛紛至此」がこの事件を指すとすると、『總案』の如く、深父を知秀州とするならこの書簡を七月に置くのは無理で、章衡が知襄州に轉じた九月乙酉以降でなければならない。

(16)『總案』三三、元祐六年四月「別後淫雨不止、所過災傷殊甚、京口米斗百二十文、人心已是皇皇、又四月天氣全似正月、今歲流殍疾病必煩措置、淮南蠶麥已無望、必拽動本路米價、欲到廣陵更與正仲議之更一劄、願老兄與微之中玉商議早聞朝廷、厚設儲備、熙寧中本路截撥及別路般來錢米、幷因大荒放稅及虧却課利蓋累百距萬、然於救飢初無絲毫之益者、救之遲故也、願兄早留意。又乞與漕司商量、今歲上供斛米皆未宜起發、軾自二月間奏乞、且遲留數月起發、徐觀歲熟、至六月起未遲、免煩他路般運賑濟、如此開述、朝廷必不訝荷知眷之深輒爾僣言、想加恕察、不一、軾惶恐」なお『總案』は、この書を『朱文公文集』八二、跋東坡與林子中帖及び再跋から採錄している。朱子は淳熙八年、衢州の舟中にてこの書を見た。折りしも提擧浙東常平茶鹽公事として浙東の饑飢對策に從事していたときであり、大いに感銘を受け石に刻んで常平司の西齋に建てたという。

(17)岑象求は、前年十一月侍御史として、先に述べた秀州嘉興縣の災傷訴えの問題に關連して、隱蔽した知縣らを劾する上言をしている（『長編』四五〇、元祐五年十一月壬申の條）。兩浙災傷に關しては軾側に立っていたと思われる。

(18)合山究「蘇軾の文人活動とその要因」（『九州中國學會報』一四、一九六八）西野貞治「蘇軾と元祐黨爭渦中の人々」（『人文研究』二三ノ三、一九七二）。

(19)『長編』四六二、元祐六年七月己卯の條。『范太史集』卷二〇、封還臣寮論浙西賑濟狀。

(20)　林希は、閏八月にも太湖の積水の排水工事について對策を要請している(『長編』四六五)。

(21)　元祐四年六月、湖州にて張仲謀、曹輔、劉季孫、蘇堅、張弼と會し、「後六客詞」を作ったことは、村上哲見「詩と詞のあいだ――蘇東坡の場合」(『東方學』三五、一九六八)によれば、六年上京途次のことであるらしい。他にも年月を確定できぬ記事があるが大略を見るに支障はない。

(22)　合山究「雅號の流行と宋代文人意識の成立」(『東方學』三七、一九六九)。

下　その對高麗策

はじめに

元祐四年（一〇八九）七月、知事として杭州に赴任した蘇軾は、同六年二月、翰林院學士承旨となり三月に離任するまで、江南第一の都市の責任者として多忙な日々を過ごした。この間、蘇軾は來航した高麗僧一行への對應をめぐり四狀の上奏文を上呈している。これらと、元祐八年二月に禮部尙書として高麗の書籍購入に反對した三狀の上奏は、軾の高麗政策を示す格好の資料として從來しばしば引用、議論されてきた。それらは宋代法制史上の議論において、あるいは東アジア交易圏の問題、宋・高麗關係史、蘇軾自身の佛教への姿勢と明らかに矛盾する上奏文の內容についてなど多様な問題を検討する中での引用である[1]。本章の目的は、それら先行研究の成果に依りながらも、むしろ軾の上奏文に卽し、とくに前四狀を中心に內容の分析を行うことで、逆に宋朝をとりまく、當時のどのような現實と課題が浮かび上がってくるのかを探ることにある。

軾は、七通の上奏において、終始、對高麗關係の消極策を主張している。その理由は、第一に、強國契丹に臣屬している高麗は、その許可なしに宋に來朝することはないから、高麗が宋から得た文物・情報は契丹に流出し、高麗使節の來航は宋朝の安全にとりきわめて憂慮すべき狀況を生み出す、という認識にある。第二は、使者を迎え、都開封まで送り届ける經費の莫大なことである。軾の言に依れば、上陸地の明州から長江南岸の潤州までの七州だけでも通常二萬四千六百餘貫の負擔が有り、長江以北の州や京師での滯在費用は十餘萬貫を下らず、さらに民の負擔も多いとする。これらの指摘は蘇軾一人に限らない。弟の轍は言うまでもなく（『欒城集』四十六 乞裁損待高麗事件劄子、再乞禁止高麗下節出入劄子）、劉摯（『長編』四四九 元祐五年十月癸丑）なども同じ意見の一人である。しかし軾の場合、經費の問題はより切實であった。というのは、杭州に赴任した蘇軾が最初に直面した問題は、自然災害によって到來必須と思われる來年春の深刻な飢饉への對處であり、死者五十萬人を出した熙寧年間の慘狀の再來はなんとしても防がねばならず、その對策に忙殺されていたからである。ところが危機回避に對する朝廷の反應ははかばかしくなく、刻々と事態が切迫する中、高麗使節の對應に費やす經費も時間もかれにはなかった。(2) いずれにしても對高麗消極策は、神宗の熙寧年間に使節の交換が再開されて以降、政府の基本方針である積極策と、眞っ向から對立する主張であった。以下、かれの具體的な提案と施策を檢討する。

一　高麗僧一行への對應

まず七通の題目と上奏年月日を擧げると、①「論高麗進奉狀」元祐四年十一月三日 ②「論高麗進奉第二狀」元祐四年十一月十三日 ③「乞令高麗僧從泉州歸國狀」元祐四年十二月三日（以上『奏議集』巻六）④「乞禁商旅過外國狀」元祐五年八月十五日（『奏議集』巻八）⑤⑥⑦「論高麗買書利害劄子」三首 元祐八年二月一日、同二月十五日、同二月二十六日（『奏議集』巻十三）となる。(3) ①は高麗僧一行への對應の仕方を三項目に整理して朝廷に報告、實施許可を求めたもので②はその補足。③は一行を明州から歸國させようとしたところ、便船がないので泉州での乘船に變更する許可を求める狀。④は今回の問題を根本から解決するためには編敕を改變する必要があるとの提案であり、以上が小論の考察の對象となる。⑤⑥⑦は、高麗の『冊府元龜』などの書籍購入願いについての反對論であり、軾の上奏は却下された。

さて①狀から窺える事の經緯は以下のようである。元祐四年十一月、軾は、秀州から送られてきた「泉州百姓」徐戩と高麗僧壽介一行五人に對して、徐には枷を加え、左司理院に送致して取調べを始め、五人は承天寺に留め、外部との接觸を禁じた。職員二人兵級十人に監視と世話をさせる軟禁狀態であるが、丁重な取り扱いを命じ、日ごろ敬愛する下天竺淨慧禪師思義に對應を委ねた。五人は、高麗王文宗の第四子で出家した僧統義天の弟子たちである。義天は後述のように、元豐八年五月から元祐元年五月まで宋に滯在し、その間、杭州惠因寺（慧因寺、俗稱高麗寺）淨源の下で親しく教えを受けた。元祐三年十一月、淨源が惠因寺で沒すると、その報を受けた義天は師を祭るために壽介らを派遣し、一行は徐戩の船に乘り入宋した。一見單純な、亡き師追悼のための來航に思われるが、軾はそのように理解しなかったのである。以下、三項目の措置を順不同で要約する。

壽介は、高麗禮賓省の牒を所持しており、それには「國王の旨を奉じ、義天の祭文を持たせた壽介らを遣わし、杭州僧源闍黎を追悼させる。また諸處に師を尋ね、法を學ばせる」と入宋の目的が記されていた。これに對し軾は、かれらは義天の弟子であり高麗王の親族ではなく、追悼は私事であり國事ではないから、義天の場合と異なり公的な便宜は與えない。追悼は認めるが、それ以外の「尋師學法」や遊覽は許さず、期日を限り明州から歸國させ、その際、歸國に必要な物資の購入は許すが、商販は認めない、とした。これが朝廷に報告し裁可を求めた方針の一つである。

次の一項は、些か厄介であった。壽介は、金塔二つを將來し、高麗を出發する日に義天の生母である太后から哲宗と宣仁太皇太后の長壽を祈るために託されたものであるとして、朝廷への獻納を申し出たのである。この受け入れに、軾は難色を示した。正式な國使でもないかれらに國母が皇帝と太皇太后への獻納を行わせるのは非禮であり、本來の意圖は別にある、と述べる。宣仁太后の聽政以來、數年が經つのに高麗からの正式な遣使はなかった。使節の通過する沿路の吏民は接待の負擔から免れ喜んでいるが、高麗は入貢の利を得たい。しかし、宋側の對應を測りかね、遣使入貢した場合の反應をみるために今回の擧に及んだのである。從って朝廷が獻納を受けず、あるいは受けても返禮をせず、しても僅かであれば恨みを買い問題が起こる。逆に厚く返禮をすれば、非禮に對して妥當な措置ではなく、また以後入貢が頻繁に行われることになろう。最善の方法は、軾が知杭州の責任において申し出を却下することである。この場合、かれらは金塔を持ち歸れば必ず處罰されると言うに違いないので、壽介の申狀の末尾に「州司、朝旨を奉ぜず。本國も又來文無ければ、投進を議し難し。狀を執り歸國して照會せよ」と一筆書き添えたい。以上の獨斷の措置を許可して欲しいという願いである。②狀では、その後、①の方針を前提に壽介の申狀を返却すると、伴話僧思義を通して新たな申し出がなされたとして、その處置を述べている。軾の朝廷への取次ぎを拒否する姿勢を察知した壽介は、ここで初めて義天からの書を思義に提示した。それには金塔二つを惠因院などに喜捨して二聖の長壽を祈るとあり、疏文が屆いた時點で正式に喜捨するが、やはり自分たちが持ち歸ることはできないという。これは私的な喜捨であるから朝廷の回賜は不必要であるとしながらも、高麗側の意圖は軾の推測通りであったとして、受け取り拒否という①狀の方針の確認を改めて求めている。

この提案について鮑氏は、「軾の上奏は哲宗（實際には宣仁太后）によって全て却下され、義天が求めた晉水（淨源）祭奠の擧行、晉水塔の修建、金塔に晉水の舍利を入れて歸國することが認められた」と述べられる（鮑氏Ａ一〇〇頁、一〇九頁）。これは「宋杭州南山慧因教院晉水法師碑」（『玉岑山慧因高麗華嚴教寺志』八『武林掌故叢編』一所收）の記事を論據としての解釋であるが、碑文の記述には軾の上奏が却下されたという部分はなく、事實ではない。軾の上奏について記した『長編』四三五 元祐四年十一月末の條に「詔して皆な之れに從う」とあるように、上奏は全て實施されたのである。祭奠は上奏でもその擧行を認めており、晉水塔の修建にはそもそも觸れるところがない。金塔に淨源の舎利を入れて歸國した點は、結局、長壽祈願のための獻納・喜捨が軾の強い反對により認められなかったため、舎利容器に變更することで持ち歸りを可能にしたと考えるべきであろう。

殘りの一項目、實は上奏文では第一項であるが、泉商徐戩案こそ軾にとり高麗問題の鍵と認識されていた。七通の上奏には「福建狡商」「福建海商」「閩浙商賈」などの語が頻出する。宋高麗間の交易に從事し利益を貪る海商こそが、招かれざる客である高麗使節を呼び込む元凶であると非難するのである。先述の如く軾は、徐戩を逮捕した。④狀によれば十一月二十三日に判決があり、(徒二年)千里外の州軍に編管の處分を下している。しかし壽介一行を乘船させたといっても、戩が正式に公憑を取得しているのであれば違法とはいえず、軾がいくら高麗人の來航を好まなくとも處罰はできない。上奏文中、無許可渡航は問題にしていないので、その點は法に則した出航であったのであろう。軾が認定した戩の犯罪は、高麗から依賴された華嚴經の版木二千九百餘枚を雕造・輸出し、代價の銀三千兩を受け取ったことであった。「官私一人の知覺する者無し」と述べているから、④狀に記載される元祐編敕の「諸そ商賈、海道由り外蕃に往き興販するを許す。竝びに人船物貨の名數、詣る所の去處を具し、所在の州に申し、……」[4]に反する無許可の輸出と認定したのであろう。それにしても同條の「即し公據を請わずして擅に行き、或いは船に乘り海道自り界河に入り、及び新羅、登・萊州界に往く者は、徒二年、五百里編管」[5]の規定が明記されているにもかかわらず「千里編管」としたのは、「乞うらくは法の外重く行い、以って一路の奸民猾商を戒めんことを」という一罰百戒の特例として重罰が認められたからであり、軾の海商への不信をよく表す。

軾は、壽介一行を十一月三十日に出國させるよう手配したが、明州からの便船がなかったので出發地を泉州に變更し、高麗に向かう商船に乘せる許可を十二月三日の③狀で求めている。ちなみに泉州には、元祐二年十月に市舶司が置かれていた。こうして今回の問題は、蘇軾の迅速な處理によってほぼ一箇月でかれの主張した方針通り決着した。

しかしかれの懸念する「福建狡商」の活動がなくなったわけではない。

二　元祐編敕の改定

元祐五年八月十五日、軾は編敕の改定を求める④狀を奏した。上奏の契機は、この年の七月と八月の事件ないし出來事である。まず七月十七日、杭州市舶司は密州から一通の公文書を受け取った。この文書は、もともと高麗の禮賓院から臨海軍に送られた牒文に基づくもので、臨海軍とは元祐三年三月、密州板橋鎭に市舶司が置かれたとき、板橋鎭を膠西縣に改めたがその軍額である。臨海軍の申狀を受けた密州は、それを杭州に送ってきた。內容は、泉州綱首徐成の狀に依ると、高麗への渡航を申請した商客王應昇らが實際には遼に赴いて商賣をしたとあるので、王應昇ら二十人を逮捕して船內を搜索すると、果たして遼の南挺銀や絲・錢と遼までの航海の平安を祈る願文二通が見つかったという報告である。これは前年、軾が強く表明した、高麗との關係が契丹への通交につながるとの懸念を裏付けるものであり、こうした事態は今回が初めてではないであろうと推測している。なお告發した泉商徐成は、高麗宣宗六年（元祐四年）十月己酉と翌七年三月己巳に高麗で交易したとの記錄が殘る（『高麗史』一〇）。

④狀を認める要因となったもう一つの事柄は、八月十日の轉運司からの文書で、そこには高麗使節李資義ら二六九人が相次いで到着したという明州からの報告が記載されていた。高麗からの正式使節は、元豐八年末から元祐元年初めにかけて來航滯在した神宗崩御に伴う奉慰使・哲宗卽位の賀登極使以來であり、これも、前年の壽介ら一行の來宋は正式使節派遣の感觸を測るためであったという軾の豫測を證明したことになろう。今回の使節派遣に對し、政府は軾の提言や當時御史中丞であった弟轍の意見に從い、接待費の節減や開封における使節一行の交易活動に一定の制限

を加えたが、それでも進貢への回賜にはとくに銀器五千兩を與え、書籍としては『文苑英華』を賜った。ちなみに書籍というと宋から高麗への賣買のみが問題にされるが、このときの李資義は宋側から探求書目錄を渡され、歸國後、高麗の宣宗に報告している。依賴された書物は『百編尙書』以下一二五種約五千卷に近い膨大な分量であった(6)。

蘇軾にとり使節來航問題の最も肝心な點は、「本司看詳するに、顯かに是れ客人李球、彼の國に往き交構密熟たるに因り、之れが爲に鄕導し、以って厚利を希う。正に去年奏する所の徐戩と情理一に同じ」と述べるように、宋・高麗關係に介在し、橋渡しをする海商の存在であった。李球は前年六月に杭州市舶司に公憑を申請し、高麗で通商活動を行った後、高麗の公文書（實封文字）を預かり松の實四十餘袋を載せて歸國している。李球の交易については、高麗側の史料にある「（宣宗六年）十月戊午、宋商李珠、楊甫、楊俊等一百二十七人來りて土物を獻ず」（『高麗史』一〇）の李珠に該當すると思われる。かれの船に使節が乘船したとは述べられていないが、使節の來航を告げる高麗の文書を託されており、二六九人の使節團の大部分は「朝貢貿易」に與ろうとする者たちであろうから、或いは先遣としてその一部を乘船させていた可能性もある。いずれにしても宋麗貿易に厚利を求める宋の海商とやはり朝貢貿易に利益を期待する高麗とは利害が一致し、こうした海商の先導としての役割を抑えるためには法的規制が不可避であるとして、編敕の改變を具申することになったのである。

軾は宋朝の對高麗政策の推移を示す資料として、④狀に慶曆編敕、嘉祐編敕、煕寧編敕と元豐三年八月二十三日の中書劄子の節文、同八年九月十七日の敕の節文、それに元祐編敕の海外交易に關する規定を列擧している。宋は建國以來、高麗との正式な使節の交換を續けてきたが、仁宗天聖八年來航の使節以降は中斷した。理由は、たびたび侵攻を蒙り、契丹の脅威に晒された高麗が、宋に軍事力を含む支援をしばしば要請したのに對し、遼との關係惡化を懸念した宋が支援を拒否したことにある。高麗は、遼との關係を優先せざるを得なくなり、使節の派遣は不可能になった。

それが、神宗朝の熙寧年間になり再開された。その際、高麗は、遼に對宋遣使の事實を知られることを恐れて、以前の山東登州經由の經路に變え、浙東明州經由での派遣の許可を求めてきた。しかし、これは建前上の理由に過ぎないであろう。何故なら宋遼間の定期的な使節の往來にあって、遼の使節と高麗の使節が開封に同時期滯在する機會は頻繁であり、高麗の使節派遣を遼が知らない筈はないからである。明州ルートの選擇は別の理由があると思われるが、いずれにしろ仁宗朝の最大の外交問題であった西夏との武力紛争が一段落したことが、使節の交換再開の背景にあろう。宋と西夏の戰争は、宋遼關係の動向に連動し、それは當然、宋・遼・高麗の關係にも影響するからである。この四王朝の安定した國際關係こそ、宋と高麗の遣使を可能にする前提條件であった。

こうした宋麗關係の推移は、軾が擧げた編敕の內容の異同からも窺われる。慶曆編敕と嘉祐編敕では「客旅、海路にて商販する者、高麗・新羅及び登・萊州界に往くを得ず」と高麗への渡航禁止が明記されている。遣使が再開されていた筈の熙寧年間の編敕で、その事態はまだ反映されていないが、次の元豐三年の中書劄子は「諸そ廣州市舶司に非ずして、輒に南蕃に發過せる綱舶船、明州市舶司に非ずして、日本・高麗に發過せる者は、違制を以って論じ、赦降・去官を以って原減せず。〈其の高麗に發する船は別條に依る[7]〉」とし、明州市舶司で公憑を取得しなければならない限定はあるが、高麗への渡航を解禁している。また八年の敕は、渡航禁止地域から高麗の二字が除かれ、渡航解禁が確定した。元祐編敕は、この措置を承けた渡航のための細目規定であり、高麗の扱い以外は慶曆・嘉祐・熙寧編敕とほぼ同內容である。

ところで元豐三年の中書劄子の末尾に付された割注「其の高麗に發する船は別條に依る」の別條は、『長編』二九六 元豐二年正月丙子に「詔す。舊と明州の括索せる、自來、高麗に入る商人の財本五千緡以上の者、明州をして其の姓名を籍し、保識を召し、歲ごとに引を出して船二隻を發し、往きて禁に違うに非ざる物を交易するを許す。仍お次年、卽ちに回れ。其れ引無き船を發せる者は、盗販法に依れ」とある詔を指すと思われる。とすれば、高麗以外への海商の許可條件が物力有る戶三人の保證人のみで、資本規模については特に規定がないことに比べると、高麗貿易はより嚴しい條件が課されている。また使節交換の再開が、直ちに交易の再開を意味しなかったことにも注意しておきたい。このように元豐二年正月の高麗との通商渡航解禁を承け、元祐編敕では違反者の「徒二年、五百里編管」の罰則が規定された。蘇軾は、これに對し元祐編敕を慶曆・嘉祐編敕に戻して高麗への通商渡航を再度禁止するよう上奏したのである。では、この要請は政府によって受け入れられたのであろうか。

史書には、一見、再度の高麗への通商渡航禁止に關する明確な記事はみえない。しかし軾の元祐八年二月一日の⑤狀には「仍お奏して狡商・猾僧を編配せんと乞い、幷びに祖宗の編敕に依り、杭・明州は竝びに舶を發し高麗に往くを許さず、違う者は徒二年、財貨を沒入して賞に充つるを乞う。幷びに元豐八年九月內に創立せる『舶客專ら擅に外夷を附帶して入貢・商販せしむるを許す』一條を删除せんと乞う。已上の事、竝びに朝廷の一一施行せるを蒙る」と述べられ、本人は高麗への通商渡航は禁じられたという。その上で、實際に閩商徐積を取り調べ、徐積が自分の出航は禁止規定が發效する前に受けた公憑に依ると言うが、禁止規走は數年前であり、高麗も知るところだと上言する。これは『宋會要』職官四四　市舶司　建炎二年十月十七日の條にみえる司農卿黃鍔の上奏に「臣聞く、元祐の間、故禮部尙書蘇軾奏して乞う、云々」として申請が實行されたとあることからも傍證できる。もっとも黃鍔の言は、項目の最後にある「舶客外夷附帶」禁止の再度實施を願うもので、軾の上奏部分は「竝びに朝廷の一一施行せるを蒙る」に至るまで⑤條の字配りと同じであるから、他の記錄ではなく軾の上奏文そのものからの引用であろう。とはいえ、黃鍔の認識では、高麗通商渡航は軾の要請で再度禁止され、又いつの時點でか許されたことになる。

さらに、この黃鍔の認識の正しさを裏付ける記事も存在する。『宋會要』食貨三八　互市　紹聖元年閏四月二十五日の條に「三省・樞密院言う、商買海道に興販するは竝びに人船物貨の名數、詣る所の處を具し、州を經て投狀せよ。高麗に往く者は、財本必ず三千萬貫に及び、船は兩隻を過ぐるを許さず。仍お次年を限りて廻る。本土の物力有る戶三人を召して委保せしめ、物貨内は兵器を夾帶するを得る毋れ、と。之れに從う(9)」という記事である。この條文は、先の高麗への通商を解禁した元豐二年正月丙子の詔とほぼ向内容である。ただ文中の財本三千萬貫は、海商の資本としては考えられない數字であり三千貫の誤りであろうが、とすれば元豐では五千貫の財本が三千貫に減額されたことになる。いずれにしても、三省・樞密院の上言は、軾の主張で再度禁止された高麗への通商渡航を復活させる提案ということになる。また元符元年六月乙巳には「高麗の朝貢は竝びに元豐の條に依りて施行し、元祐令は用いること勿れ」(『長編』四九九)とあるから、これも軾が提案し實行された高麗使節への對應簡素化が、元に戻されている。哲宗親政により復歸した新法黨政權は、神宗期の對高麗政策に回歸したのである。

高麗への海商渡航がいつの時點で再度禁止されたのか、少し檢討を要する史料がある。それは『長編』四五一 元祐五年十一月己丑と『宋會要』同年十一月二十九日にみえる同一の記事である。ここでは、やや詳しい『長編』を引用するが、用字の違い或いは誤記の箇所もあるので、校勘のある校點本に據ることにする。ただし校點本とは句讀を變えた部分がある。

刑部言う「商賈、海道由り外蕃に往き興販するを許す。幷びに船に入る物貨の名數、詣る去處を具し、所在の州に申す。仍お本土の物力有る戶三人を召し、兵器若しくは禁に違え軍器を造るに堪充せる物を以って夾帶せず、幷びに禁ずる所の地分を越過せざるを委保せしむ。州、驗實を爲せば、牒して舶を發するを願う州に送り、簿を置きて鈔上せしめ、仍お公據を給し行くを聽す。回る日、合に舶を發すべき州に住舶するを許し、公據は市舶司に納む。即し公據を請わずして擅に船に乘り、海道自り界河に入り及び高麗、新羅、登・萊州界に入る者は、徒二年、五百里編管。北界に往く者、二等を加え、配一千里。竝びに人の告捕するを許し、船物の半價を給し賞に充つ。其の餘の在船の人、船物の主に非ずと雖も、竝びに杖八十。卽し公據を請わずして未だ行かざる者、徒一年、鄰州編管、賞は擅に行くの半ばを減ず。保人は幷びに犯人より三等を減ず」と、之れに從う。[10]

問題は、高麗の語句が加えられた部分である。校點本は、ここを「卽不請公據而擅乘船自海道入界河及往高麗・新羅・登・萊州界者」と續け、公據無しを高麗以下にもかけて、かれらに徒二年、五百里編管の處罰を課した、と理解しているようである。[11] しかし、高麗通商渡航の禁が明記されている④狀の熙寧編敕には、客旅が海道商販するための手續きを述べた最後に、公憑の有無にかかわらず「海道自り界河に入り、及び北界・高麗・新羅幷びに登・萊界に往き商販せる者は、各徒二年」とあり、この刑部の案でも公據の有無とは關係なく高麗渡航の全面禁止を述べていると考えるべきである。すなわち軾の元祐五年八月十五日の上奏を承け、十一月二十九日に刑部が提言して元祐編敕を嘉祐編敕、熙寧編敕の規定に戻したのであり、さらに北界（遼）に行く者には二等を加え、船主荷主でなくとも乘船している者は杖八十と、熙寧以前より罰則を細かく、部分的には重く規定している。勿論、これも軾の主張に沿った措置である。先述の紹聖元年閏四月の渡航解禁では、この禁止規定の反動として、むしろ財本の條件を緩めたのであろう。ちなみに『高麗史』には、元祐五年末から紹聖元年閏四月まで宋商の「來獻方物」ないし「來獻土物」の記事がみえなくなる。仁宗朝、法律上は禁止されていたにもかかわらず、宋の海商來航の記事が枚擧にいとまないことと比べ、これはかなり特異な現象である。北宋の對高麗關係の大勢からみれば、宋商の渡海交易の禁止規定が實際に效力を有したらしい元祐後半の三年間餘りは、むしろ例外的時期といえるであろう。しかし、そうであれば蘇軾は何故これほど浙・閩海商の高麗渡航禁止にこだわったのであろうか。そのなかでも閩商、とりわけ泉州商人の活動に對し「目の敵にする」ような態度をとったのであろうか。軾が問題視する明州—泉州商人—高麗關係の實態について、もう少し考えたい。

三　明州・泉州商人・高麗

前節で引用した『長編』元豐二年正月丙子の高麗渡航解禁の記事には、その末尾に「是れより先、高麗に私販するを禁ず。然れども絶つ能わず。是に至りて復た中國と通ず、故に是の法を立つ」とあり、仁宗朝の高麗渡航禁止規定が、陳高華氏も指摘するように全くの具文であったことを史書も認めている。いわば現状追認としての解禁策であった。事實、『高麗史』から宋商來航の記事を抽出した宋晞氏は、眞宗大中祥符五年（一〇一二　高麗顯宗三年）から南宋末の祥興元年（一二七八　忠列王四年）までの二百六十六年間に一二九回、人數は五千人餘りと數え、その一覽表に依れば、仁宗在位四十六年の間に四十一回の渡航記録がある。(12) 問題は、そうした宋商の活發な活動の歴史的意義をどのように考えるかである。軾はかれらの活動を、單に法を無視したとか、法の網をかいくぐっての交易という消極的な觀點からのみ問題にしているわけではない。むしろ宋と高麗關係を積極的に主導する存在と認識している。宋・高麗關係の親密な發展は、高麗と宋商兩者の共通利益をもたらすが、宋朝には國益を損なう結果しか生まないと考えるかれにとり、それはどうしても容認できない事態であった。では宋商、とくに泉州海商が軾の言うように積極的役割を實際に果たしていたのか、神宗煕寧年間の高麗遣使再開と哲宗元祐初年の高麗僧義天來航の經緯を檢討する中で考えてみたい。

（一）　遣使再開

『長編』二二三　熙寧四年五月丙午の條に「通州言う、高麗使民官侍郎金悌等、入貢して海門縣に至る。詔し、集賢校理陸經に知制誥を假して館伴せしめ、左藏庫副使張誠一を之れに副たらしむ」とあるように、再開後最初の使節は、淮南東路の通州海門縣から入貢し、ついで八月癸丑朔、文德殿で神宗に謁見した。では熙寧年間の遣使再開は、宋・高麗どちらの主導で始まったのか、宋と高麗では記録に些かの違いがある。

④狀に「熙寧四年、發運使羅拯、始めて人を遣わし高麗を招來し一たび厲階を生じて自り、今に至るまで梗と爲る」とあるように、軾は羅拯を再開の中心人物とし、蘇轍、劉摰などを始め宋・高麗側を問わず殆どの史料が同様の指摘をしている。羅拯が重要な役割を果たしたことは間違いないが、しかし最初にその發議を誰がしたのかで、史料は、神宗皇帝或いは高麗の文宗のどちらかに分かれる。『宋史』四八七高麗傳は「熙寧二年、其の國の禮賓省、牒を福建轉運使羅拯に移して云う、本朝の商人黃眞・洪萬來りて稱す、運使、密旨を奉じ招接通好せしめんとす。……」と記し、續けて、文宗は永年宋朝に好を通ずることを願っていたが大國遼を慮り實行できないでいた。ここに宋朝の意圖が理解できたので「今、公狀、眞・萬に附して西還せしめ、報音を得るを俟ちて、卽ち禮を備え朝貢せん」とし、さらに文宗が夢に中華に行き、そのことを詩に記した逸話を述べる。最後に「拯、以聞す。朝廷、議する者も亦た之れと結び以って契丹を謀るべしと謂う。神宗、焉れを許す」と使節來航までの經過を說明している。

この高麗禮賓牒から復元できる經過は、まず神宗が高麗との遣使復活希望を密敕の形で福建轉運使羅拯に下す。羅拯はそのことを海商黃眞（本名愼、孝宗の避諱で謹とも記す）・洪萬に託し——かれらは泉州商人である——、兩人は高麗に赴き神宗の意を傳えた。文宗は喜び、禮賓省に命じて牒を羅拯に送らせ、拯は神宗に高麗の反應を報告した、ということになろう。『高麗史』九　文宗二十二年（熙寧元年）七月辛巳の記事もほぼ同じであるが、羅拯の肩書きを江淮兩浙荊湖南北路都大發運使とする。拯の官歴は、『宋史』三三一本傳によれば、この頃、江西轉運判官から福建提點刑獄、福建轉運使、江淮發運副使、同使、知永興軍……と移っている。移動の正確な年次は不明であるが、地方志などの諸史料から福建提刑が治平年間、發運使が熙寧三年六月から八年三月ないし六月までと分かり、その間が福建轉運使である。從って『高麗史』の肩書きは誤りであるが、黃愼らが禮賓省の牒を持って歸宋し、再び羅拯の回答を攜えて高麗に赴いたのが文宗二十四年（熙寧三年）八月己卯とあり、翌年三月庚寅に金悌らを登州經由で派遣したと、記す。

神宗の發議とする記事は、葉夢得『石林燕語』二にも「……會たま神宗、海商を遣わし喩旨して來朝せしむ。遂に復た故事を修めんことを請う」とあり、「餘、館伴せる時、初朝の張誠一館伴語錄の載せる所、爾云うを見る」として確たる典據があるという。ただ、館伴語錄の記述は、恐らくここでは省略した前半部分の、中國に生まれることを望んだ文宗が夢に開封の觀燈を見、詩を詠んだという逸話にあり、神宗云々は必ずしも帝自らが海商を遣わしたことを意味するわけではなく、この記事の主旨も、神宗に高麗を受け入れる心があったので遣使が實現したのだ、というに過ぎない。一方、神宗發議に全く觸れない記述は、羅拯本傳である。そこには「拯、閩に使たるの時、泉商黃謹、高麗に往く。之れを禮賓省に館し、其の王云う、天聖の後自り職貢絕ゆ。使に命じ謹と倶に來らしめん、と。是に至り、拯、以聞す。神宗、之れを許し、遂に金悌を遣わし入貢せしむ。高麗、復た中國に通ずるは茲れ自り始む」とあるのみで、むしろ泉商を通して高麗側から申し出があり、それを羅拯が聞奏したように受け取れる。

神宗、文宗兩者に遣使再開の意がある以上、何らかの契機があれば、それは早晩具體化したであろう。その意味で『寶慶四明志』六　市舶の記事は興味深い。既述と重複するところが多いが、そこには次のようにある。

熙寧二年、前福建路轉運使羅拯言う、泉州人黃眞〈割注略〉の狀に據るに、嘗て商を以って高麗に至る。高麗、之れを禮賓省に舍く。其の情意を見るに聖化を欽慕し、兼ねて云う、祖禰以來朝廷に貢奉す。天聖遣使の後、久しく逑職に違う。便ち人を遣わし眞と同に至らしめんと欲するも、儀例に非ざるを恐れ、未だ敢えて發遣せず、と。兼ねて禮賓省の文字を得、具に在り。乞うらくは詳らかに酌み行わんことを、と。時に拯、已に發運使に除せらる。拯に詔し、眞に諭して之れを許さしむ。高麗、眞に因り泉州由り路して入貢せんと欲す。詔して明、潤州に就きて發來せしむ。……(13)

ここには、羅拯が高麗禮賓省の牒と黄愼の狀を受け取るまでの經過を記していないが、その後の展開はむしろ自然である。福建轉運使羅拯と黄愼ら泉商が、宋廷・高麗兩者に遣使再開の意があることを確認し、それは福建海商にとり願ってもない事態であるから、官商共同で再開に向けての段取りを計畫・實行したのであろう。『八閩通志』三十六秩官提刑司によると、羅拯は英宗治平年間、福建提刑使のとき、泉州興化軍の廬舍が水害により壞滅し、その復興のために海運の竹木に免税を願い出て、爲に民居は一年で復舊したとある。泉州海商との繋がりを窺わせる記事である。

『四明志』の記述の中で注目されるのは、高麗が黄愼に從い、泉州から入貢しようとしたことである。既に述べたように『高麗史』では、使節を從來通り登州經由で派遣したと記し、實際は通州海門縣から上陸している。これについて『澠水燕談錄』九 雜錄には「高麗……熙寧四年、始めて遣使脩貢を復すに、泉州の黄愼なる者、向道を爲すに因りて、將に四明由り登岸せんとす。至るに比び海風の爲に飄い通州海門縣新港に至る。……」と、目的地は明州であったが風で流された、という。高麗使節が通州知事に贈った詩の巧みさを賞贊するこの記事の作者王闢之は、治平四年の進士、紹聖四年の致仕であるから正に同時代人であり、これは當時の傳聞に基づくものであろう。とすれば熙寧四年の高麗使節は、本國の方針は從來通り山東登州經路であったが、先導役の泉商黄愼の意向で初め泉州を目指し、次に宋廷の指示で明州に向かった。しかし風によって通州に流され、海門縣から上陸した、ということになる。熙寧六年、再開後第二回目の高麗使節入貢を報ずる明州に對し、神宗は、新規定に依る迎勞を命ずるとともに「高麗、國初自り皆な登州由り來朝す。近歳、常に道を明州に取る。蓋し遼より遠きの故なり」と延べ、入貢地としての明州を認めている（『長編』二四七 同年十月壬辰）。入貢の事實上の目的が交易にある以上、江南は商品の一大生産地であり、南方からの輸入品を含め物資の集散地であるから、明州上陸はむしろ高麗の望むところであったろうし、開封までの經路は途中での交易の點で更に魅力的であった。また、それ以上に泉州海商にとってかれら自身の利益を考えれば、使節を少なくとも市舶司の置かれた明州に導くことは遣使再開の當然の前提條件であった。

高麗の遣使復活についての諸史料を檢討すると、神宗・文宗の意向は、言うまでもなく復活の前提になるが、實際に狂言回しを演じたのは福建轉運使羅拯と泉商黃愼であった。羅拯は發運使に移動した後も、高麗擔當としての活動を續ける。熙寧七年、高麗王が本國の教師となる醫・藥・畫・塑の工人派遣を要請してきたとき、人選を命ぜられたのは羅拯であり（『長編』二五〇 同年二月癸未）、熙寧八年、泉州商人傅旋が樂藝人らを遣わして欲しいという高麗禮賓省の牒をもたらしたとき、朝廷に傳えたのもかれである（『長編』二六一 同年三月丙午）。やがて拯が、永興軍路安撫使に轉出した後、「專應接高麗使入貢事」を命ぜられたのは後任の江淮等路發運使張頡であった（『長編』二六七 熙寧八年八月丙申）。しかし宋・高麗交流の推進を事實上主導していたのは、羅拯の背後で活動していた泉州商人を中心とする閩浙海商ではなかったであろうか。先の『四明志』は高麗の條の最後に「本府（明州慶元府）、其の禮賓省と文牒を以って相酬酢するは、皆な賈舶之れを通ず」という。しかし、賈舶は單なる文書傳達以上の役割を果たしたという印象を拭いきれない。

（二）　義天入宋

次に、元豐八年の高麗僧義天の入宋にまつわる泉商の役割についてみたい。この問題は、既に前掲注の原美和子氏や鮑志成氏などによる詳細な研究と貴重な史料紹介があり、それらに今のところ付け加えるべきことは餘りない。兩氏が別個に紹介、利用された義天の『大覺國師文集』には、高麗の義天が書き、また受けた多數の書簡が收錄されており、そのなかには惠因寺を中心とする宋の諸僧と遣り取りした書簡も多い。しかも少なからざる書簡には、仲介した宋の海商の存在や個人名が記され、宋・高麗間でのかれらの活動を窺わせる格好の資料となっている。それらに依ると、かれらを介しては、書簡が往來しただけではなく、經典や佛書、一般書籍から人蔘に至るまで日常的に物資が行き來したことが見てとれ、かれらが宋麗交易に從事する一方、義天と淨源ら宋の諸僧との特定の交流に深くかかわっていた樣子がわかる。しかし原氏が指摘されるように、書簡に日付がないので、時系列に沿った内容整理ができないという制約があり、また文集に缺葉が多いことも利用をかなり難しくしている。校勘本の作成が待たれる所以である。(14)

書簡に記載された海商で、出身地が明記されているのは徐戩の泉州のみであるが、これも原氏のいわれるように「某、稽首して言う、泉商、繼いで至り、再び手教を奉ず。云々」(『文集』十　上淨源法師書四通第四)とあることなどから、福建、とりわけ多くが泉州と考えてよいであろう。「高麗王城には華人數百が居て、多くが閩人」という『通考』三二五・『宋史』高麗傳の記事はよく知られ、また義天が師事した淨源は泉州晉江の出身であった。かれは若い頃、科擧を目指し、開封に遊學して儒學を學んだが「榮衰の分、鏡象の若く、夢寐の若し」と悟り遂に儒を棄て釋に就いた(『文集』外集二淨源遺書)といい、蘇・杭・湖・秀州の諸寺に住し數百人の門生を有した。(15)開京在住の閩人ないし泉商が、同鄕出身の名僧を高麗に紹介したのは自然であろう。後のことになるが、淨源の沒後「杭州南山慧因教院晉水法師碑」を撰した人物は福建轉運副使の曾旼であり、立石したのは紹聖三年四月から建中靖國元年三月まで杭州知事にあった呂惠卿である。嘗て新法推進時には右腕とも頼み、やがて裏切られた王安石が、恨みを込めて「福建子」と書いたという逸話が傳わるように、かれは泉州晉江の出身であり、ここにも淨源を取り巻く泉州鄕黨人脈の一端がみられる。

一方、高麗の金富軾の撰文になる「五冠山大華嚴靈通寺贈謚大覺國師碑銘幷序」(『文集』外集十二)によれば、義天は第十一代文宗の第四子として生まれ、十一歳のとき(一〇六五)得度、十三歳で「祐世僧統」となった。このころから入宋留學の希望をいだき、晉水淨源法師の師とすべきを知り、「舶賈に託し書を以って修禮」したという。淨源も義天が非常の人と知り、書を送り相招いたので、渡宋の意思いよいよ固く、兄である宣宗の二年(一〇八四　宋元豐七年正月)、正式に留學を願い出たが、群臣の反對で實現しなかった。渡航後に提出した「請入大宋求法表」によれば、元豐七年八月以降、淨源からたびたび(或いは三度)招請の書簡が届き、遂に翌元豐八年四月庚午(七日)、密かに弟子の壽介と貞州からの出航を企てた。書置きをみた王と太后は驚き、急ぎ官僚と弟子の僧數人を伴に付け、一行十一人は五月甲午(二日)、歸國する海商林寧の船にて密州板橋鎭に上陸した(『高麗史』九〇　大覺國師傳)。上陸後、密州の知事であった范鍔に求法表を差し出し、準國使の待遇を受けながら、海州經由で開封に到着、七月癸丑(二十一日)に垂拱殿にて哲宗・宣仁太皇太后の謁見を賜った(『長編』三五八)。以上が、主に高麗側史料による義天入宋前後の經緯である。

ところで『長編』には、義天入宋に關連する以上に含まれない記事がみえる。それは卷三四三　元豐七年二月丙戌(十七日)の「詔し、高麗王子僧統、其の徒三十人を從え、來り遊學するは、入貢に非ず。其れ禮部をして別に儐勞の儀を定めしむ」の條である。元豐七年二月といえば、高麗で義天が宣宗に入宋を願い出て、群臣の反對にあった翌月のことである。義天が實際に渡來する一年以上も前のこの時期、どのような經緯で、神宗はこの措置を命じたのであろうか。この記事にはかなり詳細な注がついていて、その間の事情が多少知られる。概略を示せば以下のようになろう。

事の發端は、明州からの相前後する二通の上奏であった。まず、高麗から告哀使として禮部侍郎崔思賢が、國王の子の僧統大師ら僧約三十人とともに來朝するというが、明州は今まで告哀使と王子僧統を受け入れた前例がなく、迎送・館設等の儀式・宿泊、隨行人、沿路驛程での支給や待遇など對應する規定がない、との問い合わせである。これに對し神宗は、接待の隨行人には通判が當たるよう、待遇などは王子が都に赴くときの規定があるのでそれを基準とし、馬玧（知明州）が僧俗それぞれ適宜に對應を決め報告することを命じた。ただし禮を薄くし朝廷の待遇の恩意を缺いてはならないと念を押している。さらに明州の上等の寺院を選び清潔にして僧等の宿舍とし、政府から派遣する隨行人と通判が泊り込んで接待をする。必要な器具などは寺院の僧に調えさせ、些かの齟齬もないように、とその指示はかなり細かい。續く明州の第二奏では、高麗から定海縣に歸港した溫式船（溫州船？）の情報によると、新國王も亡くなり、現國王は前王の第三子といい、やはり僧を遣わして功德をなす意向で、僧は「僧統」と呼ぶ、と報告してきた。神宗は、王子僧統については別降の指揮（先の指示）に従い、ほかは通常の使節の例に依るも、ただ花樂は用いないこと、以上の指示を沿路の州軍に轉送するように、と答えている。明州の上奏期日は明らかでないが、神宗の指示は、二つとも『長編』本文の繋年と同じ二月十七日の日付をもつ御批で、御集からの引用である。

高麗では、宋の元豐六年七月、在位三十七年の文宗が沒し、長子の順宗が後を繼いだが、僅か三箇月で世を去り、十月に第三子の宣宗が卽位した。『長編』三三九　元豐六年九月庚戌の條には、神宗が明州に文宗追悼供養の僧侶三十七人による一箇月の道場を命じた、と記し、續いて祭奠使の人選を傳えている。この使節については次節で檢討するが、上記の告哀使についての上奏をみると、宋は宣宗卽位の正確な情報を、七年二月まで得ていなかったようである。同じ七年二月四日、太僕少卿呉安持が、「遼に奉使した昨年十二月、館伴耶律儀に聞くところによると、高麗では順宗が卽位六十日で卒し宣宗が權知國事となったことを知らせる使節が滯在し、遼は旣に遣使封册した」と報告しており（『長編』三四三　同月癸酉）、これが宣宗卽位についての宋側史料の初出である。高麗が先に遼に告哀使を送り、かつ遼の封册を受けていることを知りながら、神宗は王子義天を厚禮で迎えるよう指示しているわけで、神宗の高麗に對する特別な扱いを知り得る。また高麗側の動きを推測すると、群臣による義天入宋の願いの却下と明州への告哀使・義天來航の通知との前後關係は分からないが、「大覺國師碑」も記すように、宣宗は弟の入宋に肯定的で、そのための事前の準備として明州への通知がなされたのであろう。このときの入宋は實現しなかったが、義天の意向を汲み、明州との連絡にあたったのはやはり泉州海商ではなかったろうか。

四　市舶司設置と泉州商人

宋の海商とくに閩商が、宋麗通商交易に從事するのみでなく、政治活動も行ったことは先行研究の一様に指摘するところである。但し、それらは概ね、かれらが宋麗間の公文書傳達に從事したことを指すにとどまり、しかも北宋滅亡・南宋中興などの非常時を除けば、明州と禮賓省間の牒の遣り取りなど、外交關係としては詔敕レベルより一ランク下の出先機關ないし實務段階での往來文書である。しかし、前節までの泉州海商の動きをみると、かれらの政治活動は、單なる運搬業務を請け負うだけではなく、宋朝の政策決定へ影響を與えたのか否かについてまで踏み込んで考察する必要があるように思われる。とはいえ、そうした課題に應える史料の存在は殆ど期待できないので、ここでは、小論が主に對象とする時期である熙寧・元豐・元祐年間の宋朝對外交易史上の重要事項、泉州と密州の市舶司設置と、この間の二度にわたる宋の高麗への國使派遣を、泉州商人の動向とかかわり合わせながら檢討する。

周知のように泉州には元祐二年十月、密州には半年後の同三年三月、それぞれ市舶司が置かれた（『會要』職官四四）。このうち密州については、既に元豐六年に當時の知事の范鍔が設置を建言している（『長編』三四一　同年十一月戊午）。

かれの言によると、天然の良港に恵まれた板橋鎭は、二廣・福建・淮浙からの海商と京東・河北からの商人が集まる交易の要衝である。ところが數箇月で歸途に就く海商は、貨物を捌ききれず、足元をみた在地の大姓富家に買い叩かれ、大姓富家は高値で賣れる時機まで待ち巨利を貪っている。もし密州に市舶司、高密縣の板橋鎭にその抽解務を置けば、政府が交易を統制できるとして六つの利點をあげる。①緣邊に軍糧を納入した商人が、本州で香藥・雜物の購入を申請できれば、軍糧納入が激增する。②抽買する南方の犀角・象牙・香料などを（廣州などから）長途運搬する勞力、途中の難破盜賊の危險を免れる。③香藥・雜物を抽解することで大禮每の京師や北方諸路の賞給を賄うことができる。④賣れ殘りがあっても時期を待てば、數箇月で倍する利益を得られる。⑤商人の往來が頻繁となり京東・河北州縣の稅額が倍增する。⑥海道が通じ諸蕃の寶貨が絕え間なく流入することで、明州・廣州に數倍する上供が期待される、の諸點である。北宋財政問題の核心である北邊駐屯軍への軍糧輸送と南方輸入專賣品を密州で結びつけることで、公私共に多大の便宜を得るとの論法であった。

この提議に對し、檢討を命じられた都轉運使吳居厚は、最終的に反對を表明、市舶司抽解務の代わりに榷易務を設置し、蕃漢商賈の交易を行うよう提言した。蕃商は廣州・明州で抽解手續きを濟ませた上で密州に來航して交易をせよ、と言うのであろう。居厚は、榷易務であれば明州・廣州の二市舶司及び浙・廣・淮數路の公私の便を損なうことなく、また密州は海道で南蕃に至るには餘りに遠く、逆に遼には餘りに近く、遼への海商の渡航を禁止しても實行不能であると、反對の理由を述べる。結果としては、居厚の意見が通り、市舶司設置は見送られた。やがて元祐二年に再び范鍔の上言があり今度は認められるが、居厚が最も強調した反對理由の、明州・廣州市舶司の利益を損なうという點は、半年前に泉州市舶司が置かれたことで、少なくとも泉州海商にとり損益は相殺したことになる。元豐六年の密州市舶司設置の提案否決に閩浙海商がはたらきかけたという史料は勿論ないが、泉州海商の立場からすれば、一連の政策はかれらの利害に沿って推移したと言える。

元豐六年、市舶司を置くか否かの議論がなされていた時期、密州はもう一つの問題、高麗への使節をどこから出航させるか、その候補地として論議の對象になっていた。熙寧の遣使再開後、元祐末年までに、宋が正式な使節を派遣したのは二回にとどまる。元豐元年の安燾・陳睦らと同六年から七年の楊景畧・錢勰らである。なお元豐二年に王舜封らが派遣されているが、これは高麗の文宗からの醫官派遣の要請に應えたもので、正式な國使とは異なる。第一回目は、三月七日、開封を出發した一行は明州から出航、六月十二日に高麗禮成江到着、七月二十三日、高麗を出發、何らかの理由で恐らく八月八日に眞州に到着、九月二十一日、明州に歸港という經路であった。使節用に新造した官船に乗り、熙寧以降の高麗使節が利用していた明州ルートによる派遣であったが、詳細は省略する。(16) 第二回が、文宗逝去の報を受けて派遣を決定した祭奠・弔慰使で、今回は北方ルートでの渡航を檢討している。朝廷はとくに內東供奉官馮景を遣わし、京東路轉運使吳居厚と登州經由を調査させた。元豐六年十一月己酉、馮景は登州と密州のどちらがよいか調べ、いずれにしても明州より高麗に近く便利である、と報告した。朝廷は、馮景に「密州の官吏と同に、商人を募り、牒を齎せ海道を試探せしめよ」と命じた（『長編』三四一）。一方、吳居厚が長官を務める京東轉運司は、泉州海商に諮問して、兩番奉使（祭奠使の楊景畧が左番、弔慰使の錢勰が右番）は、楚州で船を雇えば密州板橋鎭まで海路で、二、三日であるとの回答を得たと報告、朝廷はこの提案に従っている（『長編』三四一　元豐六年十一月甲子）。使節の出發は大幅に遲れ、翌七年七月二十四日のことであった。ということは出發の時點で使節團は、順宗も世を去り宣宗が即位したことを知っていた筈である。錢勰の船は、順調に航海して八月四日に高麗に到着したが、楊景畧は同時に出航したにもかかわらず、東風にあおられ登州に漂着してしまい、八月二日、再度出航して十三日に着いている（『文昌雜錄』五）。また使命を果たした一行の歸國は十月であったが、慣例による昇進など一連の行賞のなかで、密州商人平簡が三たび高麗に行き國信を通じた功で三班差使を與えられたこと（『長編』三四九 元豐七年十月癸未）は、先の海道試探とともに、密州ルートには密州海商が關與していることを窺わせる。因みに、この後神宗が沒し、今度は高麗から弔慰使が明州ルートで來航するが、このとき高麗使節を乘船させた功により梢工虞際に三班借職、客人船主盛崇と李元積に大將の肩書きが與えられている。この李元積は義天と淨源の間の往來に度々名前が出る海商である（『長編』三六九 元祐元年閏二月丙午）。

以上のことから、元豐六年の密州市舶司設置問題で設置に反對した吳居厚が泉州海商と關係のあったこと、泉州海商は宋側國使の明州出航にはこだわっていないようであるが、事實上の楚州出航を提言し、板橋鎭は建前上の出發地に過ぎなくなっていたことが分かる。(17) 實際問題として使節一行の人員・攜行物品を考えれば、開封から陸路密州へ出る經路は非現實的で、汴河を下り楚州から淮水經由で海に出る漕運ルートが合理的である。とすれば元豐八年の義天入宋の經路も、板橋鎭に入港し知高密縣と知密州への表狀があるので、實際に廳舍へ赴いて差し出したとすれば、上陸後は陸路をとったと考えられるが、海州で引伴使が出迎え、その後、宿州・南京を通過しているから、板橋鎭入港後、再び海路をとり楚州經由で汴河に入った經路も可能性としては捨てきれない。泉州海商にとり、高麗の窓口をどこに置くかをめぐる、この時期の對外關係の動きは、結果的に全てかれらの利害に沿う經過をたどったと言える。

おわりに

元祐四年十二月二十四日、軾は「高麗の煤、契丹の膠を用いて製作した」墨作りを樂しんでいる（『晚香堂蘇帖』）。高麗・契丹との難しい關係も、良墨のための原料入手には障害にならなかったようである。また、蘇軾の高麗と高麗寺僧淨源への嚴しい態度は、その後、高麗寺に關係する人々を大いに戸惑わせた。佛教のよき理解者であり、多くの僧侶と交流がある上、士大夫から庶民に至るまで後世の壓倒的人氣を受ける蘇軾だけに、その戸惑いは深刻である。ところが、明の『慧因寺志』四 檀那の項は、蘇軾をその一人に擧げ「……文忠（軾）、晉水（淨源）を目して庸僧と爲す。何ぞ伽藍の誓いを以って茲の寺を護持すること此くの如く其れ大にして且つ久しきや。大都《おおむね》、文忠此の時、護國の心、護法より甚しからん。晉水の名、高く且つ遠し。一高麗を以って諸島夷の倡と爲し、縣官の費且た貲られず、終に禍釁を釀すを恐れ、庸の一字を加え、以って夷使の來るを杜がざるを得ざるのみ。……」と、述べている。この解釋が、全くの的外れでないことは、蘇軾の詩集を繙くと、元豐八年の箇所に高麗關係の二つの詩が、別の一つを挾んで鄰り合っていることからも知られる。それは「楊傑を送る」と「元豐七年、詔有りて京東・淮南に高麗亭館を築く。密・海二州、騷然として逃亡する者有り。明年、軾、之れを過ぎ、其の壯麗を歎じ、一絶を留めて云う」の二首である（『蘇軾詩集』二六）。この年、引退を許され退休の地として選んだ常州に向かっていた軾は、神宗が沒して垂簾聽政を行う宣仁太皇太后から呼び戻され、引き返して任地の登州に向かう途上、九月頃、揚州近邊で前者を、その後、さらに北上して海州、密州を過ぎ、後者を詠んだ。楊傑は、この時、來航した義天の館伴使を命ぜられ、杭州淨源の下に赴く義天に付き添い長江を渡るところであった。王命を以って泰山に使いし、或いは華山に登り、今度は賓客の高麗王子を先導する楊傑の活躍と、遠く異境の地にまで求法の旅をする義天を讃える內容である。ところが後者は、その詩題が語るように、豪奢な高麗使節のための賓館を目のあたりにし、負擔を強いられた民衆の勞苦を想い、怒りをこめた告發の詩である。高麗をめぐる賛美と非難の二つの感情が、軾の中に同居していたことになる。

ところが、關係者にとり、護法より護國を優先させたという解釋のみでは、蘇軾と高麗寺の折り合いをつける論據として不十分であったようである。何故なら『慧因寺志』は、軾を檀那の一人とする根據を「伽藍の誓い」、すなわち、蘇軾が寺を護る伽藍神となったことに求めているからである。西湖を浚渫し、蘇堤を築造した軾は、工事に足りない土砂を高麗寺と西湖の間の赤山を崩して調達しようとした。しかしその場所が平坦になれば、慧因寺は左臂を失い、風水上大問題だとして寺僧から激しい抗議を受ける。そこで軾は、自らが伽藍神となり寺を護ることを約束して土砂を削った、という傳承に基づく伽藍神である。鮑志成氏が述べられるように、この傳説は明以降に初めて現れる[18]。知杭州蘇軾の對高麗策は、政治の上に一時期にせよ高麗渡航禁止令の施行をもたらしただけでなく、文人としてのかれの壓倒的名聲は、高麗寺に新たな傳承の創造＝歴史の創作をも必要とさせた。本章題目の「蘇軾」に「文人官僚」を冠せざるを得なかった所以である。

中國歴代王朝の對外關係は、冊封體制或いは朝貢貿易という概念を中心に構成されてきた。宋朝にあってもその概念は機能している。しかし王朝をとりまく厳しい國際環境は、その實規を著しく困難にしていた。對外交易に限ってみれば十〜十三世紀を特色付けるシステムは、海商の活發な國際交易活動を追認する「市舶司體制」ともいうべき「自由貿易」制度を基底にしていたといえる。近年の研究は、その中心的擔い手である宋人海商が王朝の枠組みから比較的自由に、あるときは日本商人、あるときは高麗商人として活動したことを明らかにしている[19]。蘇軾の福建海商に對する規制論は、こうした自由貿易體制への一つの異議申し立てであった。しかし、それは傳統的な朝貢貿易體制に戻れという主張ではない。朝廷を對高麗關係の現場から退かせ、地方官廳を前面に出そうという論調は軾の議論にも若干みられたが、例えば京東轉運使鮮于侁の主張はさらに明確である。かれは「高麗の朝貢を止絶せんことを乞う。只、兩浙に就きて互市するを許さば、必ずしも朝廷を煩擾せしめず。事、行われざると雖も、然れども朝廷の高麗を持する所以の禮數も亦た、前より殺がれん」と述べている（『長編』三六一　元豐八年十一月丁酉）。このことを、かれの行狀はより直接に「又た言う、高麗の朝貢、頻海の州郡をして禮を爲し、朝廷を煩わせざらしむべし。若し其れ自ら商賈せんと欲し、閩・越州に往くを聴さば、麗人、以って辭する無からん」と表現し（『淮海集』三六 鮮于子駿行狀）、朝貢を含め地方州郡に外交・貿易の權限を委讓せよと主張した。ちなみに、行狀の撰者は蘇軾四學士の一人とされる蘇門高弟の秦觀である。こうした論調のなか、明州は獨自の對外文書を牒として商人に持たせ、高麗などに赴かせていた。そこで日本では、宋人商客が齎す文書が果たして宋の國書なのか否かの議論が始まることもあった[20]。

最後に、蘇軾の主張する、福建海商の活動が宋朝に及ぼす危險が全くの杞憂ではなかったことについて觸れておきたい。『長編』三五〇 元豐七年十一月丁亥の條には「禮部言う、錢勰等、昨に高麗國に在り。女眞四十餘人、彼に在るを聞き、嘗て密かに泉州商人郭敵に諭し、往きて首領を招誘して入貢し及び中國と貿易せしめんとす。仍お敵に諭し、如し女眞の語言を得ば、即ちに明州知州馬玧の處に至り傳達せよ、と。乞うらくは玧に下し、招誘し到る女眞の語言を候ち、即ちに具して以聞せしめん、と。詔して之れに從う。其の後、女眞卒に至らず」とある。弔慰使として高麗に赴いた錢勰が、泉商―明州ルートを利用し女眞と連絡をとろうと試みたことを傳える記事である。以前、女眞から馬を購入していた宋朝は、何回か女眞との接觸を圖るが、これもその一つであろう。宋のこの動きは、やがて徽宗朝になり金との「海上の盟」として結實する。その結果は、言うまでもなく北宋の滅亡であった。蘇軾が指摘した宋朝への危險とは隨分異なる展開ではあったが、福建海商の活動は、國家の存亡と確かに連動していたのである。

注

（1）近年の研究に限って代表的な論考を擧げれば、編敕の具體例として檢討する梅原郁「唐宋時代の法典編纂」（『中國近世の法制と社會』一九九三 同氏『宋代司法制度研究』汲古書院 二〇〇六所收）東アジア海上交易での閩商の活動を確認した原美和子「宋代東アジアにおける海商の仲間關係と情報網」（『歷史評論』五九二 一九九九）とくに泉州商人の活動については陳高華「北宋時期前往高麗貿易的泉州舶商」（『海交史研究』二　一九八〇）　高麗寺と宋麗關係については鮑志成A『高麗寺與高麗王子』（一九九八）　B「高麗寺址和沿革考述」（『韓國研究　韓國研究叢書之一』一九九四）。なおBは浙江大學に留學中の松本香氏からご教示を受けた。蘇軾研究の觀點から、軾の佛教尊崇とくに華嚴經への思い入れと矛盾する上奏内容について王水照「論蘇軾的高麗觀」「走近〝蘇海〟」（同氏『自選集』二〇〇〇）などを參照。なお金渭顯編『高麗史中中韓關係史料彙編』（一九八三）　張東翼編『宋代麗史資料集錄』（二〇〇〇年）などの工具書も隨時利用させていただいた。

（2）本章　上　を參照。

（3）本稿では孔凡禮點校『蘇軾文集』（一九八六）を使用する。①②③は卷三十、④は卷三十一、⑤⑥⑦は卷三十五に收錄する。

（4）「諸商賈許由海道往外蕃興販、竝具人船物貨名數所詣去處、申所在州、……」なお「人船」の「人」は、後掲の『長編』四五一　元祐五年十一月己丑では「入」となっており、梅原前掲論文は「入」に直して解釋する。しかし『朝野群載』二〇　大宰府附異國大宋商客事にみえる崇寧四年の泉州客人李充の公憑には、「人船貨物」の項があり、乗船者・搭載物貨が列記されているので、「人船」が正しいと思われる。森克巳『新訂日宋貿易の研究』一九七五　三七頁以下參照。

（5）「卽不請公據而擅行、或乘船自海道入界河、及往新羅登萊州界者、徒二年、五百里編管」。

（6）『高麗史』一〇、森克巳『日宋文化交流の諸問題』八　日唐・日宋交通における史書の輸入　一八一頁以下參照。

（7）「諸非廣州市舶司、輒發過南蕃綱舶船、非明州市舶司、而發過日本・高麗者、以違制論、不以赦降去官原減。〈其發高麗船、仍依別條〉」。

（8）「詔、舊明州括索自來入高麗商人財本及五千緡以上者、令明州籍其姓名、召保識、歳許出引發船二隻往交易非違禁物。仍次年卽回。其發無引船者依盜販法」。

（9）「三省樞密院言、商賈於海道興販、竝具人船物貨名數所詣處、經州投狀。往高麗者財本必及參千萬貫、船不許過兩隻。仍限次年迴。召本土有物力戶三人、委保物貨內毋得夾帶兵器。從之」。なお『宋會要輯稿補編』も同じ。

（10）「刑部言、商賈許由海道往外蕃興販、竝具入船物貨名數所詣去處申所在州。仍召本土有物力戶三人、委保不夾帶兵器〈按蘇軾集、引元祐編敕作爲召本土有物力戶三人、委保物貨內不夾兵器〉若違禁以堪充造軍器物幷不越過所禁地分州爲驗實牒送。

願發舶州置簿鈔上、仍給公據聽。回日許於合發舶州住舶、公據納市舶司、卽不請公據而擅乘船、自海道入界河及往高麗・新羅・登・萊州界者、徒二年五百里編管、往北界者加二等、配一千里、竝許人告捕、給船物半價充賞〈原本作充實、今據蘇軾奏議改正〉其餘在船人、雖非船物主竝杖八十、卽不請公據而未行者徒一年、鄰州編管、賞減擅行之半。保人幷減犯人三等。從之」。

(11)　丸龜金作「高麗と宋の通交問題」(1)(2)(『朝鮮學報』一七、一八　一九六〇、六一)も同様な理解である。(2)六七頁以下參照。

(12)　宋晞「宋商在宋麗貿易中的貢獻」(同氏『宋史研究論叢』二　一九八〇)。

(13)　「熙寧二年、前福建路轉運使羅拯言、據泉州人黃眞狀、嘗以商至高麗。高麗舍之禮賓省。見其情意欣慕聖化、兼云祖禰以來、貢奉朝廷、天聖遣使之後、久違述職、便欲遣人、與眞同至、恐非儀例、未敢發遣。兼得禮賓省文字具在、乞詳酌行、時拯除發運使。詔拯諭眞許之。高麗欲因眞由泉州路入貢。詔就明潤州發來。……」

(14)　卷十一の上大宋淨源法師書三首の第三には「往年、行者顏顯到來、曾辱手敎、不勝銘佩。是時聞蘇牧斷截商船、持書往復者、倶罹非法之誅。是以未敢裁答。……」とある。行者顏顯は蘇軾の②狀に出てくる淨源の死を義天に知らせた人物であり、「商船の斷截」「非法の誅」が泉商徐戩案を意味するとすれば、蘇牧は蘇軾に他ならない。この時、淨源は既に沒しているから、これが淨源宛の書簡とは考えられなくなる。とすれば『文集』編纂段階で誤りがあったことになり、こうしたことからも內容の檢討・校勘が必要とされる。

(15)　早稻田大學圖書館藏朝鮮刊本『大覺國師文集』に依る。この部分は韓國精神文化研究院刊『國譯大覺國師文集』では缺葉となっている。早大本は國譯本より缺葉が若干多いが、この部分のように相補える箇所もある。

(16)　安燾は、高麗からの下賜品を持ち歸れないので銀に換えて欲しいと申し出たり、滯在費を節約して着服したり、その吝嗇、黷貨ぶりが宋麗兩史書で非難されている(『長編』二九四　元豐元年十一月己丑、『高麗史』九　文宗三十二年七月乙未など)。

(17)　吳居厚は、新法を積極的に推進している。對高麗政策を含め、この問題と新舊兩黨派の立場は對應關係が豫想されるが、泉州、密州兩市舶司設置を推進した官僚が蘇軾と近い李常であることなど、單純に類別はできない。

(18)　一九九六年、高麗寺遺址から高さ二八三センチの文官石像が出土した。專門家を集めた鑑定會議で明ないしそれ以前の作品と認定され、伽藍神蘇東坡と比定された。鮑氏A「杭州高麗寺遺址出土伽藍神蘇東坡護法石像」。

復原された高麗寺（近藤撮影　二〇〇八・三）

伽藍神蘇東坡（高麗寺舊址に建てられた東坡亭　近藤撮影　二〇〇八・三）

（19）榎本渉「宋代の「日本商人」の再検討」（『史學雜誌』一一〇—二　二〇〇一）。

（20）『善鄰國寶記』上　鳥羽院元永元年（一一一八）の宋國書問題　中村裕一『唐代制敕研究』第四章璽書　八五四頁、『對外關係總合年表』一四〇〜一四一頁。なお前掲李充公憑に、海商は妄りに「奉使」の名目を騙ってはならない、妄りに「表章」を作ってはならない、との記述があり、海商による「奉使」代行、公文書の傳達が恒常的に行われていた様子が窺われる。

第六章 西園雅集考――宋代文人傳說の誕生――

上 西園雅集と米芾

はじめに

北宋の元祐年間、蘇軾・轍兄弟をはじめ蘇門四學士の黄庭堅、張耒、秦觀、晁補之ら十六名が、王詵の邸宅で雅會を催したという西園雅集は、東晉の蘭亭の會に竝ぶ文雅の集いとして大いに人口に膾炙した。それは、この雅會の參加者である李公麟描くところの圖が、人々に雅會の具體的イメージを喚起し、以降、圖の模寫が繰り返され、西園雅集は文人畫の畫題として定着したからでもある。また同じく參會者米芾の圖記は「……（米芾）生平、小楷を自負せるも多くは寫《か》かず。余、李伯時の西園雅集圖を得。米南宮の蠅頭の題後有り。甚だ蘭亭の筆意を得たり」（『容臺集』佩文三四）と董其昌が述べるように、米芾小楷の貴重な作品として各種法帖に入れられ、これ又た臨書が繰り返された。その熱烈な支持者である清の王澍は、記の墨跡雙勾本を入手して重刻し、或いは生涯一七五本以上の臨書を殘している。帖學派の先蹤といわれる後期華亭派の王澍は、清朝初期の書界に重きをなし、後世その重刻本は珍重された。

從來、この雅會は圖・記をめぐる美術史上の問題として論議され、そのなかで雅會そのものの存在を否定する見解も有力である。蘇軾をはじめ雅會の參加者とされる人々は、いずれも當時の士大夫文化の主要な擔い手といってよく、かれらが參集した雅會の喚起するイメージは、近世中國文化の主流とされる文人文化のイメージそのものといえるであろう。圖記を臨模する明清の文人たちは、その作業のなかで自らが擔う文化のイメージを確認し、增幅させていったのである。圖記が明清文人の自己認識の一手段に過ぎないとすれば、雅會の有無はさしたる問題ではないともいえる。

しかし圖・記の檢證を行い、事實としての雅會の有無を探ってゆくと、その結論とは別に北宋末期の蘇軾作品を取り卷く狀況についての新たな側面が浮かび上がってくる。些か煩瑣な敍述をながながと續けることになるが、本章では蘇軾を中心人物とする西園雅集について檢討する。

一　雅集への疑問

西園の所有者駙馬都尉王詵（晉卿）は、建國の功臣王全斌の子孫。祖父の凱は西夏戰で功があり、詵は名家の子弟として英宗の次女、神宗の妹魏國大長公主を尙《めと》った。書畫の才に富んだかれの作品には多くの士大夫が題跋を記しており、『宣和畫譜』十二によれば三十五點が御府の所藏となっている。後述のように、詵はしばしば黜降を蒙り素行に問題があったとされるが、蘇軾とは早くからの友人である。その交友は、まさに圖記が示すように風雅の交流の典型と理解されている。例えば軾は「元祐二年十二月二十一日、王詵から墨十餘種二十六丸を贈られた。それらを各種まぜてすり、數十字を書して色のできばえを試し、よいものがあればそれらを一つに練り合わせることで佳墨ができるだろう。以前、黃州に流されていたとき、近鄰の四、五州から酒を送られたので、それらを一つ樽に入れて雪堂義樽と名づけたが、これはさしずめ雪堂義墨というべきか」（孔凡禮點校『蘇軾文集』七十　題跋）などとかれらしい表現で二人の關係を述べる。しかし、元豐二年に起こった烏臺詩案の御史臺起訴狀をみると、彈劾文であるから當然とはいえ、兩人間で行われた利益供與の告發に多くの頁を割き、かれらの交流はどうも風雅のみとは言い切れないようである。三十九項目に及ぶ容疑の内容を列擧した詩案供狀の第一項は、王詵に送った詩文に神宗と新法を謗った内容があるとの糾彈であるが、二人の日ごろの往來について克明に調べ上げている(1)。父蘇洵の喪があけて上京した熙寧二年から始まり同十年まで、二人が遣り取りした大量の酒食茶菓、書畫骨董、現錢などを列擧し、その中で軾が王詵に再三再四働きかけた師號、紫衣、度牒發行にまつわる請託を指摘する。熙寧四年、成都の僧惟簡が在京の軾に師號授與を依賴してきたときは、家藏の畫一軸を惟簡の禮物だとして詵に贈り、相國寺の僧思大師が紫衣一道を王詵の口利きによって入手したいと軾の下に送ってきたとき、朱繇・武宗元の鬼神畫一軸は自らが収め、呉生（道子？）佛入涅槃一軸、董羽の水障畫、徐熙の海棠などの花卉圖、趙昌の折枝花一軸を詵に贈り、紫衣二道を得たというような具合である。軾の詵への請託はいずれも祠部の許認可に關係する事柄であり、王詵自身の立場がそれを可能にしたのか、大長公主の力が期待されているのか明らかでないが、書畫の遣り取りは單なる風雅の世界にとどまらず、實利に直結する贈答行爲でもあったことは確かであろう。夙に宮崎市定氏は「宋代の士風」（『全集』一一）で、一般に通行する北宋士大夫像は後世の多分に理想化されたイメージであって實像とは乖離していると指摘されたが、雅會もその一例に過ぎないのか、それともそもそも宋人にとって雅は、現在のわれわれの抱く俗の反對概念、すなわち俗氣を微塵も感じさせない振る舞いとは最初からズレがあるのかなどを問題にすると、雅會開催の有無はやはり氣になるところである。

そこで西園雅集が歴史的事實か否かの檢討を含め、從來なされてきた代表的な議論のいくつかを紹介して、ここでの課題を設定したい。圖への題跋は既に南宋から書かれているが、雅會の存在に疑義を呈した議論としては、明の王世貞（一五二九—九三）「題仇實父臨西園雅集圖」（『弇州山人續稿』一七〇 畫跋）がよく引かれる。世貞は、仇英が臨模した雅集圖に題して、以前自分が目にした楊東里の題跋をもつ模本との異同を詳しく述べている。また東里跋文にある南宋の劉松年臨本、及び僧梵隆、趙千里模本の存在にも觸れ、仇英は千里本を模したとするなど雅集圖の系統を考えるに甚だ興味深い内容である。世貞は、實際に十六名が開封に會することは難しく、王晉卿が日頃交流のある長者を畫上に聚めて文雅風流の盛時を描き、諸公もそれぞれ自分の考えで傳寫したので各種の異同圖が存することになった、と解釋した。この王世貞の考えを基本的に受け繼ぎ、諸家の意見を紹介しつつ議論を展開したのが日本の市河米菴である。雅集圖の題詩には金の劉祖謙、元の于立、姚文煥、張天英、明の葉向高らの作があることをいい、米芾の記は、玉烟・戲鴻帖に載せられ、明の范明泰『襄陽志林』に収載するも「東坡兄弟、魯直、少游諸公詩文など集中に一首もみず。且東坡晩歳惠州儋州へ謫せられ、京師にあるは僅の間にて、子由、元章亦多互に外補す。竊に意ふに伯時胸臆丘壑を取り、一時交遊の盛なるを圖し、元章記を作り、蔡京、章惇の權勢に與せざるを、後に示したるものならんか」(『墨談續編』二)と述べる。米菴は十六人の經歴を考えると一堂に會することは無理であると考え、また圖記を除くと參會者に雅會に關する詩作、記述が一點もないことから、このような結論をだしたものと思われる。また雅集圖・記作成者が反蔡京・章惇の立場を表明したものとする解釋も興味を引く。

日本に傳わる仇英畫西園雅集圖の一本を紹介した倉琅子田中豐藏は、これら諸説をふまえ、雅集の事實の有無を檢證した。まず參會者各人の間で盛んな往來唱酬が行われたことを確認し、「畫集諸人の出處進退を討究するに、元祐の初年を以て、最も諸人が汴京にありて相會する機會多かりものと見るを得べく、卽ち雅集の事實ありしとすれば、恐らくこの兩三年を出でざりしものと斷定し得べし」と、その時期を推定する。田中氏の論は、參會者の動向を當時の史料狀況のなかで可能な限り調べ上げた所に特色があり、「卽ち假令十六人が一堂に聚らずとするも、その大半が相會せし事實あるべきは殆ど疑ふを用いず。王晉卿は更にその平生交游する所の數人を增し、李伯時をして畫かしめて、この十六人となせしならん」と、その結論は世貞、米菴に異ならない。しかし、事實の有無を立證する決定的な證據がないなかで、世貞、米菴の兩人は無かったことに限りなく近い考えであるのに對し、田中氏はむしろ有ったとする説に傾き、「吾人は更に續資治通鑑長編の如き書を撿覈せば、益々この事實を證明し得べきを信ずるなり」とまで述べている。(2)

鈴木敬氏は、その大著『中國繪畫史』上篇において、注記の形であるが西園雅集圖に觸れ、雅會の實證は參加者十六人の傳記資料を細密に校討する必要があるとし、現在その餘裕は無いとしながらも實在については否定的な見解を示された。理由は二つあり、第一は米芾雅集圖記の信頼性の問題であるとする。現存の米芾『寶晉英光集』八巻は、南宋岳珂撰『寶晉集』一四巻と異なり、明代法帖などより補入したものであろうし、記が収められる補遺不分巻は後人の増輯したものであり信用できないこと。第二は、その米芾自身、元祐初年は、翁方綱撰の年譜によれば江南遊歴中でなかったかと推測され、西園雅集の參集人物が十六人になり、米芾と蘇軾が中心人物となるような記述ができ上がるのは、南宋中頃慶元僞學の禁の後であろうとされた。各人の傳記資料精査の必要性に加え、とくに米芾の行跡と圖記の信憑性が問題點として指摘されたことが重要である。(3)

西園雅集をめぐる課題としては、まずその圖の中國繪畫史上における位置付けが擧げられるが、これは筆者の及ぶところではなく專家に委ねざるを得ない。また圖を歴史研究上の畫像史料としてみるには、肝腎の李公麟の原圖が傳わらぬことが隘路となり、結局、雅集圖に關しては、先に述べた八百年以上にわたる臨模の中國文人文化史上に有する意味いかんということになろう。圖記については、鈴木氏の指摘通りその眞僞が問題にされなくてはならない。これも雅集の有無同様、明確に白黑のつく問題ではないが、畫題として定着して以降、この圖記の內容に從って描かれる作品が多く、さらに數少ない米芾小楷として臨書され、或いは揮毫されるので、やはりその來歴は檢討される必要がある。本節は、鈴木氏の疑問を受け、雅集が事實であるか否かをふくめ、以上の問題を解く鍵となる人物、米芾の元祐初めの所在とかれの圖記について考察してみる。その前に、圖記の内容と參集の人物について瞥見しておこう。

二　米芾西園雅集圖記と十六人について

まず原文を引用する。

李伯時効唐小李將軍爲著色、泉石雲物、草木花竹、皆絶妙動人、而人物秀發、各肖其形、自有林下風味、無一點塵埃氣、不爲凡筆也。其烏帽黄道服、捉筆而書者、爲東坡先生。仙桃巾紫裘而坐觀者、爲王晉卿。幅巾青衣、據方机而凝竚者、爲丹陽蔡天啓。捉椅而視者、爲李端叔。後有女奴雲鬟翠飾侍立、自然富貴風韻、乃晉卿之家姫也。孤松盤鬱、上有凌霄纏絡、紅緑相間。下有大石案、陳設古器瑤琴、芭蕉圍繞。坐於石傍、道帽紫衣、右手倚石、左手執卷而觀書者、爲蘇子由。團巾繭衣、手秉蕉箑而熟觀者、爲黄魯直。幅巾野褐、據横卷畫淵明歸去來者、爲李伯時。披巾青服、撫肩而立者、爲晁无咎。跪而捉石觀畫者、爲張文潛。道巾素衣、按膝而俯視者、爲鄭靖老。後有童子執靈壽杖而立者。二人坐於盤根古檜下、幅巾青衣、袖手側聽者、爲秦少游。琴尾冠紫道服、摘阮者、爲陳碧虛。唐巾深衣、昂首而題石者、爲米元章。幅巾、袖手而仰觀者、爲王仲至。前有鬅頭頑童捧古硯而立、後有錦石橋、竹徑繚繞於清溪深處。翠陰茂密中、有袈裟坐蒲團而説無生論者、爲圓通大師。傍有幅巾褐衣而諦聽者、爲劉巨濟。二人竝坐於怪石之上、下有激湍潨流於大溪之中、水石潺湲、風竹相吞、爐烟方裊、草木自馨、人間清曠之樂、不過於此。嗟乎。洶湧於名利之域而不知退者、豈易得此耶。自東坡而下、凡十六人、以文章議論、博學辯識、英辭妙墨、好古多聞、雄豪絶俗之資、高僧羽流之傑、卓然高致、名動四夷。後之攬者、不獨圖畫之可傳、亦足彷彿其人耳。

人物を中心に圖記は六つの場面から構成される。

第一は、書寫する蘇東坡（軾）を圍む人物群で王晉卿（詵）、蔡天啓（肇）、李端叔（之儀）である。第二が、書を鑑賞している蘇子由（轍）とそれを見る黄魯直（庭堅）、第三は、陶淵明歸去來を畫く李伯時（公麟）と周圍の晁无咎（補之）、張文潛（耒）、鄭靖老（嘉會）。第四は、阮を彈く陳碧虛（景元）とそれを聽く秦少游（觀）。第五が、石に題する米元章（芾）と傍らで見る王仲至（欽臣）。最後が、無生論を說く圓通大師と聽く劉巨濟（涇）である。これだけの具體的記述があれば、畫の構圖は殆ど決まり、この圖記のみによって筆を起こすことも可能であろう。

先の王世貞による仇英本と東里所題本の異同の記述は、各場面の人物の相違を指摘したものと理解できるが、第一場面の李端叔について「樹に倚りて睨む者」とし、原文の「椅を捉えて視る者」とする所作と異なり、また蘇轍についても、「麈尾を握りて（李伯時畫く歸去來辭を）觀る者」として、原文の獨自に觀書する第二場面と相違している。また所題本には鄭靖老が無く、陳无己（師道）があるというように、王世貞は、圖記の記述を參考に畫面の人物を特定したように思えるが、それが現存の圖記と同じ內容のものかは疑問は殘る。ただし現在目にする明淸の雅集圖のなかにも場面が入れ替わっているものもあることから、世貞が「諸公も又た、各々其の意を以って之れを傳寫す。故を以って牴牾無からざるのみ」と述べるように、圖記との相違を特に問題としなかったとも考えられる。

ここで元祐二、三年の十六名の動向について簡單にみておく。元豐八年三月の神宗崩御によって新・舊兩黨派の立場は逆轉し、一旦は政界引退を求め許された蘇軾は再度登用され、元祐元年九月に翰林學士知制誥を拜命している。宣仁太皇太后の信賴厚い軾は、以降度々外任を願うも許されず、四年三月にようやく知杭州に任命されるまで京師に滞在した。同様に轍も中央に呼ばれ、中書舍人、戸部侍郎、吏部侍郎、軾の外任後は翰林學士、御史中丞と中央官を歴任している。この間、蘇軾は元祐三年正月に權知禮部貢擧に任命され、このとき十六名のうち黄庭堅が參詳官に、晁補之と蔡肇は點檢試卷に、李公麟と張耒は小試官に任ぜられているから、この時期、かれらの在京が確認できる。(4)

少し詳しくみると、黄庭堅は元祐元年十一月に、晁補之、張耒とともに學士院に召試されて館職を授けられ、以降、祕書省兼史局に在って神宗實錄の編集に當たっていた。太學正であった補之は、召試後、祕書正字を授けられ、校書郎に移っている。張耒は、同じく祕書正字、著作左郎、祕書丞、著作郎、史館檢討と八年間を三館で過ごした。蔡肇は、元祐初年に太學正となり、次の差遣は常州通判であるから、點檢試卷就任前の在京が確認できる。李公麟は、熙寧三年登第後の三度にわたる外任以降、中央勤務が續き、元祐元年正月に蘇軾と松石圖を畫いた記録があるので、やはり元祐二、三年は京師に在った。

考試官以外をみると、蘇門四學士の秦觀は、元祐元年以來蔡州教授の任にあり、五年五月まで都を離れている。しかし、二年四月の制科復活に際し蘇軾と鮮于侁の推薦を受け、徐培均『淮海集箋注』附錄の年譜元祐二年五月の條は、このとき上京して雅集參加の機會はあったとする。確かに蔡州在任中でも、元祐三年八月に蘇軾・轍兄弟らと相國寺に同遊するなど何回か京師に出ており、その可能性は否定できない。王欽臣は、元祐初年に工部郎中から太僕少卿になり、二年八月には遼國正旦使に任命され、三年十月には祕書少監に累進しており、奉使期間を除けば京師在任である。圓通大師法秀は、開封城内南に在る法雲寺に元豐七年住持し、元祐五年に沒した。軾と親交があり、元祐元年に鑄造された鐘の銘を法秀の爲に軾が作っている。陳景元は、この法秀と相善くした道士である。熙寧六年四月、中太一宮が成ったとき宮主に任命された記録があり、王安石をはじめとする高官との交流も知られる。

雅集の主催者とみられる王詵は、先述のように烏臺詩案に坐して追兩官勒停の處分を受けたが、翌元豐三年四月、病篤い長公主を慰めるため、神宗はとくに詵の罪を免じ、慶州刺史に復し朝參を許した。しかし翌月、公主が没すると、その乳母が詵は公主の寛容をよいことに病に伏す公主の傍らで婢と通じたと訴えたため、帝の怒りを買い駙馬都尉を落とされ、昭化軍節度行軍司馬均州安置の處分を受けた。最終的に處分が解け、都に歸ったのは神宗沒後の元豐八年五月のことで、その後は軾との交流が復活した。ただ先の事件は皇太后や皇后をも深く傷つけたらしく、元祐二年正月に、烏臺詩案に連座した黄庭堅ら十二名の名譽回復がなされたときも、詵のみは許されなかった。その後も史料には、不品行を非難する記事が目につき、『宣和畫譜』が言う「（神宗の叱責の）詔を奉じて悔悟し、藝術に親しみ、名家に相應しい文化人になった」との評は、俄かには信じられない。

　ところで、雅集は二回あったという說がある。董其昌の「李伯時の西園雅集圖は二本ある。一つは元豐の間に王晉卿の屋敷で、一つは元祐の初めに安定郡王趙德麟の邸で行われたものである。……」（『畫禪室隨筆』二）と述べるのがそれで、友人の陳繼儒も其昌からの書簡として記錄している（『妮古錄』一）。この說は、恐らく元の袁桷（一二六六～一三二七）に基づく（『淸容居士集』四七　題李龍眠雅集圖）。袁は元豐の間に米元章、劉臣濟諸賢らが參加する會が王晉卿の家で開かれたが、その後すぐ詩案が起こり京師の侯邸は門を閉ざして客を謝絶するようになった。その中で晉卿は憂死したから雅集も開かれることはなくなり、龍眠舊作は、これを描いたものであるとする。その上で、題跋を記しているこの圖は元祐一、二年に晉卿を慕う趙德麟が催した會についての畫である、と述べる。何に據って、袁はそのように記したのか分からぬが、晉卿の憂死など明らかに事實に反する。構成の異なる二本の雅集圖を見て、こうした解釋を施したものであろうか。

　管見の限り最初に雅集圖に觸れた文章は、樓鑰（一一三七～一二一三）が王詵の山水圖に題した題跋のなかで「頃《ちかご》ろ雅集圖を見たが坡（蘇軾）、谷（黄庭堅）、張（耒）、秦（觀）時の鋸公、偉人が悉くここに居る」とし、このときの作であろうとする秦觀の詞詩を擧げた記述である（『攻媿集』七七　跋王都尉湘鄉小景）。圖の作者、雅集の時期、場所については何も語らないが、晉卿山水畫に題するなかの文であるから王詵宅のことと考えていたのであろう。圖への題跋そのものは、南宋末の劉克莊（一一八七〜一二六九）のものが確認できる最初であり（『後村先生大全集』一〇四）、實はここに元豐の開催が述べられているのである。直後の詩案で主客ともに謫され、外戚と士大夫の交遊が無くなったともあり、袁の論と共通する。劉跋は、「此の圖は、園林、水石、人物、姫女を配置し、小さなもの針芥のようである。龍眠の墨本に比べると、さながら富貴のおもむきがある」と述べ、本圖が着色畫であったことは確かであるが、龍眠に別に墨本の雅集圖があったのか、單にかれの他の墨畫と比べているのか、或いはこの圖は龍眠と別の作者の作品なのかいずれとも解釋できる。文脈からすれば、恐らく他の龍眠墨畫と比較したに過ぎないように思われる。このように、雅集の元豐開催說は、南宋にまで遡ることになるが、蘇軾の動きを見ると元豐元年は徐州に知事として在任し、翌二年二月に知湖州の命を受け、四月に着任しているから開封の王宅で雅會をもつにはかなり慌ただしい日程となる。しかも前回の熙寧十年、知徐州に任命されて赴任する途中、都に寄ったものの城內への立ち入りを許されなかった經緯があるから、今回は開封に寄らず南京應天府經由で直接南下した可能性が高い。劉克莊の記述の根據は分からないが、雅會が元豐初めにあったとは考えられない。

殘るは劉涇、鄭嘉會、米芾の三名である。劉涇は、元祐元年正月に御史王巖叟から「近ごろ任命された太學博士劉涇、學正謝文瓘は、衆議の認めるところでないので、罷免させるように」と申し立てられている（『長編』三六四　同丁未）。『宋史』本傳には太學博士を罷めた後、知咸陽縣、常州教授、通判莫州と移ったとある。王文誥は『蘇文忠公詩編註集成總案』二十九の元祐二年六月末尾に雅集を載せ「此の集は、二、三兩年の間に在ったのであろう。劉涇が莫州の倅に赴くので二年に置くのが妥當である」と注し、劉涇の動向を根據の一つにしているが、本傳に據るなら莫州通判でなく知咸陽縣の時期が問題となる。従って王巖叟の言が直ちに納れられ、續いて咸陽に出たとすれば、劉涇の元祐二年の雅集參加はほぼ不可能になる。しかし今のところその時期は特定できず、また次の差遣が直ちに決まるとは限らず、むしろ待つ期間の長いほうが常態であることを考えると、參加できる可能性は大きいと言えるであろう。次に鄭嘉會については傳記資料が殆ど見當たらず、軾が與えた書簡も南方配流期のもので、この時期の動向については不明である。このように十六名の元祐二年前後の動向をみると、米芾を除き、いずれも在京であったか、その可能性があるかであり、少なくとも明確に在京を否定する材料のある人物はいなかった。では、元祐二年は江南遊歴中ではなかったかとされる問題の米芾はどうなのか、次に改めて検討する。

三　元祐二年の米芾について

翁方綱撰『米海嶽年譜』は、元祐元年の條を「藥州、米黻元章題す。時仲、公翮、積中同遊す。元祐丙寅、季春初八日題す。八月九日、寶章待訪錄を撰す」と記している。後半は寶章待訪錄の序文に元祐丙寅八月九日の日付があるので、この年の編纂を示すだけで問題はない。前半の藥洲は、南漢の劉龑が西湖を掘鑿して造成した廣州城内の園林で、方士を聚めて煉丹させたのでこの名があり、多くの刻銘が存する九曜石で有名である。米芾の題記はその一つ。とすれば、この年、廣東に遊んだことになるが、この繫年が誤りであることは、咸豐五年の伍崇曜『年譜』跋文で明らかである。

崇曜は、既に阮元が『廣東通志』で藥洲題字と時仲らの題名は別個の刻であり、米黻の廣東來訪は何時のことか不明であるが、かれの種々の記述から推測すれば熙寧八年以前のことだとしているとして、その後の知見を加えている。

それは、廣東督學であった翁心存が、道光六年十二月に九曜池を浚い、榕樹の根數尺を切り取って洗ったところ熙寧六年七月の紀年をもつ米黻の五絶一首が出現したことで、題字もこのときのものであろうとする。因みに『北京圖書館藏中國歷代石刻拓本滙編』四十は、乾隆三十四年翁方綱摸勒本題字を載せる。榕樹五絶はともかく、熙寧八年の湖南浯溪刻石にいう「米黻、南に官すること五年」は、廣東英州浛光縣尉就任が熙寧四年からであることを示し、廣東來訪はその間として間違いなかろう。(5)

問題の元祐二年の條には「甬上を過ぐ。六月、南都舟中」とあり、三年は「蘭亭の題に云う、元祐戊辰二月、才翁の子洎、字は及之より獲。米黻記す。九月、吳興に遊ぶ。顏魯公碑陰記有り。云々」と湖州など江南の遊歷を記す。二年の記事は、『寶晉英光集』六に收載された李邕贊の序文中の語句である。序は、この李邕の書を入手した經緯を述べており、そこでの年譜關連の記述を引くと、この書は故紫微舍人石昌言の所藏であったが、元祐丁卯(二年)甬上を過ぎたとき紫微の孫である夷庚、字は擔夫に遇い、張萱の六點の畫・徐浩の二古帖と引き換えに得た、という。擔夫は幼安(後述)の長子、書畫は翰林苑と號し、蘇子瞻(軾)が序を作っているとし、「六月庚申、南郡舟中にて裝す」と序文を結ぶ。涉聞梓舊本では南都を南郡とするが、以下の理由で湖北江陵の南郡ではなく、南京應天府を指す南都と考えたい。

問題は甬上の甬が何處を意味するかである。直ちに思い浮かぶのは明州の甬江であるが、四明志などを括っても石昌言、夷庚らの事跡は見出せない。そこで蘇軾が作ったという序を見ると、それは石昌言の子、夷庚の父である康伯、字は幼安のために書いた石氏畫苑記のことであり、法書、名畫、古器の一大收集家としての康伯の人となりとそのコレクションについて記し、元豐三年十二月二十日の日付がある(『文集』十一)。米芾は、このコレクション目當てに立ち寄ったものであろう。かれが記した題跋のなかには、石氏所藏の書が何點かある。軾は、また幼安の祭文を書いており、その冒頭に「嗟、我、蜀を去ること十有八年」とあり、故鄕に思いを馳せながら同じ眉州出身の幼安を偲び、「我、行きて宿を過ぐるに、子の病、已に纏《まつわ》る。我を顧みて笑い、自ら云う、少しく痊ゆ」とも言う（『文集』六十三）。軾が、父洵の服喪が終わり眉山を後にしてから十八年後は元豐八年のことになる。この年の正月、軾は配所の黃州から汝州團練副使となり揚州、泗州經由で汝州に赴く途次と、途中、南都の張方平の居所に留まっていたとき、以前に願い出ていた常州居住が許されたので、再び汴河を南下したときの二度、宿州を通っている。病床の幼安に會ったのはそのうちいずれかであろう。

また石氏畫苑記では、長子夷庚について「亳州職官爲るに、富鄭公と俱に罪を得」と述べるが、これは熙寧四年、知亳州富弼が靑苗法の實施を拒み、その指揮に從って靑苗錢の分配を行わなかった部下十八名ともども左遷された事件を指し、このとき夷庚は權觀察支使の肩書で罰を受けた一人であった（『長編』二二四 同年四月丁卯、六月甲戌）。さらに『寶章待訪錄』の李邕多熱要葛粉帖の解說に前宿州支使（石）夷庚とあること、及び畫苑記に幼安は開封に居ること四十年とするのを考え合せると、元豐三年までは開封に居住していた幼安は、その後、八年までの何時にか恐らく夷庚の宿州支使轉任に同道して宿州に移り或いはそこに家し、病に伏していたと推測できよう。とすれば、元祐二年に米芾が李邕帖を得た石夷庚は、宿州に居していたのである。

では甬と宿州は、どのような關係にあるのか。『太平寰宇記』十七 宿州には、州の由來について「元和四年正月、徐州符離の地の南、汴河に臨む場所に埇橋があり、運河を行き來する船の輻輳する所となっている。（南朝）梁、宋の漕運の據點であり、防備の重要地點であるので、符離と蘄縣、泗州虹縣を併せ一州とし、古の國名を採って宿州とした」とあり、これを承けて宋代宿州の治所符離縣は埇橋の地に置かれた。埇は甬に通ずるので、「甬上を過ぐ」とは宿州を通ることで、米芾は、宿州から北上して南都に向かう船の中で六月甲申（四日）得たばかりの書を表裝し序と贊を記したに違いない。

元祐三年の條、蘭亭の題記に言う「元祐戊辰の二月に才翁の子の洎から獲た」の文の由來は、些か複雜なので諸家の考證による結論だけを述べる。(6) 米芾が入手した蘭亭には、著名な崇寧元年の跋文がある褚遂良臨模本のほかに、蘇易簡の子である耆の所藏本があった。これには三本があり、芾は各本について解說を書き（『書史』）、そのうち耆の子舜元の家にある第二本には耆の天聖年間の跋に加え、范文正・王堯臣の跋があり、米芾が最も高く評價するもので、王維の雪景六幅、李主の翎毛一幅、徐熙の梨花大折枝と交換して才翁（舜元）の子洎から得た、と記している。「元祐戊辰云々」の題記は、本來この第二本に書かれたものであるが、現在は、第二本の臨模本と推定される第三諸本のうち、やはり米芾の手に入った一本に、先の蘇耆、范・王跋とともに切り離されて裝されたといわれる。題記は、米芾の著作に見えないが、翁方綱はその著『蘇米齋蘭亭考』四において蘇耆本を詳しく檢討しており、この題記を年譜に收錄したのであろう。

蘇舜元の墓誌銘は、蔡襄が書いている。その終焉は、至和元年五月、京師の祖父易簡の舊邸においてであった。曾祖以下の墓は開封縣にあったが、沒後、餘財なく、子供たちが居る潤州に葬られたという（『蔡襄集』三十九 蘇才翁墓誌銘）。男子は七名で洎は第六子。米芾は、その洎から蘭亭をどこで入手したのか定かでないが、蘇軾が韓維のために代筆した元豐八年十月沒の舜元夫人劉氏の墓誌銘によると、夫人は京師の私第に卒したので（『文集』十五）、易簡以來の開封の屋敷は未だ存續していたと思われる。とすれば、耆から舜元に傳わった蘭亭の所在は開封のこの屋敷が相應しい。前年、宿州、南京應天府と汴河を溯ってきた米芾は、二年から三年にかけて開封に滯在していたことになる。三年九月には吳興湖州の滯在が確かなので、短い間ではあるが、米芾にあっても開封での雅集參加の可能性は閉ざされていなかった。

四　米芾圖記について

鈴木敬氏が指摘された圖記の信憑性については、各種法帖に刻されている圖記原文の檢討と、その圖記を收錄している米芾の文集『寶晉英光集補遺』編纂の過程の二つに分けて考えるのが妥當であろう。これらはなかなか厄介な問題で、未だ十分な調査ができないでいるのであるが、とりあえずここでは途中經過を報告し、今後の考察に備えることにする。先ずわれわれが米芾の書として目にすることができる法帖收錄の西園雅集圖記について、その幾つかを紹介する。

本章冒頭に米芾の熱心な愛好者として引いた清初の王澍（一六六八—一七四三）は、圖記に關する七箇條の題跋を殘している（『虛舟題跋』八　宋米芾西園雅集記）。その第一條で、蘭亭に比べ西園の佳刻は少なく、董其昌の戲鴻堂帖中のものは「僅かに形似を存するのみにして全く神采に乏しく」、王儼齋鴻緒の續刻も同じようなものだと酷評し、自分が康熙四十九年（一七一〇）淮陰で購入したこの拓本は「刻既に精良、搨復た古雅、此れ西園の定武本」と激賞している。第二條は、西園の墨蹟が以前、常州武進縣の唐雲客（禹昭）の家にあり、棗木を以って刻し二十七紙を拓したことをいう。その後、墨蹟と拓本は、揚州泰興の季氏に購入され、季氏はそれらを京師に攜えたが有力者に強奪され、その後、所在が不明になっている。その一紙を友人唐若營から得て見るに、「尙お刀斧の痕跡を免れざるも、然れども已に戲鴻を遠く過ぐること十倍」なので、裝丁して記した跋文である。第三條は、雲客本を得てから數日ならずして、（雲客本の）雙勾正本を入手した若營がやってきて重刻を勸めたので、朱典六に屬して摸し、自ら搨した拓本にその經緯を記した跋と思われる。この重刻本が珍重されたことは、嘉慶の人、張廷濟『淸儀閣金石題識』四　西園雅集記などに見える。第四條は、重勒した唐氏雙勾本と同じ石の存在が知られ、今は北京にあることを記した條。第五條以降は、自ら臨書した雅集記に題した文であろう。これら虚舟題跋から、當時、佳刻がないなかで盛んに重刻が行われた様子が窺われる。

第一條の淮陰本、及び第二條の唐雲客墨蹟の由來については未詳である。しかし、王澍の時代までに圖記は數種の法帖に收載されていた。董其昌『戲鴻堂法書』（萬曆三十一年）とその續刻は既に擧げた。ほかに當時、北邢南董と稱された山東の邢侗が撰集した『來禽館法帖』[7]（萬曆三十八年）、陳瓛の『玉烟堂帖』（萬曆四十年）、王澍と同鄉である江蘇金壇の王秉錞編『潑墨齋法書』（刻年未詳、明末か）、陳春永算輯『秀餐軒帖』（萬曆四十七年）、同『海寧陳氏藏眞帖』（明末?）などがそれぞれ收錄している。これらは實物を精査しなければ何とも言えないのであるが、殆ど『戲鴻堂法書』の系統と推察できる理由がある。佳刻で知られる陳瓛『玉烟堂帖』は董其昌の序をもち、『秀餐軒帖』の陳春永は、この瓛の同族である。『潑墨齋法書』は、張伯英によって「淳化閣帖をはじめ明では停雲、墨池、鬱岡、戲鴻などから取っているが、眞僞半ばしている」と評されており、雅集記は戲鴻に依るのであろう。ちなみに鬱岡は『鬱岡齋墨妙』（萬曆三十九年）のことで、編纂は王澍の祖である王肯堂。かれは董其昌の同年であった。王澍は「鬱岡齋帖は、吾が宗、損菴先生の摹勒する所。凡そ十卷。上は鍾王自り、下は蘇米迄、蒼深は停雲に及ばざるも秀潤は之れに過ぐ。故に當に遠く戲鴻の上に出づ」と褒めている。澍が『潑墨齋』に觸れないのは、粗雜であったためであろう。

こうしてみると、法帖に收められた雅集圖記にとり、戲鴻は最も重要な位置を占める。とすれば董其昌は何によって刻したのかが問題となろう。萬曆十七年（一五八九）三十五歲の其昌は、進士に合格して翰林院庶吉士となり、この年の四月に雅集圖記を見たことは、裴景福『壯陶閣書畫錄』十二 臨西園雅集記册に、「余、京師に遊び、米元章の李伯時西園雅集圖記に題するを鑑るを得たり、甚だ蘭亭の法に似たり。案頭に高麗精繭紙を得、背に因り此の本を臨し、稍か優孟の衣冠を具すのみ。己丑四月朔、幷せ識す。董其昌」とあることから分かる。また「余、米癡が小楷もて西園雅集圖記を作れるを見るに、是れ紈扇にして、その直なること弦の如し。云々」（『畫禪室隨筆』一）というのをみると、この記は扇面畫の題記であったことになる。(8) すなわち『戲鴻堂法書』に刻された記は、臨書した董其昌の文字であったのである。なお戲鴻堂の圖記は字が小さい上かすれて見えにくいので、王儼齋は重刻の際、字畫を大きくし、文も數句少ないという（張照『天瓶書畫題跋補輯』書米海嶽西園雅集圖記後）。一方、『來禽館法帖』にあっても「邢侗臨西園雅集圖記」とあり、やはり邢侗の臨書が刻されたと思われる。いずれにしても臨書のもとになった原蹟の由來は分からず、圖記についての記録は明の萬曆年間まで遡ることができるが、それ以前の消息は今のところ不明である。

それでは、圖記を收載している文集『寶晉英光集補遺』はどうかというと、これも鈴木氏が指摘される如く甚だ問題が多い。蔡肇が書いた「故南宮舍人米公墓誌」によると、米芾には『山林集』百卷があったという。南渡の混亂でそれらは失われ、南宋になると別々に二人の手によって逸文の收拾が行われた。一つは芾の後裔である米憲によるもので、嘉泰元年（一二〇一）に刊行された。現在、國家（北京）圖書館が藏する筠陽郡齋刻『寶晉山林集拾遺』八卷がそれである。『宋史』藝文志七は、『山林集拾遺』八卷としてこの書を收録する。もう一つは、岳珂が紹定五年（一二三二）に刊行した『寶晉英光集』一四卷である。この書名、卷數は『直齋書錄解題』十七や『通考』二三七にみえるもので、四庫提要が言うように現行『寶晉英光集』八卷は、この系統に屬するが、岳珂の刊行した原本ではない。岳珂本は一旦失われ、後世再び編集されたのである。問題は、この再編集の經緯がはっきりしないことである。

通行の涉聞梓舊本を例に考えると、まず冒頭に付された明の張丑（萬曆五年一五七七～崇禎十六年一六四三）の跋文が考察の手掛かりになる。それには「寫本の寶晉英光集六卷は、吳寬（一四三五～一五〇四）の故物であり、萬曆四十五年に四世の孫から入手した」とあり、孝宗實錄の編纂者であり、官は禮部尙書に到った吳寬、字は原博舊藏という。提要が述べるように、この集中には「新添、英光堂帖中に見ゆ」「新添、羣玉堂帖に見ゆ」と法帖から增添した詩文が各所にあり、涉聞梓舊本には見えないが、四庫本のように『戲鴻堂帖』より增入の註があったとすれば、現行本の體裁になった時期は、萬曆年間以降ということになる。

この間の事情を、長年、該書の校定にあたった吳翌鳳、號枚菴（一七四二～一八一九）の乾隆四十一年から五十二年までの識語から窺ってみる。(9) 枚菴は、「英光堂帖」とは岳珂の刊行した「米老帖」で、「羣玉堂帖」はその八巻が全て米書であり韓侂冑の「閱古堂帖」のことだとする。また張丑のほかに戒菴老人李詡（正德元年一五〇六～萬曆二十一年一五九三）の跋二則があるという。黄丕烈（一七六三～一八二五）の嘉慶十九年の識語のなかに、その一則が見え「張青父、贋迹を雜取して增入す、と謂う」と、李詡が張丑の作業を非難したものである。しかし、李詡が世を去ったとき、張丑はまだ二十歳であり、このような狀況がありえたか疑問であるが、枚菴は宋版『山林集拾遺』との校定を行っており、乾隆後期に『寶晉英光集』は現行本の內容になっていたと思われ、やはり李、張が手を入れたと考えられる萬曆年間に現行本の原形が出現した可能性が高い。とはいえ、上記の諸家は一人も補遺のことを言わない。『北京圖書館古籍善本書目』集部宋別集類には、附錄一巻がある淸抄本が一點著錄されている。ということは、西園雅集記を載せる現行本補遺の出現は、本集よりさらに遲れ、法帖の刊行が補遺編纂に先行し、圖記は法帖から編入された可能性が大きいと思われるのである。

小　結

以上、推測を重ねながらであるが、鈴木敬氏の出された二つの疑問について檢討してきた。その結果、元祐二年前後の米芾の居場所については、確かに江南遊歴中ではあるが、その間、京師を訪れたことも有り得、十六人全體についても、全員の在京を積極的に證明はできなくとも、逆にそれを否定する材料は、今のところ見當たらないことを述べた。しかし米芾雅集記の信憑性については、拓本、文集ともに明代萬曆年間以前に遡ってその存在を證明することはできなかった。從って、問題解決のためには、次に圖記の圖の檢證に進まなければならない。

注

（1）烏臺詩案については本書Ⅲ部第二章を參照。

（2）田中豐藏「西園雅集圖傳」上中下（『國華』二九九、三〇三、三〇五　一九一五）。なお神田喜一郎『畫禪室隨筆講義』第二十六則の補說には、「わたくしは、西園雅集の故事をもって宋末あたりの好事家の虛構に出たものと考えるのである」とあり、別に考證したいとされたが、殘念ながらなされなかったようである（『全集』四）。

（3）鈴木敬『中國繪畫史』上　註二五九、同　中之一　註九五（一九八一、一九八四）。

（4）『長編』四〇八　元祐三年正月乙丑。王明清『揮麈後錄』七。王文誥『蘇文忠公詩編註集成總案』三十　元祐三年正月二十一日。

（5）中田勇次郎『米芾』（一九八二）の年表は、翁方綱の年譜によっている。また雅集圖記の解說（研究編二〇一頁）では雅集の存在についてとくに疑うことはせず、ただ記の末尾に芾と署名したことに、この字を用いるのは四十一歲以降のことで、元祐初年であれば黻とあるはずである、とする。圖記については以下で觸れるが、もし眞筆と考えるのであれば、執筆を元祐六年以降としても何ら差し支えない。

（6）本章後揭の翁方綱『蘭亭考』、平凡社版舊『書道全集』四　蘭亭序の諸解說（內藤乾吉執筆　一九六〇）などを參照。

（7）この帖については群馬大學石田肇氏より教示を受けた。なお以下の法帖については容庚編『叢帖目』（中華書局　一九八〇）

傳馬遠　西園雅集圖卷　部分　　ネルソン美術館藏
(Composing poetry on spring outing　春游賦詩圖)

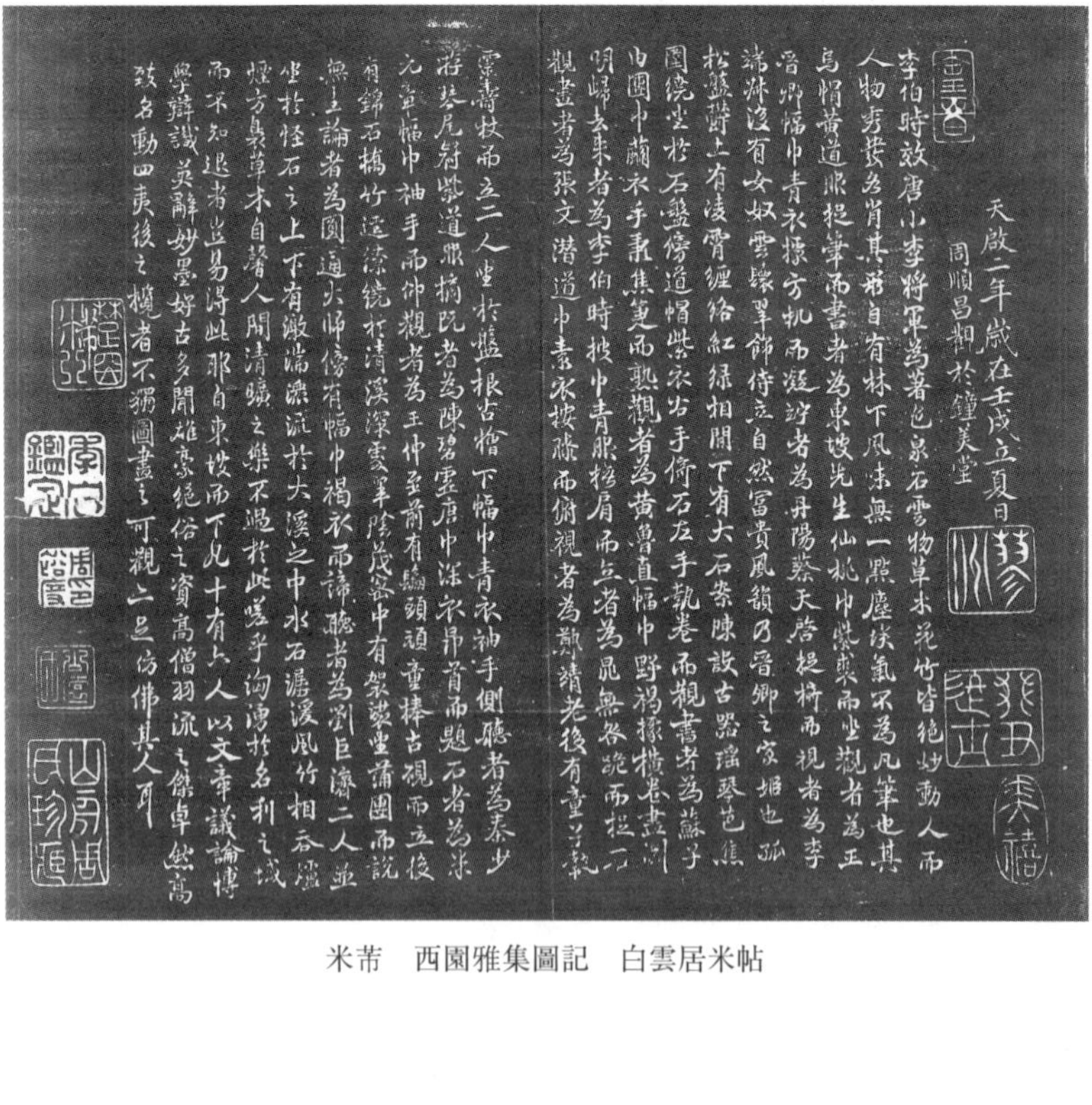

天啟二年歲在壬戌立夏日
周順昌觀於鍾美堂

李伯時效唐小李將軍為著色泉石雲物草木花竹皆絕妙動人而
人物秀發各肖其形自有林下風味無一點塵埃氣不為凡筆也其
烏帽黃道服捉筆而書者為東坡先生仙桃巾紫裘而坐觀者為王
晉卿幅巾青衣據方机而凝竚者為丹陽蔡天啟捉椅而視者為李
端叔後有女奴雲鬟翠飾侍立自然富貴風韻乃晉卿之家姬也孤
松盤鬱上有凌霄纏絡紅綠相間下有大石案陳設古器瑤琴芭蕉
圍繞坐於石盤旁道帽紫衣右手倚石左手執卷而觀書者為蘇子
由團巾繭衣手秉蕉箑而熟觀者為黃魯直幅巾野褐據橫卷畫淵
明歸去來者為李伯時披巾青服撫肩而立者為晁無咎跪而捉石
觀畫者為張文潛道巾素衣按膝而俯視者為鄭靖老後有童子執
靈壽杖而立二人坐於盤根古檜下幅巾青衣袖手側聽者為秦少
游琴尾冠紫道服摘阮者為陳碧虛唐巾深衣昂首而題石者為米
元章幅巾袖手而仰觀者為王仲至前有鬅頭頑童捧古硯而立後
有錦石橋竹逕繚繞於清溪深處翠陰茂密中有袈裟坐蒲團而說
無生論者為圓通大師旁有幅巾褐衣而諦聽者為劉巨濟二人並
坐於怪石之上下有激湍潨流於大溪之中水石潺湲風竹相吞爐
煙方裊草木自馨人間清曠之樂不過於此嗟乎洶湧於名利之域
而不知退者豈易得此耶自東坡而下凡十有六人以文章議論博
學辯識英辭妙墨好古多聞雄豪絕俗之資高僧羽流之傑卓然高
致名動四夷後之覽者不獨圖畫之可觀亦足仿佛其人耳

米芾　西園雅集圖記　白雲居米帖

を參照した。

（8）この部分は、注（2）神田氏に詳しい解説がある。

（9）王重民撰『中國善本書提要』（一九八三）集部別集類五一三頁以下を參照。

下　西園雅集圖と東坡評價

はじめに

前節では、明清時代の士大夫・文人が繰り返し描き、臨書した西園雅集圖および記について、雅會が歴史上の事實として存在したのか否か、もし事實でないとすればその傳說はいつ頃形成されたのかを考えるため、否定論の根據の一つである米芾の動向を檢討した。その結果、否定論が主張する、雅會が催されたとされる元祐二年前後、米芾は京師（開封）に居らず、從って雅會に參加することは不可能である、との見解は成り立たず、むしろ都に赴いた痕跡があるとの結論に達した。しかし、米芾が書いたとされる圖記については、明の萬曆年間以前にその存在は確認できず、米芾作は甚だ疑わしい、という否定論を追認することになった。もう少し正確にいうなら米芾の筆になる西園雅集圖記は、今までのところ萬曆以前のものが確認できないということであり、記そのものについては未だ檢討の餘地がある。例えば、ハーバード大學フォッグ美術館藏の西園雅集圖冊頁は末尾に「至正九年五月孤雲處士王振鵬畫并書」とあり、元の王振鵬の手になる記、圖が上下に配された作品である(1)。これが王振鵬の眞跡であるか否か、圖錄の寫眞のみからは判斷できないが、その西園雅集記は米芾作とされる記の文章と、米元章・王仲至の順が入れ代わるだけで、ほぼ同文である。しかし圖の場面構成は記の內容に嚴密には對應しておらず、このことについては後述する。ここでは、もしこの作品が題記どおり元のものであったにしても、記と米芾の關連を推測させる手掛かりは何も示されていないことだけを確認しておく。

一　再び西園雅集圖及び記について

雅集虛構説についての主な意見は前節で紹介したが、恐らく最も詳細な考察は、そこでは觸れなかったエレン J・レイング女史の論考であろう。(2) また何人かの方から、近年、福本雅一氏にも從來の説を集大成する論考が公刊されているとのご教示をいただいた。(3) 福本論文に付け加えるところは殆どないのであるが、多少解釋を異にする引用記事もあり、虛構の形成という觀點から意見を述べる餘地があるかと思い、節を改め檢討を續けることにした。まず小論に大いに關係するレイング論文から、內容を簡單にまとめつつ、更に論ずべき點を指摘したい。

論考は、西園雅集圖の説明から始まり、十六名の登場人物が四場面に配列されていること、各人の傳記、一九〇五年のジャイルズによる圖記の英譯以來、歐米では雅會が歷史的事實として疑われていないことを述べる。次に、中國の題跋の類や現存の雅集圖を檢討すると登場人物に何人かの出入りがあることから、それらの異同を列擧・檢討している。また現存あるいは著錄作品が着色であったり水墨であったり、軸物、卷物、扇面畫など多樣であることなどを勘案すると、雅會が事實であり、それを描いた李公麟の作品が後世の文人・畫人によって繰り返し摸寫されてきた、と單純には考えられないとする。(4) そこで、雅會が歷史的事實であるための條件として、參會者が元祐二年に開封に滯在した證據を、年譜が存在する蘇軾、黃庭堅、秦觀、蘇轍、陳師道（米芾圖記には登場しないが、別の記に名が載る）、米芾の六名に求めると、軾、轍、庭堅は通年、師道は春と夏の滯在、觀は一時期來訪した可能性があるものの、米芾は寧波と南京遊歷中で、確實な上京は軾沒後の崇寧二年であり、年譜からは皆が確實に開封に居たとする根據は得られない、とする。このうち米芾に關する部分と參會者の滯在可能性についての判斷は、先述のように小論と意見を異にする。しかし、六名の十八世紀までに編纂された年譜には、雅會に關する記述が一切見えず、また王詵の西園についての記事も見當たらないこと、さらに前節で紹介した市河米菴と同じくレイング女史も、米芾の圖記以外、參加者の著作類にこの雅會に觸れる詩文がまったく見出せないと指摘し、蘭亭の會に比べられる著名な雅集を歴史的事實として考えるには著しく不自然で、狀況證據の全てがその虛構性を示しているとする。

次に、雅會が實在したか否かを判斷する手掛かりになるとして、雅集圖につけられた題跋類の檢討を行う。擧げられた題跋類は十二～十七世紀までの①元、黃溍　述古堂記（『金華黃先生文集』十四）、②南宋、曾幾（個人藏　李公麟　西園雅集圖）題跋（紹興二十六年）、③南宋、劉克莊　題跋（『後村先生大全集』一〇四）、④元、袁桷　題李龍民雅集圖（『清容居士集』四七）、⑤明、楊士奇　西園雅集圖記（『古今圖書集成』藝術類七九〇書部藝文二）、⑥宋、葉夢得　題記（明、葉盛『水東日記』に引く明　楊榮の記事。夢得の著作には著錄なし）、⑦明、王世貞　題仇實父臨西園畫集圖後（『弇州續稿』一七〇）、⑧明、孫鑛（『書畫跋跋』三）の八點である。ほかに董其昌や杜瑞聯などの書畫記を廣く比較檢討した結果、雅集は十一世紀以降の創作であり、李公麟着色畫の存在と米芾の記については疑わしいとの結論を再確認する。その理由は、參會者の著作のみならず同時代史料にも雅集に關する記述は見出せず、參會者の何人かの名前を擧げる最も早い記事は、十二世紀半ばの②であること、それより早い北宋の記錄を載せる①⑥は、十四世紀に書かれており、直接の證據とはならない。李公麟の畫も十二世紀初めから十三世紀にかけての趙伯駒（千里）、梵隆、劉松年による模本の記錄が⑤にあるだけで、米芾の記に至っては十六世紀に漸く出現する、ということにある。その上で、女史は、そうであるならば雅集は、何時、どのような歴史的環境の下、何の目的で創作されたのかとの課題を提出する。

雅集參加の十六名には、儒者官僚のみならず道士、禪僧が見え、儒佛道が一堂に會する構圖である。また圖のそれぞれの場面は、詩・書・畫と音樂、佛教哲學に關連したものであり、點景としての古器物と瑤琴、陶淵明の歸去來の提示、古木と怪石、竹林と清流の庭園など、北宋後半期の士大夫の理想的な集いの在り方が描かれている。しかも參加者は蘇東坡を取り巻く文人たちで、その政治的立場は元祐黨とされる。とすれば元祐黨人、とくに蘇門一派が嚴しく彈壓された徽宗朝期に、こうした雅集が構想され流布する可能性は小さく、政治動向が大きく變化した南宋初期、失われた北宋の都開封の盛時とそこに集う君子らへの懷舊の情やみがたい時期に、その起源を求めるべきだと結論した。

上記論文の公刊は、三十年以上も前に溯る。その間、工具書の類は飛躍的に進歩し、個人の傳記や事項の檢索は比較にならぬ程容易になったが、女史の論旨を決定的に變更しなければならぬような史料は未だ出現していない。從ってその結論も、依然としておおむね妥當であると思われる。しかし、考え直さねばならぬ點、また擧げられた題跋にも、さらに檢討を加えるべきところが若干ある。以下、節を改めて述べることにする。

二　李公麟「述古圖」について

レイング論文に擧げられた①の述古堂記は、文中に北宋の徽宗政和甲午（四年　一一一四）に書かれたとする鄭天民（先覺）の述古圖記を引用している。その内容は、西園雅集記に重なるもので、もしこの記の存在が事實とするなら、李公麟の雅集圖（但し畫題は述古圖）の最も早い記録となり、雅集の有無についての結論も自ずから變わってこよう。述古堂記の執筆年時は確定できないが、作者の黃溍は至元十四年（一二七七）の生まれ、至正十七年（一三五七）の沒であるから、十四世紀前半としてよいであろう。鄭天民の題記は、この記事以外に見えず、題記が書かれてから二百年以上も經ってからの記録であるため、レイング論文では檢討對象の史料として採り上げず內容も詳しくは檢討されていない。しかし他にはない記述が含まれ、雅集傳説の形成を考える上で參考にすべきと思われるので、あらためて紹介したい。

門人宋濂の手になる行狀によれば、黄溍は黄庭堅の従父昉の子孫であるという。とすれば、もともと雅集には些か因緣ある人物といえよう。述古堂は、蘇州の繆仲素[5]が收集した古器物收藏の堂名であり、その名は、收集品の一つに南宋の邵諤が紹興七年（一一三七）内府に獻納したという述古圖圓研（述古圖が彫られている端溪紫石の圓硯）があることに由來する。溍は、仲素の求めに應じてこの堂の記を書いたのである。その中で述古圖とは「本、李伯時が唐の小李將軍に倣い、着色を用って雲泉花木及び一時の人物を寫《か》いた」ものである、と米芾西園雅集圖記の書き出しとほぼ同樣の語句を連ねた解説をし、以下、述古圖につけられた鄭天民の記を引用しての、參會者十六名の畫面上の動作、服裝、周圍の情景を詳述する文が續く。先の「唐の小李將軍云々」の箇所は、述古堂記の地の文になっているが、これも天民の記事を寫した可能性が高い。前節でみたように十二世紀後半ないし十三世紀初めには雅集圖という呼稱の存在が確かめられ（樓鑰　跋王都尉湘鄉小景）、十三世紀中頃までには李伯時作「西園雅集圖」の通説が定着していた（劉克莊　題跋）[6]。もし鄭記が事實であれば、北宋では述古圖がこの畫の題名であったが、南宋になって西園雅集圖となったことになる。こうした解釋があり得ることは、レイング論文も述べる。また黄溍が雅集圖の呼稱を知らなかったとは考えにくいから、二つの畫題の存在という矛盾を無視し得たのは、この部分も天民の記をそのまま引用したからと解釋するほかない。

西園雅集圖記と述古記は、内容的に重なる部分も多いが、個々の記述に相違がみられるほか文章全體の構成に大きな違いがある。雅集圖記では各人の記述の中で描寫された身につける衣冠の種類が、述古記はまとめて整理のうえ提示することである。すなわち「凡そ幅巾を著ける者は十有一人、烏帽の者二人、其の一は道帽、僊（仙）桃巾・琴尾冠の者は各一人」という具合である。雅集圖記は、かぶり物を各人個別に服裝とともに記すが、それら團巾、披巾、唐巾、道巾の合計に記載のない者二人を含めれば、幅巾は十一人となり、それ以外の帽・冠も兩記は一致する。因みに烏帽の二人とは軾、轍の兄弟で、轍が道帽であった。また服裝について述古記は「深衣、紫衣、褐衣が各二人、靑衣は四人、黃衣三人でその內一人は道服、繭衣、紫氅（裘）、黲衣各一人」と記す。雅集圖記と種類・人數ともに一致するのは、紫衣と褐衣、繭衣、紫裘であるが、黲を靑とし、圖記の鄭靖老の素衣を深衣として、無記載三人を適宜振り分ければ、これも兩記は一致する。このように衣冠については、兩記共通の內容とすることが可能である。

雅集圖記が、畫の構成に從って展開する各場面を追いながら、視線の捉える情景を忠實に再現するかのような書き方であるのに對し、天民の記は畫全體を一括して把握した後に、人物の動作、身につけた衣冠、接待役の童子や妓女、庭園風景をそれぞれ分析的に敍述する觀がある。雅集圖記が畫卷を見るようであるとすれば、述古記は軸物を想定させるといえようか。いずれにしても天民の記のみでは、誰がどの衣冠を身につけていたかは分からず、實際に畫を見なければ各人を特定できないのに對し、雅集圖記は、衣冠の記載がない李端淑、張文潛、衣服のみ不明の王仲至を除いて、圖記の記述から具體的に人物の姿を復元できるという違いがある。この違いを念頭に、參加者が身につけた衣冠をとくに強調するかのようにまとめて記す述古圖記を讀むと、『師友雜志』の以下の記事が思い起こされる。(7)

崇寧の初め、衣服は窄袖・狹緣を尙ぶ。是くの如きにあらざる者有らば、皆な怒りを時に取る。故に當時の章疏に云う有り「褒衣博帶は、尙お元祐の風を存し、矮帽幅巾は、猶お姦臣の體を襲う」と。蓋し、東坡、矮帽を戴するを喜び、當時、之れを東坡帽と謂い、黃魯直、幅巾を戴するを喜ぶ。故に猶お姦臣の體を襲う、と言う。

裾の大きな褒衣と幅の廣い博帶は、本來、儒者の服裝であり、それを身につけることには何の問題もない筈である。ところが徽宗朝に入り、士大夫官僚をもって任じた舊法黨人士への敵愾心が昂まると、褒衣博帶は元祐舊法黨の形態上の特色として排除されることになったのである。また幅巾は、もともと士の冠に對する庶民の頭巾の意であり、やがて士人も使うようになるが、そこには何者にも束縛されない隱士のイメージが託されている。其の中で東坡や黃庭堅が好んだという矮帽幅巾は、舊法黨の、とくに蜀黨を象徵していたのであろう。雅集圖記は、蘇軾を烏帽・黃道服とするから、むしろ道士風の姿で描いており、恐らく述古圖においても同樣であったと思われるが、參加者全體の衣冠は、明らかに元祐舊法黨、その中でも蘇軾を中心とする集團の特徵を示している。もし鄭天民の記が徽宗の政和四年のものであるならば、作者はこの圖に、窄袖狹緣を良しとする風潮への、舊法黨側の抵抗の意識を讀み取っていたと解しても、それほど無理とはいえない。南宋の初め、程頤の學統に連なる程學派を排斥する動きが盛んであった時期、非難する側の言葉に「……狂言怪語・淫說鄙喩して伊川の文と曰い、幅巾大袖・高視闊歩して伊川の行と曰う……」とあり、黨派辨別に外形的特徵をもってする手法は南渡後も續いた(8)。

述古堂記は、「天民、又謂う」として以下のように言う。

羽流、名は四夷を動かし、千古に師表たる有り。伯時、偶たま未だ之れに及ばず。間に乘じ意を寓し、繪《えが》きて圖を爲くり、以って好事の玩に資せんとす。其の指する所、誰の爲なるか知る莫し。記は政和甲午に作る。後、二十三年にして謁、乃ち硏を以って進む(9)。……

「千古に師表たる有り」までは、ほぼ同內容の文が雅集圖記にも見えるが、「伯時」以下の、李公麟が述古圖を描いた意圖を解說する箇所は、天民固有の記述である。また「其の指する所、……」以下は、黃溍の文章と解したい。とすれば、雅集に參加できなかった伯時が、「間に乘じ意を寓し」て畫いたとすることで、天民は、何を言おうとしたのであろうか。少し穿った見方をすれば、その名は四夷を動かし、千古の師表である名士の雅集に自らを參加させることで、李伯時は自分にも同じ名聲を付與しようとする賤しい目的で畫いた、とも解釋できる。というのは、邵博『邵

氏聞見後錄』二十一に、

晁以道言う、東坡の盛時に當たりては、李公麟至り、爲に家廟の像を畫く。後、東坡南遷するや、公麟、京師に在りて、蘇氏兩院の子弟に途に遇うも、扇を以って面を障《おお》い一揖もせず。其の薄きこと此くの如し。故に以道之れを鄙とし、平日有する所の公麟の畫を盡く人に棄つ。

とあり、公麟の人となりの卑しさを非難する逸話があるからである。もっとも邵博の『聞見錄』は、父伯溫の『聞見錄』とともに、舊法黨に肩入れした黨派的觀點からの記述が多く、とくに人物表評價は問題が多いとされるから注意が必要である。しかも、蘇軾・轍兄弟が南方に流されたとき、それぞれ三人の息子のうち季子の過と遜（遠）が父に從い、軾の長男・次男の邁・迨は常州に、轍の長男・次男の遲・适は潁州に赴いたから、公麟が兩院の子弟と都で遭遇する機會は殆ど無かった筈である。しかし、南遷の命が降った後、一行の出發の前であれば出會いはあり得るし、或いは紹聖三年に蘇邁は吏部に出頭している可能性があるから、遭遇の機會がまったく無かったわけではない。伯時を非難した晁以道（說之）は、雅集參加者无咎（補之）と同年代の族人であり、兩者とも東坡と親密な關係があった。その人物から公麟に對する輕侮の言葉が投げかけられたという話が、それが事實か否かは別にして、當時流布していたことが重要である。

このように鄭天民の題記を、述古堂記の記載通り政和年間に置いてみると、その內容は、當時の蘇軾を取り卷く黨爭や複雜な人間關係と、極めて密接に對應していることが分かる。天民の記が、二百年後に突然現れることを理由にまったく無視してしまうと、記が含むこの同時代ならではもつ意味も失われてしまう。

三　述古圖と雅集圖

これまでの考察で、後世、李公麟作「西園雅集圖」と稱される畫には、「述古圖」の呼稱のあることが分かった。事實、明の萬曆甲寅（一六一四）紀年の趙修祿畫は、「李龍眠述古圖に倣う」と記し、十七世紀になっても述古圖と稱する例もある。そこで再度、この作品を西園雅集圖と呼ぶ場合と述古圖とする例を擧げて、その異同を檢討してみる。

原畫が傳存しない中、北宋末期の鄭天民述古記（以下、天民記）が、この作品に最初に言及した記事であることは、先に述べた。十四世紀前半の引用文とはいえ、李公麟の着色畫と明記し、畫面の內容が詳述されているので、述古堂記の年代に引き寄せて元朝のものとしても一方の基準となり得る。次に現れる記事は、前節でも言及した十二世紀後半から十三世紀初めの樓鑰の題跋中の文章である。しかしこれは作品そのものへの題跋でなく、また蘇軾、黃山谷、張耒、秦觀らが描かれた「雅集圖」が存在したことは分かるが、西園という場所も李公麟が作者であることにも觸れていない。やがて南宋末の劉克莊にいたって「西園雅集圖」という畫題と李公麟の着色畫であることを明記した題跋が初めて出現する。但し、これも既に述べたように雅集の時期は元豐年間の烏臺詩案以前としている。その次は、十三世紀後半の胡祗遹（一二二七〜九五）題梵隆述古圖（『紫山大全集』十四）が關連記事となる。これは文字どおり李龍眠を臨模した僧梵隆（北宋末〜南宋初）の畫への題記であり、恐らく述古堂記より年代の上では溯る「述古圖」の呼稱が注目される。後述の楊士奇の題記によれば、熊朋來（天慵　一二四六〜一三二二）に伯時西園圖と題する詩があるというから、雅集圖はほぼ同時期に西園圖とも述古圖とも呼ばれていたことになる。また袁桷（一二六六〜一三二七）の題李龍眠雅集圖（『清容居士集』四十七）には、題記にも文中にも西園の語がない。これは桷が、雅集は元豐年間の王詵宅と元祐年間の趙德麟宅にて行われたものとの二回があり、この圖は二度目の雅集を描いており、しかも最初の會の後、詩禍が起って王詵は憂死したと述べ、栒が題した圖は西園のものではないからであり、従って畫中に王詵は描かれていないということになる。

本節冒頭に述べた王振鵬の西園雅集記及び圖は至正九年（一三四九）であるから、ほぼこの頃の作品となる。元代の題跋の最後に、陳基（一三一四〜七〇）の跋西園雅集圖（『夷白齋稿』外集）を擧げておく。陳基は逑古堂記を書いた黄溍に師事しており、その上、逑古記は蘇州の繆仲素の爲の記であり、その蘇州は陳基が寓居した地でもある。陳基が逑古圖の呼稱を知らなかった筈はないと思われるが、跋文に畫面の內容に觸れる記述はなく、畫題についてもとくに問題とはしていない。

明の楊士奇（一三六五〜一四四四）の題記（西園雅集圖記『東里續集』一）は、逑古圖と西園雅集圖の來歷を考える上で、貴重な手掛かりを與えてくれる。先のレイング論文が引く『古今圖書集成』所收の記は節略であるので、以下は全文を收錄する文集による。士奇が題記した圖は、中書舍人陳登から贈られた閩人朱孟淵の墨畫である。情景の説明に續けて、「儒の衣冠十四人、僧道士各一人」の所作を簡潔に述べ、それらが「熊天慵の詩と黄溍逑古堂記の天民記に合致する」というのは、畫中の人物名と各人の所作が一致しているという意味であろう。士奇の題記は西園雅集記であるから、天民記と同じであると言いながら、最早逑古圖記とは言わなくなっていたのである。この孟淵墨畫に對比させるのが、近ごろ見たという南宋の劉松年の臨伯時圖であり、それは「位置頗る同じからず。文潛、端淑、無己、無咎の四人無く、器物も亦た小異」であった、という。前節で述べたように、後に王世貞は仇英の臨西園雅集圖と楊士奇が題記したこの圖を比べ、人物の異同と所作の相違を記している。そこで少し煩瑣になるが、今までに擧げた題跋のなかから畫中の全人物名を明示したものを整理すると、それらは二種類に類別されることが分かる。

まず、後世もっとも廣く流行し、西園雅集圖記といえばこれを指す、米芾の書とされる記は、各場面ごとに①蘇東坡、王晉卿、蔡天啓、李端叔　②蘇子由、黃魯直　③李伯時、晁无咎、張文潛、鄭靖老　④秦少游、陳碧虛　⑤米元章、王仲至　⑥圓通大師、劉巨濟の十六人を參會者としている。王世貞の題記によれば、これと同じ人物を仇英の畫が描いている。これに對し、①の李端叔の代わりに張文潛を、③の張文潛の代わりに李端叔を描き、さらに鄭靖老の代わりに陳無己を加えた逑古記は、楊士奇の題記と同じである。とすれば明の萬曆頃までは逑古記系と西園雅集圖記系の二種類の雅集圖があったと言えそうであるが、そう明快には線引きできない。先述の胡祗遹題記は、「梵隆の逑古圖に題す」としながら、そこに擧げられた參會者は雅集圖記と順不同ではあるが、まったく同じ人物であるからである。

しかし、畫面構成から見ると、その內容が分かる上逑の米芾の記、王世貞記、天民記、楊士奇記の四つは、明らかに二つに分類できる。一つは米芾の記であり、①は筆を執り書寫する蘇東坡とそれを見る人々、②は右手を石にかけ、左手で卷き物を執り觀書する蘇子由とそれを見る黃魯直、③は歸去來の圖を描く李伯時とそれを見る人々、④は阮を彈く陳碧虛とそれを聽く秦少游、⑤は石に題する米元章とそれを見る王仲至、⑥は無生論を說く圓通大師とそれを聽く劉巨濟の六場面から成る。ところが米芾の記以外は、②と③を一つにする五場面の構成としている。それは蘇子由の所作を、卷き物を手に執るか否かに相違はあるものの、見る對象は書ではなく、等しく伯時の描く畫とし、黃魯直を含め六名を一グループとすることによる。現存する明淸時代の雅集圖の多くは、米芾の記に據り六場面とするが、先述の趙修祿「倣李龍眠逑古圖」は當然②と③を一場面とするなど、五場面の雅集圖も少なくない。圖錄による現存雅集圖の確認では、今のところ寫眞まで掲載した收錄作品の數が限られているため、六場面と五場面の畫が時代的に峻別できるのか判斷できない。しかし五場面が時期的に遍在するのに對し、六場面は萬曆以降の作品に多く見られる傾向はある。そうであれば、六場面は、前稿で述べた米芾雅集記の出現と符節を合わせるといえよう。また小論冒頭の王振鵬の記・畫は、上に米芾の記とほぼ同じ西園雅集記を載せながら、下の畫は五場面の構成であり、圖と記がうまく對應しておらず、元の作品としての信憑性はやや疑わしくなろう。とはいえ、末尾に「甲寅夏月寫」の記がある明の陳以誠「西園雅集圖卷」は六場面構成であり、以誠は、永樂年間に詩畫を善くしたといわれるから、甲寅は宣德九年（一四三四）ということになり、上記の推測を成り立たせない。いずれにしても、こうした議論は書畫作品の眞贋を確定しなければ立論できないので、筆者の能力の及ばぬところであるが、傳仇英ないし臨仇英筆とする作品は五場面が多い。畫中の人物の異同より、場面構成の相違が分類に有效かも知れない。

四　北宋徽宗朝の東坡評價

レイング論文は、天民記を採らない理由の一つに徽宗朝の元祐黨彈壓を擧げ、とくに蘇軾の作品に對する禁令が行われるなど、蜀黨を題材とした畫の題記が書ける狀況にはなかったことを指摘する。他にも雅集圖と北宋末期の黨爭を關連づける論者は多い。當時の文人集團を、政治狀況と無關係に論ずることができない以上、こうした觀點からの考察は當然なされるべきである。しかし徽宗朝を、東坡彈壓の視點のみから見るのは單純すぎる。確かに度重なる禁令は、政權側の斷固たる禁壓の意志を示すが、同時にそれが度々出されたのは、抵抗する力の強いことをも物語る。のみならず政權側も、果たしてどこまで斷固たる意志をもっていたのかを疑わせる史料もある。文人と官僚の立場が交錯する宋代の文化面を論ずるにあたって、背景となる政治狀況の理解が一面的であると、往々實情の把握を誤らせることになる。そこで最後に、北宋末の蘇軾評價に關連する史料を概觀し、北宋における雅集圖記の存在可能性はまったく無かったのか考える。

周知のように徽宗の親政が始まると舊法黨への彈壓が再開され、崇寧元年九月には文彥博以下一二〇人の名を刻した元祐姦黨の碑が、宮城の端禮門に立てられている。(10) 黨籍に載せられた本人は勿論、その子孫までが任官や居住などでさまざまな制限を加えられた。翌二年九月には刻石の姓名が地方に降されて、監司、州軍の官廳にも黨籍碑が立てられ、更に崇寧三年六月には黨籍の人數を三〇九名に確定し、改めて蔡京の書になる碑を文德殿門の東壁に置き、また全國に配布し刻石させた。一方、竝行して元祐黨人の著作、學術の禁も行われ、崇寧二年四月九日には、東坡集、後集の印板が毀たれたのみならず、全國にある東坡の書や撰になる碑碣牓額の破棄が命ぜられた。ここから元祐黨人のなかでも蘇軾は、とくに禁令の主たる目標であったことが分かる。東坡文集を禁じた同じ月の二十七日には、三蘇集、蘇門學士の黃庭堅・張耒・晁補之・秦觀と馬涓の文集、范祖禹の唐鑑、范鎭の東齋記事、劉攽の詩話、文瑩の湘山野錄などが禁書となり版木が焚かれ、三蘇集、蘇門學士の文集は、崇寧三年正月にも同様の禁令が出されている。この後、しばらく版木焚毀の指示は史書に見えなくなるが、宣和五年以降、再び頻出するようになる。七月に中書省が、福建などで蘇軾や司馬光の文集が印行されているとして、以後、元祐の學術を傳習したり、印刷販賣する者は違制を以って論じ、京師は開封府、四川・福建は諸州軍が責任をもって版木を毀つよう提言している（『宋會要輯稿』刑法二　宣和五年七月十三日）。北宋の印刷出版の中心地である開封、福建、四川で、舊法黨人士の著作が刊行されていた様子が窺える。元祐學術の禁は、翌宣和六年閏三月にも繰り返され、同年冬には蘇軾、黃庭堅について「片文隻字」も殘さず焚毀し、違う者は「大不恭」を以って論ず、と最大限の刑罰で臨んでいる（『皇朝編年綱目備要』二九　宣和五年七月）。この時、四川出身で蘇軾の鄉黨、曲學であるとして吏部侍郎王時雍、御史中丞何栗、中書舍人韓駒が、職を解かれ祠祿官に追われた（『十朝綱要』十八　宣和六年十月庚午）。その他、崇寧以來、東坡がらみで罰を受けた者は數多い。例えば崇寧元年七月、蘇門の張耒は、軾の死を悼み、自らの俸給で追善供養を行ったという理由で罰を受けているし、政和五年、『北山酒經』の著者である朱翼中は、東坡詩を書いた咎で達州に左遷された（『酒經』題後　左遷の年時については後述）。こうした事例を見れば、徽宗朝に雅集圖記と關わることなど不可能と考えて當然のように思われる。

しかし、彈壓する側は必ずしも強氣一邊倒ではなかった。これも周知のように、三〇九名の黨籍を石刻してから一年半後の崇寧五年正月、彗星の出現に驚いた朝廷は、黨禁を弛め、全國の黨籍碑をすべて撤去するよう命じている。この時の大赦で、崇寧二年三月以後に降された元祐黨禁の命令は罷められ、黨籍關係者の任官制限なども徐々に緩和されて、禁壓は腰砕けの印象を與える。そもそも禁令が出されたからといって、士人の間で蘇軾の詩文、墨跡への人氣が衰えたことはなかった。むしろ禁令で一層もてはやされるようになったとする記事が目につく。「崇寧・大觀の間、（海南島での東坡）海外詩盛行す。……是の時、朝廷嘗つて禁止し、賞錢增して八百萬に至ると雖も、禁愈いよ嚴しく、傳愈いよ多く、往々以って相夸《きそ》うこと多し。士大夫、坡詩を誦する能わざれば、自ら氣索を覺え、而して人或いは之れを韻ならずと謂う」（朱弁『曲洧舊聞』八）の類である。極端な例になると徐州知事苗仲先のように、黨禁を奇貨として大儲けする者まで出てくる。黃樓は東坡の徐州知事時代の建物であるが、弟轍の賦を軾が書した碑があった。墨跡の禁に際して當時の知事は毀つに忍びず、壕に投棄しておいた。仲先は、黨禁の弛んだことを機會に引き揚げ、晝夜兼行で數千本の拓本を採り、その上で同僚に「蘇氏の學は、法禁がまだ存している。この石だけ何故置いておくことができようか」と語り、碎かせてしまった。原石の失われたことが知られると拓本の値は急騰し、任期の終わった仲先は都に歸って賣り盡くし、莫大な富を得た、という（徐度『却掃編』下）。

東坡墨跡への愛好は、民間や一般士大夫の間にとどまらなかった。北宋末から南宋初めの人何薳の『春渚紀聞』六東坡事實には「先生の翰墨の妙、既に崇寧・大觀を經、焚毀の餘、人間の藏する所、蓋し一、二の數なり。宣和の間に至り、内府も復た捜訪を加え、一紙の定直《ていか》萬錢、而して梁師成、三百千を以って吾族人の英州石橋銘を取る。……」とあり、宮中内府までが收集に務めたという。黨禁が弛み、内府が東坡墨跡を高價で買い入れた時期を、諸筆記史料は政和末或いは宣和の間と記す。これは編年史書によっても裏付けられる。先述の宣和五年七月に元祐學術の禁を再び嚴しくしたという『綱目備要』二九の記事の割注に「明年、又た申さねて之れを嚴しくす。冬、又た詔して曰く『朕、初服自り元祐學術を廢す。比歳、復た蘇軾、黄庭堅に尊事するに至るも、軾・庭堅は罪を宗廟に獲、義は天を戴かず。片文隻字も竝びに焚毀し、存する勿からしめん。……』靖康の初め之れを罷む」とあり、徽宗自ら一時期、蘇軾を尊び事えたと述べているからである。崇寧五年の彗星出現によって黨禁を弛めた後、宣和五年に再び嚴禁するまで、徽宗周邊でも東坡熱が興っていたことになる。

　その理由について筆記史料は二つの説を擧げる。ここでは最もまとまった記述の『夷堅志補』一三　奎宿奏事を引く(11)。

　崇寧・大觀の間、蔡京國に當たり、元祐正人黨籍の禁を設け、蘇文忠公の文辭字畫の存するもの、悉く之れを毀つ。王銘、醉翁亭記を重刻せるを以って籍を削らるるに至り、是れ由り人の敢えて其の文を讀む莫し。政和中、令して稍《や》や其の禁を弛め、且つ陰《ひそ》かに墨蹟を訪求せしむ。皆な以って大璫梁師成、自ら公の出妾の子爲るを言い、故に是れを主張すと爲すも、而して實に然らず。時、上清寶籙宮を建つるに方り、齋醮の儀、備に誠敬を極む。徽廟毎に躬ら焉れに造《ゆ》く。一夕、道士に命じ拜章せしむるに、地に伏し數刻を踰え乃ち起つ。其の故を扣《と》うに、對えて曰く「適たま帝所に至るに、奎宿の奏事に値る。良に久しくして方めて畢り、臣始めて能く章を達す」と。上頗る嘆異し、奎宿は如何なる人か、其の奏する所は何事かを問う。曰く「奏する所、聞くを得ず。然れども此の星宿は、故端明殿學士蘇軾なり」と。上、之れが爲に容を改め、遂に前事を一變す。……

黨禁が弛められた理由は、宦官であるにもかかわらず進士出身を與えられ、徽宗の恩寵を縦にして世間から「隱相」と呼ばれた梁師成が、蘇軾の庶子を自稱したことにある、という說を否定し、上清寶籙宮での道士との應對が徽宗の態度を變えさせた眞の原因とする見解である。梁師成の出自を蘇軾と自稱したことは、『宋史』四六八の本傳も紹介するところで、當時廣く知られた話であったのであろう。また本傳は、東坡の文が禁じられたとき「父に何の罪があるのか」と徽宗に訴え、それより禁が弛んだと師成說を採っている。この師成が徽宗の寵倖を得て位階を上げていったのは政和年間のことであり、宣和二年に大尉を拜して頂點を極めた。『長編拾補』が『墨莊漫錄』三の「宣和の間、旨有りて蘇軾の職名を追復す」の記事を宣和二年に置いたことは、それが師成の力によると考えてのことであろう。ちなみにその職名は、龍圖閣待制であった（『宋會要』職官七六　追復舊官　建炎二年五月十二日）。一方、上清寶籙宮の完成は政和六年二月（『綱目備要』二八）であり、いずれにしても彗星出現によって矛先が鈍った元祐黨籍人排擊の動きは、政和年間後半から宣和五年まで、むしろ逆轉していたと推測できる。

　こうしてみると、先述の朱翼中が政和五年に東坡詩を書した咎で左遷された記事には些か疑問を感ずる。實はこの年號、清の乾隆五十年に『北山酒經』を『知不足齋叢書』に入れた鮑廷博の後記の考證によるのだが、恐らく誤りである。考證は、朱翼中の同僚であった李保が作る題詞幷びに序の記述に據る。『酒經』冒頭に置かれたその中に「朝廷大いに醫學を興し、道術に深き者を求め、之れを官師と爲す。乃ち公を起《あ》げ、博士と爲す。余と同僚爲り。明年、翼中、東坡の詩を書すに坐し、達州に貶さる。又た明年、宮祠を以って還る。……」とあり、最後に政和七年正月二十五日の日付を記すので、廷博は、逆算して政和五年としたのであろう。しかし文中の大いに醫學を興し、博士を置いたとは、國子監に隷し算學・書學・畫學とともに四學と稱された醫學設置のことで、崇寧二年九月の開設であった。[12]

とすれば翼中の左遷は、崇寧三、四年頃となり、まさに最初の東坡墨跡の禁と時期を同じくする。さらに彗星の出現で禁が弛み呼び返されたとすれば、翌年に宮祠を以って還ったことも無理なく理解できるのである。

そもそもその書物を顯彰しようという序文において、左遷という著者の經歷の瑕疵にわざわざ筆を割くことがあろうか。とすれば、ここではむしろ桂林と融州に現存する元祐黨籍碑と同様の狀況を想定すべきであろう。崇寧五年に全國の黨籍碑は除毀されたのであるから、二つの碑は原石でなく、南宋になってからの梁燾の曾孫律、沈千の子孫暐による重刻である。重刻の目的は、勿論、黨人の評價が逆轉した時代にあって、黨籍に入れられた祖先を名譽とし、その事實を廣く喧傳し永く傳えることにあった。酒經序文の場合、徽宗朝にあっても東坡を愛好することは文人の證明のようなものであったから、官界はともかく民間にあって左遷は決して瑕疵とは取られなかったであろう。しかし公開を前提に、しかもそれを肯定的に評價する意圖で序に刻するとなれば、やはり當局の方針が變化している必要があろう。作者李保の肩書きは、朝奉郎開封府刑曹掾であり、中央の情況をいち早く察知できる立場にあった。政和七年の序は、徽宗自らの蘇軾評價の變化の流れの中で記されていたことになる。

梁師成の自稱蘇軾の子について少し付け加えておく。軾の季子、蘇過の年譜は(13)、宣和二年の條に「是の時、盛んに蘇過、梁師成に依附すと傳う」と記し、朱子語類など師成との關係を述べる記事を引用して、最後に「軾が海南島で書した八賦が梁師成の手に落ちたということは、海南島まで從ったのは過のみであるから、過が師成に依附したことと無關係ではないであろう。それが禁中に入ったというのは、師成が處罰された後、財產が籍沒されたことに關係するであろう」と、述べている。自稱蘇軾の子は、東坡の子孫の評價にも影響を及ぼしていた。

おわりに

雅集傳説の形成を考えるために筆を執ったが、小論はその入り口で終わってしまった。福本論文を始め、先論の多くは西園雅集の事實を否定する。それら先論が指摘するように、かなりの數の著作を現在に殘す雅集參加者たちが、誰一人としてこの雅集についての記述を殘していないこと、さらに北宋後半期諸資料の雅集に對する沈默は、何よりも雄辯に歴史事實としての雅集を否定している。唯一の例外である鄭天民の述古圖記は、元末になって突然出現した題記であり、それを裏付ける他史料は見出せない。しかし題記が書かれたという政和四年は、元祐黨禁が一時弛んだ時期にあたり、とくに政和末年から宣和初年までは政權中樞での東坡墨跡の收集熱が高まっていたことが確認できるから、徽宗朝を一本調子で東坡否定の時代とするのは妥當でない。無論、それを理由に題記の存在を否定することはできない。從來、元祐黨禁にもかかわらず一般の東坡愛好の風潮が盛んであったことは指摘されていた。とはいえ、史書は專ら官側の禁令を載せるから、筆記類などによって知られる一般の動向は過小評價に陷りがちである。天民記の「名は四夷を動かし、千古に師表たる」軾を取り卷く人々という敍述は、少なくとも政和年間に書かれたとしても違和感の無い時代背景があったと言えるであろう。蔡京の季子條までが、その撰した『西淸詩話』が蘇軾・黄庭堅を專らにしているということで、落職勒停の處分を受けているのである（『獨醒雜誌』二）。

西園雅集という文人傳説は、福本論文において金、元、明をも視野に入れる大きな見通しの下でその形成と展開が述べられている。筆者としては、小論の考察を基にした自分なりの見通しを今後の課題としたい。

注

(1) 鈴木敬編『中國繪畫總合圖錄』一　A一〇―〇三〇（東京大學出版會　一九八二）。

(2) Ellen J. Laing "Elegant Gathering in the Western Garden" Jounal of the American Oriental Society 88-3, 1968. この論文の存在は、ケンブリッジ大學J・P・マクデモット氏からご教示を受けた。記して謝意を表す。

(3) 福本雅一「西園雅集圖をめぐって」上・下（『京都國立博物館 學叢』一二、一三　一九九〇、一九九一）。

(4) レイング論文は著錄された雅集圖四七點、現存四一點、計八八點と數えている。筆者は現在のところ現存については『中國古代書畫圖目』既刊一七卷などを中心に約三〇點を確認したにとどまる。

(5) 福本論文では繆仲素を、名は貞、常熟の人とする。

(6) 福本論文は、劉跋の西園雅集圖を鄭德言の作品とする。確かに『後村先生大全集』には、鄭德言書畫として坡公進紫薇花詩眞蹟、西園雅集圖などの題跋を列記しているが、それらは鄭德言の畫いた書畫の意ではなく、その所藏であることを示すのではないか。

(7) 十萬卷樓叢書本の書名は『東萊呂紫微師友雜志』とするが、編者は呂本中である。

(8) 李心傳『道命錄』三　陳公輔論伊川之學惑亂天下乞屏絕。Ⅰ部第五章一二九頁以下、Ⅱ部第三章二二七頁以下も參照。

(9) 福本論文は、天民の記を政和甲午の二十三年後の作とし「彼がそこに政和後二十三年と書きつけたのは、北宋の滅亡を忌み憚ったために外ならない」と言われる。しかしここの原文は「……伯時、偶未之及、乘間寓意、繪而爲圖、以資好事之玩。莫知其所指爲誰。記作於政和甲午。後二十又三年謂乃以研進……」であり、氏も言われるように政和甲午の二十三年後は、謂が圓研を獻納した紹興七年であるから、天民記の作成は政和四年と解すべきであろう。

(10) 以下、黨禁關係の記述はとくに斷らない限り『資治通鑑長編紀事本末』一二〇以下の記事に依る。

(11) 奎星奏事は、ほかに陳巖肖『庚溪詩話』上、韋居安『梅磵詩話』上卷下などに見える。

(12) 中嶋敏編『宋史選擧志譯註㈡』醫學〈擔當水村光男〉（東洋文庫　一九九五）。

(13) 舒大剛『三蘇後代研究』（巴蜀書社　一九九五）。

終論

北宋仁宗朝以降の百年間、斷續的に續けられた科擧制度の改革論議によって、筆記試驗による人材選拔の可能性と限界はほぼ論じ盡くされたと言ってよいであろう。中國史上、このような密度で官僚選拔制度が檢討されることは二度となかった。それらの中でもⅢ部個人篇の第一章で多少言及した英宗治平元年の知諫院司馬光と參知政事歐陽脩の間の「逐路取人」論爭は、宋代科擧論議の一つの核心として重要な位置を占める。

司馬光は、省試においても路ごとに同じ割合で合格者を出すよう願いでた廣南東路封州知事柳材の要請に贊成し、當時實施されていた隔年貢擧での直近三回の路別合格率をあげて改革の卽時實行を訴えた（『司馬光文集』三十　貢院乞逐路取人狀）。それによると例示された路は河北、河東、京東、陝西の華北諸路、成都府路を除く四川三路及び荊湖南北路、廣南兩路で、これらは特に省試合格者の少ない地方である。たとえば河北路は、嘉祐四年の一五二人の得解・免解進士のうち最終合格者は五人、六年は記述がなく、八年は一五四人中一人というように、これら諸路は多くて五人、大部分が合格者ゼロか一、二人にとどまる。これに對し開封府と國子監解試出身者は、四人から六人に一人の率で合格者をだし、毎回全國最終合格者總數の半數前後を占め、河北など諸路の現實に比べ甚だ不均等である、とする。そこで司馬光は、省試にあっては開封府・國子監解試及び恩蔭などによってすでに官を有する者が受ける鎖廳試經由の擧人を在京グループとして一つに、それ以外は路ごとに採點してそれぞれ十人に一人の率で合格者を決めるよう提案したのである。この時期、開封府は二一〇名、國子監太學は一〇〇名の解額を有していた。京師には、省試落第者が鄉里に歸らずそのまま留まり次回を期したり、太學解試を求めて入學試驗を待つ者など應試希望者が常に溢れていた。政府は南宋末に至るまで、これら都での應試者への對應に苦しみ、專用の解額枠を設けてみたり、一定の條件を滿たせば開封解試受驗を認めたりしたが拔本的な解決策にはならなかった。いずれにしても京師の解額は增加の一途をたどり、神宗の熙寧年間には、開封府三三五名、太學一六〇名、元豐年間は兩額通じて六〇〇名にまでなっている。こうしてみると全國の州府に解額を割り當て、地方の人材を滿遍なく拔擢するという理念は、省試の自由競爭と京師の一桁多い解額數によって實現にほど遠かった狀況といえる。

この嘉祐年間は、本貫取解の原則を徹底させようとたびたび寄應禁止令が出された時期である。しかし、京師受驗は有利という認識から戶籍を僞って開封府試に應試したり、國子監牒（學生證）を買って太學解試に臨んだりする不正の橫行が目にあまり、司馬光の提案に及んだものである。實は司馬光自身、父の蔭で十五歲のとき太廟齋郎に補されているから鎖廳試經由の進士及第であるし、光に反論した歐陽脩は、本貫は吉州だが父の沒後、叔父のもとで過ごした關係から京西南路隨州で受驗して落第、二回目に合格したが省試で失敗、三度目は國子監解試をへて省試、殿試に合格している。また撫州臨川縣が本貫の王安石も、父の任官地であり墓の所在地でもある金陵に居住し、科擧は國子監經由で通過している。さらに嘉祐二年の科擧に合格した蘇軾・轍兄弟は、三部一章でみたように四川眉州が本貫であるにもかかわらず、解試は開封で受驗している。北宋を代表する士大夫官僚がそろって本貫取解ではないところに、解額制の實態がみえるといえよう。

司馬光の上奏に對し、歐陽脩は些か視點を變えて反論した（『奏議集』十七　論逐路取人狀）。光の議論は、省試考官の出題傾向や文章の好みを知り詩賦論策の技術に長ずる京師得解者に、地方の擧人はかなわないが、國家有用の人材は文藝の人のみではないから全國から等しく人を採れとの趣旨である。脩は、それを「東南出身の進士が多く、西北出身の進士が少ない」狀況の更改をねらった提案と理解した。光の上奏に南人・北人問題への言及は一字もない。のみならず資料としてあげた河北路など以外の南方諸路についての言及もないが、提示された人數だけで全合格者の半數以上を占めるのであるから、殘りを南方諸路の總額と考えても東南進士が壓倒的に多いとはいえない。結局、開封府・國子監解試經由の合格者が、實は大部分東南出身であることを前提に議論しているのである。とすれば在京得解者を實質上一路と同じ扱いとし、各路一率に合格者を決めれば、結果は大幅な現狀更改となろう。脩は六項目にわたり反論するが、要點は東南の俗は文を好み、西北の人は質を尚ぶから東南は進士が多く、西北は經學（諸科）が多くなり、進士、諸科の合計は同じだという、當時よく行われた論で現狀を肯定し、進士科解試の南北の違いを強調することにあった。東南の科場は應試者が二〇〇〇から三〇〇〇人、解額が二十から三十人として競爭率は百倍、西北は多くても一〇〇人以下で十餘人を解すれば競爭率は十倍以下、この現實を無視して最終合格者を各路同率にするのであれば、解試で精選された學力ある東南進士は制限されて西北濫選を助長し、不公平はむしろ擴大するというのである。加えて廣南の擧人は、現地採用の攝官を望み、その條件である省試受驗を滿たすためにやってくるのであり、應試の勉學もしておらず初めから合格を考えていない。そこに十分の一の合格枠を與えることは、謬濫西北より甚だしい、という。もしそれでも路ごとに均しく合格させるのであれば、寄應の弊が都ではなく全國に擴大するだけだと、弊害の擴大を豫想している。最後に歐陽脩は、西北は虜（西夏）に近く恩典が必要だとの意見があるが、これは科擧と別問題であると西北優遇策を退ける。司馬光と柳材の現存上奏文中、これに對應する記述はなく、この問題がさらに廣い範圍で論議されていたことを示唆している。

從來、この論爭は歐陽脩の見方にそって、北人官僚司馬光による南人官僚制限策を契機とすると理解し、結局それは實現しなかったとされてきた。確かにそのとおりであるが、ここでは兩者の意見の背景にある國家像の違いに注意したい。光は「十室の邑、必ず忠信、丘（孔子）が如き者有らん」との論語の言葉を引き、どのような僻遠の地にも賢才はおり、「古の取士」は德行、材能各々長ずる所に隨って取った、と述べる。「公家の用」は多樣であり、求める人材も多樣であるからである。司馬光は、科擧關連の人材登用についての上奏を十篇近く殘しており、それらは提出時の情況に應じてさまざまな制度の提案であるが、一貫している主張は、人材評價の基準は德行第一、以下經術、政事、最後が藝能（詩賦文章）であるべきだということにある。その德行を評價できるのは、本人を幼少のころから熟知する鄕里の人々であり、しかしかれらの評價にもとづく全國規模の官僚登用法の制定は不可能であるから、それに近づけるべく推薦制と筆記試驗の組み合わせをどうするかが問題であった。このように司馬光の國家像は、地域社會への視點を前提に成立しており、その地域とは身近な鄕里社會であり、少しく廣げれば縣・州・路という行政單位でもあった。

それに對し歐陽脩は、反論の冒頭で述べる「……思いますに王者は外なく、天下は一家です。故に東西南北の人を問わず、盡く諸路の貢士を聚め混じえ合わせて一と爲し、能力のみによって擇ぶのです。……」の言葉がその立場を端的に示す。慶曆新政に參加し、科擧改革の原案策定に名を連ねた脩は、官僚登用法における德行の重視や、試驗科目は暗記力ではなく內容を問う經義とするなどの原則論で光と異なるところは少ない。しかし、その後のかれの科擧論は不正や弊害防止のための技術的改善論がほとんどで、制度全體についてはむしろそれまでの成果で十分とし、現狀肯定的である。慶曆新政から十數年後、學校改革への意見を求められたとき、學校での人材養成に疑問を呈するなかで「人物の才能や行狀の評價は、現場での對應を見るのでなければ、（學校で）常識や道理に從っている限り他人との違いは現れないものです。それを無理に人と異なろうとすれば、道理にはずれた奇抜な行動で德行の名を取ることになり、高談虚論で材識の譽れを求めることになるのです。先の慶曆の太學がまさにそうでした」と回顧するまでになる（『奏議集』十六 議新學狀）。實際、太學の現狀はそうであったのであろう。脩にとり德行の評價は、四十歲にして仕えるという古代にあって、人生七、八十年の半分を鄕里で孝行を學び實踐しながら過ごすから可能になるのであり、現在では無理だと考える。かれの科擧論議に、現實の鄕里社會への關心は稀薄であり、德行の評價は古典の世界のできごととして考えられていたのである。

これに續く、そしてより大きな科擧改革の轉機は、周知のようにI部國制篇第三章で檢討した王安石を中心とする議論と改革の實施である。神宗熙寧四年（一〇七一）二月、宰相王安石主導のもとに、進士科は從來行われてきた詩賦・帖經・墨義の試驗を罷め經義・論・策を課し、九經などの諸科は段階的に廢止したことが內容の中心である。文學の士や暗記の學ばかりを學んだ者を退け、經書に通じ政治に有用な人材を得ようとの趣旨による改革である。折りから安石は朝野の猛反對を押し切って新法政治を斷行している最中であり、改革の意圖は新法を遂行する有用な人材の確保にあったが、同樣な改革はすでに三十年近く前の慶曆新政で一部試みられており、直接には熙寧二年四月に降された「科擧について論議せよ」との詔に應じた中央官の諸議論に基づいている。熙寧二年のこの時點ではまだ新舊兩黨派の對立は顯現しておらず、四年の改革案に最も近い上奏文を提出したのは他ならぬ司馬光であった。

既に述べたように、詩賦を得意とする南人と經術を好む北人という認識は廣く行われており、科擧改革をめぐる神宗と諸臣との對話のなかにもみえる。安石は、進士科の詩賦を廢し經義に變えることで、諸科を罷めても北人の不利益にはならないと主張したが、北人の經術とは經書の暗記に過ぎず、內容の議論は不得手だとの反論に遇い、改革案のなかに北人對策を織り込むことになった。その詳細は不明であるが、およそは以下のような措置であった。北人が多く合格する諸科の廢止は、新規應募を認めない形で自然消滅を待ち、進士應募者の增大に從い諸科解額を順次進士にまわす。省試においては京東・西、河北、河東、陝西五路の進士科擧人と全國の諸科から進士科に移行した擧人を一組にして他の諸路と別に考査する、というものであった。宋初以來の懸案である科擧における南北問題に、限定的とはいえ初めて具體策が講じられたことになる。司馬光の「逐路取人」案との差は大きいが、五路の禮部奏名額を別枠で規定したのであるから、地域性を最終結果に反映させる點で共通性がある。この特別措置は、約二十五年間續き哲宗親政の紹聖四年（一〇九七）に實質上終了した。

五路の地域性について、蘇軾の意見をも付け加えておこう（『奏議集』二 徐州上皇帝書）。元豐元年十月、軾は、徐州知事として神宗に政務報告を兼ね幾つかの獻策を行ったが、そのなかで五路の監司郡守に人材拔擢の特別の權限を與え、かれらに地域市場での徵稅や盜賊捕縛の治安維持業務にあたらせるよう提言している。科擧の試題が詩賦であろうと經術であろうと文詞の試驗に變わりなく、合格者は「吳、楚、閩、蜀」が多く、五路の士は少ない。しかしここは古來、豪傑英偉の士が出る、戰略的にも重要な地であるとの認識のもと、科擧では掬いきれない人材を現地採用し、給與の支給、公罪杖以下の贖、恩蔭の任子に準ずる昇進など、胥吏出身の流外官とも區別した待遇を與え、地域の安定支配をはかろうという考えである。當時の軾は、その新法批判の影響力の大きさ故に、當局から目をつけられており、翌年には御史臺に逮捕されるという狀況にあったから、その提言が入れられるはずもなかった。また早くから科擧改革の實效性の無さを見拔き、制度改革の議論そのものに冷淡であったにもかかわらず、實際の地方政治の現場に立てば、人材登用による社會統合の效果を考えざるを得ず、こうした提案に及んだものであろう。いずれにしても「王者は外なく、天下は一家」的な國家・社會觀で全國一律の官僚登用法を議論することは、すでに無理な狀況となっていた。

王安石の新法政策は、中央政府の強力な主導のもとで社會改革を進める、極端なトップダウン方式に一つの特徴がある。それは當然、民間の現行社會秩序への強權をともなう介入となり、既得權層の猛反發、政府が「民と利を爭う」との批判を招くことになった。司馬光が青苗法に反對して述べた「民の貧富の差は、能力の差によって生じ、不可避である。富者は常に貧民に貸し與え自ずから饒かになり、貧者は常に富民から借りて自活する。苦樂は同じでないが互いに資けあって其の生を保っているのである」との言葉は、農村の現狀を肯定し、政府の介入はその秩序を亂し、現狀をさらに惡化させるという意見の代表である。鄕里社會の自律秩序を尊重し、その延長線上に國家を想定するか、強力な國家が鄕里社會の秩序形成にまで關與するか、新舊兩黨派の國家觀・政治觀は異なっているようにみえる。しかし、安石と光の科擧改革の方針には共通項が多かった。兩者の士大夫政治の構想と科擧改革はいかなる關係にあるのであろうか。

哲宗の元祐元年（一〇八六）閏二月、宰相に就任した司馬光は新法廢止を續行するなかで、科擧の詩賦復活には異議を唱えた（『文集』五十二　起請科場劄子）。熙寧の新制は、「歷代の積弊を革め、先王の令典を復すもので、百世不易の法」と絕贊する。しかし最大の問題點は、王安石が自らの學問（王學）を學校の講解や科場の基準として強制し、自分に異なる者を排斥したことにある、として廣く注疏、諸家の說を參照して「自ら短長を擇び、好む所に從え」と主張する。さらに年來の推薦制併用案を、今回は經明行修科の設置として提議している。その大略は、陞朝官は每年一人の品行方正で有能な人物を經明行修科に保擧（被擧者が罪を犯したり推薦どおりでなければ罰を受けることを誓約）し、禮部貢院の名簿に載せる。また路別に本人の姓名・擧主を抜き出して各州に送り、州でも貢院に名簿を置き、本人には證明書を交付する。應試に際しては、家狀（姓名、生年月日、三代の名などを自筆した受驗願書）の前に擧主の官位姓名を書き込み、試驗、採點は通常の解額內で行い、合格者名簿は一般進士の前に置き、殿試での最終發表、あるいは任官のとき特に優遇措置を與えるというものであった。光の提案後、種々の修正意見が出され、結局、推薦者は中央官でなく知縣レベルとし、州・路の知事・監司が考察を加えて上申することになった。注目されるのは、經明行修科に路ごとの定數が割り當てられたことである。京東・西、河北、陝西路が各五人、淮南東・西、江南東・西、福建、河東、兩浙、成都府路各四人、荊湖南、廣南東・西、梓州路各二人、荊湖北、夔州、利州路各一人の總計六十數人と、擧人全體からみれば微々たる數であるが、路別の解數一部定額が初めて實現したことになる。しかも元祐三年の省試において、經明行修擧人の不合格者は特奏名の例によって殿試への參加を認められ、さらに次回の科場では免解の特典もあたえられたらしいから、經明行修の推薦を得れば自動的に官位を手にすることになる。こうして「術業・行義が鄕黨の尊ぶ所で士論の服する者」（元祐八年　監察御史黃慶基の言）が登用される道が開かれた。すでに司馬光は世を去っていたが、長年の主張が一部とはいえ實現したのであった。

一方、王安石にとり官僚登用法の最終目標は、科擧を廢止し、學校制を整備して太學卒業生を任官させること、すなわち慶曆以來、多くの論者によって繰り返し主張されてきた取士（科擧）と養士（學校）の一元化にあった。いわば熙寧の科擧改革は、人材養成の場が民間に放置されている狀態を改め、國家の手による官僚養成制度を確立するための過渡的措置であった。本來の學校改革は、なお太學三舍法による任官ルートの設定という部分的改革にとどまっていたが、安石にとって科擧・學校制の改革は政治體制の拔本的更改につながる息の長い改革であり、今回はその第一歩と位置づけられていたのである。また神宗の「（士大夫の）道德を一にする」要請に對し、安石は自らの執筆・編纂にかかる『周禮』『書經』『詩經』の三經新義刊行で應えた。詩賦に代わり經義が問われるのであるから、その採點基準が必要となるからである。が、それ以上に國家主導の下、あるべき政治の理念を示し、その實現に向けての體制整備であるから、王學による思想統一は、改革の前提として必要不可缺の作業であった。

このようにみると、王安石と司馬光の科擧改革における共通性とは、上からの國家による人材育成路線と鄕里社會の評價を基盤に下からの人材發掘路線という、出發點も到達目標も對蹠的な二つの路線が、兩者とも過渡的段階で一時交差する場面が生み出した結果と理解できよう。國家と社會の關係を象徵する二つの立場が、その後どうなったか、安石の路線を徹底化した徽宗朝の學制改革の顚末がそれを示している。

Ⅰ部國制篇第四章で檢討した內容をここで再度整理してみる。蔡京は、長く徽宗朝の權力を獨占しながら自己保身を第一とし、ついには北宋を滅亡においやった人物として、後世の評判はすこぶる悪い。しかしかれの意圖とは別に、徽宗朝時代の政策が以降の中國社會にあたえた影響は意外と大きく、學制改革はその一つである。王安石の科擧改革の嚆矢となった熙寧三年の殿試で等第した蔡京は、その後、神宗・哲宗朝の學制整備に一貫して關わり、徽宗のもとで宰相になると、早速、安石が最終目標としていた取士（科擧）と養士（學校）の一致を實現すべく、學制改革にのりだした。その構想は、安石が實施した太學三舍法を、全國の地方學である州學にも適用し、希望者はまず縣學の試驗を受けて入學し、一定期間の學習のあと州學に進級する。州學生は、成績優秀であれば州學外舍、內舍、上舍と進み、毎秋、その州の割り當て人數の上舍生が貢士として、都の辟雍に送られ入學試驗を受ける。辟雍は、蔡京が全國の貢士受け入れのため太學外舍を獨立させて郊外に建設した學校で、定數は三〇〇〇名であった。入學した辟雍生は、春季に行われる太學・辟雍合同試驗（公試）に參加ができ、この公試と季ごとの試驗成績、新貢士は州の成績を合わせ上位四十七人は釋褐（庶民の服を官服にかえる、すなわち官僚になること）、次の一四〇人には三年ごとの殿試受驗資格をあたえ、一八七人は內舍生とする、というものであった。

天下三舍法は、崇寧二年（一一〇三）から實施されたが、試行錯誤が續き、上述の制度に落ち着いたのは同五年からである。また科擧の完全廢止は今までの應試者への影響が大きいとして、次回に限り解額の三分の一を從來どおりの科擧の解額として殘し、三分の二を貢士額に當てる臨時の措置がとられた。結局、科擧による部分的な取士は最後まで殘るのであるが、天下三舍法は、五年以降、官僚登用の主流となった。當初、この大膽な改革に對し、人々は冷淡で學生はあまり集まらなかったらしい。長い年月のかかる學校經由の釋褐より、一回ごとに結果の出る科擧を便としたのである。ただし當時の學生數を傳える三つの記事には、大觀元年（一一〇七）十一萬餘人、同三年十六萬七六二二人、政和六年（一一一六）二十萬餘人とあり、この時期は十年弱でほぼ倍增したことを示している。崇寧三年までは改革の不備、學生の少なさへの言及が目につくから、この急激な增加は制度の定着を意味するものであろう。しかし學生數增加の理由は、制度本來の趣旨が人々に理解されたからとは思えない。というのは崇寧四年三月に、蔡京は州縣學の學生に對する優遇措置を講じているからである。科擧から學校經由の官僚登用に切り替えようとしても學校に人氣なく、その打開策として從來は都の太學生、解試合格の擧人にあたえられていた役法上の特權を地方の學生にも段階的に認め、とくに州學の上舍生には官僚を出している官戶と同等の勞役や雜稅免除の特權を付與した。この優免權に人々は飛びつき、學校に殺到したのである。チェフィー氏は、南宋十三世紀半ばの全國の科擧受驗者數を四十萬人以上、北宋はずっと少なく、徽宗朝初めに至って七萬九千人に達したと推定している。政和年間の學生數が二十萬を超え、そのままの延びが續けば三十萬人に達したと思われることは、この優遇措置がいかに效果的であったかを物語る。

ところが、この優遇策が天下三舍法廢止の一原因となる。學校經由を主とする取士制度は、宣和三年（一一二一）二月に突然廢止され、科擧の全面復活と三舍法は太學のみに適用する舊制に戾った。現存する廢止の詔は、抄錄ということもあってか、その理由について何も傳えないが、朱熹をはじめ宋人はこぞって財政上の問題をあげている。確かに全國ほとんどすべての州縣に學校を設置し、學生を養う費用は莫大であり、學田を設置するなどの通達をだすだけでは財源の手當てとして不十分であろう。しかし同時に、學生數が急增した大觀年間以降の史料には、地域の有力者が學生身分の免役特權目當てに、財力にものをいわせて學力低劣な子弟をも不正入學させるため、勞役の負擔が家計に餘裕のない中小戶に集中する弊害についての報告が散見する。實際、先に擧げた史料が語るように福建建州浦城縣の縣學は學生數が一〇〇〇人を超え、建州學は一三二八人の學生が在籍し、かれらが享受した特權のしわ寄せは中小戶に向かうわけで事態は深刻である。募役法の挫折以後、州縣地方行政を遂行するのに不可缺な勞働は、相變わらず鄕村農民の負擔であったから、一縣一〇〇〇人もの免役學生の存在は、縣行政の根本を崩壞させてしまう。蔡京の人氣取り政策の維持は、初めから不可能であったといってもよいであろう。

科擧の廢止と學校による官僚養成を、蔡京は鄕擧里選の復活、先王建學制の實現と自贊した。事實、天下三舍法を額面どおり受け取れば、慶曆以來の課題であり、王安石の目標であった取士と養士の一致を實現する畫期的な政策であった。しかし現實社會は政策の目指す方向とは異なった反應を示し、改革は龍頭蛇尾に終わった。先述のように王安石は、三經新義を太學、科場の基準テキストとして「道德を一にする」ことを圖った。その後、徽宗朝の大觀年間までに王學派の經典注釋書が出揃い、また蔡京は「元祐學術の禁」を發して舊法黨系の出版物を規制したので、王學による學術の統制は學制改革に竝行して進んだ。從って天下三舍法の廢止は、新法派が上からの強制によって行う思想統制策の蹉跌であり、鄕擧里選とはまったく逆に、中央、州、縣と上から下に政府の意向にそう人材養成の場を廣げるという安石的手法の終焉を意味した。その點、後の朱子學派が地域社會への働きかけを積み重ね、やがて朱子學の官學化への道を拓いていった下から上への動きと對照的である。

二十年に滿たない天下三舍法實施の期間であったが、宋代社會への影響は蔡京の意圖とは別に大きなものがあった。大量の州縣學學生の出現という形で、科擧受驗者を出す階層を顯現化させたのみならず、優免權の付與はその階層を量的に掘り起こす結果となった。それは一般民戶と官僚士大夫の中間に位置する無位無官の讀書人が、士人と呼ばれる獨自の階層として認知される契機でもあった。天下三舍法が廢止され、地方學生の優免權が罷められた後も、士人は庶民と區別され、學生に適用される刑法上の特別扱いを受け續ける。こうして南宋の地域社會の動向を左右する有力者層は、北宋末の地方學生の系譜の流れのなかにその社會的地位を確定したのである。Ⅱ部地域篇で考察した明州鄞縣の縣學が、孔子廟から分離し州城西南に建設された背景には、こうした歷史の流れがあった。それは地域士人社會形成過程が新たな段階に入ったことを意味しよう。

廣大な空間を統合して成立する中國世界は、中央と地方、求心力と遠心力の微妙な均衡の上に成立するかのようである。社會の末端にまでおよぶ中央の強力な一元的支配も、地方の自立による分裂もともに望むべき在りかたではないとする世界である。王安石の新法政策は明らかに前者の傾向を示し、舊法黨はそれへの抵抗勢力であった。安石は、國家が養士の權を把握すべきだとし、司馬光は鄉里社會の自律性のなかに養士の權を認め、地域代表としての士大夫官僚を構想した。結果は、どちらの構想にも收斂せず、士大夫官僚の母體となる士人層は、公權力を利用しながら地域社會を壟斷する形勢戶・豪橫の側面と、名望家として地域社會の禮教秩序形成に努力する長者の側面を併せもちながら存續することになる。北宋一代は、國家を主とする大きな政府路線をとるか、地域社會を基盤とする小さな政府路線をとるかの選擇を迫られた時代であり、北宋滅亡後、中國社會は求心力と遠心力がせめぎあう場としてその歷史を展開してゆくことになる。

現在の中國を理解する上で中國の歷史を知ることは不可欠の前提である。何故なら中國自身が、自らの歷史を絶えず祖述し反芻し、それらを自らの內に取り込みながら自己形成を遂げてきたからである。一方、このことは過去の中國史を理解するためにも、その祖述と反芻の蓄積過程を分析の俎上に上げなければならないことを示す。二十世紀前半の中國文明批評家の最高峰に位置する魯迅は、淸末紹興の讀書人周家の出身である。周一族は代々進士を輩出すると同時に、苛酷な科擧受驗競爭のなかで多くの人物が人格を歪め精神に異常をきたし、遂には進士である祖父と應試者である父による不正行爲で處罰を受け家は沒落する。魯迅が描く孔乙己と阿Qこそ中國史上の士と庶の成れの果ての姿であった。(1) その直接のルーツを求めれば、結局、十一世紀に出現した新たな士―庶關係にたどり着く。魯迅の問題意識の根底には科擧社會があったのである。また毛澤東率いる中國革命において、なぜあれだけ執拗に反官僚主義が叫ばれ續けたのか、なぜ建國後も知識分子は冷遇され彈壓され續けたのか。これも庶の士（讀書人）に對する長年の怨念をぬきにしては理解できないであろう。禮は庶に下らず、刑は士に上らずは、本來の意味を變えながらも士―庶社會を端的に表現する用語として淸末まで生きながらえた。(2) この極限にまで洗練された禮と法を生み出した社會、重層性と畫一・多樣、秩序と渾沌が同居する中國の歷史を理解する一助とする、これが本書の最終目的であった。しかしそれを果たすためには、あらためてさらなる檢討が必要であろうことを痛感する。

本書各章の初出誌を以下に示す。いずれも本書收錄にあたり書き直した箇所があるが、論旨に大きな變更はない。

序論　「宋代士大夫政治の特色」（『岩波講座世界歷史』9　一九九九所收）前半部を改稿

I部　國制篇　宋代の科擧學校制度と文人官僚

第一章　「宋初の國子監・太學について」（『史觀』一一三　一九八五を大幅に改稿）

第二章　「北宋『慶曆の治』小考」（『史滴』五　一九八四）

第三章　「王安石の科擧改革をめぐって」（『東洋史研究』四六―三　一九八七）

第四章　「蔡京の科擧學校政策」（『東洋史研究』五三―一　一九九四）

第五章　「南宋初期の王安石評價について」（『東洋史研究』三八―三　一九七九）

第六章「紹興十八年同年小錄三則」（書き下ろし　一部「宋代の修譜と國政――青木報告によせて――」『宋―明宗族の研究』汲古書院　二〇〇五　から轉載）

Ⅱ部　地域篇　宋代明州慶元府の士人社會を中心に

第一章「南宋地域社會の科擧と儒學――明州慶元府の場合――」（『近世儒學研究の方法と課題』汲古書院　二〇〇六）

第二章「明州鄞縣知事王安石と士人社會」（『早稲田大學文學研究科紀要』五二　二〇〇八を大幅に改稿）

第三章「宋末元初湖州吳興の士人社會」（『福井重雅先生古稀・退職記念論集　古代東アジアの社會と文化』汲古書院　二〇〇七）

第四章「王安石撰墓誌を讀む――地域・人脈・黨爭――」（『中國史學』六　一九九七）

第五章「南宋四川の類省試からみた地域の問題」（『史觀』一五一　二〇〇四）

第六章「宋代の士大夫と社會――黃榦における禮の世界と法の世界――」（『宋元時代史の基本問題』汲古書院　一九九六）

Ⅲ部　個人篇　文人官僚蘇東坡

第一章「東坡應擧考」（『史觀』一二五　一九九一）

第二章「張方平『文安先生墓表』と辨姦論」（『早稲田大學大學院文學研究科紀要』三九　一九九四）

第三章「東坡の犯罪――『烏臺詩案』の基礎的考察――」（『東方學會創立五十周年記念　東方學論集』東方學會　一九九七）

第四章「東坡『黃州寒食詩卷』と宋代士大夫」（『早稲田大學大學院文學研究科紀要』四八　二〇〇三）

第五章　上「文人官僚蘇軾の對高麗政策」（『史滴』二三　二〇〇一）

下　「知杭州蘇軾の救荒策」（『宋代の社會と文化――宋代史研究會研究報告第一集』一九八三　汲古書院）
第六章　上　「西園雅集考――宋代文人傳説の誕生――」（『史觀』一三九　一九九八）
下　「西園雅集考――宋代文人傳説の誕生――（續）」（『史觀』一四一　一九九九）
終　論（『岩波講座世界歴史』9　一九九九所收）後半部を改稿增補

注

（1）丸尾常喜『魯迅「人」「鬼」の葛藤』（一九九三　岩波書店）。宮崎市定『科擧』（全集一五、一九四六初出）は、その末尾に既に孔乙己を引く。蓋し卓見であろう。
（2）梅原郁『宋代司法制度研究』五五一頁以下（二〇〇六　創文社）。

あとがき

つくづく新陳不接、端境期の世代だと思う。私の早稻田大學第一文學部東洋史學專修への入學が一九六五年、同大學院博士課程退學は一九七七年、すなわち文化大革命發動の前年に入り、終了の翌年に大學を出たことになる。中國は、學問・研究の空白期間であった。日本の大學はというと、學部一年時の「早大學館・學費闘爭」による百八十日間の「ストライキ」を嚆矢として、とくに大學院時代は「ストライキ」と「ロックアウト」の繰り返しで、一年間の學暦をまっとうした年は稀であった。一九六八年のフランス五月革命に始まる大學闘爭が燎原の火のように廣がり、世界中の大學は政治の季節に突入していたのである。私の中で今に續く、四十年以上も昔の話である。

この間に刊行された『岩波講座世界歷史』の中國史關係諸論考は、戰後の日本中國史研究の到達點を分かりやすく凝縮・整理した內容であり初學者には熟讀玩味に價した。その價値は現在も變わらないであろうが、思えばそれらは、戰前の中國史研究が意識的か否かは別にして大陸侵略の國策に連動、「停滯」あるいは「遲れた」中國という認識を前提にしていたことへの批判から、「進んだ」社會主義中國の誕生を歷史上どのように位置づけるのか、「世界史の基本法則」の發展段階史觀を土臺とする問いかけであり、戰前と戰後はいわば一枚のコインの裏表の關係にあったと、大雜把に括ることができよう。宋代史を專攻分野に選んだ私はといえば、こうした潮流が釀しだす社會經濟史一邊倒の學界の雰圍氣に違和感を覺えながら院生時代を過ごした。

一方、その時期、同世代の主にアメリカの宋史研究博士候補者たちは、大陸への留學が閉ざされていたため多くが日本に留學していた。かれらはその經驗を生かし、且つ歐米中國史學の傳統的文脈のなかで學位論文を構想し完成しつつあった。日本の緻密な文獻實證史學の手法のみならず、「唐宋變革」という觀點を批判的に取り入れたそれらの研究成果は、やがて八十年代後半に陸續と刊行され、今度は日本の宋代史研究に大きな影響を與えることになる。同じ中國宋代の歴史を對象としながら、社會全體の變化の樣相を丸ごと捉え描ききろうとする姿勢は、精緻ではあるが限定された個別具體的な課題の追求が主流の日本の研究と比べると躍動感に溢れる。その差異は、研究者の個人的資質というより彼我の歴史研究のあり方、および研究者養成システムの相違からくるといえるであろう。

先の端境期の世代とは、上記のように一九七〇年代前半、戰後期日本中國史研究のピークが過ぎ、しかし日本の歴史學界とくに東洋史學においては「言語論的轉回」や「社會史學派」の影響を受けた新しい波が顯在化する前の時期に院生であったことを念頭においたのであるが、昨年來の世界を卷き込む「金融危機」出來を目の前にすると、世界史規模の新陳不接の時代は始まったばかりとの印象を強くする。本書收錄の諸論考は、この間、研究の軸が定まらぬまま細々と書き著わしてきたものである。一書にまとめる價値があるか甚だ覺束ないが、いつかは研究の一區切りを付けねばならない。たまたま二〇〇七年度、早稻田大學から特別研究員制度（サバティカル）の適用を受けた機會に、國內での雜務から逃げ出し、半年間、ハーバード大學・ケンブリッジ大學・北京師範大學・浙江大學を轉々としながら、ともかく既論考を抽出し、手を入れ竝べ替えてみた。各大學での自由な時間をくださった、訪問學者受け入れ教員のP・ボル、J・マクデモット、游彪、包偉民諸教授に厚くお禮申し上げる。中國古典籍のデータベース化は豫測した以上の速度で進行している。あちらこちら移動しながらも舊稿檢討が可能であったのは、これらデータベース化された史料への自由なアクセスという環境に依る。なお收錄論考の殆どは、こうした史料電子化以前の執筆であり、宋代文獻史料の大部分について、一字檢索による瞬時の史料收集が可能となった現時點から見ると不十分な點が目に付く。しかし今さら全面改稿は無理であり、それらは今後の課題として目を瞑ることにした。それにしても史料のデータベース化は豫測を上回る速度で進行しており、その展開は研究方法のみならず研究内容にまでも影響を及ぼしつつある。この事態に對する利害得失の議論はあちらこちらで耳にするが、しかしこの趨勢は不可逆的であり、求められることはデータベース史料學原論であり、日本中國史研究におけるデータベース構築の戰略論であろう。

早稻田大學に奉職して三十年、牛歩のごとき研究生活をかろうじて續けることができたのは、學内外で支えていただいた多くの方々の賜物である。學恩への謝辭を述べるためにお名前を擧げだせば切りがなく、ここではそのごく一部の方にとどまることをお許し願いたい。大學院での指導教授は秦漢史の故栗原朋信先生であり、内陸アジア史の故松田壽男先生、とくに大學院の講義をもたれたばかりの秦漢隋唐史の古賀登先生からは學部時代に續き指導を受けた。三者三様の學風を學んだことは、私の貴重な財産である。その後赴任されたシルクロード史研究の長澤和俊先生から直接教えを受けることはなかったが、奉職後の一時期、研究室をご一緒させていただき、そのエネルギッシュなお仕事振りにはただ感嘆するしかなかった。また福井重雅先生からは、學部最初の受業生として英書翻譯を始め院生時代に至るまでさまざまな面でご指導いただいた。

現在の東洋史研究室では吉田順一、佐藤次高、工藤元男、李成市、柳澤明の諸先生と同僚である。異なる分野・時代の多様な諸研究からさまざまな刺激を受け、まことに恵まれた立場にある。なお、今回、お忙しいなか本書の初稿に目を通してくださった工藤元男・東洋哲學の土田健次郎・中國音韻學の古屋昭弘諸先生にも厚くお禮を申し上げるとともに、せっかくのご助言を十分に生かしきれなかったことをお詫びしたい。

學外では、まず故中嶋敏先生が主宰されていた宋史選擧志研究會を擧げなければならない。一九六九年に大學院修士課程に入るとすぐに、故山根幸夫先生から研究會の紹介を受け、二〇〇〇年の最終第三卷譯註完成まで參加させていただいた。宋代史料讀解の手ほどきを始め、頂いた學恩は計り知れない。本書は、このときの譯註作業を基盤としているといってもよい。その後も宋史選擧志のメンバーを中心とした研究會は繼續しており、『朝野類要』の譯註は既に完成し刊行された。

もう一つ、日本歴史學協會への參加も付け加えておきたい。歴史學界政治部と思われている協會であり、實際その通りであったのだが、日東西の歴史學會全體から集まる年長研究者が一堂に會する場所はほかになく、著作からは窺い得ないその素顔や研究姿勢を間近にみることは非常に勉強になった。同時に、研究という作業を支え取り巻く外的條件の重要さにも思い至ることができたことは收穫であった。歴史研究は、森羅萬象、存在する全てを研究の糧とする貪欲な學問である。

本書は、日本學術振興會二〇〇八年度科學研究費〈研究成果公開促進費〉學術圖書の助成を受けた。關係された各位に深謝する。また索引作成に際しては、早稻田大學講師高井康典行、助手森田健太郎、博士課程深澤貴行、小林隆道、吉野正史諸氏に協力いただいた。記して謝す。

最後に、本書の刊行を引き受けていただいた汲古書院相談役坂本健彦氏、社長石坂叡志氏および編集擔當の小林詔子氏に心から感謝したい。四半世紀以上前、われわれ若手研究者が宋代史研究會を立ち上げ、研究報告集公刊を計畫してその實現が懸念されたとき、支援の手をさし伸べてくださったのが當時の坂本社長であった。以來、私が多少關係した出版には常に汲古書院の助けがあった。此のたびは自身の書物がお世話になり、後は本書が皆樣の期待に背かないことを願うばかりである。

二〇〇九年一月五日

鎌倉宅間谷にて　近藤一成識

汲 古 叢 書

1	秦漢財政収入の研究	山田　勝芳著	本体 16505円
2	宋代税政史研究	島居　一康著	12621円
3	中国近代製糸業史の研究	曾田　三郎著	12621円
4	明清華北定期市の研究	山根　幸夫著	7282円
5	明清史論集	中山　八郎著	12621円
6	明朝専制支配の史的構造	檀 上　寛著	13592円
7	唐代両税法研究	船越　泰次著	12621円
8	中国小説史研究－水滸伝を中心として－	中鉢　雅量著	8252円
9	唐宋変革期農業社会史研究	大澤　正昭著	8500円
10	中国古代の家と集落	堀　敏 一著	14000円
11	元代江南政治社会史研究	植 松　正著	13000円
12	明代建文朝史の研究	川越　泰博著	13000円
13	司馬遷の研究	佐藤　武敏著	12000円
14	唐の北方問題と国際秩序	石見　清裕著	14000円
15	宋代兵制史の研究	小岩井弘光著	10000円
16	魏晋南北朝時代の民族問題	川本　芳昭著	14000円
17	秦漢税役体系の研究	重近　啓樹著	8000円
18	清代農業商業化の研究	田 尻　利著	9000円
19	明代異国情報の研究	川越　泰博著	5000円
20	明清江南市鎮社会史研究	川 勝　守著	15000円
21	漢魏晋史の研究	多田　狷介著	9000円
22	春秋戦国秦漢時代出土文字資料の研究	江村　治樹著	22000円
23	明王朝中央統治機構の研究	阪倉　篤秀著	7000円
24	漢帝国の成立と劉邦集団	李　開 元著	9000円
25	宋元仏教文化史研究	竺沙　雅章著	15000円
26	アヘン貿易論争－イギリスと中国－	新村　容子著	8500円
27	明末の流賊反乱と地域社会	吉 尾　寛著	10000円
28	宋代の皇帝権力と士大夫政治	王　瑞 来著	12000円
29	明代北辺防衛体制の研究	松本　隆晴著	6500円
30	中国工業合作運動史の研究	菊池　一隆著	15000円
31	漢代都市機構の研究	佐原　康夫著	13000円
32	中国近代江南の地主制研究	夏井　春喜著	20000円
33	中国古代の聚落と地方行政	池田　雄一著	15000円
34	周代国制の研究	松井　嘉徳著	9000円
35	清代財政史研究	山 本　進著	7000円
36	明代郷村の紛争と秩序	中島　楽章著	10000円
37	明清時代華南地域史研究	松田　吉郎著	15000円
38	明清官僚制の研究	和田　正広著	22000円
39	唐末五代変革期の政治と経済	堀　敏 一著	12000円
40	唐史論攷－氏族制と均田制－	池 田　温著	近　刊
41	清末日中関係史の研究	菅 野　正著	8000円
42	宋代中国の法制と社会	高橋　芳郎著	8000円

43	中華民国期農村土地行政史の研究	笹川　裕史著	8000円
44	五四運動在日本	小野　信爾著	8000円
45	清代徽州地域社会史研究	熊　遠 報著	8500円
46	明治前期日中学術交流の研究	陳　　捷著	16000円
47	明代軍政史研究	奥山　憲夫著	8000円
48	隋唐王言の研究	中村　裕一著	10000円
49	建国大学の研究	山根　幸夫著	8000円
50	魏晋南北朝官僚制研究	窪添　慶文著	14000円
51	「対支文化事業」の研究	阿 部　洋著	22000円
52	華中農村経済と近代化	弁納　才一著	9000円
53	元代知識人と地域社会	森田　憲司著	9000円
54	王権の確立と授受	大原　良通著	8500円
55	北京遷都の研究	新 宮　学著	12000円
56	唐令逸文の研究	中村　裕一著	17000円
57	近代中国の地方自治と明治日本	黄　東 蘭著	11000円
58	徽州商人の研究	臼井佐知子著	10000円
59	清代中日学術交流の研究	王　宝 平著	11000円
60	漢代儒教の史的研究	福井　重雅著	12000円
61	大業雑記の研究	中村　裕一著	14000円
62	中国古代国家と郡県社会	藤田　勝久著	12000円
63	近代中国の農村経済と地主制	小島　淑男著	7000円
64	東アジア世界の形成－中国と周辺国家	堀　敏 一著	7000円
65	蒙地奉上－「満州国」の土地政策－	広川　佐保著	8000円
66	西域出土文物の基礎的研究	張　娜 麗著	10000円
67	宋代官僚社会史研究	衣 川　強著	11000円
68	六朝江南地域史研究	中村　圭爾著	15000円
69	中国古代国家形成史論	太田　幸男著	11000円
70	宋代開封の研究	久保田和男著	10000円
71	四川省と近代中国	今 井　駿著	17000円
72	近代中国の革命と秘密結社	孫　　江著	15000円
73	近代中国と西洋国際社会	鈴木　智夫著	7000円
74	中国古代国家の形成と青銅兵器	下田　　誠著	7500円
75	漢代の地方官吏と地域社会	髙村　武幸著	13000円
76	齊地の思想文化の展開と古代中國の形成	谷中　信一著	13500円
77	近代中国の中央と地方	金子　　肇著	11000円
78	中国古代の律令と社会	池田　雄一著	15000円
79	中華世界の国家と民衆　上巻	小林　一美著	12000円
80	中華世界の国家と民衆　下巻	小林　一美著	12000円
81	近代満洲の開発と移民	荒武　達朗著	10000円
82	清代中国南部の社会変容と太平天国	菊池　秀明著	9000円
83	宋代中國科擧社會の研究	近藤　一成著	12000円
84	漢代国家統治の構造と展開	小嶋　茂稔著	10000円

（表示価格は2009年 2 月現在の本体価格）

著者略歴

近藤　一成（こんどう　かずなり）

1946年神奈川縣生まれ。1969年早稲田大學第一文學部東洋史學專修卒業。1977年早稲田大學大學院文學研究科博士課程（史學東洋史）退學。1980年早稲田大學文學部專任講師、同助教授をへて、1989年教授。現在、早稲田大學文學學術院教授。

主要著作：共編著『宋元時代史の基本問題』（汲古書院　1996）　論文「宋代永嘉學派葉適の華夷觀」（『史學雜誌』88―6　1979）、「南宋屯軍文書考」（『史觀』105　1981）、「南宋錢簿殘缺考」（『史觀』107　1982）、「『俄藏黑水城文獻』宋西北邊境軍政文書　裁判案件譯注稿（1）序」（『史滴』25　2003）、「アジア地域文化學の構築――總論」（『アジア地域文化學の構築――21世紀COEプログラム研究集成――』（雄山閣　2006）

汲古叢書83

宋代中國科學社會の研究

平成二十一年二月十八日　發行

著　者　近　藤　一　成

發行者　石　坂　叡　志

整版印刷　富　士　リ　プ　ロ　㈱

發行所　汲　古　書　院

〒102-0072　東京都千代田區飯田橋二-五-四

電　話　〇三（三二六五）九七六四

ＦＡＸ　〇三（三二二二）一八四五

ISBN978-4-7629-2582-5　C3322

A Study of the Examinations and Society in Song China

Table of Contents

(Translated by Lee, Sukhee)

宋代中國科舉社會研究（概要）

這篇序論，以貫穿於中國史始終，被稱之爲“士—庶”這樣的支配與被支配觀念爲綫索，考察從唐末到五代、宋發生巨大改觀的中國社會，最終目標是，希望闡明持續到二十世紀初辛亥革命爲止的傳統王朝近千年的體制再生產構造。但是要回答這箇大的課題，僅僅這樣一本書自然是不可能的。因此，着眼于作爲王朝體制再生產關鍵的科舉，將宋代科舉社會、科舉文化的形成與展開這一小部分考察清楚，便成爲本書的直接目的。

到唐代爲止，以穩定的實際狀態加以區分傾向很強的士庶之別，由于科舉的導入，區分的標準實際呈現出流動狀態。士庶（卽農、工、商）之別不是固定身份制，而是一種職業制上的劃分，而且不只是在科舉中合格，被承認具有應試資格與能力等與科舉相關之事也成爲進入士人階層的條件，士大夫和庶民之間出現了大量被稱之爲士人的中間層。獲得經濟上、社會上的安定的幾乎惟一的路徑是科舉合格。爲了科舉合格，經濟上、社會上的安定又是必須具備的，在這樣相反的條件同時幷存的上昇、下降的嚴酷的競爭社會，把社會構造變革的能量導向社會流動。

同時，如果改變觀察的方法，科舉是每次都產生大量的落第者的制度。大多數的應試者終其一生都未能實現最終的目標。他們中懷有對體制不滿進行叛亂這樣的事情在歷史上確實存在，但那些是例外。落第者中的多數盡管懷有許多不滿，最後也不得不接受自己的選擇。如此說來，科舉社會建立了讓落第者也信服的機制。這樣直到淸朝，科舉超越王朝的交替，持續發揮了傳統社會體制再生產的機能。因此，像這樣納入了這種科舉的傳統社會體制再生產系統的社會，我稱之爲科舉社會。

本書是筆者從過去所寫論著中抽出相關論文，分爲三部分，重新考察科舉社

會的形成和展開。以下是關于各部各章的概要介紹。

第Ⅰ部國制篇，是關于宋代特有的科舉制度確立諸問題考察。從唐末五代的武人支配體制中成長起來的宋朝，如果與唐代相比，版圖大幅度縮減，但是它沒有成爲繼五代之後的第六代，而得以再次作爲統一王朝繼續支配的原因，首先應該是沒有遇到太大的摩擦而進行了向文治體制的轉移。文治體制中不可欠缺的文官，原則上不是以門第，而是根據以箇人能力爲基準的科舉從全國選拔出來并進行任用。我認爲這是得以維持王朝向心力的主要原因。此外，中國近世的科舉和學校制度密切相關，所以，尤其是中央與地方的公立學校，都是作爲科舉的補充而存續，幾乎沒有實現其本來的教育機能的機會。這種狀態的形成，是由於宋代科舉制度的確立過程，官僚選拔的科舉和官僚養成的學校合二而一，按當時的說法就是以取士權和養士權的統一作爲目標的行動，有悖於初衷。本書旨在關注作爲科舉社會形成主要原因的科舉與學校制度的問題。

第一章《宋初的國子監與太學》，追踪漢代以來建立的太學被改變實質後出現于宋朝仁宗時國子監的過程，指出在這一背景下，已非從前的國子，而是從庶民中選拔學生成爲主流，加上所謂之解額，卽分配給地方府、州、軍的初次考試合格者的名額，也給予了作爲繼承唐代的學校進士制的宋代太學。因爲在都城參加考試有利于科舉的最終合格，來這里的考試者數量劇增等等情況，不能無視進士的地域差別的呼聲越來越高這樣的問題在本章中也有所涉及。第二代皇帝太宗推行文治政治的大方向決定之後，科舉合格者的數量急劇增加，地方上對科舉反應敏感的應試者也蜂擁而至，但是被送到中央的大量鄉貢進士水平過低，讓中央政府非常煩惱。因此，在官僚錄用制度中的養士和取士一致性成爲課題的同時，實行了糊名、謄錄等使科舉公平防止舞弊的制度改革。在防止舞弊技術性改革告一段落後，接下來便是以什麼樣的考試科目來選擇合適的人才進入官僚隊伍就成了重點，由此展開關係到科舉制度本質的議論。

第二章《“慶曆之治”小考》，以與科舉、學校制度的改革密切相關的宋代政治與文化的主要擔當者士大夫在歷史上出現的慶曆年間爲對象，對士大夫政治及

他們的政治改革進行了檢討。與官僚的身份相稱，是這些士大夫形象的問題。此外，對于那場改革政治遇到挫折的原因也進行了探討。與此同時，還探討了如下問題。盡管王安石新法中存在着繼承慶曆新政的因素，但改革推進者中以歐陽脩爲首直至王安石新法時代仍然建在的許多士大夫，却站到了反對新法的一邊，通過檢討其原因，可以揭示出士大夫政治的特色。

第三章《王安石的科舉改革》，通過對那次著名改革的再考察，嘗試將宋代科舉的特質在中國史上進行定位。由于帖經、墨義這樣的背誦考試和詩賦這樣的才藝考試，無法選拔出與官僚要求相匹配的人才，所以轉向了以經義爲中心的考試。這種改革，這不僅僅是考試科目的變更，而且與宋學的展開和士大夫政治最終規範的經學解釋的統一問題相關聯。乍一看之下，王安石和司馬光對改革的議論共同性非常多，實際上他們描繪着各自不同的王朝國家影像。朝着這樣的目標他們將科舉做了自己的定位。本章對這樣的問題也進行了探討。新法失敗之後，卽使在舊黨執政時期，科舉也沒有回到王安石改革之前，當然也沒有走向王安石所希望的學校成爲官僚養成的場所這樣的最終目標，便迎來了實際上是北宋最後時代的徽宗朝。

第四章《蔡京的科舉與學校政策》是本書的論述中心。作爲北宋滅亡的罪魁禍首，蔡京不僅對徽宗奉承，而且作爲宰相只顧保全自身的行爲非常明顯。歷史上評價非常低劣的蔡京，却是使王安石的科舉、學校的構想在形式上得以實現的人物。其結果是，他的政策對中國近世科舉社會的形成產生了決定性的影響。蔡京在王安石的科舉改革初期熙寧三年的殿試中合格，他迎合當時的權勢，官位得以順利昇遷。蔡京從入仕之初就與學校政策相關聯，作爲官場中對學校制度最爲了解的人物而進行了各種活動。一成爲宰相，立刻擴大從學校出官的路徑，不久就廢止了科舉，實行官僚原則上由太學畢業生補充的“天下三舍法”。科舉雖說是要通過鄉試—省試—殿試三次考試才可以得到一次釋褐的機會，但縣學—州學—辟雍—太學這樣的順序依次遞進直到任官，則更需要大量的時間和努力。因而人們還是集中到作爲過渡期的措施而保留下來的科舉，學校并不受歡迎。最後蔡京

依官戶的標準給予地方學校的學生免役等特權，試圖通過利益誘導來吸引學生。這樣的做法顯現出了效果，全國的學生數激增，推測最終達到30萬人以上。但是，這樣做的同時也給“天下三舍法”的繼續實施帶來困難。原則上所有的縣、州都應該建立學校，收容學生，設置教授，但是這在財政上是不可能的。而地方學生被授予免役的特權，則給以勞役爲前提所建立的地方行政帶來問題。因而，這樣通過學校的養士與取士合一的官僚錄用制度僅僅十幾年就出現了挫折。與庶人相區別，南宋《淸明集》的判語中屢屢提到在刑罰等等方面，比照學生而享有優待的“士”。他們作爲地域有力者層，屬于蔡京的“天下三舍法”政策之下出現的地方學生的系譜，他們中的多數，較之入官，更確保地方勢力地位作爲第一要義。說到近年地域行動論的討論，他們可以稱之爲地域精英層的母體。就是說可以得出這樣的結論，與科舉相關聯的士庶之別滲透到地方社會的契機，正是蔡京的科舉與學校的政策。

第五章《關于南宋初期的王安石評價》，概觀考察了高宗朝道學派官僚們的動向以及秦檜的彈壓與黨爭。南宋從追究新法黨的政治導致北宋滅亡原因來看，一般被認爲是體現舊法黨價値觀的時代。對于這樣的看法進行檢討，可以發現這樣的事實，至少在高宗朝，徽宗朝以來專攻王安石學問的實務派官僚的存在不容忽視，而舊黨的道學被官方認可則是在1240年以後的事情。

Ⅰ部最後的第六章《紹興十八年同年小錄三題》，從朱熹登第登科錄的同年小錄入手，通過討論與此次科舉相關事件，如省試第一而殿試排名最後的徐履的本末、紹興陸氏的科舉策略、朱熹的本貫問題等等，可以一窺當時科舉的實際狀態。

第Ⅱ部地域篇，是關于科舉社會的主角的士人層與地域社會的考察。首先第一章《南宋地域社會的科舉與儒學——以明州慶元府爲例》，是以史料比較豐富的明州慶元府爲例來設定的課題。宋代科舉不同地域的進士合格者數目差別很大，這一點已經被大量的先行研究所指出，原因也進行了討論，本章不是關于地域合格者總數的比較，而是關注地域的進士合格數在不同時期的增減問題。根據解額

制，各州的考試合格者的數目是固定的，但由于省試不實行地域分配，所以不同地域最終合格者的數量每次科舉都不同。在此前提下考察南宋的東南沿海十州軍，可以將其粗略地分爲三種類型。也就是從高宗朝開始到度宗朝的漸增型、漸減型和維持一定數目不變這樣三種類型。明州慶元府是在理宗朝達到頂點的漸增型的典型，如果從士人社會的形成與展開的視角來捕捉這種傾向產生的原因，應當如何解釋呢？ 我的具體操作是,對于南宋末年活躍的學者官僚王應麟和黃震，對比考察了兩箇人登第時的家庭狀況、年齡、名次以及登第後的任官等。作爲一種俯瞰,同東亞海域世界的發展相關聯，考察了唐末五代、北宋滅亡和華北戰亂大量的移民流入而成爲新興開發地域的明州及其士人社會的形成過程，併對此着手進行了推測和展望。

第二章《鄞縣知縣王安石與明州士人社會》，以明州士人社會形成的起點北宋慶曆年間作爲討論的對象。首先指出了歷來研究中對後世的史料不加鑑別地用來論證明州士人社會盛況的問題。以同時代的王安石的記述爲基礎進行史料批判的結論則是，所謂明州“慶曆五先生像”是在明州士人社會確立和全盛的南宋後半期，作爲訴說自身來歷傳奇需要而編造出的歷史影象。可以考察清楚的是，這一歷史影象從王應麟定型、後來又由入元後其弟子袁桷的著作確立并被繼承下來的經緯。像這樣地域士人社會創造出的地域歷史影象，并不是僅僅是虛構的，盡管與現在的形態不同，但呈現出來的同樣是歷史認識與歷史事實的關係問題。此外王安石、舒亶等與地方有關的人物的形象，從中央政府編撰的史書和地方志的敍述中也可以看出差異，從中亦可體味到超越單純的中央、地方二元對立框架的關係。

第三章《宋末元初湖州吳興的士人社會》，是在進士數量推移方面，以與明州正相反的遞減型湖州爲例，對其遞減的原因進行了考察。具體則是以趙孟頫爲周密所作的《鵲華秋色圖》爲綫索，檢討了先食宋祿而後仕元的趙孟頫與持有拒絕出仕對立立場的周密這兩位同是湖州出身者保持來往的關係。和新興的開發地明州不同，湖州自古以來就以山水景勝之地聞名，大量的名族、士大夫居住或寓

居在這里，從對琴棋書畫等等傳統文化的喜好中尋求着人生的快樂。對他們來說，官位是必要的，但這需要長期準備應試費心勞神才可獲得，幷且還有不確定的因素，因此他們更期望以可靠而輕松的恩蔭方式出仕。可以推想士人社會這樣普遍的氛圍，是合格者逐漸減少的背景。不過爲了支持這樣的看法，我也提到,像人們所認爲的那樣，需要進行可比事例的研究和從不同視角出發的多角度驗證。

相對以上對明州慶元府的考察，下面是對箇別問題的處理。

第四章《王安石所撰墓志的解讀——地域、人脈和黨爭》，是對王安石《臨川集》收錄的112件墓志、墓表進行的考察。在這些墓志、墓表中，男性凡82人，其中有官者進士及第的39名，諸科、恩蔭、武官等等25名，總計64名，無官人12名，此外還有宗室 6 名。在女性30名中，有官者的夫人22名，有官者母親 3 名，宗室夫人 3 名，其中大部分都是官僚的妻子。近年來的中國史研究中對出土墓志雖然很積極地使用，但是多是以唐代以前爲中心，宋元時代大量的墓志銘收錄于在個人文集中，很少被看作是石刻史料。到明清時代，除作爲宗族和個人傳記資料的族譜等等之外，還有其他豐富的文獻存在，墓志的利用也是有限的。本章將宋代石刻史料學的確立納入視野，就王安石撰寫墓志中所顯示的北宋士人的地域歸屬意識、人際間關係和黨派意識進行初步的考察。科舉登第對于地域、人際關係的形成也成爲重要的契機，可以確認的是，科舉社會是王安石所撰墓志的大框架。本來應該是被埋在墓中永遠向後世傳達先人功績的墓志銘，當時作爲士大夫的作品被同時代的人廣泛閱讀，由這樣的狀況也可以觀察到宋代士人社會的一箇側面。

第五章是《南宋四川類省試中的地域問題》。類省試作爲南宋初期實行的臨時性措施，後來僅在四川繼續推行，其弊端被中央屢屢指出。本章討論了科舉在特殊環境的存在，考察了科舉社會的地域性。此外，涉及到其中的進士數目的問題，四川地方志中殘存的合格者姓名和四川出身的魏了翁《鶴山先生大全文集》中收載墓志銘反映的四川進士合格者姓名有很大的差異，包括僅僅是對類省試進士的收錄。通過地方志“選學門”復原的合格者數目的準確度，我認爲至少四川

存在着的很大問題。地域性不只是士人社會的問題，也關係着南宋的國家形態。

第六章《宋代的士大夫與社會——黃榦的禮的世界與判語的世界》，作爲士人的箇案研究，本章舉出朱熹的高徒和女婿黃榦的事例，在追溯他的生涯的同時，還論及了朱子學社會地位的確立以及士大夫的理念與現實的問題等等。中國歷史中傳統意義上的士，經過唐宋變革期，作爲新興士大夫官僚，確立了在新的政治體制中的政治位置，科舉作爲士大夫官僚再生產的裝置，發揮了應有的功能。此外，士作爲北宋中期出現的新思潮的承擔者，在新世界觀形成的過程中，也確立了參與籌劃的地位。但是，與政治和思想的層面相比，在社會中、特別是在地域社會內部，士大夫、士人層，在整合后的穩定位置尚未確立。士人作爲地域的有力者，被規定爲形勢戶、或是被冠之豪横的稱呼，就表明了這樣的事實。可以說士人在現實社會中的存在形態，與之在政治上、思想上的地位併不相稱。各自抱有不同狀況的士人，作爲箇人，或者是作爲親族集團。學派、官僚集團，都具有各種各樣的方向性。這些方向性的綜合，就構成了時代的方向。黃榦所顯現的士人應有的風貌，與總的時代方向有着怎樣的關係？ 幷對後代的歷史產生了怎樣的影響？ 此外把聚焦在這些士人的南宋中期地域社會的斷面結構，與北宋社會的比較，其構造是在北宋以來的延長綫上存在的同質事物？ 還是雖然處于北宋連續綫上，但被看作是作爲北宋社會成熟形態的變化？ 抑或是在這箇時期才出現的帶有某種新的要素的社會？ 把確定這箇時代的歷史性特質作爲今後課題，這樣的結論，表明處于中途的宋代科舉社會的研究還有漫長的道路。

第Ⅲ部個人篇，是關于蘇軾的一些問題的討論。名列唐宋八大家、又是宋代的代表性詩人的蘇東坡，作爲典型的文人，至今仍爲中國人所喜愛。他是一位做到了翰林學士、禮部尚書職位的士大夫官僚。作爲官僚的經歷，他本來也未曾逆料會卷入新舊兩派黨爭的漩渦，併被看作是一方的頭目，在政治的波濤中持續顛簸一生幷兩度遭到流放。屬于科舉社會最上層的蘇軾在多方面發揮着其才能，關于他的研究，與士大夫社會、士大夫文化緊密相聯。本篇的論文是從科舉登第開始，以作爲文人官僚的蘇軾爲中心進行的研究。

第一章是《蘇東坡應舉考》。本貫爲成都眉州的蘇東坡初次考試是在哪里取解的？ 本章以《蘇文忠公詩編注集成總案》的記事爲綫索，考證出他是違反本貫取解的原則，在開封府進行的寄應取解。本章還對這種行爲的背景進行了探索。根據當時的科擧規定，這是明顯的違法行爲。不過官僚的錄用制度以他荐爲原則、自主應考的科擧未必是最好的官僚錄用制度這種傳統認識當時仍然很頑固，必須注意的是，以能力主義爲原則被評價很高的科擧，作爲現代人的感覺，尙有考量不到的一些方面。如果考察人際關係、卽所謂的“人情”在蘇軾身上所發揮的作用，作爲中央政府高官到成都府擔任知府的張方平的存在便浮現出來。主導年輕的蘇軾、蘇轍兄弟積極應試的，是他們四處奔走謀求官職的父親蘇洵，直至登第後應征制科，四川地方上一箇有勢力的家族便被推上了天下望族的地位。

第二章《張方平〈文安先生墓表〉與〈辨奸論〉》，爲了使第一章的看法成立，必須進行這一章的論證。卽張方平執筆的蘇洵墓表一直被認爲是僞作，近年宮崎市定先生的議論也認爲如此，似乎目前這已經成爲定說。但是實際上墓表本身幷未論及這一問題，墓表中初次被介紹的蘇洵預言王安石奸邪的《辨奸論》是僞作，成爲后人議論的主題。按照文章的邏輯性，旣然辨奸論是僞作，初次面世的墓表以及爲感謝張方平執筆蘇軾所作的謝書也應當是僞作。但是如果仔細考察墓表，可以看出僞作說不能成立，墓表所記述的蘇洵、蘇軾、蘇轍父子的傳記資料是可以使用的。“事實”及其敍述、流傳相互纏繞的“歷史”應該如何剝離，本章以此爲例進行了展示。

第三章《蘇東坡的犯罪——烏臺詩案的基礎的考察》，考察了記錄有名的北宋文字獄的稀見原始史料《烏臺詩案》。被認爲是根據御史臺的調査文件而刊行的本書，具體記載了從御史臺立案到神宗的裁決爲止的一系列經過，構成了無可類比的內容。對于現行的《烏臺詩案》可以進行多樣的考察，諸如文獻學考察、御史彈劾狀列擧的罪名，律、敕的適用款項與最終決定刑名的落差，以及舊黨人士被廣泛波及的連坐範圍和政治關聯等等。

第四章是《蘇東坡〈黃州寒食詩卷〉與宋代士大夫》。蘇軾因烏臺詩案而被

流放到黃州，在那里寫下了《黃州寒食詩卷》。本章對這件被視爲代表中國書法史上最高峰的作品，從中國文化史的觀點進行了考察。作爲歷史研究的材料，利用中國書畫時，往往與書畫本身同樣，其上所記的題跋也非常重要。寒食詩因爲加上了黃山谷庭堅的跋詩而價值倍增。而黃山谷所寫題跋的原委、其後詩卷的流傳，這些都訴說着什麼是士大夫文化。大正十三年在京都恭仁山庄被添加的內藤湖南的題跋，對這箇詩卷的來由說明顯示出內藤湖南的博識，令人感嘆往昔日本中國史研究者所具有的對士大夫文化的理解深度。要說在這里凝縮着日本的宋代中國史研究基本問題，大概也不是言過其實。

第五章《知杭州蘇軾的治績——宋代文人官僚政策考》，分爲上下篇，上篇考察了蘇軾的救荒政策，下篇考察了蘇軾對高麗的政策。均是利用蘇軾的上奏文作爲分析的基礎材料，在進行史料批判的同時，復原當時的歷史狀況，考察了與之相應的杭州知府蘇軾的言論行動。上奏文這種官僚的提議或請求，自然受到視野和有目的的事實解釋等的制約，但通過以這種制約爲前提的解讀，也可以從中獲得足够的歷史研究的史料。圍繞救荒政策制定的現狀認定和地方官同僚的固執，以及在中央的黨爭與政策判斷、具體施策，對于這些，士大夫官僚的關聯程度等問題，討論對象也是多方面的。此外，在蘇軾嚴厲的對高麗政策的背后有着福建海商集團的活動，也是歷來文獻史料中沒有完全考察清楚的課題。分析蘇軾的主張可以清楚宋人海商與高麗人合作對兩國外交政策的影響，這是在研究當時東亞海域世界，今後所期待進一步深化的領域。

第六章《西園雅集考——宋代文人傳說的誕生》，和第五章一樣，也分爲上下篇，是對中國美術史上有名的西園雅集的圖和記進行的考察。上篇主要是圍繞着雅集是否爲歷史事實這一歷來的爭論，對爭論問題之一的記的作者米芾，在元祐初期的停留地點進行了考證。結論與通常的說法不同，認爲米芾當時去開封的可能性比較大，但這并不能直接證實雅集存在的事實，只是表明包含弟子在內的與蘇軾有關係的人一起舉辦雅集，併顯示這樣話語的形成與傳承過程的重要。下篇對畫的構成進行了分析，指出了西園雅集圖和雅集的傳承在北宋末旣已形成的

可能性。徽宗朝對蘇東坡的彈壓像文獻記載中那樣一味的禁止，這樣的理解過于單純。中國史上歷史評價的問題，是中國歷史形成過程中的問題，這種認識非常重要。

在終論部分，特別再度討論了第一章圍繞着科擧改革的議論和改革的展開，幷得出以下的結論。卽了解中國的歷史是理解現代中國的不可欠缺的前提。說到原因，中國自身不斷祖述反芻自己的歷史，以此來充實自身幷完成自我形成。另一方面，卽使爲了理解過去的中國史，將這種祖述和反芻的蓄積過程擺上分析的案板也是必要的。位于20世紀前期中國文明批評家最高峰的魯迅，出身于淸末紹興的讀書人周家。周家一族代代進士輩出的同時，也因爲苛酷的科擧考試競爭造成了許多人的人格扭曲，出現精神異常，最終導致了作爲進士的祖父和應試者的父親因舞弊受罰而家世沒落。魯迅描繪的孔乙己和阿Q正是中國史上士與庶的落魄形象。如果要追尋其根源的話，應該是十一世紀出現的新的士庶關係。科擧社會正是魯迅問題意識的根底。此外毛澤東領導的中國革命，爲什麼執着地持續主張反官僚主義，爲什麼建國後知識分子仍被長期冷遇和受到彈壓？ 這也是拋開對于庶反面士（讀書人）的多年積怨所不能理解的吧。禮不下庶，刑不上士，改變了原本的意思，作爲露骨地表達士庶社會的用語迄至淸末一直存活着。洗煉到扱致的禮與法的社會，重層結構與畫一、多樣，秩序與混沌幷存，對于這樣的中國歷史的理解，希望有所助益，是本書的最終目的所在。但是爲了達到這樣的目標，痛感最有必要再行深入的考察。

（董文靜、王瑞來譯）

索　引